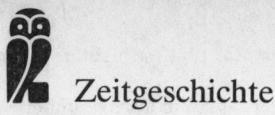
Zeitgeschichte

W0171695

ÜBER DAS BUCH:

Martin Bormann war ab dem Mai 1941 nach Hitler der mächtigste Mann im Dritten Reich.

Er war oberster Bürokrat, vier Jahre hindurch bestimmte er, wer zu Hitler durfte und wer nicht, wovon dieser Kenntnis nahm und wovon nicht. Als „brauner Schatten" agierte er ausschließlich im Hintergrund; sein Name war kaum bekannt. Erst die Anklage durch das Alliierte-Militärtribunal in Nürnberg und vor allem die spektakuläre Suche nach ihm brachten ihn in die Schlagzeilen.

Dem Autor gelang es durch geduldige Arbeit, Bormanns Verbleib aufzuklären. Das Skelett wurde im Dezember 1972 in Berlin gefunden und identifiziert, an der Stelle, die v. Lang in langer Recherche-Arbeit ermittelt hatte. Daraufhin schrieb er diese Biographie des „Primitiven im Bannkreis eines genialischen Psychopathen".

Das Werk fand einhelligen Beifall in der Fachwelt und wurde in alle Weltsprachen übersetzt.

DER AUTOR:

Jochen von Lang wurde bekannt durch seine Dokumentationen *Die letzten 100 Tage* und *Die Mörder sind wie du und ich* sowie durch die ZDF-Sendereihe *Augenzeugen berichten* und die fünfteilige Fernsehverfilmung *Der Krieg der Bomber*. Seine Bücher über Martin Bormann und Adolf Eichmann brachten ihm internationale Anerkennung und begründeten seinen Ruf als nüchterner, sachkompetenter Autor in der Darstellung negativer historischer Gestalten. Für den Fernsehfilm *Das Verhör des Adolf Eichmann* (1984) erhielt er den DAG-Fernsehpreis, für seine Forschungsarbeiten das Bundesverdienstkreuz I. Klasse (1988).

Weitere Veröffentlichungen:
Das Eichmann-Protokoll (1982); *Der Adjutant* (1985); *Der Krieg der Bomber* (1986); *Der Hitler-Junge* (1988); *Und willst du nicht mein Bruder sein...* (1989); *Die Partei* (1989); weiterhin die Bildbände: *Hitler – Gesichter eines Diktators* (1968); *Hitlers Tischgespräche im Bild* (1969).

Jochen von Lang

Der Sekretär

Martin Bormann:
Der Mann, der Hitler beherrschte

Unter Mitarbeit von Claus Sibyll

Mit 41 Abbildungen und zahlreichen
Dokumenten

Zeitgeschichte

Zeitgeschichte
Ullstein Buch Nr. 33132
im Verlag Ullstein GmbH,
Frankfurt/M–Berlin

Korrigierte Ausgabe
(auf der Grundlage der
3. Neuauflage)

Umschlagentwurf:
Hansbernd Lindemann
Unter Verwendung einer Abbildung
vom Ullstein Bilderdienst
Alle Rechte vorbehalten
© 1987 by F. A. Herbig
Verlagsbuchhandlung,
München · Berlin
Printed in Germany 1990
Druck und Verarbeitung:
Clausen & Bosse, Leck
ISBN 3 548 33132 7

September 1990

Vom selben Autor
in der Reihe
der Ullstein Bücher:

Der Krieg der Bomber (33096)
Der Adjutant (33112)

CIP-Titelaufnahme
der Deutschen Bibliothek

Lang, Jochen von:
Der Sekretär: Martin Bormann:
der Mann, der Hitler beherrschte/Jochen
von Lang. Unter Mitarb. von Claus Sibyll.
– Korrigierte Ausg. (auf d. Grundlage d.
3. Neuaufl.). – Frankfurt/M;
Berlin: Ullstein, 1990
    (Ullstein-Buch; Nr. 33132:
    Zeitgeschichte)
    ISBN 3-548-33132-7
NE: GT

Inhalt

Dokumente

Vorwort

Ehe Hitler sich umbrachte, ernannte er Martin Bormann zum „treuesten Parteigenossen". Doch er war mehr. Er glich zwar äußerlich – feist, gerade mittelgroß, kurzbeinig, rundschädelig und dunkelhaarig – nicht im geringsten dem Idealbild des nordischen Menschen, der das germanisch-deutsche Weltreich gründen und über die „Minderrassischen" herrschen sollte. Dennoch war er nach Statur, Charakter, Herkommen und Bildung zugleich auch der perfekte Parteigenosse, und unter denen, die sich mit braunem oder schwarzem Tuch aufwerteten, war dieser Typ vorherrschend. Darum stand er auch nicht zufällig jahrelang an der Spitze jener Funktionäre, die das Volk wegen ihrer lamettaverzierten Uniformen als „Goldfasanen" verspottete und zugleich fürchtete. Auch er war gefürchtet. Nicht vom Volk, denn es wußte von ihm nicht einmal den Namen, der während des Dritten Reiches in der gleichgeschalteten Publizistik selten erwähnt und von den Zeitungen sogar falsch geschrieben wurde. Gefürchtet wurde er von Ministern, hohen Beamten, Richtern, Parteigrößen, von Hitlers Hofstaat einschließlich der Geliebten Eva Braun, von Generälen, seinen Mitarbeitern, von seiner Frau und seinen neun Kindern. Grund zur Furcht hätten jedoch viele Millionen Menschen gehabt, angefangen von den „Meckerern und Miesmachern", wie die Partei alle kritischen Deutschen nannte, bis zu den gläubigen Christen, den Konservativen, den Intellektuellen, den Slawen, den Juden. Zwar hat er zur Ideologie der Partei nicht einen Gedanken beigetragen, aber er steuerte diesen Apparat der Verführung, des Zwangs, des Terrors und der Verbrechen als ein hochbegabter Manager so effektiv, daß er in den Jahren des Kriegs der heimliche Herrscher Deutschlands wurde.

Geboren im Jahr 1900, aufgewachsen im kraftprotzenden Kaiserreich, verstört durch die Niederlage am Ende des Ersten Weltkriegs, enttäuschte ihn die Weimarer Republik, weil sie ihm nicht die kollektive Selbsterhebung der Zugehörigkeit zu einer Weltmacht bieten konnte. Aufgewachsen im Kleinbürgermilieu, erlebte er während der Inflation und Arbeitslosigkeit, wie die Menschen seiner Klasse zu besitzlosen Proletariern wurden. Daraus gewann er sein politisches Ziel. Sein Volk mußte wieder mächtig werden, damit auch er zu den Mächtigen gehörte. Und es mußte soziale Sicherheit gewinnen, damit auch er sich gesichert fühlen konnte. Er hielt sich für einen Revolutionär, aber er war nur ein Revoluzzer. Der Radau-Nationalismus der Völkischen zog ihn ebenso an wie der Glaube, daß eine starke Hand genüge, um die Welt wieder in Ordnung zu bringen, die nach seiner Meinung die „Roten" und die Juden aus den Angeln gehoben hatten. Das waren die Bösen, also mußten ihre Gegner die Guten sein. So einfach war das – für einen jungen Mann, der von Taten mehr hielt als vom Nachdenken und der in seiner bescheidenen Halbbildung Schlagworte als Weisheiten betrachtete.

Er war nur einer von vielen, die diesen Trugschlüssen verfielen. Latent steckten Elemente des Nationalsozialismus in den zwanziger Jahren in unzähligen Deutschen; in anderen Völkern übrigens auch, nur mit dem Unterschied, daß sie nicht so sehr an den Rand ihrer Existenz gedrängt waren. Die Demokratie versagte offenbar. Als Bormann wegen Beteiligung an einem Fememord ins Gefängnis gesteckt wurde, hatte er einen weiteren Grund, das „System" zu hassen. So beschloß auch er, Politiker zu werden. Da er nicht mit Meriten oder attraktiven Fähigkeiten glänzen konnte, mußte er die Ochsentour gehen, den langsamen Aufstieg im Apparat der Partei. Was er dafür brauchte, besaß oder entwickelte er in ungewöhnlichen Maßen: Fleiß, Beharrlichkeit, Organisationsgabe, eine rasche Auffassung, ein stupendes Gedächtnis, Anpassungsfähigkeit, den Gehorsam nach oben, die Rücksichtslosigkeit nach unten, ein Gefühl für Taktik, Schläue. Damit lassen sich auch heute noch Karrieren aufbauen. Auch sein Ehrgeiz, seine Herrschsucht, seine Gewissenlosigkeit, seine Lust an Intrigen hätten in jeder Epoche den Aufstieg gefördert. Dagegen besaß er keine Spur schöpferischen Denkens und nicht den kleinsten Funken von Genialität. Unaufhaltsam wurde er mit diesem Rüstzeug Hitlers höchster Bürokrat.

Dieser Typ ist nicht spezifisch für die NS-Zeit; im Führerkorps der NSDAP, diesem Konglomerat aus Sektenpredigern, Gewaltmenschen, Hasardeuren, Neurotikern, Idealisten und Patrioten war Martin Bormann sogar eine Ausnahmeerscheinung. Gerade deshalb fand er seine Rolle. Neben dem sich genialisch gebenden Hitler wurde er der Famulus, der „trockene Schleicher". Doch anders als in Goethes „Faust" fällt den Bormann-Naturen in der Geschichte der Völker häufig eine bedeutsamere Rolle zu – als graue Eminenz im Hintergrund, als unentbehrliche Helfer der Herrschenden, als Einflüsterer, als Vollstrecker für die Detail- und Schmutzarbeit. Auf Ruhm und Nachruhm verzichten sie, weil sie wissen, daß ihnen dazu das Format und die Faszination fehlen. Doch um so intensiver genießen sie die geheime Macht. Sie bauen sich ihre Burg aus Papier, aus Gesetzen, Verfügungen, Befehlen, Aktenvermerken, Geheimberichten und Denunziationen. Von dort aus regieren sie unsichtbar, unangreifbar, ohne Verantwortung. Weil sie nur mit Akten umgehen, fällt es ihnen auch leicht, unmenschlich zu sein. Die Opfer ihrer Tätigkeit begegnen ihnen nur als Statistik auf einem Bogen DIN A4.

Was Martin Bormann so mächtig werden ließ im System des Hakenkreuzes, waren zwei Tatbestände. Da war einmal das vom sogenannten Führer bewußt gepflegte Chaos der Zuständigkeiten, aus dem der Bürokrat als einziger Ordnungsfaktor zwangsläufig hervorragt. Und da war zweitens Bormanns robuste Ellbogenkraft, mit der er jeden Konkurrenten aus dem Zentrum der Macht stieß. Zwar wurde er damit nie die oberste Autorität, denn sie brauchte er ja als Auftraggeber, aber er wurde der einzige Wächter am Tor zum Allerheiligsten, in dem der Götze mit dem kleinen Schnurrbart und der Stirnsträhne thronte. Passieren durfte dieses Tor schließlich nur noch, wer dem Wächter gefiel, und insofern war er gelegentlich sogar noch mächtiger als der Götze. Als seine beiden engsten Mitarbeiter in der Partei-Kanzlei, mit der er die NSDAP, ihre Organisationen und Gliederungen steuerte, in den letzten Monaten des Regimes einen neuen Funktionsplan für dieses Mammutgebilde nach seinen Weisungen zusammengestellt hatten, vermerkten sie, damit sei eigentlich der ganze Apparat von Würdenträgern überflüssig geworden. Die Partei-Kanzlei als oberste Instanz – selbstverständlich unter dem Führer Adolf Hitler – hatte deren Kompetenzen eingefangen und aufgefressen wie eine Spinne die Fliegen.

Die groteske Tragik des Bürokraten Bormann war, daß mit der Ausdehnung seiner Kompetenzen gleichzeitig der Raum schrumpfte, in dem sie galten. Je mehr er Hitlers Herrschaftsbereich in den Griff bekam, desto kleiner wurde dessen Fläche. Kurz vor seinem Ende war er 36 Stunden lang absoluter Regent und ranghöchster Hakenkreuzler, aber sein Reich war nicht mehr sehr viel größer als ein Quadratkilometer Berliner Erde. Aus ihr verschwand er zunächst einmal spurlos.

Die Suche nach dem Verschwundenen hat seinen Namen bekannter gemacht, als er es zu seinen Lebzeiten war. Auch Jochen von Lang reizte zunächst die kriminalistische Aufgabe Bormann zu finden, tot oder lebendig. Dabei mußte er sich zwangsläufig mit dem Leben dieses Mannes beschäftigen, seinem Charakter, seiner Umgebung, seiner Bedeutung in jenen Tagen. Natürlich war es befriedigend, daß schließlich das Skelett des Gesuchten genau dort gefunden wurde, wo er es vermutet hatte. Wichtiger wurde Jochen von Lang jedoch bei seiner mehrjährigen Arbeit das erstaunliche Ausmaß des Wirkens von Martin Bormann – erst im Flitterglanz und dann im Elend des Dritten Reiches. Er entdeckte den Manager, der in der Zentrale des Regimes die Hebel der Macht bediente – im Auftrag und im Sinn seines Herrn, aber doch mit einem Maß an Selbständigkeit wie kein anderer aus der braunen Mannschaft.

Die Geschichte wiederholt sich nicht in ihren Abläufen, aber Parallelen hat es immer gegeben. Für einen Rückfall der Deutschen in die Barbarei der Diktatur gibt es keine Anzeichen. Doch wer wagt zu behaupten, daß deshalb die Bormanns bei uns keine Chance mehr haben?

Claus Sibyll

1 Der unbekannte Angeklagte

Der Engländer Richard William Hurlstone Hortin, Major in der Armee Seiner Majestät, bekam am 18. Oktober 1945 den Befehl, Martin Bormann mitzuteilen, daß ab 20. November gegen ihn im Gerichtsgebäude „zu Nürnberg, Deutschland" verhandelt werde. Er sei der Verbrechen gegen den Frieden, der Kriegsverbrechen und der Verbrechen gegen die Menschlichkeit angeklagt. Sofern er sich dem Internationalen Militärgerichtshof stelle, könne er sich dort verteidigen, persönlich und durch einen Anwalt. Erscheine er jedoch nicht, könne trotzdem gegen ihn verhandelt werden.

Die Prozedur der Mitteilung wurde Major Hortin vom Gericht vorgeschrieben. Die Bekanntmachung mußte bis zum Prozeßbeginn einmal wöchentlich im deutschen Rundfunk gesendet und in einer, im Heimatort Bormanns erscheinenden Zeitung veröffentlicht werden.

Hortin merkte sehr bald, daß die Dinge nicht so glatt laufen würden. Auch wenn man davon absah, daß von diesem Angeklagten bisher keine Spur entdeckt werden konnte – welche Stadt war eigentlich als seine Heimatstadt anzusehen? Berlin?

Dort hatte er einen Amtssitz gehabt, dort war er zuletzt gesehen worden – und dort war er verschwunden. Doch mit Sicherheit hatte er während der zwölf Jahre des tausendjährigen Reiches die wenigste Zeit in der Reichshauptstadt gelebt. Dem Major lag ein Bericht vor, wonach der Gesuchte ein großes Gut in Brandenburg besessen hätte, und so hätte er auch dort beheimatet sein können. Doch so recht wußte darüber niemand Bescheid. Oder sollte man die Suche auf Halberstadt konzentrieren, wo Bormann vor 45 Jahren geboren war?

Mit weit mehr Berechtigung hätte Major Hortin die „Hauptstadt der Bewegung", also München, in Betracht ziehen können oder die Gemeinde Berchtesgaden, zu deren Gebiet auch Hitlers Berghof und das ganze Areal des Obersalzbergs gehörten. Denn wenn auch der Reichsleiter Bormann seine Ämter an verschiedenen Orten ausgeübt hatte, so waren diese beiden Orte ständig der Wohnsitz seiner vielköpfigen Familie gewesen, und an beiden Plätzen hatte er auch Dienststellen.

Daß dies alles im Aktenstapel über die Suche nach Bormann unerwähnt bleibt, ist bezeichnend: Niemand aus der ersten Garnitur der NS-Größen war so wenig bekannt wie er. Im Schatten seines Führers hatte er sich die ganze Zeit vor der Mitwelt verborgen. Gekannt hatte ihn eigentlich nur die unmittelbare Umgebung Adolf Hitlers.

So ordnete dann Major Hortin an, daß alle deutschen Sender und alle Zeitungen in den vier Besatzungszonen die „an den Angeklagten Bormann gerichtete Bekanntmachung" jeweils viermal zu verbreiten hätten. Zusätzlich ließ er noch 200 000 Plakate drucken. Sie wurden bei allen deutschen Behörden und alliierten Dienststellen als eine Art Steckbrief ausgehängt – ohne genaue Personenbeschreibung, aber mit einem Foto. Schon die Suche nach einem geeigneten Bild war schwierig gewesen, und der Major bezweifelte sehr, daß er mit diesem Allerweltsgesicht eines Spießbürgers jemand auf die richtige Spur bringen könnte.

Die meisten Deutschen, geschockt vom Ausmaß ihrer Niederlage, entsetzt über die Verbrechen ihrer „Ver"-Führer und voller Haß gegen sie, hätten gewiß keinen Augenblick gezögert, einen prominenten Nazi seiner Bestrafung zuzuführen. Sie hatten zwar fast alle in den Wahlen vor Kriegsbeginn für Hitler gestimmt, oder eine braune, schwarze, graue oder blaue Uniform mit Hakenkreuz getragen. Doch diesen Irrtum büßten sie nun. Sie empfanden kein Mitleid mit jenen, die sich in den Sesseln der Macht breit gemacht hatten und die sich nun auf zwei harten Bänken des Nürnberger Justizpalastes verantworten sollten.

Da Adolf Hitler, Joseph Goebbels und Heinrich Himmler sich selber umgebracht hatten und damit dem Gericht entgangen waren, blieb für die „Abrechnung" nur die zweite Garnitur der NS-Prominenz übrig, aber von den 24 Angeklagten waren immerhin 13 einmal Minister gewesen. Etliche waren freilich nur auf diese Liste geraten, weil ihre Namen in den Ohren der Feinde einen schlechten Klang hatten – so Gustav Krupp von Bohlen und Halbach, der traditionelle Kanonenkönig, ein Greis, der wegen geistigen Verfalls schon nicht mehr verhandlungsfähig war. So auch Hans Fritzsche, Abteilungsleiter im Propagandaministerium, der jede Woche einmal mit einem Rundfunkkommentar den Endsieg prophezeit und die Gegner geärgert hatte.

Bis zu einem gewissen Grad jedoch konnten die Deutschen in diesen zwei Dutzend Männern durchaus ein Abbild von Hitlers Gewaltregime sehen. Julius Streicher verkörperte die Judenverfolgungen, Ernst Kaltenbrunner den Terror von Gestapo und SD (Sicherheitsdienst der SS), Robert Ley das sinnlose Geschwafel vom nationalen Sozialismus, Hans Frank (parteiintern auch „Frank II" genannt) die Verbrechen an den unterjochten Völkern, Wilhelm Frick die seelenlose Bürokratie, Joachim von Ribbentrop die Überfälle auf friedliche Staaten, Alfred Rosenberg die Unterdrückung der Christen, die Militärs das Kriegsinstrument. Doch wer, so fragten sich die meisten Deutschen, war dieser Martin Bormann?

In der Bekanntmachung Nr. 1 des Internationalen Militärgerichtshofs werden die Namen der 24 Angeklagten aufgeführt, ohne Titel und Ämter. Wozu auch? – Jedermann in Deutschland kannte sie. Doch wenn auch im Fall Bormann gesagt worden wäre, daß er Reichsleiter der NSDAP, Reichstagsabgeordneter, Reichsminister, Leiter der Parteikanzlei, Sekretär des Führers, Chef des

Volkssturms und SS-Obergruppenführer gewesen sei, so hätten sich dennoch die wenigsten Deutschen erinnert, diesen Namen je gehört zu haben. Geläufig war er nur Funktionären der gehobenen Garnitur des untergegangenen Systems. Doch Leute dieses Schlags lebten jetzt fast alle hinter Stacheldraht. Wer jetzt in einem solchen Lager saß – und es waren an die hunderttausend –, wurde verhört und nach seinen Verbindungen in der Partei gefragt. Was davon in Gestalt von Protokollen beim Nürnberger Untersuchungsrichter und der Anklagebehörde landete, war, soweit es sich auf das Schicksal des Martin Bormann bezog, erstaunlich dünn. Nur wenige konnten sich überhaupt erinnern, ihn gesehen zu haben.

An Belastungen dagegen war kein Mangel. Die deutsche Gründlichkeit, die jeden Vorgang in einer Akte schriftlich festhält und dann auch noch bomben- und feuersicher verwahrt, lieferte genug Material für die Anklageschrift: 27 maschinengeschriebene Seiten, fast nur mit Hinweisen auf Dokumente, in den Gerichtsakten. Sie sollen beweisen, daß Bormann die Macht der Nazi-Verschwörer gefördert, sich an Kriegsvorbereitungen beteiligt und Verbrechen gegen die Menschlichkeit begangen hat. Zum Lebenslauf des Angeschuldigten jedoch enthält die Anklageschrift nur ein paar dünne Fakten, wie sie in jedem größeren Zeitungsarchiv zu finden sind. Möglicherweise sei er noch am Leben, stellte die Anklage fest, und deshalb sei das Verfahren durchzuführen.

Tatsächlich waren die Indizien für den Tod Bormanns zu diesem Zeitpunkt nur schwach. Es gab eine Aussage seiner Sekretärin Else Krüger, daß er ihr am späten Abend des 1. Mai 1945 vor dem Versuch, aus der belagerten Reichskanzlei in Berlin auszubrechen, resignierend gesagt habe, wahrscheinlich werde er nicht durchkommen.

Etwas genauer waren die Aussagen von Hitlers Fahrer Erich Kempka, der in der Nähe des S-Bahnhofs Friedrichstraße bei der Weidendammbrücke beobachtet hatte, wie Bormann durch die Explosion eines deutschen Panzers zur Seite geschleudert wurde und vermutlich umkam. Die Leiche hatte Kempka nicht mehr gesehen.

Leiter der Anklageabteilung für die Abfassung der individuellen Anklageschriften und deren Vorbereitung, also gewissermaßen der persönlichen Sündenregister der Angeklagten, war ein Amerikaner, der etlichen Alt-Nationalsozialisten wohlbekannt sein mußte: Robert M. W. Kempner, bis 1933 Oberregierungsrat und Justitiar der Polizeiabteilung im Preußischen Innenministerium und damals ein streitbarer Gegner der mit allen Mitteln zur Macht drängenden Partei. Vor allem hatte er sich durch die Verbissenheit mißliebig gemacht, mit der er vom Polizeiressort des Innenministeriums aus die NSDAP von der Macht fernzuhalten suchte.

Als dann ein halbes Jahr später Hitler in die Reichskanzlei einzog und Göring die preußische Polizei in die Hand bekam, wußte Kempner, was ihn in Deutschland erwartete. Er emigrierte – wie Zehntausende in jenen Tagen.

Nun war er als US-Bürger und als einer der maßgebenden Ankläger zurückgekehrt. Sicherlich gab es in seiner Dienststelle keinen, der neben der angelsächsischen Gerichtspraxis und ihren Finessen auch die Nationalsozialisten besser kannte. Als sich Göring und Kempner nun wieder gegenüberstanden, fragte Göring kaltschnäuzig: „Was kann ich von Ihnen, Doktor, schon erwarten?" Kempner antwortete: „Fairneß, Herr Reichsmarschall; dadurch, daß Sie mich damals aus dem Amt gefeuert haben, habe ich überlebt."

Den Angeklagten Martin Bormann hatte Kempner mit Sicherheit nie gesehen. Als der eine notgedrungen außer Landes ging, war der andere in München noch ein einflußloser Funktionär, der dafür zu sorgen hatte, daß die bei Schlägereien verletzten SA-Männer ihre Arztkosten nicht allein bezahlen mußten. Doch der Ankläger war überzeugt, daß jemand, der sich mit so viel List, Ellbogenkraft und Beharrlichkeit in den internen Fehden der Parteiklüngel bis ganz nach oben geboxt hatte, auch beim Zusammenbruch im Untergrund zu verschwinden verstand.

Dem Sekretär Hitlers dürfte es – so meinte Kempner – wohl nicht schwergefallen sein, sich noch in letzter Stunde mit neuen Personalpapieren zu versorgen. Es wunderte die Anklagebehörde deshalb auch nicht, daß bei der Suchaktion von Major Hortin nichts herauskam als ein paar diffuse Hinweise von Wichtigtuern, deren Angaben sich als Hirngespinste entpuppten.

Am 15. November, also wenige Tage vor Beginn der Verhandlungen, meldete Hortins Vorgesetzter, Oberstleutnant Alexander G. Brown, der Anklagebehörde seinen Mißerfolg bei der Suche nach Martin Bormann.

Zwei Tage später – es war ein Samstag – trat das Gericht zu der „Vorbereitenden Verhandlung" zusammen. Es mußte nun endlich entscheiden, ob das Verfahren gegen Bormann unter diesen Umständen durchzuführen sei. Sir David Maxwell-Fyfe, stellvertretender Hauptankläger der Engländer, ein hervorragender Jurist und Mitglied des Unterhauses, trug dem Gerichtshof vor, daß nach dem Stand der bisherigen Ermittlungen der Angeklagte keineswegs tot sein müsse. Mit den Aussagen der Zeugen nahm er es nicht so genau; so behauptete er, Bormann sei in einem deutschen Panzer gewesen, der dann explodierte. Von drei Zeugen hätten zwei ausgesagt, Bormann sei dabei getötet worden, aber nur einer habe von einer Verwundung Bormanns berichtet.

Sir David muß damals wohl etwas den Überblick über seine Aktenberge verloren haben, denn diese Version taucht nur einmal und dann nie wieder auf. Doch sie genügte dem Gericht, und als der Ankläger noch mit Dokumenten nachgewiesen hatte, daß bei der Suche nach dem fehlenden Angeklagten alle Auflagen des Gerichts mehr als erfüllt worden waren, entschieden die Richter nach kurzer Beratungspause, „daß gemäß Abschnitt 12 des Statuts das Verfahren gegen den Angeklagten Bormann in absentia (in Abwesenheit, Anm. d. Red.) durchgeführt wird", und gaben bekannt, „daß ein Verteidiger für den Angeklagten Bormann ernannt werden wird".

Dazu wurde vom Gericht Friedrich Bergold bestimmt, der sich seines Auftrags gern gleich wieder entledigt hätte. In einem Prozeß aufzutreten, der von der ganzen zivilisierten Welt mit Spannung verfolgt wird, ist der Wunschtraum jedes Strafverteidigers. Mit diesem Fall jedoch – das war vorauszusehen – war wenig Ruhm zu ernten. Wer sollte dem Anwalt helfen, Anschuldigungen zu widerlegen, wenn nicht der Angeklagte selbst? Wer sollte Hinweise geben, wo

Entlastendes in den Aktenbergen zu finden wäre? Wer konnte Zeugen für die Verteidigung benennen?

Bergold war immer überzeugt, sein Mandant sei bei den Kämpfen in Berlin ums Leben gekommen. Am liebsten hätte er schon am ersten Prozeßtag den Antrag gestellt, Bormann für tot zu erklären und das Verfahren einzustellen. Doch dafür war es zu früh. Also saß er am 20. November um 10.00 Uhr mit mehr oder weniger Engagement zwischen den anderen Verteidigern, nur wenige Meter vor den Bänken der Angeklagten, und wartete auf eine Chance, seinen Platz für immer räumen zu können.

Bis zu diesem Eröffnungstag waren von den ursprünglich 24 Angeklagten schon zwei ausgeschieden. Der Industrielle Krupp mußte von der Liste gestrichen werden. Robert Ley, Reichsorganisationsleiter der NSDAP und Leiter der NS-Gewerkschaft „Deutsche Arbeitsfront", hatte sich in seiner Zelle erhängt, wenige Tage nachdem ihm die Anklageschrift überreicht und sein Vorschlag abgelehnt worden war, er werde, wenn man ihn am Leben ließe, aus dem Gefängnis heraus die Deutschen vom Antisemitismus kurieren. Als nächster, so hoffte Bergold, würde der Name Bormann von der Liste verschwinden. Gleich am dritten Verhandlungstag beantragte er, man möge das Verfahren gegen Martin Bormann abtrennen und vertagen, weil dieser Angeklagte als einziger zu seinem Fall nicht gehört werden könne und weil eine ordnungsgemäße Verteidigung zusätzlich noch dadurch erschwert werde, daß der Anwalt nicht hinreichend Zeit gehabt habe, sich in die Materie einzuarbeiten. Bergold sah nicht ein, warum er sich in den folgenden Monaten – es sollten zehn werden – durch einen Berg von Dokumenten (5330 waren es am Ende des Prozesses) hindurchwühlen und sich wegen eines nie vollstreckbaren Urteils abmühen sollte. Doch das Gericht lehnte seinen Antrag ab. Es erkannte nur an, daß ihm genügend Zeit zur Vorbereitung seiner Verteidigung gewährt werden müsse. Der Fall Bormann sollte deshalb zuletzt behandelt werden.

Das klang großzügig, aber es dauerte nicht einmal vier Wochen, da kam der US-Oberst Robert G. Storey auf Bormann zu sprechen.

„Obwohl der Angeklagte in persona nicht auf der Anklagebank sitzt, liegt der Beweis für seine Verantwortlichkeit bei der Führung und Förderung der Nazi-Verschwörung hier vor ... Als Chef der Parteikanzlei direkt unter Hitler war Bormann ein außerordentlich wichtiger Machtfaktor bei der Führung des Korps der Politischen Leiter." Er habe zudem auch die Reichsregierung kontrolliert und durch seine doppelte Funktion als Parteilenker und Reichsminister geradezu eine Schlüsselstellung im NS-Apparat eingenommen.

Das war kurz vor Weihnachten 1945, und deshalb wirkte es besonders eindringlich, als Oberst Storey ausführlich und persönlich entrüstet schilderte, wie verbissen Bormann die christlichen Kirchen unterdrückt hatte. Für Bergold war das um so unangenehmer, als er gerade in diesem Anklagepunkt völlig auf verlorenem Posten stand. Aus vielen Dokumenten mit Bormanns Unterschrift ging eindeutig hervor, daß er am liebsten schon während des Kriegs das Christentum ausgemerzt hätte.

Auch nach der Weihnachtspause hatte die Anklage noch immer Bormann im

Visier. Sie schickte Mitte Januar den jungen, von seiner Mission durchdrungenen Leutnant Thomas F. Lambert, Hilfsankläger in der USA-Mannschaft, ins Gefecht. Mit dem Eifer eines Weltverbesserers und voll Ehrgeiz, sich im Kreis der großen Juristen hervorzutun, schilderte er mit Emphase, wie „der Mann im Schatten Hitlers" insgeheim eine ungeheure Macht besessen habe, wie er Kriegsverbrechen begangen, Christen und Juden verfolgt und die Ausrottung der Zivilbevölkerung in Osteuropa betrieben habe.

„Jeder Mensch weiß", rief Leutnant Lambert, „daß Hitler ein böser Mensch war. Aber ohne Helfershelfer wie Bormann wäre er nie imstande gewesen, die totale Macht an sich zu reißen." Dieser Mann, der sein ganzes Leben der Verschwörung gewidmet habe, „war in der Tat ein böser Erzengel an der Seite des Teufels Hitler".

Das war vielleicht mehr Pathos, als der Gerichtsvorsitzende, Lordrichter Justice Lawrence, an einem Juristen schätzte; ihm lag weniger an aufwendiger Rhetorik als an Sachlichkeit und Objektivität. Dessen ungeachtet – mit den konkreten Beschuldigungen mußte sich Bergold auseinandersetzen, und er hatte es dabei sehr viel schwerer als die Ankläger. Je mehr Macht Bormann in den letzten Jahren an sich gerafft hatte, um so mehr Verordnungen, Gesetze, Befehle hatte er unterschrieben. Die Anklagebehörde mit ihren vielen Hilfskräften fand deshalb in dem Aktenberg Belastendes in Mengen, und weil sie so häufig fündig wurde, konnte sie sogar auf Zeugen weitgehend verzichten. Wie konnte damit ein Anwalt mit wenigen Helfern konkurrieren?

Die einundzwanzig Angeklagten waren für Bergold alles andere als eine Unterstützung. Jetzt, zwischen Kriegsende und Urteilsspruch, waren sie nur scheinbar Schicksalsgenossen; untereinander waren sie Gegner und Konkurrenten – immer noch – wie unter Hitler. Hermann Göring spielte sich als Führer-Nachfolger auf. Karl Dönitz und Erich Raeder konnten sich nicht ausstehen, obwohl oder gerade weil beide die Marine befehligt hatten. Julius Streicher wurde von den meisten verachtet. Die Militärs, untereinander zerstritten, haderten gegen die Parteileute. Nur in einer Hinsicht waren alle der gleichen Ansicht – und sie deckte sich merkwürdigerweise fast mit den Ansichten des Leutnants Lambert: Bormann war der Luzifer Hitlers gewesen. Was immer an Strafwürdigem geschehen sei, habe außer dem toten Führer in erster Linie dessen Sekretär zu verantworten.

Als Göring Mitte März 1946 als Zeuge in eigener Sache vom USA-Ankläger Justice Robert H. Jackson verhört wurde, nannte er als die eigentlichen Schuldigen an den Verbrechen des Dritten Reiches: Hitler, Goebbels, Himmler und Bormann. Jedoch: „Den entscheidenden Einfluß während des Krieges auf die Person des Führers, und zwar gerade von 1942 ab . . . hatte Herr Bormann. Es war ein verhängnisvoller Einfluß."

Ernst Kaltenbrunner, Chef des Reichssicherheitshauptamtes und nach Himmler der Mächtigste im SS-Sektor, behauptete allen Ernstes, er habe von den millionenfachen Morden an Juden nichts gewußt. „Die Leute, die das machten, sind alle tot: Hitler, Himmler, Bormann, Heydrich, Eichmann."

Alfred Rosenberg, Verfasser des antichristlichen „Mythus", lehnte es ab, für den kirchenfeindlichen Kurs der Partei geradezustehen. Weil er seine Dienststellen nicht als „geistige Polizei" hatte mißbrauchen lassen, sei Bormann vom Führer „mit der Vertretung der kirchenpolitischen Haltung der NSDAP" beauftragt worden. Ebenso habe jener seine harten Forderungen in der „Behandlung der Ostprobleme" (das heißt Versklavung und Dezimierung der Bevölkerung) durchgesetzt. Der Angeklagte Baldur von Schirach berichtete, Bormann habe gegen ihn gehetzt, weil er als Reichsjugendführer und als Gauleiter von Wien den Kirchen keine Schwierigkeiten bereitet habe. Feldmarschall Wilhelm Keitel, von Bergold gefragt, wer für den Volkssturm, jene kriegsverlängernde, sinnlose und nur noch weitere Blutopfer fordernde Massenaushebung verantwortlich sei, wies auf Bormann hin, der „jede Beratung, jede Mitarbeit und jede Information über den Volkssturm gegen militärische Dienststellen abgelehnt hat".

Sogar Goebbels, sagte der Angeklagte Hans Fritzsche, hatte „eine ausgesprochene Angst vor Martin Bormann". Der Propagandaminister, selber auch Reichsleiter in der Partei, im Reichskabinett mindestens gleichrangig und während der letzten zwei Kriegsjahre bei Hitler wieder in hohem Ansehen, habe „jede seiner Handlungen, die vielleicht von radikalen Parteielementen mißdeutet werden konnten", bei Bormann zu rechtfertigen gesucht. Wenn jener ein Fernschreiben geschickt habe, sei der „gesamte Apparat von Dr. Goebbels in schnelle Bewegung" gesetzt worden.

Ende Mai, der Prozeß zog sich schon ein halbes Jahr hin, war Friedrich Bergold mit seiner Verteidigung kaum weitergekommen.

Er hoffte zwar, das eine oder andere belastende Dokument entschärfen zu können, aber was nutzte das, wenn für einen Schuldspruch immer noch mehr als genug übrigblieb?

Notgedrungen kam Bergold immer wieder auf den Versuch zurück, den Tod seines Mandanten zu beweisen. Vielleicht würde es gelingen, wenn er Hitlers Fahrer, Erich Kempka, und Bormanns Sekretärin, Else Krüger, die bisher nur von alliierten Geheimdiensten vernommen worden waren, als Zeugen in den Gerichtssaal bekommen und dort befragen würde.

Der Vorsitzende, Lordrichter Lawrence, genehmigte ihm die Zeugen, die Bormanns Tod beweisen sollten, entwertete aber gleich ihre Aussagen: „Es ist ganz unerheblich, ob der Angeklagte tot oder lebendig ist. Die Frage ist, ob er schuldig oder unschuldig ist."

„Euer Lordschaft", klagte Friedrich Bergold, „ich bin in einer ganz besonders schwierigen Lage. Ich habe schon sehr viele Zeugen gehört und habe mich sehr viel bemüht, aber ich kann nichts Entlastendes finden. Die Zeugen sind alle mit einem erheblichen Groll gegen den Angeklagten erfüllt und haben das Bestreben, ihn zu belasten, um sich zu entlasten." Es sei vor wenigen Tagen (es war die Verhandlung vom 28. 5. 46) ein Mitarbeiter Bormanns, ein gewisser Helmut von Hummel, in Salzburg verhaftet worden. „Ich werde zu ihm fahren. Vielleicht werde ich neue Informationen bekommen."

Dieser von Hummel war tatsächlich einer von Bormanns Spitzenleuten gewesen. Er war Geschäftsführer für das Obersalzberggelände, für einige Güter in

Mecklenburg und von Hitlers Privatkasse. Außerdem leitete er auf dem Obersalzberg eine Dependance der Parteikanzlei, weil Bormann die wichtigsten Akten griffbereit wünschte, wenn er und Hitler sich dort monatelang aufhielten. Doch offensichtlich konnte oder wollte auch von Hummel seinen ehemaligen Dienstherrn nicht herauspauken, denn als Zeuge tauchte er in Nürnberg nicht auf.

Fehlschläge dieser Art mußten sich wohl auch auf der Anklagebank herumgesprochen haben, denn Mitte Juni erkundigte sich Göring, der aus gutem Grund Bormann auf den Tod haßte, vor Verhandlungsbeginn scheinheilig bei Bergold, ob er denn nun endlich Entlastungszeugen gefunden habe. „Schließlich hat er doch Sekretärinnen gehabt", meinte der gewesene Reichsmarschall. Doch der Anwalt mußte bekennen: „Keine will zu seinen Gunsten aussagen." Triumphierend sagte Göring zu seinen Mitangeklagten: „Wenn Hitler vorzeitig ums Leben gekommen wäre, hätte ich als sein Nachfolger mich um Bormann gar nicht zu kümmern brauchen. Der wäre von seinem Personal umgebracht worden, ehe ich noch den Befehl hätte geben können, ihn umzulegen."

Mit Zeugen hatte Bergold kein Glück. Ende Juni 1946 mußte er wieder einmal mehr dem Gericht bekennen, daß er mit leeren Händen dastand. Die Hitler-Sekretärin Gerda Christian wollte er vor den Richtern befragen, aber sie war kurz zuvor aus dem amerikanischen Frauen-Internierungslager Oberursel auf Heimaturlaub geschickt worden und hielt sich seitdem versteckt. Mit ihr hatte der Verteidiger beweisen wollen, daß sein Mandant keineswegs aus eigener Entscheidung Schlimmes getan habe, sondern im Grund genommen ein unselbständiger Befehlsempfänger Hitlers gewesen sei. Die gleiche Aussage erhoffte sich Bergold auch von leitenden Mitarbeitern der Parteikanzlei. Die Abteilungsleiter Helmuth Friedrichs und Heinrich Walkenhorst blieben zwar unauffindbar, aber kurz vor Verhandlungsbeginn am 29. Juni 1946 teilten ihm die Amerikaner mit, daß sie Gerhard Klopfer, Staatssekretär und gleichfalls Abteilungsleiter, aus einem Internierungslager ins Nürnberger Gefängnis gebracht hätten.

Bergold hätte ihn demnach sofort vorführen lassen können, doch das wagte er nicht. Nach so vielen Enttäuschungen wollte er nun nicht auch noch öffentlich eine böse Überraschung erleben. Er beantragte die Vertagung des Falles Bormann; das Gericht möge sich einstweilen mit dem Fall des Angeklagten Fritzsche beschäftigen, bis er mit Klopfer gesprochen habe.

Das war der Augenblick, da der sonst sachlich-kühle und gegen Bergold sogar wohlwollende Lordrichter die Geduld verlor.

„Viele Monate haben Sie für die Vorbereitung des Falles zur Verfügung gehabt", donnerte er, „und der Gerichtshof ist der Meinung, daß Sie fortfahren sollten. Wenn nicht mit der Aussage Klopfers, so eben mit anderem Material."

Bergold blieb nur noch übrig, sich aufs Bitten zu verlegen.

„Mylord, was ich habe, ist so wenig und mager; ich weiß selbst nicht, ob das stichhält, bis ich den Zeugen vernommen habe."

So erreichte er schließlich eine Vertagung – nur für ein paar Stunden. Der ehemalige Bormann-Untergebene Klopfer war dann doch nicht der Meinung, sein Ex-Chef sei so einfluß- und machtlos gewesen, wie es der Verteidiger wünschte; am gleichen Tag verzichtete Bergold auch auf diesen Zeugen.

Statt dessen versuchte er nun anhand von Dokumenten „einen kleinen Beweis dahin zu führen, daß der Angeklagte nicht die legendenhafte große Rolle gespielt hat, die ihm jetzt nach dem Zusammenbruch zugeschrieben wird". Doch auch dafür fühlte er sich nur schlecht gerüstet, und so entschuldigte er sich nach seinem Vortrag: „Es widerstrebt mir als Anwalt, aus Nichts etwas zu machen, und ich kann daher auch nur sehr, sehr wenig vortragen. Es ist nicht Nachlässigkeit, sondern Unvermögen, ohne Hilfe des Angeklagten aus den Dokumenten Positives herauszufinden."

Am 3. Juli durfte er endlich seinen wichtigsten und letzten Zeugen vorführen: Erich Kempka, in einer kinderreichen Arbeiterfamilie des Ruhrgebietes zur Führer-Verehrung erzogen, war viele Jahre der „persönliche Fahrer" seines Idols. In der letzten Phase verwaltete er den Fuhrpark in der unterirdischen Garage der Reichskanzlei. Ihm fiel auch die Aufgabe zu, das Benzin zu beschaffen, mit dem die Leichen Hitlers und seiner eben erst angetrauten Frau Eva verbrannt wurden. Verwaltungsmäßig war er Bormann unterstellt; Kempka nannte ihn vor dem Gericht „mein indirekter Vorgesetzter".

Zu seinem direkten Vorgesetzten hatte Kempka einen direkten Draht, wie das zwischen Leibchauffeuren und ihren Herren so üblich ist. Aus diesem Grund intrigierte Bormann gegen Kempka, wie gegen alle, die ohne ihn zu Hitler Zugang hatten. Kempka andererseits ärgerte sich über die brutale Art, in der der Reichsleiter ihn wie alle Untergebenen herumkommandierte.

Auf Bergolds Fragen berichtete Kempka, wie er Bormann in der Nacht vom 1. auf den 2. Mai 1945 beim Ausbruch aus der Reichskanzlei an der Weidendammbrücke getroffen habe und wie sie und eine Anzahl weiterer Männer aus dem Führerbunker versucht hatten, gedeckt durch deutsche Panzer, die Linien der Belagerer zu durchbrechen. Bormann sei seitlich neben dem Spitzenpanzer gegangen.

„Der Panzer flog auseinander, gerade dort, wo Bormann ging."

„Haben Sie", fragte Bergold, „Martin Bormann bei dieser Gelegenheit in der sich entwickelnden Stichflamme zusammenbrechen sehen?" Kempka, damals von der Stichflamme geblendet und dann einige Augenblicke durch die Explosion besinnungslos, erinnerte sich an „eine Bewegung, eine Art Zusammenbrechen, man kann auch sagen ein Wegfliegen", und nahm „bestimmt an, daß Bormann von der Stärke der Explosion ums Leben gekommen ist".

Den Richtern genügte das nicht. Sie hakten nach, wollten Einzelheiten über das Gefecht wissen. Sie fragten, ob Kempka mit Bormann darüber gesprochen habe, auf welchem Weg sie am besten aus Berlin entkommen könnten und wo *er* denn in Gefangenschaft geraten sei. „In Berchtesgaden", sagte er. Wann? „Im Sommer 1945."

So fiel auch diese Befragung nicht gerade so aus, wie Bergold sie gebraucht hätte. Wenn Bormann, wie Kempka aussagte, in der Uniform eines SS-Obergruppenführers, also eines Generals, an der Weidendammbrücke umgekommen wäre, dann wäre dieser Tote den Russen am nächsten Morgen mit einiger

Sicherheit aufgefallen. Wäre er nur verwundet gewesen, hätten sie ihn gefangengenommen. Nichts davon war geschehen. Auch Kempka hatte Bormann nicht tot gesehen. Andererseits war es ihm gelungen, durch den sowjetischen Belagerungsring zu schleichen, sogar noch in den Süden Bayerns zu entweichen und einige Zeit unterzutauchen. Wenn dies dem Fahrer des Führers gelang, warum nicht auch dem Sekretär?

„Daß Hitler tot ist, kann ich aussagen", versicherte der Zeuge Kempka dem Gericht. Und Bormann? Die Antwort blieb er schuldig.

Friedrich Bergold übergab dem Gericht dann noch die eidesstattliche Erklärung der Sekretärin Else Krüger, daß ihr SS-General Johann Rattenhuber, Chef des Führer-Begleitkommandos, vom Tod Bormanns berichtet habe, doch der Anwalt wußte selbst, daß dieses Papier nach Kempkas Aussage nichts wert war. Denn dieser Rattenhuber war genauso wenig aufzufinden wie Bormann und – vielleicht ebenso entkommen.

Am 1. Oktober 1946 wurden in Nürnberg die Urteile verkündet. Drei Angeklagte wurden „im Sinne der Anklage für nicht schuldig" befunden und aus dem Gefängnis entlassen. Sieben wurden zu Freiheitsstrafen zwischen zehn Jahren und lebenslänglich verurteilt. Gegen zwölf wurde die Todesstrafe verhängt, darunter auch gegen Bormann. Sein Urteil verlas Generalmajor Iola T. Nikitschenko aus der Sowjetunion.

Bormann wurde der Kriegsverbrechen und der Verbrechen gegen die Menschlichkeit schuldig gesprochen. Freigesprochen wurde er von dem Vorwurf der Verbrechen gegen den Frieden.

„Es liegen keine Beweise vor", heißt es im Urteil, „daß Bormann von Hitlers Plänen wußte, Angriffskriege vorzubereiten und zu führen." Erst als Leiter der Parteikanzlei, also nach dem Englandflug von Rudolf Heß im Mai 1941, und als der Angriff auf die Sowjetunion längst beschlossen war, habe er offenbar Zutritt zum engsten Kreis um den Führer bekommen.

In diesem Punkt hat sich das Gericht zugunsten des Angeklagten geirrt. Doch das ist unerheblich für jemand, der dem Strang ohnehin verfallen sein sollte, sofern die Nürnberger ihn noch fingen. Als am frühen Morgen des 15. Oktober 1946 die Todesurteile vollstreckt wurden, konnten dem Henker nur zehn der zwölf Delinquenten übergeben werden. Einer, Göring, hatte sich in der Nacht vergiftet. Der andere war nicht auffindbar.

Was jedoch weder das Gericht noch der Verteidiger zu diesem Zeitpunkt wußten, war, daß es doch jemand gab, der Martin Bormann tot und sogar aus nächster Nähe gesehen hatte. Bei den angelsächsischen Geheimdiensten gab es darüber auch schon Vernehmungsprotokolle, gestempelt mit dem Hinweis „top secret" und deswegen im Panzerschrank gehütet. Wer sie lesen durfte, erfuhr eine etwas abenteuerliche Geschichte.

Im späten Oktober 1945 vertrieben Schneefälle in den Alpen eine Gruppe junger Männer aus einer hochgelegenen Almhütte in den bayerischen Bergen. Es waren ehemalige Hitlerjugend-Führer. In Memmingen stellten sie sich den Amerikanern. Geführt wurden sie von einem Mann, der vor einem halben Jahr noch Ranghöchster der Hitler-Jugend war: Reichsjugendführer Artur Axmann, 35 Jahre alt. In ihm hatten manche junge Parteigenossen den Nachfolger Hitlers gesehen.

Gleich zu Beginn des Rußland-Feldzugs hatte er einen Arm eingebüßt. Am Ende des Krieges war er im Führerbunker zum engeren Gefolge Hitlers gestoßen, war von dort mit den anderen ausgebrochen und auch beim Gefecht an der Weidendammbrücke dabeigewesen.

Seinen Vernehmern – darunter Major Hugh R. Trevor-Roper, im Zivilberuf Geschichtsprofessor an der Universität Oxford – gestand er, er sei nach dem Gefecht zunächst mit Bormann und einigen anderen Männern aus der Reichskanzlei weitergezogen, aber die Gruppe habe sich dann aufgelöst. Später habe er auf einer Brücke in der Nähe des Lehrter Bahnhofs zwei Tote gesehen, von denen der eine Hitlers Leibarzt Ludwig Stumpfegger, der andere Martin Bormann gewesen sei.

Auf diesen Axmann-Bericht wie auch auf die Vorgänge in jener Nacht wird später noch gründlich einzugehen sein. Hier an dieser Stelle muß gefragt werden, was die Geheimdienste bewogen hat, diese neue Bormann-Version vorübergehend unter Verschluß zu nehmen. In Briefen, die Trevor-Roper an Kollegen geschrieben hat, finden sich dazu einige Andeutungen. Da war zunächst der Widerspruch zwischen der Kempka- und der Axmann-Story. Wer irrte sich – oder wer log? Vielleicht konnte man keinem glauben. Das mußte zunächst einmal geklärt werden. Das Motiv für eine bewußte Irreführung war naheliegend; nach einem Toten wird nicht mehr gesucht. Daß beide behaupteten, sie seien alles andere als Freunde von Bormann gewesen, machte ihre Aussagen nicht glaubhafter, denn wenn es gegen die Besatzungsmacht ging, mochten die „Alten Kämpfer" doch wohl ihre internen Querelen vergessen.

Wer schon mit seiner Bormann-Geschichte die Unwahrheit sagte, dem war überhaupt nicht zu trauen. Beide waren wichtige Zeugen dafür, daß Hitler nicht mehr lebte und daß seine Leiche zu Asche verbrannt worden war. Was war daran wahr?

Die Russen behaupteten, sie hätten den Leichnam Hitlers gefunden, und ein Pathologe hatte darüber ein ausführliches Gutachten verfaßt, in dem er unter anderem feststellte, der Führer habe von Geburt an nur einen Hoden besessen. Der USA-Geheimdienst wußte, daß dies nicht zutraf. Hitlers Leibarzt Theodor Morell saß, ein Wrack seiner selbst, in einem ihrer Internierungslager, und natürlich hatte man ihn darüber gründlich befragt. Würde nun Bormann vom Gericht für tot erklärt, und würde er später dennoch wieder auftauchen, läge zumindest für die unverbesserlichen Nazis unter den Deutschen die Vermutung nahe, daß angesichts der unterschiedlichen Versionen über die Leiche Hitlers vielleicht auch der Führer noch am Leben sein könnte. Und natürlich würde ein wiederauferstandener Bormann auch das Vertrauen in die Arbeit des Geheimdienstes erschüttern.

Trevor-Roper schreibt in seinem nach über zwei Jahrzehnten noch immer einzigartigen Quellenwerk über „Hitlers letzte Tage", die Aussagen Axmanns seien in Nürnberg „offensichtlich, obwohl verfügbar, übersehen" worden. Das ist bei solchen Aktenbergen zwar denkbar, obgleich gerade die Ungewißheit über das Schicksal Bormanns sowohl die Ankläger als auch den Verteidiger zu intensiven Nachforschungen geradezu gezwungen hatten. Doch wenn es so gewesen sein sollte, bleibt immer noch die Frage offen, warum dann die Geheimdienstleute, die sicherlich den Prozeßablauf aufmerksam verfolgten, keinen Hinweis auf Axmanns Aussage gegeben haben. Trevor-Roper hat sie offensichtlich schon sehr früh für wahr gehalten; wenige Jahre nach Nürnberg schrieb er, daß diese Version „abgesehen von zufälligen Irrtümern in den Zeitangaben sich ... als genau erwiesen hat".

Bergold ließ das Gericht im Urteil ein verstecktes Lob zukommen.

„Der Verteidiger Bormanns", las Generalmajor Nikitschenko vor, „der seine Tätigkeit unter schwierigen Umständen auszuüben hatte, war nicht imstande, dieses Beweismaterial (über Bormanns Verbrechen) zu widerlegen. Angesichts der Dokumente, welche Bormanns Unterschrift tragen, kann man schwerlich einsehen, daß ihm dies gelungen wäre, selbst wenn der Angeklagte zugegen gewesen wäre ... Sein Verteidiger brachte vor, daß Bormann tot sei ... Aber es liegen keine überzeugenden Beweise für den Tod vor, und daher beschloß der Gerichtshof, ... ihn in absentia abzuurteilen."

Sollte er je wieder auftauchen, dann könnte, falls sich mildernde Umstände ergäben, das Urteil geändert werden.

Weitere Genugtuung brachten Friedrich Bergold die folgenden Jahre. Als er im Gerichtssaal darüber klagte, daß ihn die „Hohe Anklagebehörde nicht mehr unterstützen konnte" bei seinem Versuch , den Tod Bormanns nachzuweisen, prophezeite er, es werde „auf solche Weise die Legendenbildung außerordentlich gefördert". Es hätten sich bereits falsche Bormanns mit Briefen bei ihm gemeldet.

Das war nur der Anfang. In dem folgenden Vierteljahrhundert wurden weltweit wohl vier Dutzend sogenannte »Bormanns« entdeckt, mit immer neuen phantastischeren Geschichten. Doch stets verhielt es sich wie mit dem sagenhaften Ungeheuer im schottischen Loch Ness: Sobald jemand genauer nachforschte, enthüllte er einen Irrtum oder einen Schwindel. Später wird darüber noch zu berichten sein.

Doch zunächst gilt es zu klären, wer dieser Martin Bormann eigentlich war. Wie kam er zu einer Karriere, die ihn für ein paar Jahre zu einem der mächtigsten Männer in Europa machte? Warum kannten ihn nur wenige und warum haßten ihn fast alle, die ihn kannten? Sie empörten sich über seine schlechten Eigenschaften, aber wer vom „unbekannten SA-Mann" (wie die Nazis ihr Fußvolk heroisierten) zur rechten Hand des Führers aufsteigt, muß doch auch Fähigkeiten und Tugenden besessen haben.

2 Von Halberstadt nach Parchim

„Mein Vater muß ein grundguter Mensch gewesen sein", schrieb Martin Bormann im August 1944 aus dem Führerhauptquartier Wolfsschanze in Ostpreußen an seine Frau Gerda auf dem Obersalzberg.

Anlaß zu diesem Ausbruch der Bewunderung war ein Foto des Vaters, das ein alter Bekannter der Familie dem zu hohen Würden gekommenen Sohn geschickt hatte. Aufgenommen war das Bild wohl vor 1890; es zeigte den Stabstrompeter Theodor Bormann in der Uniform der Halberstädter Kürassiere mit den Abzeichen der Militärmusiker, den „Schwalbennestern" auf beiden Schultern. Er hat also nicht nur die damals übliche Dienstzeit von drei Jahren bei den „schweren" Reitern abgedient, sondern darüber hinaus noch etliche Jahre zusätzlich und freiwillig in dem betont preußisch-feudalen Regiment musiziert.

Als Martin Bormann den oben erwähnten Brief an seine Frau schrieb, forschten er und in seinem Auftrag eine Anzahl Partei- und Staatsdienststellen schon jahrelang nach seinen Vorfahren. Nicht daß ihn die Verwandtschaft besonders interessiert hätte, im Gegenteil, aber auch er mußte wie jedes Parteimitglied nachweisen, daß seine Ahnen ausnahmslos arischer Abstammung und beileibe nicht etwa jüdischer „Rasse" waren. Es stimmte jedoch keineswegs alles, was er seiner Frau über seinen Vater und seine Herkunft erzählte. Er polierte seine Familie ziemlich großzügig auf – wohl, weil Gerda als Tochter des kaiserlichen Majors a.D. Walter Buch von einer wenig ansehnlicheren Familienvergangenheit enttäuscht sein könnte.

So behauptete er, sein Großvater habe einen Steinbruch besessen. In Wahrheit war Johann Friedrich Bormann, 1830 in Schöningen bei Braunschweig geboren, Arbeiter in einer Ziegelei, und seine bescheidene Existenz war nach den sozialen Maßstäben jener Zeit herkunftsbedingt: Johann Friedrichs Mutter, also Martins Urgroßmutter, Tochter eines Hofknechts, hatte ihren ersten Sohn geboren, als sie noch unverheiratet und keine zwanzig Jahre alt war.

Damit die Armut in der Familie des Johann Friedrich Bormann erklärbar wird, läßt Enkel Martin in seinen Erzählungen den Großvater früh sterben. So habe denn dessen Sohn Theodor nicht Förster werden können, wie er es gewollt habe, sondern früh Geld verdienen müssen, „um die Familie zu ernähren". Tatsächlich lebte der Großvater noch in Hohendodeleben bei Magdeburg, als sein Sohn – 20jährig – bei den Halberstädter Kürassieren einrückte. Dort entdeckte Theodor, daß er mit seinem musikalischen Talent vorankommen konnte. Den Grundstock zum späteren kleinen Wohlstand blies er sich mit der Trompete zusammen. Nach Dienstschluß konnten die Militärmusiker in den Lokalen von Halberstadt aufspielen – damals eine Kreisstadt mit über 30 000 Einwohnern, mit Landratsamt, Landgericht und einer schnell wachsenden Industrie. Martin Bormann berichtete – das konnte er natürlich nur aus Erzählungen wissen –, sein Vater habe damals nächtelang die Noten der einzelnen Instrumentenstimmen abgeschrieben, um so ein paar Pfennige zu sparen. Und seinen Abschied habe der Vater genommen, weil er als Musiker keine Aufstiegschancen gehabt habe, da sogar die Regimentskapellmeister damals noch rangmäßig weit hinter den Offizieren eingereiht waren.

Zivilist wurde Vater Theodor Bormann im Sommer 1888, in dem Jahr, da der schon sehr alte Kaiser starb und die Krone seinem todkranken Sohn hinterließ, so daß der Enkel Wilhelm, erst 29 Jahre alt, den Thron erbte. Eine neue Zeit voll jugendlichen Schwungs schien anzubrechen, und vielleicht beflügelte sie Theodor Bormann, zusammen mit einigen ehemaligen Kameraden eine Kapelle zu gründen, die Märsche und Tänze spielte, zunächst in der Provinz Sachsen und schließlich auf Tourneen, die ihn bis zu den englischen Seebädern führten. Joachim von Ribbentrop erzählte später als Reichsaußenminister nicht ohne Herablassung, er habe den Vater des allseits verhaßten Reichsleiters dort auf dem Musikpodium sitzen sehen. Doch das war eine billige Lüge, denn als Joachim Ribbentrop – das Adelsprädikat kaufte er sich erst später dazu – noch ein Kind war, hatte Theodor Bormann schon umgesattelt und war Postbeamter geworden.

Im Jahr 1891 hatte Theodor Bormann die Tochter Louise des Wachtmeisters Grobler aus alteingesessener Halberstädter Familie geheiratet, und sie war froh, als er das unstete Musikantenleben aufgab. In den ersten fünf Ehejahren kamen zwei Söhne (von denen einer bald starb) und eine Tochter zur Welt. Bei der Post wurde der Neuling – er war jetzt immerhin schon über 30 Jahre alt – rasch befördert, weil er Französisch lernte, fleißig und intelligent war. 1897 sah sich die Familie in der Lage, ein neu gebautes Wohnhaus zu erwerben. Wie alle Städte der Wilhelminischen Zeit, ging auch Halberstadt damals in die Breite, und wie üblich wurden die neuen Straßenzüge mit Namen bedacht, die an die glorreichen Siege über die Franzosen erinnerten. Das 500 Quadratmeter große Hausgrundstück, das Theodor Bormann und seiner Frau gemeinsam gehörte, zählte zur Sedanstraße. Seine Schwiegermutter, eben verwitwet, lieh ihnen etliche Tausender, die sie außer einer Hypothek dazu brauchten.

Frau Louise, geborene Grobler, konnte sich des Besitzes nicht lange erfreuen; sie starb ein Jahr später, 30jährig. So nötigten Kinder, Haus und Garten den Witwer, sich nach einer zweiten Frau umzusehen. Es traf sich gut, daß ein Kollege, der Postagent Mennong in Wegeleben, elf Kilometer vor Halberstadt, seine immerhin schon 35jährige Tochter Antonie unter die Haube bringen wollte – nicht mehr ganz taufrisch, auch nicht gerade eine Schönheit, aber temperamentvoll, resolut, umtriebig und von Haus nicht ganz unvermögend. Schon sieben Monate nach dem Todesfall heiratete sie Theodor Bormann in der alten Martinikirche. Dort wurde dann auch nicht ganz ein Jahr später ihr erster Sohn, geboren am 17. Juni 1900, auf den Namen des großen Reformators evangelisch getauft. Das nächste Kind, wieder ein Sohn, kam schon elf Monate später, lebte aber nur kurz. Um so prächtiger gedieh dann der dritte Junge, der im September 1902 zur Welt kam und nach einem Schwager der Mutter den Vornamen Albert erhielt.

Von diesen beiden Alberts wird noch mehr die Rede sein; vom Schwager in diesem Kapitel und vom Sohn Albert erst wieder ausführlicher, wenn die Bormanns dem Glauben ans Hakenkreuz und an Hitler verfallen. In jenen Tagen jedoch hingen die meisten Deutschen einem anderen Idol an: ihrem Kaiser mit den nach oben gezwirbelten Schnurrbartspitzen, der ihnen versprach, er werde sie herrlichen Zeiten entgegenführen. Seiner Majestät Bild hing natürlich auch im Haus Bormann, als Farbdruck hinter Glas.

Nur die ,,Proleten", die Roten, auf die nach des Kaisers erklärter Absicht seine Soldaten notfalls einmal schießen müßten, auch wenn sie dabei auf ihre Brüder zielten, nur solche Leute hatten kein Kaiserbild, sondern eines von August Bebel, dem Drechslermeister aus Sachsen, der mit seinen Reden im Reichstag immer wieder Furore machte. Diesen ,,Sozis" hätte sich vielleicht noch der Ziegelstreicher Johann Friedrich Bormann, der Großvater, anschließen können, aber dessen Sohn Theodor gehörte selbstverständlich zu den Patrioten; man hatte nicht nur bei den feudalen Kürassieren gedient, sondern hatte es auch sonst noch zu etwas gebracht und war Beamter mit dem Titel eines Oberpostassistenten. (Martin machte später daraus sogar einen Inspektor.) Man hatte als allseits geachteter Bürger jetzt mehr zu verlieren als nur seine Ketten, die man ohnehin nicht spürte. Und ebenso vaterländisch gesinnt war auch die ganze Sippschaft der Mennongs mit ihren Handwerksmeistern, Beamten und dem Schwager Albert Vollborn, der in Halberstadt die Zweigstelle einer Bank leitete.

Der Oberpostassistent Theodor Bormann kränkelte bereits, als sein Sohn Albert geboren wurde, und der Junge war noch kein Jahr alt, als der Vater im Juli 1903 mit 41 Jahren starb. Martin, gerade drei geworden, verlor damit seinen Helden, den er eben erst bewundern gelernt hatte. Erst mehr als zwei Jahrzehnte später sollte Martin einen Vater-Ersatz finden.

Viele eigene Erinnerungen an den Toten konnte er nicht haben; so war er auf Erzählungen seiner Mutter und der Stiefgeschwister aus der ersten Ehe angewiesen, als er sich während seiner Jungenjahre sein Leitbild nach dem früh Verstorbenen formte.

Für seine Mutter war der Verlust des Ernährers ein böser Schlag. Vier Kinder waren zu versorgen, denn außer den beiden eigenen waren da noch die Stiefkinder Walter, gerade zehn, und Else, acht Jahre alt. Für das Haus mußten die Hypothekenzinsen aufgebracht werden. Die Witwenpension war wegen der kurzen Dienstzeit bescheiden. Doch lebenslustig und lebenstüchtig fand sie schnell eine Lösung. Sechs Monate nach dem Tod ihres Mannes heiratete sie wieder.

Ihren neuen Ehemann kannte sie schon lange, und auch die Kinder waren mit ihm vertraut, denn er war schon zu Theodor Bormanns Lebzeiten häufig ins Haus gekommen: Albert Vollborn war durch den Tod von Antonie Bormanns Schwester vor zwei Jahren Witwer geworden und suchte für seine fünf Kinder eine Mutter.

Gelegentlich wurde gemunkelt, der Witwer Vollborn sei schon vor dem Tod von Theodor Bormann mit dessen Ehefrau nicht nur verwandtschaftlich verbunden gewesen, und es sei seltsam, daß der nur mittelgroße, dunkelhaarige und zur Rundlichkeit neigende Martin so wenig Ähnlichkeit mit seinem blonden und schlanken Bruder Albert habe. Doch diese Mutmaßungen lassen sich durch nichts beweisen – auch nicht damit, daß Martin seinen Stiefvater nie gemocht und schließlich sogar gehaßt hat. Für ihn war Albert Vollborn stets jener Fremde, der sich auf den Platz des Vaters gedrängt hatte. Ob diese Ehe mehr auf Vernunft oder auf Liebe gegründet war, muß offen bleiben. Sie blieb kinderlos. Antonie Vollborn, verwitwete Bormann, war bei der Heirat gerade 40, ihr Ehemann 37 Jahre alt.

Das Haus in der Sedanstraße beherbergte Anfang 1904 eine Familie mit seltsamen Verwandtschaftsverhältnissen: außer den Eltern, die erst verschwägert und dann verheiratet waren, vier Mädchen und einen Sohn (der übrigens ebenfalls auf den Namen Albert getauft war) aus Vollborns erster Ehe, dazu einen Sohn und eine Tochter aus Theodor Bormanns erster Ehe und die beiden Söhne aus dessen zweiter Ehe – insgesamt also neun Kinder, von denen das älteste knapp 13 Jahre, das jüngste noch nicht einmal zwei Jahre alt war. Diese Geschwister, Stiefgeschwister, Vettern und Basen sind nie zu einer richtigen Familie zusammengewachsen; etliche wurden schon früh von diesem Kreis getrennt, und die anderen strebten auseinander. Als Martin 1943 auf der Höhe seiner Macht von einem SS-Hauptscharführer Bormann (Oberfeldwebel der Waffen-SS) um eine verwandtschaftliche Gefälligkeit angegangen wurde, und seine Frau ihn über den Vetterngrad befragte, schrieb er ihr: „Das ist mir ganz egal... Ich lehne es ab, künftig irgendwelche Briefe von diesem Absender anzunehmen." Wozu sollte er sich auch unnötig dem Verdacht des Nepotismus aussetzen? Verwandte erinnerten ihn später immer nur an eine unangenehme und für ihn offenbar peinliche Vergangenheit. Das galt sogar für seinen Bruder Albert. Einzig seine Mutter durfte dann und wann die Familie auf dem Obersalzberg besuchen.

Im August 1906, knapp vor der Einschulung Martins, zog Albert Vollborn mit seiner Familie nach Eisenach und bekam eine bessere Stellung als Bankfilialleiter. Die beiden Bormann-Kinder aus erster Ehe, Walter und Else, blieben bei Angehörigen ihrer verstorbenen Mutter in Halberstadt; sie sind, genau genommen, mit dem Ehepaar Vollborn in keiner Weise verwandt. Martin vermißte diese Halbgeschwister wohl nie. Er muß überhaupt in jener Zeit schon ein gestörtes Verhältnis zu seiner Familie gehabt haben, denn von seinen Eisenacher Erlebnissen erzählte er später kaum etwas. Er hat sich immer als Halberstädter bezeichnet.

Für die Schule scheint der Sechsjährige zunächst nicht so recht reif gewesen zu sein, denn in den ersten drei Jahren besuchte Martin Bormann eine private

Lehranstalt in Eisenach. Beim nächsten Umzug der Familie nach Oberweimar im Jahr 1909 wird er in den Akten des Meldeamtes anfänglich nicht mit aufgeführt; möglicherweise hatte ihn der Stiefvater vorübergehend in ein Internat gesteckt. Leisten konnte sich die Familie solche Ausgaben in jener Zeit; sie zählte in Weimar zur Schicht des gehobenen Bürgertums. Trotz der nicht unbeträchtlichen Kosten wurden alle Kinder in höhere Schulen geschickt, und auch die Töchter des Bankdirektors Vollborn – mit dieser Berufsbezeichnung stand er im Adreßbuch der Stadt – wurden für ein Leben in besseren Kreisen erzogen. Mit Erfolg, denn eine von ihnen heiratete später einen Arzt, eine andere wurde die Frau eines Katasteramtsdirektors.

Als Martin – fast zehnjährig – nach Weimar kam, wurde er für die vierte Klasse des Realgymnasiums angemeldet. Das war im damaligen Schulsystem der letzte Einstieg in eine höhere Lehranstalt, denn in dieser Klasse begann der Unterricht in Fremdsprachen. Übrigens scheinen ihm gerade diese Fächer kein Vergnügen bereitet zu haben. Obwohl er von der Sexta bis zur Obersekunda, also sieben Jahre lang mindestens eine lebende Fremdsprache eingetrichtert bekam, lassen sich in Akten, Briefen und Gesprächen keine Anzeichen für solche Kenntnisse finden. Wenn er ins Ausland reiste, selten genug und fast nur als Begleiter seines Führers, hatte er immer einen Dolmetscher dabei. In den vielen Fragebogen, die der Parteifunktionär im Lauf der Jahre ausfüllen mußte, machte er denn auch immer nur Striche, wenn er seine Kenntnisse in Fremdsprachen angeben sollte.

Sichtbarer war der Einfluß der Schule bei der Erziehung zum deutschen Jüngling. Wie im ganzen Reich, waren auch in Weimar die meisten Gymnasiallehrer fanatische Nationalisten, denen die Franzosen als marklose Lüstlinge, die Engländer als habgierige Krämer und die Russen als saufende Barbaren galten. Deshalb müsse am deutschen Wesen die Welt genesen.

Daß deutsche Kultur über alles ging, war selbstverständlich, gerade in Weimar. Die Zeit war zwar vorbei, da es die Geistesheroen und Genies in die Residenz an der Ilm zog, doch Schiller ließ sich immer zitieren, wenn es ums Vaterland, ums teure ging, und auch Goethe war mit einiger Vorsicht dafür zu nutzen. Sogar aus Friedrich Nietzsches Büchern konnten die Professoren kernige Sätze zitieren, obgleich der Philosoph im nationalen Lager viele Widersacher hatte. Anders als bei den Preußen schätzte man im kleinen Großherzogtum Kunst und Wissenschaften höher als Kanonen, und so konnte es sich der Generalintendant des Hoftheaters sogar erlauben, Ibsens „Wildente" aufzuführen. Fürstlichem Brauchtum gemäß war dieser Theatergeneral ein ehemaliger Offizier, Carl Benno von Schirach, und sein Sohn Baldur, sieben Jahre jünger als Martin, wird diesem später im Kreis der NS-Prominenz begegnen. Auch prähitlerische Keimlinge gediehen in Weimar schon damals; eine Gruppe wilder Wagnerianer kämpfte in der Nachfolge ihres Meisters eifrig gegen das Judentum in der Musik, und der Literaturprofessor Adolf Bartels selektierte aus der deutschen Dichtung die Werke jüdischer Autoren und verdammte sie als artfremd und zersetzend.

Das alles gehörte zur Atmosphäre, in der der Gymnasiast Martin aufwuchs und in der er, seinem Alter gemäß, seine Ideale suchte. Die Schicht, zu der die Familie des Bankdirektors Vollborn damals gehörte, war überzeugt, in der besten aller möglichen Welten zu leben, denn Väter und Großväter hatten zumeist noch ein kümmerliches Dasein als Bauernsöhne oder handwerkliche Industriearbeiter geführt. Wer sich Mühe gab, konnte es zu etwas bringen. Man mußte nur vor Neid und Mißgunst auf der Hut sein – im eigenen Land vor den Roten, die alle Habe an die Armen verteilen wollten, und an den Grenzen vor jenen Völkern, die den Deutschen den Platz an der Sonne nicht gönnten. So wurde auch Martin stolz, ein Deutscher zu sein.

Elf Tage nach Martins 14. Geburtstag erschoß ein serbischer Verschwörer in Serajewo den österreichischen Thronfolger.

Am 31. Juli 1914 verlas ein Offizier, begleitet von ein paar Soldaten, mit Trommler und Hornist vor dem Weimarer Schloß den „Zustand der drohenden Kriegsgefahr", und einen Tag danach ordnete der Oberste Kriegsherr die Mobilmachung von Heer und Marine an. Die Deutschen jubelten, und es gibt Gründe, anzunehmen, daß in der begeisterten Menge, die durch Weimars Straßen zog und vaterländische Lieder sang, auch der Gymnasiast Martin mit bunter Mütze marschierte. Sieg um Sieg wurde gefeiert, mit Glockengeläute und Fahnen vor den Fenstern, mit Extrablättern der Zeitungen, Dankgebeten in den Kirchen und markigen Professorensätzen in den Schulen. Schon fürchteten die Primaner des Gymnasiums, der Krieg werde zu Ende sein, ehe sie mit dem Matura-Zeugnis in der Tasche freiwillig zu den Waffen eilen könnten. Sie sollten noch früh genug zum Sterben kommen.

Es gab allerdings auch Empörendes. Der Stiefvater berichtete in den Tagen um den Kriegsausbruch, daß ihm die Bankkunden fast die Schalter stürmten, um schnell noch ihre Guthaben abzuräumen. Und die Mutter beklagte, daß Mehl, Zucker, Reis und schlechthin alle Nahrungsmittel, die sich lagern lassen, in den Läden knapp wären, weil so viele Leute sich Vorräte anlegten. Daß Albert Vollborn sich nicht freiwillig als Krieger meldete und noch immer in Zivil herumlief – dabei war er schon 48 – nahm ihm Martin übel; der Vater, wenn er noch lebte, wäre gleich bei den Kürassieren in den Sattel gestiegen. Und als gar der Stiefvater Ende September zu Hause am Familientisch vorrechnete, was er mit der ersten Kriegsanleihe umsetzte und verdiente, war dies für Martin eine Bestätigung für seine Abneigung. Später nannte er ihn deshalb einen Kriegsgewinnler.

Zunächst allerdings brauchte er noch die Hilfe dieses Mannes, um so mehr, als er in der Schule nicht so recht vorankam. Der Reichsleiter Bormann gab später in seinen Fragebogen an, er habe das Gymnasium nach der Obersekunda verlassen und sei dann Soldat geworden.

Demnach hätte er mindestens acht Jahre gebraucht, um sieben Klassen zu durchlaufen.

Am Fleiß fehlte es nicht. Doch bei intellektuellen Gedankengängen versagte er – auch später noch. Baldur von Schirach hat ihn, als beide schon erwachsen waren, fast zwei Jahrzehnte lang und häufig aus nächster Nähe erlebt.

„Was seine Bildung anbelangt", urteilte er, „kann man eigentlich nur sagen:

Fehlanzeige. Seine Geschichtskenntnisse waren bestenfalls die eines Untersekundaners – und weiter hat er es auf der Schule sicher nicht gebracht. Literatur, Bildende Kunst, Musik gleich Null."

Hinter dieser abfälligen Charakterisierung steckt zwar auch der Hochmut des Sohnes aus adligem Haus gegen den Emporkömmling und die Abneigung gegen den in der Partei übermächtig gewordenen Funktionär, aber im wesentlichen ist sie dennoch zutreffend.

Weil die NSDAP sich schon in ihrer Frühzeit als Hort des Frontsoldatengeistes verstand, erzählte Bormann später, habe er sich in den ersten Kriegsjahren mehrmals freiwillig zum Waffendienst gemeldet, sei aber nie angenommen worden. Das kann wahr sein, aber Zweifel sind auch erlaubt. denn als er im Juni 1918 beim Feldartillerie- Regiment 55 in Naumburg als Rekrut einrückte, war er gerade 18, und in diesem Alter wurden die jungen Leute regulär eingezogen. Auch sein militärischer Werdegang spricht nicht gerade dafür, daß er Freiwilliger war, denn sonst wäre er mit seinem Einjährigen-Zeugnis für die Offizierslaufbahn vorgesehen worden. Er war jedoch in Naumburg noch immer schlichter Kanonier, als sein Kaiser längst nach Holland entwichen und in Berlin die Macht an die verabscheuten Roten, die Sozialdemokraten, gefallen war. Bormanns Altersgenosse Heinrich Himmler dagegen brachte es als Einjährig-Freiwilliger vom Einrücken Ende 1917 bis Kriegsende zum Wachtmeister und Fahnenjunker.

Bormann habe sich, so erzählten sich später die Generale im Führerhauptquartier, nur so lange im Garnisonsdienst gehalten, weil er „Putzer", also Bursche eines Offiziers, gewesen sei.

Baldur von Schirach behauptete, Martin Bormann sei von Grund auf feige gewesen, aber das wird nicht dadurch bewiesen, daß er sich 1918 in den letzten Monaten eines weitgehend verlorenen Krieges vor der Front gedrückt hat. Das tat im fünften Kriegsjahr fast jeder, der es konnte. Drückeberger – das war schon kein Schimpfwort mehr, eher Anerkennung.

Bemerkenswert ist nur, wie rasch der bisher so patriotisch tönende Jüngling zwischen Theorie und Praxis unterscheiden lernte. Geholfen haben ihm dabei die schnauzbärtigen Unteroffiziere in der Ausbildungskompanie. Mit der Begründung, sie würden aus ihm, dem Zivilisten, nun einen Menschen machen, brachten sie ihm bei, daß der Klügere sich mit Beflissenheit dem Stärkeren anpassen sollte. Daran hat er sich dann sein Leben lang gehalten.

In einer Hinsicht war er jedoch nicht bereit, sich anzupassen. Als er im Februar 1919 seine Uniform auf der Kleiderkammer in der Naumburger Kaserne ablieferte, war er fest entschlossen, nicht in den Haushalt seines Stiefvaters zurückzukehren. Das mag der Grund gewesen sein, daß er Landwirt werden wollte und als Eleve auf einem größeren Gut eine Anstellung suchte. Nur in dieser Sparte gab es freie Arbeitsplätze. Er bekam sofort ein Dach über den Kopf und – was momentan ebenso wichtig war – einen Tisch, auf dem jeden Tag gefüllte Schüsseln standen. Zwar konnte er von der Bauernarbeit nur wenig Ahnung haben, denn er war in Städten aufgewachsen, und in der Verwandtschaft gab es niemand, der einen Hof hatte. In anderen Berufen mit ähnlichen Vorteilen unterzukommen, war schwierig. Die Umstellung von der Kriegs- auf die Friedenswirtschaft lief erst an, und zu den vielen Arbeitslosen kamen täglich durch die Demobilisierung der Streitkräfte neue.

Ob er sich als Bauer auf einem Hof je bewährt hätte, läßt sich nachträglich nicht mehr feststellen; er kam nie in diese Situation. Ein großes Gut mit Knechten und Mägden als Befehlsempfänger hätte es sicher sein müssen. Er träumte später davon, daß Hitler ihm einen solchen Besitz als Belohnung für treu geleistete Dienste schenken würde. Dessen Areal auf dem Obersalzberg verwaltete er dann auch im Nebenamt, überaus geschäftig und sogar begeistert. Auf jeden Fall aber kam ihm diese Berufswahl zustatten, als das Bauerntum zum Lebensquell des Volkes, zum Hort deutscher Kultur und zum Bewahrer des germanischen Bluterbes erklärt wurde.

Es läßt sich jetzt nicht mehr feststellen, wo Martin Bormann seine Elevenzeit, sprich Lehre, verbracht hat. Er selber nannte Mecklenburg, und Verwandte behaupten, es sei nicht eigentlich ein landwirtschaftlicher Betrieb, sondern vielmehr eine Ölmühle gewesen. Doch das eine braucht das andere nicht auszuschließen – beides war damals noch häufig miteinander verbunden. Unklar ist auch, wie lange diese Ausbildung dauerte und was sie umfaßte.

Zu solchen Überlegungen führt zwangsläufig Bormanns selbstverfaßter Lebenslauf, denn darin folgt auf die Entlassung aus der Naumburger Kaserne im Februar 1919 als nächstes fixes Datum der August 1920 – und da wurde er angeblich „Geschäftsführer mit Generalvollmacht einer mecklenburgischen Begüterung". Demnach müßte er in eineinhalb Jahren alles über Acker und Stall gelernt haben, und wenn er auch während dieser Zeit an einem Fachkurs teilgenommen und durch Fleiß und rasche Auffassung gut abgeschnitten hat, wofür es Zeugen gibt, so ist es doch unwahrscheinlich, daß jemand einem so unerfahrenen und milchbärtigen Anfänger gleich eine „Begüterung" zur Bewirtschaftung anvertraute. Schließlich war der junge Mann noch nicht einmal volljährig und also auch nicht voll geschäftsfähig.

Um welches Gut es sich handelte, ist bekannt, gerichtsbekannt sogar, denn dort wurde aus nationalistischen Motiven und damit nach Ansicht der dort maßgebenden Kreise aus ehrenhaften Gründen ein Mensch auf die brutalste Art mit der Hilfe Martin Bormanns getötet. Es ist das Gut Herzberg, etwa 15 Kilometer nördlich der Kleinstadt Parchim.

Vom Herrschaftshaus von Herzberg aus gebot der Gutsherr Hermann Ernst Wilhelm von Treuenfels über das Dorf und das Gesinde. Als Bormann in Herzberg seinen Dienst antrat, umfaßte das Gut 800 Hektar. In Muschwitz besaß der Gutsherr weitere 370 Hektar. Ganz in der Nähe saßen dann noch dessen Vater auf weiteren 510 Hektar und ein Vetter auf fast 2000 Hektar. Um Parchim herum, damals ein Städtchen mit etwa 10 000 Einwohnern, gehörte der Familie die Fläche von etwa 75 mittleren Bauernhöfen.

Drei Jahrhunderte früher war der Boden noch im Besitz von selbstständigen Bauern gewesen, aber nach und nach hatten die Großgrundbesitzer ihre Höfe kassiert und sie zu Tagelöhnern degradiert. „Das Elend des Landarbeiters ist heute noch weithin schlimmer", berichtete 1938 der Mecklenburger Journalist

Friedrich Schmidt, „als das der Ärmsten in den Massenquartieren der Großstädte." Tuberkulose und Kindersterblichkeit, mehr als anderswo, seien die Folgen.

„Vielfach besitzen die Wohnungen (die den Gutsherren gehören, Anm. d. Red.) nicht den simpelsten Schutz gegen die Unbilden der Witterung. Von der Straße geht es oft ohne Windfang in die Küche; deren Tür muß auch im Winter offenbleiben, da kein Fenster vorhanden ist. Über der Feuerstelle führt ein Kamin direkt ins Freie. Es ist für keinen Schutz des Feuers, für keinen Wärmefang gesorgt. Auch das Schlafzimmer hat nur Steinfußboden, keine Holzdielen. Die Trinkwasserversorgung ist in der Wohnung oft noch mehr vernachlässigt als in den Ställen" der herrschaftlichen Kühe.

Diese Anklage wurde 18 Jahre nach Martin Bormanns Dienstantritt beim Gutsherrn von Treuenfels geschrieben. „Es ist selbstverständlich", versichert der Verfasser Schmidt, Mitglied des Gaupresseamtes der NSDAP in Mecklenburg, „daß Partei und Staat in den krassesten Fällen unsozialer Haltung sofort eingegriffen haben. Rücksichtslos wurden Gutsbesitzer vor Gericht gestellt und ins Gefängnis geworfen, wenn sie schuldig waren, sich gegen die primitivsten Gesetze der Menschlichkeit ihrer Gefolgschaft gegenüber vergangen zu haben."

Ganz so streng wird man wohl nicht gewesen sein, und der Familie derer von Treuenfels geschah nichts dergleichen. Vielleicht sah es auf ihren Gütern nicht so schlimm aus, vielleicht aber auch, weil sie in der Spitze der Partei einen Nothelfer sitzen hatte, der sich aus alter Kumpanei noch immer mit ihr verbunden fühlte. Mit Ehrengard von Treuenfels, geborene Freiin von Maltzahn, blieb Bormann zeitlebens freundschaftlich verbunden. Er hatte auf Herzberg manches gelernt und konnte dort in das für ihn so erfolgreiche politische Geschäft einsteigen. Nach der Gutsherrin gab er seiner 1932 geborenen (und dann früh verstorbenen) Zwillingstochter den Vornamen Ehrengard.

3 Roßbach und die Feme

Im Juli 1920 sei er Mitglied im „Verband gegen Überhebung des Judentums" geworden, vermerkte Martin Bormann in seinem Lebenslauf unter dem Stichwort „Frühere Parteitätigkeit".

Als er dies schrieb, war er bereits Reichsleiter. Beeindruckt von diesem Rang, wagte gewiß niemand die Frage, was dies denn wohl für eine Organisation gewesen sei. Doch was hier als früh entwickelter Antisemitismus dargestellt wird, mußte bei näherer Betrachtung zumindest alten Parteigenossen komisch vorkommen. Zunächst einmal nahm sich dieser Verband sehr bescheiden aus und war nichts anderes als ein Ableger der „Deutschnationalen Volkspartei", der so bedeutungslos blieb, daß ihn Theodor Fritsch, Papst der Antisemiten, in seinem „Handbuch der Judenfrage" nicht einmal erwähnt. Hingegen würdigt Fritsch begeistert und ausführlich die damals noch deutschnationalen Reichstagsabgeordneten Reinhold Wulle und Albrecht von Graefe. Sie standen hinter dem Verband, und die norddeutschen Gutsbesitzer waren ihre potentesten Anhänger.

Daß der junge Gutsinspektor auf Herzberg schon wenige Wochen nach Arbeitsbeginn dem Antisemitenverein der Großgrundbesitzer beitrat, war weniger ein Akt seiner Überzeugung als vielmehr ein Zeichen, wie schnell er sich seiner neuen Umgebung anzupassen verstand – in erster Linie der politischen Überzeugung seines Brotherrn.

Gewiß war der noch nicht ganz Zwanzigjährige, als er nach Herzberg kam, kein Freund der Republik; nach Erziehung und Herkunft konnte er nur Monarchist sein. Er brauchte also im Haus Treuenfels seine Zustimmung nicht zu heucheln, wenn dort die Regierenden in Berlin als rote Landesverräter und der Staat als Judenrepublik beschimpft wurden. Zudem konnte das neue Regime einem jungen Mann, der jetzt sein eigenes Leben gestalten wollte, nur eine höchst unsichere Zukunft bieten. Der verlorene Krieg, der harte Friedensvertrag, eine bankrotte Wirtschaft, Hunger, wachsende Teuerung, Schwarzhandel – das alles wurde jenen angelastet, die mit der Staatsgewalt dieses schlimme Erbe übernommen hatten. Sie waren offensichtlich nicht einmal stark genug, sich aus eigener Kraft zu behaupten; wann immer sie genötigt waren, sich mit Waffengewalt durchzusetzen – angefangen vom Spartakusaufstand in Berlin bis zum Schutz der Grenzen in Oberschlesien – stets mußten Freikorps, die alles andere als regierungsfromm waren, als Nothelfer einspringen.

Ehe der entlassene Kanonier Bormann 1919 seine Lehrzeit angetreten hatte, war er ein paar Tage bei der Mutter in Weimar gewesen und hatte dort die zur Nationalversammlung angereiste neue Obrigkeit gesehen: den rundlichen Friedrich Ebert, seit ein paar Tagen Reichspräsident, von dem erzählt wurde, er habe früher eine Kneipe besessen, den Ministerpräsidenten Philipp Scheidemann, der sich für ihn wie ein alternder Beau ausnahm, den Wehrminister Gustav Noske, der vor grüßenden Soldaten den Schlapphut lüftete, und den schon feist gewordenen Matthias Erzberger. Das waren nicht die Figuren gewesen, die dem jungen Mann imponieren konnten, wie er später oft im Hauptquartier erzählte.

Hermann von Treuenfels dagegen trat dafür ein, daß die Deutschen nicht von „Schlappschwänzen", sondern von Männern geführt würden, die befehlen, regieren und für Ordnung sorgen konnten. Nur weil man im neuen System in dieser „Quasselbude" von Reichstag mitmachen mußte, brauchte man eine Partei, und dafür waren die alten Konservativen, jetzt zusammengeschlossen in der Deutschnationalen Volkspartei, gerade richtig. Unter seinesgleichen fühlte man sich erst in der außerparlamentarischen Streitmacht, dem Deutschvölkischen Schutz- und Trutzbund, und dieser spann bereits seine Fäden über das ganze Reich, paktierte mit allen nationalistischen Gruppen und konspirierte gegen die Republik, wo immer es ging. Da auch die Freikorps mitmachten – zeitweise gab es 400 solcher Haufen –, war abzusehen, wann die Roten und die Demokraten „zum Teufel gejagt" würden.

Der erste Versuch, Mitte März 1920, war fehlgeschlagen. Die Marinebrigade des Kapitänleutnants Hermann Ehrhardt hatte vorübergehend die legitime Reichsregierung aus Berlin nach Stuttgart verjagt, und der Landschaftsdirektor a.D. Wolfgang Kapp hatte sogar für ein paar Tage eine nationale Regierung bilden können. Doch ein Generalstreik hatte den Putsch ins Leere laufen lassen.

Über diese schiefgelaufene Aktion wurde gewiß im Haus Treuenfels noch heiß debattiert, als der junge Inspektor seine Stellung antrat. In Mecklenburg waren die Putschisten besonders tüchtig gewesen; sie hatten mit Hilfe der Reichswehr ihre Landesregierung absetzen können, und dabei hatte ein Mann mit seinem Freikorps mitgeholfen, den fast jeder kannte und der jetzt dabei war, den Aufstand der Roten an der Ruhr blutig niederzuschlagen: Oberleutnant Gerhard Roßbach, Prototyp eines von Krieg und Nachkrieg aus der Bahn geworfenen jungen Offiziers. Er wurde bestimmend für die nächsten Jahre Martin Bormanns, obwohl der unsoldatische und zur Bürokratie neigende Gutsinspektor mit einem Abenteuer suchenden Landsknechtführer nichts gemeinsam hatte.

Von einem anderen Mann, der sich zum Kapp-Putsch in einem gebrechlichen Kriegsflugzeug nach Berlin hatte bringen lassen, der „mitmischen" wollte, aber von niemandem beachtet worden war – von diesem Mann dürfte jedoch kaum die Rede gewesen sein. Wer kannte schon im März 1920 außer einer nationalistischen Clique in München den Kunstmaler Adolf Hitler?

Er war erst ein halbes Jahr zuvor als Beobachter für die Reichswehr in einer

Versammlung der Deutschen Arbeiterpartei aufgetaucht und hielt jetzt seine ersten Volksreden in großen Versammlungen. Ein Jahr später allerdings, im Sommer 1921, konnten es sich die selbstbewußten Junker im Norden nicht mehr leisten, Hitler zu überhören. Er war jetzt bereits Vorsitzender einer rasch wachsenden, überaus aktiven Partei.

Der sowjetische Journalist Lew Besymenski erfuhr bei seinen Nachforschungen in Herzberg kurz nach dem Zweiten Weltkrieg, daß Bormann bei den Gutsarbeitern wegen seiner schroffen und herrschsüchtigen Art verhaßt gewesen sei, aber schikaniert habe er sie nicht. Offensichtlich kam es ihm nur darauf an, die Leute anzutreiben und einen möglichst hohen Ertrag herauszuwirtschaften. Berichtet wurde auch, er habe Schiebergeschäfte mit Lebensmitteln gemacht und die Inflation zu Spekulationen genutzt. Nun, es war eine Epoche des allgemeinen Schleichhandels, und illegale Geschäfte machte fast jeder, der Gelegenheit dazu hatte.

„Wegen Übertretung einer landwirtschaftlichen Verordnung", so gab Bormann an, sei er damals mit 3000 (schon stark entwerteten) Mark bestraft worden, was im Klartext bedeutet, daß er bei einem seiner Schwarzhandelsgeschäfte erwischt wurde. Wie dem auch sei, Hermann von Treuenfels war dennoch mit seinem eifrigen Mitarbeiter hochzufrieden und übertrug dem forschen jungen Mann bald die Oberaufsicht über alle Arbeitskräfte.

Das war ein schwieriger Posten. So langsam kamen die alteingesessenen Landarbeiterfamilien dahinter, daß ihre Brotherren sie schlimmer denn je übers Ohr hauten. Soweit sie ihren Lohn in Geld erhielten, bekamen sie es erst, wenn es durch die „galoppierende" Inflation fast wertlos geworden war. Der Gutsherr dagegen hortete seine Naturalien in Speichern, und dort wurden sie täglich wertvoller. Mancher Landarbeiter lief weg, andere wurden aufsässig. Das brachte die Gutsherren auf den Gedanken, den Freikorps ihre Güter als Zuflucht anzubieten. Sie glaubten, den Landsknechten müsse der Vorschlag willkommen sein, denn seit es an den Grenzen im Osten und gegen die Kommunisten im Inneren nichts mehr zu kämpfen gab, zahlte die Reichsregierung nicht mehr. Die Gutsherren sagten, sie hielten es für ihre nationale Pflicht, diese patriotische Streitmacht zusammenzuhalten – für alle Fälle, und darunter verstanden sie auch den nächsten Putsch. Bis dahin müßten die Herren Soldaten freilich arbeiten und zugleich auch Leibwache sein, falls hungrige Revoluzzer die Güter bedrohen sollten. So wurde auch Martin Bormann angewiesen, ein langgestrecktes Stallgebäude am Rand des Dorfes als Unterkunft herzurichten.

Doch zufrieden waren weder Landsknechte noch Landwirte. Die meisten Gutsbesitzer klagten, daß ihre Hilfskräfte Mädchen und Schnaps der Arbeit vorzögen, indessen sich jene von den Feudalherren ausgebeutet fühlten. Bezeichnend dafür ist der Bericht eines Hauptmann Wiese aus dem Freikorps Diebitsch, dem in Ostpreußen „ein großer Grundbesitzer aus Mecklenburg … seine Rechte gab und ihm mit strammen Worten versprach, die sehr kameradschaftlich klangen", er werde ihn und ein halbes Hundert seiner Leute aufnehmen, und jeder werde später sogar eine Bauernstelle bekommen. Doch schon nach kurzer Zeit zog der Trupp wieder ab; Wiese und seine Männer mußten in einem verrotteten Schweinestall auf nassen Brettern schlafen, bekamen nur eine kärgliche Verpflegung und wurden ständig bei der Arbeit angetrieben.

In der Kampfzeit der NSDAP war es dem Ruf und der Parteikarriere förderlich, in einem der Freikorps gekämpft und damit Deutschland „die Treue gehalten" zu haben. So gab auch Bormann in seinem Lebenslauf immer an, er sei zwei Jahre lang „Abschnittsleiter der Org. Roßbach in Mecklenburg" gewesen. Das stimmt zwar, aber im Freikorps Roßbach war er nie einen Schritt marschiert. Bestenfalls war er eine Art von Zahlmeister, also ein Bürokrat für einen Freiwilligenhaufen, der nicht mehr militärisch, sondern nur noch eine militante Organisation ohne festes Ziel war. Die „Alten Kämpfer" in der NSDAP, soweit sie selber bei den Freikorps mitgemacht hatten, konnte Bormann damit nicht irreführen, aber dem gewöhnlichen Fußvolk imponierte er gern mit Geschichten aus der Frühzeit des Hakenkreuzlertums. Noch Ende Februar 1945, zwei Monate vor der „Götterdämmerung", schwärmte er in Hitlers Bunker unter der Reichskanzlei nachts bei französischem Cognac seinen Sekretärinnen vor, wie heroisch die Tage des Kapp-Putsches und wie kühn doch das Fähnlein der Aufrechten damals gewesen sei. Miterlebt hatte er jedoch nichts.

Die Gelegenheit, aktiv zu werden, bekam er auf Herzberg erst, als ein Trupp von etwa 15 Roßbachern im ehemaligen Stallgebäude Quartier bezog und auch die Gutshöfe in der Nachbarschaft nacheinander ihre Einquartierungen bekamen. Offiziell war das Freikorps als staatsgefährdend von der Reichsregierung aufgelöst worden, aber sein Führer hatte flugs den Firmennamen gewechselt. Eine Weile hieß der Haufen „Arbeitsgemeinschaft Roßbach", mit einer Zentrale in Berlin und einer Kassenverwaltung in Mecklenburg. Auf das unvermeidliche weitere Verbot folgte ein neuer Namenswechsel zum „Verein für landwirtschaftliche Berufsausbildung". Hermann von Treuenfels, Oberstleutnant a.D. und führend bei den Rechtsradikalen, hatte die Aufgabe, die Betreuung der Roßbacher in der Parchimer Gegend zu organisieren, und diese Arbeit delegierte er an seinen tüchtigen jungen Gutsinspektor.

So geriet Martin Bormann zum erstenmal mit einem Fuß in die Illegalität, ohne eigenes Dazutun, aber dennoch dienstwillig, ja sogar begeistert. Der künftigen Revolution mit der Waffe zu dienen, war nicht nach seinem Geschmack, aber vom Schreibtisch aus wollte er sich gern beteiligen. Seine Aufgabe war, der Zentrale des Vereins zu berichten und deren Befehle an die einzelnen Gruppen auf den Gütern der Umgebung weiterzuleiten. Außerdem mußte er das Geld verwalten, das vom Lohn jedes Roßbachers als Sparkonto einbehalten wurde. Mit dieser Schreibstubenarbeit wurde er für die Landsknechte zu einer Art Autorität – um so mehr, als er über seinen Dienstherrn einen direkten Draht zur Leitung der »Deutschvölkischen Freiheitspartei« hatte.

Diese Partei wurde im Dezember 1922 von Männern gegründet, denen die »Deutschnationale Volkspartei« noch nicht radikal genug war – so deren Reichstagsabgeordnete Reinhold Wulle und Albrecht von Graefe, so Theodor Fritsch, der Superantisemit, und Arthur Dinter, Schriftsteller (später Gauleiter der NSDAP in Thüringen). Begünstigt von der immer größeren Entwertung der Mark, durch die steigende Furcht vor Kommunisten und Bolschewisten und durch die Empörung über den Einmarsch der Franzosen ins Ruhrgebiet, sammelte diese Partei rasch Anhänger, vorwiegend in Norddeutschland. Im Süden und in Sachsen kam sie gegen den Konkurrenten Hitler und seine NSDAP nicht an. Scheinbar waren die beiden Parteien befreundet – so gut, daß Hitler diese Bereiche den Völkischen überließ, als die NSDAP in den meisten norddeutschen Ländern verboten wurde. Insgeheim bekämpften sie sich. Für Graefe und Wulle waren Hitler und seine meist bayrischen Mitstreiter papsthörige Katholiken, antipreußisch, Nachäffer des römischen Faschismus und in jeder Hinsicht ungermanisch. Umgekehrt spottete Hitler über die Deutschtümler, Reaktionäre und politischen Stümper im Norden.

In diesen Streitereien zwischen Mecklenburg und Bayern stand der Gutsinspektor Bormann natürlich auf der Seite seines Brotherrn, doch es entging ihm auch nicht, daß die Leute auf der anderen Seite beweglicher und ideologisch weniger festgelegt waren. Oberleutnant Roßbach, der nach den vielen Verboten seine Zentrale als „Deutsche Auskunftei" in Berlin–Wannsee tarnte, war Mitglied sowohl bei Hitler als auch bei Graefe; einer von beiden würde wohl das Rennen machen. So ganz genau war die Trennungslinie bei den vielen rechtsextremen Verbänden, Bünden und Gruppen ohnehin nicht zu ziehen. Alle hamsterten Waffen, malten sich ein Hakenkreuz auf den Stahlhelm und sangen, nur mit jeweils abgewandeltem Text, die gleiche, ursprünglich englische Operettenmelodie des Ehrhardt-Liedes „Hakenkreuz am Stahlhelm, schwarz-weiß-rot das Band".

Es fiel Martin Bormann sicher nicht leicht, die Roßbachtruppe um Parchim herum im Zaum zu halten. Neben den Idealisten, die etwas fürs Vaterland tun wollten, gab es unter ihnen auch „Hochstapler, Abenteurer und Lumpen" – so der Stuttgarter Freikorpsoffizier Wilhelm Kohlhaas. Es gab Prügeleien, Kameradendiebstähle, Eifersüchteleien unter Homosexuellen, und es gab auch Verrat.

Da hatte doch im Februar 1923 ein Walter Kadow um Aufnahme in die Herzberger Roßbachgruppe gebeten. Er war Volksschullehrer, hatte in Wismar eine Jugendgruppe der »Deutschvölkischen Freiheitspartei« geleitet und wurde deshalb von deren Funktionären empfohlen. Doch der 23jährige fing dann an, sich als Weltkriegs-Leutnant aufzuspielen, dekorierte sich mit Orden, die ihm offensichtlich nie verliehen worden waren, und pumpte Kameraden an, ohne etwas zurückzuzahlen. Truppführer Georg Pfeiffer meldete dies dem Inspektor Bormann, und bald waren sich alle Zuständigen, nämlich Landwirt Bruno Fricke als Ortsgruppenleiter der Völkischen, Hermann von Treuenfels als Arbeitgeber und Bormann als Roßbach-Verbindungsstelle, einig: Der Kerl mußte gehen. Doch zuvor schwatzte er noch dem Buchhalter des Gutes einen Vorschuß „für seine Kameraden" ab, 30 000 Mark, in jenen Tagen etwa sechs Stundenlöhne eines Metallarbeiters.

Als der Fall Kadow dann zum Kriminalstück geworden war, behauptete Bormann, er habe sich über diesen Betrug so geärgert, daß er den Kassierer der

Völkischen Partei in Parchim, den Lebensmittelhändler Franz Masolle, gebeten habe, man möge ihn verständigen, wenn Kadow wieder auftauche, damit der Kerl seine Schulden abarbeite. Die Begründung war fadenscheinig; es ging um einen geringen Betrag, der ohnehin mit jedem Tag durch die Inflation wertloser wurde. Wahrscheinlicher ist, daß auch Bormann den inzwischen kolportierten Verdacht teilte, Kadow sei ein Spitzel und Verräter.

Verräter jedoch – und das wußte Bormann – verfielen in diesen Kreisen der Feme. Diese üble Art von Gerichtsbarkeit hatte sich entwickelt, solange die Verbände zur „schwarzen" Reichswehr gehörten und dazu dienten, das vom Versailler Friedensvertrag auf 100 000 Mann begrenzte Heer insgeheim zu verstärken. Wer zu einer solchen Truppe gehörte und das Staatsgeheimnis verriet, konnte nicht von ordentlichen Gerichten abgeurteilt werden.

„Es entstand so ... die Selbstjustiz, nach alten deutschen Vorbildern ähnlicher Situationen, das Femegericht. Jeglicher Verrat wurde mit dem Tode bestraft. Es sind so viele Verräter hingerichtet worden." Dies schrieb mehr als zwei Jahrzehnte später einer der Beteiligten am Fall Kadow in seiner Autobiographie, kurz vor seiner Hinrichtung durch die Polen: Rudolf Höß, Roßbacher und Landarbeiter auf dem Gut Neuhof bei Parchim, später Kommandant des Konzentrationslagers Auschwitz und wegen Massenmords zum Tod verurteilt. Bormann hatte in Parchim die Falle gestellt, und Kadow lief prompt hinein, als er am 31. Mai 1923 zuerst den völkischen Funktionär und Fabrikanten Theo von Haartz und anschließend den Parteikassierer Masolle aufsuchte. Bei beiden wollte er schnorren, angeblich um ins Ruhrgebiet zu fahren und gegen die Besatzer zu kämpfen. Geld bekam er nur wenig, dafür mehr Schnaps. Er ging schon wankend aus Masolles Lebensmittelladen in den gegenüberliegenden Gasthof „Louisenhof", in dem sich die Gutsherren und die Roßbacher der Gegend trafen. Der stärksten Gruppe – etwa 25 Mann auf dem Gut Neuhof, nicht weit vom Stadtrand – schickte Masolle einen Boten mit der Neuigkeit. Bormann versuchte er telefonisch zu benachrichtigen. Doch die Verbindung nach Herzberg klappte nicht, und als Masolle sich auf sein Motorrad setzte, streikte es unterwegs. So strampelte er auf einem geliehenen Fahrrad den Rest der 15 Kilometer ab und kam erst abends auf Herzberg an.

Den Rückweg schaffte er leichter und schneller. Inspektor Bormann ließ sofort einen Jagdwagen anspannen, den Truppführer Georg Pfeiffer und noch zwei Roßbacher rufen und schickte die vier mit dem Fahrzeug nach Parchim zurück. Ihr Auftrag sei gewesen, so gab Bormann später an, Kadow ordentlich zu verprügeln, denn zum Arbeiten sei der Kerl doch nicht zu bringen. Als sie im „Louisenhof" ankamen, war die Wirtsstube schon voll, die meisten Gäste betrunken, denn Masolle und von Haartz hatten verkünden lassen, der ganze Abend gehe auf ihre Rechnung. Alle hatten sie Kadow der Reihe nach zugeprostet, und so lag er nun lallend auf einem Sofa und merkte nicht einmal, daß man ihm die Taschen leerte. Gefunden wurden angeblich eine Mitgliedskarte der kommunistischen Jugend, Rubelscheine und verdächtige Notizen. Als der Wirt um Mitternacht der Polizeistunde wegen zum Aufbruch drängte, redeten sie Kadow ein, nun würden sie in einem Kaffeehaus mit Damenbedienung weiterfeiern. Zwei Roßbacher bugsierten den Betrunkenen auf den Jagdwagen und nahmen ihn dort in ihre Mitte. Truppführer Pfeiffer vom Gut Herzberg und Rudolf Höß vom Gut Neuhaus setzten sich auf den Bock. Zwei weitere Roßbacher stellten sich aufs Trittbrett. Auf der Ausfallstraße in Richtung Schwerin, bei den letzten Häusern, merkte Kadow, daß sie aus der Stadt hinausfuhren. Er wollte aussteigen, aber einer hielt ihm eine Pistole vor die Stirn. Ein paar hundert Meter weiter fielen sie über ihn her – zunächst im Wagen – und traktierten ihn mit Fäusten, Stöcken, Gummiknüppeln. Auf einer Wiese zerrten sie ihn vom Fahrzeug.

„Was deutsche Männer aufgebaut haben, willst du Lump verraten", wurde ihm auf sein Gejammer vorgehalten. Die Hiebe fielen von allen Seiten – sechs gegen einen. Schließlich brach Höß einen jungen Ahornstamm ab und schlug ihn Kadow mit voller Wucht über den Schädel. Blutüberströmt und bewußtlos brach er zusammen. Sie warfen ihn auf den Gepäckträger des Wagens, deckten ihn mit seiner Pelerine zu und fuhren zum Gut Neuhof. Dort beratschlagten sie und beschlossen, Kadow habe „seinen Teil weg", es sei das beste, ihn nach einem „Gnadenschuß" im Wald zu vergraben. In einer Schonung hoben sie den noch immer Bewußtlosen (sein Stirnbein war zerschmettert) vom Wagen. Einer der Roßbacher durchschnitt ihm mit dem Taschenmesser die Kehle, und ein anderer schoß ihm zwei Pistolenkugeln ins Gehirn. Auf dem Gutshof wurde anschließend der blutverschmierte Jagdwagen gewaschen, die Habe Kadows verbrannt, und am Morgen schließlich die Leiche in der Tannenschonung eingegraben.

Früh am Vormittag erfuhr Bormann vom Herzberger Gruppenführer Pfeiffer, was in der Nacht geschehen war. Er ließ den Kreisleiter der Völkischen Freiheitspartei kommen, und beide waren sich schnell einig, daß die Sache nicht so abgelaufen sei, wie gedacht. Bormann hat zwar später immer behauptet, er habe Kadow eine Tracht Prügel zugedacht, aber darum ging es in diesem Gespräch gewiß nicht. Der Parteifunktionär, ein arbeitsloser Leutnant a.D., rügte vor allem das Massenaufgebot gegen einen einzelnen, erst in der Kneipe und dann bei der Totschlag-Szene. Es würde schwierig sein, eine Geschichte geheimzuhalten, bei der so viele mitgemacht hätten. Nun blieb nichts anderes übrig, als alles zu vertuschen und zu behaupten, Kadow sei mit dem Frühzug ins Ruhrgebiet abgereist.

Auf Bormanns Motorrad fuhren er und der Kreisleiter zum Gut Neuhof, um dort alle Beteiligten auf diese Darstellung einzuschwören. Doch der pflichteifrige Höß hatte bereits bei Masolle den Tod Kadows gemeldet, und nun mußte auch dieser noch mit der neuen Version vertraut gemacht werden. Natürlich müßte jeder, der etwas ausgefressen hätte, verduften, sagte Bormann.

Ein paar Tage später bekamen es zwei der Beteiligten mit der Angst zu tun. Ohne Wissen Bormanns reisten sie nach Schwerin und verlangten dort von der völkischen Parteileitung, anderswo untergebracht zu werden. Sie wurden auf ein Gut der Insel Poel geschickt, aber dort geriet einer von beiden, Bernhard Jurisch, in eine Schlägerei und fühlte sich von nun an von seinen eigenen Kameraden als verdächtiger Mitwisser verfolgt. Möglicherweise zu Recht, denn als krankhafter Psychopath, der schon in einer Berliner Irrenanstalt gewesen und entmündigt war, konnte er nicht gerade ein perfekter Hüter eines Geheimnisses sein. Er floh bei Nacht und Nebel von der Insel, reiste unstet umher, bis er am Abend des 22. Juni 1923, drei Wochen nach der Bluttat, in der Redaktion des „Vorwärts", der sozialdemokratischen Tageszeitung von Berlin, Schutz suchte. Dort erzählte er, was in Parchim geschehen war, „angstgepeinigt und wie ein zu Tode gehetztes Tier", schrieb das Blatt.

Polizisten gruben den toten Kadow aus, und Mecklenburger Staatsanwälte ermittelten, aber ihre Untersuchung kam nur langsam voran. Die sechs Totschläger, Jurisch eingeschlossen, wurden zwar in Untersuchungshaft genommen, aber nach Anstiftern und Regisseuren wurde nur lässig geforscht. Die Mecklenburger Justiz hätte den Fall am liebsten als eine Prügelei zwischen Saufkumpanen mit tödlichem Ausgang in einer schlichten Strafkammerverhandlung unpolitisch abgetan. Um die Rolle Martin Bormanns hätte sich dann gewiß niemand gekümmert. Doch anfangs Juli verlor der Oberreichsanwalt Ludwig Ebermayer die Geduld: Weil es sich um eine politische Straftat handelte, übernahm er aufgrund des „Gesetzes zum Schutz der Republik" die Leitung der weiteren Ermittlungen. Für den Strafprozeß wurde damit der Staatsgerichtshof in Leipzig zuständig. Nun wurde auch Martin Bormann verhaftet, ins Schweriner Gefängnis eingeliefert und von dort nach Leipzig überstellt. Den Transport unter scharfer Bewachung, den Empfang auf dem Leipziger Hauptbahnhof durch ein großes Polizeiaufgebot und die Sicherungsvorkehrungen im Gefängnis schilderte er Jahre später, im August 1929, in einem Bericht für den „Völkischen Beobachter". Seine Bewacher seien besonders streng und böswillig gewesen, weil kurz zuvor der Kapitänleutnant Ehrhardt aus einer Zelle dieses Gefängnisses durch listige Rechtsradikale in die Freiheit geschmuggelt worden war. Diese Sicherungen seien jedoch unnötig gewesen, denn er und seine Kameraden „dachten gar nicht ans Ausreißen... wir waren der festen Meinung und sind es heute noch, daß wir nicht unrecht, sondern recht hatten, und daß wir nicht Strafe, sondern Lob verdienten".

Diese selbstbewußten Töne konnten doch nur bedeuten, daß der „Verräter" Kadow mit seinem Tod nur die verdiente Strafe bekommen habe – und das konnte Bormann 1929 in dieser vage gehaltenen Formulierung bereits gefahrlos zugeben. Ein anderer Beteiligter, Rudolf Höß, hat dann 1946 im Untersuchungsgefängnis von Krakau und angesichts eines unvermeidlichen Todesurteils in seinen Erinnerungen offen ausgesprochen, was Bormann nur andeutete: „Ich war damals...fest davon überzeugt, daß dieser Verräter den Tod verdient hatte. Da aller Wahrscheinlichkeit nach kein deutsches Gericht ihn verurteilt haben würde, richteten wir ihn, nach einem ungeschriebenen Gesetz, das wir uns, aus der Not der Zeit geboren, selbst gegeben hatten."

So selbstbewußt und selbstsicher, wie sich Bormann in seinem Zeitungsbericht gibt, kann er in den Sommertagen des Jahres 1923 während seiner Untersuchungshaft nicht gewesen sein. Er hätte sich dann nicht so sehr über die Ärgernisse des Gefängnislebens empört: Daß er als Untersuchungsgefangener zerlumpte Anstaltskleidung tragen und sie auch noch jeden Abend mit Ausnahme des Hemdes abliefern mußte, daß er nachts stündlich kontrolliert wurde, daß er nach acht Wochen erstmals rasiert wurde, daß man ihm den Spaziergang im Hof kürzte. Nachweislich übertreibt er erheblich, denn Rudolf Höß, zur gleichen Zeit im gleichen Gefängnis, berichtet „von allen nur möglichen Vergünstigungen" für die politischen Gefangenen.

Aus Zeitungen und Mitteilungen schöpften Bormann und seine Freunde im Sommer 1923 auch die Hoffnung, daß sich für sie in Kürze alles zum besten wenden würde. „Die politischen Verhältnisse", schrieb Höß später, „hatten sich im Reich so zugespitzt, daß es unbedingt zu einem Umsturz kommen mußte... Ich rechnete fest damit, daß wir zur geeigneten Zeit von unseren Kameraden befreit würden... und daß es wahrscheinlich zu keiner Verhandlung, und wenn, so doch keinesfalls zu einer Strafverbüßung kommen würde."

Als Bormann Ende September aus der Untersuchungshaft als einziger der Beschuldigten entlassen wurde, war er siegessicher. Er hatte in Leipzig beim Untersuchungsrichter zugegeben, was unbestreitbar war – den Prügelauftrag, die Wagenbestellung, die Vertuschungsmanöver – und sich so als ein scheinbar einsichtiger Delinquent erwiesen. Nach Herzberg zurückgekehrt, ließ er sich als einen feiern, der für die gute Sache Opfer gebracht hatte, und als einen listenreichen jungen Kerl, der allen schlimmen Fallstricken bei den Verhören ausgewichen war. Die Gutsbesitzer klopften ihm anerkennend auf die Schultern, und im „Louisenhof" flossen Korn und Bier. Mochten die Polizisten und die Juristen auch weiter an dem Strafverfahren „herumknubbeln", alle waren überzeugt: Bald geht es los! Der Marsch auf Berlin, das Ende der Republik schienen bevorzustehen.

Tatsächlich ließ am 1. Oktober 1923 in Küstrin, knapp 100 Kilometer von der Reichshauptstadt entfernt, der Major Bruno Ernst Buchrucker von der „schwarzen" Reichswehr seine Kompanien zum Putsch antreten. Doch die Freude war kurz; die reguläre Reichswehr legte sich quer. In Hamburg, Thüringen und Sachsen rüsteten die Kommunisten für einen Aufstand; um so besser, denn dann brauchte der Staat wieder alles von rechts, was ein Gewehr tragen konnte, und dann würde man die Waffen nicht mehr aus der Hand geben. In München war die Luft am dicksten; es hieß, dort würde sogar die Landesregierung mitputschen, wenn es gegen Berlin ginge, und so sammelte sich dort, was in der illegalen Soldateska Rang und Namen hatte, darunter auch Roßbach und sein fester Stamm. General Erich Ludendorff, der Stratege des Weltkriegs und hoch angesehen bei den Völkischen im Norden, war dort am Werk. Was dann in München am 9. November 1923 geschah, ist bekannt: Hitlers dilettantische Operettenrevolte scheiterte. Die Völkischen im Norden unterdrückten nur mühsam ihre Schadenfreude, aber sie mußten nun doch fürchten, daß mit diesem Fehlschlag vielleicht die letzte Chance für ein solches Unternehmen vertan sein könnte. Die meisten Klüngel der Rechtsradikalen wurden verboten. Gegen viele Freikorpsleute liefen Haftbefehle, und ihre Waffenlager wurden da und dort ausgehoben. Vier Tage nach Hitlers Verhaftung im Landhaus eines seiner Anhänger im Dorf Uffing geschah dann noch etwas, was den Deutschen wie ein Wunder vorkam und bei vielen die Lust zu einer Revolution dämpfte: Die Inflation war zu Ende. Ab Mitte November wurde anstelle der wertlos gewordenen Papiermark die Rentenmark gesetzliches Zahlungsmittel. Plötzlich waren Preise und Löhne wieder stabil.

Am 12. März 1924 mußte Martin Bormann wieder in Leipzig sein und sich im großen Sitzungssaal des Reichsgerichts zu seinen zwölf Mittätern auf die Anklagebank setzen. Zweifellos hätten dort noch einige Männer aus der oberen Garnitur der Völkischen Funktionäre Platz nehmen müssen, aber die Verdachtsgründe reichten nicht aus. Bormann hätte dazu einiges sagen können, aber in der viertägigen Verhandlung vor dem Staatsgerichtshof gab er sich als der kleine Angestellte, der nur durch widrige Umstände und Ungeschick in politische Händel geraten war. Als junger Mensch, der sein Vaterland heiß liebte, hätte er seinen Dienstherrn Hermann von Treuenfels auch bei dessen politischen Aktivitäten gern und freiwillig unterstützt, aber dabei wäre nie etwas Illegales geschehen. Aus diesem Grund stünde er auch zu allem, was er getan hätte.

Wirklich geständig jedoch war nur einer der Angeklagten: Bernhard Jurisch, der die Bluttat aufgedeckt hatte. Doch er konnte über Hintergründe und Pläne nichts wissen, weil er in der Parchimer Clique nur kurz und ein unbedeutender Mitläufer gewesen war.

„Die Wissenden schwiegen sich aus", schrieb Rudolf Höß in seinen späteren Erinnerungen. „Als ich während der Untersuchung merkte, daß der Kamerad, der der eigentliche Täter war, nur durch mich belastet werden konnte, nahm ich die Schuld auf mich, und er kam während der Untersuchung frei." Es darf mit Sicherheit angenommen werden, daß er noch im Angesicht des Galgens Bormann als Anstifter deckte.

In Hamburg lebt heute noch der Schneidermeister Heinrich Krüger. Er lebte damals in Parchim und war Augenzeuge des Gelages der Roßbacher im „Louisenhof". Von der Theke aus beobachtete er mit einem Arbeitskollegen, daß auch Bormann an diesem Abend in der Gaststube auftauchte. Ein Roßbacher zeigte Bormann Papiere, die man bei dem betrunkenen Kadow gefunden hatte. Krüger berichtete weiter: „Ich sah, wie Bormann eine Pistole aus der Tasche zog und sie dem Roßbacher zuschob." Krüger meldete sich damals nicht bei der Polizei, weil er Schwierigkeiten bei seiner bevorstehenden Meisterprüfung vermeiden wollte.

Auch wenn die Richter ahnten, daß sich hinter dem sichtbar gewordenen Tatbestand noch manches und mancher verbarg – verwerten ließ sich das Ungewisse und Ungeklärte für das Urteil nicht. Es sollte einerseits hart sein; das verlangte die Öffentlichkeit, nachdem immer neue Fememorde bekannt geworden waren. Andererseits wußten die Richter auch, daß diese Verbrechen letzten Endes nur eine ins Kriminelle reichende Folge republikanischer Staatsgeheimnisse war. Jede Reichsregierung hatte sich seit der Revolution der nationalistischen Landsknechte bedient, illegal, versteht sich, weil dies ein Verstoß gegen die Bestimmungen des Versailler Friedensvertrages war. So waren die Herren in den roten Roben zur Nachsicht geneigt. Im Urteil formulierten sie dies so: „Die Angeklagten sind bei Begehung der Tat in außerordentlicher

Aufregung gewesen. Es ist deshalb angenommen worden, daß die Tötung Kadows nicht mit Überlegung ausgeführt worden ist."

Es sei also kein Mord gewesen, der möglicherweise mit der Todesstrafe zu sühnen wäre, sondern nur Totschlag.

Zudem „mußte auch zu Gunsten der Angeklagten berücksichtigt werden, daß sie zumeist noch im jugendlichen Alter stehen, entweder gar nicht oder nicht erheblich vorbestraft sind, den Krieg mitgemacht haben und augenscheinlich hierdurch nicht bloß verroht, sondern auch aus ihrem früheren Beruf herausgeschleudert sind, ferner daß sie sich zur Zeit der Begehung der Tat nicht in vollkommen nüchternem Zustand befunden haben und endlich, daß sie nicht ohne Grund von Haß und Verachtung gegen Kadow erfüllt waren, in dem sie – aller Wahrscheinlichkeit nach zu Recht – einen kommunistischen Spitzel und Verräter erblickt haben". So gesehen sei die Tat auch „nicht ehrloser Gesinnung entsprungen".

Trotz dieses rührenden Verständnisses fanden die Richter vor Bormann keine Gnade. In seinem schon mehrfach zitierten Zeitungsbericht nennt er sie „eine Sammlung geradezu neudeutscher Charakterköpfe", die schon durch ihre politischen Überzeugungen den Angeklagten feindlich gesinnt gewesen seien. Es sei nur einer der Laienbeisitzer dem nationalen Lager zuzurechnen, und der sei Jude.

„Mir erschien, was dort unter dem Schein des Rechts aufgeführt wurde, als eine tolle Komödie, und ich mußte an mich halten, um den Herren das nicht laut und deutlich zuzurufen." Das freilich unterließ er, denn so viel Bekennermut hatte er auch wieder nicht. Mit der gleichen vorsichtigen Zurückhaltung vermied er in seinem Zeitungsbericht, die Tat auch nur mit einem Satz zu schildern; er hätte sonst zugeben müssen, daß dabei ein Mensch auf bestialische Weise abgeschlachtet wurde.

„Nach vier langen Verhandlungstagen", schreibt er, „wurden wir sämtlich zu langen Freiheitsstrafen verurteilt." Das stimmt nur bedingt für die sechs Totschläger; der Halsabschneider bekam zwölf Jahre Zuchthaus, Höß zehn Jahre, Jurisch fünfeinhalb Jahre Gefängnis. Bormann kam mit einem Jahr Gefängnis billig weg. Als er den Jagdwagen für die Fahrt nach Parchim zur Verfügung stellte, leistete er Beihilfe – nicht zu einem Totschlag, wie das Gericht säuberlich unterschied, sondern nur zu einer schweren Körperverletzung, denn er habe ja nur eine Tracht Prügel für das Opfer empfohlen. Und auch die Begünstigung, die er den Totschlägern erwies, als er half, die Tat zu vertuschen, wurde nachsichtig beurteilt: Er habe sich dabei von nahezu achtbaren Überlegungen leiten lassen und „teils aus kameradschaftlichen Gefühlen, teils aus Liebe zu der Partei", der er angehörte und deren Ehre er rein zu halten suchte, gehandelt.

Vor ähnlich verständnisvollen Richtern stand zur gleichen Zeit in München der gescheiterte Hasardeur Adolf Hitler. Auch er gab vor, nur aus Liebe zum Vaterland gehandelt zu haben. Bormann verfolgte sicherlich die Berichte über diesen Prozeß vor dem Münchener Volksgericht mit großem Interesse, aber wohl kaum mit dem Gefühl aufrichtiger Trauer. Bisher waren für ihn die Nationalsozialisten eher die Konkurrenten im rechtsradikalen Geschäft gewesen, und die Völkischen nutzten jetzt die Chance, da die NSDAP verboten und Hitler im Gefängnis war, um auch in Bayern Seelen zu fischen.

Als das Urteil verkündet war, verlangte der Oberreichsanwalt Ebermayer einen Gerichtsbeschluß, daß nun auch Bormann, der als einziger der Verurteilten noch auf freiem Fuß war, festgenommen würde. Es sei sonst zu befürchten, daß er sich der Strafverbüßung entziehe – etwa durch eine Reise nach Bayern, wo selbst steckbrieflich verfolgte Leute wie Roßbach und Ehrhardt frei herumliefen.

Wortreich protestierte Bormanns Verteidiger Sack. Er gehörte zu den Staranwälten jener Jahre, und seine Honorare waren mit einem Inspektoreneinkommen nicht zu bezahlen. Die Gutsherren aus Mecklenburg übernahmen dies – und sie wußten sicher, warum. Sacks Argumente beeindruckten die Richter: Sie lehnten die Verhaftung Bormanns ab. Doch der Oberreichsanwalt spielte seinen letzten Trumpf aus; er verfügte die Festnahme noch im Gerichtssaal und ließ Martin Bormann zum sofortigen Strafantritt hinter Schloß und Riegel bringen. Wie seine zwölf Mitverurteilten wurde er im ,,grünen August'', dem Gefangenentransporter, verstaut. Alle waren sie noch immer oder auch schon wieder zuversichtlich, daß sie die Freiheit nicht lange entbehren müßten, und so sangen sie während der Fahrt durch die Straßen ihre ,,trutzigen Vaterlandslieder''. Die Leipziger – erzählte Bormann in seinem Bericht – ,,staunten Bauklötze''.

4 In Weimar ein neuer Anfang

Weil ein Monat der Untersuchungshaft auf die Strafe angerechnet wurde, war Martin Bormann vom Tag des Urteils, dem 17. März 1924 an, nur noch elf Monate lang in die Monotonie des Gefängnislebens eingezwängt. Politische Gefangene durften nicht mit Häftlingen gleicher Couleur in einer Zelle untergebracht werden, brauchten es aber auch nicht hinzunehmen, mit gewöhnlichen Kriminellen zusammenzuhausen. Sie konnten eine Einzelzelle beanspruchen und auch dort arbeiten, soweit die Tätigkeit es zuließ. Bei Bormann war dies der Fall.

„Ich habe unentwegt Tüten aller Art kleben müssen", erzählte er später, „für Zigaretten, für Arzneipulver, für Liebesperlen, für Darmsaiten, ...sogar für die Einkaufsgenossenschaft der sozialdemokratischen Konsumvereine." Verlangt wurden 1500 Tüten pro Arbeitstag; bei geringerer Ablieferung oder Pfusch wurde er bestraft. Wie er sich die Arbeit einteilte, war seine Sache. Als „Gewinn der Strafhaft" vermerkte Bormann, daß „man bei seinem Denken nicht durch irgendwelche Nebensächlichkeiten des täglichen Lebens abgelenkt" wird „und bei seinen Betrachtungen tiefer und klarer" sieht, „gerade auch bei solchen politischer Art".

Da der knapp 24jährige bis dahin vom Philosophieren über seine politischen Grundsätze nicht viel gehalten hatte, dürfte er die aufgezwungene Denkpause nur bedingt zur kritischen Selbstprüfung genutzt haben. So kam er denn auch immer wieder zu dem Schluß, daß er nichts zu bereuen habe – es sei denn, daß er so ungeschickt gewesen war, sich erwischen zu lassen. Wenn es galt, das Vaterland zu retten, brauchte niemand zimperlich zu sein.

Wie dieses Vaterland künftig beschaffen sein müßte, war klar: So groß, so reich, so mächtig wie ehedem, wieder gefürchtet von allen Völkern, und jeder einzelne Deutsche würde dann teilhaben an Reichtum, Macht und Achtung. Was geschehen müßte, um dieses Ziel zu erreichen, mochte dahingestellt bleiben, bis der erste Schritt getan war: Das System der „Novemberlinge" mußte weg!

Was auch immer sich entwickeln würde, Martin Bormann war von keinem seiner politischen Grundsätze gehindert, dabei mitzumachen. Er war „in den Kerkern der Republik" – wie er seinen Aufenthalt nannte – gelandet. Nun wollte er erst recht weitermachen. In der bombastischen Sprache der Nationalsozialisten schrieb er später darüber: „Die Strafhaft hat uns nicht zermürbt, sondern gehärtet, sie hat uns nicht zur Liebe zu dieser sogenannten Republik und ihren Trägern erzogen, sondern hat die Liebe zu unserem Volk vertieft und verstärkt und zugleich den Haß gegen alle jene, die mit diesem Volk glauben Schindluder treiben zu können."

Im Februar 1925 wurde Martin Bormann aus dem Gefängnis entlassen. Der Untersuchungsrichter des Staatsgerichtshofs hielt es für richtig, ihm noch eine Mahnung mitzugeben: Er möge jetzt an seine Zukunft denken und sich von den Völkischen fernhalten. Doch am nächsten Tag – so Bormann – „pinscherte ich sofort wegen eines verhafteten Kameraden in Deutschland umher". Das Geld für diese Reise kam aus Mecklenburg; mit den knapp 30 Mark, die er durch Tütenkleben verdient hatte, wäre er nicht weit gekommen. In Herzberg war Endstation. Sein Posten war freigehalten – Treue um Treue hieß die Parole.

Dennoch fehlte dort jetzt der rechte Schwung. Der Wind hatte sich im Lauf der letzten zwölf Monate gedreht. Zunächst hatte sich der Versuch der Völkischen, nach Hitlers Putsch vom 9. November 1923 dessen Konkursmasse en bloc zu übernehmen, erfolgversprechend angelassen, weil der Führer der NSDAP aus seiner Haft widersprüchliche Weisungen über seine Nachfolge an seine Anhänger schickte; er wollte, wie sich später herausstellte, seine Partei lieber zerfallen lassen, als sie aus der Hand geben. Die „Großdeutsche Volksgemeinschaft", erst vom Ideologen Alfred Rosenberg, dann gemeinsam vom Nürnberger Gauleiter Julius Streicher und vom Hitler-Duz-Freund Hermann Esser geleitet, war zerfallen und in der „Nationalsozialistischen Freiheitsbewegung" aufgegangen. Diese wiederum hatte sich dem „Völkischen Block" angeschlossen, in dem die Norddeutschen mit Wulle und von Graefe den Ton angaben.

Als am 4. Mai 1924 der Reichstag neu gewählt wurde, erhielten die gemeinsamen Rechtsaußen immerhin 32 von 427 Mandaten. Auch in Hitlers SA (Sturmabteilungen) konnten die Völkischen Fuß fassen; Oberleutnant Roßbach wurde ihr Stabschef, und als die SA verboten wurde, gründete Hauptmann Ernst Röhm als Ersatz den „Sturmbann" mit dem super-germanisch gesinnten General Erich Ludendorff als Schirmherrn. Doch bald stritten sich die norddeutschen Nationalsozialisten mit den süddeutschen, die Völkischen mit allen beiden, und als am 7. Dezember 1924 der vorzeitig aufgelöste Reichstag abermals gewählt werden mußte, zerfiel die ganze Herrlichkeit. Nur 14 Abgeordnete des Völkischen Blocks wurden wiedergewählt, und diese klein gewordene Gruppe spaltete sich noch, als von Graefe, wütend über das ewige Gezänk, seine alte Deutschvölkische Freiheitspartei wieder auferstehen ließ.

Bormann trat dieser Partei nicht wieder bei. Er hatte jetzt schon einen sicheren Instinkt dafür bekommen, daß ein so sektiererischer und exklusiver Verein, der alles Heil in einem „nordischen König" und im germanischen Bauerntum sah, auf die Dauer erfolglos sein würde. Ein Jahr noch blieb er auf Gut Herzberg. Er verließ es 1926 im Mai, zu einem Zeitpunkt, da normalerweise die Arbeitsplätze in der Landwirtschaft nicht gewechselt wurden. Der Streit mit seinem Arbeitgeber muß wohl ernsthafter Art gewesen sein, weil damit ein sechsjähriges Dienstverhältnis beendet wurde. Die Ursachen können politische Meinungsverschiedenheiten gewesen sein, weil der Inspektor die verschrobenen Ideen der orthodoxen Völkischen ablehnte und sich für Hitler begeisterte, der aus der Festung Landsberg freigelassen war und seine Bewegung wieder aufbaute.

Taktisch geschickt brach er die Brücke zu seinen bisherigen Gesinnungsbrüdern nur halb ab, indem er sich zum ,,Sturmbann'' meldete. Dessen Oberhaupt Ludendorff war bei den Völkischen hochangesehen, während der eigentliche Führer, Hauptmann Ernst Röhm, nicht nur einer der wenigen Duz-Freunde Hitlers war, sondern auch das Vertrauen der meisten Freikorpsoffiziere genoß. Im Gründungsaufruf, von Röhm verfaßt, heißt es ausdrücklich, daß die ,,Kameraden...sich bedingungslos zu Hitler, Ludendorff und Graefe bekennen''. Mißstimmung mag sich auch entwickelt haben, weil die Klasse der Gutsherren und Adeligen den Gutsinspektor trotz seines Opfers für Vaterland und Partei gesellschaftlich auf Distanz hielt. Hermann von Treuenfels schloß sich auch bald dem ,,Stahlhelm, Bund der Frontsoldaten'' an, wo man über die nationalsozialistischen Rabauken und Proleten die Nase rümpfte.

Den eigentlichen Streitgrund will jedoch der sowjetische Journalist Lew Besymenski 1964 bei seinen Recherchen in Herzberg erfahren haben: Es habe eine Liebschaft zwischen Martin Bormann und der Gutsherrin Ehrengard von Treuenfels gegeben. Sie war damals 35, ihr Ehemann 46, der Gutsinspektor erst 25 Jahre alt – eine ideale Dreiecks-Konstruktion für eine Boulevard-Komödie oder für eine Strindberg-Tragödie. Sicher war Martin Bormann damals – wie später – hinter jedem halbwegs ansehnlichen Rock her, aber Besymenski nennt nicht einmal seine Informanten, obwohl sie als DDR-Bürger keine Verleumdungsklage von der Familie von Treuenfels zu befürchten hätten. Er behauptet zudem noch, Bormann sei sozusagen bei Nacht und Nebel feige vom Gut Herzberg geflohen, weil Hermann von Treuenfels ihn als Ehebrecher zum Duell gefordert habe. Das aber ist völlig unglaubhaft, denn ein adeliger Gutsherr im stockkonservativen Mecklenburg hätte sich bestimmt nicht mit einem bürgerlichen Angestellten geschlagen, sondern hätte ihn, wenn ein Skandal schon nicht zu vermeiden gewesen wäre, aus dem Haus prügeln lassen.

Nachweisbar ist dagegen, daß später der mächtige Martin Bormann mit schwarzer Mercedes–Limousine und in Reichsleiter–Uniform dann und wann Herzberg besuchte. Im Gespräch mit dem Autor erinnerte sich Ehrengard von Treuenfels daran nicht mehr – auch nicht an Briefe, die sie gelegentlich mit ihrem früheren Inspektor gewechselt hat. Die Korrespondenz ging über Jahre; Ende Juli 1944, nach dem fehlgeschlagenen Attentat auf Hitler und dem mißglückten Putsch der Offiziere, schrieb sie (wie Bormann seiner Frau mitteilte) einen ,,sorgenvollen Brief'', weil der Adel ins Schußfeld der Machthaber geraten war. Und noch im Februar 1945, als Bormann im Bunker unter der Reichskanzlei amtierte, teilte sie ihm voller Verzweiflung mit, daß nun auch noch der dritte ihrer vier Söhne im Krieg gefallen war.

Gelegentlich hat er von seiner Zeit in Mecklenburg mit der verklärenden Schwärmerei des Erfolgreichen, der auf seine Anfänge zurückblickt, erzählt.

Er rühmte die blonden und geistig schlichten Landarbeiterfamilien, die, arm an Besitz und reich an Kindern, so bereitwillig Hitler nachgelaufen waren, daß – die Nationalsozialisten – zum Ärger ihrer Gutsherren früher als in jedem anderen Land die absolute Mehrheit im Landesparlament gewonnen hatten. Bei einem von Hitlers nächtlichen Tischgesprächen machte sich Bormann über die einstige großherzoglich-mecklenburgische Eisenbahn lustig. Seine eigene Rolle paßte er in der Rückerinnerung später seiner veränderten Position an; die Beteiligung an der Bluttat in Parchim war nicht mehr standesgemäß. Gab er in dem 1929 erschienenen Bericht über seine Gefängniszeit noch verschwommen zu, er habe „wegen einer Feme-Sache" gesessen, so wurde daraus nach seiner Ernennung zum Reichsleiter im Juli 1933, er sei „aus politischen Gründen zu einem Jahr Gefängnis verurteilt" worden. Und nach seiner Beförderung zum Leiter der Parteikanzlei im Mai 1941 ließ er sich in einem Zeitungsartikel als „Uralt-Kämpfer" vorstellen, den seine „Abneigung gegen das Novembersystem" hinter Gitter gebracht habe. Auch die „Geschäftsführung einer landwirtschaftlichen Begüterung" war später nicht mehr bedeutsam genug. Von einem NS-Journalisten, den er aus Mecklenburg kannte und dem er als einzigem Zeitungsmann traute, ließ er sich zum „Generalbevollmächtigten" des Treuenfelsschen Besitzes hochloben.

Immerhin dürfte er zumindest im letzten Jahr seiner Tätigkeit in Mecklenburg gut verdient haben, denn als er Ende Mai 1926 in die Wohnung seiner Mutter nach Ober-Weimar übersiedelte, fuhr er statt des Motorrads ein Auto. Es war ein Opel, ein offener Zweisitzer mit Segeltuchverdeck, „Laubfrosch" genannt, weil es ihn nur in Grün gab, ein preiswerter und zuverlässiger Kleinwagen, aber dennoch ein Luxus, denn in jenen Jahren leistete sich nur einer von 200 Deutschen einen Personenkraftwagen. Eigentlich brauchte er das Auto nicht, aber er war – und blieb es – ein Motornarr.

Was er beruflich machen wollte, wußte er damals nicht. Große Güter gab es in dem vorwiegend kleinbäuerlich bewirtschafteten Land Thüringen kaum. Um etwa selber einen kleinen Hof zu kaufen, fehlten ihm die Mittel. Auch die Familie konnte ihm dabei nicht helfen. Der Stiefvater Albert Vollborn war im März 1923 gestorben – von Martin nicht betrauert –, und was er an Geldwerten hinterlassen hatte, war in der Endphase der Inflation zu einem Nichts geworden. Trotz des hochgestochenen Bankdirektor-Titels war die Pension für Antonie Vollborn, verwitwete Bormann, nur gering. Die Wohnung in der Belvédère-Allee konnte sie halten, weil ihr Sohn Albert Bormann, jetzt 23 Jahre alt, im Haus blieb und mit seinem Verdienst zum Haushalt beisteuerte. Er hatte in Weimar das gleiche Realgymnasium besucht wie sein Bruder, es jedoch bis zum Abitur gebracht, und war dann, vom Stiefvater beeinflußt, Bankkaufmann geworden.

Martin hat im ersten Jahr nach seiner Rückkehr in die Familie wohl weniger gearbeitet als vielmehr „gepinschert" – wie er es nannte, wenn er für den „Frontbann" unterwegs war. In dessen Spitze hatte sich im Lauf der Zeit einiges geändert. Ludendorff und Röhm hatten sich zerstritten, und Hitler verfolgte eigene Pläne. Er hatte Röhm Aufbau und Führung der SA angetragen und dabei vorausgesetzt, daß der „Sturmbann" mit seinen 30 000 Mitgliedern in der SA aufgehen würde. Dabei waren die alten Gegensätze wieder zutage getreten: Hitler wollte eine politische Truppe aus Propagandisten und Schlägern, über die er als oberste Instanz beliebig verfügen konnte, während Röhm militärische Formationen ausbilden wollte, die als Volksmiliz notfalls kriegerisch den Versailler Frieden annullieren würde. Sie sollte ihm allein unterstehen und nur über seine Person mit Hitler, jedoch keineswegs mit den „Bonzen" der Partei, verbunden sein. Weil Hitler diesen Plan abgelehnt hatte, war Röhm zurückgetreten und ließ nun den Grafen Wolf Heinrich von Helldorf, Freikorpskämpfer a.D., den „Frontbann" führen.

Als Martin Bormann robust, selbstbewußt und agil in den Thüringer „Frontbann" einstieg, mußte zunächst einmal eine alte Fehde beendet werden. Gauleiter der NSDAP war der kleingewachsene und beleibte Schriftsteller Arthur Dinter, der in der Abgeschiedenheit des Dorfes Dörrberg seine Bücher schrieb. Eines davon, der Roman „Die Sünde wider das Blut", wurde mit 250 000 Exemplaren ein Bestseller. Es war, wie die meisten Dinter-Produkte, antisemitisch. Gauleiter Dinter hatte, während Hitler im Gefängnis saß, mit einer „Großdeutschen Volksgemeinschaft" seine eigene Ersatzpartei für die verbotene NSDAP gegründet und sich dabei mit dem „Sturmbann" angelegt, weil dessen Formationen sich ihm nicht unterstellen wollten.

Es gibt keinen Aktenbeweis dafür, daß es gerade Bormann gelang, diese alten Feindschaften auszuräumen, aber es existiert ein Foto, das dafür Indizien liefert. Es entstand beim Zweiten Reichsparteitag der NSDAP am 4. Juli 1926 in Weimar vor dem Hotel „Elephant", also sechs Wochen nach Bormanns offiziellem Auftauchen. Es zeigt Hitler, im offenen Mercedes stehend, wie er mit seinen engsten Mitarbeitern einen Vorbeimarsch abnimmt. Gleich neben Hitlers Wagen haben sich SA-Führer aufgereiht, und als fünfter steht dort Martin Bormann im Braunhemd. Das ist insofern bemerkenswert, als er – nach seinen eigenen Angaben – erst acht Monate später in die NSDAP und zehn Monate später in die SA eingetreten ist. Der Vorzug dieses Standplatzes und die Uniform werden nur erklärbar, wenn auf diese Weise demonstrativ gezeigt werden sollte, daß der „Frontbann" nun in Thüringen eindeutig auf die Linie der Partei eingeschwenkt und daß Bormann wesentlich daran beteiligt war. Die Chance, sich durch eine solche Aktion gleich in den Vordergrund zu spielen, war günstig, da die Thüringer Parteileitung zerstritten war.

Zwischen Hitler und Dinter schwelten seit langem Meinungsverschiedenheiten, weil der Gauleiter sich auch noch zum Religions-Reformator berufen fühlte. Als Luther-Fortsetzer verfaßte er 197 Thesen, in denen er das Alte Testament als jüdisch verwarf, Jesus in einen arischen Lichtgott verwandelte und diesen neuen Glauben auch noch mit spiritistischen Ideen garnierte. Die NSDAP wollte er auf diese Lehre eingeschworen haben. Hitler hielt jedoch jedes religiöse Engagement innerhalb seiner Gefolgschaft für parteischädigend. So war denn Dinter schon während des Parteitags zum Abschuß freigegeben, und Joseph Goebbels konnte in sein Tagebuch despektierlich schreiben: „Dinter und Streicher seichen" – in ihren Reden nämlich. Ein halbes Jahr später war es dann soweit, daß ein neuer Gauleiter durch Hitlers Machtspruch eingesetzt wurde. Es war Fritz Sauckel, Seemann von Beruf, alles andere als ein Spintisierer und von der kulturbeflissenen Oberschicht der Weimarer Nazis nur mit Zurückhaltung aufgenommen. Enden sollte Sauckel zwei Jahrzehnte später am Nürnberger Galgen.

Stramm national zu sein, gehörte damals beim Bürgertum dieser Stadt weitgehend zum guten Ton. Bei festlichen Gelegenheiten mußte eine schwarz-weiß-rote Fahne vom Giebel wallen. Weil im „Bauhaus", der Schule für Architektur und Kunst, das undeutsche Flachdach bevorzugt wurde und weil die Maler dort bunte Klecksereien hochpriesen, fühlte man sich zum Hüter deutscher Kultur berufen. Einer der kämpferischen Hüter arteigenen Wesens war Hans Severus Ziegler, mit dem Komponisten und Klaviervirtuosen Franz Liszt verwandt, hoch angesehen in den Wagner- und Nietzsche-Zirkeln der Stadt, Schriftsteller und stellvertretender Gauleiter der NSDAP.

Hans Severus Ziegler hat Krieg und Nachkrieg überlebt, und wenn der über 80jährige heute über Martin Bormann spricht, dann nur mit viel Lob und Anerkennung für den fleißigsten, ehrlichsten und uneigennützigsten Gefolgsmann Hitlers, dem sich Ziegler auch jetzt noch verbunden fühlt. Wann immer er in der Zeit des Dritten Reichs ein Machtwort des Führers gebraucht habe, so erzählte er, habe Bormann es ihm umgehend beschafft. Anlaß zur Dankbarkeit hatte Bormann, denn Ziegler war es, der ihm den Weg in die Weimarer Parteispitze ebnete. Jener gab seit 1924 das Wochenblatt „Der Nationalsozialist" heraus, praktisch als Ein-Mann-Betrieb, und war natürlich froh, als ihm Bormann, der als Vorbestrafter bei der Suche nach Arbeit Schwierigkeiten hatte, seine Hilfe anbot. Dafür war er sogar der richtige Mann: zuverlässig im Umgang mit Geld, robust gegen säumige Zahler und laue Parteigenossen, bienenfleißig als Buchalter, Kassierer, Anzeigenwerber, Packer und als Kraftfahrer, der die Blätter im eigenen Auto über die Dörfer verteilte. Einträglich war der Posten nicht; bei allen Parteiblättern endete die chronische Kassenebbe erst am 30. Januar 1933, und die Löhne wurden bis dahin nur ratenweise ausgezahlt.

Ziegler war es auch, der den ehemaligen Generalintendanten des Weimarer Hoftheaters, Carl Benno von Schirach, und dessen Sohn Baldur mit Hitler zusammenbrachte. Als Martin Bormann am 27. 2. 1927 mit der Mitgliedsnummer 60508 in die Partei eintrat, war der sieben Jahre jüngere Baldur schon zwei Jahre lang Parteigenosse. Begegnet sind sich die beiden erst viele Monate später, als der Student von Schirach einmal in den Semesterferien nach Weimar kam. Er saß – so erzählte er dem Autor – mit einem Freund in einem Kaffeehaus und sah draußen „einen ziemlich dicken jungen Mann, der sich an einem kleinen Opel-Wagen zu schaffen machte". Dies sei, sagte der Freund, der Parteigenosse Martin Bormann, der aus dem Zuchthaus gekommen sei und den neuen Gauleiter Sauckel zu den Versammlungen über Land fahre.

Zu dieser Zeit leistete Bormann neben seiner Arbeit am „Nationalsozialist" schon Funktionärsdienste. Nach seinen eigenen Angaben war er vom November 1927 an zunächst Gaupresseobmann und übernahm dann dazu auch noch die Aufgaben eines Bezirksleiters und Gaugeschäftsführers. Auch als Redner wollte er sich nützlich machen, und da war stets Bedarf, weil die NSDAP nicht nur zur Wahlzeit Versammlungen abhielt, sondern auch immer wieder ganze Landstriche mit Propagandawellen überrollte. Doch dabei versagte er völlig. Wenn er vor zwei Dutzend Menschen stand, brachte er nur unvollständige und unzusammenhängende Sätze zustande, geriet ins Stottern und stand nach Zwischenrufen rot vor Wut, hilflos und sprachlos vor seinen Zuhörern. Als er in den Nebenzimmern der Dorfwirtshäuser sogar ausgelacht worden war, strich ihn Sauckel, ungeachtet der Freundschaft, von der Rednerliste. Bormann hat es bis zu seinem Tod nicht gelernt, frei zu sprechen.

Auch als Gaupressewart blieb sein Wirken bescheiden; fast nie wurde von ihm ein Bericht gedruckt. Um so mehr war er als Gaugeschäftsführer in seinem Element. Hier konnte er mit Befehlen, Formularen, Listen und Rundschreiben die Ortsgruppen von seinem Schreibtisch aus regieren. Hier lernte er, wie man eine Organisation in Trab hält. Hier übte er sich im Planen und im Taktieren, zwar noch in bescheidenem Rahmen, aber an der Basis, wo die Erfahrungen gesammelt werden. Hier begriff er, daß Gesinnung und Idealismus nur wirksam werden, wenn ein Apparat sie bündelt und lenkt. Und hier bekam er mit, wer in der Parteispitze gegen wen intrigierte, wer zu welcher der rivalisierenden Gruppen gehörte.

Dabei ließ er seine eigene Karriere nicht aus dem Auge. Thüringen war geographisch der halbe Weg für die Münchener NS-Größen, wenn sie nach Nord- oder Westdeutschland reisten. Machten sie in Weimar Station, begrüßte sie der immer parate Gaugeschäftsführer. Hitler kam oft; zwischen 1925 und 1933 sprach er in Thüringen 33mal. Bei einer dieser Gelegenheiten stellte Ziegler seinem Führer und dessen Dauerbegleiter Rudolf Heß den vielversprechenden jungen Mitarbeiter vor. Manchmal wurde Bormann auch auf Dienstreise in die Parteizentrale an der Isar geschickt, und dort ließ er keine Gelegenheit aus, Verbindungen anzuknüpfen. Wie das geschah, zeigt eine Episode, die Baldur von Schirach erzählte.

Zufällig trafen die beiden bei einem Parteigenossen zusammen, der ebenfalls aus Weimar stammte. Drei aus Weimar, meinte Bormann, das müßte gefeiert werden. Als eine Flasche Wein auf dem Tisch stand, hob Bormann sein Glas und bot Schirach das Du an. Überrumpelt – ,,ich kannte den Mann ja kaum'' – stimmte dieser zu und hörte bald darauf, Bormann erzähle überall, sie seien als Weimarianer alte Duzfreunde. Da Schirach kurz zuvor zum Reichsführer des NS-Studentenbundes ernannt worden war, konnte dies Bormann nur nützen. Dann und wann bekam er es jedoch auch zu spüren, daß er auf der Leiter der NS-Hierarchie noch ziemlich unten rangierte. Als Friedrich-Christian Prinz zu Schaumburg-Lippe, Reichsredner und Altparteigenosse, im Weimarer ,,Elephant'' einmal verspätet zu Hitlers Mittagstafel kam, waren dort schon alle Plätze besetzt. Joseph Goebbels, damals als Überläufer aus Strassers Fronde und als neu ernannter Gauleiter von Berlin hoch im Kurs, schaute erst Hitler an und dann auf den am Tisch sitzenden Bormann. Daraufhin bat Hitler den thüringischen Gaugeschäftsführer, er möge dem Prinzen Platz machen und am

Nebentisch beim SS-Begleitkommando essen. „Ich merkte Bormann an", berichtete der Prinz, „daß er das nie vergessen würde." Vermutlich hat er es auch Goebbels nie vergessen, wie er denn überhaupt jede Zurücksetzung und Kränkung aus der Frühzeit seiner Parteilaufbahn später nach Möglichkeit rächte.

Der Prinz behauptet in seinem Erinnerungsbuch, Bormann sei ein Mann Gregor Strassers gewesen, der, abweichend von Hitlers Pragmatismus, das Attribut „sozialistisch" in der Parteifirmierung ernst nahm und beispielsweise für Arbeitnehmer die Mitbestimmung im Betrieb und die Gewinnbeteiligung gefordert hatte. Doch gerade auf dem Weimarer Parteitag hatte Hitler die aufmüpfigen Norddeutschen niedergeredet; er wollte im Grunde überhaupt nicht durch ein Programm gebunden sein, sondern er wollte die Macht erst in der Partei und dann im Staat – sonst nichts.

Bormann war noch zu unbedeutend, als daß er in dieser Auseinandersetzung hätte Stellung nehmen müssen, und so mag es durchaus zutreffen, daß er auch Verbindung zu der Strasser-Gruppe hielt. So genau konnte damals noch niemand wissen, wer hier siegen würde. Immerhin hatte Hitler Ende 1926 Hauptmann Felix Pfeffer von Salomon, westdeutscher Gauleiter und Mitglied der Strasser-Fronde, als Obersten SA–Führer berufen. Als dieser ehemalige Freikorpsführer wieder einmal nach Weimar kam, machte ihm Bormann den Vorschlag, eine motorisierte SA zu gründen.

5 Einzug ins Braune Haus

Der Ruf nach München kam Ende Oktober 1928 vom OSAF (Oberster SA-Führer) Pfeffer von Salomon. Unmittelbarer Anlaß war, daß ein Angestellter in der sogenannten SA-Versicherung 2000 Mark unterschlagen hatte. Pfeffer brauchte für ihn nicht nur einen Ersatz, der zuverlässig, ehrlich und mit Verwaltungsarbeiten vertraut war; der neue Mitarbeiter sollte auch weitgehend selbständig arbeiten und deshalb einen Funktionärsrang bekommen.

In diesem Fall mußte auch Hitlers Zustimmung eingeholt werden, denn er hatte dem OSAF bisher nur zwei hauptamtliche Funktionäre genehmigt. Und Reichsschatzmeister Xaver Schwarz mußte das Gehalt bewilligen. Da alle einverstanden waren, konnte Bormann am 16. November in München in der Schellingstraße als Mitglied des OSAF-Stabs an einem schäbigen Küchentisch Platz nehmen. Weil er als fleißig und willig galt, wurden ihm gleich auch noch ein paar Zusatzbereiche aufgeladen.

Mit der SA-Versicherung, diesem Sorgenkind, waren scheinbar keine Meriten zu verdienen. Sie entsprang einer Forderung des SA-Führers Viktor Lutze (Stabschef nach Ernst Röhm), den es wurmte, daß seine Rabauken nach Straßen- und Saalschlachten die Heilung ihrer Blessuren selbst bezahlen mußten. Ein Vertrag mit einer Versicherungsgesellschaft wurde abgeschlossen, doch er „gestaltete sich von Anfang an schwierig" – wie Bormann in einem Rückblick feststellte. Der Grund: Der OSAF hatte großzügig behauptet, etwa 40 000 Mann würden 15 Pfennige je Kopf und Monat als Beitrag bezahlen, obwohl die SA erst tausend Mitglieder hatte. Außerdem wollte die Versicherung nur zahlen, wenn der Verletzte durch ein Zeugnis der Polizei nachweisen konnte, daß er nicht durch eigenes Verschulden, etwa einen Angriff oder eine Provokation, verwundet worden war. Da die SA aber selbst gern angriff und provozierte, war dies gerade nicht im Sinn des Erfinders, und man wechselte zu einer anderen Versicherung. Mit ihr stritt und prozessierte man gerade, als Bormann sein Amt antrat.

Nach erstaunlich kurzer Zeit entdeckte er den Pferdefuß in allen bisherigen Bemühungen: Nach den Grundsätzen des Versicherungsrechts konnten den Mitgliedern einer Schlägergarde gar nicht die finanziellen Schäden aus ihren Scharmützeln ersetzt werden. So sah denn ein neuer Vertrag mit einer neuen Gesellschaft vor, daß Entschädigungen nur bei Tod oder Invalidität fällig wurden. In einem für Bormann typischen Bürokratendeutsch – „dadurch war eine

Verlangsamung der Bearbeitung unausbleiblich, die sich bei Meinungsverschiedenheiten außerordentlich vergrößerte" – wurde im „Völkischen Beobachter" mitgeteilt, daß die Verletzten von nun an aus „einer Wohltätigkeits- und Unterstützungskasse" der Partei ihr Geld bekämen. Allerdings ohne Rechtsanspruch. Das war für die NSDAP insofern ein gutes Geschäft, als sie von den 20 Pfennigen Monatsbeitrag nicht mehr 18 Pfennige wie bisher an den Versicherer abliefern mußte, sondern nur noch fünf Pfennige.

Doch das Problem war damit nur kurzfristig gelöst. Nach den Erfahrungen eines Jahres forderte das Unternehmen – man war inzwischen beim „Deutschen Ring" gelandet – zehn Pfennige pro Kopf und Monat. Bormann rechnete dem Unternehmen vor, daß von einem Verlustgeschäft keine Rede sein könne; nur zwei Drittel der Beitragssumme sei wieder an die Versicherten zurückgeflossen. (Von Risiko-Rücklagen wußte er offenbar noch nichts.) Als daraufhin der „Deutsche Ring" den Vertrag kündigte, tat Bormann im Februar 1930 den – auch für seine eigene Laufbahn – entscheidenden Schritt: Er verwandelte die gesamte Versicherung in eine Hilfskasse der Partei. Den Monatsbeitrag erhöhte er auf 30 Pfennige, und wer ihn zahlte, konnte, mußte aber nicht Unterstützung erhalten.

Hitler ordnete an, daß nicht nur die Mitglieder der SA, sondern jedes Mitglied der Partei und aller ihrer Verbände und Gliederungen die drei Groschen abzuliefern hätten. Bei 390 000 Parteigenossen Ende 1930 bedeutete dies eine Millioneneinnahme, über deren Verwendung niemand Rechenschaft abzulegen war. Das kam Hitler sehr gelegen, zu einer Zeit, da die Partei durch eine Kette rasch aufeinanderfolgender Wahlkämpfe ständig in Geldnot war.

In einem Rechenschaftsbericht für die Parteileitung konnte Bormann stolz verkünden, daß „in der Folge keinerlei Schwierigkeiten geldlicher oder sonstiger Art" eingetreten seien und daß er „trotz steigender Anforderungen…Rücklagen verbuchen" konnte. Von nun an galt er als Finanztalent, in einer Clique, deren Führer es als „künstlerischer Mensch" unter seiner Würde erachtete, sich mit Geld überhaupt zu beschäftigen, und dessen engeres Gefolge den Lebensstil der Schwabinger Bohème imitierte. Die Beitragszahler freilich merkten erst allmählich, daß sie durch diesen Coup um alle Ansprüche geprellt waren. Im September 1930 lasen sie im „Völkischen Beobachter" eine „Bekanntmachung", daß die „SA-Versicherung keine Unfallversicherung im juristen Sinn darstelle. Um jedes Mißverständnis auszuschließen", heiße sie von nun an „Hilfskasse der N.S.D.A.P. (SA-Versicherung)". „Verfechtbare Ansprüche gegen die Partei bzw. die Hilfskasse… entstehen durch die Beitragszahlung nicht".

Aus der Bekanntmachung geht auch hervor, daß „Pg. Martin Bormann, der verantwortliche Abteilungsleiter der Hilfskasse", darüber entscheidet, wer Geld bekommt und wieviel. Wer sich von ihm benachteiligt fühle, möge sich an den Reichsschatzmeister der Partei als nächste und letzte Instanz wenden.

Nur eine Hürde gab es noch, und wenn sie auch nicht schwierig zu nehmen war, so imponierte wieder die Art, wie Bormann sie übersprang.

Die Münchner Gewerbepolizei wollte die Hilfskasse entweder als steuerpflichtigen Betrieb einstufen oder der Überwachung durch das Reichsaufsichtsamt unterstellen. Zumindest bedürfe sie der staatlichen Genehmigung. Doch Bormann wappnete sich mit dem Gutachten des jungen Anwalts Heinrich Heim, der in München mit Hitlers Rechtsanwalt Hans Frank (dem späteren Generalgouverneur im besetzten Polen) in Bürogemeinschaft arbeitete. Er bewies damit der Behörde, daß er mit den neuen Satzungen die Hilfskasse haargenau in eine Gesetzeslücke manövriert hatte. Der Staat hatte demnach kein Recht, Bormanns Geldgeschäfte zu kontrollieren. Heim blieb von nun an der juristische Berater des aufsteigenden Parteifunktionärs, bis er schließlich während des Krieges beauftragt wurde, Hitlers Tischgespräche im Führerhauptquartier aufzuschreiben. In der Parteispitze galt Bormann fortan als gewiefter Versicherungskaufmann.

Arbeit und Erfolg bei der Hilfskasse waren nicht geeignet, Martin Bormann so populär zu machen, wie dies andere NS-Funktionäre durch Reden oder Aktionen schafften. Zudem lag der Partei daran, daß die Öffentlichkeit über ihre Finanzen so wenig wie möglich erfuhr. Sie konnte also auch Bormanns Lob nicht laut hinausposaunen; nur einmal erschien vor 1933 im Rahmen einer Serie über verdiente Parteigenossen im „Völkischen Beobachter" ein kleines Foto mit einem spärlichen Lebenslauf. Die Münchner Uralt-Garde bemerkte nicht einmal das Phänomen, daß dieser Mann anfänglich so gut wie nichts vom Wesen einer Versicherung verstanden hatte und dann nach kurzer Zeit außer den geraden auch noch die krummen Wege dieser Branche kannte. Hätte diese eifersüchtige Clique diese Leistung erkannt und dazu noch die Skrupellosigkeit Bormanns, hätte sie wohl eher damit gerechnet, daß Hitler diesen Parteigenossen nicht mehr aus den Augen lassen würde. Überheblich machte sie sich über den wachsenden bürokratischen Apparat der Hilfskasse lustig – Ende 1932 dirigierte Bormann als Hauptabteilungsleiter über hundert Funktionäre und Angestellte –, merkte aber nicht, daß gerade dies ihrem Führer imponierte. Obwohl sich Hitler nie an Ordnungsmechanismen gewöhnte, hatte er stets eine Schwäche für Organisationsschemata, Kompetenzkästchen und Planungsdiagramme.

Noch aus einem anderen Grund konnte Bormann gewiß sein, daß er im Blickfeld Hitlers bleiben würde. Als er nach München kam, wärmte dessen Gnadensonne gerade bevorzugt den ehemaligen Major und Bataillonsführer im Weltkrieg, Walter Buch, einen hageren Mann badischer Herkunft aus traditionell korrekter Beamtenfamilie. Buch hatte sich schon 1922 Hitlers Partei angeschlossen, war beim Putsch am 9. November 1923 als Führer der Münchner SA zur Feldherrnhalle mitmarschiert und hatte in seiner Treue nie gewankt. Frau und Kinder mußten zurückstehen, wenn es um Vaterland und Partei ging. So beklagte sich denn auch später die Tochter Gerda, sie habe nach 1914 nie mehr viel von ihrem Vater gehabt. „Doch immerhin", schrieb sie an Martin Bormann, „wir haben uns durch ihn kennengelernt, und damals war alles gut und richtig."

Damals – sie meinte die Zeit um die Jahreswende 1928/1929 – war Buch seit einem Jahr Vorsitzender des *Uschla* (Untersuchungs- und Schlichtungsausschuß der Reichsleitung der NSDAP), betraut mit der Aufgabe, Streitigkeiten innerhalb der Partei durch Schiedssprüche zu entschärfen.

Mit seiner ganzen Familie saß er damals bei einer Hitler-Versammlung im Zirkus Krone, als seine 19jährige Tochter den Mann entdeckte, der von nun an ihr Leben bestimmen sollte. Rank und schlank, über 180 Zentimeter groß und total völkisch eingefärbt, steckte unter ihrer Gretchenfrisur ein Wust unverarbeiteter Schlagworte aus dem vaterländischen Repertoire.

Von Beruf war Gerda Kindergärtnerin, weil sie sich inmitten einer Schar Kinder am sichersten und wohlsten fühlte. Es störte sie nicht, daß der Mann, den sie mitten unter den OSAF-Uniformierten entdeckt hatte, gut zehn Zentimeter kleiner war als sie und daß seine unteren Partien etwas füllig geraten waren.

Wenn man ihrem Bruder Hermann glauben will, so bedrängte sie ihren Vater, er möge doch den Mitkämpfer Bormann nach Hause einladen, weil dieser ihre Gefühle zunächst gar nicht wahrnahm.

Bormann dachte ohnehin noch nicht an Heirat; in der Parteileitung war bekannt, daß er auf freier Wildbahn zu jagen und mitzunehmen pflegte, was ihm gerade zulief. Das paßte schlecht zur protestantisch strengen Moral der Familie Buch. Zwar gab der Vater dem Drängen der Tochter nach, hoffte aber, der Fall würde sich von selbst erledigen, wenn die jungen Leute sich kennenlernten und selbst merkten, wie wenig sie zusammenpaßten – der laute, manchmal cholerische Hans Dampf und das schweigsame Seelchen, das verträumt Gitarre spielte, den Mund vorwiegend beim Singen von Volksliedern aufmachte und Bücher jedem anderen Zeitvertreib vorzog.

Anfangs schien der Vater recht zu behalten. Martin Bormann tuckerte mit seinem Opel sonntags nach Solln am Münchner Stadtrand, wo die Buchs ihr Häuschen hatten, aber es spann sich nichts an. Doch im April während eines Familienspaziergangs blieb das Paar hinter den anderen zurück, und Gerda erreichte ihr Ziel. Zu Hause hielt der Geliebte formgerecht um ihre Hand an. Mutter Buch freute sich: „Bald haben wir auch einen Martin in unserer Familie" – so sehr verehrte sie den Reformator Martin Luther. Im September 1929 fand dann in Solln eine richtige Hakenkreuz-Bilderbuch-Hochzeit statt, mit Hitler und Rudolf Heß als Trauzeugen, mit dem OSAF Pfeffer und weiteren SA-Führern als Gästen, einem stolz lächelnden Bräutigam, der sich wie alle Parteigrößen, unter anderem sein Schwiegervater und sein Bruder Albert, mit Braunhemd, Breeches und Rohrstiefeln festlich herausgeputzt hatte. Gerda, ganz in Weiß, täuschte mit Schleier und Myrtenkranz etwas vor, was bereits Vergangenheit war. Denn sieben Monate später brachte sie ihr erstes Kind zur Welt, Adolf Martin, von den Eltern „Krönzi" genannt, was soviel wie Kronprinz bedeuten sollte.

Das biologische Manko der fehlenden zwei Monate wurde von der eifersüchtigen Clique der Uralt-Kämpfer hämisch notiert. Der Diplom-Landwirt Walter Darré, gerade erst zur Partei gestoßen und gleich als Bauern- und Rassenexperte hoch im Kurs, hörte von ihnen, dieser Emporkömmling aus Weimar habe vorsätzlich die vertrauensselige Gerda verführt und geschwängert, um sich auf diese Weise emporzuheiraten. Der Verdacht lag nahe, denn Familie Buch konnte einem ehrgeizigen Mann, der mit der NSDAP Karriere machen wollte, einiges bieten.

Walter Buch war immerhin Reichstagsabgeordneter, einer von den zwölf Nationalsozialisten, die bei der Wahl 1928 ein Mandat bekommen hatten. In seinem Haus hatte Hitler schon vor dem Putsch verkehrt, und das Schulmädchen Gerda hatte dessen Monologen hingerissen zugehört. Nun war sie kurz vor der Verlobung auch formell der Partei beigetreten (Mitgliedsnummer 120 112), und ihr und ihrem Vater zuliebe wertete Hitler ihre Hochzeit zu einer Demonstration seiner Huld auf. Zugleich kam ein solches Familienfest seiner momentanen Stimmung gerade entgegen; er hatte 1929 wieder einmal eine jener Phasen von Unentschlossenheit, in denen er sich um politische Entscheidungen drückte, indem er unerreichbar und ohne festes Programm mal da mal dort privat herumsaß. Die Buchs suchte er häufig auf, und wer zur Familie gehörte, als Verlobter oder gar als Schwiegersohn, hatte damit einen direkten Draht zum Parteichef.

Trotzdem läßt sich nicht behaupten, Gerda sei ihrem Mann gleichgültig gewesen. Die durchaus ansehnliche Frau, sanft, anschmiegsam, heiter, manchmal auch kindlich und hilfsbedürftig, mußte als gegensätzlicher Typ diesen robusten Realisten reizen. Daß sie um einen Kopf größer war, stimulierte ihn wahrscheinlich zusätzlich. Im übrigen durfte er sicher sein, daß seine Gebieterrolle in der Ehe nie in Frage gestellt würde und daß er geradezu den Idealtyp einer nationalsozialistischen Frau bekam: die treue, gehorsame Gefährtin, die mit durch dick und dünn gehen und stets um Kinder, Heim und trautes Glück bemüht sein würde. In der Parteiclique mokierte und empörte man sich, der Ehemann benähme sich zu Hause wie ein Pascha, aber das beweist nicht, daß er seine Frau nicht schätzte und auf seine Art liebte. Seine Briefe aus den Kriegsjahren verraten, wie sehr er sich mit ihr verbunden fühlte und wie großzügig sie sich mit seinen Schwächen abfand. In einem ihrer Antwortbriefe erinnerte Gerda ihn an die Zeit, „als unsere Zwillinge kamen". Das war im Juli 1931, und damals sei – so Gerda – die Eintracht durch Geldsorgen oft gestört gewesen. Am Ende sei aber dann doch alles gut geworden.

Mit Reichtümern war das junge Paar nicht gesegnet. Die Partei zahlte in der Kampfzeit miserable Gehälter; der knauserige Reichsschatzmeister war der Meinung, Idealisten müßten eben Opfer bringen. Zudem war es noch immer besser, wenig zu verdienen, als zu den 3,2 Millionen Arbeitslosen zu gehören, die im Januar 1930 von minimalen Unterstützungen leben mußten. Würde die Partei erst gesiegt haben, würden auch die Idealisten für ihre Opfer belohnt. Daß Bormann damit rechnete, war durchaus normal. Wie hoch er steigen würde, konnte weder er noch irgend jemand ahnen.

Er gehörte zu jener Zeit dem von Hitler absichtlich klein gehaltenen Stab der SA an, ohne sichtbaren Rang, ohne Befehlsgewalt, und er galt bei diesen martialisch auftretenden Marschierern als Federfuchser. Ohne eigene Absicht lag er damit bei Hitler richtig, der jetzt auf Legalität Wert legte und Ende 1928 sogar angeordnet hatte, daß die Soldatenspielerei der uniformierten Verbände aufzuhören hätte. Die braunen Kolonnen sollten sich darauf konzentrieren, politische Gegner einzuschüchtern und zu terrorisieren, eigene Versammlungen zu schützen und mit Gleichschritt und klingendem Spiel Ordnung und Disziplin zu demonstrieren.

Deshalb hörte Hitler auch aufgeschlossen zu, wenn Bormann im Buchschen Haus davon redete, die SA müsse noch stärker motorisiert werden, indem alle Parteigenossen ihre Fahrzeuge, vom Kleinwagen bis zum Lkw, der Bewegung gelegentlich zur Verfügung stellten. Tatsächlich erhielt er dann auch im Spätherbst 1929 den Auftrag, Pläne für eine solche Organisation zu entwickeln, und am 1. April 1930 wurde die Gründung eines NS-Automobilkorps offiziell verkündet. Der eigentliche Gründer Bormann blieb ungenannt, doch er hatte die Ehre, unmittelbar hinter dem Mitglied Nr. 1 (Hitler, der seinen Mercedes-Kompressor natürlich nur symbolisch ins Korps einbrachte) als Mitglied Nr. 2 in der Liste zu stehen. Außerdem durfte er die neue Formation noch etliche Monate vom Schreibtisch aus betreuen. Doch als sie ein Jahr später so gewachsen war, daß sie einer eigenen repräsentativen Führung bedurfte, kam der farblose Bormann nicht in Betracht. Hitler wählte den Major a.D. Adolf Hühnlein aus, einen Putschgenossen von 1923, der in der SA bisher als Kraftfahrinspektor die Motorstürme verwaltet hatte und nun seine Formation NSKK nannte (Nationalsozialistisches Kraftfahrkorps).

Bormann gehörte zu diesem Zeitpunkt schon nicht mehr zum Stab der Obersten SA-Führung; als Hilfskassen-Leiter war er ein namenloser Funktionär in der Parteiorganisation. Zu dieser Veränderung kam es, als Hitler die eigenwillige SA noch mehr an die Kandare nahm. Die alten Revoluzzer und Putschisten glaubten, nur der Marsch nach Berlin könne Deutschland in Ordnung und sie an die staatliche Futterkrippe bringen. Sie behaupteten, die Politiker in der Parteiorganisation hätten nun jahrelang erfolglos taktiert. Tatsächlich waren die Parolen der Partei beim Volk nicht angekommen, solange die Wirtschaft halbwegs florierte. Dann war durch Kursstürze am 29.10. und 13.11.1929 die New Yorker Börse mit Milliardenverlusten zusammengebrochen und hatte damit eine unvorstellbare Krise der Weltwirtschaft ausgelöst. Arbeitslosigkeit und Not, so rechnete Hitler, würden ihm bald die Massen zutreiben, und dann würde er seine Revolution mit Wahlen und Stimmzetteln machen. Die Krieger aber wollten nicht begreifen, daß sie nicht mehr die erste Geige in Hitlers Orchester spielen sollten. Sie verhöhnten die rasch wachsende Schicht der Parteifunktionäre, genannt PO (Politische Organisation) als P-Null.

Mitte August 1930 fiel die Entscheidung. Hitler hatte erfahren, daß im Stab der Obersten SA-Führung Putschpläne umgingen. Pfeffer von Salomon und seine Landsknechtskameraden hatten diese Pläne weitestgehend ihrem Führer verschwiegen. Wer ihn dennoch informiert hat, blieb bis heute ungeklärt. Der Verdacht liegt nahe, daß es jemand aus dem damals nur sehr kleinen Stab der OSAF gewesen sein konnte. Pfeffer von Salomon wurde von Hitler entlassen. Jahre später schrieb Gerda ihrem Mann einen Brief ins Führerhauptquartier, in dem sie anfragte, ob OSAF Pfeffer eigentlich noch lebe. „Achte auf ihn", riet sie, „und auf alle Männer seiner Art." Anlaß dazu war „ein fürchterlicher Traum", in dem sie „alle zurückkamen zum Obersalzberg, gerade als der künstliche Nebel (zum Schutz gegen Luftangriffe) alles einhüllte". Gerda fürchtete nun, daß „Schlimmes vom alten Freikorps" käme – bezeichnenderweise einen Monat nach dem Attentat und dem mißglückten Aufstand der Offiziere im Juli 1944. Doch Bormann konnte seine Frau wegen Pfeffer beruhigen: „Ja", antwortete er, „aber er ist seit dem 21.7.44 im Gefängnis."

Der seltsame Alptraum wäre nur erklärbar, wenn Bormann 1930 der Informant Hitlers gewesen wäre. Ein anderes Indiz dafür ist, daß mit dem Ausscheiden Pfeffers auch Bormann aus dem Stab der SA verschwand und damit dem unmittelbaren Zugriff der noch amtierenden Freikorpsleute entzogen wurde. Reichsschatzmeister Xaver Schwarz, der schon immer nach der vollen Hilfskasse geschielt hatte, vereinnahmte alle Abteilungen der Obersten SA-Führung, „die sich mit wirtschaftlichen Dingen beschäftigen". So beschrieb Bormann in einem Jahresbericht seinen Stellungswechsel, der ihn genau zum richtigen Termin aus der mutmaßlichen Laufbahn eines SA-Führers der mittleren Garnitur ins Lager der stärkeren Bataillone hinüberbeförderte. Doch es „zeigte sich in der Folgezeit unzählige Male, wie richtig die Umänderung der Unterstellung gewesen war" – so Bormann in einem Anfang 1933 erstatteten Jahresbericht.

Es mag dahingestellt bleiben, ob er diese Vorteile eher beim Amt oder in seiner eigenen Laufbahn sah. Im übrigen wurde die SA in den folgenden vier Wochen „gleichgeschaltet": Hitler ernannte sich selber zum Obersten SA-Führer, der über einen Stabschef – und dafür holte er sich bald Hauptmann a.D. Ernst Röhm aus Bolivien zurück – die Formation dirigierte. Die Parteiorganisation errang ihren ersten großen, in den Ausmaßen völlig unerwarteten Sieg: Bei der Reichstagswahl am 14. September 1930 bekam die NSDAP 18,3 Prozent aller abgegebenen Stimmen und zog mit 107 Abgeordneten als zweitstärkste Fraktion in das Parlament ein.

Auf einen solchen Erfolg waren weder Hitler noch die Partei vorbereitet. In den Wochen vor der Wahl und erst recht danach häuften sich in der Münchner Zentralkartei die Aufnahmeanträge. Nun mußten die Spinner und Schwärmer, die Kraftmeier und die Bürgerkriegsstrategen in der Führungsmannschaft durch hart arbeitende Organisatoren und Planer ersetzt werden. So mancher Münchner Altgardist, der sich seines Platzes in Hitlers Gefolge sicher glaubte, wurde von nun an von zuverlässigen und fleißigen Bürokraten verdrängt. Noch war der Haufen, in den Bormann durch seine Versetzung hineingeraten war, seltsam gemischt. Da gab es neben dem korrekten Buchhalter Xaver Schwarz, der sein sicheres Brot als Verwaltungsinspektor bei der Stadt München aufgegeben hatte, als er Reichsschatzmeister der Partei wurde, einen schlitzohrigen Christian Weber, erst Bierkeller-Rausschmeißer, dann Pferdehändler, jetzt Mitglied des Stadtparlaments, der seinen Mangel an Bildung nur durch schlechtes Benehmen ersetzen konnte und mit Macht nach Futterkrippen strebte. Da gab es den versponnenen und verschlossenen Rudolf Heß, Gefolgsmann der ersten Stunde, ohne Amt und ohne Stimme in der Partei, der Hitler vergötterte, ihm als Faktotum und Sekretär diente und die allgemein übliche Anrede „Herr Hitler" durch „mein Führer" ersetzt hatte. Und es gab einen Hermann Esser, eine gescheiterte Existenz, aber ein brillanter Redner, der es sich leisten konnte, seinem Duzfreund Hitler gelegentlich überlaut und überdeutlich die Meinung zu sagen. Auch der Fotograf Heinrich Hoffmann gehörte zu diesem Kreis, klein von Gestalt, aber groß im Erzählen von Klatsch und Witzen, der keinen Spaß verstand, wenn ihm jemand das von Hitler zugestandene Monopol der Bildberichterstattung über Parteidinge streitig machen wollte.

In diesem Klüngel von ein paar Dutzend Männern, von verschrobenen Weltverbesserern, wilden Ehrgeizlingen und kühn spekulierenden Machthungrigen, von Patrioten und Idealisten, entstanden ständig neue Freund- und Feindschaften, Bündnisse auf Zeit und Intrigen. Man traf sich am Morgen in der Schellingstraße, damals einer ruhigen Wohngegend am Rand von Schwabing, wo die Leute von der Reichsleitung und Parteizeitung in gegenüberliegenden Gebäuden hausten. Man ging gemeinsam zum Mittagessen, wobei Hitler, Himmler, Röhm und Rosenberg die *Osteria Bavaria* bevorzugten, während Schwarz, Max Amann (Parteiverlagsleiter) und Gregor Strasser (Reichsorganisationsleiter der Partei) mehr im Schelling-Salon verkehrten. Wenn es Hitler dann am Nachmittag ins Café Heck zog, drängten sich dort wieder seine Trabanten am Tisch, denn es war nicht ungewöhnlich, daß dabei Kompetenzen neu verteilt, Parteititel verliehen und Abwesende degradiert wurden. Am Abend wurde das Spiel fortgesetzt; der Clan traf sich wieder bei Versammlungen, Funktionärsbesprechungen oder hörte an einem Kaffeehaustisch zu, wie „der Chef" bis tief in die Nacht monologisierte. So zerstritten die Clique untereinander sein mochte, einig war sie sich in der Ablehnung jedes Neuzugangs. Martin Bormann bekam es zu spüren.

Nach der Hochzeit waren er und Gerda nach Icking im Isartal gezogen, etwa 25 Kilometer südlich von München, und dort wurden auch die ersten Kinder geboren – nach dem „Krönzi" Adolf Martin die Zwillingsmädchen Ilse (benannt nach der Frau des Trauzeugen Heß) und Ehrengard (nach der Gutsherrin von Herzberg). Die Fahrt war zeitraubend, ob mit der Reichsbahn oder mit dem alten Opel, und so konnte Bormann die nächtlichen Palaver nur selten mitmachen. Wenn er Freunde gewinnen wollte, mußte er die Zeit des Mittagsessens nutzen. Meist ging er in die *Osteria Bavaria*, wo Hitler häufig saß. „Man konnte machen, was man wollte", beklagte sich der NS-Agrarexperte Walter Darré, „er fand immer einen Grund, sich zu einem zu setzen."

Daß Bormann gerade ihn anpeilte, war taktisch bedingt; der von Hitler gerade favorisierte Darré war erst neu in den engeren Kreis aufgenommen worden und möglicherweise bereit, Hilfskräfte nachzuziehen.

„Der Mann war mir in seiner öligen Speichelleckerei zutiefst zuwider", ärgerte sich Darré; er habe ihn nur „seinem Schwiegervater zuliebe" ertragen. Trotzdem ließ er sich einmal mit Ehefrau nach Icking in die Bormann-Wohnung einladen, im Frühjahr 1931, und es fiel ihm zunächst auf, daß Gerda nach der Geburt ihres Sohnes bereits wieder schwanger war.

„Er behandelte seine Frau vor unseren Augen, wie es vielleicht ein berüchtigter Unterweltskaschemmen-Typ im schlechtesten Kellerviertel einer Großstadt nicht anders tut", stellte Darré fest. Nie wieder, so beschloß er, würde er dieses Haus betreten, und nie würde er Bormann zu einem Gegenbesuch einladen, obgleich er und seine Frau sich mit Gerda und der Familie Buch gut verstanden. Sie sei „in Erscheinung und Wesen ganz die feine, zurückhaltend vornehme Natur ihres Vaters", er jedoch „einer der brutalsten Männer, ... der sich ein Vergnügen daraus machte, seine Frau wie ein Stück untergeordnetes Wesen vor Freunden zu demütigen".

Wie Darré reagierten auch Baldur von Schirach und Heinrich Himmler, damals noch als Führer der SS dem Stabschef Röhm unterstellt, auf Bormanns plumpe Vertraulichkeit und seine brutale Art. Mangels besserer Gelegenheiten machte sich der Hilfskassenchef sogar an Hitlers neuen Chauffeur Erich Kempka heran, mit „katzenartiger, überschwenglicher Freundlichkeit". Kempka erinnerte sich: „Damals war er noch ein kleiner Mann... Er verstand es vorzüglich, Gleichstehenden den Eindruck eines guten Kameraden zu erwecken und sich bei Vorgesetzten beliebt zu machen." Gegen Untergebene aber war er „brutal bis zum äußersten. Will man überhaupt etwas Gutes an ihm finden, so ist es fraglos seine ungeheure Arbeitskraft gewesen. Es muß anerkannt werden, daß er fast pausenlos nahezu Tag und Nacht arbeitete".

Das wurde auch an höchster Stelle bemerkt und anerkannt. Von Schirach erinnerte sich, daß Bormanns „Eifer und Emsigkeit... bei einer größeren Zusammenkunft der Parteiführer... von Hitler öffentlich gelobt wurde" und daß der Hilfskassenleiter „damit gekennzeichnet war als ein außerordentlich zuverlässiger, strebsamer, tüchtiger junger Mann". Die Clique sah jedoch darin erst recht einen Grund, den Neuling auf Distanz zu halten. Die Mächtigen, wie Göring, Gregor Strasser oder der junge Reichspropagandaleiter Goebbels, nahmen von ihm überhaupt keine Notiz. Rosenberg behauptete später, er habe vor 1933 den Namen Bormann in München kaum gehört. Von Schirach tat die Leistungen bei der Hilfskasse als „eine bescheidene Tätigkeit in einem nicht sehr wichtigen Amt, einer Versicherungsagentur", ab.

Immerhin war Bormann in dieser Position unschlagbar, und keiner der vielen Postenjäger neidete sie ihm. Deshalb wurde es ihm auch nicht übel vermerkt, daß er im April 1931 seinen Bruder Albert aus Weimar in die Hilfskasse holte – als Leiter der Sparte Sachschäden. Man wunderte sich nur, daß Brüder so verschieden sein konnten. Zurückhaltend, höflich, mit guten Manieren, mit Interessen an kulturellen Bereichen und vom Schicksal mit äußerlicher Ansehnlichkeit ausgestattet, fand der Jüngere schnell Freunde, auch unter den höheren Diensträngen der Reichsleitung. Bald war klar, daß die beiden auf die Dauer nicht an einem Strang ziehen konnten. Nach einem halben Jahr, im Oktober 1931, wechselte Albert in die „Privatkanzlei des Führers" unter die Fittiche des stillen, unauffälligen Geschäftsführers der Partei, Philipp Bouhler, den Hitler später für seine bedingungslose Ergebenheit mit dem Titel und der Würde eines Reichsleiters belohnte.

Der jüngere Bruder erreichte damit, was der ältere schon lange anstrebte: Er kam in Hitlers Nähe, auch wenn das Amt keineswegs soviel bedeutete, wie der Name versprach. Der mißtrauische Hitler war nämlich weit davon entfernt, etwa nur einer Dienststelle die Regelung seiner persönlichen Angelegenheiten anzuvertrauen. So genau durfte ihn niemand kennen. Abgesehen von der Aufgabe, die wachsende Briefflut der Anhänger und Bittsteller zu bearbeiten, war die Privatkanzlei eher eine barocke Verzierung der Führerherrlichkeit als ein Instrument politischen Wirkens, und tatsächlich erreichte es Martin ein paar Jahre später, daß er fast ganz allein die vertraulichen und delikaten Aufträge übertragen bekam. Albert aber nahm er übel, daß er seinen eigenen Weg gegangen war. Von nun an mieden die Brüder sich tunlichst, obwohl sie sich in ihren Dienststellen täglich begegneten und gelegentlich auch zusammenarbeiten mußten. Sie vermieden es zwar, ihre Feindschaft offen zu zeigen, aber die Abneigung wuchs bis zur Verachtung auf der einen und zum Haß auf der anderen Seite.

In den Tagen, da Martin Bormann aus der Obersten SA-Führung ausgeschieden und ins Korps der Politischen Leiter übernommen wurde, bekam die NSDAP in München den repräsentativen Amtssitz, den Hitler seiner Arbeiterpartei schon lange gewünscht hatte: das Barlow-Palais in der Briennerstraße. Er hatte es trotz der permanenten Ebbe in der Kasse gekauft; dabei wurde die Hilfskasse manchmal zur letzten Reserve, aus der kurzfristig größere Beträge entlehnt werden konnten. Gegen diese Transaktionen hatte Bormann keine Bedenken, war aber um so mehr darauf bedacht, bei den Unterstützungen für verletzte SA-Männer zu knausern.

„Als ich noch bei der Hilfskasse arbeitete", schrieb er später einmal an Gerda, „merkte ich – ehrlicher Narr, der ich war – zu meinem Erstaunen, daß die guten Pg's, die so mutig gegen die Kommunisten gekämpft hatten und dabei verletzt worden waren, sich so lange wie möglich auf der Krankenliste hielten, um die Unterstützung zu bekommen."

Ebenso beklagte er sich in einem Rechenschaftsbericht, daß oft für Verletzungen kassiert wurde, die nicht auf Parteidienst zurückzuführen waren, und daß sich sogar dann und wann jemand nur der Unterstützung wegen selber eine Wunde beibrachte. Es gelang ihm aber, einen Arzt zu finden – den späteren Reichsärzteführer Gerhard Wagner –, der die örtlich jeweils zuständigen Parteiärzte anleitete, wie sie Betrüger entlarven und Verletzte schneller gesund schreiben konnten. „Dank der Tätigkeit Wagners", lobte Bormann, „war die Hilfskasse in der Lage, unzählige Fälle, in denen Unterstützung unberechtigterweise in Anspruch genommen wurde, weil die Erwerbsunfähigkeit nicht Unfallfolge war, abzulehnen."

Beliebt machte er sich damit bei der SA nicht. Seit er aus deren Stab ausgeschieden war, galt er dort als Bonze und Parteibürokrat. Besonders viel Ärger kam aus Berlin; Arbeitslosigkeit und Not machten dort die jungen Leute besonders anfällig für Betrugsversuche, aber auch aufsässig gegen den Legalitätskurs der Partei, weil damit die Revolution, worunter sie eine gewaltsame Umverteilung von Besitz und Posten verstanden, in unbestimmte Ferne rückte. Mit dem Berliner Arzt und Parteigenossen Leonardo Conti (später Reichsgesundheitsführer und Staatssekretär) überprüfte er auch dort kritisch alle Hilfskassen-Fälle, oft zur Wut der Rabauken und der mit ihnen befreundeten

Formationsführer. Im Oktober 1930 kam es zum Krach: Gruppenführer Walter Maria Stennes, Polizeihauptmann a.D. und Chef der gesamten nordostdeutschen SA, schrieb Bormann lapidar, er „halte eine Hinzuziehung des Herrn Dr. Conti aus disziplinären Gründen für unangebracht". SA-Oberführer Erhard Wetzel, zuständig für die Berliner Truppe, drohte Bormann, er werde, falls die Hilfskasse nicht gewillt sei, „Forderungen selbstverständlichen Taktes zu erfüllen... entsprechenden Antrag beim OSAF und Parteichef stellen".

Das geschah dann auch, und der damalige Stabschef, Hauptmann a.D. Otto Wagener, muß Bormann gründlich zusammengedonnert haben, denn am 12. November 1930 schickte der Leiter der Hilfskasse einen recht kleinlauten Entschuldigungsbrief an Stennes. Darin sah er „natürlich ohne weiteres ein, daß eine weitere Zuziehung des Herrn Dr. med. Conti als Arzt nicht angängig ist".

Fünf Monate später jedoch konnte er diese zeitweilige Niederlage als Erfolg werten: Stennes rebellierte gegen „bürgerlich-liberalistische Tendenzen" in der politischen Leitung der NSDAP, befahl seinen SA-Stürmen die Besetzung der Parteibüros und warf Hitler Treubruch vor. Hitler hingegen stieß Stennes kurzerhand aus der Partei und mit ihm den aufsässigen Oberführer Wetzel. Bormann konnte wieder einmal mehr von sich behaupten, er habe die Verräter frühzeitig durchschaut.

Das war keineswegs ein glücklicher Zufall; er hatte wirklich mit dem Berliner Revoluzzern nichts gemeinsam.

Hitler hatte am 25. September 1930 in Leipzig vor dem Reichsgericht geschworen, daß er die Partei auf legalem Weg zur Macht führen werde, und bereitete seitdem seine Partei auch organisatorisch für eine Machtübernahme vor, indem er Fachressorts nach dem Vorbild der staatlichen Ordnung schuf. Im Neujahrsaufruf zum 1. Januar 1932 brüstete er sich mit der „Größe unserer nationalsozialistischen Organisation". Nach dem Umzug der Reichszentralgeschäftsstelle im Februar 1931 sei das Braune Haus „trotz Erweiterungs- und Umbauten schon wieder zu klein. Ein Neubau wächst empor, ein weiterer ist projektiert, ein anderes, neben dem Braunen Haus liegendes Gebäude ist seit Dezember bezogen". Am nicht mehr fernen Tag der Machtübernahme – so hoffte und plante Hitler – würde dieser bürokratische Apparat ihm die Fachleute für die staatlichen Ressorts stellen.

Den Hilfskassenwart in seiner Kanzlei erreichte nicht die kleinste Welle aus dieser Flut von Ernennungen, Beförderungen, Planungen. Der „Völkische Beobachter" veröffentlichte laufend die Namen von Männern, die mit einem ehrenvollen Auftrag bedacht worden waren. Martin Bormann war nie darunter. Er strebte auch gar nicht nach Spektakulärem. Er wußte bereits, daß er nicht der Typ war, der in der Öffentlichkeit glänzte und auf Anhieb für sich einnähme.

Wer so wenig Faszinierendes und soviel Spießiges allein schon in seinem Erscheinungsbild zeigte, konnte seine Erfolge nicht auf der großen Bühne finden, sondern nur hinter den Kulissen. Zudem hatte er bereits gelernt, wie wenig Berufung und Titel in Hitlers Hierarchie bedeuten können. Manches Amt bestand nur auf dem Papier eines Briefbogens und aus zehn Zeitungszeilen; es bedeutete weder Macht noch Funktion und wurde nur geschaffen, um alte Ansprüche eines anderen zu kontern, um Zuständigkeiten zu verwirren oder um eine zu mächtig gewordene Parteigröße in aufreibenden Rivalitätsquerelen zu schwächen. Wer immer zur oberen Garnitur der Reichsleitung gehörte, hatte nur soviel Macht, wie ihm Hitler momentan zugestand, und sie endete häufig schon vor der Tür des Büros auf dem Flur des Braunen Hauses. Denn wenn auch die meisten Ämter der Reichsleitung in den Gauleitungen so etwas wie Zweigstellen hatten, so war dort – und erst recht bei den Kreisleitungen und bei den Ortsgruppen – eine Anweisung aus der Münchner Zentrale nur zwingend, wenn der Gauleiter sich nicht dagegen stemmte. Das bekam auch Bormann mit seiner Hilfskasse gelegentlich zu spüren, obwohl hinter ihm die von Hitler stets gestützte Autorität des Reichsschatzmeisters stand; trotz eines Führerbefehls zahlten nicht alle Parteimitglieder ihren Hilfskassenbeitrag, und viele Ortsgruppen mußten als säumige Schuldner gemahnt werden.

Nichts deutet aus jener Zeit darauf hin, daß dieser diensteifrige, nach unten brutale, nach oben devote Jungmanager eine politische Rolle spielen wollte. Er diente der Partei mit einem Gemisch aus Idealismus und Eigeninteresse. Er jubelte über Erfolge – etwa, daß sie im Land Braunschweig einen Minister stellen konnte, daß sie bei den Bürgerschaftswahlen im roten Hamburg mehr als ein Viertel aller Mandate gewann und daß sie bei den Landtagswahlen in Hessen zur stärksten Partei wurde.

Beteiligt war er jedoch an den politischen Ereignissen nur als Zuschauer, nicht als Handelnder. Zwar versicherte er ständig, er würde viel lieber im Braunhemd, etwa als SA-Führer oder als Agitator, an der Front kämpfen, aber in Wahrheit hing er an seinem ständig wachsenden Büro-Apparat, der immer größere Summen umsetzte. Im Jahr 1932 sollten es mehr als drei Millionen Mark sein. So gesehen durfte er sich bedeutsamer fühlen als etwa der Auslandspressechef Ernst (genannt „Putzi") Hanfstaengl, dem im Braunen Haus nur ein winziges Zimmerchen im dritten Stock zur Verfügung gestellt wurde, damit er dort seinen Besuchern einen Stuhl anbieten konnte. Hanfstaengl hat später von der Reichsleitung behauptet, sie habe „abgesehen von den reinen Verwaltungsabteilungen, wie Buchhaltung, Kasse oder Mitgliedskartei, als Leerlaufgebilde" funktioniert, das „zumeist nur Makulatur produzierte". Die Vermutung, daß auch Bormann diese Ansicht schon damals gewann, liegt nahe.

Es darf nicht übergangen werden, wie Hanfstaengl, 25 Jahre nach Bormanns Tod, dessen Wirken in der Nazi-Kampfzeit sah. Dem englischen Historiker Charles Whiting erzählte er: „Ich hielt ihn stets für gehorsam, pflichtbewußt und sachkundig. Er gab sich nicht mit Politik ab. Als er die Hilfskasse in Ordnung brachte, freute ich mich, daß endlich jemand auf dieses Geld aufpaßte. Zuvor hatten sich etliche Leute damit die Taschen gefüllt, so auch Göring und Goebbels."

Hanfstaengl hatte guten Grund, sich über einen sparsamen Geldverwalter zu freuen, denn ihn, den Sohn aus einem reichen Großbürgerhaus Münchens, hatte die Partei häufig angepumpt.

Nur einmal schien es, als gerate Bormann doch noch in den politischen Alltagskampf. An einem Septembertag des Jahres 1931 klingelten an seiner Wohnungstür Kriminalbeamte der Politischen Polizei aus München und zeigten einen Durchsuchungsbefehl vor. Martin und Gerda Bormann waren zu Hause und ließen die Besucher ohne Widerspruch nach verbotenen NS-Schriften, Flugblättern, geheimen Parteipapieren und nach Adressenverzeichnissen fahnden. Gefunden wurde in der Wohnung nichts, wohl aber in Bormanns Auto – es war immer noch der grüne Opel – ein Buch über „Die wichtigsten politischen Parteien und Verbände". Ein Vermerk im Buch kennzeichnete es als Polizeieigentum.

Bormann wurde aufs Präsidium bestellt und dort befragt, wie er zu dem Buch gekommen sei. Vielleicht hoffte die Polizei, sie könne auf diese Weise konspirative Fäden zwischen einem ihrer Beamten und den Nazis aufdecken. Um Bormann geständigungswilliger zu machen, wurde er als Hehler verdächtigt und wegen Verdunkelungsgefahr vorläufig festgenommen – mit dem ganzen Brimborium einer solchen Prozedur, mit Fingerabdrücken und einem Lichtbild für die Verbrecherkartei. Doch schon nach zweieinhalb Stunden erlosch bei den Beamten das Interesse an dem Fall; der Verhaftete wurde entlassen und hörte nie wieder etwas von der Sache.

Daß die Politische Polizei den Haushalt des politisch inaktiven Kassenfunktionärs durchsuchte, legt die Vermutung nahe, daß Bormann in jenen Tagen schon nicht mehr der bedeutungslose Außenseiter gewesen sein kann. Die Münchner Beamten waren seit Jahren gewohnt, die Nazi-Prominenz zu observieren. Offenbar hatten sie festgestellt, daß Bormann jetzt mehr Kontakt zur Parteispitze hatte, als es seine bescheidene Funktion erforderte. Vielleicht hofften sie, bei ihm Hinweise auf geheime Geldquellen der NSDAP zu finden. Wenn etwa ein Unternehmen der Partei einen größeren Betrag spenden wollte und verlangte, daß dies nicht bekannt werden dürfe, war die von keiner Behörde kontrollierbare und von keinem Gesetz erfaßte Hilfskasse dafür das beste Instrument. Doch dergleichen war von Bormann gewiß nicht zu erfahren; er kannte die Taktik der Verhöre, und er war auch mit Schlüsselgeklirr und dem Anblick einer Haftzelle nicht einzuschüchtern.

Ob Geld, Diensteifer oder zupackende Tüchtigkeit Hitler bewogen, Bormann in das engere Gefolge zu ziehen, darüber streiten sich die Leute, die damals diese heimliche Aufwertung miterlebt haben. Bezeichnend aber ist eine Szene, die in der Nacht vom 13. zum 14. März 1932 spielte und außer Hitler nur vier Akteure hatte: Heß, Bouhler, Hanfstaengl und Bormann. Sie saßen im großen Eckzimmer des ersten Stockwerks im Braunen Haus, wo über Hitlers Schreibtisch das von Lenbach gemalte Bild des Preußenkönigs Friedrich II. an der Wand hing, und hörten sich vor einem Radiogerät die Durchsagen von Wahlergebnissen aus deutschen Städten und Kreisen an. Je später es wurde, desto mehr wuchs ihre Enttäuschung: Ein Versuch, an die Spitze des Staates zu kommen, war mißlungen. Hitler war im Wahlkampf um das Amt des Reichspräsidenten dem Generalfeldmarschall Paul von Hindenburg unterlegen. Es waren keineswegs die bedeutendsten seiner Parteigenossen, die Hitler zu den nächtlichen Stunden der Wahrheit in sein Arbeitszimmer gebeten hatte. Sucht man nach einem gemeinsamen Nenner für die vier Gefährten, ist es wohl ihre Treue, die bis zur blinden Verehrung reichte. Von ihnen waren weder Widerspruch noch Vorwürfe zu erwarten. Daß Goebbels und Göring nicht zugezogen waren, ist erklärbar: Beide befanden sich in Berlin und riefen im Lauf des Abends tröstend an. Doch Röhm, Gregor Strasser, Rosenberg – wo waren sie? Sie waren nicht geladen, weil Hitler – wie immer die Wahl ausfiel – in diesen Stunden nur Ja-Sager um sich haben wollte.

Hanfstaengl berichtet, in jener Nacht hätten die Radikalen der Partei ihren Führer bestürmt, er möge nun die SA zu den Waffen rufen und mit dem Marsch nach Berlin gewinnen, was ihm die Wähler verweigert hätten. Bormann, von Hanfstaengl als „Star der Bürokraten" charakterisiert, plädierte gewiß nicht für den Bürgerkrieg; er hatte kein Vertrauen zur Führungsspitze der SA. Sie schien ihm eher eine Belastung als eine Verstärkung der Partei zu sein, denn in der Öffentlichkeit hatte sie einen schlechten Ruf bekommen. Schon während des Wahlkampfs hatte Helmuth Klotz, Oberleutnant a.D. und ehemaliger Reichstagskandidat der badischen NSDAP, in einer Art von „Offenem Brief" die Homosexualität des Stabschefs Ernst Röhm angeprangert. In einer Broschüre, die über das ganze Reichsgebiet verteilt wurde (Titel „Wir gestalten durch unser Führerkorps die Zukunft"), wiederholte Klotz nicht nur seine Vorwürfe gegen Röhm, sondern reicherte sie noch durch die Sündenregister von ein paar Dutzend mehr oder weniger prominenter Nazis an.

Bormann war der Ansicht, daß solchen Vorwürfen der Boden entzogen werden müsse, wenn die Partei ihre Wahlerfolge fortsetzen wolle. Doch damit durfte er Hitler jetzt nicht kommen. Da Hindenburg nicht die absolute Mehrheit aller abgegebenen Stimmen bekommen hatte, war ein zweiter Wahlgang nötig. Gleich danach kam eine Serie von Landtagswahlen. Dafür waren die dekorativen Aufmärsche der braunen Kolonnen ebenso notwendig wie ihre Bereitschaft, sich mit politischen Gegnern handgreiflich auseinanderzusetzen. Zudem war Röhm nützlich, weil er einen guten Draht zu General Kurt von Schleicher hatte, also zur Reichswehr und damit auch über den Sohn Hindenburgs zum Reichspräsidenten.

So stellte sich denn Hitler mit der großen Geste einer im „Völkischen Beobachter" veröffentlichten Erklärung vor seinen Stabschef: Gegenüber dem Gerücht, „daß ich beabsichtigen würde, mich von meinem Stabschef zu trennen... erkläre ich ausdrücklich ein für allemal: Oberstleutnant Röhm bleibt mein Stabschef jetzt und nach den Wahlen". Daran werde „auch die schmutzigste und widerlichste Hetze... nichts ändern". Natürlich kannte Hitler die Wahrheit; im vertrauten Kreis meinte er, Homosexualität müsse anders gewertet werden bei einem Mann, der jahrelang in den Tropen gelebt habe. „Sein Privatleben interessiert mich nicht, wenn die nötige Diskretion gewahrt bleibt." Das war, wie noch festzustellen sein wird, auch Bormanns Meinung. Doch nun konnte wohl von Diskretion nicht mehr die Rede sein, und der Verwalter der Hilfskasse hatte keine Veranlassung, dies zu übersehen. Wenn SA-Führer auf die Bonzen in der Partei schimpften, war er häufig die Zielscheibe: Er knausere mit dem Geld, wenn die Kameraden ihr Blut vergössen. Dringlich schien der Fall Röhm jedoch nicht zu sein. Der zweite Wahlgang, am 10. April 1932, brachte zwar Hindenburg die absolute Mehrheit, aber Hitler und seine Partei konnten sich über weitere zwei Millionen Wähler freuen. Als der von Reichskanzler Papen vorzeitig aufgelöste Reichstag am 31. Juli 1932 neu gewählt wurde, stieg die NSDAP mit 230 Abgeordneten und den Stimmen von 37,3 Prozent der Wähler sogar zur stärksten Partei auf. Jetzt, so schien es allen ihren Anhängern, müsse endlich das geschehen, was sie unter einer legalen Machtübernahme verstanden. Hitler mußte Reichskanzler werden.

Es muß hier nicht geschildert werden, warum er es noch nicht wurde und wie sich der Kampf um die Herrschaft im Reich noch ein halbes Jahr hinzog. Wohl aber muß gesagt werden, wie Martin Bormann diese Zeit erlebte.

Noch war Bormann ein kleiner Funktionär, zwar zum Kreis der Vertrauten zugelassen, aber ohne Einfluß auf Ideen und Entscheidungen. Hitler fand es praktisch, den anstelligen, intelligenten und dienstfertigen Parteigenossen gelegentlich in der Nähe zu haben, für kleine, gesprächsweise hingeworfene Aufträge, die schnell und zuverlässig erledigt werden sollten. Der Klüngel von Adjutanten, Chauffeuren und Zuhörern, wie ihn Hitler als Dekoration und Stimulanz brauchte, fand sich mit diesem Neuzugang in Anbetracht des Wohlwollens ab, das ihm von höchster Stelle entgegengebracht wurde. Bormann war so etwa der Idealtyp, wie Hitler sich seine Parteigenossen wünschte: Ergeben, gläubig und gewillt, sich auf Gedeih und Verderb einer Sache blind und bedingungslos zu verschreiben, ein Kleinbürger, der sich zu Großem berufen fühlte. Aus der Spitze der Partei protegierte ihn nur Rudolf Heß, der glaubte, der größte Idealist in der Bewegung zu sein und der als Sekretär des Führers galt, ohne die Befugnisse einer solchen Stellung zu haben. Heß litt darunter, aber er war zu inaktiv und wohl auch nicht skrupellos genug, um im Rudel des machthungrigen NS-Führerkorps größeren Einfluß zu gewinnen.

Diesem Führerkorps wurden die Reichstagswahlen nach anfänglichem Siegesjubel bald zur bösen Enttäuschung. Da hatten die Kämpen nun seit zwei Jahren ein ums andere Mal gesiegt, hatten sogar schon in den Parlamenten kleinerer Länder die absolute Mehrheit und regierten dort, aber zum Endsieg reichte es noch immer nicht – weder zur Chance, das jammervolle deutsche Schicksal zu wenden noch zu einem Durchbruch an die Futterkrippen von Staat und Wirtschaft. In dem Vierteljahr zwischen der letzten Reichspräsidentenwahl im April und der Reichstagswahl im Juli hatte die geradezu gigantische Propaganda nur noch ein Mehr von 300 000 Stimmen gebracht. Im Braunen Haus ging ebenso wie in den Ortsgruppen die Furcht um, die Partei könne sich totsiegen. Zwar hatten 37,3 Prozent der Wähler fürs Hakenkreuz votiert, aber wie sollten nun noch weitere 13 Prozent hinzugewonnen werden? Die Kämpfer waren müde, und die Begeisterung im Volk verlief sich im Sand der Mißerfolge bei den Versuchen, im Reich an die Regierung zu kommen. Sie würden es doch nicht schaffen, sagten die Leute, obwohl sie sie gewählt hätten, und wenn die Nazis sich nicht durchsetzen könnten, würden sie wohl auch nicht fähig sein, die Not im Land abzuwenden.

Besonders nervös wurden die Funktionäre, die vom Geld der Partei lebten. Bei leeren Kassen waren die Schulden höher als je zuvor. Ging es erst einmal abwärts – schrieben die Zeitungen –, würde daraus unweigerlich eine Schußfahrt in den Abgrund der Bedeutungslosigkeit. Alle würden ihre Existenz verlieren, und die Chance, eine neue zu finden, war bei fast neun Millionen Arbeitslosen, Kurzarbeitern und notdürftig beschäftigten Hungerleidern gering. In den triumphalen Monaten hatten sich die oberen Ränge meist eifersüchtig um Kompetenzen gebalgt.Nun stritten sie sich um die Schuld am aufziehenden Desaster. Am 10. September 1932 war der Reichstag wieder einmal mehr aufgelöst worden; ein neuer Wahlkampf stand vor der Tür. Gab es denn nicht Parteigenossen, die in der Öffentlichkeit nur eine Belastung für die Bewegung waren?

Bezeichnend für die gespannte Atmosphäre ist eine Groteske, die sich am Rand der politischen Ereignisse im Braunen Haus abspielte. Parteiinterne Intrigen von Bormann, von Buch und von Reichsschatzmeister Xaver Schwarz ließen den Haudegen und Choleriker Röhm vor Wut außer sich geraten. Er schüttete einem alten Vertrauten, dem Hauptmann a.D. Karl Mayr, sein Herz über die Umtriebe seiner Gegner in der Partei aus und fragte unter der Hand an, ob er über sie Belastendes erfahren könne.

Nun war dieser Karl Mayr alles andere als ein harmloser Privatmann. Er hatte im Frühsommer 1919 als Reichswehroffizier in München eine „Aufklärungsabteilung" geleitet, deren Aufgabe es war, die heimgekehrten und in Auflösung begriffenen Truppen antikommunistisch zu impfen und für vaterländische Ideen zu gewinnen. Einer seiner Propaganda- und Vertrauensleute war der Gefreite Adolf Hitler. Mayr war später verabschiedet worden, weil er bayerische Reichswehreinheiten beim Kapp-Putsch einsetzen wollte. Röhm hatte daraufhin seine Aufgabe übernommen. Schon beim Putsch 1923 waren die beiden befreundeten Hauptmänner getrennte Wege gegangen. Mayr war inzwischen beim sozialdemokratischen Reichsbanner gelandet, also bei einem Erzfeind.

Als nun die „Münchner Post", das Blatt der Sozialdemokraten, über diese Kontakte und die Kabalen in der NSDAP berichtete, versuchte Röhm sich vor Gericht mit eidesstattlichen Erklärungen aus der Affäre zu ziehen, aber es gelang ihm so schlecht, daß Bormann nun seine Chance sah, zum Angriff überzugehen. Er konnte dies mit um so größerer Zuversicht tun, als Mayr die etwas dubiose Rolle Hitlers bei der Demobilisierung des Feldheeres kannte, also ein dem Führer mißliebiger Augenzeuge war. Die Rache Hitlers erreichte auch ihn; er kam 1945 im KZ Buchenwald um.

Noch traute sich Bormann nicht, bei Hitler selbst seine Anklage gegen Röhm vorzutragen. Am 5. Oktober 1932 tippte er einen fünf Seiten langen Brief „an den Privatsekretär des Führers, Herrn Rudolf Heß". In diesem Schreiben – es wird hier gekürzt wiedergegeben* – läßt der bisher so bescheidene und fast de-

---

* Da der volle Wortlaut des Schreibens im Dokumentenanhang Seite 449ff. wiedergegeben ist, wurden hier die meisten Absätze und alle gekürzten Stellen nicht besonders gekennzeichnet.

vote Bormann mit der Formulierung einiger Passagen die Maske fallen und verrät, daß er nicht nur verwalten, sondern auch Macht ausüben könnte. Sein Stil ist unbeholfen und simpel – und blieb übrigens auch nach seinem späteren Aufstieg so. Er schreibt, wie er spricht – in schablonisierten Formulierungen, undifferenziert, hart zupackend und von keinem Zweifel gehemmt. „Lieber Herr Heß! Nur dem Zwang gehorchend, behellige ich Sie in Ihrem Urlaub. Das Nachstehende *muß** aber meines Erachtens gesagt werden. Sie und der Führer müssen die draußen herrschenden Anschauungen kennen. Vorausgeschickt sei, daß ich nicht gegen die SA eingestellt bin. Ich habe auch nichts gegen die Person Röhms an sich. Meinetwegen mag sich Jemand in Hinterindien mit Elefanten und in Australien mit Känguruhs abgeben. Für mich und alle wirklichen Nationalsozialisten gilt nur die Bewegung. Was oder wer der Bewegung nützt, ist gut, wer ihr schadet, ist ein Schädling und mein Feind. Was nun aber zu Tage trat, das schlägt dem Faß rundherum den Boden aus. Einer der prominentesten Führer der Partei schimpft bei einem ebenso prominenten Führer der schärfsten Gegner und beschimpft eigene Parteigenossen als Schweinehunde. Jedem SA-Mann wird eingeremst und für den Fall Röhm war das besonders nötig, daß er seine Kameraden, seine Führer auch bei Vorliegen von Fehlern bis zum letzten zu decken habe — der prominenteste SA-Führer geht hin und verleugnet und verleumdet in dieser krassen Weise. Wenn der Führer diesen Mann nach diesem Vorgehen noch hält, so verstehe auch ich ihn, wie schon zahllose andere, nicht mehr und das *ist* auch nicht mehr zu verstehen. *Man sage nicht, die Verdienste des Stabschefs Röhm überwögen derartige Fehler.* Der Schaden, den Röhm durch sein Beispiel angerichtet hat, ist durch kein Verdienst aufzuwiegen.Ganz abgesehen davon: *welche* Verdienste? Sehen Sie sich sämtliche von Röhm erlassenen Befehle durch – *grundlegende* Neuerungen werden Sie seit Pfeffers Zeit nicht finden. *Man sagt, Röhm sei eine Persönlichkeit, ein Kopf:* Darüber kann man sehr zweierlei Meinung sein. Im übrigen ist trefflicher Maßstab für die Beurteilung eines Menschen die Qualität seiner Mitarbeiter. Köpfe? Sehen Sie sich den früheren *stellv.* Stabschef, den Major Fuchs, den jetzigen *stellv.* Stabschef, den ‚Major und Gruppenführer‘ Hühnlein an und Sie wissen, mit wie herzlich wenig Wasser da gekocht wird. Ich bin der Überzeugung, daß den Posten des Stabschefs jeder andere mit Menschenkenntnis und Organisationstalent begabte SA-Führer ausfüllen könnte. (Lutze). Ich war kaum Soldat, aber ich würde meinen Kopf zum Pfand setzen, daß ich das auch fertig kriegte. Schauen Sie sich die SS an, Sie kennen doch Himmler und Sie kennen Himmlers Fähigkeiten. *Man sagt, die Einstellung gegen Röhm entspringe der Animosität der politischen Leiter gegen die SA überhaupt.* Eine unerhörte Unterstellung, denn schließlich sind ja gerade wir alten Pg alle einmal einfache SA-Männer gewesen. In der politischen Organisation wird von oben herunter keine Einstellung gegen die SA gezüchtet, wie umgekehrt. Wer redet denn von unseren politischen Führern nur zu gern als von Bonzen? Ich persönlich wäre lieber draußen SA-Füh-

---

* Kursiv Gedrucktes ist im Originaltext unterstrichen.

rer, als Tag für Tag von früh bis spät hinter dem Schreibtisch zu hocken und Akten zu wälzen. Wer gibt im übrigen leichter und mehr Geld aus? Derjenige nicht, der die Beiträge hereinbringen muß und weiß, wie sauer dem größten Teil der Pg das Beitragszahlen fällt.

Kennt der Führer die absolut *un*zuversichtliche Stimmung bezüglich der Wahlen unter den Parteigenossen? Weiß er, daß eine große Anzahl der SA-Männer die Ansicht vertreten, es sei am besten, kommunistisch zu wählen? Als nach Bekanntwerden der Röhm-Briefe der Führer bekanntgab, Röhm bliebe Stabschef, haben viele Pg den Kopf geschüttelt. In der jetzigen Situation die Bewegung wieder auf die gleiche Belastungsprobe zu stellen, dünkt mich äußerst gefährlich. Vertrauen auf einen Wahlsieg bei der Reichstagswahl ist fast nirgends vorhanden, der Großteil der Pgg ist in einer enttäuschten Stimmung als Folge der überspannten Hoffnungen, die maßgebliche Führer (Röhm, Goebbels) erweckten. Das Vertrauen zum Führer besteht noch und dieses Vertrauen muß erhalten werden, denn ginge es verloren, wäre die Bewegung zerschlagen. *Es ist sicher, daß Unzählige das Vertrauen zum Führer verlieren werden, wenn der Führer einen Mann, der bei einem politischen Gegner erster Klasse seine Kameraden verrät, Material gegen sie erbittet, weiterhin hält.* Wenn ich oder andere Pgg politische Entscheidungen nicht verstehen, nun gut, wir kennen die Voraussetzungen und näheren Umstände nicht, der Führer ist der Führer, er wirds schon recht machen. Hier aber handelt es sich um den schweren Schaden, den die Bewegung durch das Verhalten eines ihrer Angehörigen erleidet."

Gab Heß diesen Brief oder wenigstens seinen Inhalt an Hitler weiter? Er ging ungern mit schlechten Nachrichten zu seinem Chef, und zudem lähmte ihm – wie so vielen anderen – eine herrische Geste Hitlers oder ein harter Blick aus dessen blauen Augen die Zunge. Er wußte, daß der Augsburger Gauleiter Wahl im Sommer von zwei SA-Führern seines Bereiches die neuesten Putschpläne der ewigen Landsknechte erfahren hatte, wußte auch, daß Hitler dagegen eingeschritten war, es aber hingenommen hatte, daß die Oberste SA-Führung die beiden „Verräter" kaltgestellt hatte. Er wußte ferner nach seinen Erfahrungen mit Pfeffer von Salomon, daß Hitler einen Putsch nicht nur für politisch falsch, sondern auch für aussichtslos hielt.

„Unsere Formationen sind ohne Waffen; sofern solche ohne meinen Willen vorhanden sind,... spielen sie gegenüber der mit modernen Waffen ausgerüsteten Polizei und Reichswehr keine Rolle."

Das sagte Hitler zwar erst ein paar Wochen nach Bormanns Klagebrief, aber daß er seit Jahren so dachte, wollte nur der gesamte Freikorpsklüngel nicht wahrhaben.

Der Brief war also kein Beweis für Männerstolz vor dem Führerthron, sondern nur ein Dokument der Ergebenheit. Und auch der Angst, es könnte am Ende alles zusammenbrechen – mit der Partei auch die eigene Existenz und das Vaterland. Patriotische und egoistische Antriebe ließen sich bei den meisten Parteigenossen der Kampfzeit kaum trennen.

Wie berechtigt der Hinweis auf die „unzuversichtliche Stimmung" war, zeigte sich am 6. November 1932. Die NSDAP büßte bei der Reichstagswahl 34 Mandate ein. Sie blieb zwar mit 196 Abgeordneten die weitaus stärkste Partei, aber der Nimbus der Unwiderstehlichkeit war dahin. Einziger Lichtblick am Wahlergebnis war, daß die Kommunisten 100 Mandate erobert hatten und daß nun die Bürger noch besser mit der Parole geschreckt werden konnten, es gäbe nur die Alternative zwischen Hakenkreuz und Hammer und Sichel.

Was in dem nun folgenden und für das Schicksal der Deutschen entscheidenden Vierteljahr geschah, konnte der Hauptabteilungsleiter der Hilfskasse nur als Zuschauer miterleben, zwar angesteckt von der Hektik der Ereignisse und immer schwankend zwischen Furcht und Hoffnung, aber doch ohne Einfluß auf den Ablauf. Wenn er dann und wann vom Kräftemessen hinter den Kulissen mehr erfuhr als der tägliche Zeitungsleser, bekam er solche Informationen nicht aus erster Hand. Wer von Hitler zum dramatischen Ringen um die Macht zugezogen wurde, kam nur noch auf der Durchreise nach München. Berlin war die Bühne, auf der General Schleicher, Hindenburg, Hitler, Papen, Hugenberg und Politiker der Zentrumspartei verhandelten.

Im Braunen Haus blieben nur die Verwalter zurück, angewiesen auf die dünne Kost aus ihrer Gerüchteküche und erneut geschockt, als die NSDAP am 6. Dezember bei der Thüringer Wahl fast um die Hälfte ihrer Stimmen von der Sommer-Reichstagswahl zurückfiel. Wenige Tage später traf sie dann auch noch unvorbereitet der Schlag, daß ein Mann der ersten Garnitur rebellierte: Gregor Strasser, als Reichsorganisationsleiter Vorgesetzter aller Funktionäre in der PO, hatte insgeheim mit dem neuen Reichskanzler Kurt von Schleicher über einen Ministerposten in dessen Kabinett verhandelt.

Der sachlich und mit konkreten Programmvorstellungen argumentierende Gregor Strasser mag zeitweise den phantasiearmen Rationalisten Bormann beeindruckt haben. Doch das war Vergangenheit. So war denn Strassers Aufbegehren während der Führertagung im Berliner Hotel „Kaiserhof" für Bormann nur ein schlimmer Treuebruch, der den Eindruck erwecken mußte, als verließen die Ratten ein sinkendes Schiff. Doch es fand sich in der gesamten Reichsleitung kaum ein Mann von Rang und auch kein Gauleiter, der bereit gewesen wäre, Strasser zu folgen.

Dennoch hatte Strassers Rebellion in einem nicht vorhersehbaren Ausmaß Folgen für Bormann. Der Apparat der Partei wurde neu geordnet. So, wie Hitler nach Pfeffers Abgang die Führung der SA selbst übernommen und für die eigentliche Arbeit einen Stabschef eingesetzt hatte, unterstellte er sich nun die gesamte PO direkt und setzte den früheren Gauleiter und derzeitigen Reichsinspektor Robert Ley als Stabsleiter ein. Gleichzeitig engte er – eine in solchen Fällen immer wieder angewandte Taktik – auch dessen Kompetenzen durch eine Aufsplitterung des Machtbereichs ein: Das Agrarpolitische Amt unter Darré wurde selbständig und eine neu geschaffene „Politische Zentralkommission", geleitet von Hitlers Privatsekretär Rudolf Heß, übernahm die Abteilungen, in denen politische Entscheidungen vorbereitet und gefällt wurden. Mit dem Eintritt in dieses Amt Heß sollte ein halbes Jahr später Martin Bormanns unaufhaltsamer Aufstieg beginnen.

Nach einem Aufstieg der Partei sah es in den letzten Wochen des Jahres 1932 nicht aus. Alle Parteigrößen reisten durch die Lande, um in einer nicht endenwollenden Kette von Versammlungen den Niedergang zu bremsen und mit den Eintrittskarten Geld in die leeren Kassen zu leiten – manchmal auch, um selbst wieder ein paar Tage von Spesen und Honoraren leben zu können.

In den Jahresrückblicken der gegnerischen Zeitungen wurde den Lesern versichert, Hitler sei politisch bereits ein toter Mann. Dieser verbreitete jedoch unentwegt Zuversicht. In Halle sagte er am 18. Dezember zum dort amtierenden Gauleiter Jordan: „In wenigen Wochen sind wir am Ziel; sie werden mich rufen müssen."

Die gleiche Verheißung machte er seinen Funktionären im Braunen Haus, ehe er sich für die Festtage, wie üblich, erst in seine Münchner Wohnung und dann in sein Haus Wachenfeld auf dem Obersalzberg zurückzog. Die Weihnachtsbescherung der Bormanns – sie waren nach Pullach in die Margarethenstraße umgezogen – mußte mager ausfallen, aber sie zweifelten nicht am nahen Sieg; sie waren schon lange soweit, daß sie ihre Gewißheit nicht mehr aus der Vernunft, sondern aus dem Glauben bezogen.

Bormanns Gönner Heß war dabei, als am 4. Januar 1933 im Kölner Haus des Bankiers Kurt Freiherr von Schröder bei einem Treffen von Hitler und Papen für ein Zusammenspiel die Weichen gestellt wurden, das dann zur sogenannten Machtübernahme führte. Niemand sollte von der Zusammenkunft erfahren, aber die Presse bekam einen Wink von Schleichers Geheimdienst und orakelte, es sei dort der Sturz des Reichskanzlers geplant worden. So erfuhren auch die Funktionäre im Braunen Haus, daß ihr Führer dabei war, Munition für den nächsten Angriff zu sammeln.

Doch darüber bekamen die Funktionäre der Münchner Parteileitung nur spärliche Informationen. Am 17. Januar bezog ihr Führer im Berliner Hotel „Kaiserhof" mit einem wachsenden Gefolge von Begleitern und Beratern sein Hauptquartier. Mit wem er verhandelte, was beschlossen und wer für seine Kanzlerschaft gewonnen wurde, erfuhren nur wenige Vertraute. Goebbels gehörte dazu; als er für einen Tag nach München zur Reichspropagandaleitung fuhr, notierte er in seinem Tagebuch, er finde dort „keine Ruhe, wo in Berlin die Entwicklung unaufhaltsam weitergeht". Wohin sie führen konnte, wurde den Parteigenossen im Braunen Haus erst sichtbar, als am 28. Januar, einem Samstag, Reichskanzler Schleicher demissionierte. Wer würde an seine Stelle treten?

Was Goebbels unterwegs notierte, galt auch für die in München Wartenden: „Wir sind alle noch sehr skeptisch und freuen uns nicht zu früh." Weil aus Berlin kaum etwas durchsickerte, blieben sie auch den ganzen Sonntag über skeptisch.

Doch am Montag, dem 30. Januar, der in die Geschichte eingehen sollte, kam am Vormittag die Nachricht, daß Hitler mit Papen, Hugenberg, den Parteigenossen Frick und Göring und etlichen anderen ministrablen Herren im Palais des Reichspräsidenten verschwunden sei.

Im Braunen Haus saßen die Funktionäre in ihren Büros, aber ihre Arbeit blieb liegen. Noch nie war die Partei dem Sieg so nahe gewesen. Wer mit einem Blick aus dem Fenster von nervöser Gespanntheit Ablenkung suchte, sah an diesem nassen und trüben Wintertag die Passanten ihres Weges gehen – wie immer, ahnungslos, daß in diesen Stunden auch über sie entschieden wurde.

Erst um die Mittagsstunde erlöste ein Anruf aus Berlin die Funktionäre aus ihrem Schwanken zwischen Furcht und Hoffnung: Hitler war Kanzler. Sie polterten in ihren Schaftstiefeln von Raum zu Raum, verkündeten einander lachend und jubelnd die Neuigkeit, umarmten sich, vergaßen persönliche Animositäten, sachliche Gegensätze und Rivalitäten. Geschafft!

Ginge es hier nur um Aufstieg und Katastrophe des Dritten Reiches, müßte an dieser Stelle ein neues Kapitel beginnen, denn dieser Tag erwies sich als Keimzelle einer bis dahin unvorstellbaren Entwicklung. Doch hier wird vom Wirken und vom Schicksal eines einzelnen berichtet, eines Volksgenossen (um im Jargon der Zeit zu bleiben), wie er damals unter den Deutschen wohl millionenfach zu finden war, wenn man sie nach Charakter, Wertvorstellungen und Lebenszielen mißt. Daß er Fähigkeiten besaß, die ihn über die Masse hinaushoben, und daß er konsequenter war als der Durchschnitt, war in jenen Tagen noch nicht erkannt, und so ist es denn auch nur normal, daß in den stürmischen Monaten der ,,Volkserhebung", der ,,nationalen Revolution", der Leiter der Hilfskasse blieb, was er war.

Natürlich erfaßte auch ihn die wilde Geschäftigkeit, mit der die Parteigenossen darangingen, die Welt nach ihren Vorstellungen zu ändern. Das Hakenkreuzabzeichen am Revers und erst recht eine braune Uniform gab momentan jedem so viele Vollmachten, wie er sich nahm. So kamen sie in den ersten Wochen ihrer neuen Herrlichkeit kaum aus den Stiefeln. Sie marschierten zu Wahlversammlungen, demonstrierten, von der Polizei nicht mehr gebremst, gegen das in München noch eine Zeitlang herrschende ,,System" und hißten bei Ansprachen und theatralischen Auftritten ihre Fahne auf öffentlichen Bauten.

Die ,,Alten Kämpfer" hielten es jedoch für legitim, daß sie nun für die mageren Jahre im Dienst der Partei, für Zurücksetzungen, Strafen und Opfer entschädigt werden mußten. Den Einfältigen genügte es, daß sie mit einer weißen Armbinde am Braunhemd und gegen geringen Sold Hilfspolizisten spielen, Macht ausüben und die Roten hinter den Stacheldraht improvisierter Konzentrationslager bringen durften. Die Klügeren, Anspruchsvolleren verlangten Versorgung und Karriere; wo ein Posten mit einem politischen Gegner besetzt war, erzwangen sie die ,,Gleichschaltung", worunter sie verstanden, daß dieser Posten für sie freigemacht werden mußte.

Mit der Mitgliedsnummer 60 508 und dem damit automatisch verliehenen Goldenen Parteiabzeichen hätte Martin Bormann in jenen Tagen leicht eine gute Pfründe erhalten. Aus mehr als einem Grund verzichtete er. Stets hat er sich – bis zum Untergang des NS-Regimes – als engagierter Idealist gebärdet; verglichen mit den anderen Alt-Pg, die mit den beiden Händen Geld und Besitz scheffelten, war er tatsächlich der Unbestechliche. Dazu kam, daß er am Betrieb der Hilfskasse hing; sie war ganz und gar sein Werk. Sie war auch, solange die Partei den Staat noch nicht fest im Griff hatte, so etwas wie der Sperling in der Hand. Vor allem aber war Bormann nicht bereit, das Braune Haus zu verlassen.

„Wie bekannt, verbleibt die Leitung der nationalsozialistischen Bewegung auch für die Zukunft in München", hatte Anfang Februar die Reichspressestelle der NSDAP verkündet. Früher oder später mußte sich eine Chance ergeben, in der Parteihierarchie aufzusteigen. Reichsschatzmeister Xaver Schwarz war 25 Jahre älter als er, und wenn ein Nachfolger gebraucht wurde, war ein tüchtiger Geldverwalter am Zug.

Xaver Schwarz war allerdings noch lange nicht amtsmüde. Er hatte sich von Hitler, der als Künstlernatur an schnöde Geldgeschäfte keinen Gedanken verschwenden wollte, so weitgehende Vollmachten geben lassen, daß niemand in der Partei sich mit ihm anlegen mochte. Ihm galt Bormann als tüchtiger Angestellter, aber dessen Gehabe, jener Wechsel zwischen Unterwürfigkeit und herrischer Brutalität, mißfiel ihm. Er war auch keineswegs gewillt, sich einen ehrgeizigen Rivalen großzuziehen. Deshalb hielt er die Zeit für gekommen, die Hilfskasse mit ihren hundert Mitarbeitern und ihren Leiter zurückzustutzen.

Bei der Reichstagswahl im März 1933 hatte die NSDAP zusammen mit den Deutschnationalen mehr als die Hälfte aller Mandate gewonnen, die KPD war verboten, die SPD löste sich auf. Für blutige Auseinandersetzungen fehlten den NS-Verbänden jetzt die Gegner. Zwar klagte Bormann noch im Mai, es würden „weit mehr Schadensfälle gemeldet als früher", und seine Dienststelle müsse „täglich 3 Waschkörbe Post verarbeiten", aber dabei handelte es sich zunehmend um Unfälle und Sachschäden, kaum mehr um Kampfblessuren. Die Ehefrau des Berliner Hilfskassenarztes Leonardo Conti schrieb ihm schon im April, ihrer Meinung nach würden „mit Ablauf des nächsten Winters die eigentlichen Aufgaben der Hk sich langsam erledigen".

Gemeinsam mit ihr hatte Bormann auch schon erwogen, ob sich aus seiner Dienststelle nicht eine Krankenkasse für die jungen Leute im künftigen Reichsarbeitsdienst entwickeln ließe. Die Ärztin Elfriede Conti begutachtete zu jener Zeit noch an Stelle ihres bereits avancierten Mannes die Dienstbeschädigungen der Berliner SA-Männer, aber sie hatte keine Lust, dies für eine offenbar absterbende Institution fortzusetzen. Sie und ihr Mann glaubten auch, sie könnten nun auf Bormanns Wohlwollen verzichten. Ein Jahr später merkten sie, daß dies ein Irrtum war.

Genau einen Tag, nachdem Bormann seine Berliner Mitarbeiterin brieflich um weitere treue Mitarbeit gebeten hatte, leitete er seinen eigenen Abgang aus der Hilfskasse ein. Wieder einmal setzte er sich selber an die Maschine und schrieb an Rudolf Heß, diesmal tituliert als „stellv. Parteiführer", denn einen Monat zuvor war der Vorsitzende der politischen Zentralkommission von Hitler zum Stellvertreter des Führers in Partei-Angelegenheiten ernannt worden. Hier war Neuland entstanden; ein Amt mußte aufgebaut werden. Der Reichsschatzmeister plane – schrieb Bormann – die Hilfskassenverwaltung zu vereinfachen, also abzubauen.

„Meine Bedenken läßt Herr Schwarz nicht gelten, ich bin eben... der Angestellte, der zu parieren hat… In Anbetracht dieser Tatsache bitte ich Sie erneut um anderweitige Verwendung und um eine andere Aufgabe in der politischen (im Brief unterstrichen) Organisation, innerhalb der Kassenverwaltung möchte ich nicht mehr tätig sein." Schwarz dürfe jedoch von dem Gesuch um Versetzung nichts erfahren; er „würde mich nicht verstehen und würde sofort und restlos mit mir brechen". (Siehe voller Wortlaut im Dokumentenanhang Seite 451.)

Den Brief gab er nicht etwa im Vorzimmer der Dienststelle Heß des Braunen Hauses ab. Das war ihm zu riskant. Er schickte ihn am 27. Mai nach Berlin, wo Heß im ständigen Gefolge des Führers gerade dabei war, bei der Reichskanzlei eine Dependance seines in München noch rudimentär gebliebenen Amtes einzurichten.

Organisation war nie die Stärke von Heß gewesen, und vom Aufbau eines bürokratischen Apparates verstand er nichts. So kam der Brief aus München gewiß im richtigen Augenblick. Die nächste Reise ins geliebte München nutzte er, um sich mit Bormann über seine Sorgen zu unterhalten. Dessen Vorschläge wurden offenbar für gut befunden, denn die beiden waren sich bald einig, und auch Hitler stimmte zu. So wurde Martin Bormann zum Stabsleiter im Amt Heß ernannt.

6 Vom unbekannten Pg. zum Reichsleiter

Am 3. Juli 1933 zog Martin Bormann um, aus der Hilfskasse in das Büro von Rudolf Heß, dem Stellvertreter des Führers, sozusagen aus der Mansarde des Braunen Hauses in die Beletage, befördert vom Kassenverwalter zum Stabsleiter. Als die „Parteikorrespondenz" seine Ernennung bekanntgab, fragten sich viele in der Reichsleitung und erst recht in den Gauleitungen, wer dieser neue Mann sei. Der großartige Titel weckte jedoch falsche Vorstellungen: Den Stab, den er zu leiten hatte, gab es noch gar nicht. Aufgaben und Kompetenzen des Amtes waren (und wurden nie) von Hitler genau definiert, und Rudolf Heß war zwar ein Uralt-Kämpfer, aber nie mehr als ein Anhängsel seines Führers gewesen (genannt Sekretär), seit jeher ungeeignet, sich einen eigenen Machtbereich in dem vom Parteichef bewußt angelegten Dschungel von Zuständigkeiten freizukämpfen.

Hans Frank charakterisierte Heß nach jahrzehntelanger Beobachtung meist aus nächster Nähe als einen „gutmütigen, aber haltlos verträumten Schwächling ohne jeden eigengeistigen Charakterwert".

„Heß war grundsätzlich in Anschauungen und Haltung absolut sauber", habe jedoch eifersüchtig, empört und „in kunstvoll gezierter Bescheidenheitsgeste" beobachtet, wie Göring, sein Rivale um den zweiten Rang neben Hitler, Ämter, Macht und Geld zusammengerafft habe, obwohl er nicht einmal einen Rang in der Partei vorweisen konnte. Irgendwann, so hoffte Heß, würde seine Bescheidenheit von Hitler belohnt werden. Doch gerade damit zeigte er, wie wenig er sein Idol kannte, dessen Taktik es gerade war, die Männer seiner engsten Gefolgschaft mit dem Korsarenrecht auf freie Beute zu belohnen und sie damit in Rangstreitigkeiten untereinander zu verwickeln. Zu seinem Stellvertreter hatte Hitler in Rudolf Heß bewußt einen Mann mit geringem Ehrgeiz, wenig Profil und ohne die Hausmacht einer eigenen Organisation ausgewählt.

Als Bormann in das Amt Heß eintrat, war Hitler schon fünf Monate lang Kanzler, und die neuen Herren hatten die Macht in Deutschland untereinander bereits verteilt. Im Handstreich waren keine Kompetenzen mehr zu holen. So waren denn auch die Aufgaben, die Hitler dem neuen Amt zuwies, nur kümmerlich und reaktiv. Es sollte eine Beschwerdestelle sein fürs Volk, sollte die Zusammenarbeit zwischen den Parteidienststellen verbessern und bei deren sich jetzt häufenden Streitigkeiten vermitteln, damit Hitler von diesem Kleinkram verschont bliebe. Außer Ärger und Feindschaft war dabei nicht viel zu gewinnen, und so schimpfte Heß gelegentlich, er sei zur Klagemauer der Bewegung degradiert worden.

Geradezu unscheinbar nahm sich eine weitere Aufgabe aus: Das Amt sollte eine Schleuse zwischen Partei und Staat bilden und damit verhindern, daß die Dienststellen der NSDAP mit ihren Forderungen bei den Ministerien einander widersprachen und dadurch Einblick in den internen Parteihader gaben. Eine Maklerfunktion also, die es dem Amt bestenfalls erlauben würde, eigene Vorstellungen in einen Interessenausgleich einzuschmuggeln, ihm schlimmstenfalls aber auch die Feindschaft aller Beteiligten eintragen konnte. Nie wurde festgelegt, inwieweit Heß die Vollmacht hatte, eine Sache per Machtspruch zu entscheiden; er mußte immer damit rechnen, daß der Führer als oberste Instanz angerufen und daß er ihn desavouieren würde.

Kein Feld also, auf dem Lorbeer gedeihen konnte. Eher glich es einem Sumpfgelände, angelegt als Glacis vor dem Führerthron. Wer in diesem Terrain wirken wollte, mußte robust und beharrlich, mißtrauisch und schlau, pragmatisch und skrupellos sein. Rudolf Heß, der es gern hörte, wenn er das „Gewissen der Partei" genannt wurde, wäre von diesem schwankenden Boden entweder bald verschluckt worden oder hätte als reiner Tor dort ein Eremitendasein führen dürfen. Daß er sich acht Jahre lang behaupten konnte und daß sein Amt mehr wurde als ein Versatzstück auf Hitlers Bühne, war allein das Verdienst seines Stabsleiters.

Martin Bormann, vertraut mit den Praktiken des Parteibetriebs, merkte schnell, daß gerade die Unbestimmtheit der Vollmachten es ihm ermöglichte, sie extensiv auszulegen – sich nämlich überall einzumischen und dabei soweit zu gehen, wie es die Umstände gestatteten. Wer als Schlichter eingesetzt ist, muß von den Streitenden informiert oder gar hofiert werden, durchschaut so die Kontrahenten, erfährt ihr Sündenregister. Und wer die Schleuse zwischen Partei und Staat bedient, kann entscheiden, was er passieren läßt und was nicht. Für einen geschickten Bürokraten waren das ideale Bedingungen: Er konnte im Lauf der Zeit unauffällig zur Autorität in der ungeheuer angewachsenen Organisation der Partei werden.

Damit gerieten Heß und Bormann jedoch in einen Bereich, für den sich längst ein anderer zuständig fühlte: Robert Ley, Stabsleiter der PO, also der Funktionärs-Organisation, Nachfolger von Gregor Strasser. Mit diesem dicken, kleinen Vielredner, dessen Kugelkopf immer vom Alkohol gerötet war, mußte Bormann seinen ersten Strauß ausfechten, wenn aus dem Amt Heß mehr als eine Postverteilungsstelle für die oberen Parteiinstanzen werden sollte. Dabei war Ley gerade in den letzten Monaten zunehmend mächtiger geworden. Aus der Strasserschen Erbmasse waren ihm außer dem Reichsorganisations–, dem Reichspersonal- und dem Reichsschulungsamt auch die NS-Betriebszellen-Organisation, eine Art Parteigewerkschaft, und die NS-Hago, eine Wirtschaftsvereinigung des Mittelstandes, zugefallen. Als am 2. Mai 1933 die alten Gewerkschaften aufgelöst und ihre Vermögen beschlagnahmt worden waren, hatte Hitler als Sammelverband für alle „Schaffenden der Stirn und Faust" die

Deutsche Arbeitsfront" gegründet und Ley zu deren Führer ernannt. Dieser war jetzt dabei, sie als seine Hausmacht auszubauen, mit einem gewaltigen und von der Partei unabhängigen Funktionärsheer, mit eigenen, den Gewerkschaften weggenommenen Verwaltungsgebäuden, eigener Presse, eigenen Fahnen und sogar eigenen Marschierern, den blau uniformierten Werkscharen. Zugleich ließ er auch keinen Zweifel daran, daß er als Stabsleiter der PO direkt Hitler unterstellt – also der Oberste aller Parteifunktionäre sei. Wenn er auch nicht gerade darauf bestand, daß Heß, der Stellvertreter des Führers (mit der „Vollmacht, in allen Fragen der Parteileitung... zu entscheiden"), ihm unterstellt sei, so sollten Bormann und alle übrigen Chargen des neuen Amtes auf sein Wort hören.

Es läßt sich nicht mehr feststellen, wer den Trick fand, mit dem Leys Ansprüche abgeblockt wurden. Einiges spricht dafür, daß Bormann hier zum erstenmal auf größerer Bühne Regie geführt hat. Heß war bis dahin einer der 16 amtierenden Reichsleiter der NSDAP. Nun legte er, wie Hitler im Verordnungsblatt verkündete, am 22. September 1933 „die Titel eines Reichsleiters und eines Obergruppenführers der SS ab und führt künftig nur noch den Titel ,Stellvertreter des Führers' ". Mit dieser Geste rührender Bescheidenheit in einer Zeit, da um Titel und „Lametta" für die Uniform verbissen gekämpft wurde, schwebte plötzlich der Idealist Heß über der gesamten Reichsleitung. Folgerichtig bevorzugte er von nun an als Uniform ein schlichtes Braunhemd ohne Rangabzeichen – genau wie der Führer selbst. Der nächste Streich – und damit die Vollendung des Coups – folgte drei Wochen später: Am 10. Oktober wurde Bormann zum Reichsleiter ernannt. Er hatte auf einen Schlag den höchsten Rang, den es in der Partei gab. Nun stand er gleichrangig neben Ley und damit wurde zugleich unterstrichen, daß der Stellvertreter des Führers eben doch eine Rangstufe höher einzureihen sei. Nach einem weiteren Monat konnte Bormann auch noch auf anderem Feld mit Ley gleichziehen: Er wurde Abgeordneter des Reichstags. Hitler hatte das Parlament aufgelöst, weil darin noch die Vertreter anderer, inzwischen aufgelöster Parteien saßen. Bei der Wahl gab es zum erstenmal nur noch eine Einheitsliste der NSDAP mit weit über 600 Namen.

Auch auf dem administrativen Sektor war das Amt Heß für einen Machtkampf gerüstet. Da gab es, von Hitler gleich nach der Machtübernahme eingerichtet, bei der Reichskanzlei einen „Verbindungsstab der NSDAP". Dahin sollten „alle Dienststellen der NSDAP, welche mit Reichsministerien und der Reichskanzlei in Verbindung treten wollen... Anfragen, Gesuche, Eingaben richten". Heß, dem Kleinkram-Bearbeiter, war es gelungen, das Büro an sich zu ziehen. Als er dann auch noch das Recht bekam, an Kabinettsitzungen teilzunehmen, besaßen er und Bormann einen Berliner Brückenkopf.

Vieles spricht dafür, daß der Stellvertreter des Führers die Vorbereitungen für eine Machtausdehnung seines Amtes nicht selbst vorantrieb. Als Hypochonder von eingebildeten Krankheiten geplagt, war er wechselnden Stimmungen unterworfen und so wenig selbstsicher, daß er Astrologen um Rat fragte. Dagegen war sein Stabsleiter stets entschlossen, über kurz oder lang zum Angriff überzugehen. Er hielt sich nur zurück, weil er mit neu gewonnenen Zuständigkeiten zunächst gar nichts hätte anfangen können. Das Amt Heß besaß nicht die Spur eines Apparates. Heinrich Heim, von Bormann im August auf Honorarbasis engagiert, traf nur zwei Mitarbeiter an, die, gleich ihm, vorwiegend damit beschäftigt waren, Briefe von bittenden oder empörten Volksgenossen zu bearbeiten, die in Heß einen Schutzheiligen der Gerechtigkeit sahen. Bormann hatte die Fähigkeiten des Rechtsanwalts Heim schon bei der Hilfskasse schätzen gelernt. Es war für seine Vorstellungen von Aufgaben und Ausmaß des neuen Amtes bezeichnend, daß er sich sofort einen Juristen ins Haus holte – den ersten, dem noch viele folgen sollten. Heim hat später bei seiner Entnazifizierung vorgebracht, er habe lange nichts anderes getan, als bedrängten Volksgenossen hilfreiche Ratschläge erteilt. Rückschauend sagte er 1975 dem Autor: „Der Posten war alles andere als vielversprechend. Er war auch völlig unpolitisch."

Als jedoch Heß Ende 1933 Reichsminister wurde, damit er im Kabinett bei der Gesetzgebung den Standpunkt der Partei darlegen könne, stützte sich der Stabsleiter Bormann bei seinen Vorlagen für seinen Vorgesetzten auf die Kenntnisse des juristischen Mitarbeiters. Beide waren gleichaltrig. Heim stammte aus einer hochangesehenen bayerischen Juristenfamilie. An Bildung, Lebensart, Kultur und Charakter war er seinem Amtschef weit überlegen, aber gegen dessen robust zupackende Geschäftigkeit kam er nicht an. Entgegen dem schlechten Ruf, den Bormann als Vorgesetzter von der Hilfskasse mitgebracht hatte, fand Heim ihn in den ersten Jahren der Zusammenarbeit „korrekt, realistisch, vital und zweckgerichtet". Es störte ihn offenbar nicht, daß Bormann sich bald in der Rolle des jovialen Gönners gefiel, der burschikos und nach Gutsherrenart von oben herab Anerkennung und Beförderung verteilte. Bezeichnend dafür ist ein handschriftlicher Brief an Heim.

Einleitend bekam der „liebe Herr Heim" ein „Kompliment: Sie schreiben einen Stil – ganz groß!" Der Adressat erfuhr dann, daß „ich – halten Sie sich fest – durchgesetzt habe, daß wir die Planstelle eines ORR* für Sie bekamen. Das war nicht ganz einfach, aber ich habe ja einen dicken Kopf. Ob Sie jetzt beamteter oder nichtbeamteter Jurist sind, spielt bei *uns** keine Rolle. Ich halte es aber für notwendig, Sie, der Sie nie Ellenbogen für sich, stets nur für andere gebrauchen, für die Zukunft irgendwie sicherzustellen. Kein Widerspruch: *Der Führer ernennt Sie!* Und wenn ich mal nicht mehr da bin u. Sie keine Lust mehr haben, können Sie sich jederzeit pensionieren lassen."

Als zusätzliches Zeichen seiner Huld sorgte Bormann auch noch dafür, daß der erst nach der Machtübernahme zur Partei gekommene Heim eine niedrigere Mitgliedsnummer bekam, die einen frühen Parteieintritt vortäuschte. Der Brief endet mit einer Warnung: „Im übrigen bitte ich mir aus, daß Sie wegen der Sache mit der Nr. u. wegen der Gründe der Beamtenstellung kein Geschrei gegenüber Dritten erheben. Was ich mit Ihnen machte, geht nicht mit anderen." (Siehe Dokumentenanhang Seite 453.)

---

* Oberregierungsrat   ** Kursiv gedruckte Stellen sind im Brief unterstrichen.

Heinrich Heim wird hier noch öfter als Zeuge auftreten, denn er hat seinen Dienstherrn bis April 1945 nicht gewechselt. Er brachte es bis zum Ministerialrat, aber an Einfluß verlor er – gewiß wegen schwacher Ellbogen – von Jahr zu Jahr und wurde schließlich aufs tote Gleis einer Ein-Mann-Abteilung abgeschoben. Bormann wiederholte den Trick, seine Mitarbeiter zu Beamten zu machen, noch oft, als sein Amt sich immer mehr ausdehnte. Sie liefen auf Planstellen der Reichsministerien, die Partei sparte dabei Geld, denn ihr Gehalt bezahlte der Staat, und Bormann brauchte nicht bei jeder Neueinstellung die Genehmigung des knausrigen Reichsschatzmeisters einzuholen.

Robert Ley verlor in dem sich noch jahrelang hinziehenden Rivalitätsgerangel eine Bastion nach der anderen. Diesen Choleriker, der zu stottern begann, wenn er sich aufregte, sich Frauengeschichten und krumme Geldgeschäfte nachsagen lassen mußte, traf Bormann zunächst genüßlich mit den Nadelstichen harmloser Kompetenzüberschreitungen. So rügte er im November 1933 in einem Rundschreiben an Reichs- und Gauleiter, daß Parteifunktionäre olivgrüne Mäntel trügen, wie sie allein den SA-Männern zuständen; Amtswalter hätten braune Mäntel anzuziehen. Oder er entschied per Rundschreiben, daß es sinnlos sei, darüber zu streiten, ob Parteigenossen sich mit „Heil Hitler" oder nur mit „Heil" grüßten, weil beide Formen zulässig seien.

In einem anderen Ukas ordnete er an, daß nur beim Deutschland- und beim Horst-Wessel-Lied der rechte Arm hochzurecken sei, nicht dagegen bei anderen Kampf- und Bekenntnisliedern etwa der Hitler-Jugend oder anderer Organisationen.

Bormann tobte, als Ley im September 1933 Gebietsinspekteure ernannte, die bei den Gauleitern nach dem Rechten sehen und deren von Hitler stillschweigend geduldete Allmacht einschränken sollten, denn nach seiner Meinung mußten die „Stammesherzöge" dem Stellvertreter des Führers unterstellt werden. Heß erreichte zwar, daß die Kontrolleure seinem Amt zugeschlagen wurden, aber obwohl er sie in „Beauftragte der Parteileitung" umbenannte, machte er sich mit dieser Einrichtung nur Feinde. Beschwichtigend versicherte Bormann den Gauleitern in einem Rundschreiben, er wolle sie nicht kontrollieren, sondern bei ihren schwierigen Aufgaben unterstützen. Nach einer Anstandsfrist von einem halben Jahr wurden die Inspekteure abgeschafft. Bormann hatte – schneller als Ley – erkannt, daß er vorläufig auf das Wohlwollen der regionalen Parteifürsten angewiesen war.

Wegen einer scheinbaren Nichtigkeit kam es dann im September 1934 zu einer Kraftprobe, die den Streit mit Ley schon fast zugunsten von Heß und Bormann entschied. Ley benutzte bis dahin einen Partei–Briefkopf, der ihn als „Die Oberste Leitung der PO – Der Stabsleiter" auswies. Bormann beanstandete dies, und Heß beschwerte sich wegen dieser Amtsanmaßung bei Hitler. Gedeckt von dessen Entscheidung, gab er dann bekannt, Ley sei keineswegs für alle Bereiche der PO zuständig und werde künftig den Titel „Reichsorganisationsleiter" tragen. Das war einmal die Amtsbezeichnung für Gregor Strasser gewesen, aber dessen Befugnisse bekam Ley keineswegs: Für eine Anzahl Hauptämter der Partei behielt er nur die bürokratische Weisungsbefugnis, die politische mußte er an das Amt Heß abtreten. Nur mit einem Parteigerichtsverfahren, das Heß seinem Widersacher anhängen wollte, klappte es nicht; Parteirichter Buch ließ es einschlafen, zum Ärger seines Schwiegersohns.

Daß der Führer-Stellvertreter und sein Stabsleiter sich so stark fühlen konnten, hing mit ihren Rollen zusammen, die sie zehn Wochen zuvor in einer der übelsten Aktionen Hitlers hatten spielen dürfen, bei der sogenannten Röhm–Affäre. Was immer deren hintergründige Ursachen gewesen sein mögen, in einem Punkt sind sich die Historiker einig: Einen konkreten Plan des Stabschefs der SA, gegen Hitler zu putschen, hat es nie gegeben. Wohl aber waren viele der braunen Marschierer mit Ablauf und Ertrag der nationalsozialistischen Revolution unzufrieden. Die Straßenkämpfer – der in so vielen Reden verherrlichte „unbekannte SA-Mann" – spürten den versprochenen Sozialismus nur insofern, als die Zahl der Arbeitslosen zurückging. Belohnungen durch Posten und Pfründen ergatterten aus der mittleren Führerschicht nur wenige. Wo etwas zu holen war, erwiesen sich die Bürorevolutionäre der PO als schneller. Am stärksten gärte es unter den Uralt-Kämpfern aus den Freikorps. Sie hatten nie genau gewußt, was sie eigentlich wollten; der aus ihrer gescheiterten Existenz in der Vergangenheit gewachsene Haß gegen Bürger und Spießer hatte nur die verwaschene Forderung hervorgebracht, es müsse das Unterste zuoberst gekehrt werden. Das zu besorgen, hatte ihnen die Weimarer Republik nicht gestattet, und nun fühlten sie sich abermals darum betrogen: Sie hatten den Sieg erkämpft, und die Bonzen – statt der roten waren es nun die braunen – ernteten wieder die Früchte.

Hitler ging es bei seinem Schlag gegen die SA hauptsächlich darum, die Reichswehr zu gewinnen, aber es war ihm auch willkommen, daß er bei dieser Gelegenheit gleich tabula rasa machen, das heißt mit den Freikorpsleuten und anderen Widersachern abrechnen konnte. Beim Jahreswechsel 1933/34 hatte er Anerkennungsschreiben an ein Dutzend seiner Kampfgefährten zum „Abschluß des Jahres der nationalsozialistischen Revolution" geschickt. Das an Röhm gerichtete war besonders herzlich ausgefallen, weil das zwischen ihnen übliche Du darin in aller Öffentlichkeit gebraucht wurde. Trotzdem mag sich Hitler schon Gedanken gemacht haben, wie er die unbequem gewordene und anrüchige Gefolgschaft loswerden könnte, denn bereits im Januar 1934 hatte er den Leiter der preußischen Geheimen Staatspolizei, Rudolf Diels, beauftragt, Material über terroristische Akte der SA und über „Herrn Röhm und seine Freundschaften" zu sammeln.

In seiner Rechtfertigungsrede nach dem Morgen des 30. Juni hat Hitler behauptet, es hätten ihm vor allem Warnungen durch Rudolf Heß Bedenken eingeflößt, „die ich selbst beim besten Willen nicht mehr zu entkräften vermochte".

Der allseits für integer geltende Kronzeuge war gut gewählt; in Wahrheit hatten Heß und sein Stabsleiter schon lange zuvor eifrig gegen Röhm und dessen Clique Stimmung gemacht. Niemand in der Partei konnte glaubhafter Sauberkeit und Moral fordern als Heß – was ihm seine Parteigenossen damit vergalten, daß sie behaupteten, er sei nur prüde, weil er impotent sei. Tatsächlich mußte jedoch dem introvertierten Sonderling das lärmende und skandalöse Auftreten der Landsknechte mißfallen. In dieser Abneigung bestärkte ihn auch sein Stabsleiter.

Dafür hatte Bormann mehrere Gründe. Da war zunächst der Einwand, die Homosexuellen schädigten das Ansehen der Bewegung. Doch außer ihnen gab es noch eine Anzahl höherer SA-Führer, in erster Linie Männer aus den Freikorps, die ihn beschuldigten, er habe das Material zur Absetzung des OSAF Pfeffer von Salomon geliefert. Diese Leute wie Heines, von Heydebreck, Hayn, Schulz und Genossen hatten ihn arrogant abfahren lassen, wenn er sich als Roßbacher und Femekamerad anbiederte. Sie hatten ihn fühlen lassen, daß sie in ihm einen spießigen Bürokraten und keinen Soldaten sahen. Nun sehnten diese Kerle immer noch die Nacht der langen Messer herbei – und er, Martin Bormann, würde vielleicht über die Klinge springen müssen. Am 9. November hatte er bei den Münchener Feierlichkeiten am Jahrestag des Putsches von 1923 zugesehen, als Ehrengast, versteht sich, wie die Freikorpsbünde ihre alten Fahnen in die Obhut der Bewegung hatten geben müssen, und sie hatten damit eingestanden, daß ihre Zeit vorbei war. Deutschland brauchte keine Rebellen mehr, sondern Obrigkeit.

Es läßt sich nicht mehr feststellen, wer von Hitlers Vertrauten in den Plan zum Massenmord eingeweiht war. Endgültig und detailliert scheint er seine Entschlüsse erst zwischen dem 23. und 26. Juni auf dem Obersalzberg gefaßt zu haben. Am 25. Juni drohte Heß in einer Rundfunkrede: „Weh dem, der die Treue bricht im Glauben, durch eine Revolte der Revolution dienen zu können."

Wollte er mit seinen salbungsvollen Tönen die Öffentlichkeit auf das Blutbad vorbereiten, oder sollte Röhm damit gewarnt werden? War das letztere gemeint, war es dazu schon zu spät, denn am 27. Juni traf Hitler in Berlin ein, Eingeweiht wurden nacheinander Göring, der die Aktionen in Berlin durchzuführen hatte, Goebbels, weil er Hitler auf der Reise über Westfalen, Godesberg nach München begleiten sollte, SA-Obergruppenführer Viktor Lutze, zugleich Oberpräsident der preußischen Provinz Hannover, weil er Röhms Nachfolger werden sollte, Heinrich Himmler, weil seine SS mit dem Mord an Röhm ihre Selbständigkeit gewinnen konnte, und natürlich auch die Reichswehr-Spitze, die nun nicht mehr fürchten mußte, daß ihr in Gestalt einer SA-Miliz Konkurrenz erwachsen würde. Es gibt keinen Beleg dafür, daß Bormann schon Tage zuvor in den Plan eingeweiht wurde. Er trug schon damals ein Notizbuch als Terminkalender ständig mit sich herum, in dem er wichtige Ereignisse stichworthaltig festhielt. Dort wird Ende Mai eine Gauleitertagung erwähnt und dann unter dem 28.6. nur vermerkt: „Der Führer besucht den Reichsarbeitsdienst." Der nächste Eintrag, am 30.6., hält lapidar fest: „Röhm-Komplott aufgedeckt: Schneidhuber, Graf Spreti, Heines, Hayn, Schmid, Heydebreck, Ernst erschossen." Das ist praktisch der Inhalt einer von Hitler selbst formulierten Nachricht für die Presse. Auffällig ist, daß diese bewegten Tage keine ausführlichere Niederschrift ausgelöst haben – und das, obwohl Bormann damals schon zum engsten Gefolge Hitlers gehörte, an allen internen Parteiveranstaltungen teilzunehmen hatte, zwischen Reichskanzlei und Braunem Haus pendelte und bereits mit Privatangelegenheiten seines Führers beauftragt wurde. Der Ablauf des Geschehens läßt eher den Schluß zu, daß er, gemeinsam mit dem Münchner Gauleiter Adolf Wagner hintergründig wie bei dem Fememord in Parchim dafür zu sorgen hatte, daß das Drama ohne Panne über die bayerische Bühne gehen konnte.

Wagner gab am 29. Juni abends per Telefon das Stichwort, indem er seinem im Godesberger Rheinhotel „Dreesen" wohnenden Führer meldete, Münchner SA-Stürme marschierten, von putschenden Führern alarmiert, durch die Straßen. Am nächsten Morgen gegen 4.30 Uhr landete Hitler auf dem Münchner Flughafen, raste ins Innenministerium, degradierte und verhaftete dort zwei hohe SA-Führer und fuhr dann mit Adjutanten, SS-Wache und Kriminalbeamten in drei schwarzen Mercedes-Limousinen nach Wiessee am Tegernsee, wo das SA-Führerkorps versammelt war. Es braucht hier nicht die ganze Kette der Ereignisse, die Verhaftungen und die Morde geschildert zu werden. Wohl aber interessiert, was Bormann dabei zu tun hatte.

Er glaubte sicherlich nicht an die Mär von dem in letzter Minute verhinderten Putsch, aber das Strafgericht hielt er für gerecht. Augenzeugen können sich nicht mehr eindeutig erinnern, ob er schon morgens auf dem Flughafen und im Innenministerium hinter dem maßlos erregten Hitler herrannte, aber als jener nach vollbrachter Aktion von Wiessee kommend ins Braune Haus trat, riefen er und Heß die versammelten Funktionäre in den Senatorensaal. Dort erklärte Hitler, daß er Röhm absetze, Viktor Lutze zu dessen Nachfolger ernenne – ein Vorschlag, den Bormann schon einmal in seinem Brief von 1932 an Heß gemacht hatte – und hielt dann eine Rede, die nach Ansicht von Heß „weltgeschichtliches Format" hatte.

„In seinem Arbeitszimmer", so berichtete Heß weiter, „fällt der Führer die ersten Urteilssprüche." Einzige Unterlage dafür war eine Liste mit den Namen der verhafteten SA-Führer, zusammengestellt von den Stadelheimer Gefängnisbeamten, bei denen sie einsaßen. Nun war die Liste in den Händen Bormanns, der wie kein anderer in der Runde die peinlich genaue Bearbeitung von Akten gewährleistete, den es nicht störte, daß dieses summarische Verfahren auf Anklage, Zeugen, Verteidiger, Richter verzichtete, und der, blind gehorchend, einen Namen ankreuzte, so oft Hitler ein Todesurteil aussprach.

Die Exekutive wartete inzwischen im Adjutantenzimmer: Sepp Dietrich, Gruppenführer der SS und Kommandeur der Leibstandarte. Doch ehe er vorgelassen wurde, diktierte Hitler, manisch gehetzt, nacheinander Verlautbarungen und Presseberichte für die Öffentlichkeit, viele Seiten umfassend, getrieben von dem Bemühen, seine Blutschuld auf die Todeskandidaten abzuwälzen. Bormann hatte dafür zu sorgen, daß diese Texte getippt, korrigiert und den jeweils Zuständigen übergeben wurden. Als das letzte Opus, ein Tagesbefehl, an den neuen Stabschef der SA, unterschrieben vorlag, wurde Sepp Dietrich hereingerufen. Von Bormann bekam er die Liste in die Hand gedrückt, und Hitler befahl, die dort angekreuzten SA-Führer durch sechs Unteroffiziere und einen Kompaniechef der Leibstandarte vor einer Gefängnismauer in

Stadelheim erschießen zu lassen. Auch hier, wie seinerzeit in Parchim, mordete Bormann nicht selber; auch hier leistete er nur Beihilfe, befohlenerweise und vermeintlich zum Besten des Vaterlandes. Und er hatte seinem Führer bewiesen, daß er in schwieriger Situation die Nerven behielt.

Gänzlich neu war für ihn zu dieser Zeit der Dienst unmittelbar an Hitlers Seite nicht mehr. Rudolf Heß verlor zunehmend die Lust an der Alltagsarbeit seines Amtes; er konnte sich mit den bürokratischen Abläufen der Gesetzesmaschine, in die er als Parteiminister einbezogen war, ebenso wenig befreunden wie mit der Arbeitsweise seines Führers, die ihn zum Verzicht auf Privatleben und Liebhabereien – von der Naturheilkunde bis zur Fliegerei – nötigte. Zum täglichen Taktieren fehlte ihm auch das blitzschnelle Reagieren. Viele Jahre später, während des Nürnberger Prozesses, haben Psychologen ihm einen Intelligenzquotienten von 120 zugeschrieben, was merklich überdurchschnittlich wäre. Doch es lag ihm nicht, ein Problem so weit zu entmenschlichen, daß er es abstrakt in zwei Sätzen zusammenfassen konnte. Genau das aber wünschte Hitler von seinen engsten Mitarbeitern, weil er so jedes Wenn und Aber, jeden Einwand schon im Ansatz abschneiden konnte. Über Heß sagte er einmal: „Ich hoffe nur, daß er niemals mein Nachfolger wird. Ich wüßte nicht, wer mir mehr leid täte, Heß oder die Partei." Es kam soweit, daß Bormann bei Heim schimpfte: „So kann das nicht weitergehen. Heß wird erst gerufen, wenn die Entscheidung längst gefallen ist. Wenn sich das nicht ändert, hat unser Amt keine Zukunft!"

Heß spürte bald, daß sein Stabsleiter geschickter war als er und mehr erreichte. Das kränkte ihn nicht. Daß er sich in der Hektik der Tagespolitik nicht bewährte, bestätigte ihm nur, daß er der gute, ehrliche Mensch war, für den die Deutschen ihn nehmen sollten. Obwohl er gewarnt wurde, fürchtete er nie, daß Bormann ihn verdrängen würde. Er konnte tatsächlich dessen Loyalität sicher sein, aus welchen Gründen auch immer. So fiel es mehr und mehr Bormann zu, dem Staats- und Parteichef Vortrag zu halten, mit knappen und präzisen Zusammenfassungen, wie sie Hitler schätzte. Zeitweise amtierte Bormann in Berlin beim „Verbindungsstab der NSDAP", seinem Büro in unmittelbarer Nähe der Reichskanzlei, mehr jedoch in München. Außerdem mußte er viel unterwegs sein. Bei jedem Prominententreffen der Partei – das waren nach seinen Kalenderaufzeichnungen 1934 allein schon mehr als 30 Tage – mußte er seinen Reichsleiterstatus vorführen, die einflußreichen Funktionäre kennenlernen, vor allem die Gauleiter, und nach Verbündeten Ausschau halten. Zum ständigen Gefolge Hitlers gehörte er noch nicht; die Herren Julius Schaub und Wilhelm Brückner, Adjutanten genannt, Heinrich Hoffmann, zuständig für wirkungsvolle Fotos und Klatsch, Julius Schreck, Steuermann des schweren Mercedes, brauchten ihn noch nicht zu fürchten. Im März 1935 notierte er bei der Feier anläßlich der siegreichen Saarabstimmung zum erstenmal eine „Fahrt mit dem Führer" in dessen Wagen. Später wurde das zur Regel.

Doch bis dahin war es noch ein weiter Weg, und Hitler machte keine Anstalten, dem Amt Heß im Kleinkrieg mit dessen Feinden beizustehen. Noch ehe der Stellvertreter des Führers das Recht bekommen hatte, im Kabinett der Reichsminister mitzureden, bereitete der Innenminister und Reichsleiter Wilhelm Frick schon seinen Protest vor. Für einen Parteiminister, so argumentierte er, gebe es keine Aufgaben, die er nicht zuvor anderen Ministerien streitig machen müßte. Durch ein solches Amt würden nur „zwecklos unendliche Kräfte verzehrt werden". Auch die Herren Kollegen Reichsleiter in der NSDAP wollten dem „Stellvertreter des Führers in Parteiangelegenheiten" keine Befugnisse einräumen, und sie waren um so halsstarriger, als sie selbst infolge der Struktur des Funktionärsapparates nahezu machtlos waren. Ende 1933 rügte Bormann per Rundschreiben, daß sein Amt „über Erlasse, Verordnungen, Verfügungen und Bekanntmachungen der Reichsleiter in einem besonders in der letzten Zeit verstärkten Ausmaß erst durch die Presse informiert" werde. Und noch im April 1934 sah sich Heß zu der (dann auch nicht befolgten) Verfügung veranlaßt, daß ihn die Reichsleiter „von allen, besonders die Partei tiefer berührenden Fragen in Kenntnis" setzen und daß ihm „alle wesentlichen Anordnungen... unbedingt vor Erlaß vorgelegt werden" sollten.

Auch die Gauleiter, geschmückt mit goldenem Eichenlaub auf rotem Kragenspiegel, reagierten statt mit Respekt mit herablassender Jovialität. Sie waren Hitler direkt unterstellt und kümmerten sich um die Anordnungen von Reichsleitern nur, wenn sie ihnen nützlich waren. Das Amt Heß mit dessen Stabsleiter war ihnen vor allem ärgerlich, weil sie Wünsche und Beschwerden bei Ministerien oder der Reichskanzlei von nun an nur noch über Bormanns Schreibtisch leiten sollten. Natürlich fand sich immer ein Weg, diese Vorschrift zu umgehen; noch zehn Jahre später mußte Bormann sie daran erinnern. Sie trieben ihre Widersetzlichkeit so weit, daß sie im Dezember 1934 eine Gauleiter-Tagung in Berlin benutzten, um sich einmal ohne die Aufpasser aus dem Braunem Haus zu versammeln.

Als Bormann verspätet davon erfuhr, weckte er Hitlers Wut über soviel Insubordination, und Heß konnte dann per Rundschreiben ein Machtwort sprechen: „Ebensowenig wie einer der Reichsleiter kann selbstverständlich einer der Gauleiter ohne mein Einverständnis eine Gauleitertagung einberufen und mit Stellen der Reichsregierung verhandeln".

Tatsächlich war dies auch das letzte Mal, daß sich die Provinzherrscher, und sei es auch nur in kleineren Gruppen, ohne Weisung von oben versammelten. Sie mußten es auch hinnehmen, daß ihre Treffen zu Befehlsempfängen wurden, bei denen Bormann, der sie leitete, jede Diskussion im Keim erstickte. Der Führer hatte es so befohlen, nachdem er sich über eine polternde Widerrede des sächsischen Gauleiters Martin Mutschmann äußerst erregt hatte. Im übrigen wurde den Aufsässigen jetzt gleich bedeutet, nach welcher Stelle sie sich in Zukunft auszurichten hatten. Sie erhielten unmittelbar nach ihrer Tagung einen von Bormann verfaßten Fragebogen, den sie von nun an jeden Monat einmal auszufüllen hatten. In diesem „Tätigkeits- und Stimmungsbericht" war von Punkt 1 „Organisationsfragen" bis zu Punkt 42 „Besondere Ereignisse" zu melden, was die Partei interessierte, und das war eigentlich alles, was sich bei den Volksgenossen außerhalb ihrer vier Wände abspielte. Die „Bändigung" der Gauleiter sollte jedoch zu Heß' Zeiten nicht gelingen; erst in der Endphase des Zweiten Weltkrieges sollten sie, wenn auch widerwillig, nach Bormanns Pfeife tanzen. Das aber wurde ein kurzlebiger Triumph.

Um so mehr war Bormann darauf erpicht, in der Parteispitze als Sprachrohr Hitlers aufzutreten. Damit hatte er schon im Herbst 1933 begonnen, als er auf einem Treffen der Reichsstatthalter verkündete, es sei ihnen verboten, öffentlich über eine mögliche Reform der territorialen Reichsgliederung zu sprechen, weil sie sich dabei doch nur streiten würden.

Zur gleichen Zeit verkündete Bormann in einem Rundschreiben, daß höchstenorts ein Zusammenschluß von altgedienten Pg zu einem elitären Führerkorps unerwünscht sei. Es störte ihn nicht, daß er damit seinem Schwiegervater einen schweren Schlag versetzte; der Oberste Parteirichter Buch verfolgte nämlich diesen Plan, weil er in der Partei ein Gegengewicht zu Hitlers Allmacht schaffen wollte. Und im Februar 1934 leitete Bormann nicht nur die Gauleiter-Versammlung in Berlin, sondern durfte auch noch das parteiamtliche Protokoll über die Rede des Führers verfassen. Wer so herausgestellt wird – und das geschah von nun an immer häufiger –, konnte nicht mehr unbeachtet bleiben.

Es zeigte sich außerdem, daß es Fälle gab, bei denen die Gauleiter zur Zusammenarbeit genötigt waren. Bei dem im Grund nie endgültig entschiedenen Streit, ob die Partei oder der Staat den Vorrang haben sollte, standen sie und Bormann auf der gleichen Seite. Hitler hatte es nicht nötig, sich dabei zu engagieren : Er herrschte auf jeden Fall, hier als Führer, dort als Kanzler und später als Staatsoberhaupt. So ging der Streit im Grund nur darum, ob die radikaleren Funktionäre oder die mehr konservativen Beamten bei Entscheidungen auf den unteren Ebenen das letzte Wort sprechen sollten. Scheinbar entschied ihn Hitler auf dem Parteitag 1934, als er vor 200 000 jubelnden PO-Funktionären pathetisch verkündete: „Nicht der Staat befiehlt uns, sondern wir befehlen dem Staat" – eine Formel, aus der die Ortsgruppenleiter ableiteten, nun müßten ihnen die Bürgermeister gehorchen. Doch in der Praxis ging der Kleinkrieg unvermindert weiter.

Obwohl die Beamten von den Reichsministern bis zu den Schreibern eilfertig und in großer Zahl der NSDAP beigetreten waren, Juden und politische Gegner aus den Ämtern gejagt worden waren, breitete sich der NS-Geist in Behörden nur zögernd aus. Als Bormann Stichproben in einzelnen Bereichen machen ließ, erfuhr er zu seinem Ärger, daß zum Beispiel bei den Polizeipräsidien in Preußen die Alt-Pg (vor der Machtübernahme am 30. 1. 33 eingetreten) nur knapp zehn Prozent der höheren Beamtenschaft ausmachten. Nach Meinung der Parteifunktionäre mußten viel mehr zuverlässige Nationalsozialisten auf einflußreiche und natürlich auch einträgliche Posten des öffentlichen Dienstes gesetzt werden.

Nach Hindenburgs Tod war Hitler auch Staatsoberhaupt und damit der oberste Dienstherr aller Beamten. Ohne seine Unterschrift durfte im höheren Dienst niemand mehr eingestellt oder befördert werden. Dem Amt Heß oblag es, die dafür notwendige Beurteilung der politischen Zuverlässigkeit zu liefern, doch er war auf das Material angewiesen, das ihm von der Basis der Parteiorganisation geliefert wurde. Bormanns Rundschreiben machte den Gauleitern klar, was von ihnen verlangt wurde und welche Möglichkeiten sich ihnen boten. „Meine Tätigkeit bei der Beamtenernennung ist fast ganz von der Mitarbeit der Gauleiter abhängig." Es sei deshalb zweckmäßig – und damit wurde zur permanenten Bespitzelung der Beamten aufgefordert –, in den Gauleitungen Personalakten über alle Beamten zu führen.

Nationalsozialistische Minister sahen nicht ein, weshalb sie die von ihnen favorisierten Leute auch noch mit Bormanns Gütestempel versehen lassen sollten. So verbat sich Reichspropagandaminister Joseph Goebbels, der in der Partei die Ränge eines Reichs- und eines Gauleiters innehatte, daß übereifrige Pg in seinem Ministerium Kollegen wegen mangelnder NS-Zuverlässigkeit bei der Partei denunzierten. Wen er zu seinem Mitarbeiter mache, sei hinreichend geprüft, und wer sich als Denunziant erweise, werde gefeuert, ließ er im Ministerium bekanntgeben.

Solche offene Renitenz konnte sich Goebbels leisten, weil er nach Gutdünken entweder auf dem „Partei-" oder auf dem „Staatsklavier" spielen konnte. Er hatte deshalb für Bormanns Bemühungen, der Partei (und damit dem Stabsleiter des Parteiministers) mehr Gewicht zu geben, meist nur das milde Lächeln des Überlegenen übrig. Das zeigte sich wieder einmal, als Bormann im Februar 1936 einen der höchsten Staatsbürokraten der Mißachtung der Partei beschuldigte. Es war Otto Meißner, als Chef der Präsidialkanzlei Hitler unmittelbar unterstellt, und besonders lästig, weil er auch für Beamtenernennungen zuständig war. Das Risiko des Angreifers war insofern gering, als das Opfer schon Bürochef der gleichen Kanzlei unter Ebert und unter Hindenburg gewesen war und in der Partei als Konjunkturritter galt. Sein Amt hatte eine Rangordnung der deutschen Würdenträger verfaßt, damit bei Staatsakten jeder nach Gebühr geladen und plaziert werden könne. Bormann entdeckte nun, daß in Meißners Rangordnung „die Führer der Partei . . . soweit überhaupt, in einer Weise eingestuft" waren, „die für das Ansehen der Partei einfach untragbar ist". Die Reichsleiter rangierten hinter den Staatssekretären und dem Generaldirektor der Reichsbahn, die Gauleiter und Reichsstatthalter hinter den Länderministern. Die Hauptdienstleiter der Reichsleitung und die Obergruppenführer von SA und SS waren schon nicht mehr prominent genug, um noch vor den Schlußlichtern, den Majoren und Legationssekretären, in die Liste aufgenommen zu werden.

So empörte sich Bormann in einem Brief, den er „streng vertraulich" an den Herrn Reichsleiter und Reichsminister Wilhelm Frick, zuständig für die Bürokratie der Reichsverwaltung, richtete. Mit Abschriften, an einen Kreis ausgewählter Parteiprominenter geschickt, hoffte er eine breite Front der Empörten zusammenzubringen. Die meisten reagierten nur lau; sie waren nicht gewillt, Bormann zu einem Triumph zu verhelfen, und einige versuchten sogar, ihn für ihre eigenen Ziele einzuspannen. So Reichsleiter und DAF–Chef Robert Ley, der Meißners Rangordnung scharfmacherisch „eine Beleidigung und Herausforderung der NSDAP" nannte und Bormann von oben herab ersuchte, „mit allem gebotenen Nachdruck" für Abhilfe zu sorgen, ihm aber nahelegte, er möge sich auch gleich für die Abhalfterung etlicher Reichsleiter einsetzen, die seiner Meinung nach diesen Titel angesichts der geringen Bedeutung ihrer Ressorts längst nicht mehr vedienten.

Die kürzeste und klügste Antwort kam von Goebbels. Der als „lieber Parteigenosse Bormann" Angesprochene erfuhr so, daß es für die Reichspropagandaleitung der Partei und das Reichsministerium für Volksaufklärung und Propaganda schon lange eine „Placierung der Ranginhaber" gebe, bei der die Parteileute „den ihnen gebührenden Platz" hätten – „an erster Stelle Reichsleiter und Reichsminister in abwechselnder Folge". Er sei trotzdem „an der baldigen Regelung all dieser Fragen stark interessiert", aber er entrüstete sich mit keinem Wort über Meißner, geschweige denn, daß er eine gemeinsame Protestaktion anregte. Für den intellektuellen Einzelgänger war Bormann ein sturer Parteibulle, ein Prolet ohne Geist, mit dem sich ein Mann von Bedeutung und Format nicht verbündet. Die Folgen schienen ihm in diesem Fall recht zu geben: Meißner paßte seine Liste stillschweigend den veränderten Machtverhältnissen an, er selbst blieb im Amt und wurde ein Jahr später von Hitler befördert – vom Staatssekretär zum Staatsminister.

Die Befürchtung, daß der Staat übermächtig werden und die Partei an die Wand drücken könnte, bewog Bormann, im April 1936 eine 19seitige „Denkschrift betreffend Einrichtung und Stellung von Reichsluftsportkorps und Staatsjugend" zu verfassen. Es komme nun, so behauptete er, nach „strikten Anordnungen der Parteileitung" (Amt Heß) nicht mehr vor, „daß der einzelne Unterführer der NSDAP den einzelnen Staatsbeamten Befehle" erteile, hingegen bemühte sich die Beamtenschaft „noch vielfach... die Mitarbeit der Partei bei jeder Gelegenheit auszuschalten". Neuerdings würden sogar „der nationalsozialistischen Bewegung die Erfassung des deutschen Volkes zum Zweck seiner politischen Erziehung und Führung bereits weitgehend unmöglich gemacht", weil die Beamten Dinge übernehmen wollten, „die zum Aufgabengebiet der Bewegung gehören und die von der Beamtenschaft auch gar nicht durchgeführt werden können". Ihr müßte dazu erst noch der rechte NS-Geist „eingeimpft werden".

Um was es ihm eigentlich ging, erklärt er dann umständlich, in hölzernem Funktionärsdeutsch und mit maßlosen Übertreibungen. Will man ihm glauben, so stand geradezu die Existenz der Partei auf dem Spiel, denn ihr und ihren Verbänden würde nun von allen Seiten der Nachwuchs durch staatliche Organisationen abspenstig gemacht. Die besten jungen Männer gingen, weil „der Deutsche ja a priori soldatischer Mensch ist", zur Wehrmacht, andere zum Arbeitsdienst, Bahnschutz, Postschutz, in den Zolldienst, zum Reichsluftschutzbund. Von dem „noch verbleibenden Rest der deutschen Menschen" würden viele durch berufliche Pflichten, Ämter in Verbänden und Vereinen, durch Sport und kulturelle Interessen häufig gehindert, ihre Zeit der Partei zu opfern.

Nicht genug damit hielte auch noch der Reichsarbeitsdienst die ausscheidenden Dienstpflichtigen im „Arbeitsdank-Verband" fest, sammle das Heer seine Reservisten im „Soldatenbund", die Marine im „Marinebund".

„Die Freiwilligkeit zum Eintritt in diese Organisationen steht nur auf dem Papier; denn wer nicht in Verruf geraten, sondern womöglich sogar befördert werden will", muß Mitglied sein.

Statt zu prüfen – und damit kommt Bormann zum Kern seiner Sorgen –, „ob die zahlreichen Verbände tatsächlich notwendig sind", sollten nun auch noch zwei neue gegründet werden: Der Reichsjugendführer der NSDAP plante eine „Staatsjugend" als behördliches Gegenstück zu der von ihm geführten Hitler-Jugend, und der Reichsluftfahrtminister Göring wollte ein Reichsluftsportkorps als staatlich gelenkte paramilitärische Formation gründen.

Eine Staatsjugend sei jedoch unnötig, weil in wenigen Jahren ohnehin 90 Prozent aller Zehn- bis Achtzehnjährigen Mitglieder der Hitler-Jugend sein würden, und sie sei außerdem noch widersinnig, weil damit die Erziehung der Jugend zum Nationalsozialismus den Beamten und Angestellten des Staats übertragen würde, die „diese Aufgabe gar nicht erfüllen können".

Noch schlimmer aber sei Görings Plan. Er verlange, daß in seinem Reichsluftsportkorps jeder Jugendliche Mitglied werden müsse, der später zur Luftwaffe wolle. Am „politischen Leben der Nation" könnten die Angehörigen einer solchen Organisation dann nicht mehr teilnehmen. Heer und Marine würden bald mit gleichen Forderungen kommen. Abschließend unkt Bormann: „Das Dasein der NSDAP aber wäre – dies ist nicht übertrieben – damit dann auch besiegelt."

Es ist nicht mehr festzustellen, wer eine Kopie der Denkschrift bekam: Göring und Schirach gewiß nicht, wohl aber viele andere Parteigrößen. Weil in diesem Kreis jeder jedem einen Zuwachs an Macht neidete, konnte Bormann der Zustimmung sicher sein, in erster Linie von jenen, die durch neue Organisationen Einbußen befürchten mußten. Dies war auch der Grund für Bormanns Protest: Je mehr das Amt Heß beanspruchte, das Schaltzentrum für alle Parteiämter und -organisationen zu sein, desto mehr mußte er sich gegen die Ausdehnung des Staates wehren und seinerseits versuchen, Einfluß auf den Staatsapparat zu bekommen. Es dürfte ihm im Frühjahr 1936 auch nicht schwer gefallen sein, die Denkschrift Hitler zu überreichen, denn er diente ihm jetzt schon in privaten Angelegenheiten, als Geldverwalter, Bauleiter und diskreter Kommis.

Trotzdem dürfte er für seinen Schriftsatz kaum mehr geerntet haben als freundliche Nachsicht, die man gutwilligen, aber etwas beschränkten Dienern entgegenbringt. Mit so simplen Überlegungen war Hitler nicht zu beeindrukken. Ein Jahr später bekam Göring sein NS-Fliegerkorps, nicht ganz so umfassend, wie er es gewünscht hatte, aber doch unabhängig von der Partei und nur dem Ministeramt unterstellt, andererseits aber doch gegliedert wie die SA, mit braunem Hemd und Hakenkreuzarmbinde uniformiert. Auch Schirachs Wunsch wurde mit einer im Dezember per Gesetz verordneten Staatsjugend erfüllt. Sie war jedoch nur eine mit staatlicher Autorität aufgepäppelte Hitler-Jugend. Den von Bormann angekündigten Schaden nahm die Partei nicht. Nur der Wirrwarr der Organisationen wurde größer – und er gehörte schon immer zu Hitlers Kunstgriffen, wenn er seine Paladine gegeneinander ausspielen wollte. Schirach und Göring waren zu dieser Zeit seine Favoriten. Im jüngeren sahen Eifersüchtige schon den möglichen Führer-Nachfolger. Und der ältere, vom Hauptmann a.D. direkt zum General befördert und Chef der Luftwaffe, steuerte gerade auf eine Herrschaft über die deutsche Wirtschaft und auf eine Berufung zum zweiten Mann im Staat zu.

Natürlich wußte Bormann, was er sich mit seiner Denkschrift einhandelte, nämlich noch mehr Feindschaft zweier Männer, die ihn ohnehin nie gemocht hatten. Nahm er dies auf sich, weil er die Partei – und nach seinem Verständnis auch Deutschland – vor Schaden bewahren wollte? Oder glaubte er, die Karrieren der beiden bremsen und die eigene beschleunigen zu können? Am wichtigsten war ihm jedoch, daß er sich als Hüter der reinen Lehre, ganz im Sinn seines unmittelbaren Vorgesetzten, erweisen konnte.

Dafür spricht, daß er etwa zur gleichen Zeit mit der gleichen Unbekümmertheit und mit dem gleichen Puritanergeist drei Männer aus Hitlers ständigem Gefolge aufs Korn nahm: die Führer-Adjutanten Fritz Wiedemann, Hauptmann a.D., und Wilhelm Brückner, SA-Obergruppenführer, sowie den SS-Brigadeführer Julius Schaub, Allzweck-Begleiter seit eh und je. Sie waren vor kurzem vom Herzog von Coburg mit dessen Hausorden dekoriert worden, und Bormann hatte zufällig beim Essen in der Reichskanzlei davon gehört. Einer seiner Mitarbeiter bekam daraufhin den Auftrag, ihnen „im Auftrag des Stabsleiters... zur Kenntnisnahme" eine Heß-Anordnung von 1933 zu schicken, in der es Parteigenossen untersagt wurde, „für Verdienste... um die Erhebung Deutschlands und dergleichen Orden anzunehmen". Da Brückner sich eher durch Körpergröße auszeichnete, und Schaub mehr Erfahrungen in Saalschlachten als im Argumentieren hatte, übernahm Wiedemann die schriftliche Antwort. Er habe, so schrieb er, bei Hitler vorher angefragt, und dieser habe bestimmt, daß „ich, Brückner und Schaub den Orden annehmen dürfen".

So schnell gab sich Bormann nicht zufrieden. Umgehend schrieb er zurück, seine Aktion habe gar nicht auf die Adjutanten gezielt, und er habe stets angenommen, daß Hitler im Bild sei. Im übrigen sei es den „ehemaligen Potentaten" längst verboten, Orden zu verleihen. Dieses Verbot sei – und damit setzte er die Auszeichnung gleich herab – notwendig geworden, weil der Herzog „rasch noch eine Menge Orden zur Verteilung gebracht hat". Sogar „der inzwischen erschossene Gruppenführer Ernst" habe ihn getragen. Weshalb gute Nationalsozialisten grundsätzlich solche „Ehrungen" ablehnen sollten, erklärte er in zwei Absätzen, die, wörtlich zitiert, für Bormanns Stil und Umgangsformen bezeichnend sind.

„Wir vertreten den Standpunkt, daß es eine Anmaßung bedeutet, wenn ein solcher ehemaliger Potentat auch heute noch die Berechtigung zur Verteilung von Orden zu haben glaubt. Die Annahme dieser Berechtigung ist von nichts anderem herzuleiten als von dem sog. Gottesgnadentum unserer ehemaligen Monarchen. Ferner stellen wir uns auf den Standpunkt, daß erst recht die Verleihung sog. Hausorden dieser ehemaligen Potentaten an Führer der NSDAP nicht in Frage komme. Uns soll auszeichnen das Maß unseres Einsatzes für

Deutschland vor allen übrigen Volksgenossen und wenn uns jemand auszeichnen kann, dann ist es ausschließlich der Führer. Wenn der ehemalige Herzog von Coburg glaubt, einen Gruppenführer der SA auszeichnen zu können, so muß er nach wie vor der Überzeugung sein, daß er weit über jenem Gruppenführer steht, und andererseits muß jener Gruppenführer den Herzog von Coburg als über sich stehend betrachten. Und am Ende glaubt ein solcher ehemaliger Potentat, er stünde, weil er die höchsten Unterführer des Führers auszuzeichnen vermag, neben dem Führer oder gar über ihm!"

Wiedemann verzichtete darauf, den Papierkrieg fortzusetzen; mit dem Vermerk „z.d.A." schickte er Bormanns Brief in die Ablage. Doch ein paar Wochen später geriet er wieder in dessen Schußfeld. Bei einer Reichsleitertagung in München hatten die ehrpusseligen Herren beanstandet, daß der Stabschef der SA Lutze etliche Male schriftlich als „Stabschef des Führers" bezeichnet worden war. Lutze hatte jedoch alle Schuld von sich gewiesen; er habe diesen Titel nicht usurpiert, vielmehr verwende diesen neuerdings die Adjutantur des Führers. In einem Einschreibebrief mit dem Vermerk „Persönlich" wurde nun Wiedemann von Bormann verwarnt: „Ich möchte Sie dringend bitten, ab sofort zu veranlassen, daß diese Bezeichnung unterbleibt", weil sie „erstens sachlich unzutreffend ist und zweitens deshalb schon erheblichen Unfrieden erregte". Weil auch dieser Brief typisch für den Partei-Apparatschik ist, müssen einige Sätze daraus zitiert werden.

„Würde Pg. Lutze als Stabschef des Führers bezeichnet, so würde das besagen, daß er Stabschef sei für alle Arbeitsgebiete des Führers; d.h. Pg. Lutze wäre sowohl Stabschef der SA als auch der gesamten Partei mit allem, was daran hängt; im übrigen ist Adolf Hitler auch für Arbeitsdienst und Wehrmacht der Führer! Ferner: Würde diese sachlich falsche Bezeichnung angewandt, so würden wir erleben, daß bald unzählige andere Bezeichnungen und Titel ebenfalls mit dem Zusatz 'des Führers' versehen werden! Denn welcher Nationalsozialist will nicht des Führers sein? Jeder SA-Mann könnte sich als SA-Mann des Führers bezeichnen, jeder SS-Mann und jeder NSKK-Mann, jeder politische Leiter usw. usw. desgleichen. Wesentlich sind natürlich Reichsführer Himmler und Korpsführer Hühnlein gegen diese Bezeichnung, weil sie den Eindruck erweckt, als seien sie nun wieder ihrer Selbständigkeit verlustig und unterständen dem Pg. Lutze als Stabschef des Führers."

Im letzten Absatz des Briefes wird Wiedemann nochmals ermahnt, den Fehler zu korrigieren.

„Wenn Sie das tun", winkte Bormann abschließend mit dem Zaunpfahl in einem offenbar durch die Sekretärin verstümmelten Satz, „dann braucht (gemeint ist: brauche ich, Anm. d. Red.) den Führer nicht erst zu behelligen."

Solche Scharmützel mit den Adjutanten provoziert er in der Zukunft häufiger. Ihm mißfiel, daß sie durch ihren unmittelbaren Zugang bei Hitler Personen und Schriftsätze einschleusen konnten, die seine Kreise störten. Wiedemann war dabei am leichtesten zu packen; er hatte keine Parteimeriten, als Hitler ihn zum Adjutanten machte. Die beiden kannten sich aus Weltkriegstagen, als der Offizier Fritz Wiedemann Regimentsadjutant gewesen war und der Melder

Hitler von der 1. Kompanie hackenklappend vor ihm stramm zu stehen hatte. Nun ließ der Ex-Gefreite den Hauptmann a.D. „Männchen bauen". Wiedemann hatte sich damit abgefunden, aber die Intrigen der Parteifunktionäre machten ihn amtsmüde. Kurz vor dem Ausbruch des Zweiten Weltkriegs ließ er sich ablösen. Er wurde als Generalkonsul nach San Franzisko geschickt.

Es werden hier häufig Akten zitiert, obwohl sie selten eine amüsante Lektüre sind, doch die Person Martin Bormann und sein sagenhafter Aufstieg lassen sich nur unter Berufung auf papierene Zeugen schildern. Er war schließlich nie der Held spektakulärer Auftritte, stand nie im Scheinwerferlicht. Bewußt blieb er im Schatten eines Größeren. Untersetzt, mit breitem Rücken und etwas nach vorn geneigten Schultern, den runden Kopf über dem feisten, kurzen Hals leicht nach vorn gesenkt – so stand er, immer in der Dienerrolle, auf der Bühne des deutschen und bald auch des Welttheaters. Solche Figuren werden leicht übersehen. Manche fanden, er sei ein typischer Feldwebel – und tatsächlich sah er sich selbst als den Spieß der Nation unter dem Kompaniechef Hitler. In der NS-Prominenz gab es nur wenige, die ihn nicht ablehnten.

Immerhin gab es Ausnahmen. Ernst Hanfstaengl, Auslandspressechef der NSDAP, schrieb in seinen Erinnerungen: „Er war ordentlich, bescheiden und sparsam und meiner Meinung nach ein guter Einfluß. Er und Heß kämpften unermüdlich gegen die Korruption in der Partei."

Tatsächlich hat Bormann Bereicherungen in den ersten Jahren nach der Machtübernahme nicht mitgemacht. Wo er sie bekämpfte, ging es ihm weniger um die Moral schlechthin als um das Ansehen der Partei. Bei mancher krummen Sache legte er nur einen Akt an, der bei Bedarf aus den Panzerschränken des Braunen Hauses hervorgeholt wurde. Die von Hanfstaengl so gerühmte Sparsamkeit war in der Parteielite eine seltene Tugend; er schätzte sie besonders, weil er als Sohn aus reicher Familie in der Kampfzeit häufig der Partei Geld geliehen hatte, aber für geizig erklärt worden war, als er es zurückverlangt hatte. Bormanns Wirken konnte er jedoch nur bis 1937 beobachten, denn in jenem Jahr emigrierte er – weil er einen derben Scherz mißverstanden habe, sagten die Parteileute; weil sie versucht hätten, ihn umzubringen, behauptete Hanfstaengl. An den Bemühungen, diesen Mitwisser vieler Parteiinterna zur Heimkehr zu bewegen, beteiligte sich auch Bormann. Er schrieb ihm als wohlmeinender Dienstvorgesetzter (denn Hanfstaengls Ressort gehörte zum Amt Heß) und versprach, er werde sein inzwischen beschlagnahmtes Vermögen wiederbekommen, alle Strafmaßnahmen würden aufgehoben, und man werde ihm sogar die Kosten seines Auslandsaufenthaltes ersetzen, sobald er wieder in Deutschland sei. Wenn Bormann damit auf den angeblichen Geiz seines Abteilungsleiters setzte, war es eine Fehlspekulation; Hanfstaengl kam erst nach Kriegsende zurück. Seine gute Meinung von Bormann wurde ihm übrigens nicht gedankt. Noch während des Krieges dienten Hanfstaengl-Anekdoten bei nächtlichen Tischgesprächen im Führerhauptquartier zur allgemeinen Erheiterung, und wenn Hitler einige Geschichten erzählt hatte, hängte Bormann noch ein paar spaßige Szenen an. Differenzierter ist das Urteil Baldur von Schirachs.

„Wir Reichsleiter hatten zunächst keinen Grund, uns über Bormann zu beklagen. Eingaben an Hitler wurden von ihm schneller erledigt als von dem versponnenen, schwerfälligen Heß. Ursprünglich sollte Heß bei jeder Besprechung zwischen Hitler und Parteiführern dabeisein, aber er hatte sehr früh schon Bormann damit beauftragt. Ob nun Hitler in Berlin, in München oder auf dem Obersalzberg war – ohne Bormann fand keine Besprechung mehr statt. Er gab sich als der gute Freund, der dabei die Interessen der Parteiführer uneigennützig vertrat. Es dauerte lange, bis ich ihn durchschaut und seine Gefährlichkeit erkannte hatte."

Als der NS-Agrarexperte, Reichsernährungsminister und Reichsbauernführer Richard Walter Darré nach Kriegsende von den Siegern in einem Internierungslager festgehalten wurde, schrieb er für sie unter dem Decknamen „Merkel" Charakterbilder der NS-Größen. Über Bormann notierte er: „Sein Wesen war eine nie ausgeglichene Resultante aus persönlichem Ehrgeiz, Machthunger, sachlichem Können in organisatorischen und Verwaltungsfragen einschl. Geldwesen, und starken Minderwertigkeitskomplexen auf subalterner Basis. Als kalter Spieler im eigenen Interesse geht er den Weg Stalins, d.h. erkennt den Wert einer straffen Parteidiktatur und baut die Partei systematisch danach aus. Hitler ist für ihn A und O seiner praktischen Arbeit, daher uninteressiert an Unterstützungen aus anderen Kreisen, außer Zweckmäßigkeitsbündnissen."

In diesem Porträt verschwieg Darré, daß er selbst ein Zweckbündnis mit Bormann eingegangen war. Er hatte damals ein Amt für Rasse- und Siedlungspolitik aufgezogen, nach dem Motto, das Bauerntum sei der rassische Kraftquell der Nation, war aber dabei dem Reichsführer SS Himmler ins nordische Gehege gekommen. Dieser wollte nach seinem Mißerfolg als Geflügelzüchter ein Menschenzüchter werden und löste das Problem auf seine Weise: Wer immer im agrarpolitischen Amt der Partei oder im Reichsnährstand etwas zu sagen hatte, bekam wie Darré auch einen Ehrenrang in der SS. Der freute sich zunächst, sah sich aber bald von schwarzen Uniformen eingekreist. Da er wußte, daß Himmler und Bormann einander mißtrauten, suchte er Hilfe bei letzterem und schenkte ihm, der damals ein Kettenraucher war, zur ständigen Erinnerung an das Bündnis ein Zigarettenetui. Ende März 1935, nach einem langen Gespräch unter vier Augen, schrieb Bormann von Hand an den „lieben Darré", daß er „heute Nacht mit herzlicher Freude" nach Hause gegangen sei, „denn die Verhältnisse erfordern weiß Gott ein enges Zusammenarbeiten zwischen den Nationalsozialisten". Sie müßten von nun an öfter „gemeinsam die Lage peilen", denn sonst könnte es vorkommen, „daß Ihr einen Menschen genau so beurteilt wie ich, daß Ihr aber aus irgendwelchen taktischen Erwägungen heraus ihn streicheln wollt wie die Ameise die Blattlaus, während ich das Gegenteil tue!" (Siehe Dokumentenanhang Seite 452.)

Zum Dank für soviel Kooperation berief Darré den „Landwirt Martin Bormann, Reichsleiter der NSDAP, München, Braunes Haus" am 7. Scheiding 1935 (neugermanisch für September) „als ordentliches, d.h. lebenslängliches Mitglied in den Reichsbauernrat". Es war dies ein Gremium, das außer einer

Urkunde, einem numerierten Abzeichen und einer feierlichen Vereidigung in der Goslarer Kaiserpfalz dem bereits Arrivierten so wenig bedeuten konnte, daß Darré als Aufbesserung noch die Berufung in das Ehrengericht dieser Institution hinterherschob. Doch Ende 1935 will er durch puren Zufall (so in seinem Bericht für die Alliierten) entdeckt haben, „daß die Fäden politischer Intrigen bei Bormann zusammenlaufen. Erstmalig beobachte ich, daß das Urteil über führende Männer in Berlin bei Bormann fällt". Darré tat das Dümmste: „Ich warne vor allem Himmler, der stutzig wurde."

Weshalb der Reichsführer SS und Chef der gesamten deutschen Polizei stutzte, ging dem ahnungslosen Darré nie auf. Zwar liebten sich Bormann und Himmler so wenig wie eh und je, aber sie hatten inzwischen festgestellt, daß sie einander nützlich sein konnten. Da gab es seit einem Jahr eine Heß-Verfügung, die es den Parteidienststellen verbot, die Volksgenossen zu bespitzeln und Akten darüber anzulegen; damit sollte sich der SD (Sicherheitsdienst) der SS allein befassen. Viele Gauleiter ignorierten diese Vorschrift, und etliche verboten sogar ihren Politischen Leitern die Mitarbeit beim SD; sie wollten nicht von den hochfahrenden örtlichen SS-Chargen abhängig werden und fürchteten zu Recht, daß die SD-Leute auch die Parteiprominenz beschatten und Unangenehmes in ihre Berichte aufnehmen würden. So war denn ein Erlaß Bormanns, in dem Mitte Februar 1935 die PO aufgefordert wurde, „nunmehr alles Mißtrauen gegenüber dem SD aufzugeben", Wasser auf Himmlers Mühle. „Da die Arbeit des SD in erster Linie auch der Arbeit der Partei zugute kommt", heißt es in dem Erlaß weiter, „darf er in seinem Ausbau nicht durch unsachliche Angriffe bei Versagen einzelner gestört werden, muß vielmehr mit allen Kräften gefördert werden."

Noch näher kamen sich die beiden Herren, als sie im März 1935 Hitler bei seiner Triumphfahrt durch das ins Reich heimgekehrte Saarland begleiteten. Weil es nun an Himmler war, ein Zeichen der „Freundschaft" (solche Anführungszeichen sind bei den beiden bis zum Ende unerläßlich) zu geben, führte er Bormann gleich anschließend zu Markierungspunkten seines im Aufbau begriffenen Reichs. Verden an der Aller war die erste Station; angeblich hatte Karl der Große, bei der SS „Sachsenschlächter" genannt, dort etliche tausend germanische Edelinge als Rebellen totschlagen lassen, und nun sollte eine Weihestätte an diese Untat erinnern.

Eine zeitgenössische Untat wurde am nächsten Tag begutachtet; sie besichtigten das von der SS betriebene KZ Esterwegen. Feierlicher Abschluß der Reise war ein Besuch auf der Wewelsburg südlich von Paderborn, die nach den Plänen des Reichsführers ein Mittelpunkt der Germanenforschung werden sollte.

Bormanns Gegengabe war dann im September ein Erlaß, in dem die Politischen Leiter zur engen Zusammenarbeit mit der Gestapo aufgefordert wurden, falls jemand die Partei kritisierte – womit solchen „Vorwitzigen" das KZ sicher wurde. Dafür durfte er dann im Mai des folgenden Jahres den in München unter seiner Leitung tagenden Reichs- und Gauleitern eine Attraktion bieten; zusammen mit Himmler führte er sie durch das KZ Dachau, das selbst solcher Prominenz bisher verschlossen geblieben war. Dort war „zu der Zeit alles in Ordnung. Die Häftlinge sind gut genährt, sauber und gut gekleidet und untergebracht" erinnerte sich später der damalige Rapportführer des Lagers, Rudolf Höß, Bormanns Kumpan und Mitangeklagter beim Parchimer Fememord. Er war nach etlichen Jahren Zuchthausaufenthalt amnestiert worden und diente nun als Berufssoldat bei den SS-Totenkopfverbänden. Leutselig unterhielten sich seine beiden Gönner mit ihm, der Reichsleiter und der Reichsführer, und bald darauf durfte er dank Bormanns warmer Empfehlung einen dritten Stern auf seinen Kragenspiegel nähen; er war zum Untersturmführer und damit zum Offizier befördert.

Das Bündnis Bormann-Himmler war zu der Zeit noch nicht perfekt, aber die Zusammenarbeit war offenkundig. Der genasführte und im politischen Tageskampf hilflose Darré bemerkte sie erst, als er am Neujahrstag 1937 bei der Familie Himmler einen Besuch machte und dort die komplette, zur Verbrüderung herbeigekarrte Bormann-Familie antraf. Einen Monat später wurde Bormann zum Gruppenführer der SS ernannt. Darré verlor mehr und mehr an Einfluß, bis er dann während des Krieges auch noch seinen Ministerposten einbüßte – an einen Mann Himmlers.

Darré warnte – so erzählt er – auch den Reichsschatzmeister Schwarz, aber dieser habe ihn ausgelacht. Denkbar ist aber auch, daß der oberste Geldverwalter ihm nur nicht traute, weil er als Freund Bormanns galt. Hans Frank, damals Reichsleiter des Rechtsamtes der Partei, Chef des berufsständigen Rechtswahrerbundes, in dem Richter, Anwälte, Staatsanwälte, Notare zu Nationalsozialisten getrimmt wurden, behauptete nämlich, ihm habe Schwarz schon 1935 anvertraut: „Der Bormann ist der schlimmste Egoist und Feind der alten Partei. Dem traue ich sogar zu, daß er alle die anderen... einmal umbringt – à la Stalin." Allerdings ist Frank auch nicht gerade ein unvoreingenommener Zeuge; Bormann intrigierte lange gegen ihn, bis er schließlich abgehalftert wurde. Als die beiden sich zum erstenmal begegneten, mag der Staranwalt und Hitlers Verteidiger in dessen Prozessen den Funktionär in nebensächlicher Position kaum beachtet haben, bis dieser ihm dem Mitarbeiter Heim aus der Anwaltskanzlei abwarb. Was dann kam, schildert Frank so: „Bormann haßte mich aufs tiefste, ein gegenseitiges Ablehnungsverhältnis, das mir noch furchtbare Sorgen bereiten sollte."

Diesen Haß zog Frank sich zu, weil er nach 1933 immer wieder versuchte, die Reichsleiter zu einem führenden Gremium in der Partei zu machen, das Hitlers Allmacht einschränken könnte. Er war deshalb auch nicht gewillt, das Amt Heß als vorgesetzte Instanz anzuerkennen. Dabei übersah er, daß Hitler keine funktionierende Reichsleitung wünschte, weil er sich nicht dreinreden lassen wollte. Und Frank berücksichtigte nicht, daß Hitler Juristen und ihre Gesetze von Grund auf ablehnte, weil er allein entscheiden wollte, was Rechtens sein sollte, und weil er sich um kein Gesetz kümmern wollte.

Somit konnte Bormann sicher sein, daß ihn sein Führer nicht hindern würde, die Reichsleiter mattzusetzen. Seine Methode war ebenso simpel wie klug. Er richtete in seinem Amt sachbearbeitende Abteilungen ein, die scheinbar als Verbindungstellen zu den verschiedenen Ämtern der Reichsleitung dienen sollten. Was ihre eigentliche Aufgabe war, merkte Frank, der gern die gesamte Gesetzgebung kontrolliert hätte, als erster Reichsleiter:

„In diesen Stab", so beklagte er sich, „wurden mehr und mehr Juristen gezogen und eine eigene Gesetzesabteilung geschaffen... Schon Ende 1933 war damit eine völlige Lahmlegung des Reichsrechtsamts eingetreten." Bei den anderen Reichsämtern der Partei dauerte es etwas länger, bis bei Borman das Konkurrenzunternehmen funktionierte, aber arbeitslos wurden sie fast alle.

Frank ließ in seinen Erinnerungen „Im Angesicht des Galgens", „geschrieben im Nürnberger Justizgefängnis", ehe er sein als gerecht akzeptiertes Todesurteil vernahm, seinem Haß gegen Bormann freien Lauf. Er beschuldigte ihn, den Führer verdorben und die Idee verfälscht zu haben. „Speichellecker Hitlers", „serviler Knecht", „Sekretär Wurm" (in Anspielung auf die Bösewichtgestalt in Schillers „Kabale und Liebe"), „Erzschurke"– mit solchen Verbalinjurien deckte Frank seinen Widersacher ein.

„Serviler Knecht" – das ist, wenn auch nur ein Teilaspekt, ziemlich gut gesehen. Es gibt ein Foto (siehe Bildteil), aufgenommen von Heinrich Hoffmann, das einen sitzenden Führer und vor ihm stehend eine Anzahl Getreuer zeigt – so SA-Stabschef Lutze, Innenminister Frick, Rosenberg, SS-Führer, Heß und, dem Häuptling am nächsten, Martin Bormann. Hitler spricht. Alle Gesichter zeigen gespannte Aufmerksamkeit, doch das von Bormann verrät wie seine Körperhaltung eine schwärmerische Andacht, wie sie gemeinhin bei Gottesdiensten zu beobachten ist, und eine Unterwerfung, wie sie bei Hitlers Massenversammlungen einzutreten pflegte. Dieser schon etwas feist gewordene Mann in der Reichsleiteruniform ist der nach Hitlers Vorstellungen ideale Parteigenosse: fanatisch, bedingungslos ergeben. Er besitzt jene „Charaktermischung aus feuchter Innigkeit und kalter Tücke"; die der Schriftsteller Klaus Mann als Soldat in einer US-Propagandakompanie am Ende des Zweiten Weltkriegs bei so vielen Nazis feststellte.

In diesen „servilen Knecht", diesen ehrfürchtigen Leisetreter verwandelte sich der Stabsleiter, der eben noch durch die Büros seiner Sachbearbeiter gestiefelt und bei geringstem Anlaß gebrüllt hatte, sobald er in Hitlers Nähe kam. In Demutshaltung legte er seine Akten vor, geordnet, komplett, entscheidungsreif und stets berücksichtigend, daß sein Dienstherr sich nur in den ersten Wochen seiner Kanzlerschaft überwunden hatte, am Schreibtisch systematisch zu arbeiten, es aber immer gehaßt hatte, Papiere gründlich zu studieren. Nun tat es für ihn, soweit es um Parteidinge ging, der getreue Bormann, zuverlässig, selbstlos, sachkundig und immer ganz im Bild, so daß er sofort knappe Erläuterungen geben konnte. Stets trug er Notizblock und Bleistift in der Tasche. Jeder Auftrag, jede Frage, auch jede beiläufige Bemerkung wurde notiert.

Ergab es sich während seines Vortrags, daß Hitler über ein Ereignis oder über jemand Informationen verlangte, mußten die per Zettel alarmierten Mitarbeiter über Telefon und Fernschreiber notfalls auch mitten in der Nacht die Auskünfte beschaffen. Ein Nebensatz, ein hingeworfener Gedanke seines Führers, festgehalten mit Datum und im Wortlaut, konnte zu einer fertig formulierten Anordnung werden. Kein Auftrag war zu unbedeutend; interessierte sich Hitler für ein Buch, hatte er es am nächsten Tag auf dem Tisch. Schwieriges schaffte Bormann mit verbissener Beharrlichkeit.

Als Hindenburg auf seinem Gut Neudeck dahindämmerte, und Hitler wissen mußte, wann mit dem Tod zu rechnen sei, bekam Bormann die Weisung, schnellstens und unter völliger Geheimhaltung den behandelnden Arzt, Ferdinand Sauerbruch, herbeizuschaffen. Mit Blitzgesprächen und fahrplanwidrig angehaltenen D-Zügen gelang es Bormann, den Professor nach Bayreuth zu dirigieren, wo Hitler wieder einmal Wagner-Klängen lauschte.

Baldur von Schirach beobachte Bormann, wie er sogar noch am Mittagstisch in der Reichskanzlei einen Notizblock auf dem Schenkel hielt und „ganz Ohr, ganz Schreibe" Führerworte festhielt. Gefragt, wozu dies gut sei, erklärte er, die Notizen dienten ihm als Richtschnur. „Man weiß dann, der Führer hat sich an diesem Tag so geäußert, und dann können wir richtig peilen." In einer Stichwortkartei wurden die Aussprüche geordnet. Da Hitler seine Meinung häufig änderte, widersprachen sich manche Aufzeichnungen, so daß Bormann bei seinen Anordnungen jeweils diejenigen benutzen konnte, die ihm am besten in den Kram paßten. Kam Kritik aus der Parteiprominenz, berief er sich auf seine Zettelkästen im Panzerschrank und erntete bei dem von der eigenen Unfehlbarkeit überzeugten Hitler auch noch ein dickes Lob. Schon nach wenigen Monaten hatte er sich unentbehrlich gemacht – durch seine ungeheure Arbeitskraft, seinen Fleiß, sein phänomenales Gedächtnis. Einem so tüchtigen und willigen Mann mußten weitere und größere Aufgaben von allein zufallen.

7 Friedliches Obersalzberg-Idyll

Als der Führer der NSDAP sieben Wochen vor der sogenannten Machtübernahme während des Lippeschen Wahlkampfes im Wasserschloß Grevenburg bei Detmold übernachtete, wußte sein Adjutant und Kleingeldverwalter Brückner nicht, wovon er Unterkunft und Zeche bezahlen sollte. Seinen Chef brauchte er gar nicht zu fragen; Hitler hatte üblicherweise keinen Pfennig in der Tasche und hielt es überhaupt unter seiner Würde, sich mit Geld abzugeben. Daß er und sein Gefolge nicht als Zechpreller das Schloß verließen, verdankten sie Otto Dietrich, Journalist von Beruf und Reichspressechef in der Partei. Er konnte wieder einmal mehr einen Geldgeber auftreiben. Später prahlte Hitler, er habe in jener Krisenzeit eine Unmenge Schuldscheine unterschrieben und natürlich gewußt, daß er sie nur einlösen könne, wenn er bald Kanzler würde. Wäre er dabei gescheitert, wäre ohnehin alles verloren gewesen, nicht nur das Geld, auch Deutschland.

Ein gutes halbes Jahr später besaß Hitler zwar immer noch keine Geldbörse und lief noch immer ohne einen Pfennig herum, konnte jedoch über einen Fonds von hundert Millionen Mark verfügen, ohne jemandem Rechenschaft zu schulden. Auf Anregung des Konzernherrn Gustav Krupp von Bohlen und Halbach hatten der „Reichsverband der Deutschen Industrie" und die „Vereinigung der Deutschen Arbeitgeberverbände" beschlossen, dem neuen Reichskanzler durch ein äußerst großzügiges Geschenk zu bedeuten, daß nationale Sozialisten die Kuh nicht schlachten dürften, wenn sie von ihr auch künftig Milch haben wollten. Die Konzernherren gründeten die „Adolf-Hitler-Spende der deutschen Wirtschaft", in die vierteljährlich jeder Arbeitgeber eine nach seinen Lohnausgaben zu bemessende Summe überweisen sollte.`

Hitler zeigte sich freundlich geneigt, die nun permanent fließenden Millionen entgegenzunehmen. Er werde sie – so ließ er verlauten – in erster Linie zur Förderung der Kultur und zur Linderung unverschuldeter Not bei verdienten Kampfgefährten verwenden. Als Eigentum werde er dagegen das Geld nicht ansehen, und deshalb sollten es auch nicht seine Adjutanten oder seine persönliche Kanzlei verwalten. Zudem durfte sich nach seiner Vorstellung eine Künstlernatur – und dafür hielt er sich – um schnöden Mammon gar nicht kümmern, wenn sie nicht ihre Freiheit verlieren wollte. Er hatte deshalb schon, ehe er zu Amt und Würden gekommen war, lauthals verkündet, er kämpfe nicht um einen Versorgungsposten. Damit dieser Nimbus von Genügsamkeit erhalten blieb, mußten nun die Millionen bei jemanden landen, der im Ruf stand, korrekt und unbestechlich zu sein.

Nun waren allerdings viele der „Alten Kämpfer" nur zur Partei gestoßen, weil sie in ihrer bürgerlichen Existenz gescheitert waren; es gab unter ihnen deshalb nicht allzu viele Männer, die mit Geld umgehen konnten und dazu noch Vertrauen verdienten. Heß, der viele Jahre seinem Führer als Sekretär gedient und sich dabei auch um dessen Finanzen gekümmert hatte, war für eine solche Aufgabe ideal, mit der Einschränkung, daß solch hohe Beträge über sein puritanisches Fassungsvermögen hinausgingen. Doch zum Glück hatte er einen Stabsleiter, erfahren als Geldverwalter, treu wie Gold, emsig wie keiner, verschwiegen und durch sein Amt ohnehin in des Führers Nähe. So wurde denn für die Öffentlichkeit Heß zum Spendenverwalter bestimmt, aber der eigentliche Hüter des Schatzes war Bormann.

Mit dieser Kompetenzverschleierung setzt Hitler eine jahrelange Gewohnheit fort; er hielt schon immer sein Portemonnaie versteckt. Stets haben seine Parteigenossen gerätselt, wovon er lebe. Im Jahr 1921 versicherte der Student Rudolf Heß in einem Brief an den bayerischen Ministerpräsidenten von Kahr, „Herr H.", den er sehr gut kenne, opfere sich dem allgemeinen Wohl „in selbstloser Weise, ohne daß er von der Bewegung einen Pfennig dafür erhält. Er lebt vom Honorar, welches er für Vorträge bekommt."

Ganz so bedürfnislos, wie die Propaganda Hitler damals dem Volk verkaufte, war er nicht. In seiner Steuererklärung für 1933 gab er sein Einkommen mit 1 232 335 Reichsmark an, ohne das Kanzlergehalt von 60 000 Mark, das er erst abgelehnt, dann aber doch auf Drängen der Reichsfinanzverwaltung angenommen hatte – von den Millionen der Adolf-Hitler-Spende nicht zu reden. Zudem waren es Brutto-für-Netto-Einnahmen, denn als er daraufhin einen Steuerbescheid bekam, war er offenbar der Meinung, er leiste schon mehr als genug für das Vaterland, zahlte keinen Pfennig und ließ sich ein für allemal von allen Abgaben befreien. Der Journalist Karl Anders hat als Berichterstatter beim Nürnberger Kriegsverbrecherprozeß Unterlagen über Hitlers Ausgaben für persönliche Bedürfnisse gesammelt und stellte fest, daß in den zwölf Jahren seiner Regentschaft 305 Millionen Reichsmark über die Konten gelaufen waren, die Hitler zur Verfügung gestanden hatten. Nebenher, so vermutete Anders, seien natürlich noch viele Millionen zusätzlich von Partei und Staat aufgewendet worden, um private Wünsche des Diktators zu erfüllen.

Niemand kontrollierte, was mit dem Geld der Adolf-Hitler-Spende geschah. Schirach erinnerte sich: „Wenn Hitler für irgend etwas Geld brauchte, zahlte Bormann, auch wenn es um Geschenke für Eva Braun ging." Maler und Bildhauer wurden bedacht, natürlich nur, wenn sie arteigene, arische Kunst lieferten. Parteigrößen und Staatsdiener wurden mit hohen Summen belohnt, und weil es sich herumsprach, daß Bormann den Schlüssel zum Kassenschrank verwahrte, wurde er von solchen Leuten umworben, vor allem dann, wenn sie in Schulden geraten waren. Ihm schrieb Frau Winifred Wagner Bitt- und Dankbriefe, denn er wies ihr nicht nur Hitlers Zuschüsse für die Bayreuther Festspiele an, sondern finanzierte auch ein Forschungsteam, das nachzuweisen hatte, daß Richard Wagner keineswegs, wie dann und wann behauptet wurde, einen Juden zum Vater gehabt hatte. Auch die Intendanten vieler Bühnen kassierten großzügige Zuschüsse für prunkvolle Inszenierungen der ,,Fledermaus" und der ,,Lustigen Witwe", weil der Führer diese Operetten fast noch mehr liebte als die heroischen Musikdramen des Bayreuther Meisters.

Das Münchner Haus am Prinzregentenplatz, in dem Hitler zur Miete wohnte, kaufte Bormann für ihn 1938, und er bezahlte es natürlich aus der Privatschatulle, die er ebenfalls hütete. Mit hohen Beträgen schlugen die Gemälde zu Buch, die Hitler dort aufhängte, und sie wurden mit Geld aus dem Spendenfonds erstanden, weil später Museen damit beglückt werden sollten. Ob sie daran dauernd eine Freude gehabt hätten, darf bezweifelt werden, aber das brauchte nicht Bormanns Sorge zu sein. Wenn sein Herr gewählt hatte, schrieb er den Scheck aus; ihm war es gleichgültig, ob dafür ein pompös-schwülstiger Makart, ein idyllischer Spitzweg oder ein Werk des Parteigenossen Ziegler erworben wurde, der sogar in NS-Kreisen als ,,Meister des deutschen Schamhaares" verspottet wurde.

Als Ärgernis erwies sich der Reptilienfonds für den Schatzmeister Schwarz. Da er die Gehälter für alle hauptamtlichen Funktionäre und Angestellten der Reichsleitung aufbringen mußte, konnte er bisher gegen etatwidrige Einstellungen opponieren. Nun klagte er: ,,Ich weiß überhaupt nicht, woher die ihr Geld bekommen. Meine Kassenprüfer dürfen sich dort gar nicht sehen lassen." Bormann war in der Lage, sein Amt nach Gutdünken auszuweiten, weil er notfalls auch Gehälter aus dem Hitler-Fonds zahlen konnte. Schwarz konnte nun auch nicht mehr bremsen, wenn Hitler für irgendwelche Projekte große Summen von ihm verlangte, denn er wußte, daß Bormann keinen Augenblick zögerte, jeden Wunsch zu erfüllen. So hatte Hitler nach dem Anschluß Österreichs dem Gauleiter in Linz großartige Versprechungen gemacht, wie er diese Stadt, in der er einen Teil seiner Jugend verbracht hatte, zu einer Weltstadt und zu einer Konkurrenz für Wien hochpäppeln werde. Neben anderen Neubauten sollte sie ein großartiges Amtsgebäude für die Partei und ein Gemeinschaftshaus für Versammlungen und Feierstunden erhalten. Bormann, so erzählte er später bei einem Tischgespräch, habe spontan die Mittel dafür zur Verfügung gestellt. Da Schwarz sich aber inzwischen entschlossen hätte, die Projekte zu finanzieren, hätte er von Bormanns Angebot, das er ihm hoch anrechne, keinen Gebrauch machen müssen.

Es lohnt sich, diesen Ausspruch zu analysieren. Er verrät, wie unabhängig Bormann über Millionen verfügen konnte. Dabei hatte er der Linzer Parteiorganisation doch nur Geld angeboten, das seinem Führer zustand. Was sollte also diese Spiegelfechterei? Damit unterstrich er bestenfalls, daß er gut gewirtschaftet hatte und über beträchtliche Reserven verfügte. Und warum sollte ihm das Millionenangebot hoch angerechnet werden? Etwa, weil er sich spontan für ein Lieblingsprojekt Hitlers begeistert hatte? Oder weil er ihm einen Wunsch von den Augen abgelesen hatte? Denkbar ist auch, daß der Vorgang für Hitler so erfreulich war, weil er damit wieder einmal zwei seiner Getreuen gegeneinander treiben konnte. Hatte doch dieser kluge Bormann mit seinem schnellen Angebot, das ihn dann am Ende keine Mark kostete, den Pfennigfuchser Schwarz moralisch gezwungen, eine große Menge Geld herauszurükken.

Natürlich verteilte Hitler auch Geldgeschenke, ohne seinen Privatbankier vorher zu fragen. So als er 1935 das Augsburger Stadttheater besichtigte, es verbesserungsbedürftig befand und in Mäzenatenlaune zum dortigen Gauleiter sagte: „Wahl, wir bauen es um und machen es noch schöner. Die Kosten übernehme ich." Das waren ein paar Millionen Mark, und sie wurden dann auch von Bormann bezahlt. Doch weil Hitler gerade so schön im Zug war, entwarf er auch einen Plan für ein neues Stadtzentrum, mit einem zweiten Theater, einem Parteipalast, einer Versammlungshalle, einer Prachtstraße, alles zusammen für schätzungsweise 140 Millionen Reichsmark. Bauherr sollte die Stadtverwaltung sein, aber es war klar, daß sie eine solche Summe nie aufbringen konnte. Sie hatte nur eine gesprächsweise Zusage Hitlers, daß er für die Finanzen sorgen werde. Ob ihm dieses generöse Versprechen nachträglich leid getan hat oder ob Bormann, dem der Gauleiter Wahl stets zu lasch war, intrigiert hat, läßt sich in den Details nicht mehr feststellen. So oder so, es kam zu einem Eklat, als der Augsburger Oberbürgermeister Hitler ergebenst fragte, ob er denn nicht die finanzielle Hilfe schriftlich zugesagt bekommen könne, ehe er mit den Bauarbeiten beginne. Bormann habe – so berichtet Albert Speer – auf der Terrasse des Berghofs dieses Ansinnen scheinheilig-sachlich der Obersten Stelle vorgetragen und prompt den gewünschten Wutausbruch geerntet. „Reicht das nicht aus, daß ich mit meinem Namen garantiere?" habe Hitler getobt.

„Dieser Wahl war schon immer ein Dummkopf; jetzt läßt er sich von diesem Tropf, dem Oberbürgermeister, breitschlagen." Der Gauleiter bekam von Bormann ein Fernschreiben: „Im Auftrag des Führers ist der Oberbürgermeister Mayer sofort seines Amtes zu entheben und durch einen anderen mit mehr Initiative zu ersetzen."

Soweit kam es nicht; Wahl konnte seinen Führer umstimmen.

Wer seine Finger im Geld hat, hat sie überall drin – das muß dem Kassenverwalter des Mächtigsten aller Deutschen sehr schnell aufgegangen sein. Schon aus diesem Grund war er bemüht, die Kasse immer gut gefüllt zu haben. Er wies die Gauleitungen an, darauf zu achten, daß testamentarische Schenkungen, mit denen der Führer dann und wann von seinen Volksgenossen bedacht wurde, auch an die richtige Stelle, nämlich zu ihm, geleitet würden. Reichsleiter Amann, der Chef des Parteiverlags, hatte bisher mit Hitler die Honorare für dessen Bücher jedes halbe Jahr selbst abgerechnet, in einem Zweiergespräch, das er nutzen konnte, um irgendwelche Vollmachten von ihm zu bekommen.

Nun kassierte Bormann die Summen; sie wurden immer größer, seit „Mein Kampf" von den Standesämtern auf Kosten der Gemeinden an die Neuvermählten verschenkt wurde und laufend ein neuer Band mit Führerreden auf den Buchmarkt kam.

Albert Speer berichtet, Hitler habe sogar Pfennigbruchteile für jede Briefmarke erhalten, die sein Konterfei zeigte. Die erste Marke mit dem Hitlerkopf kam im Frühjahr 1937 heraus; ein Münchner Professor hatte sie nach einem von Heinrich Hoffmann aufgenommenen Foto gezeichnet. Dieser sicherte sich dafür ein dickes Honorar, und er ist es auch gewesen, der Hitlers Anspruch auf Tantiemen bei der Reichspost ins Gespräch brachte. Hoffmann war der einzige im ständigen Hofstaat, dem das Recht auf das eigene Bild, aus dem die Forderung abzuleiten war, wegen seines Berufs vertraut war. Natürlich ließ sich Bormann eine solche Einnahmequelle nicht entgehen.

Sie kann jedoch nicht soviel gebracht haben, wie Speer sich vorstellt, denn vor Beginn des Zweiten Weltkriegs erschien das Hitler-Profil fast nur auf Wohlfahrtsmarken, also in geringerer Auflage. Erst ab 1941 wurde der Führerkopf für alle Werte und als Dauerserie verwendet. Zu dieser Zeit aber brauchte Bormann nicht mehr nach kleinen Fischen zu angeln und konnte bei Bedarf auch in die Kassen des Staates greifen. Dem Vabanque-Spieler Hitler kam es jetzt nicht mehr auf ein paar Milliarden an – wieder in der Überzeugung, daß ein Sieg alle Schulden tilge und bei einer Niederlage ohnehin alles verloren sei. Deshalb konnte Bormann sogar in diesen letzten Jahren noch viele Millionen in das kostspieligste seiner Projekte stecken, in den Obersalzberg.

Dabei hatte diese Sache so bescheiden angefangen: Weil der aus der Landsberger Festungshaft entlassene Putschist 1925 seine zerstrittene Gefolgschaft noch eine Weile in der Hitze ihrer Feindschaften schmoren lassen wollte, mietete er ein Landhaus in dem abgelegenen Dorf Obersalzberg oberhalb von Berchtesgaden in tausend Meter Höhe. Das „Haus Wachenfeld" hatte ein Kommerzienrat aus Buxtehude als Feriensitz bauen lassen.

Als Hitler das Anwesen kaufte und zunächst seine Halbschwester Angela Raubal als Eigentümerin ins Grundbuch eintragen ließ, war es ein unauffälliges Landhaus im oberbayerischen Stil, mit dem typischen Holzbalkon vor dem Oberstock und einem mit Steinen beschwerten Schindeldach. In dieser Form wurde es als „Häuschen des Volkskanzlers" nach der Machtübernahme auf Postkarten den Deutschen vorgestellt. Bormann bekam den Auftrag, es den gewandelten Verhältnissen anzupassen.

Damit geriet das stille Bergdorf in das wilde Getriebe der Weltpolitik. Der Anfang war noch harmlos und scheinbar idyllisch: An schönen Sommertagen pilgerten die Deutschen in Massen zum „Heiligen Berg der Deutschen", wie der Münchner Gauleiter sich ausdrückte. Wenn ihr heißgeliebter Führer zu Hause war, trat er vor die Tür auf die Wiese, grüßte leutselig und frohgestimmt und ließ die gerührten Volksgenossen in langen Schlangen an sich vorüberziehen. Doch daraus erwuchs bereits die Notwendigkeit, seinen Beschützern, einem Begleitkommando aus SS und Polizei, eine dauernde Unterkunft zu schaffen. Dafür wurden Baracken aufgestellt. Wo aber sollten Gäste untergebracht werden, die Hitler einlud?

Für Eva Braun, die seit 1932 seine Geliebte war und in München wohnte, mußten Räume geschaffen werden, in denen sie unauffällig logieren konnte. Der Architekt Delgado bekam den Auftrag, das Haus, das nun Berghof hieß, umzubauen und zu erweitern, ohne daß es sich äußerlich merklich veränderte. Damit war aber noch nicht das Problem gelöst, wo alle die anderen Menschen unterkommen sollten. Die Gasthäuser und Pensionen reichten dazu nicht aus; das zeigte sich bereits, als im August 1933 die Gau- und Reichsleiter aufmarschierten, und kurz darauf eine Wirtschaftskonferenz stattfand. Bormann mußte sich darauf einstellen, daß sein Gebieter den Regierungssitz zeitweise von Berlin in die Bergwelt verlegen würde.

Er gilt den Einwohnern von Berchtesgaden noch heute als Naturschänder, weil er eine der schönsten Landschaften dieser Gegend mit seiner Bauwut zerstört habe. Das ist in der Tat geschehen, aber trotz seiner sehr weitreichenden Vollmachten muß doch angenommen werden, daß er dafür nicht allein verantwortlich gemacht werden kann. Wenn schon sein oberster Dienstherr monströse Bauwerke selbst konzipierte und Pläne für die Umgestaltung von Großstädten entwarf, wird er den Obersalzberg wohl kaum einem Mann überlassen haben, dem so offensichtlich jede künstlerische Begabung fehlte. Bormann bekam den Auftrag nur, weil er das Projekt finanzieren mußte, weil er die Arbeiten von München aus überwachen konnte und weil Hitler sicher war, daß er in ihm einen gefügigen und energischen Vollstreckungsgehilfen hatte. So war denn auch sein erster Schritt ein rein kommerzieller: Er kaufte das Land auf.

Zum eigentlichen Berghof gehörten nur angrenzendes Wiesengelände und kleine Gehölze. Er wurde im Lauf der Zeit von Bormanns Erwerbungen, die er alle auf seinen Namen ins Grundbuch eintragen ließ, rundum eingeschlossen. Er brachte auf diese Weise ein Areal von zehn Quadratkilometer zusammen, meist Wald, und etwa 80 Hektar landwirtschaftlich nutzbaren Grund, der in jenen Jahren einen respektablen Bauernhof darstellte. Bei diesem Handel knauserte er nicht. Mancher Bergbauer, mancher Häusler war froh, wenn er seinen Besitz so günstig losschlagen und mit dem Erlös in einer wirtlicheren Gegend auf besserem Boden eine neue Existenz gründen konnte. Wer jedoch nicht weichen wollte, und sei es, weil er am Hof seiner Väter hing, dem wurde klargemacht, daß der Führer hier oben seine Ruhe brauche, und wer das nicht begriff, bekam die Daumenschrauben mit der Drohung zu spüren, es gebe auch eine Enteignung. Davor kapitulierten angesichts der NS-Allmacht dann die Hartnäckigsten, sogar die Ferienhausbesitzer aus den Städten.

Erich Kempka, Hitlers Chauffeur, berichtet, daß der „Chef" seinen Aufkäufer ermahnt habe, er möge bei diesem Handel Härten und Zwang vermeiden, doch Bormann habe behauptet, die Leute liefen ihm mit ihren Angeboten die Tür ein, weil er mit Geld nicht zu sparen brauche. Dafür spricht ein Vorkommnis aus dem Sommer 1938, als Bormann schon weitgehend Eigentümer der ganzen Umgebung geworden war. Bei einem Rundblick über die weite Landschaft bedauerte Hitler, daß ein armseliges Häusleranwesen tief unterhalb des Berghofs die großartige Kulisse beeinträchtige. Anschließend fuhr er für einen Tag weg. Bormann hatte den Grund und Boden zwar schon erworben, aber den Bewohnern des Hauses, einem alten Ehepaar, das Wohnrecht bis an ihr Lebensende zusichern müssen. Mit einem Scheck in unwahrscheinlicher Höhe brachte er sie nun dazu, ihr Heim sofort zu verlassen – Räumbagger und eine

Kolonne von Arbeitern standen schon startbereit davor. Als Hitler 24 Stunden später wieder den Hang hinabschaute, weideten an der Stelle des Bauernhauses bereits die Kühe.

Schon zwei Jahre zuvor hatte Bormann mit einem ähnlichen Coup seine Ergebenheit und sein Organisationstalent bewiesen. Sein Führer hatte beklagt, daß er während des Defilees der begeisterten Volksgenossen vor der Terrasse des Berghofs stets in der prallen Sonne stehen müsse und daß ihn dabei seine lichtempfindlichen Augen schmerzten. Als er ein paar Tage später von einer Reise wiederkam, konnte er sich in den Schatten einer dichtbelaubten Linde mit mannsdickem Stamm stellen. Bormann hatte sie herankarren und einpflanzen lassen, ohne Rücksicht auf die Kosten.

Doch ehe solche Extravaganzen machbar wurden, ehe Arbeiter und Baumaschinen auf das Hochplateau vordringen konnten, mußten die steile Straße von Berchtesgaden herauf verbessert und eine zweite Zufahrt durch Oberau über etliche Taleinschnitte hinweg geschaffen werden. Mit dem Architekten Delgado überwarf sich Bormann schon bald; der Mann, so meinte er, könne wohl ein kleines Postamt entwerfen (und das war tatsächlich sein letzter Auftrag auf dem Obersalzberg), aber für die großen Aufgaben, wie sie jetzt anstünden, sei er ungeeignet. Der Münchner Architekturprofessor Roderich Fick trat an seine Stelle. Rasch entstand eine Großbaustelle, anfangs mit einigen hundert, später mit etlichen tausend Arbeitern, für die zunächst einmal Barackenunterkünfte aufgestellt wurden. Bormann richtete im „Haus Hudler", einem der älteren Landsitze, für sich und seinen Baustab Arbeitsplätze ein – sein dritter neben München und Berlin. Mit einem Blick aus dem Fenster konnte er darüber wachen, daß die Arbeiter nicht bummelten. Sobald der Lärm der Preßlufthämmer und der Betonmischer verstummte, kam er angerannt und fragte nach dem Grund.

Im Sommer 1936 wurde nach wenig mehr als einjähriger Arbeit als erster Neubau der Berghof fertig. Von einem Umbau, wie das Vorhaben in grotesker Untertreibung genannt wurde, konnte nicht mehr gesprochen werden, denn vom „Haus Wachenfeld" war kaum etwas übrig geblieben. Das neue Gebäude saß auf einer viermal größeren Grundfläche, den langgezogenen Seitenflügel nicht mitgerechnet, hatte nun zwei Obergeschosse und insgesamt 30 Räume. Im Erdgeschoß lag unmittelbar hinter der Eingangshalle der Wohn- und Konferenzraum mit einem großen versenkbaren Fenster. Im ersten Stock hatte Hitler Wohn-, Schlaf- und Arbeitsräume, und einige Meter dahinter war Eva Braun zu Hause, wenn ihre Anwesenheit auf dem Berghof erwünscht war. Hitler selbst, der verhinderte Architekt, hatte alle Entwürfe angefertigt, doch so genial waren sie auch wieder nicht ausgefallen. Albert Speer, der Fachmann, zählt in seinen Erinnerungen genüßlich die Mängel des Grundrisses auf und meint, daß damit jeder Student einer Bauschule durchgefallen wäre. An Geld wurde nicht gespart; die Säulen in der Halle waren aus Untersberger Marmor, die Fenster bleigefaßt, die Kachelöfen mit eigens dafür entworfenen Kacheln belegt, und ebenso wenig entsprach das Mobiliar, Antikes und Nachgearbeitetes, dem Mythos vom anspruchslosen Führer.

Hitler ließ sich während der Bauzeit nur selten auf dem Obersalzberg sehen; Bauschutt, Staub und Krach hatten ihn vertrieben. Während der ersten Monate des Jahres 1936 war er viel unterwegs, fast immer mit Bormann als ständigem Begleiter im Gefolge. In München tagten nacheinander die Reichsleiter, die Gauleiter und der NS-Studentenbund; in Garmisch wurden die Olympischen Winterspiele eröffnet, in Schwerin der in Davos erschossene Landesleiter der Schweizer Parteigenossen beerdigt. Immer häufiger tauchen von nun an in Bormanns Kalender Formulierungen auf, wie „Fahrt M.B. mit dem Führer", sei es in dessen Sonderzug, im supergroßen Mercedes oder wenigstens in einem Begleitfahrzeug.

Als am 5. Juli die NS-Prominenz in Weimar die zehnte Wiederkehr des ersten Parteitags in dieser Stadt ausgiebig gefeiert hatte, schrieb er in sein Notizbuch: „18.45 Uhr Abfahrt mit dem Führer nach Obersalzberg." Das war, wie die Eintragung am nächsten Tag zeigt, insofern voreilig, als die beiden zunächst einmal in München übernachteten. Doch am nächsten Tag rollte das große Ereignis dann ab. „Ankunft mit dem Führer in Berchtesgaden; das neue Führerhaus, der Berghof, ist fertig", schrieb er. Er konnte seinem Gott das moderne Walhall vorführen. Zwei Tage später wurde es dann offiziell von einer Schar ausgewählter Gäste eingeweiht, die den strahlenden Hausherrn und seinen Baubeauftragten beglückwünschten. Die Weihnachtsschützen von Berchtesgaden marschierten auf der Terrasse auf und schossen Salut, obwohl der Hochsommer eben begonnen hatte. Erst als sich die Prominenz sattgesehen hatte, nach fast einer Woche, durfte auch das Volk wieder einen Blick von außen auf die Behausung seines Führers tun; „erster ,Vorbeimarsch' am neuen Berghof", notierte Bormann. Das war für ihn der heitere Ausklang einer aufregenden Zeitspanne nach einer Hetze von Termin zu Termin, nach Ärger mit Baufirmen, Streitereien mit Handwerkern, Drohungen gegen Säumige. Wegen dieses Erfolgs war ihm nun die Oberleitung für alle Bauvorhaben auf dem Obersalzberg nicht mehr zu nehmen.

Es war deshalb selbstverständlich, daß er einen ständigen Wohnsitz dort oben bekam. Von Icking war er schon weggezogen, ehe er Reichsleiter geworden war, in eine Siedlung, die von der Partei für Funktionäre in Pullach gebaut worden war. Doch wurde auch diese Wohnung schon wieder für seine Ansprüche und für die rasch wachsende Kinderzahl zu klein. Im Obersalzberger „Haus Hutterer", das als Büro diente, wären nicht alle unterzubringen gewesen. Seine Wahl fiel auf eines der stattlichsten Gebäude des Dorfes; der Arzt Richard Seitz hatte es gebaut und als Kindererholungsheim genutzt, ein breit gelagertes, zweistöckiges Haus, nicht weit vom Berghof entfernt und so hoch gelegen, daß der neue Bewohner von hier aus alle Baustellen überblicken konnte. Erhalten blieben nach der Renovierung fast nur die holzverschalten Außenwände, die eine Bescheidenheit vortäuschten, die drinnen nicht mehr vorhanden war.

„Vom Keller bis zum kleinsten Dachzimmer", berichtet der Berchtesgadener Josef Geiss, „waren nur Luxus und das Beste zu finden. Mit gutem Gewissen kann man behaupten, daß sich nie und zu keiner Zeit irgendein Neureicher…

Gleichwertiges geleistet hat." So habe zum Beispiel das Badezimmer der Kinder ein sieben Quadratmeter großes Becken erhalten. Das war gewiß zu jener Zeit nicht üblich, aber praktisch war es schon für eine kinderreiche Familie, und gar so übertrieben war es auch nicht, wenn man berücksichtigt, daß ein Reichsleiter wie ein Minister eingestuft wurde. Wesentlicher ist dagegen, daß dieses feudale Interieur dem Hausherrn geschenkt wurde; das ganze Projekt wurde aus dem Reptilienfonds bezahlt.

Die Partei-Kanzlei mußte natürlich in der gebirgigen Höhe auch eine Filiale haben, damit jeder Führerwunsch sofort erfüllt werden konnte. Sie wurde zunächst in einer ehemaligen Fremdenpension einquartiert, bis ihre ständige Ausweitung dann doch einen Neubau notwendig machte. Wohnungen für die Angestellten wurden natürlich auch benötigt. Der RSD (Reichssicherheitsdienst) mit den Leibwächtern des Diktators mußte eine Unterkunft bekommen, ebenso das Wachpersonal aus der Leibstandarte. Dafür wurde ein ganzes Kasernenkarree errichtet. Eine Garagenhalle entstand für die Autos des Führers und seines Hofstaates, und natürlich mußten auch Straßen gebaut werden, ein ganzes Netz, in einem buckeligen Gelände, wo jeder Meter mehrfach teurer ist als im Flachland.

Für Gäste sollte ein komfortables Berghotel hochgezogen werden, aber als Bormann auf dem vorgesehenen Platz eine gewaltige Kulisse aufstellen ließ, um festzustellen, wie es sich in die Landschaft einfügen würde, stellte sich heraus, daß dieses Bauwerk vom Tal aus betrachtet den Berghof degradieren würde. Also wurde der „Platterhof", früher ein Berggasthof, abgebrochen. Der Neubau war schon ziemlich weit gediehen, als Hitler während einer Besichtigung fragte, wo eigentlich die Bar vorgesehen sei. Sie war jedoch nicht eingeplant, weil Bormann angenommen hatte, der jedem Alkohol abholde Führer wünsche einen solchen Ausschank hochprozentiger Getränke nicht. Doch nun wollte er seinen Irrtum nicht eingestehen und behauptete, ein Teil des Kellers sei dafür bestimmt. Dort kam sie dann auch hin, aber dafür mußten eine großflächige Betondecke aufgebrochen, die Versorgungs- und Abwasserleitungen neu verlegt werden. Wer so schalten und walten durfte, wurde für die Leute der Gegend zum „Herrgott vom Obersalzberg".

In seinem Kalender hielt Bormann die einzelnen Etappen seines Wirkens fest. So am 30. 9. 1936: „Der Führer genehmigt die Pläne zum Moosländer Teehaus." Und am 3. 11. 1936: „Besprechung M.B. mit Dr. Todt wegen Straße zum Kehlstein." Die erste Notiz betrifft einen Pavillon, der vom Berghof in einem viertelstündigen Spaziergang zu erreichen war. Dorthin pilgerte Hitler später häufig mit seiner Tischgesellschaft nach dem Mittagessen, er an der Spitze und neben ihm auf dem schmalen Fußweg ein Mitglied des Hofstaates, das dazu auserwählt wurde. Da das Gefolge respektvollen Abstand hielt, ließ sich die Wegstrecke zu einem Gespräch unter vier Augen nutzen, und Bormann machte reichlich Gebrauch davon. Zeitraubendere Themen konnte er anschneiden, wenn ihn Hitler dann und wann im Auto in die einsame Landschaft des Hintersees am Fuß des Hochkalters mitnahm. Worüber dort gesprochen wurde, steht nicht im Kalender, sondern in einer Flut von Aktennotizen, die Bormann in den Panzerschränken seiner Kanzlei verwahren ließ. Das Gespräch mit dem Autobahn-Planer Todt war der Beginn des aufwendigsten und zugleich sinnlosesten aller Obersalzbergprojekte: des Teehauses auf dem Felsenklotz Kehlstein. Bormann mußte von dem Straßenbauspezialisten zunächst einmal eine Bestätigung dafür haben, daß eine Zufahrt angelegt werden konnte. Er hatte diesen absurden Plan erdacht, weil er Hitler damit einmal ein Geburtstagsgeschenk machen wollte. Doch ehe darüber berichtet wird, muß zunächst einmal von dem Geschenk gesprochen werden, das Bormann sich selbst machte: vom Gutshof Obersalzberg.

Zu einer Zeit, da alle Landwirte angehalten wurden, die Erträge ihrer Betriebe zu steigern, und NS-Organisationen sogar die Küchenabfälle der Haushaltungen abholten, um damit Schweine zu mästen, weil das Reich seine Lebensmittel selbst erzeugen sollte – in einer solchen Zeit durften die Wiesen und Äcker auf dem Obersalzberg nicht brachliegen. Der Gutsverwalter a.D., laut Paß immer noch Landwirt von Beruf, griff begierig nach der Gelegenheit, nun auch noch mit agronomischen Fähigkeiten zu glänzen. Daß ihm dies nicht so richtig gelang, ist nicht allein seine Schuld; der Boden ist dort oben steinig, das Klima rauh und die Zeit für Blühen und Reifen zu kurz. Im Stall standen 80 Kühe und 100 Schweine, aber da die Erträge des Bodens geringblieben, mußten Futtermittel in Mengen zugekauft werden. Das galt erst recht für die Pferdezucht, die mit mehr als 60 Stuten der Haflinger Rasse, einem aus Südtirol stammenden Gebirgspferd, eigentlich den Gewinn des Betriebes bringen sollte.

Hitler interessierte sich nur wenig für den Gutsbetrieb. Einmal ließ er sich von Bormann durchführen, und als dieser vor den gekachelten Schweinekoben die Reinlichkeit der Tiere lobte, erntete er nur Spott. „Ich hoffe", sagte Hitler, „die Schweine werden jeden Morgen mit Seife gewaschen und mit Eau de Cologne eingerieben." Das war so seine Art von Humor, hämisch und darauf bauend, daß ihm niemand mit gleicher Münze heimzuzahlen wagte. Bormann lachte in solchen Fällen nicht nur pflichtschuldigst mit; er fühlte sich auch als Zielscheibe des Spottes noch geehrt. Eines Tages kam er jedoch in Verlegenheit, als Hitler eine Betriebsabrechnung des Gutshofes zu sehen wünschte. Nach längerem Rechnen, so erzählt sein Kammerdiener Heinz Linge, habe Hitler schließlich festgestellt: „Ausgezeichnet! Es ist gar nicht so teuer, wie ich gedacht hatte; der Liter Milch kostet mich höchstens fünf Mark." Die Bergbauern der Umgebung hätten die zwanzigfache Menge dafür ins Haus geliefert.

Trotzdem durfte Bormann ungehindert und unkontrolliert weiter den Großbauern spielen; der Betrieb mußte sich ja nicht rentieren. Er konnte es sich leisten, eine Gemüsegärtnerei zu betreiben, ausschließlich in Gewächshäusern, nur damit der Berghof täglich Blumen in die Vasen und der Vegetarier Hitler das ganze Jahr frisches Gemüse auf den Tisch bekam. Dagegen mißglückten zunächst die Versuche, Champignons und Honig für die Obersalzberger zu produzieren. Die Pilze gediehen erst, als der Betrieb in den Keller einer Brauerei in Bad Reichenhall verlegt wurde. Das Bienenhaus für hundert Völker wurde am falschen Platz gebaut; sie brachten erst gute Ernten ein, als ihnen an einem geschützten Platz eine neue Unterkunft erstellt worden war. Sie waren insofern ein teures Hobby, als sie während des langen Bergwinters mit viel Zuckerfutter am Leben erhalten werden mußten, und als eigens ihretwegen ein Betreuer, vom Berghofgesinde „Reichs-Im" genannt, eingestellt worden war, mußte für ihn und seine Familie auch noch ein Wohnhaus gebaut werden. Rentabel – so heißt es – habe eigentlich nur eine dem Gutshof angegliederte Süßmosterei gearbeitet, ein Saisonbetrieb also, der kaum eigenes Obst verarbeiten konnte und es in den Tälern der Umgebung aufkaufen mußte.

Viel erfolgreicher als der Landwirt war der Höfling Bormann. So nebenbei war ihm die Rolle eines Haushofmeisters zugefallen. Kamen Staatsgäste – und Hitler empfing sie immer häufiger in seinem neuen Landsitz –, war Bormann die oberste Instanz für den reibungslosen Ablauf.

„Seinen Untergebenen", erzählt Erich Kempka, „wurde er der unberechenbarste Vorgesetzte. Wenn er sie im Augenblick in der freundlichsten und zuvorkommendsten Weise behandelte, ... konnte er sie Minuten später in geradezu sadistischer Weise auf das schwerste herabsetzen... Oft tobte er so herum, daß man unwillkürlich den Eindruck bekam, einen Irrsinnigen vor sich zu haben."

War es der Streß des Vielbeschäftigten? War es die Lust an der Macht? Beides mag zutreffen, aber im wesentlichen wurde er von der Sucht getrieben, ein perfekter Diener seines Herrn zu sein. Auf dem Berghof war er, erzählt Kempka, „berechtigt, einzustellen und zu entlassen, wen er wollte. Wehe dem Untergebenen, der... in Ungnade fiel. Er verfolgte ihn mit seinem Haß, solange er ihn erreichen konnte". Wen Hitler mochte, begegnete Bormann mit „katzenartiger" Liebenswürdigkeit, damit an höchster Stelle nur Gutes über ihn gesprochen wurde. Wo er keine Rücksicht zu nehmen hatte, war er der Tyrann, der ein Modell der Hotelbar wütend zertrümmerte, weil es ihm mißfiel, obwohl es etliche tausend Mark gekostet hatte. Wenn aber sein Gebieter spät in der Nacht ein Duett aus der „Lustigen Witwe" hören wollte, legte er eigenhändig die Platten auf. Weil der Tierfreund Hitler verboten hatte, daß auf dem Obersalzberg Wild abgeschossen wurde, verbot Bormann, dort Hunde und Katzen zu halten, weil sie den Tieren nachstellen könnten.

Den Vormittag nutzte er, die Bauten voranzutreiben, Küchenzettel zu kontrollieren, auch die der kasernierten SS, die Parteikanzlei im Trab zu halten, Berichte zu lesen. Erst gegen Mittag begann sein Hofdienst, sobald der Nachtmensch Hitler aus dem Bett stieg. Wenn Bormann dann mit einer neuen Bauzeichnung zur Stelle war, konnte er damit rechnen, sofort vorgelassen zu werden und in einem schon auf Wohlwollen gestimmten Klima gleich den Aktenkram vortragen zu dürfen, den Hitler haßte. Unterdessen versammelten sich im Vorraum die Mittagsgäste: Adjutanten, Ärzte, Sekretärinnen, die eine oder andere Parteigröße, Albert Speer, dem auf dem Obersalzberg auf Hitlers Anweisung ein Wohnhaus mit Architekturbüro gebaut worden war, Eva Braun mit Freundinnen, Heinrich Hoffmann, in dessen Fotobetrieb sie zu dieser Zeit noch immer als Angestellte geführt wurde. Das war so der Kern von Hitlers privatem Umgang auf dem Obersalzberg. Natürlich gehörte auch Bormann zu den ständigen Gästen, aber er wußte, was er seinem Ruf als nimmermüder Allesmacher schuldig war; gelegentlich sagte er, um sich wichtig zu machen, in letzter Minute seine Teilnahme am Mittagessen ab, weil er unvermutet irgendwo dringend gebraucht würde. Wenn jedoch weibliche Gäste jüngeren Alters mit ansehnlichem Äußeren geladen waren, war er dauernd präsent. Er konnte zwar nicht wie der Hausherr den Damen mit Wiener Grandezza die Hand küssen und mit altväterlich geschraubten Sätzen Konversation machen, aber dafür hastete er auf zu kurz geratenen Beinen durchs Haus, ständig um das Wohl der Damen bemüht.

Im Speisezimmer hatte er seinen festen Platz. Zwischen ihm und Hitler saß immer Eva Braun; er war immer ihr Tischherr. An der rechten Seite Hitlers saß dessen Tischdame, die jeweils wechselnd aus der Schar der Gäste ausgewählt wurde. Daß Eva Braun und ihr Tischherr sich nicht mochten, war ein offenes Geheimnis, aber da sie sich bemühten, einander nie ins Gehege zu kommen, brach die Feindschaft nicht offen aus. Sie wußte, daß die Politik für sie tabu war; hatte doch Hitler in ihrem Beisein verkündet, ein intelligenter Mann könne nur eine dumme Frau brauchen, damit sie ihn nicht in seinen Entscheidungen beeinflusse. Eva erfüllte diese Bedingung um so leichter, als ihr Interesse nahezu ausschließlich dem Unterhaltungsfilm und dessen Stars, fröhlicher Gesellschaft mit Tanz, Skilauf und ähnlich unproblematischem Zeitvertreib galt. Zweifellos liebte sie Hitler sehr; im Mai 1935 versuchte sie sich mit Schlaftabletten zu vergiften, weil sie sich vernachlässigt fühlte. In ihrem Tagebuch mutmaßte sie damals: „Er braucht mich nur zu bestimmten Zwecken", und das deckte sich durchaus mit Hitlers primitiver, materialistisch-biologisch begründeter Überzeugung vom Wesen der menschlichen Natur und ebenso mit seiner Bindungslosigkeit. Bormann brauchte ihren Einfluß nicht zu fürchten, und so war sie das einzige Mitglied des Hofstaats, gegen das er nicht intrigierte. Andererseits hätte ihm Hitler jede Sottise gegen die Geliebte als respektlose Einmischung in sein Privatleben übelgenommen.

Sie mußten also miteinander auskommen, besonders seit Hitler seine Halbschwester Angela Raubal, bis 1936 Hausdame und Wirtschafterin auf dem Berghof, durch ein standesgemäß vielköpfiges Hofgesinde ersetzt hatte, und Eva Braun damit die freilich nur inoffizielle Herrin des Hauses geworden war. Wie dieses junge oberflächliche Ding freundlich zu stimmen war, erkannte Bormann schnell. Sie stellte zwar nie die Ansprüche einer Grande dame, aber sie hatte manchen Wunsch, den sie mit der eigenen Barschaft nicht erfüllen konnte. Hitler pflegte ihr zwar – welch delikater Zug – gelegentlich einen Briefumschlag mit Geldscheinen zuzustecken, aber er machte sich offensichtlich keine Gedanken darüber, was allein ihre Kosmetikartikel und ihre Garderobe kosteten. Wenn er ihr ein Schmuckstück kaufen wollte, ging er in den kleinen Laden eines Münchner Alt-Pg, der ihm einmal seine Ansteckanadel mit dem hakenkreuztragenden Adler in Gold hergestellt hatte, und was er dort für sie erwarb, konnte genauso gut in der Schatulle einer Kleinbürgersfrau liegen. Der Kassenwart ihres Geliebten verstand besser, daß ihr der Sinn nach Kostbarerem stand, und ließ sie beim Goldschmied auswählen, ohne nach dem

Preisschild schauen zu müssen. Auch wenn es ihr an Bargeld fehlte, durfte sie sich vertrauensvoll an ihn wenden. Hatte sie ihn anfänglich mit schnippischem Hochmut behandelt, änderte sich ihre Tonart nun – zum Erstaunen des Gefolges. Es fiel ihr um so leichter, als Bormann ihr immer mit gleichbleibender, dienender Höflichkeit begegnet war. Nur gelegentlich, wenn er nicht in der Nähe war, machte sie sich noch über ihn lustig, über seine linkischen Bücklinge, seine zur Schau gestellte hektische Geschäftigkeit, über die Penetranz, mit der er Sekretärinnen nachstellte.

Wenn sie mittags wie üblich seine Tischdame war, brauchte er sie kaum zu unterhalten. Solange Hitler redete, schwieg ohnehin die ganze Tafelrunde, und wenn er schwieg, war es üblich, leise und nur ein paar Worte zu sprechen. Niemandem wurde zugemutet, wie der Hausherr fleischlos zu essen. Wenn Beefsteak serviert wurde, ließ er sich scheinbar auch Fleisch vorsetzen, aber es war aus Gemüse zusammengebraten. Zeitweise wählte auch Bormann das vegetarische Menü und rühmte dann, wie schaffenskräftig er sich bei dieser Ernährung fühle. In seinem Haus aber hingen Schinken und Würste aus dem Gutshof, und oft schnitt er sich, vom Tisch kommend, davon dicke Scheiben ab. Den Spaziergang zum Teehaus durfte er jedoch nicht versäumen, denn oft wurde er auf dem Weg vom Chef nach vorn gerufen, und auch bei Tee und Kuchen mußte er gegenwärtig sein, obwohl Hitler häufig in seinem Sessel einschlief. Danach blieben ihm zwei Stunden, in denen er herumrasen, Baustellen inspizieren („Antreiben, antreiben", schrieb er am 1. 7. 1937 in seinen Kalender), diktieren, telefonieren und abhaken konnte, was er in den letzten sechs Stunden auf den immer paraten Zettelblock gekritzelt hatte. Kurz nach acht Uhr hatte er wieder neben Eva Braun am Tisch zu sitzen, wieder mit den gleichen Leuten und immer auf der Wacht, was sein Führer während des Verzehrs von hartgekochten Eiern, Quark und Pellkartoffeln anzuordnen hatte.

Danach saß man in der Wohnhalle, auf rot bezogenen Sesseln und Sofas: Es war Kinozeit mit Filmen, wie sie überall in den Lichtspielhäusern liefen. Bormann, so wird berichtet, habe sich dabei gern in eine Ecke zurückgezogen und sitzend geschlafen. Das hatte er wohl nötig. Zwar mußte er zur anschließenden Kritik der Schauspieler nichts beitragen, weil das nicht sein Fach war, doch konnten die folgenden Stunden für ihn noch anstrengend sein. Sei es, daß der Führer monologisierte, sei es, daß er den Tratsch der Verleumdung über Abwesende schenkelschlagend belachte – Bormann war hellwach und beschriftete Merkzettel für seine Akten. Es konnte auch geschehen, daß der Chef lange nach Mitternacht noch eine Information wünschte – und sei es nur den Marktpreis eines Hühnereis im Jahr 1900 –, er schaffte sie mit Telefon und Fernschreiber heran, selbst wenn dafür Dutzende von Leuten aus den Betten geholt wurden. Es war sein großer Auftritt, wenn er eine Stunde später dem jetzt schon schläfrigen Hitler das Resultat seiner Bemühungen melden konnte.

Speer hat später geschildert, wie dieser fast immer gleiche Tagesablauf auf dem Berghof, dieses Beschäftigtsein mit dem Nichtstun seine Arbeitskraft lähmte und seine Nerven strapazierte. Dem unschöpferischen Bormann, dieser Mischung aus Offiziersbursche und Manager, war jeder Tag dieser Art eine Kette von Selbstbestätigungen. Er war wie eine Dampfmaschine, die ständig unter Überdruck steht und deswegen immer in Betrieb gehalten werden muß. Seine robuste Konstitution vertrug es, daß er nach wenigen Stunden Schlaf früh am Morgen von einer Baustelle zur nächsten hetzte, hier tobte, dort lobte oder mit seinen Anordnungen Wachmannschaften, Bauführer, Kraftfahrer, Stallknechte, Parteifunktionäre und Putzfrauen zum Traben brachte.

Besonders viel Arbeit und Aufregung hatte er mit dem Kehlstein-Projekt, dem Bau eines Teehauses in 1834 Meter Höhe auf einem felsigen Gipfel, der mit seinen steil abfallenden Wänden auch von den Bergwanderern nur mühselig zu ersteigen war. In den Memoiren der Parteiprominenz wird immer erzählt, Bormann sei auf dieses Projekt verfallen, weil er damit Hitler ein Geburtstagsgeschenk habe machen wollen. Als Überraschung konnte das Haus jedoch nicht gedacht sein; wenn gebaut wurde, wollte Hitler mitgestalten, mußte also von Anbeginn eingeschaltet werden. Das geschah offensichtlich im Spätherbst 1936, doch die Planung im Detail begann erst im darauffolgenden Frühjahr nach der Schneeschmelze. Mehrmals stieg Bormann um diese Zeit mit dem Straßenbauer Todt und dem Häuserbauer Fick zum Kehlstein hinauf. Im August 1937 waren sie zwei Tage lang auf den Beinen, weil ein Bergrutsch die Straßentrasse gefährdete und weil es nun an der Zeit war, den Gebäudegrundriß festzulegen. Mitte Oktober, rechtzeitig vor dem Winter, war bereits der Tunnel ausgebrochen, der in das Berginnere führte, so daß an dem nach oben führenden Liftschacht auch während der kalten Jahreszeit weitergearbeitet werden konnte.

Die erste Hälfte des in der europäischen Geschichte so ereignisreichen Jahres 1938, in dem die Expansion zum Großdeutschen Reich begann, ließ Bormann allerdings wenig Zeit für Bauobjekte. Gleich im Januar rief ihn Hitler nach Berlin, weil dort Staatsaktionen vorbereitet wurden. Gegen den Oberbefehlshaber des Heeres, Generaloberst Werner von Fritsch, lief eine Untersuchung (die nur eine üble Intrige war) wegen angeblicher Homosexualität, und der Reichswehrminister Werner von Blomberg hatte sich durch seine Heirat mit einer unstandesgemäßen Frau kompromittiert. Zur gleichen Zeit wurden auch der Reichsaußenminister Konstantin von Neurath, etliche Botschafter und ein Dutzend Generäle aus ihren Ämtern entlassen. Dagegen wurde Bormanns nomineller Chef Rudolf Heß durch die Verkündung aufgewertet, der Zusatz „ohne Geschäftsbereich" hinter seinem Reichsministertitel sei zu streichen, weil er „als Berater des Führers und Reichskanzlers innerhalb der Reichsregierung bestimmte wichtige Aufgaben zu erfüllen" habe.

Daß damit mehr das Amt und dessen Stabsleiter gemeint waren, zeigte sich ein paar Tage später, als Hitler auf dem Obersalzberg mit dem österreichischen Bundeskanzler Kurt von Schuschnigg zusammentraf. Nicht Heß, sondern Bormann wurde dazu mitgenommen, und er hatte dort nicht nur als Haushofmeister zu wirken. Da es Hitler darauf anlegte, seinen Gegenspieler aus Wien einzuschüchtern, ließ er beim Empfang nicht nur seine „beiden am brutalsten aussehenden Generäle im Vorzimmer paradieren" (so äußerte er sich gegenüber Fliegergeneral Erhard Milch).

Bormann hatte außerdem noch dafür zu sorgen, daß Schuschnigg sich während dieser Stunden von Landsleuten umgeben fühlte – und zwar von solchen, die aus Österreich als verfolgte Nationalsozialisten ins Reich geflohen waren. Davon lebten etliche Tausende in oberbayrischen Ausbildungslagern, trugen SA-Uniform und bekamen als „Österreichische Legion" außer Unterkunft und Verpflegung auch einen bescheidenen Sold, vermutlich aus Bormanns unerschöpflicher Kasse. Er hatte sich für sie auch bei der deutschen Parteiorganisation eingesetzt und eine Anzahl in seinen Bau- und Arbeitsstab auf dem Obersalzberg aufgenommen – zum Wohlgefallen des Führers. Für diesen 12. Februar 1938 ließ Bormann hundert der uniformierten Emigranten zum Berghof transportieren; sie übernahmen den sonst der SS-Leibstandarte obliegenden Wachdienst. Der österreichische Bundeskanzler sollte sich wie in einer Löwengrube fühlen.

Im März 1938 kam Bormann gar nicht dazu, sich mit dem Kehlstein-Projekt zu beschäftigen. Er wurde in Berlin gebraucht. Schuschniggs Volksabstimmung mußte verhindert werden, und Hitler befahl den Einmarsch in Österreich. „Flug mit dem Führer von Berlin nach München", trug Bormann am 12. März in seinen Kalender ein. Um zehn Uhr vormittags stiegen sie auf dem Flugplatz Oberwiesenfeld aus der Maschine, fuhren im geländegängigen feldgrauen Dreiachser nach Mühldorf am Inn zum Kommandostand des VII. Armeekorps und rollten am frühen Nachmittag in Braunau, der Geburtsstadt Hitlers, am hochgezogenen Grenzschlagbaum vorbei, empfangen vom Geläut aller Kirchenglocken und dem Jubel von Zehntausenden. Vier Stunden brauchten sie für die 120 Straßenkilometer bis Linz, weil die Menschenmassen der Kolonne nur zögernd den Weg freigaben. Als Hitler dort vom kleinen Balkon des Rathauses seine erste Rede auf österreichischem Boden hielt, war es schon dunkel. Die Zeitungsberichte über dieses Ereignis zählen auf, wer aus der Parteiprominenz neben oder hinter ihm stand; den Reichsleiter Martin Bormann nennen sie nicht. Auch zwei Tage später blieb er unbeachtet, als er vom Balkon der Wiener Hofburg während der Rede Hitlers auf das Meer begeisterter Menschen herabschaute. Trotz seines hohen Parteiranges war er noch immer der unbekannte Funktionär.

Die bekannten Parteigrößen hatten für diese Aktion alle ihre öffentlichen Rollen zugeteilt bekommen. Göring mußte den Staatschef in Berlin vertreten, Goebbels die Führer-Proklamation im Rundfunk verlesen, Heß war als Symbolfigur der lauteren Absichten schon am 11. März in Wien eingetroffen – ebenso der pfälzische Gauleiter Josef Bürckel, der bei der Rückgliederung des Saargebiets schon Anschluß-Erfahrungen gesammelt hatte. Himmler war zur gleichen Zeit mit einer kompletten Polizei- und Gestapospitze in Wien gelandet.

Sie alle sonnten sich ausgiebig in ihrer von der allgemeinen Begeisterung hochgeputschten Popularität und durften glauben, sie hätten bereits ihre Namen ins Buch der Geschichte geschrieben.

Bormann genügte es, den Blumenkrieg im Schatten des Allgewaltigen mitzumachen und dabei im Zentrum der Macht zu sein. Spektakuläre Aufträge bekam er nicht, wohl aber solche, die Diskretion erforderten. Hitler legte Wert darauf, daß über seine Jugendzeit, über seine Verwandten und über seine Jahre in Wien nichts bekannt wurde, das seiner eigenen Darstellung in „Mein Kampf" widersprach. Deshalb mußten Akten bei Behörden beschlagnahmt, Augenzeugen vergattert oder gar beseitigt werden – vor allem jener Reinhold Hanisch, der 1910 die Aquarelle des Kunstmalers Hitler vertrieben und mit ihm zusammen im Männerheim von Meidling gewohnt hatte. Er war einmal so unvorsichtig gewesen, mit Enthüllungen zu drohen. Nun wurde er auf Bormanns Weisung von der Gestapo verhaftet. „Nach der Übernahme Österreichs", schrieb Bormann später in einer Aktennotiz, „hat sich Hanisch erhängt."

Erst Mitte April, nach den großen Siegesfeiern in Berlin, der Reichstagsauflösung, einer Serie von Wahlreden und der Neuwahl kam Hitler wieder auf den Obersalzberg zurück. Bormann konnte ihm nun vorführen, was in der Zeit seiner Abwesenheit neu gebaut worden war: Der Berghof hatte noch einen Seitenflügel bekommen, die Gewächshäuser und die Kasernen waren erweitert, der Gutshof war völlig erneuert. Drei Tage nahm Hitler sich für Besichtigungen Zeit. Das Kehlsteinhaus konnte noch immer nicht vorgezeigt werden, und wenn Bormann je gehofft hatte, es am 20. April als Geburtstagsgeschenk einweihen zu können, hatte er die Schwierigkeiten dieses Projekts unterschätzt. Es gibt aber auch Anzeichen dafür, daß Hitler an dem Bau nicht mehr sehr viel Interesse hatte. Auffällig ist, daß er nicht einmal die schon fertige Zufahrt besichtigte – sieben Kilometer mit mehreren Felstunnels und einer Haarnadelkehre. Er verbot Sprengungen (und nur damit war dem Gebirge beizukommen) in den Vormittagsstunden, weil er, der Nachtmensch, dadurch im Schlaf gestört wurde. In der Tischrunde spottete er, Bormann trage seinen Namen zurecht, weil er alle Berge anbohre. Und seinem Adjutanten Schaub klagte er, der Umtrieb und der viele Beton auf dem Obersalzberg seien ihm so zuwider, daß er sich für seine späteren Jahre einen stilleren Platz suchen werde. Wenn nicht schon so viele Millionen verbaut worden wären, würde er am liebsten die ganze Herrlichkeit in die Luft sprengen lassen.

Um so mehr war Bormann bemüht, ihn auf seine Weise gegen jede Störung von außen abzuschirmen. Den „Vorbeimarsch" der pilgernden Volksgenossen schaffte er kurzerhand ab. Ein zwei Meter hoher Drahtzaun umzog das ganze Gebiet des Obersalzbergs, der dann auch noch in zwei Sperrkreise unterteilt wurde. Die Tore des äußeren, in dem die meisten Baustellen lagen, bewachten Angestellte der Bauunternehmen. Bei ihnen blieb bereits hängen, wer keinen Passierschein hatte. Am inneren Sperrkreis kontrollierten Zivilbeamte des Reichssicherheitsdienstes jeden Besucher. Ihre Weisungen bekamen sie nicht etwa von ihrem eigentlichen Dienstherrn Heinrich Himmler, sondern von Bormann. Soweit es sich nicht um geladene Gäste handelte, entschied er, wer passieren durfte. „Eine Ministeruniform ist kein Ausweis", wies er die Posten an.

Der Sommer ging vorüber, Hitler war wie üblich bei den Wagnerfestspielen in Bayreuth gewesen, hatte Truppen besichtigt, eine Flottenparade abgenommen, die Befestigungen des Westwalls inspiziert und hatte sich dann Anfang September acht Tage lang beim Nürnberger Parteitag von seiner Millionengefolgschaft feiern lassen – immer begleitet von dem mittelgroßen, untersetzten und stiernackigen Reichsleiter, den noch immer nur wenige kannten und den niemand in der NS-Hierarchie richtig plazieren konnte. Der Führer und Kanzler des Großdeutschen Reiches hatte der Welt seinen Anspruch auf das Sudetenland verkündet, entschlossen, es von der Tschechoslowakei abzutrennen („so oder so", wie er zu sagen pflegte). Drei Tage nach dem Ende des Parteitags besuchte ihn auf dem Obersalzberg der englische Premierminister Neville Chamberlain in der Hoffnung, damit den drohenden Krieg vermeiden zu können.

Das war am 15. September 1938, und die Welt – einschließlich der meisten Deutschen – bangte um den Frieden. Bormann und Hitler jedoch vergnügten sich damit, nun endlich die ganze Herrlichkeit auf dem Kehlstein zu besichtigen. Am 16. September, Chamberlain war noch nicht wieder in England gelandet, ließen sie sich über die steile und kurvenreiche Strecke, vorbei an senkrechten Felswänden und über hohe Viadukte, auf 1700 Meter Meereshöhe fahren. Vor ihnen öffnete sich ein doppelflügeliges, in den Berg eingelassenes Tor aus Kupfer und Bronze. Sie gingen durch einen breiten, mit Natursteinen ausgemauerten und hell erleuchteten Stollen 130 Meter tief in den Fels hinein. Eine messingglänzende Liftkabine nahm sie auf und trug sie innerhalb einer Minute senkrecht weitere 130 Meter höher, ins Vestibül des Teehauses. Diese Benennung untertreibt, denn immerhin gab es dort eine große Küche, ein Speise-, ein Arbeitszimmer, einen Raum für die Wachmannschaft, Bäder, Keller, eine Sonnenterrasse und – als repräsentativen Mittelpunkt – eine kreisrunde Kaminhalle mit einem großartigen Rundblick aus vielen großen Fenstern.

Bormanns Geschenk soll damals 30 Millionen Mark gekostet haben, nach heutigem Geldwert etwa 200 Millionen, doch von Hitler bekam er dafür nur konventionelles Lob. Einige Chronisten behaupten, er habe es nur ein paarmal besucht. Das stimmt nicht. Schon am nächsten Tag führte er sein Teehaus (natürlich nicht ohne den Erfinder) Goebbels, Himmler und dem einflußreichen englischen Journalisten Ward Price vor, der dann auch in seinen Blättern darüber berichtete und damit wohl den Anstoß für das während des Krieges aufkommende Gerücht vom „Adlernest" und der „Alpenfestung" gab. Deutsche Zeitungen durften über das Kehlsteinhaus nicht berichten, auch Zitate aus der Ward-Price-Veröffentlichung wurden untersagt. Am übernächsten Tag fand wieder eine Besichtigung statt; diesmal durfte wohl eine ganze Gruppe mehr oder minder wichtiger Leute das Wunderwerk bestaunen, denn Bormann notierte als Besucher „Ribbentrop, Bouhler usw.".

Daß diese Präsentation nicht noch eine Weile fortgesetzt wurde, war nur auf die sich immer mehr zuspitzende Sudetenkrise zurückzuführen. Hitler traf sich – und Bormann war immer dabei – zunächst mit Chamberlain im Godesberger Rheinhotel „Dreesen", ging anschließend nach Berlin, wo er mit einer Rede im Sportpalast die Deutschen für den Krieg begeistern wollte, und unterzeichnete dann in München das Abkommen über das Schicksal des Sudetenlandes. Auch bei seinen Fahrten durch diese nun zum Reich gekommenen Gebiete war wieder Bormann sein Begleiter. Doch Mitte Oktober, kaum auf den Obersalzberg zurückgekehrt, zeigte Hitler abermals und tagelang stolz seine neueste Attraktion nacheinander dem Münchner Gauleiter Adolf Wagner, dem Prinzen von Hessen (seiner Verwandtschaft zum italienischen Königshaus wegen geschätzt), dem französischen Botschafter François Poncet (dessen geistreiche Gespräche er genoß), der ganzen Familie Goebbels (die auf einem Foto Versöhnung demonstrieren mußte, nachdem die Liebesaffäre mit der Filmschauspielerin Lida Baarova fast zur Ehescheidung geführt hatte), den Militärs von Brauchitsch und Keitel, der Lady Unity W. Mitford (zeitweise wohl Hitlers Geliebte und Schwägerin des englischen Faschistenführers Oswald Mosley), die sich bei Kriegsausbruch 1939 mit einer Pistole in München umzubringen versuchte.

Dann freilich reißt die Kette der Kehlstein-Trips ab; das Spielzeug war nicht mehr neu. Nur noch selten konnte Bormann, der jede Fahrt stolz in seinem Kalender vermerkte, notieren, daß ein Essen oder eine Besprechung in der luftigen Höhe stattgefunden hatte. Hitler sei nur ungern hinaufgefahren, weil er den raschen Wechsel der Höhe schlecht vertragen habe, behauptet Schirach. Hitler habe „von Anfang an eine Abneigung gegen dieses Berghaus" gehabt, berichtet Kammerdiener Linge. Nur um Eva Braun oder Bormann einen Gefallen zu tun, habe er sich gelegentlich überwunden, jedoch dabei befürchtet, ein Blitzschlag könne das Drahtseil des Lifts zerstören, während er in der Kabine schwebe, oder ein Attentäter könne ihm in den Felsen über der Straße auflauern. So ganz das Richtige war Bormanns Millionengeschenk offensichtlich nicht.

Da dies jedoch sein Ansehen bei dem Beschenkten in keiner Weise minderte, hatte er keine Hemmungen, sich des Teehauses selbst zu bedienen. Wem er imponieren, wen er auszeichnen wollte, ließ er aus den Fenstern der Kaminhalle das Alpenpanorama genießen. Und wenn sich ihm Gelegenheit für ein Schäferstündchen bot, dann war er dort oben vor Störungen sicher. In der Silvesternacht 1938/39 – so Linge – waren im Berghof Hitler und Eva Braun bald nach Mitternacht zu Bett gegangen, aber die etwa dreißig Gäste, darunter die Ärzte Morell und Brandt, Eva Brauns Schwester Gretl, der Uralt-Pg Esser, im Rang eines Staatssekretärs, und Bormann wollten weiterfeiern. Um Hitler nicht zu stören, zogen sie sich in das Untergeschoß zurück. Bormann, Herr über Küche und Keller, ließ spendabel die Sektkorken knallen und als späten Imbiß Weißwürste servieren. Schon angetrunken kam er auf die Idee, das Fest auf dem Kehlstein fortzusetzen. Kaum jemand hatte Lust zu der Fahrt auf der verschneiten Bergstraße, aber nur die Wehrmachtsadjutanten machten nicht mit. „Die Herren wußten", bemerkt Linge, „daß Bormann keinen Einfluß auf ihre Karriere hatte."

Die anderen wurden in Autos verstaut. Bormann selber setzte sich in seinem Wagen ans Lenkrad. Auf dem Rücksitz mußte Linge mit einem großen Radiogerät auf dem Schoß Platz nehmen, weil droben getanzt werden sollte. Mit

Vollgas und heulendem Motor versuchte der Gastgeber die steile Straße hochzujagen. Sein Chauffeur, auf den Beifahrersitz verbannt, warnte vergebens; es war Bormanns Art, mit Menschen und Dingen so umzugehen. In einer engen Kurve rammte der Wagen eine Brüstung, hinter der eine Felswand senkrecht abfiel. Nur tiefer Schnee bremste dabei den Wagen ab. Mit kochendem Kühler erreichten sie den Parkplatz. Das Eingangstor zu dem Stollen ließ sich erst öffnen, als der hohe Schnee weggeschaufelt war. Danach waren sie alle so müde und durchgefroren, daß zum Weiterfeiern jede Lust fehlte. Das neue Jahr, fanden sie, fange schlecht an. Nur Bormann war anderer Meinung, und er hatte sogar Grund dazu: Der ganze Hofstaat hatte vor ihm gekuscht.

8   Harte Arbeit mit Ellbogen

Wie weit sich Martin Bormann in der Partei schon nach vorn gearbeitet hatte, wurde deren Würdenträger erstmals beim „Parteitag Großdeutschland" sichtbar. Als sie sich, funkelnd vor Lametta, am Vormittag des 11. September 1938 vor der Parade der militanten Verbände auf dem Nürnberger Adolf-Hitler-Platz zum Block der Prominenten formierten, und als die Reichsleiter im ersten Glied schon die Rangelei um die Reihenfolge ausgetragen hatten, kam Bormann hinzu und stellte sich wie zufällig an den rechten Flügel. Diesen Ehrenplatz hatte Robert Ley als Reichsorganisationsleiter und Primus inter pares bisher beansprucht. Er machte böse Miene zum neuen Spiel. Die Nächsten neben Ley, die Reichsleiter Wilhelm Frick und Hans Frank, belustigte der Vorfall.

In diesem Fall konnten sie den wichtigtuenden Kollegen nicht einmal zur Rede stellen. Zu Recht und mit dem kritisch musternden Blick eines Feldwebels stand Bormann auf seinem Platz: Er war nun der Leiter des achttägigen braunen Festivals, verantwortlich für den Ablauf der bombastischen Massenveranstaltung. Angefangen hatte es schon im August 1935, als ihn Hitler zu den Vorbesprechungen für den Parteitag jenes Jahres mitgenommen hatte, und als er bei der Probe einer „Festlichen Musik" im Klangkörper eine Orgel vermißte, hatte Bormann sie innerhalb von zwei Wochen beschafft. Er war auch immer dabei gewesen, wenn Hitler Modelle der Nürnberger Monumentalbauten besichtigte. Bei einer solchen Gelegenheit hatte er – natürlich nach Anweisung – den Architekten Albert Speer in seinen Mitarbeiterstab formal eingegliedert und ihm dadurch die von Hitler vermißte braune Uniform verliehen. Zu dieser Zeit war Bormann bereits der Baubeauftragte für die Parteitagsneubauten.

Als die Reichsleiter an diesem Herbsttag 1938 nebeneinander standen, hatten sie bereits gute Gründe, dem rechten Flügelmann zu mißtrauen: Er war im Begriff, fast allen Konkurrenz zu machen. So hatte Bormann schon 1934 ein eigenes Personalamt eingerichtet, parallel zu dem schon immer bestehenden Hauptpersonalamt der Reichsorganisationsleitung. Aus den Gauen holte er sich seit einiger Zeit ständig hohe Funktionäre zu Gastrollen ins Amt – „zur Stärkung des gegenseitigen Vertrauens" und „zur lebendigeren Fühlungnahme". In Wahrheit sollten sie als Hausmacht verpflichtet werden, und damit sie nicht wieder absprangen, wurde ihnen klargemacht, daß die Personalakten in den Panzerschränken bei Bormann entscheidend für ihre Karriere seien.

Das war kein Bluff. So gibt es einen „Aktenvermerk des Stabsleiters vom 20. Februar 1939 für den Stellvertreter des Führers", in dem die Gauleiter und deren Spitzenfunktionäre wie Schachfiguren umhergeschoben werden. Ein Abschnitt beschäftigt sich mit „Änderungen in der Ostmark", ein zweiter mit dem Problem, wie zwei in Ungnade gefallene Gauleiter ausgebootet werden könnten. Es waren altgediente Parteigenossen, aber sie lagen nicht auf Bormanns Linie; Reichserziehungsminister Bernhard Rust, zugleich Gauleiter von Südhannover-Braunschweig, hing an seinem evangelischen, Josef Wagner, zuständig für die Gaue Westfalen-Süd und Schlesien, am katholischen Glauben. Wagner sollte nach Bormanns Plänen möglichst auf den Posten des Preiskommissars abgedrängt werden, den er zusätzlich innehatte. Dort konnte seine christliche Gesinnung kaum Schaden anrichten. Für Bernhard Rust wurde nur vorgesehen, daß er weiterhin – vorläufig – Minister bleibe. Beide sollten 1941 ihre Ämter verlieren.

Zur Not hätte sich der Reichsorganisationsleiter Ley damit abgefunden, daß Heß für ihn als Zwischeninstanz vor Hitler fungierte. Dagegen empfand er es mit Würde und Verdienst unvereinbar, daß er in politisch wichtigen Fragen auf die Zustimmung des Stabsleiters von Heß, also von Bormann, angewiesen sein sollte. Im Juni 1939 rügte er empört in einem langen Brief an Heß, „daß die heutigen Zuständigkeitsverhältnisse in der Reichsleitung dringend einer umfassenden eindeutigen Klarstellung bedürfen". Persönlich habe Heß ein Dienstaufsichtsrecht über die Reichsleiter, doch für „nachgeordnete Politische Leiter Ihres Stabes" bestehe dieses Recht nicht. „Angelegenheiten, die ich Ihnen zur Entscheidung oder Genehmigung vorlege, sind für Sie persönlich bestimmt und sollten nicht einer Nachprüfung durch Politische Leiter unterliegen, die mir ranglich gleich oder gar nachgeordnet sind."

Auch ärgerte es Ley, daß Bormann „für jedes Sachgebiet in meinem Aufgabengebiet ein entsprechendes Aufgabengebiet in Ihrem Stab" eingerichtet hatte. Mit Recht sah er darin den Versuch, eine Über-Reichsleitung aufzubauen, die um so gefährlicher wurde, als Bormann für seinen Stab qualifizierte Fachleute anheuerte, wo er sie fand. Sie brauchten nicht einmal ein Parteibuch zu besitzen. Ley hoffte, mit einem Geschäftsverteilungs- und Stellenplan die aufstrebende Konkurrenz abbremsen zu können. Doch als er Heß diesen Vorschlag machte, bekam er die Antwort 14 Tage später von Bormann.

Da die Zuständigkeit des Führers unbeschränkt sei, schrieb er, gelte dies auch im Bereich der Partei für dessen Stellvertreter und damit auch für den Stab von Heß. Kurz: Es könne ihm außer Hitler und Heß niemand dreinreden. Er lehnte es deshalb auch ab, dem Reichsorganisationsleiter einen Stellen- und Geschäftsverteilungsplan seines Stabes zu geben. Höhnisch schrieb er, seine Mitarbeiter, „die für bestimmte Sachgebiete spezielle Kenntnisse haben", seien so bekannt, daß sich ein solches Verzeichnis erübrige. Tatsächlich existierte es, aber es lag mit dem Stempel „Streng geheim" im Panzerschrank. Leys Geschimpfe regte ihn schon nicht mehr auf. „Was soll's"? sagte er, „er ist der Sohn eines Viehhändlers." Das war in seinen Augen schon fast ein Jude. Wenn der Reichsleiter Hans Frank, Leiter des Reichsrechtsamtes der Partei, über Bormanns wichtigtuerisches Auftreten beim Reichsparteitag noch spaßen konnte, war das fast Galgenhumor. Vor Jahren hatte sich der damals vielbeschäftigte Anwalt in seinem großen Büro neben dem Münchner Dom die Feindschaft des Emporkömmlings zugezogen, als dieser – damals noch Hilfskassen-Verwalter – juristischen Rat suchte und von dem überheblichen Frank an den jungen Mitarbeiter Heim verwiesen worden war.

Aus dieser Gegnerschaft war Haß geworden, als der brillante Parteiredner, aufgestiegen zum bayerischen Justizminister und zum Chef des Rechtswahrerbundes, noch immer keine Notiz von Bormann nehmen wollte. Zu spät erkannte Frank, daß ihm der Wind vom Gipfel her ins Gesicht blies; Hitler empfand den Juristen nur als eine Fessel seiner Willkür.

Bei diesem Parteitag wußte jedoch Frank noch nicht – was er Jahre später aber kurz vor seiner Hinrichtung als Nürnberger Delinquent schreiben sollte –, daß „mit einem Stableiter Martin Bormann ein Kurs zur Ausschaltung aller anderen Reichsstellen der Partei immer unverhüllter zur Entwicklung kam". Der gutmütige Rudolf Heß habe dies auch noch „in der dummen Meinung" gefördert, „daß er... für sich an Macht gewinnen könne". „Bormann, als der raffinierte Ausbeuter aller Stimmungen des Führers... wußte sein Machtschiffchen immer nach dem Neigungswind Hitlers in Fahrt zu bringen, ohne eigenen Kurs."

Bormann als Verführer – daran mag in den letzten Jahren der NS-Herrschaft schon etwas Wahres gewesen sein, doch die Deutung Franks setzt voraus, daß wenigstens Hitler einen eigenen Kurs hatte. „Niemals hat sich der Führer selbst irgendwie tatsächlich an das Parteiprogramm gehalten", klagte Frank im nachhinein, als er zu spät erkannte, wie gut sich ein Funktionär zum heimlichen Herrscher eines Despoten machen kann, wenn nur beide ohne Grundsätze sind. Was er sich mit der Feindschaft Bormanns zugezogen hatte, merkte Frank schon 1942, als er seine Reichsleiterwürde mit seinen übrigen Ämtern verlor, und als sein Amt in die von Bormann geleitete Parteikanzlei überführt wurde.

Fraglich ist wohl auch, ob sich der lachende Frick bei diesem Reichsparteitag noch sicher vor Bormanns wachsender Macht gefühlt hat. Beiden waren fünf Jahre zuvor am gleichen Oktobertag die Reichsleiter-Abzeichen für den Uniformkragen verliehen worden. Als Reichsinnenminister saß Frick bereits in einer der wichtigsten Positionen des Staates, und als Reichstagsabgeordneter stand er der NS-Fraktion vor. Als Teilnehmer an dem Putsch von 1923 und als altgedienter Beamter hatte er in der Partei und auch außerhalb einen Namen. Wie konnte ihm da ein neuer Mann gefährlich werden, der ohne Vorbildung und ohne Verwaltungserfahrung sein Amt erst aufbauen mußte?

Bormann schmälerte Fricks Autorität zunächst dort, wo sie am stärksten schien: beim Heer der Beamten. Ohne seine Gütesiegel konnten sie keine Karriere machen. Schon 1936 warnte Bormanns Mitarbeiter Walter Sommer die Staatsdiener: „Vom Studienrat und vom Amtsgerichtsrat angefangen, wird kein Beamter gefördert, ohne daß seine Personalien dem Stellvertreter des Führers vorgelegen haben." Im gleichen Jahr wertete Bormann die von ihm eingerichteten Schulungslager für Beamte auf: „In Zukunft wird keiner mehr fest angestellt werden, der nicht durch das Lager gegangen ist."

Bei Beurteilungen von Beamten war das Amt Heß auf die Informationen von örtlichen Parteidienststellen angewiesen. Dabei war es unvermeidlich, daß persönliche Feindschaften in die Urteile einflossen. Der so mit Minuspunkten belastete Beamte erfuhr normalerweise nicht, wem er sein schlechtes Zeugnis zu verdanken hatte. Wenn dies aber dennoch geschah und der Geschädigte Strafanzeige gegen einen Verleumder erstattete, hatte er keine Aussicht auf eine gerichtliche Ehrenrettung. Bormann bedeutete dem Reichsjustizministerium, solche Verfahren seien nicht durchzuführen, denn Parteigenossen dürften keine Nachteile entstehen, wenn sie pflichtgemäß Hoheitsträger informierten. Es empfahl sich deshalb für Beamte, sich mit der Partei – sprich Bormanns Amt – mindestens ebenso gut zu stellen wie mit dem Vorgesetzten.

Außerdem mußte sich Frick ständig mit den Übergriffen von Parteigenossen in die Befugnisse der Verwaltung herumschlagen. Als Hitler 1934 auf dem Parteitag verkündet hatte, die NSDAP befehle dem Staat, und nicht umgekehrt, glaubten Ortsgruppenleiter, sie seien nun befugt, Bürgermeister abzusetzen, Kreisleiter versuchten, ihre Landräte zu kommandieren, und Gauleiter annullierten die Erlasse von Länderregierungen und Oberpräsidenten. Natürlich stand Bormann dabei immer auf der Seite der Politischen Leiter, mit dem doppelten Erfolg, daß er sie seinem Amt verpflichtete und daß er über sie immer mehr in die Behörden hineinregieren konnte. Nach Kriegsbeginn versuchte Göring mit Frick diesem Kompetenzstreit ein Ende zu machen, indem er als Vorsitzender des Ministerrats für die Reichsverteidigung anordnete, daß wenigstens die Funktionäre vom Kreisleiter abwärts „sich jeglichen Eingriffs in die laufende Verwaltungsführung zu enthalten" hätten. Doch vier Wochen später stachelte Bormann die Gau- und Kreisleiter mit einer „Geheim-Anordnung" auf, wonach diese Regelung nicht endgültig sei.

Er hatte auf der höheren Ebene, bei Konflikten zwischen Gauleitern und Oberpräsidenten zu dieser Zeit bereits gesiegt. Einige Gaufürsten hatten sich bei ihm beklagt, daß sie von der staatlichen Spitze bei politischen Entscheidungen übergangen worden wären. Der Streit wurde bis vor Hitler getragen. Dessen Entscheidung bekam Frick im Mai 1939 schriftlich – von Bormann. In dem Schreiben hieß es: Da die Gauleiter für die Volksstimmung in ihren Bereichen verantwortlich seien, dürften politische Maßnahmen nur mit ihrer Zustimmung durchgeführt werden. Könnten sich die Staatsvertreter und die Parteileute nicht einigen, „so ist die Entscheidung des Stellvertreters des Führers – als dem für die Menschenführung verantwortlichen Mitglied der Reichsregierung – anzurufen".

Damit gewann Bormann für Heß – also praktisch für sich – das Recht, Fricks oberste Exekutivorgane zu kontrollieren. Zugleich bekam er die Gauleiter in den Griff, denn sie waren nun bei Auseinandersetzungen mit dem Staatsapparat auf ihn angewiesen. Ob er Hitlers nur mündlich verkündete Entscheidung richtig weitergegeben und nicht zu seinen Gunsten verfälscht hatte, konnte Frick nicht einmal nachprüfen. Hitler war für ihn kaum mehr erreichbar. Kabinettsitzungen gab es nicht mehr. Zum Vortrag wurde er nicht bestellt. Bormann dagegen war Tag für Tag bei Hitler.

Für ihn war es ohnehin leicht, dem obersten Behördenchef Frick immer wieder etwas am Zeug zu flicken: Der Beamtenstand war für Hitler ein rotes Tuch. Systematisches und gründliches Arbeiten haßte er, ein Aktenstapel widerte ihn an. Besonders verdroß es ihn, daß er ihnen als Staatsoberhaupt nicht nach Belieben befehlen oder sie davonjagen konnte. Weil ihre Stellung und ihre Arbeit von Gesetzen bestimmt waren, galten sie ihm, der im Grund ein Anarchist war, als reaktionär.

Bormann konnte also stets mit Beifall rechnen, wenn er etwa das Besoldungsschema, die Unkündbarkeit und den Pensionsanspruch der Beamten kritisierte. Ihm genügte es nicht, daß ein Staatsdiener sich loyal dem Regime fügte; er verlangte das Bekenntnis zur NS-Ideologie in Worten und Taten. Wer dazu nicht bereit sei, müsse entlassen werden, forderte er. Tatsächlich hat Hitler dann auch im Juli 1938 die Behörden anweisen lassen, „mehr als bisher... dafür zu sorgen, daß Beamte, für deren Tätigkeit im Dritten Reich kein Raum mehr ist, entfernt werden".

Dabei konnte und wollte Bormann auf Dienste und Fähigkeiten von Beamten im eigenen Haus keineswegs verzichten. Weil das Amt Heß bei der Vorbereitung von Gesetzen und bei den Stellenbesetzungen im Staatsapparat mitwirkte, richtete er eine Abteilung III, zuständig für staatsrechtliche Fragen, ein, in die er Fachkräfte aus unterschiedlichen Behörden zur Dienstleistung abkommandieren ließ. Viel früher als sein Vorgesetzter Heß erkannte er, daß Hitler Staat und Partei gegeneinander ausspielte, damit keiner dieser Apparate zu mächtig wurde, und daß er bei diesem Spiel besser mithalten konnte, wenn er neben seiner politischen Abteilung (mit der Nummer II), die für Parteiangelegenheiten zuständig war, ein eigenes Instrument für den Staatssektor besaß. Bezeichnenderweise war auch dessen Gliederung geheim. Niemand sollte merken, daß hier für jedes Ministerium eine Kontrollinstanz aufgebaut wurde. So bezweifelte einer seiner leitenden Mitarbeiter Mitte Oktober 1938 in einer Aktennotiz, ob es zweckmäßig sei, „einem Ministerium schriftlich zu geben, daß bei uns ein Regierungsrat bzw. Assessor das macht, was in einem Ministerium ein Ministerialrat zu tun hat". „Ich bin ganz Ihrer Meinung", schrieb Bormann auf das Blatt und befahl, diese Weisung im Amt weiterzugeben.

Hitler gegenüber prahlte er damit, was die Beamten unter seiner Fuchtel leisteten und wie klein seine Besetzung sei, im Gegensatz zu dem „Wasserkopf" des Frickschen Verwaltungsapparates. Es dauerte nicht lange, und Hitler übernahm diese Diffamierung. Es war nur noch eine Frage der Zeit und der Gelegenheit, bis Frick auf einen anderen Posten abgeschoben werden sollte. Es geschah schließlich 1943 – nicht einmal fünf Jahre nach jenem süffisanten Lächeln über den Parteitags-Organisator Bormann.

Damals noch, im September 1938, mochten sich die Reichsleiter gefragt haben, warum ihr Führer diesen Menschen so sichtbar auszeichnete. Die Ideologen unter ihnen mochten beanstanden, daß dieser Emporkömmling nicht eine einzige Idee zur nationalsozialistischen Weltanschauung beigetragen hatte.

Dabei machte ihn gerade dieser Mangel zum idealen Befehlsempfänger. Die Administratoren unter den Reichsleitern – wie etwa der Oberste Kassenwart Schwarz – mochten auf ihre Verdienste hinweisen und sich fragen, ob denn dieser Bormann ähnliche Erfolge vorzuweisen habe. Doch sie übersahen, daß dessen Motorik, umgesetzt in einen sich überschlagenden Diensteifer, ihn als Alleskönner erscheinen ließ, dem kein Führer-Auftrag zu gering, zu groß, zu ausgefallen oder zu schlimm war. Seit Hitler die totale Macht hatte, waren die Reichsleiter für ihn nur noch ein lästiges Anhängsel aus der Vergangenheit. Was er brauchte, war ein nimmermüder Vollstrecker mit den Eigenschaften des idealen Parteigenossen: treu, zuverlässig, autoritätsgläubig, immer dienstbereit, ehrgeizig, von praktischem Verstand und ohne Skrupel, wenn ein Befehl auszuführen war.

Für die Art, wie Bormann seinem Herrn zu dienen pflegte, gibt es viele Beispiele. Beispielsweise kam Hitler bei einem Gespräch über die Rolle der Bürgermeister auf Carl Goerdeler zu sprechen, den er als Preiskommissar im Herbst 1936 abgesetzt, ihm aber das Amt des Leipziger Oberbürgermeisters belassen hatte. Dabei fiel ihm ein, daß die Aufstellung eines neuen Richard-Wagner-Denkmals in dessen Geburtsstadt von Goerdeler verzögert wurde, obwohl Hitler die Entwürfe gutgeheißen hatte. Wütend sagte er, wenn Goerdeler nicht bald Einsicht zeige, werde er ihn auch noch als Oberbürgermeister entlassen. Bormann bekam die Weisung: „Erinnern Sie mich in einem halben Jahr daran." Im folgenden Jahr erhielt Leipzig ein neues Stadtoberhaupt.

Bormann sei der einzige in seiner Umgebung, der nichts vergesse, sagte Hitler. Mindestens ebenso sehr schätzte er dessen Ergebenheit und Verschwiegenheit. Deshalb vertraute er ihm, wie keinem anderen, auch seine persönlichen, seine privaten Angelegenheiten an. Über ihn durfte nur bekannt werden, was der Heroisierung der Führergestalt diente, und am heikelsten war er, wenn es um seine Herkunft, seine Vergangenheit, seine Verwandtschaft und seine Beziehungen zu Frauen ging. „Die Leute dürfen nicht wissen, wer ich bin, woher ich komme und aus welcher Familie ich stamme", soll er seinem in England beheimateten Neffen Patrick Hitler einmal gesagt haben.

Bormann durfte es wissen, weil er die unerwünschten Spuren der Vergangenheit verwischen mußte und dafür zu sorgen hatte, daß die erwünschten die richtige Beleuchtung bekamen. Als Hitler am 12. März 1938 in Bormanns Begleitung beim sogenannten Anschluß in seiner Geburtsstadt Braunau über die Grenze fuhr, machte er an seinem Geburtshaus nicht einmal halt. Da es aber unvermeidlich zu einer Pilgerstätte werden würde, bekam Bormann den Auftrag, das Anwesen mit der Wirtsstube im Erdgeschoß zu erwerben. Vom Alkohol hochgestimmte Besuchermassen wären ein Sakrileg geworden. Die Eigentümer des Hauses, die Brüder Pommer, waren sich jedoch der Rarität ihres Besitzes bewußt und versuchten, den Preis hochzutreiben. Bormanns Bevollmächtigter schimpfte, die inzwischen zu Parteigenossen avancierten Pommer-Brüder feilschten nach der Art orientalischer Juden, zahlte aber dann doch 150 000 Mark, was nach damaligen Maßstäben für ein altes Gebäude in einem unbedeutenden Ort ein stolzer Preis war. Schon im Mai wurde der Kauf perfekt. Als Eigentümer wurde weder die Partei noch ihr Führer ins Grundbuch eingetragen, sondern Martin Bormann, auf dessen Namen auch schon das Gelände des Obersalzberges lief. Offenbar wollte Hitler den Anschein vermeiden, daß er reich sei, wollte aber auch verhindern, daß diese Besitztümer zum Vermögen der NSDAP geschlagen wurden, die als eine Körperschaft des öffentlichen Rechts ihre Finanzen von Staatsbeamten prüfen lassen mußte, so daß er möglicherweise in späteren Jahren über den Grundbesitz nicht mehr uneingeschränkt hätte verfügen können.

Das gleiche geschah mit dem Haus, das Hitlers Vater 1899 in Leonding am südlichen Stadtrand von Linz gekauft hatte. Es wurde nun ebenfalls eine von Bormann verwaltete Wallfahrtsstätte. In Linz hatte er ohnehin viel zu tun; die Stadt sollte nach dem Willen Hitlers, der dort seine Schuljahre verbracht hatte, die „neue Donauperle" werden. Die Architekten Hermann Giesler, Roderich Fick, Albert Speer, also die erste Garnitur des Dritten Reiches, wurden dafür eingespannt, und Hitler selber zeichnete Entwurfsskizzen für repräsentative Bauten. Bormann war bereit, aus seinem Reptilienfonds dafür Geld beizusteuern. Außerdem kaufte er in Hitlers Auftrag Gemälde, die in einem künftigen Linzer Museum gezeigt werden sollten.

Was jedoch um Linz – zeitlich und geographisch – herum lag, sollte niemand erfahren. Da waren die etwas verworrenen Frauengeschichten des dreimal verehelichten Vaters Alois Hitler. Da waren Verwandte, die im Dorf Spital in mehr oder weniger ansehnlichen Häusern saßen und Familieninterna erzählen konnten. Als nach dem Einmarsch in Österreich findige Journalisten dort die Familie erkunden wollten, wurde jede Veröffentlichung verboten.

Als Hitler erfuhr, an einem Haus in Spital weise eine Tafel darauf hin, daß er dort in seiner Jugend gewohnt habe – er durfte sich bei seinem Onkel von einer Krankheit erholen –, rief er erregt nach Bormann und herrschte ihn an, das Schild sei sofort zu entfernen. Er habe oft genug angeordnet, daß dieses Dorf nicht mit seiner Person in Zusammenhang gebracht werden dürfe.

Die Verwandten in Spital hatte Hitler zuletzt 1918 als Soldat im Urlaub besucht. Als er seine politische Laufbahn begann, hatte er sie abgeschrieben. Je erfolgreicher er wurde, desto mehr hatte er sich auch von seinen Geschwistern abgesetzt. Seine Halbschwester Angela Raubal führte ihm lange Jahre den Haushalt in München und auf dem Obersalzberg. Sie wurde abgeschoben, als Bormann den Berghof umbaute. Für ein großes Haus, wie es einem Staatschef zukam, war sie nicht mehr gut genug. Erst im März 1940 sah sie den Berghof wieder. Bormann hatte sie im Auftrag Hitlers eingeladen, und er führte sie dann auch herum; ihr Halbbruder blieb währenddessen in Berlin. Nach seinen Maßstäben war die Betreuung seiner Verwandten ein Auftrag höchsten Vertrauens, denn von ihnen sollten möglichst wenig Menschen wissen.

9   Der Haustyrann

Als der Oberste Parteirichter Walter Buch nach dem Ende des Zweiten Weltkriegs vom amerikanischen Ankläger Robert M. W. Kempner bei einer Vernehmung gefragt wurde, ob sein verschollener Schwiegersohn „ein furchtbarer Mensch" gewesen sei, antwortete er: „Ich glaube, daß er wahnsinnig geworden ist", weil er die dünne Luft in den Höhen der Macht nicht vertragen habe. Daran mag etwas Wahres sein, wenn auch nicht im wörtlichen Sinn.

Doch Buch konnte unmöglich verborgen geblieben sein, daß Machtgier und Machtmißbrauch schon im Charakter des noch nicht arrivierten Martin Bormann steckten, als dem Typ des Untertanen, der jedem Befehl gehorcht, aber sofort zum Tyrannen wird, wenn er befehlen kann. Weil nach der spektakulären Hakenkreuzhochzeit die Mitglieder der Münchner Reichsleitung das auf solche Weise ausgezeichnete Ehepaar nie ganz aus den Augen ließen, wurde bald darüber geredet, wie schlecht es die junge Frau und Mutter mit ihrem Mann getroffen habe.

Der NS-Bauernführer Darré, Zeuge von männlichem Paschagebaren in der Bormannschen Wohnung, bemitleidete die Buch-Tochter, die „in Erscheinung und Wesen ganz die feine, zurückhaltend vornehme Natur ihres Vaters" hatte und deshalb der Rohheit des Ehegatten wehrlos ausgeliefert schien. Sie werde von „einem der brutalsten Männer" gepeinigt, „der sich ein Vergnügen daraus machte, seine Frau... vor Fremden zu demütigen".

Das geschah, als Bormann noch Hilfskassen-Leiter war, doch auch sein Aufstieg in die NS-Oberschicht änderte daran nichts. Im Berghof-Klüngel empörte man sich, daß Bormann durch die Finger pfiff, wenn er seine Frau herbeirufen wollte, und verlangte, daß sie dann „beeilt" (das war eines seiner Lieblingsworte), also im Trab zu ihm kam. Nicht nur die Frau, auch die Kinder und das Hausgesinde atmeten angeblich auf, wenn er das Haus verließ oder gar auf Reisen ging.

Der Schlüssel dafür, daß diese Ehe trotzdem nicht unglücklich genannt werden konnte, liegt im Charakter von Gerda Bormann. Bei der Hochzeit war sie bereits eine (wie ihr Ehemann sich später einmal ausdrückte) „in der Wolle gefärbte Nationalsozialistin", die weder im Regen noch in der Sonne an Farbe verliere. Ihr Vater hatte sie so erzogen; ihm hatte sie stets nachgeeifert, und sie hatte es um so schmerzlicher empfunden, daß er durch seine Arbeit für die Partei so wenig Zeit für die Tochter hatte. Schon als Schulmädchen hatte sie hingerissen im Elternhaus den Tiraden Hitlers gelauscht und dabei gründlich die Rollen gelernt, die nach dessen Prinzipien auf ein deutsches Mädchen zukamen, sobald sie das heiratsfähige Alter erreichte: Gefährtin des Mannes, Hüterin des häuslichen Herdes und Mutter vieler Kinder. Sie brauchte eine männliche Autorität über sich.

In Führer, Vater und Ehemann mag sie eine Weile die Dreieinigkeit ihrer Autoritäten gesehen haben. Nur so wird verständlich, daß sie sich nie gegen Unterdrückung und seelische Mißhandlung in ihrer Ehe gewehrt hat. Als Hitler auf dem Reichsparteitag 1934 zur NS-Frauenschaft sprach, durfte sie sich für ihre bereitwillige Unterordnung gelobt fühlen.

„Das Wort von der Frauenemanzipation", rief er ins Mikrofon, „ist nur ein vom jüdischen Intellekt erfundenes Wort." Die Welt des Mannes – so grenzte er die Bereiche ab – sei der Staat, die Welt der Frau sei „ihr Mann, ihre Familie, ihre Kinder und ihr Haus". Dabeisein konnte Gerda Bormann in Nürnberg nicht; sie hatte kurz zuvor ihr viertes Kind geboren.

Nun war allerdings die Hausarbeit nicht gerade ihre Stärke. In einem Brief an ihren Mann meinte sie sogar einmal, seine damalige Geliebte (im Lauf der Jahre hatte er etliche) sei die bessere Hausfrau. Auch ihr Bruder Hermann räumte ein, daß seine Schwester für praktisches Tun nicht sonderlich begabt gewesen sei und immer in höheren Sphären geschwebt habe. Ihr Vater hatte sich schon als Offizier immer als Erzieher gefühlt und sogar eine Zeitlang nach dem Ersten Weltkrieg geplant, eine Internatsschule aufzumachen; weil sie diesem Vorbild nachfolgen wollte, war sie Kindergärtnerin geworden. Ihr Mann rühmte allerdings dann und wann ihre Küche, die ihn wider Willen um viele Pfunde schwerer gemacht habe, aber das geschah zu einer Zeit, da sie eine Köchin am Herd stehen hatte. Sie fühlte sich am wohlsten, wenn sie mit ihren Kindern zusammensitzen, sie mit Märchen unterhalten, ihnen Volkslieder beibringen und sie mit Zeichnungen und Linolschnitten beschäftigen konnte. Deshalb fand sie sich auch leicht damit ab, in der Familienrangordnung deutlich hinter dem Herrn des Hauses zurückzustehen. Er selbst charakterisierte einmal in einem Brief an seine Mutter die Verhältnisse so: „Die Führung des Haushaltes, die Behandlung der Hausangestellten, die Erziehung der Kinder geschehen nach meinen Anweisungen, die Gerda zu beachten hat!"

Während der ersten sechs Jahre ihrer Ehe hätte eine solche großspurige Anordnung noch lächerlich gewirkt. Der Haushalt war zumindest bis in den Sommer 1933 zwangsläufig bescheiden, und die erste Wohnung in Icking war klein. Auch die im Haus Sonnenweg 1 der Pullacher Parteisiedlung, die ihm schon vor seiner Ernennung zum Stabsleiter zur Verfügung gestellt wurde, bot nicht allzuviel Platz. Wachsende Verpflichtungen und eine ebenso rasch wachsende Kinderschar überzeugten dann die Partei, daß er mehr Räume brauche; die Familie konnte in das ebenfalls parteieigene Haus Margarethenstraße 11 in Pullach umziehen.

Als das fünfte Kind geboren wurde, zogen auf einem Grundstück im Pullacher Sonnenwinkel die Handwerker bereits die Grundmauern für das nächste und nun endgültige Heim hoch. Heinrich Bormann, geboren Mitte Juni 1936, bekam seinen Vornamen nach dem neu gewonnenen Freund und Bundesgenossen Himmler. Er ließ von nun an jeweils am Geburtstag und an Weihnachten seinem Patenkind Geschenke zukommen, die das Sekretariat des Reichsführers SS gewissenhaft in den Akten vermerkte – im ersten Jahr einen silbernen Eß-Schieber und einen Teddybär, später, während des Krieges, ein Unterseeboot, ein Gewehr, einen Panzer.

Mitte September 1936 feierte Martin Bormann mit den am Neubau beschäftigten Handwerkern das Richtfest. Bier und Würste kosteten ihn ebenso wenig wie Neubau und Grundstück. Die Partei bezahlte alles, und sie durfte, von Hitler angewiesen, nicht kleinlich sein; das Haus mußte auch repräsentativen Zwecken dienen können. Deswegen wurde der Innenausbau so zeitraubend, daß es erst spät im folgenden Jahr bezogen werden konnte – fast zur selben Zeit wie das Bormann-Haus auf dem Obersalzberg. Nun konnte die Familie sich aussuchen, wo sie jeweils wohnen wollte, hoch in den Bergen oder in der Nähe der Großstadt München. Doch Gerda stand es nicht zu, darüber zu entscheiden. Wenn Hitler auf dem Berghof wohnte, wollte ihr Mann auf jeden Fall in Rufnähe seines Führers sein. Sie hingegen mußte sich gelegentlich von ihm nach Pullach verbannen lassen, zur Strafe für Ungehorsam oder Nachlässigkeit, wie etwa, daß sie versäumt hatte, ein von ihm bevorzugtes Smokinghemd rechtzeitig in die Wäsche zu geben.

Zu den großen Empfängen und Festivitäten, die vorwiegend in Berlin und in München stattfanden, nahm er sie fast nie mit, obwohl häufig genug die Reichsleiter mit ihren Frauen eingeladen waren. Daß sie alle zwei Jahre ein Kind zur Welt brachte, genügt als Erklärung dafür nicht. Fühlte er sich vielleicht deplaciert, wenn er sich neben seiner wesentlich größer gewachsenen Frau einer Gesellschaft präsentierte? Oder störte es ihn, daß sie es nicht verstand, sich in den Vordergrund zu drängen, und daß sie selbst im kleinen Kreis statt mitzureden nur zuhörte?

Sie sei ungeachtet der Karriere ihres Mannes „eine bescheidene, etwas verschüchterte Hausfrau" geblieben, berichtet Speer. Und Schirach bestätigt: „Nur auf dem Obersalzberg sah man sie, und da war sie häufig abends am Kamin unter den Frauen der engsten Mitarbeiter Hitlers und sagte den ganzen Abend hindurch kein Wort. Ganz Mutti, und als solche wurde sie auch von Hitler mit besonderer Achtung behandelt." Diese Achtung zeigte ihr Hitler immer an ihrem Geburtstag mit einem prachtvollen Strauß roter Rosen.

Daß es Bormann mit der ehelichen Treue nie genau nahm und daß er, wenn Filmschauspielerinnen auf den Berghof geladen waren, eines der Sternchen in sein Bett zu locken versuchte – häufig mit Erfolg, denn ein Reichsleiter war nun einmal ein einflußreicher Mann –, erfuhr Hitler auch, von Eva Braun oder vom Fotografen Hoffmann. Doch sie irrten, wenn sie annahmen, damit das Vertrauen erschüttern zu können, das der Staatschef in seinen beflissenen Diener setzte; Hitler liebte Männer mit weißer Weste nicht sonderlich, weil sie sich schwerer an die Kandare nehmen ließen. Was er nicht wußte, war, daß auch Gerda über die Seitensprünge ihres Mannes unterrichtet wurde – von ihrem Martin. Sie nahm seine Eskapaden als ein männliches Naturereignis und in der Gewißheit hin, daß er immer wieder zu ihr zurückkehren würde – auch der Kinder wegen. Sie sollte recht behalten.

Auch die Kinder hatten es bei diesem Vater nicht leicht. Er war im Mai 1936 dem Reichsbund „Deutsche Familie" beigetreten, einer Vereinigung, die sich für die NS-Bevölkerungspolitik, das heißt für mehr Geburten und mehr Kinder einsetzte. Vier konnte er zu dieser Zeit schon mit Geburtstag und Geburtsort in die Vereinsakten eintragen lassen – wobei er sich insofern eine kleine Mogelei gestattete, als er sein Hochzeitsdatum ein halbes Jahr vorverlegte, damit nicht aktenkundig wurde, daß die Frau des Reichsleiters schwanger war, als sie zum Standesamt ging. Rasch geriet die Familie zum Renommiermitglied der Kinderreichen; auf sechs Nachkommen brachte sie es bis zum Kriegsbeginn, auf neun bis zum Kriegsende.

Damit erwiesen sich die Bormanns auch in dieser Hinsicht als konsequente Nationalsozialisten; sie schenkten ihrem Führer den Nachwuchs, mit dem er die zu erobernden Weiten des Ostens bevölkern wollte. Für Gerda deckte sich dieser Einsatz fürs Vaterland – so wertete Hitlers Weltanschauung jede Geburt – mit ihren eigenen Wünschen: Sie konnte nie genug Kinder um sich haben. Die eigenen genügten ihr nicht einmal; auf dem Obersalzberg hatte sie immer noch eine Schar kleiner Gäste im Haus.

Daß ihr Ehemann seine Sprößlinge ebenso sehr liebte, darf bezweifelt werden. Zugute gehalten werden muß ihm, daß er gar nicht die Zeit hatte, sich mit ihnen abzugeben. Schon während der friedlichen Jahre sah er sie wochenlang kaum, weil er in Berlin gebraucht wurde oder auf Reisen von einer Parteiveranstaltung zur anderen war. Später hatte er seinen Platz vorwiegend im jeweiligen Führerhauptquartier. Die Kinder haben ihn jedoch nicht sehr vermißt. War er zu Hause, mußten sie sich leise verhalten, damit seine vom strengen Hofdienst überreizten Nerven sich beruhigen konnten. Er strafte sie, wenn sie eine Anweisung nicht unverzüglich ausführten. Sie durften nicht mit fremden Leuten sprechen oder mit unbekannten Kindern spielen, weil er fürchtete, sie würden zuviel reden und ihm damit schaden. Jähzornig und unberechenbar konnte er sie wegen Kleinigkeiten züchtigen – mit einer Hundepeitsche, sagt ein Augenzeuge, mit einer Reitpeitsche ein anderer.

Damit prügelte er zwei seiner Kinder bei einem Ausflug, weil sie sich vor einem großen Schäferhund ängstigten. Als einer seiner Söhne in eine Pfütze stolperte, bestrafte er ihn mit Fußtritten. Andererseits machte er sich während seiner Abwesenheit Sorgen um sie und wies Gerda schriftlich an, was sie den Kindern eintrichtern müsse: Nicht mit Streichhölzern spielen, von Fremden keine Süßigkeiten annehmen, nicht zu unbekannten Leuten ins Auto steigen. Richtig stolz war er auf sie, wenn er sie auf den Berghof bringen durfte, zu Hitler, der ihre Köpfe streichelte und sich an ihren unbefangenen Reden erheiterte.

Ehe Bormann den Obersalzberg mit Zäunen abgesperrt hatte, war die Auswahl des Diktators für seine stimulierenden Kinderstunden größer gewesen. Zu jener Zeit hatte er einmal aus dem „Vorbeimarsch" ein kleines braunlockiges Mädchen herausholen lassen, es mit seiner Mutter an den Kaffeetisch gebeten und die beiden aufgefordert, öfter seine Gäste zu sein. Als sie sich mehrere Male eingefunden hatten, holte Bormann über den Parteiapparat Auskünfte über die Familie ein und erfuhr, daß der Vater des Mädchens nicht „arisch" im Sinn der Nürnberger Rassengesetze sei. Er verbot dann Mutter und Mädchen, je wieder auf dem Berghof zu erscheinen. Auch jetzt noch, da er solche Einladungen zu arrangieren hatte, achtete er darauf, daß seinen Kindern keine Konkurrenz erwuchs. Nur den Besuch der Kinder des Architekten Speer und des Kammerdieners Linge, die ebenfalls auf dem Obersalzberg wohnten, konnte er nicht verhindern.

Mit christlichen Ideen und Bräuchen durften seine Kinder nicht in Berührung kommen. Doch sobald sie in die Schule kamen, in Pullach und in Berchtesgaden, ließ sich das nicht mehr vermeiden. „Krönzi" (Adolf Martin), der älteste, war bei Kriegsbeginn immerhin schon neun, die später von Ilse in Eike umbenannte Tochter acht Jahre alt. Am Religionsunterricht nahmen sie natürlich nicht teil, aber ihre Mitschüler, fast alle katholisch, erzählten ihnen begeistert von Kommunionfeiern und Prozessionen. Wenn sie zu Hause davon berichteten, lösten sie beim Vater einen Wutanfall aus. Christliche Bücher oder Schriften durften nicht im Haus sein oder mußten – dazu wurde Gerda nachdrücklich angehalten – so verwahrt werden, daß sie den Kindern nicht in die Hände fallen konnten.

Wäre es nach ihm gegangen, hätte es auf dem ganzen Obersalzberg keinen Christen mehr gegeben. Als er dort Reihenhäuser bauen ließ, in erster Linie für die Angestellten der dortigen Parteikanzlei-Filiale, bekam Wohnung und Zuzug nur, wer aus der Kirche ausgetreten war. Das den Kindern auf diese Weise aufgenötigte Weltbild konnte keinen Bestand haben, wie denn überhaupt die strenge Erziehung bei ihnen zwangsläufig später die Opposition der Jugend auslösen mußte. Schon mit zehn Jahren machte „Krönzi" Schwierigkeiten. Weil sein Vater ständig abwesend sein mußte und weil er Gerda die Erziehung ihres Sohnes zu einem harten NS-Kämpfer nicht zutraute, steckte er ihn strafweise in die „Nationalsozialistische Oberschule" in Feldafing, die 1941 zur „Reichsschule der NSDAP" umbenannt wurde. Auf solchen Internatsschulen sollte der Nachwuchs an Partei- und SS-Führern mit rigorosen Methoden herangezogen werden. Der Ärger Bormanns mit seinen Nachkommen war vergleichsweise gering gegenüber dem, den ihm seine Vorfahren bereiteten. Während jeder ordinäre Pg durch Dokumente (etwa Auszüge aus Kirchenbüchern) nur nachweisen mußte, daß er bis zurück zu den Urgroßeltern keinen Juden im Stammbuch hatte, verpflichteten Bormann Partei- und SS-Rang, noch zwei weitere Generationen zu erforschen. Das war eine zeitraubende und mit viel Schreibereien verbundene Sache. Außerdem machten viele Pfarrer, die den Nationalsozialismus ablehnten, nur lässig mit. So verfiel der Vielbeschäftigte schon früh auf den Ausweg, Parteidienststellen und Sippenforschern die Arbeit aufzuhalsen.

Schon im Januar 1932 versuchte er es bei der Dienststelle „NS-Auskunft" der Reichsleitung, aber trotz der hundert Mark, die er an Spesen zu tragen bereit war, blieb das Ergebnis mager. Als später der Staatsapparat der Partei gehorchen mußte, bekam der Sachverständige für Rassenforschung im Reichsinnenministerium den Auftrag. Auch der Reichsbauernrat wurde für die Ahnensuche eingespannt. Doch es gab zwei Hürden, an denen sie alle hängenblieben. Da war der unehelich geborene Großvater, über dessen Erzeuger nicht einmal Akten eines Alimentationsprozesses vorhanden waren. Und da war die Mennong-Familie von Bormanns Mutter mit einer schon in der dritten Generation nicht mehr zu ermittelnden Herkunft.

Zwar meldete sich aus Frankfurt am Main ein Steuerberater H. Bormann mit der vielversprechenden Nachricht, daß im 18. Jahrhundert eine Familie dieses Namens um Wittenberge „fast ausschließlich dem gelehrten Stande… wie Pfarrer, Ärzte, Professoren" angehört habe, aber die Freude über eine distinguierte Herkunft löste sich ebenso in einem Nichts auf wie die Vermutung, Abkömmling einer westfälischen Bauernfamilie Bormann zu sein, „die urkundlich nachgewiesen bis zum Jahr 1508 zurückreicht". Seinem ältesten Sohn erzählte er in phantasievoller Raffung, daß das Bormann-Geschlecht aus dem germanischen Flandern nach Westfalen eingewandert sei, dort große Bauernhöfe besessen habe und daß von dort die Nachkommen sich als Gelehrte und hohe Beamte über ganz Norddeutschland verteilten.

Lange hoffte Bormann, daß wenigstens der Mennong-Ast seines Stammbaums mehr zu bieten habe als Kleinbürger und ländliches Häuslerproletariat. Jemand wollte ihm einreden, der Name („früher vielleicht Mennon") sei französischen Ursprungs, so daß die Familie hugenottischer, vielleicht gar adeliger Abstammung gewesen sein könnte. Doch alle Nachforschungen endeten beim Großvater, einem schlichten Handschuhmacher, der in der Halberstädter Gegend geheiratet hatte und von irgendwoher zugezogen war. Auch der Deutsche Hugenotten-Verein in Berlin bedauerte: „Mennong kommt in den mir zur Verfügung stehenden Schriften leider nicht vor."

Die Partei jedoch drängte; das Soll an Ahnen mußte erfüllt werden. Damit die hochgestellten Reichsleiter sich nicht von einer minderrangigen Dienststelle bevormundet fühlten, war der Reichsschatzmeister dafür die oberste Instanz. Ihm meldete im Januar 1936 das Amt für Sippenforschung in der NSDAP das magere Bormann-Ergebnis:

„Trotz größter Bemühungen" verliere sich der Stammbaum bereits bei beiden Großvätern in der Obskurität. Unter solchen Umständen fiel es schwer, einem Wunsch Himmlers nachzukommen, der von allen hohen SS-Rängen die Familienwappen sammeln und in einem Burgsaal dekorativ aufhängen wollte – der SS-Gruppenführer Bormann hatte nichts dergleichen. Ein für solche Sorgen zuständiger Parteifunktionär riet ihm deshalb, ein neues Wappen entwerfen zu lassen. Doch Bormann entschied sich, damit noch zu warten, in der Hoffnung, es könne bei weiteren Nachforschungen ein solches Zeichen auftauchen.

Schließlich wurde von 1934 an auch noch der Direktor des Reichssippenamtes, ein Pg Kurt Mayer, auf den Stammbaum angesetzt. Er forschte jahrelang, brachte aber nichts zuwege, obwohl er bei jeder Anfrage betonte, daß er „von hoher Seite" beauftragt sei. Er blieb auch erfolglos, als Bormann ihm versprach, „nicht nur privat die notwendigen Kosten (zu) zahlen, sondern Ihre Dienststelle auch dienstlich finanziell entsprechend (zu) unterstützen".

Als dann im Krieg die Pfarrämter und Standesämter keine Auskünfte mehr geben wollten, weil ihre Register in bombensicheren Kellern verstaut waren, wurde Himmler zur letzten Hoffnung für den ahnenlosen Bormann. Der Chef des Rasse- und Siedlungsamtes der SS, Gruppenführer Turner, wurde von Himmler auf schnelle und effektive Arbeit vergattert. Und siehe da, bald konnte Himmler seinem „lieben Martin" „die erfreuliche Mitteilung machen", daß nun Aussicht bestehe, „die Ahnentafel zu vervollständigen". Turners Amt produzierte eine papierene Flut von Anfragen. Sogar Bormanns Mutter, die gerade wieder einmal zu Besuch auf dem Obersalzberg war, wurde aufgefordert, ihre Taufe nachzuweisen – Papierkrieg Ende August 1944, als die Rote Armee bis vor Warschau durchgebrochen war, die Westmächte schon tief in Frankreich standen und das SS-Amt sich der Luftangriffe wegen in ein Harzstädtchen zurückziehen mußte. Aber es kapitulierte nicht. Noch im Januar 1945 verlangte es „trotz der schwierigen Lage, in der sich das Saargebiet wohl zur Zeit befinden dürfte", vom Amtsgericht in Saarbrücken Auskünfte über die Mennong-Familie, im Auftrag von „höchster Stelle".
Es half alles nichts, Martin Bormann mußte wenige Monate später dahin gehen, wo sich seine Ahnen schon befanden – ohne zu wissen, wen er dort antreffen würde.

Mit den lebenden Verwandten wurde der Kontakt ab 1936, dem Beginn der eigentlichen Karriere, zunehmend geringer. Sein jüngerer Bruder Albert, in der Familie und auch im Hitler-Klüngel „der Kleine" genannt, obwohl er einen Kopf größer war als Martin, hatte zunächst in Hitlers „Privatkanzlei" unter dem Reichsleiter Bouhler eine ziemlich einflußlose Position inne. Er wurde jedoch bald deren Leiter. Von der Parteiprominenz wurde er als zuverlässig, hilfsbereit, aufrichtig und kultiviert geschätzt. Ohne großen Ehrgeiz und ohne Machthunger gehörte er in der Funktionärsgarde zu den wenigen, die mit dem Dienst für eine (wie er glaubte) gute Sache nicht auch selbstsüchtige Ziele verfolgten.
Auch einen solchen Mann konnte Hitler in seinem engsten Kreis brauchen, und so holte er ihn 1938 in die Gruppe seiner Adjutanten, die Bormann nicht unterstellt waren. Dieser jedoch hatte von klein auf das Recht des Primus in Anspruch genommen, und so empfand er die Unabhängigkeit Alberts als Minderung seiner Autorität. Als Albert dann auch noch zunehmend von Hitler geschätzt wurde, sich aber weigerte, auf Martins Wünsche einzugehen, sah dieser in seinem Bruder auch den Rivalen.
Auf dem Obersalzberg, in Berlin und später in den verschiedenen Hauptquartieren liefen sie sich täglich ein paarmal über den Weg, aber von Familiensinn war dabei nichts zu merken. „Sie verkehrten nur dienstlich miteinander", berichtete ein Augenzeuge.
Für Martins Kinder war Albert ein entfernter Onkel. Als er sich in eine von Hitlers Sekretärinnen verliebt hatte, soll Martin die Heirat mit einer Intrige hintertrieben haben, aus Furcht, daß sein Bruder damit einen weiteren Draht zum Zentrum der Macht bekäme. Als Albert heiratete, mißfiel ihm diese Braut

ebenfalls; weil sie nicht Martins Vorstellung von einer nordischen Frau entsprach, bezeichnete er sie als „minderwertig". Seinen Bruder nannte er abwertend einen „Mantelträger des Führers".

Verglichen mit der eigenen Machtfülle, schien ihm dieser Titel um so zutreffender, als Albert sich jedes Einflusses auf Hitlers Entscheidungen enthielt. Die Mutter versuchte vergeblich, zwischen den feindlichen Brüdern zu vermitteln. Weil sie gezwungen waren, auf eng begrenztem Terrain in einem nahezu geschlossenen Personenkreis zusammenzuleben, gerieten sie immer weiter auseinander. Als der Autor in München mit Albert Bormann über seinen Bruder sprechen wollte, sagte er: „Solange Martin noch lebte, hat er nicht mit mir gesprochen, und nun spreche ich nicht über ihn! Mein Bruder hat zu Lebzeiten gesagt, er habe keinen Bruder. Also kann ich jetzt dasselbe sagen."

Auch die Mutter hatte häufig Grund, sich über Martin zu beklagen. Sie war für ihn seit seiner Kindheit mit dem Makel behaftet, daß sie an die Stelle seines toten Vaters einen anderen Mann gesetzt hatte. Allein schon der Name Vollborn aus ihrer zweiten Ehe und die Wohnung in Oberweimar, bezogen im Jahr 1909, erinnerten ihn daran. Was er sich an Vorzügen zuschrieb – Pflichteifer, Fleiß, Beharrlichkeit, geistige Beweglichkeit –, galt ihm als Erbgut von des Vaters Seite. Wenn Gerda es einmal wagte, ihn als unbeherrscht, jähzornig und unberechenbar zu tadeln, wurden diese Fehler auf die Mutter zurückgeführt. Sie durfte ihre Enkelkinder in Pullach oder auf dem Obersalzberg nur besuchen, wenn ihr Sohn sie dazu aufgefordert hatte. Selber einladen durfte sie sich nicht. Kam sie mit Ratschlägen oder Belehrungen, wurde ihr gesagt, sie habe „die Hände von diesen Dingen zu lassen".

Sie habe leider ein „unruhiges Blut", mäkelte er, was sich unter anderem darin äußere, daß sie zuviel herumreise. Als im Krieg mit der Parole „Erst siegen, dann reisen" eine Entlastung der überbeanspruchten Reichsbahn propagiert wurde, bekam sie von ihrem Sohn einen Brief, der sie zur Seßhaftigkeit ermahnte. Grob gerüffelt wurde sie schriftlich, als sie im Februar 1943 unter dem Eindruck des Goebbels-Aufrufs zum Totalen Krieg bei Gerda anregte, sie möge doch eines ihrer Dienstmädchen in Pullach oder auf dem Obersalzberg für die Arbeit in einem Rüstungsbetrieb freigeben.

„Wie viele Hausmädchen ich in meiner Position brauche", schrieb Bormann seiner Mutter, „kannst Du unmöglich beurteilen. Die Entscheidung liegt bei mir und nur bei mir allein... Noch einmal: Misch' Dich nicht in meine Angelegenheiten." Sie möge ihre „kritischen Kommentare einstellen, besonders in einer Zeit wie dieser" und sich „nicht mit Dingen beschäftigen, die Dich nichts angehen".

Völlig unerwünscht waren in Bormanns Haus Besuche von Gerdas Eltern. Daß er seinem Schwiegervater, dem Obersten Parteirichter und Reichsleiter Walter Buch, den Start zu seiner Karriere verdankte, zählte nicht mehr. Die zwei Männer waren im Charakter zu verschieden, als daß sie sich hätten vertragen können. Der Major a.D. paßte – wie der mit ihm befreundete Darré aussagte – mit seiner „vornehmen, ruhigen Art gar nicht in den Parteikreis". Er war auch nicht der bedingungslos ergebene Funktionär, wie ihn Hitler brauchte, weil er nicht bereit war, stets seine Ansichten auf Befehl zu ändern. Oft erwies er sich als so starrsinnig, daß der Klüngel der Parteispitze sich wunderte, warum der „alte Narr" nicht aus seinem Amt gejagt wurde. Doch er war ein schönes Aushängeschild vorgetäuschter Redlichkeit, und zudem hing Hitler mit einer wohl sentimental motivierten Treue an seinen Uralt-Kämpfern. Wenn sie ihm unbequem wurden, entmachtete er sie lieber auf kaltem Weg, als daß er sie absetzte. Als er Buch 1933 anbot, bei ihm Adjutant zu werden, wollte er einen integren Mann für sein Vorzimmer gewinnen und zugleich einen eigenwilligen Funktionär enger an die Kandare nehmen. Buch lehnte jedoch ab.

Das konnte Bormann zunächst nur recht sein, denn für den Stabsleiter im Amt Heß war es gut, einen Verwandten zu haben, bei dem die Querelen und Verfehlungen der Parteigenossen aktenkundig waren. Um so mehr verdroß es ihn, daß der völlig undiplomatische Buch sich in mehr als einer Hinsicht dem Diktat des Parteichefs widersetzte. Buch verstand sich in seinem Amt als unabhängiger Richter, dem niemand Weisungen geben durfte – weder für die Einleitung eines Verfahrens noch für ein Urteil. Hitler dagegen wollte, wie später auch in der staatlichen Justiz, allein entscheiden, wer anzuklagen und wer zu bestrafen sei.

Ebenso wenig paßte es Hitler, daß Buch in der Parteiführerschaft dafür warb, daß nun endlich die mit rotem Leder bezogenen Sessel im Senatssaal des Braunen Hauses in der vorgesehenen Weise genutzt würden – nämlich durch einen Senat, in den (etwa nach Art des Faschistischen Großrats in Italien) die besten in der Partei berufen werden sollten, damit diese Versammlung Wichtiges mitberaten und mitentscheiden könne. Das Führerkorps wollte Buch zu einer Gemeinschaft, ähnlich dem preußischen Offizierskorps, erziehen – mit strengen Ehrbegriffen und Selbstdisziplin. Das aber war schon gar nicht die Absicht des Diktators. Ende November 1935 flog Bormann mit seinem Schwiegervater nach Königsberg. Ostpreußens Gauleiter Erich Koch hatte Willkür und Korruption so weit getrieben, daß sich der Oberste Parteirichter nicht mehr davon abhalten lassen wollte, ein Verfahren gegen Koch einzuleiten. Doch Hitler hatte nichts dagegen, daß sich seine Gaufürsten bereicherten, und da er Kochs Rücksichtslosigkeit und Energie höher schätzte als eine saubere Weste, bekam Bormann den Auftrag, den Gerechtigkeitssinn seines Schwiegervaters zu bremsen. Tatsächlich ging das Verfahren gegen Koch aus wie das Hornberger Schießen; er und Bormann wurden sogar Freunde. Aber Buch gab sich damit nicht zufrieden – zu seinem Schaden, wie er bald merkte.

„Wenn Dein Vater 1935/36 die Anweisungen befolgt hätte", schrieb Bormann später einmal an seine Frau Gerda, „die ich ihm im Namen des Führers gegeben habe, dann hätte er sich und anderen viel Ärger erspart." Buch wollte, vertrauend auf die vermeintliche Rechtschaffenheit Hitlers, nicht einmal glauben, daß dieser ihm in den Arm fiel; er beschuldigte Bormann der Lüge und der Kumpanei mit Koch.

Von nun an empfing ihn Hitler kaum noch. Da ohne dessen Zustimmung kein Verfahren gegen prominente Parteigenossen in Gang gebracht werden konnte, war dies die simpelste Methode, einen Mann zu stoppen, der nicht einsah, daß der Führer immer recht hat. Aus Protest ließ Buch eines Tages sein Amt im Stich und fuhr für Wochen in die USA, in dem naiven Glauben, damit seine Unentbehrlichkeit demonstrieren zu können, gewiß aber zur heimlichen Freude Hitlers, denn nun hatte er den lästigen Mahner für einige Zeit los und zugleich einen Sündenbock, wenn sich jemand darüber aufregte, daß die Parteigerichtsbarkeit nicht für Sauberkeit sorgte.

So war Buchs Hoffnung, er werde nach seiner Rückkehr freie Bahn für die Gerechtigkeit bekommen, ein Trugschluß. Als er Hitler umfangreiches Belastungsmaterial gegen den korrupten Reichsorganisationsleiter Robert Ley vorlegte und dessen Absetzung verlangte, wurde er mit Gebrüll weggeschickt – denn Ley hatte in zweiter Ehe eine junge und hübsche Frau geheiratet, die von Hitler umschwärmt wurde. Seinen letzten Kredit verspielte Buch schließlich nach der „Reichskristallnacht", in der am 9. November 1938 in vielen Städten planmäßig Synagogen und Ladengeschäfte jüdischer Kaufleute zerstört wurden. Eine Anzahl der dabei mitwirkenden Rabauken nutzte die Gelegenheit, sich zu bereichern. Um der weit verbreiteten Empörung ein Ventil zu verschaffen, sollten die Parteigerichte gegen die Plünderer vorgehen. Buch war dazu nur bereit, wenn auch die Anstifter – das war in erster Linie Goebbels – zur Rechenschaft gezogen würden. Demonstrativ ging er zum zweitenmal auf Auslandsreise, diesmal nach Südamerika.

Für den ehrgeizigen und servilen Schwiegersohn konnte dieser Mann kein Umgang mehr sein. Buch bekam Hausverbot, ebenso Frau Buch, weil sie sich auf die Seite ihres Mannes stellte. In einer nur schwer zu begreifenden Gefügigkeit – wenn es nicht eine sexuell begründete Hörigkeit war – nahm Gerda ohne Einschränkung Partei für ihren Mann. Sie fügte sich auch, als er ihr verbot, mit oder auch ohne die Kinder ihre Eltern, die jetzt in Utting am Ammersee ihr Haus hatten, zu besuchen. Leicht fiel es ihr nicht, das verrät einer ihrer Briefe an ihren Martin.

„Wenn ein Kind heiratet", schrieb sie, „ist es für die Eltern verloren. Ich glaube, ich werde mich krankweinen, wenn meine Töchter heiraten… Sie werden als gute Frauen zu ihren Männern halten und mit ihnen durch dick und dünn gehen." Immerhin war es ihr nicht verboten, mit dem Elternhaus zu telefonieren. „Wenn ich in Ammersee anrief", schrieb sie im gleichen Brief, „versuchte ich es zu einer Zeit, wo ich sicher war, daß ich Mutter allein erreichte."

Wenn es etwas gab, um das Bormann seinen Schwiegervater lange beneidete, so war dies eine mattsilberne Medaille von vier Zentimeter Durchmesser, die jener bei feierlichen Gelegenheiten an einem leuchtend roten Band am Knopfloch der rechten Brusttasche baumeln lassen durfte. Es war der „Blutorden", mit dem Hitler alle Marschierer dekoriert hatte, die an seinem mißglückten Putsch von 1923 teilgenommen hatten. Auf andere Orden war Bormann nicht scharf oder tat nur so, weil er im Ersten Weltkrieg als Kanonier in der Heimatgarnison zwangsläufig leer ausgegangen war. Zwei italienische Auszeichnungen, die er bei Führer-Duce-Treffen umgehängt bekam, trug er nie; sie waren ihm wohl auch nicht gut genug. Seiner Frau schrieb er, wem der Führer vertraue, der brauche keine andere Auszeichnung. Doch den Blutorden, das Kennzeichen der Uralt-Kämpfer, hätte er gern gehabt. Und er bekam ihn. Im Mai 1938 sollten nach dem Einmarsch in Österreich auch dort die Parteigenossen für Kampf und Verfolgung belohnt werden, und so verfügte Hitler, daß der Orden auch jenen verliehen werde, die „im Kampf für die Bewegung" Freiheitsstrafen von mindestens einem Jahr verbüßt hatten. Das war hinsichtlich des Zeitfaktors und bezogen auf Bormann so sehr Maßarbeit, daß der Verdacht naheliegt, er habe an dieser Anordnung mitgewirkt. Einige Großzügigkeit gehörte freilich dazu, den Parchimer Fememord als eine im Dienst der Partei verübte Tat darzustellen; Bormann war damals ein Völkischer und keineswegs ein Anhänger Hitlers. Er wurde trotzdem dekoriert. Am 5. September 1938, zu Beginn des Reichsparteitags, erhielt er von seinem Führer vor den in Nürnberg versammelten Granden Verleihungsurkunde und Medaille. Es war für ihn eine Art höhere Weihe – und außerdem hatte nun der ungeliebte Schwiegervater ihm nichts mehr voraus.

Bei einer Gelegenheit verbündete er sich noch mit dem Reichsleiter Buch: im Fall des Gauleiters Julius Streicher. Dieser „Frankenführer" (diesen Namen legte er sich selber zu) war von jeher eines der übelsten Subjekte in der NSDAP – ein glatzköpfiger, brutaler Sadist, der wie Hitler in der Kampfzeit immer eine lederne Peitsche am Handgelenk herumtrug, in Versammlungsreden und in seinem Wochenblatt „Der Stürmer" einen obszönen Antisemitismus verkündete, viel von jüdischer Geilheit und Habsucht redete, aber selber hinter jedem Weiberrock her war und jede Gelegenheit bei der sogenannten „Arisierung" der Wirtschaft nutzte, um sich zu bereichern.

Die Klagen über diese Kreatur häuften sich in der Partei so sehr, daß der Saubermann Rudolf Heß es für notwendig hielt, dem Skandal ein Ende zu bereiten. Obwohl Hitler seinen Gauleitern bewußt jede Art von Jagd freigab – mit der Begründung, der Starke habe von der Natur das Recht dazu –, bekam Bormann auf Drängen von Heß und Buch die Zustimmung zu einem Parteigerichtsverfahren. Am 10.1.1940 schrieb er in seinen Kalender: „Besprechung des Führers mit M.B. und Liebel über Streicher." (M.B. ist sein Kürzel für den eigenen Namen, Liebel war Oberbürgermeister von Nürnberg und mit Streicher verfeindet, Anm. d. Red..)

Dabei ging es Bormann freilich weniger um Gerechtigkeit und um Ansehen der Partei, als vielmehr um ein Exempel, mit dem er renitenten Gauleitern seine Macht zeigen und ihnen klarmachen konnte, daß sogar der von Hitler immer wieder auf ein Podest erhobene Streicher vor ihm nicht sicher war. Tatsächlich stieß dann auch ein Parteigericht unter dem Vorsitz Buchs den „Frankenführer" aus Amt und Würden. Das hatte Hitler nun auch wieder nicht gewollt. Er erwog, das Urteil zu kassieren und den „alten Narren" Buch abzusetzen. Bormann verhinderte beides, denn damit hätte er an Autorität bei den Gauleitern verloren. (Kalendereintrag am 17.2.1940: „Vortrag beim Führer über das am 16. 2. in München abgeschlossene Verfahren gegen Streicher.")

Schon 1942 waren die Beziehungen zwischen den Familien Buch und Bormann so frostig, daß sich Martin scheute, auch nur um eine Gefälligkeit zu bitten. Zum Nachweis der arischen Abstammung gehörte außer dem eigenen Stammbaum auch der seiner Frau. Er bat jedoch nicht seine Schwiegereltern um die schon gesammelten Dokumente, sondern erkundigte sich bei dem für ihn tätigen Direktor des Reichssippenamtes, ob dieser nicht auch die Buch-Stammtafeln zusammenstelle. Wenn ja, sei er „dankbar, wenn Sie mir Abschrift des gesamten von Ihnen festgestellten Materials... übermitteln würden". Wenig später konnte er dann bei seinem Schwiegervater den Fangschuß anbringen: Hitler verfügte, daß Buch nur noch Verfahren einleiten und Urteile verkünden durfte, die Bormann guthieß.

Als Frau Buch Ende Oktober 1944 starb, fand Bormann kein Wort des Beileids für ihren Mann. An Gerda schrieb er, sie möge dies für ihn bei ihrem Vater besorgen; seine Schwiegermutter habe ihm ja auch nicht sehr nahegestanden. In seinem nächsten Brief, 48 Stunden nach dem Todesfall geschrieben, verlor er darüber kein Wort mehr. Zur Beisetzung kam er nicht, obwohl ihm ein schnelles Flugzeug im ostpreußischen Führerhauptquartier zur Verfügung stand.

10 Gegen Christen und Juden

In der Weihnachtszeit wachte das Ehepaar Bormann mit besonderer Sorgfalt darüber, daß nicht »ein Gift, das man so schwer wieder los wird« (so Martin an Gerda in einem Brief) ihre Kinder verseuche. Sie verstanden darunter die christliche Religion. Im Programm der NSDAP, verkündet im Februar 1920, nie geändert und angeblich für jeden Pg verbindlich, verkündete jedoch der Punkt 24: „Die Partei als solche vertritt den Standpunkt eines positiven Christentums."

Verfasser dieses Programms war ein gewisser Gottfried Feder, der schon 1933 in der Anonymität nahezu verschwunden war und der nie so richtig befugt oder auch nur in der Lage gewesen wäre, das positive Christentum näher zu erläutern. Als die Bormanns auf den Obersalzberg zogen, hatte sich Punkt 24 wie fast alle anderen längst als propagandistische Schaumschlägerei erwiesen, doch darüber sorgten sich in dieser scheinbar so erhebenden Zeit nur die wenigsten Deutschen. Gewiß, unter den Christen gärte es, aber war nicht Hitler ein Mitglied der katholischen Kirche? Er blieb es sogar bis an sein Ende, und er hat immer pünktlich seine Kirchensteuer bezahlt. Doch in seiner Umgebung und unter den führenden Parteileuten waren viele aus ihrer Kirche ausgetreten und hatten sich den Vermerk „gottgläubig" ins Standesamtsregister und auf der Steuerkarte eintragen lassen.

Dieser neu geschaffene Begriff enthüllt bereits die Hintersinnigkeit, mit der sich die Parteigenossen um Punkt 24 ihres Programms herummogelten. Angeblich waren sie ausgezogen, den gottlosen Marxismus zu bekämpfen und den Glauben gegen die zersetzende Unmoral der Dissidenten zu schützen.

Hitler berief sich in seinen Reden häufig genug auf den „Allmächtigen". Als ihm nach 1933 vom Augsburger Gauleiter Karl Wahl, einem bewußten Katholiken, die Gretchenfrage gestellt wurde, drohte er den Neuheiden in der Partei: „Langsam aber sicher werde ich diesen Leuten das Handwerk legen."

Das war wie die meisten seiner Versprechen eine glatte Lüge. Den eigentlichen Antichrist, der keinen neuen Glauben gründen und nur den alten ausrotten wollte, den aus dem Hintergrund wirkenden Bormann, ließ Hitler gewähren, und weil niemand besser des Führers Glaube (oder vielmehr Unglaube) kannte, brauchte Bormann auch nie zu fürchten, daß ihm das Handwerk gelegt würde. Er wurde höchstens zurückgepfiffen, wenn seine radikal-brutalen Methoden momentan nicht in die politische Landschaft paßten.

Das im Mai 1936 vom „Reichsbund Deutsche Familie" angelegte Karteiblatt über das neu eingetretene Mitglied Martin Bormann bezeichnet ihn und seine gesamte Familie als evangelisch. Zu dieser Konfession bekennt er sich auch in einem Ende 1933 offensichtlich für das Handbuch des Reichstags (er war MdR geworden) verfaßten Lebenslauf: In einem Fragebogen für die SS-Führer-Kartei vom September 1937 taucht erstmalig die Angabe „gottgläubig" auf. Sicher ist er nie ein praktizierender Christ gewesen, und wenn er und seine Frau etwa im Sommer 1936 ihren Kirchenaustritt vollzogen haben, dann ist der Anlaß schnell gefunden.

In jenen Wochen ging es bei den innerkirchlichen Auseinandersetzungen der Protestanten hoch her, und dabei landete auf dem Schreibtisch des Führers und Kanzlers ein Brief der Kirchenleitung mit einem Protest dagegen, daß ihm „vielfach Verehrung in einer Form dargebracht wird, die allein Gott zusteht". Es war nun auch klargeworden, daß es keine „Machtübernahme" in der evangelischen Kirche geben würde und daß die Nazi-Gegner der „Bekennenden Kirche" nicht einmal durch Gestapo und KZ mundtot zu machen waren. Die Gefolgschaft des von der Partei gestützten Reichsbischofs Müller lief sogar auseinander. Die Bewährungsfrist für die Christen, gleich welcher Konfession, war damit abgelaufen.

Trotzdem, oder gerade deswegen, mußte Bormann hinter den Kulissen wirken; es sollte zunächst alles nach Harmonie in dem vom Volkskanzler regierten Land aussehen. Bezeichnend dafür ist das Verhalten gegen einen katholischen Würdenträger, der als Volksdeutscher den NS-Ideen viel Verständnis entgegenbrachte. Der aus Böhmen stammende katholische Bischof Alois Hudal veröffentlichte 1936 in Österreich ein Buch über „Die Grundlagen des Nationalsozialismus" und widmete es Hitler. Franz von Papen, ehemaliger Vizekanzler und Renommierkatholik Hitlers, damals Botschafter in Wien, überreichte diesem auf dem Obersalzberg ein Exemplar und bat darum, das Buch in Deutschland zuzulassen. „Immer wenn ich ihn überzeugt zu haben schien", berichtet Papen, „öffnete sich die Tür, und Bormann schaltete sich ein." Nur eine beschränkte Anzahl führender Pg durfte das Buch bekommen. Der Treppenwitz der Geschichte wollte es, daß ein katholischer Geistlicher sich nach der Niederlage um die nach Südtirol verschlagenen Bormann-Familie kümmerte und daß katholische Organisationen vielen von den westlichen Alliierten gesuchten Nazis die Flucht aus Deutschland ermöglichten.

Dem gerade erst vom Nennchristen zum Neuheiden gewandelten Bormann war 1936 jeder Geistliche verdächtig. Er wies die Parteiorganisation an, „Pfarrer oder sonstige katholische Unterführer, (die) gegen den Staat oder die Partei Stellung" (nehmen), durch eine „Meldung hierüber auf dem Dienstwege an die Geheime Staatspolizei" unschädlich zu machen. Um Ansehen und Glaubwürdigkeit dieser Gegner zu untergraben, mußte die Gestapo Devisenvergehen kirchlicher Stellen und – noch schlimmer – Sittlichkeitsverbrechen in klösterlichen Einrichtungen aufdecken.

Die vom Reichspropagandaminister dirigierten Zeitungen durften darüber nach Art der sonst verpönten Boulevard-Presse genüßlich berichten. Während in früheren Jahren (vorwiegend protestantische) Geistliche von der Partei als Versammlungsredner eingesetzt wurden, bevorzugt in Gegenden mit christlicher Bevölkerung, wurden sie nun grundsätzlich mit Mißtrauen bedacht. Im Februar 1937 wies Bormanns Amt alle Dienststellen an, „von der Aufnahme von Angehörigen des Geistlichen Standes in die Partei abzusehen", – angeblich „zur Verhinderung des Hineintragens kirchenpolitischer Gegensätze in die Bewegung". Den wahren Grund verriet jedoch ein parteiinterner Bormann-Erlaß im folgenden Jahr; darin wird bereits dem Christentum der Krieg erklärt und die NS-Weltanschauung zum wahren Glauben proklamiert. Parteiredner werden angewiesen, Formulierungen zu vermeiden, wonach die Kirchen für das Jenseits, die Partei für das Diesseits zuständig seien, denn „in Wirklichkeit wissen die Geistlichen von diesem Jenseits so wenig wie wir". Sie sollten deswegen auch nicht mehr „Diener Gottes" genannt werden, sondern Kirchendiener oder Kirchenbeamte. „Desgleichen können wir in unseren Tagen den Kirchendienst nicht mehr mit Gottesdienst gleichsetzen." Es sei auch falsch, die Geistlichen als zuständig für das Seelenheil anzuerkennen; sie könnten sich damit zwar beschäftigen, aber sie hätten dafür kein Monopol, und sie könnten auch niemand das Seelenheil garantieren. Wer sich mit seiner Konfession eng verbunden zeige, sei nicht als religiös, sondern als kirchlich zu bezeichnen. Den Begriff „Weltanschauung" beschlagnahmt Bormann gleich ganz für den Nationalsozialismus; statt von christlichen Weltanschauungen sollte von „christlichen Konfessionen oder ähnlich" gesprochen werden.

Damit war, zunächst vertraulich, die Marschroute festgelegt. Als der Chef des Reichsarbeitsdienstes seinen Formationen verbot, geschlossen an Gottesdiensten teilzunehmen oder bei Kirchenveranstaltungen die Musikkapelle zu stellen, gab Bormann diesen Ukas mit Freude an die Gauleiter weiter; unter ihnen waren noch etliche, die seine antichristlichen Parolen überhörten und als Gläubige mit Kirchenstellen zusammenarbeiteten. Er rüffelte den gewiß nicht klerikal gesinnten Reichsjugendführer, weil Baldur von Schirach seine Hitler-Jugend-Formationen angewiesen hatte, für die Stunden des sonntäglichen Gottesdienstes vormittags keinen Dienst anzusetzen.

Radikal ging er dort vor, wo er direkt befehlen konnte, in den Parteiorganisationen. Ende Juli 1938 ordnete er an ("nicht zur Veröffentlichung"), daß „Pfarrer als Hoheitsträger ... umgehend ihres Parteiamtes zu entbinden" seien, also keinen Tag länger etwa als Ortsgruppenleiter oder gar in einem höheren Amt weiterwirken durften. Soweit sie nur in geringeren Rängen, also etwa im Dienst der NS-Volkswohlfahrt oder als Truppführer bei der SA, tätig waren, sollten sie „nach und nach entsprechend dem vorhandenen geeigneten Ersatz" ausgetauscht werden. Ferner wurde „ab sofort die erneute Betrauung von Pfarrern mit Ämtern in der Partei, ihren Gliederungen und angeschlossenen Verbänden untersagt". Wenig später wurden sie nicht einmal mehr als simple Parteigenossen geduldet; es wurde verfügt, „daß Geistliche sowie sonstige Volksgenossen, die konfessionell stark gebunden sind, nicht in die Partei aufgenommen werden können". Bormann ergänzte diesen Befehl dann noch durch eine Anordnung, wonach „in Zukunft Parteigenossen, die in den Geistlichen Stand eintreten oder die sich dem Studium der Theologie zuwenden, aus der Partei auszuscheiden haben".

Bei dem Bemühen, den Kirchen Abbruch zu tun, verwandte der vom Paulus zum Saulus, der vom Protestanten zum Christenfeind gewordene Reichsleiter auch auf kleine Anlässe viel Beharrlichkeit und Bürokratie. Hitler übernahm, wie zuvor Hindenburg, beim zehnten Kind einer Mutter die Ehrenpatenschaft. Die Eltern mußten dazu ein Antragsformular ausfüllen. Bormann entdeckte darauf die Frage nach dem Zeitpunkt der Taufe. „Von seiten der Kirche", behauptete er im November 1937 in einem betont dienstlich gehaltenen Brief an den Führer-Adjutanten Brückner (den er jeden Tag ein paarmal sah), „wird nun versucht, den aus der Kirche ausgetretenen Partei- und Volksgenossen klarzumachen", daß eine Ehrenpatenschaft ohne Taufe nicht möglich sei. Brückner müsse deshalb umgehend bei der dafür zuständigen Präsidialkanzlei veranlassen, daß neue Formulare ohne diese Frage gedruckt und die alten nicht mehr verwendet würden. Der eher dekorative als denkstarke Brückner reagierte falsch; zwei Monate später las Bormann die neue Formulierung: „Angabe des Tauftags, falls eine Taufe stattfindet oder stattgefunden hat." Ein weiterer Bormann-Brief wurde damit fällig. „Es will mir deswegen zweckmäßiger erscheinen", heißt es darin, „wenn in die Formulare eine Frage über die Taufe überhaupt nicht mehr aufgenommen würde."

Diesmal stellte sich Brückner taub, doch im November 1938 erinnerte sich Bormann des unerledigten Falles und schrieb ein drittes Mal, noch dringlicher, noch dienstlicher, obwohl er tagtäglich von Hitler eine Entscheidung hätte bekommen können. Doch er sammelte bei diesem Kleinkrieg Unterlagen, mit denen er eines Tages beweisen konnte, daß der Adjutant Brückner immer mehr vertrottle und abgelöst werden müsse. Dazu kam es dann auch.

Wenn während des Dritten Reichs ein prominenter Pg sich skandalös benahm, reagierte der schlichte Bürger seine Empörung mit dem Satz ab: Wenn das der Führer wüßte! Bei Bormanns antichristlichem Kurs waren sogar Minister überzeugt, daß dies alles hinter Hitlers Rücken geschehe. Papen war noch als Angeklagter im Nürnberger Prozeß der Meinung, „daß zu jener Zeit Hitler selbst durchaus willig war, den religiösen Frieden zu halten, daß aber die radikalen Elemente seiner Partei" – und dabei nennt er Bormann und Goebbels – ihn „immer erneut zu Vorstößen auf dem kirchenpolitischen Gebiet drängten".

Von Goebbels berichtet dagegen dessen einstiger Mitarbeiter Werner Stephan, der Reichspropagandaminister habe sich gegen Bormanns Christenverfolgungen gestellt, habe seine Beamten vor einem Kirchenaustritt gewarnt, habe als Reichspropagandaleiter gegenüber den Parteifunktionären seines Amtes seine Zugehörigkeit zur katholischen Kirche betont und habe alle seine Kinder taufen lassen.

Albert Speer, zeitweise ständiger Teilnehmer an der Berghof-Tafelrunde, schildert die Methode, wie Bormann seinen Herrn und Meister gelegentlich gegen die Kirchen aufhetzte. Obwohl bei Tisch nicht über Politik geredet werden sollte, mußte einer aus der Runde ein paar Worte über einen widersetzlichen Geistlichen fallen lassen, die Hitler dann aufschnappte und darüber Genaueres wissen wollte. Bormann mimte zunächst den Beschwichtiger, bis Hitler erst recht neugierig wurde. Darauf war Bormann vorbereitet; er zog ein Fernschreiben aus der Tasche, las vor und bekam prompt die affektiv geladenen Führerworte, die er wünschte. „Wenn ich meine anderen Fragen erledigt habe", drohte Hitler, „werde ich mit den Kirchen abrechnen. Hören und Sehen wird ihnen vergehen!"

Martin Bormann wußte aus Gesprächen unter vier Augen längst, daß die Religion für Hitler nie mehr als ein Mittel zum Zweck war; hätten sich die Kirchen seinen Zielen untergeordnet, wären alle Priester seine Freunde geworden; weil sie sich weigerten, wurden sie seine Feinde. Ihren Glauben hätte er in Kauf genommen, wenn sie seine Macht gestützt hätten. Nach dem Krieg und dem Sieg, wollte er sie wegräumen. Führerworte gleichen Sinns lagen bereits in den Stahlschränken der Partei-Kanzlei; Bormann hatte sie notiert. Sie waren nach Stichworten geordnet und konnten vorgewiesen werden, wenn jemand Bormann beschuldigte, er treibe auf eigene Faust Politik. Notfalls konnte er damit sogar den Führer überzeugen, daß stets nur sein Wille geschehe und daß sein getreuer Gefolgsmann von der besten Absicht geleitet werde, falls ihm ein taktischer Fehler unterlaufen sein sollte. Wenn ihn Hitler gelegentlich zurückpfiff, tat das der Liebe keinen Abbruch; es war ein Manöver, das augenzwinkernd zwischen den beiden durchgespielt wurde und den Gefolgsmann noch unentbehrlicher machte. Er war der Bluthund, den man nach Bedarf an die Kette legen oder loslassen konnte und für dessen Wüten man notfalls nicht einmal aufkommen mußte. Bestätigt wird diese Version durch den Reichspressechef Otto Dietrich, ebenfalls häufiges Mitglied der Tafelrunde: Hitler habe Bormann keine Zügel angelegt, sondern eher ermutigt. Und während der Parteiführer selbst Mitglied der katholischen Kirche geblieben sei und an christlichen Feiern teilgenommen habe, sei mit seiner Zustimmung „auf die Parteifunktionäre… ein offizieller Druck ausgeübt" worden, „aus den Kirchen auszutreten".

Gedeckt durch solches Wissen, war es für Bormann selbstverständlich, daß er gemäß dem Auftrag seines Parteiamts den Staat auf diese Linie zu bringen habe. Mit zunehmendem Verdruß hatte er etliche Jahre hindurch verfolgt, wie der betuliche Reichskirchenminister Kerrl von den Protestanten eine Absage nach der anderen erhielt und wie namhafte Katholiken wider den Parteistachel löckten – wie etwa der württembergische Bischof Sproll, der einer Ja-Sager-Wahl demonstrativ fernblieb. Wenn es gelänge, den Nachwuchs an Priestern zu drosseln – so spekulierte er –, würde den Kirchen das Wasser an der Quelle abgegraben. Anfang 1939 forderte er in einem umfangreichen Briefwechsel vom Reichserziehungsminister Rust den Abbau von theologischen Fakultäten an den Universitäten. Theologie – so argumentierte er – sei „weniger eine freie Wissenschaft als vielmehr eine konfessionelle Zweckforschung". Soweit Verpflichtungen aus Konkordaten und Kirchenverträgen dabei hinderlich seien, „besteht nunmehr eine besondere Rechtslage, die durch die allgemeine Veränderung der Verhältnisse gegeben ist", da die jungen Menschen mehr der

Wehrpflicht genügen und der Wirtschaft dienen sollten. Wenn schon die theologischen Fakultäten „nicht ganz beseitigt werden" könnten, so müßten sie doch wesentlich eingeschränkt werden.

Daß der Brief den Geheimvermerk trug, lag nicht nur daran, daß er zum Vertrags- und Rechtsbruch aufforderte; es war auch nicht zweckmäßig, diesen Plan in die Öffentlichkeit dringen zu lassen. Selbst die nur nominell mit einer Kirche verbundenen Deutschen zeigten kein Verständnis für den Radikalismus der Neuheiden. Minister Rust versuchte deshalb mit Schriftsätzen und Verhandlungen, die Entscheidung hinauszuzögern. Er wußte immerhin Göring auf seiner Seite, bedingt auch Goebbels und etliche Granden aus der zweiten Partei-Garnitur.

Deshalb bemühte sich Bormann sogar um die Mithilfe des sonst von ihm gering geschätzten Alfred Rosenberg. Ihn unterrichtete er im April 1939, daß Rust nun wenigstens zugestimmt habe, in Innsbruck, Salzburg und München die theologischen Fakultäten ganz zu schließen (weil hier kein Konkordatsvertrag im Weg stand), andere zusammenzulegen oder im Lauf der Zeit einschrumpfen zu lassen. Ganz nach seinem Willen lief die Aktion jedoch nicht ab. Wenige Monate später brach der Zweite Weltkrieg aus. Damit wurden andere Probleme vordringlicher, und Bormann wurde angehalten, die Stimmung des Volkes nicht mehr als nötig zu belasten.

Wie sehr er den Reichserziehungsminister bereits unter seiner Fuchtel hatte, enthüllt ein fünfseitiger Brief, den er am 20. März 1939 mit dem Rubrum „Betrifft/Verhältnis von Schule und Kirche" an Rust schrieb. Obwohl dieser Brief nicht von Bormann selbst verfaßt wurde – so gut beherrschte er nämlich die deutsche Sprache nicht – und von ihm offensichtlich nach einem Referentenentwurf zurechtredigiert wurde, ist er doch bezeichnend sowohl für seine Tonart im Umgang mit Ministern als auch für den Fanatismus in seinem antichristlichen Feldzug. Der volle Wortlaut ist deshalb im Dokumentenanhang auf Seite 454 ff. wiedergegeben. Bormann versucht darin für die gesamte Jugend des jetzt schon großdeutsch gewordenen Reiches wenigstens im Ansatz einzuführen, was er seinen eigenen Kindern verordnet hatte: die Abstinenz vom christlichen Gedankengut.

Wenn er zum Beispiel verlangte, daß der ohnehin nur freiwillig zu besuchende und auch zeugnisunwirksame Religionsunterricht (nicht mehr als zwei Wochenstunden) nur als Beginn oder Abschluß des Schultages in den Stundenplan eingesetzt werden dürfe, dann wollte er damit die Schüler mit Freizeit aus der konfessionellen Beeinflussung locken. Seine Forderung, der Unterricht müsse „der weltanschaulichen Haltung der Partei... entsprechen", bedeutet praktisch und gemessen an der Überzeugung des Briefschreibers, daß christlicher Glaube darin nicht mehr vermittelt werden durfte. Wohin er zielt, spricht er dann auch offen aus: Religion werde in der Schule noch geduldet, weil darüber Staatsverträge mit Kirchen bestehen; für die Erziehung der Jugend und deren Weltanschauung sei sie unnötig. Sie ist – so Bormann – sogar schädlich; auch wenn er das nicht ausdrücklich sagt, so verraten es doch die von ihm aufgestellten Gebote und Verbote. Konfessioneller Unterricht außerhalb der Schule wird nur erlaubt, wenn die Kinder nicht überlastet werden. Schulgebete sind abzuschaffen. Die Caritas darf Kinder nicht mehr in Gegenden mit katholischen Konfessionsschulen verschicken. Kruzifixe haben aus den Klassenräumen zu verschwinden – aber nur, wenn es ohne „politische Schwierigkeiten...", die in keinem Verhältnis zur Bedeutung dieser Maßnahme stehen", geschehen kann.

Dem weniger radikalen und darum zögernden Rust wird an mehreren Stellen gesagt, es seien nun genug oder schon zu viele Worte gewechselt. Bormann will jetzt Taten sehen. Ein Erlaßentwurf soll ihm „in kürzester Zeit" vorgelegt werden, ein anderer soll „baldigst" herauskommen, Polizeistellen sollen eingeschaltet werden, und mit warnendem Unterton wird der Minister darauf hingewiesen, daß die Gestapo bereits auf diesem Gebiet tätig sei. Dem Minister wird klargemacht, daß er nicht regieren, sondern als Erfüllungsgehilfe der Partei handeln soll. Und die Partei spricht nur durch Bormann zu ihm; Rust habe deswegen „davon abzusehen, künftig noch die Stellungnahme anderer Parteidienststellen in diesen Fragen einzuholen".

Den Reichskirchenminister Hans Kerrl nahm Bormann schon nicht mehr ernst; der altgediente Parteigenosse hatte sich bei seinen Bemühungen, einen Ausgleich zwischen den Antichristen in der Partei, den NS-verbundenen deutschen Christen und der widerstrebenden Bekenntniskirche zu finden, zwischen alle Stühle gesetzt. Sein Ministerium war zu einer Verwaltungsbehörde degradiert; bewirken konnte Kerrl nichts mehr. Trotzdem wollte er nicht aufgeben. Als ihm Rednertribünen und Presse nicht mehr zur Verfügung standen, schrieb er für einen kleinen Verlag ein Buch mit dem Titel „Weltanschauung und Religion". Bormann erfuhr davon. Ohne eine Zeile gelesen zu haben, diktierte er im Oktober 1939 einen Brief an Kerrl: Das Thema berühre „den Aufgabenbereich der Partei auf das stärkste", denn darin werde doch wohl abgegrenzt, was ihr zukomme und was den Kirchen vorbehalten bleiben soll. Er halte die Herausgabe einer solchen Schrift für falsch, weil sie sich gegen die Partei richte. Der Entwurf – er meinte wohl das Manuskript – müsse ihm vorgelegt werden. Ob es erscheinen dürfe, müsse der Führer entscheiden.

Wie erwartet kam von Hitler ein Verbot, aber Kerrl gelang es nicht mehr, Druck und Auslieferung zu stoppen. Bormann entdeckte das Buch im Weihnachtskatalog evangelischer Buchhandlungen. Freund Himmler mußte es dort abholen lassen. Den Rüffel für die Panne erhielt Goebbels, als Reichspropagandaminister für die Buchverlage zuständig, schriftlich und damit aktenkundig; seine Beamten waren nicht wachsam genug gewesen. Mit Kerrl, dem politisch Toten, stritt sich schon niemand mehr; als er zwei Jahre später starb, noch immer Minister, spendierte ihm Hitler noch ein Staatsbegräbnis in Berlin, reiste aber am Tag vor der Feier in sein Hauptquartier ab.

Zuvor durfte Kerrl noch einmal für Bormann von Nutzen sein. Im Herbst 1939 schien Rosenberg die Situation günstig, zum Papst für die NS-Weltanschauung ernannt zu werden, in Erweiterung seiner Stellung als „Beauftragter des Führers für die Überwachung der gesamten geistigen und weltanschaulichen Schulung der NSDAP". Nun wollte er diese Befugnisse auf den staatlichen Bereich ausdehnen. Geplant war der Titel „Beauftragter zur Sicherung der nationalsozialistischen Weltanschauung". Er wäre dabei Bormann erheblich ins Gehege gekommen. Hitler ließ Rosenberg zunächst agieren – das war seine übliche Taktik –, und der Chef der Reichskanzlei Lammers bekam den Auftrag, einen Erlaß über das neue Amt vorzubereiten. Alle zuständigen Stellen, neun an der Zahl, bekamen ihn am 20. Dezember 1939 zugesandt. Am nächsten Tag war er Makulatur, denn Bormann widersprach, und Lammers mußte in aller Eile einen neuen Entwurf vorlegen. Darüber wurde am 10. Februar 1940 in einer Chefbesprechung von jetzt 15 Zuständigen diskutiert. Dabei warnte Kerrl: Rosenberg gelte als Exponent der christentumsfeindlichen Richtung, und seine Berufung werde im Volk „eine starke Beunruhigung zur Folge haben". Gestritten wurde dann auch noch, wie weit die Zuständigkeit Rosenbergs überhaupt reichen sollte. Elf Tage später konnte Bormann triumphieren; wenn es um die Weltanschauung ging, konnte er weiterhin mitmischen. Rosenberg war abgeschlagen. An ihn schrieb Lammers: „Der vom Reichskirchenminister erhobene Widerspruch hat den Führer bedenklich gestimmt", und dieser habe deshalb nicht unterschrieben. Warum sollte er auch; der im Volk unbekannte und deshalb unbelastete Bormann würde die Christen zuverlässig überwachen und immer genau die Weltanschauung vertreten, die seinem Führer momentan zweckmäßig erschien.

Daß eine Religion der Menschenliebe, des Mitleids und des Gottvertrauens einer gewissenlosen Diktatur zum Gegner werden mußte, war nicht die einzige Ursache für die Unterdrückung des Christentums. Zusätzlich belastet war es für fanatische Antisemiten durch seine Herkunft aus der jüdischen Religion. Der Versuch, Jesus in einen Arier umzudeuten, war nur die Tarnung für den NS-Atheismus. Sie hatte außerdem den Vorteil, daß damit den Juden auch noch der Justizmord an Jesus angelastet werden konnte; sie galten bei simplen Christen schon immer als die Leute, „die unseren Heiland gekreuzigt haben". Sicher hat Bormann dieses Argument nicht zum Antisemiten gemacht. Er hat dafür auch nie ein Schlüsselerlebnis angeführt oder etwa eigene Erkenntnisse als Begründung für seine Judenfeindschaft erwähnt. Offensichtlich genügte ihm der in der Partei nach Art tibetanischer Gebetsmühlen ständig wiederholte Leitsatz: „Die Juden sind unser Unglück."

Als ein von der Pike auf gedienter Funktionär kannte er natürlich den ganzen Katalog diskriminierender Behauptungen, in dem die verlausten Trödler aus dem Osten und die ausbeuterischen Wallstreetjuden, die Zionisten und die nationalliberalen Assimilierten, der Talmud und die Lehre von Karl Marx in einer unsinnigen Kombination zu einem Beweis für geheime Weltherrschaftspläne zusammengekleistert waren. Zwar verkündete Bormann in einem Parteierlaß, Streichers Hetzblatt „Der Stürmer" sei kein Organ der NSDAP, aber damit wollte er sich nicht von dieser NS-Pornographie distanzieren; Anstoß erregten nur die rüden Methoden, mit denen dieses Blatt bei seiner Bezieherwerbung den Parteizeitungen ins Gehege kam.

Hat Bormann je die Rassenbibel des Professors Hans Günther studiert und dabei erfahren, daß er wegen seines Rundschädels und wegen seines dickfleischigen Korpus' eher der als geringwertig geltenden ostischen als der germanisch-nordischen Rasse zuzurechnen war? Wohl kaum. In den späteren Briefen an seine Frau erwähnt er die Juden nie, obwohl Gerda in einer naiv-schrecklichen Weise das Thema mehrmals anschneidet. Schweigt er, weil er das Staatsgeheimnis der „Endlösung" zu verraten fürchtet? Näher liegt die Vermutung, daß er sich für die Grundlagen der NS-Rassenpolitik nie interessiert hat.

Sie war eben ein Befehl. In seinen verschiedenen Lebensläufen versäumt er nie, seine frühe Mitgliedschaft in einem Antisemiten-Verein zu erwähnen, doch damit will er sich nur in die Gruppe der Uralt-Kämpfer hineinmogeln. Was er über Rassen und vor allem über Juden wußte, stammte eben doch nur aus dem „Stürmer" und dem „Völkischen Beobachter".

Daher kümmerte er sich in den ersten zwei Jahren seiner Amtszeit als Stabsleiter bei Heß um dieses Thema kaum. Als ein Judenboykott im April 1933 die „Greuelhetze" der Auslandspresse stoppen sollte, war er noch der kleine Hilfskassen-Verwalter. Sein Name taucht in den Akten des NS-Rassenwahns erst auf, als in der Partei erwogen wurde, wie zu verhindern sei, daß Juden sich bei den Standesämtern ihrer typischen Familiennamen entledigten. Daneben gab es noch das Problem der „arischen" Bürger mit jüdisch klingenden Namen.

So lebte zum Beispiel im Stuttgarter Umland die alteingesessene Bauernfamilie Wolf, die als Pietisten auch noch alttestamentarische Vornamen bevorzugten. Mußten sie nicht vor Verwechslungen geschützt werden? Der immer praktisch denkende Bormann hatte den Einfall, man möge die Juden mit einem gesetzlich vorzuschreibenden Namenszusatz in den Personalpapieren kennzeichnen – was Jahre später dann auch geschah. Er schlug „Jidd" vor. Das zuständige Innenministerium sperrte sich jahrelang, doch 1941 wurden Israel und Sarah als zusätzliche Vornamen angeordnet.

Beteiligt war er auch an den judenfeindlichen Nürnberger Gesetzen, die im September 1935 auf dem Parteitag in der eigens dazu einberufenen Reichstagssitzung verkündet wurden. Als Abgeordneter stimmte er natürlich dafür. Die zuständigen Ministerien wurden angeblich überrascht; sie behaupteten später, Hitler hätte mit seinen Parteifunktionären die Texte des „Reichsbürgergesetzes" und des „Gesetzes zum Schutz des deutschen Blutes und der deutschen Ehre" unter Umgehung der Ministerialbürokratie insgeheim entworfen. Auch wenn dies nur ein Ableugnen der Verantwortung sein sollte – Bormann hat mit seinen Juristen auf jeden Fall die Hauptarbeit geliefert. Er mußte sich in den folgenden Monaten auch noch mit Auswirkungen der Gesetze beschäftigen.

Hitler hatte seinem Führerkorps schon in Nürnberg befohlen, „jede Einzelaktion gegen die Juden zu unterlassen", doch offenbar genügte dies nicht. Bormann verfügte zusätzlich, daß Parteigenossen sich nicht an „Selbsthilfeaktionen gegenüber provozierender Juden" beteiligen sollten und daß Angehörige der Wehrmacht, „die unwissend und unabsichtlich ein jüdisches Geschäft betreten", nicht angeprangert werden dürften. Damit aber niemand auf den Ge-

danken kam, die Partei sei duldsamer geworden, gab er kurz darauf eine Anordnung über den „Verkehr von Parteigenossen mit Juden" heraus – und natürlich verbot er private und geschäftliche Kontakte fast ganz.

Die Ironie der Ereignisse brachte es mit sich, daß Martin Bormann kurz darauf
in den Verdacht geriet, selbst jüdisch versippt zu sein. Gegen den Gauleiter
von Brandenburg, Wilhelm Kube, einen Radau-Antisemiten, der als Abgeordneter im preußischen Landtag durch seine Fäuste und durch seine gewaltige Stimme aufgefallen war, lief bei Buchs Parteigericht ein Verfahren wegen
Korruption. Um den Obersten Parteirichter zu diffamieren, behauptete Kube
in einem anonymen Brief, Buchs Frau sei eine Halbjüdin – was nach den strengen Bräuchen der Partei dessen Amtsenthebung bedingt, Gerda Bormann und
ihre Kinder zu Mischlingen gestempelt und damit auch Martin Bormann in seiner Stellung gefährdet hätte. So sehr Hitler an seinem bewährten Rabauken
Kube hing, Bormanns Einfluß war größer.

Im August 1936 wurde Kube abgesetzt. Brotlos wurde er nicht; als Gebiets-
kommissar in den besetzten Ostgebieten hatte er im Krieg wieder eine dicke
Pfründe, bis er 1943 durch eine Bombe getötet wurde, die ihm seine russische
Geliebte unter das Bett gelegt hatte.

Gemessen an der antisemitischen Betriebsamkeit anderer Parteigrößen war
Bormanns Tätigkeit in den Jahren vor Kriegsbeginn auf diesem Gebiet gering;
er überließ es seinem Freund Himmler, also dem SD und der Gestapo, die dieses unpopuläre Geschäft im dunkeln besorgen konnten. Aktiv wurde er nur,
wenn er eine bürokratische Lücke in dem Drahtverhau entdeckte, mit dem die
Juden immer enger eingekreist wurden. So verdroß es ihn, daß Staatsbeamte
noch immer die Dienste jüdischer Ärzte in Anspruch nahmen, oder ihre Medi-
kamente bei jüdischen Apothekern kauften, und am meisten empörte es ihn,
daß sie dann, wie üblich, beim Staat Zuschüsse für diese Auslagen kassieren
konnten. Innenminister Frick wurde mitgeteilt, daß Steuergroschen für Juden
nicht zur Verfügung stehen dürften, und von ihm kam auch schnell die entsprechende Verordnung. Sie war insofern perfekt, als selbst die Dienste jüdischer
Leichenbestatter darin als nicht erstattungsfähig aufgezählt wurden.

Am Pogrom der „Reichskristallnacht", in der aus Rache für die Ermordung
eines Beamten der deutschen Botschaft in Paris durch einen jungen Juden die
Synagogen niedergebrannt und jüdische Geschäfte zerstört wurden, war Bormann nicht als Mitwirkender beteiligt. Unglaubhaft ist jedoch, daß er von der
angeblich spontanen, in Wahrheit präzise organisierten Aktion nicht unterrichtet war. Rabauken aus SA, SS und aus dem Korps der Politischen Leiter
waren in Räuberzivil die Vollzieher. Goebbels und Himmler beziehungsweise
dessen SD-Chef Heydrich waren mit Hitlers Zustimmung die Drahtzieher. Sie
hätten sonst ein Ereignis, das in der ganzen Welt Abscheu erwecken mußte, nie
inszeniert. Damit war auch Hitlers „linke" Hand – die rechte wurde Bormann
erst später – von dem Plan unterrichtet.

Er saß mit der Parteiführerschaft am Abend des 9. November 1938, also 48
Stunden nach dem Pariser Attentat, im Saal des Alten Rathauses in München
beim traditionellen Kult der Erinnerung an den gescheiterten Putsch von

1923, als dort durchsickerte, daß überall im Reich die Jagd auf die Juden tobte. Die meisten wurden durch diese Nachricht überrascht. Zu später Stunde gab Goebbels bekannt, es entwickle sich eine „stürmische Volksaktion", der sich Staat und Partei nicht entgegenstellen dürften, auch wenn „formal-juristische Erwägungen" dafür sprächen. Die Polizei werde nicht eingreifen, und die Feuerwehr werde nur löschen, wo deutscher Besitz geschützt werden müsse.

Bormann sah zunächst keinen Grund, sich einzuschalten; er ließ den Greueln ihren Lauf. Erst lange nach Mitternacht, genau um 2.56 Uhr des 10. November, tickerten seine Fernschreiber an alle Gauleitungen ein Verbot, jüdische Geschäfte in Brand zu stecken. Hier ging es, anders als bei den Synagogen, um Rohstoffe, Waren, Werte, die eine auf den bevorstehenden Krieg ausgerichtete Volkswirtschaft nicht entbehren konnte. In seinem Tagebuch erwähnte er das spektakuläre Ereignis mit keinem Wort; er begnügt sich mit der Aufzählung der offiziellen Veranstaltungen der Parteifeierlichkeiten. Die Spalte des folgenden Tags ließ er leer. Er fühlte sich in jeder Hinsicht unbeteiligt. Wahrscheinlich beneidete er Goebbels nicht einmal um den Führer-Auftrag. Der Reichspropagandaminister hatte es nötig, sich zu bewähren, denn er war wegen einer Affäre mit dem Filmstar Lida Baarova „im Reichsverschiß", wie man in einschlägigen Kreisen damals sagte. Seine Ehe war knapp drei Wochen zuvor von Hitler auf dem Obersalzberg im Beisein von Bormann notdürftig gekittet worden.

Einer der Festteilnehmer, der Gauleiter Jordan aus Dessau, hörte am 10. November in München, Reichsleiter Buch beabsichtige die parteigerichtliche Bestrafung aller an dem Pogrom Beteiligten. Das ging dem Parteiklüngel zu weit, doch ganz abbremsen ließ sich der Gerechtigkeitsfanatiker nicht. So wurde ihm eine Anzahl der schlimmsten Übeltäter zur Aburteilung freigegeben. Ein Sondersenat mit zwei Kammern behandelte in wenigen Wochen 16 Fälle übelster Ausschreitungen. Von 30 beschuldigten Parteigenossen wurden vier aus der NSDAP ausgeschlossen und in Haft genommen, nicht weil sie Jüdinnen (darunter eine 13jährige Schülerin) vergewaltigt hatten, sondern weil sie damit „Rassenschande" getrieben hatten. Zwei andere wurden verwarnt und verloren ihre Parteidienstränge, weil sie entgegen ausdrücklicher Befehle gemordet hatten. Die übrigen hatten zwar auch getötet, aber die Verfahren wurden – laut dem zusammenfassenden Bericht des Parteigerichts – entweder „eingestellt oder es wurden geringfügige Strafen ausgesprochen". Von den staatlichen Gerichten hatten sie damit nichts mehr zu befürchten.

Trotz dieser Milde müssen Hitler und seine Spießgesellen Buchs Bericht mit mühsam verhaltener Wut gelesen haben. Die Freisprüche werden damit begründet, daß man nicht die Kleinen hängen und die Großen unbestraft lassen könne.

Wer als Hauptschuldiger anzuklagen sei, wird sogar ausgesprochen. Dem Reichspropagandaminister Pg Goebbels sei am 10. 11. etwa gegen zwei Uhr gemeldet worden, daß ein Jude getötet worden sei und dabei sei „der Auffassung Ausdruck gegeben" worden, „daß etwas geschehen müsse, um zu verhindern, daß die ganze Aktion auf eine gefährliche Ebene abglitte". Goebbels habe „sinngemäß darauf geantwortet, der Melder soll sich wegen eines toten Juden nicht aufregen, in den nächsten Tagen würden Tausende von Juden daran glauben müssen". Daraus sei zu schließen, daß „der schließliche Erfolg gewollt, mindestens aber als möglich und erwünscht in Rechnung gestellt wurde". Wenn schon, müßten die Anstifter verantwortlich gemacht werden. Daraufhin geschah – nichts!

Am 10. November, als die Deutschen mit Abscheu oder auch nur mit Erschrecken das nächtliche Werk ihrer politischen Elite besichtigten, schrieb Bormann im Auftrag Hitlers – der sich noch immer aus den Geschehnissen heraushielt – einen Brief an Göring. Dem fiel es zu, so stand es in dem Brief, „die Judenfrage jetzt einheitlich" zusammenzufassen „und so oder so zur Erledigung zu bringen".

Am 12. November versammelten sich die dafür Zuständigen, nämlich Göring, Goebbels, Wirtschaftsminister Funk, Finanzminister von Schwerin-Krosigk, Staatssekretäre, SD-Chef Heydrich und Ministerialbeamte im Reichsluftfahrtministerium und beratschlagten, wie die Juden zu schröpfen wären und was dann mit ihnen geschehen solle.

Das Gespann Hitler-Bormann beriet an diesem Tag einsam auf dem Berghof. Zwei Tage später gingen sie auf Reisen, über München, Nürnberg, Berlin nach Düsseldorf zur Beisetzung des in Paris erschossenen Botschaftsbeamten. Entgegen seiner Übung, an Gräbern große Reden zu halten, schwieg Hitler.

Andere Probleme waren jetzt vordringlich. Am 10. November, während das Pogrom noch im Gang war, hatte Hitler in München mit einer Geheim-Rede Verleger und Chefredakteure der größten deutschen Zeitungen auf Kommendes vorbereitet. Er sagte, er habe die ganzen Jahre zur Tarnung vom Frieden geredet, aber es gäbe auch Dinge, die „mit Mitteln der Gewalt durchgesetzt werden müssen". Darauf, nämlich auf Krieg, müßten nun die Deutschen vorbereitet werden und darauf war auch sein Reiseprogramm in der ersten Dezemberwoche abgestellt.

Im Sonderzug fuhr er mit Bormann zu den tschechischen „Maginot-Befestigungen" (wie Bormann sie nannte) in den Sudetengebieten, die „ohne einen Schuß erobert" wurden. Die nächste Etappe war der Versuchsplatz Hillersleben bei Magdeburg. Die ganze Zeit wurden Truppen und Waffen gemustert. Zwei Tage später waren sie in Kiel beim Stapellauf des Flugzeugträgers „Graf Zeppelin", ein Novum für die Kriegsmarine, das aber nie fertig wurde. Kriegsgott Mars stand wartend im Hintergrund. Bormann war darauf vorbereitet.

Als am 1. Februar 1939 die SS-Personalkanzlei mit einem „Vertraulich"-Fragebogen von ihm wissen wollte – er hatte inzwischen den Rang eines Gruppenführers, was dem Generalleutnant auf militärischem Sektor entsprach –, ob er „im Besitz einer Mob-Bestimmung" oder für den Mobilmachungsfall freigestellt sei, vermerkte er darauf handschriftlich: „Nicht nötig, da ich mich in einem Mob-Fall in Begleitung des Führers befinde." Die Behauptung, daß der Führer ihn in einem Krieg begleite, darf nicht als Freudsche Fehlleistung gewertet werden; sie ist schlicht mit mangelhafter Beherrschung der deutschen Sprache zu erklären.

11 Der Kriegsgewinnler

Während Hitler im Bayreuther Festspielhaus den Zusammenbruch einer morsch gewordenen Weltordnung in der „Götterdämmerung" genoß, studierte Bormann im Wagnerschen Gästehaus seine Akten. Opern langweilten ihn, und Wagners zeitraubende Musikdramen erst recht. Mit den „Meistersingern", die er zwangsweise jedes Jahr einmal zu Beginn des Parteitags in Nürnberg besuchte, war sein Bedarf mehr als gedeckt. Er wußte, was nur wenige Deutsche ahnten: Auch das Schicksalsdrama der Deutschen ging einem Höhepunkt entgegen. Der Monat August des Jahres 1939 hatte begonnen.
Nach Nürnberg fuhr die Wagenkolonne am nächsten Tag. Hitler ließ sich auf dem Parteitagsgelände durch die schon aus den Fundamenten herauswachsenden Monumentalbauten führen – von Bormann, der neben seinen anderen Aufgaben auch dort oberste Weisungsbefugnis hatte.
Am folgenden Vormittag starteten sie zum Obersalzberg; beim Anblick der Gipfel faßte der Diktator seine folgenschwersten Entschlüsse. Es ging um Krieg oder Frieden, genauer, ob der Krieg, den er bereits am Anfang seiner politischen Laufbahn eingeplant hatte, jetzt oder später zu beginnen sei.
Das Jahr hatte scheinbar friedfertig angefangen. In Berlin war der Neubau der Reichskanzlei mit seinen riesigen Sälen eingeweiht worden. Bei dem Festakt vor 8000 Arbeitern im Berliner Sportpalast war Bormann nicht im engsten Kreis des Führergefolges aufgetreten; die Zeitungsleute entdeckten ihn auf der Tribüne der Ehrengäste und nannten ihn bei der Aufzählung der Prominenz vor Robert Ley an erster Stelle.
Mitte März begann Hitler die Temperatur im ohnehin schon überhitzten Kessel der Weltpolitik mit einer Kette von Aktionen hochzutreiben. Der Rest des tschechoslowakischen Staatsgebiets wurde besetzt und als Protektorat dem Reich eingegliedert. Die Litauer mußten das Memelgebiet abtreten, und die Polen waren erkennbar als nächstes Opfer ausersehen. Was mit ihnen geschehen sollte, ersann Hitler ebenfalls auf dem Berghof und faßte es in seiner Anweisung für den „Fall Weiß" zusammen.
In Wilhelmshaven hatte er kurz zuvor das Schlachtschiff „Tirpitz" vom Stapel gelassen, bald danach Truppen in Österreich inspiziert, immer von Bormann begleitet. Im Mai fuhren sie sieben Tage lang durch die Westwall-Befestigungen, und anschließend führte ihnen eine Division der SS-Verfügungstruppe (später Waffen-SS) auf dem Truppenübungsplatz Munsterlager eine Übung

mit scharfer Munition vor. In Bormanns Pullacher Wohnung hielt Hitler Ende Juli eine Geheimbesprechung ab, bei der er seine engsten Parteimitarbeiter auf einen möglichen Vertrag mit Stalin vorbereitete. Ein paar Tage später führte die Luftwaffe auf dem Erprobungsflugplatz Rechlin ihre neuesten Errungenschaften vor. Am 7. August bekam der Danziger Gauleiter Albert Forster auf dem Obersalzberg Weisungen, wie die Krise mit den Polen zu schüren sei. Am 24. August morgens um 1 Uhr erhielt Hitler auf dem Berghof die Gewißheit, daß sein „Teufelstrank" gemixt war: In Moskau war der deutsch-sowjetische Nichtangriffspakt unterschrieben worden. Bormann, der vom Antibolschewismus her gesehen nicht so schnell umschalten konnte, nannte ihn in seinem Tagebuch verschämt einen deutsch-russischen Pakt.

Nach dem Mittagessen brachen sie zum 50 Kilometer entfernten Flugplatz Ainring auf und landeten um 18.40 Uhr in Berlin. „Ab 25. 8. läuft in aller Stille die deutsche Mobilmachung", notierte Bormann am nächsten Tag. Und dazu: „Die für den 26. 8. vorgesehene Reichstagssitzung fällt aus; der Parteitag wird nicht abgesetzt, sondern nur verschoben." Angekündigt war er als „Parteitag des Friedens" – zur Tarnung. Noch blieb die Entscheidung offen. Würde England die Polen preisgeben, könnte sich Hitler im Reichstag für die friedliche Eroberung von Danzig und des Korridors feiern lassen.

Die Abgeordneten waren schon für den 25. August nach Berlin bestellt worden. Die prominentesten unter ihnen wollten von Bormann Informationen, doch es lag nicht einmal bei Hitler eine präzise Entscheidung vor. Sie wohnten in Hotels rund um die Kroll-Oper, dem Sitzungssaal. Nur stundenweise und nach Abmeldung bei einem zum Hauskommandanten ernannten Kollegen durften sie sich entfernen. Am 27. August wurden sie am späten Nachmittag in den Botschaftersaal der Neuen Reichskanzlei gerufen. Von Bormann, Himmler und Goebbels begleitet, erschien Hitler. Wenn seine Forderungen nicht erfüllt würden, sagte er, sei der Krieg unvermeidlich, und dabei werde er selbst „in der vordersten Linie" stehen. Als Zuhörer notierte Generaloberst Franz Halder, Chef des Generalstabs: „Applaus befehlsgemäß, aber dünn."

Die Abgeordneten durften einstweilen heimreisen. Noch wurde verhandelt, vor allem Göring bemühte sich, die diplomatischen Fäden nicht abreißen zu lassen. „Die deutsche Mobilmachung", vermerkte Bormann am 29. August, „läuft trotz aller Verhandlungen in aller Stille weiter."

Rudolf Heß und damit indirekt dessen Stabsleiter bekamen am 30. August zusätzliche Funktionen: Ein „Reichsverteidigungsrat" zur „einheitlichen Leitung der Verwaltung und Wirtschaft" wurde zusammengestellt, und der Stellvertreter des Führers hatte in dem nur sechsköpfigen Gremium einen Sitz. Das klang imponierend, wie immer, wenn Hitler Ämter und Aufträge verteilte. Doch meist erwiesen sie sich im Alltag als pure Dekorationen, weil er sich selber die wichtigsten Entscheidungen vorbehielt und weil er stets dafür sorgte, daß man sich in seinem Gefolge um Kompetenzen stritt. So würdigte Bormann die neue Institution in seinem Tagebuch mit keinem Wort. Er notierte: „Am Donnerstag, 31. 8., wird die deutsche Mobilmachung beendet sein."

Erst an diesem Tag entschied sich Hitler. Um 12.40 Uhr unterschrieb er die

„Weisung Nr. 1 für die Kriegsführung", den Befehl zum Angriff für den nächsten Morgen. Den Entschluß faßte er allein, niemand aus seiner Umgebung wurde dazu gehört. Er brauchte keine Ratgeber, nur Befehlsvollstrecker. Bormann hatte dafür zu sorgen, daß die inzwischen wieder herbeigerufenen Abgeordneten möglichst vollzählig antraten. Die Sitzung wurde auf zehn Uhr des folgenden Tages angesetzt, aber das wurde erst nach Mitternacht in den Hotels bekanntgegeben. Daß die Entscheidung schon gefallen war, konnten die Abgeordneten morgens kurz vor sechs Uhr erfahren, als im Radio ein Aufruf Hitlers verlesen wurde; doch weil sie spät schlafen gegangen waren, hörten viele erst im Wandelgang vor dem Sitzungssaal die Neuigkeit. Bormann, ebenfalls Abgeordneter und bei der Wahl 1938 auf den achten Platz der Reichsliste vorgerückt, trat erst mit dem Führergefolge in den Saal. Hitler trug das Feldgrau des Heeres, aber im Schnitt war es die Uniform der Partei. Er sagte, er werde den Frontsoldatenrock, „der mir selber der heiligste und teuerste war... nur ausziehen nach dem Sieg – oder ich werde dieses Ende nicht mehr erleben".

Bei Durchsicht der Archive fällt auf, daß der sonst so betriebsame Bormann in jenen kritischen Tagen weniger Papier als üblich in den Parteiapparat hineinpumpte. Er hatte – wie der Chef eines Generalstabes – alles Organisatorische für den Kriegsfall vorbereitet. So konnte er in der Reichskanzlei an der Seite Hitlers bleiben.

Um die Mittagszeit des 3. September wartete er im Vorzimmer, zusammen mit den meisten Reichsministern und den Parteigrößen. Nebenan, im Arbeitsraum, übersetzte Chefdolmetscher Paul Schmidt für Hitler und Ribbentrop das Ultimatum der britischen Regierung. Es enthielt bereits die Kriegserklärung, und von Frankreich war sie zu erwarten. Als Schmidt dies im Vorzimmer bekanntgab, wurde den dort Wartenden klar, daß aus dem Überfall auf Polen ein Weltkrieg geworden war. Fast alle hatten sich davor gefürchtet, aber außer Göring hatte keiner versucht, den Krieg zu verhindern. Von Bormann gibt es keine Stellungnahme; er vertraute auf das Genie des Führers.

Wer von Hitler als Begleiter ins Hauptquartier ausersehen war, erhielt den Befehl: „Gepäck bereithalten. Abfahrt heute abend." Ein Sonderzug stand auf dem Stettiner Bahnhof, mit dem sich Hitler – so verkündete er in einem Aufruf – „heute an die Front" begeben würde.

Bis zum Ende des Monats September blieb der Zug das Hauptquartier. Bormann hatte seine Mini-Kanzlei in einem der zehn D-Zug-Wagen. Sie wurden von zwei Lokomotiven gezogen und von gepanzerten, mit Vierlingsgeschützen armierten Waggons geschützt. Hitlers Aufenthaltsraum, sein Schlafabteil, sein Badezimmer und die Abteile seiner Adjutanten waren im ersten Wagen. Dahinter kam der Befehlswagen mit Konferenzraum und Nachrichtenstelle, ausgerüstet mit Fernschreiber, Sprechfunk und anderen Funkgeräten. Im nächsten Waggon war Bormann einquartiert. Ihn zählt der Reichspressechef Dietrich, gleichfalls ein Zugbewohner, in seinem Siegesbericht über den Polenfeldzug in der Passagierliste weit hinten unter dem Stichwort „ferner" auf; er behauptet, Bormann sei für die „Ausführung und Weitergabe aller Anordnungen des Führers, ...die in das Aufgabengebiet der Partei fallen", zuständig. Darin steckt der Rollenneid eines Konkurrenten.

Bormann wurde während der Fahrt auch der Verbindungsmann zum staatlichen Sektor, denn Ribbentrop, Lammers und Himmler folgten in einem anderen Zug, und Göring blieb im Oberkommando der Luftwaffe.

Vom jeweiligen Standquartier des Zugs aus erkundeten der Oberste Kriegsherr und sein Gefolge mit dreiachsigen Kraftwagen das eroberte Land, manchmal bis dicht hinter die vordringende Front. Zusammen mit den Panzerspähwagen des militärischen Begleitkommandos, das von Generalmajor Erwin Rommel, dem späteren Generalfeldmarschall geführt wurde, war dies eine stattliche Kolonne. Zu ihr stießen die Autos hoher Militärs, Staatsbeamter und Parteifunktionäre, die ebenso das Kriegsschauspiel genießen wollten. Von ihnen fühlte sich Bormann abgedrängt und beschwerte sich bei Rommel. Doch der war keiner von den gemütlichen Schwaben. „Ich bin kein Kindermädchen", schrie er. „Wenn Sie unbedingt wollen, müssen *Sie* aufräumen!"

Zu dieser Zeit schickte sich Hitler an, in die Rolle des Feldherrn zu schlüpfen. Mit ungeteilter Aufmerksamkeit studierte er das Wirken der Militärs, mit dem Ziel, in der Kriegskunst ein Meister zu werden. Die Politik war nebensächlich geworden. Bormann mußte über den Nachrichtenwagen die „Heimatfront" intakt halten. „Keiner melde mir, daß in seinem Gau die Stimmung einmal schlecht sein könnte", hatte Hitler in seiner letzten Rede gewarnt. Der Parteiapparat mußte in Schwung gehalten werden. Die Flut der aufmunternden Schlagworte durfte nicht verebben. Die Wachsamkeit gegen Nörgler und Miesmacher mußte geschärft werden. Den zu Reichsverteidigungskommissaren ernannten Reichsstatthaltern mußte der Rücken gestärkt werden, damit sie sich von den Militärs in den Generalkommandos der Wehrbezirke nicht als „vollziehende Gewalt" ausschalten ließen.

In eine richtige Staatsaktion geriet Bormann erst wieder am 18. September. Hitler war als der triumphale Sieger in Danzig eingezogen, hatte in einer Rede den Polenkrieg nach 18 Tagen für beendet erklärt – obwohl immer noch gekämpft wurde.

In diesen Stunden griff er ein Problem auf, dessen Lösung er schon lange mit sich herumtrug. Es lief bei ihm unter dem Stichwort „Euthanasie", was eigentlich Sterbehilfe für unheilbar Leidende bedeutet, die sich den Tod wünschen. Hitlers Plan aber war die „Vernichtung unwerten Lebens", nämlich der Massenmord an hilflosen Geisteskranken. Versteckt hinter dem Kriegsgeschehen sollte das Reich von unnützen Essern befreit sowie Lazarette und Pflegepersonal freigemacht werden. Wenn schon die Träger wertvollen Blutes auf den Schlachtfeldern sterben mußten, dann sollte das minderwertige Erbgut nicht überleben. Das entsprach Hitlers Vorstellungen von der Rassenbiologie.

Bormann kannte diese Pläne längst. Hitler hatte sie schon 1935 dem zu Bormanns Stab gehörigen und inzwischen verstorbenen Reichsärzteführer Gerhard Wagner mitgeteilt; vor einigen Monaten hatte Karl Brandt, der Begleitarzt Hitlers, in dessen Auftrag Ärzte in Leipzig ermächtigt, ein blind und idiotisch geborenes Kind zu töten. Die Eltern hatten um diesen „Gnadentod" in einem Brief an Hitler gebeten. Dieses Schreiben war damals zuständigkeitshalber in der „Kanzlei des Führers" bei Reichsleiter Philipp Bouhler gelandet. Nun sollte sich im Zoppoter Luxushotel entscheiden, wer eine solche Aktion im großen Maßstab in Gang bringen und leiten würde.

Bormann empfand Bouhlers Kanzlei schon immer als lästige Konkurrenz um die Führergunst, um so mehr, als dort auch sein Bruder mitwirkte. Wer immer den geheimen Euthanasie-Auftrag bekam, würde dadurch ausgezeichnet. Bormann schlug deshalb vor, der ihm unterstellte Reichsgesundheitsführer Leonardo Conti, Wagners Nachfolger, sollte die Aktion übernehmen; mit diesem Arzt war er noch aus der Hilfskassen-Zeit befreundet.

Der Auftrag wurde nicht sofort vergeben; die Bewerber durften nur ihre Vorschläge vortragen. Auch Reichsminister Hans Heinrich Lammers, Chef der Reichskanzlei und zuständig für die juristische Seite, wurde zugezogen. Seine Argumente müssen bei Conti Bedenken ausgelöst haben, da er ein Staatsgesetz verlangte, das Ärzte, Anstaltsleiter und Pflegepersonal zum Töten ermächtigte, denn sie würden sich sonst alle strafbar machen. Darauf wollte Hitler keinesfalls eingehen. Es paßte ihm auch nicht, daß Conti die Opfer mit übergroßen Dosen von Betäubungsmitteln umbringen wollte; diese Methode war ihm zu langwierig.

Er entschied sich erst Ende Oktober; Bouhler und der Chirurg Karl Brandt bekamen den Auftrag. Als Legitimierung erhielten sie nur ein paar maschinengeschriebene Zeilen auf dem privaten Bogen Hitlers, mit dem Namen und einem goldenen Reichsadler links oben als Briefkopf. Der als „geheim" klassifizierte Text ermächtigte Bouhler und Brandt, Ärzten die Genehmigung zur Tötung unheilbarer Kranker zu geben.

Der Wettstreit um die Zuständigkeit für einen Massenmord – nach Brandts späterem Eingeständnis waren es etwa 60 000 Opfer – ist typisch für die totale Unterwerfung des einzelnen unter die Parole „Führer befiehl, wir folgen". Reichsleiter Bouhler war bis dahin mit seiner „Kanzlei des Führers" für die Öffentlichkeit nahezu unbekannt geblieben. Er hatte es hinnehmen müssen, daß sein Amtsbereich durch Bormanns Partei-Kanzlei ständig geschmälert wurde – mit der Begründung, Bouhler habe die Einzelfälle, das Amt Heß dagegen das Grundsätzliche zu bearbeiten. Nun wollte auch Bouhler seinen Beitrag zum historischen Geschehen leisten. Er hatte sich zu seiner Bewerbung die Fürsprache von Göring, Himmler und Frick gesichert, mit deren Unterstützung er rechnen konnte, wenn es galt, den Konkurrenten Bormann zu bremsen. Nach dem Krieg hat sein Stellvertreter Viktor Brack als Angeklagter im Nürnberger Ärzteprozeß ausgesagt, Bouhler und Brandt hätten sich nur beworben, damit der Auftrag nicht Bormann und Conti zugefallen sei, da bei diesen „die Euthanasie... keinesfalls auf unheilbare Geisteskranke beschränkt" geblieben wäre. Das mag die übliche, nachträglich vorgebrachte Schutzbehauptung („um Schlimmeres zu verhüten") gewesen sein. Sicher ist jedoch, daß Bormann auch in diesem Fall jeden Befehl Hitlers ohne Gewissensbisse ausgeführt hätte.

Zu erwägen bleibt noch, ob er diesen Auftrag unbedingt wollte. Er hätte ihn ohnehin an Conti weitergeben müssen, und an dessen Loyalität begann er gerade zu zweifeln. Vielleicht wollte er nur, wie bei einer Versteigerung, die Bedingungen hochtreiben. Es konnte nichts schaden, wenn Bouhler mit einer so schwierigen Sache beschäftigt wurde. Und bald bekam Bormann die Genugtuung, daß seine Hilfe doch gebraucht wurde, denn bei der Mordaktion gab es Pannen. So war es ein Fehler, daß für die Benachrichtigung der Angehörigen von Opfern Schemabriefe verwendet wurden. Danach verstarben Geisteskranke an Blinddarmentzündung, obwohl sie den Blinddarm längst nicht mehr hatten. Bischöfe protestierten, und der Stuttgarter Generalstaatsanwalt intervenierte beim Reichsjustizminister wegen ,,Fällen unnatürlichen Todes in Heil- und Pflegeanstalten''.

Im Volk sickerte durch, was in den Heilanstalten geschah. Die Parteidienststellen im Land waren ratlos und fragten beim Amt Heß an, was hier wohl geschehe und wie sie sich verhalten sollten.

So wollte auch der an Streichers Stelle den Gau Franken führende Kreisleiter Zimmermann wissen, was es mit einer in der Anstalt Neuendettelsau tätigen Ärztekommission für eine Bewandtnis habe. Bormann konnte natürlich nicht schwarz auf weiß zugeben, daß Todeskandidaten ausgesucht wurden. So schrieb er – Ende September 1940 –, die Kommission ,,untersteht der Kontrolle des Herrn Reichsleiters Bouhler, bezw. ist in dessen Auftrag tätig''. Zu Zimmermanns Meldung, daß durch die vielen Sterbefälle Unruhe in der Bevölkerung entstanden sei, schrieb Bormann, zwar würden die ,,Benachrichtigungen an die Verwandten... textlich verschieden abgefaßt'', aber es könne schon ,,einmal passieren, daß zwei nahe beieinander wohnende Familien einen Brief mit dem gleichen Wortlaut bekommen''. Auch wenn sich die Kirchen gegen die Aktion stellten, sei es doch selbstverständlich, ,,daß alle Partei-Dienststellen die Arbeit der Kommission ... unterstützen''. (Der volle Wortlaut des Schreibens ist im Dokumentarteil Seite 459 abgedruckt.)

Natürlich bekam der Kollege Bouhler die Mängel seiner Arbeit vorgehalten. Deshalb wurde Bracks Stellvertreter, der Parteigenosse Blankenburg, auf Rundreise zu den Gauleitungen geschickt. Was er dort sagte, wurde Anfang Oktober 1940 vom Protokollführer einer solchen Konferenz in Stichworten festgehalten: ,,Fehlschläge bisher kaum eingetreten. 30 000 erledigt. Weitere 100 000–120 000 warten. Den Kreis der Eingeweihten sehr klein halten. Wenn notwendig, Kreisleiter rechtzeitig verständigen. Wenn möglich, Aufstellung liefern: 1. Anstalten, 2. Einstellung der Ärzte, 3. Wo liegt die Anstalt? 4. Wer ist Kreisleiter? Der Führer gab die Anordnung. Gesetz liegt fertig. Heute werden nur klare Fälle von 100 % erledigt, später tritt eine Erweiterung ein. Die Benachrichtigung wird ab sofort in geschickter Form gemacht.''

Doch mittlerweile waren diese Vorgänge in der Öffentlichkeit bekanntgeworden und nicht mehr aus der Welt zu schaffen. Deshalb, und nicht aus Gewissensgründen, wurden die Aktionen durch einen mündlichen Befehl Hitlers an Brandt im August 1941 abgebrochen. Bouhler hatte sich damit keine Verdienste erworben. Er hatte zu einem Zeitpunkt abgewirtschaftet, als Bormann sich dem Zenit seiner Macht näherte.

Zunächst sah es jedoch so aus, als werde der Krieg den Reichsleiter Bormann aus dem Wettbewerb um die Macht werfen. Bei Kriegsausbruch hatte er voll Stolz an Lammers geschrieben: „Ich werde auch weiterhin ständig zur Begleitung des Führers gehören, werde also nach der Abreise des Führers aus Berlin den Stellvertreter des Führers bei den Besprechungen des Ministerrats für die Reichsverteidigung nicht vertreten können." Diese Vertretung war demnach die Regel; die anderen Ratsmitglieder, in erster Linie Göring, Frick, Lammers und der Wirtschaftminister Funk, waren wegen der Absage gewiß nicht traurig. Sie hätten, von Hitler bevollmächtigt, eigentlich gemeinsam – vorbei an dem sich auf die Kriegsführung spezialisierenden Kanzler und ohne dessen machthungrigen Schatten – regieren können. Daraus wurde nicht viel. Göring war zu bequem, Frick zu trocken-bürokratisch, Lammers zu ängstlich und Funk nicht ehrgeizig genug.

Weil sie stets damit rechnen mußten, daß Hitler korrigierend eingreifen würde, beschlossen sie, um ja nichts falsch zu machen, alle nicht kriegswichtigen Entscheidungen zu vertagen.

Ihre Selbständigkeit wurde auch bald geringer. Vom 6. Oktober 1939 an war das ganze Hauptquartier wieder in Berlin. Stolz bemerkte Bormann am nächsten Tag in seinem Kalender, daß ihm für einen Abstecher nach München und auf den Obersalzberg das neue Condor-Flugzeug des Führers zur Verfügung gestellt wurde. Beschäftigt war er vorwiegend mit den neuen Gauen Danzig und Wartheland. In der alten Hansestadt regierte der bisherige Gauleiter Forster weiter. Für die einstmals preußische Garnisonstadt Posen mußte ein neuer Mann gefunden werden. Bormann hatte vorgeschlagen, dort den bisherigen Danziger Senatspräsidenten Greiser zum Gauleiter zu ernennen, und so geschah es. Beiden Gauleitern wurde befohlen, ihre Gebiete möglichst rasch „deutschblütig" zu machen, also frei von Polen und Juden. Wie sie das schafften, sei ihre Sache; wenn sie Vollzugsmeldung erstatteten, würde sie niemand danach fragen. Die Mittel dazu wurden ihnen vorgeführt und bereitgestellt: Die Einsatzgruppen der SS waren schon mit Morden und Deportationen am Werk.

Generaloberst Franz Halder, Chef des Generalstabs, erhielt darüber von entsetzten Militärs Meldungen. Am 5. Oktober schrieb er in sein Tagebuch: „Judenmorde – Disziplin." Am gleichen Tag hörten Hitler und Bormann von Forster, die Wehrmacht zeige kein Verständnis für seine „bevölkerungspolitischen Maßnahmen". Deshalb eröffnete Hitler nicht ganz zwei Wochen später dem Chef des Oberkommandos der Wehrmacht, Generaloberst Wilhelm Keitel, daß in Polen eine Zivilverwaltung die Militärs ablösen werde. Zu diesem Gespräch waren der zum Generalgouverneur ernannte Hans Frank, Frick und Bormann hinzubefohlen. Was Hitler wollte, sagte er deutlich genug: „ Die Durchführung bedingt einen harten Volkstumskampf, der keine gesetzlichen Bindungen gestattet." Die Wehrmacht war dafür nicht geeignet.

Das eroberte Land wurde für Bormann und die neuen Gauleiter zum Experimentierfeld. Gesetze, die im Reich den Tatendrang hemmten, galten hier vielfach nicht; in den Gauen und erst recht im Generalgouvernement ließ sich radikal durchführen, was nach NS-Grundsätzen „dem Volk nutzt". Aus seiner Personalkartei fischte Bormann fanatische und skrupellose Parteigenossen für den Aufbau einer Verwaltung. Daß sich diese bereicherten und – anders als die auf kleine Rationen gesetzten Bürger im Reichsgebiet – wie die Vögel im Hanfsamen lebten, störte ihn nicht. Ärgerlich war, daß sich die wohlgenährten Funktionäre Polinnen zuwandten und daß dies im Frühjahr 1940 auch noch Hitler zu Ohren kam. Bormann wurde angewiesen, Innenminister Frick mitzuteilen, er möge solche artvergessenen Beamten „augenblicklich und ohne Pension aus dem Staatsdienst entlassen".

Das war jedoch rechtlich nicht möglich, und so versuchte es Frick mit Ausflüchten. Wenn schon, machte er geltend, müßte auch der Geschlechtsverkehr mit Tschechinnen verboten werden, und das Verbot müßte dann auch für Soldaten gelten. Konstantin von Neurath als Reichsprotektor in Prag und Hans Frank als Generalgouverneur in Krakau mußten Stellungnahmen abgeben. Die Aktion verstaubte schließlich ohne greifbare Ergebnisse in den Aktenschränken. Der sonst so zuverlässige Bormann mahnte nicht einmal. Hatte er Verständnis für den sexuellen Notstand der Parteigenossen? Naheliegender ist, daß er deren Sünden archivieren ließ, weil ein schuldiggewordener Mensch meist auch gefügig ist.

Das waren jedoch keine weltbewegenden Geschichten, und Bormanns Rolle war dabei relativ bescheiden, vergleichbar vielleicht mit einem Schiffskapitän, dem vom Admiral des ganzen Verbandes der Kurs vorgeschrieben wird. Da er jedoch häufiger als die Kapitäne der anderen Schiffe Gelegenheit hatte, mit dem Admiral über Route und Ziele zu sprechen, darf angenommen werden, daß er sie doch beeinflussen konnte. Wenn ihn Frank einen Ja-Sager und Speichellecker nennt, ist das nur die halbe Wahrheit. Die andere Hälfte bildet die uneingeschränkte Bewunderung und die völlige Ergebenheit eines Primitiven, der in den Bannkreis eines genialischen Psychopathen geraten war. Opponenten duldete Hitler ohnehin nicht in seiner Umgebung; er brauchte die Bestätigung als Antrieb. Die gab ihm Bormann. Trotzdem dürfte er in der Zeit zwischen Kriegsausbruch und dem Frühjahr 1941 weniger bewirkt haben als zuvor oder gar danach. Denn in dieser Zeit war Hitler mit Planung und Strategie seiner Feldzüge beschäftigt, und für Militärisches war sein brauner Schatten nicht zuständig.

Bei der traditionellen Erinnerungsfeier an den Münchner Putsch mußte Bormann natürlich dabeisein. Am 7. November 1939 stieg er spät am Abend in Berlin in den Führer-Sonderzug. Ein paar Tage zuvor war noch fraglich gewesen, ob dieses Spektakel überhaupt stattfinden würde; die große Offensive an der Westfront sollte, entgegen dem Rat der Generäle, in diesen Tagen beginnen, und sie war auch während der nächtlichen Bahnfahrt nach Süden noch nicht abgesagt. Bormann begleitete am nächsten Tag Hitler bei einem Besuch in eine Münchner Klinik. Er durfte darin einen Vertrauensbeweis sehen. Dort lag Lady Unity Mitford, von der gesagt wurde, sie sei einmal Hitlers Geliebte gewesen. Sie hatte sich aus Verzweiflung über den Ausbruch des Kriegs mit ihrem Heimatland eine Pistolenkugel in den Kopf geschossen und wurde nun auf

Hitlers Befehl von den besten Chirurgen der Stadt behandelt. Am Abend, pünktlich um 20 Uhr, stapfte Bormann dann in der Spitzengruppe des sich drängenden Führergefolges in den Bürgerbräukeller zu den freigehaltenen Plätzen in der Nähe des Rednerpultes. Um 21.07 Uhr schmetterte Hitler sein abschließendes „Sieg Heil" in den Saal, und die Nationalhymnen waren kaum verklungen, als er auch schon zum Auto hastete. An den fahrplanmäßigen D-Zug nach Berlin, Abfahrt 21.31 Uhr, waren für ihn und wenige Begleiter Sonderwagen angehängt worden. Der Zug stand noch auf dem Münchner Hauptbahnhof, als im Bürgerbräukeller um 21.20 Uhr hinter der Holzverkleidung einer gemauerten Säule nahe beim Rednerpult eine Bombe explodierte. Diese minutiösen Zeitangaben sind insofern wichtig, als dieses Attentat vielfach als bestellte Arbeit angesehen wurde. Gegen diese Hypothese spricht vieles, doch der Streit darüber gehört nicht hierher. Bormanns Kalendereintragungen, vermutlich erst am nächsten Tag verfaßt und keineswegs für die Öffentlichkeit bestimmt, lassen darauf schließen, daß er von der Bombe nichts wußte. Sein Text: „In Nürnberg erreicht uns im Zug die Nachricht, daß 8 Minuten nach unserer Abfahrt in München Bürgerbräukeller durch Sprengstoffattentat zerstört; 8 Tote, 60 Verwundete." Alle Zahlenangaben sind falsch; sie wären wohl exakt, wenn der Text als Täuschungsmanöver hätte dienen sollen. Für ein echtes Attentat spricht auch eine Szene, die sich am späten Vormittag nach der Ankunft in Berlin abspielte. Hitlers Fahrer und Fuhrparkleiter Kempka hatte schon vor längerer Zeit einen stark gepanzerten Mercedes bestellt, aber sein Chef hatte sich bisher geweigert, ihn auch nur anzusehen. Nun besichtigte er den Wagen und fand ihn zweckmäßig. Zu Bormann sagte er, er werde von nun an nur noch dieses Fahrzeug benutzen . „Ich weiß nicht, welcher Idiot mir noch einmal eine Bombe vor den Wagen wirft."

Weil er an diesem Tag den Angriff im Westen auf unbestimmte Zeit verschob, blieb es vorläufig beim „Sitzkrieg". Immer in Hitlers Fußstapfen pendelte Bormann als Passagier im Sonderzug den Rest des Jahres und auch die ersten zwei Monate des nächsten zwischen Berlin, München und Obersalzberg. Nur während der Weihnachtstage besuchten sie Soldaten in frontnahen Gebieten. Volksverbunden feierten sie vor Tannenbäumen und bei Kerzenschein die Geburt des Stifters einer Religion, die sie abzuschaffen im Begriff waren. „Weihnachtsfeier" steht dreimal in Bormanns Kalender, obwohl der Besuch in Bad Ems der Leibstandarte galt, die gemäß Himmlers Weisung ein Jul-Fest beging.

Mit dem christlichen Glauben und den Kirchen beschäftigte sich Bormann sehr viel in den ereignisarmen Monaten des Jahres 1940. Davon wird später in einem anderen Zusammenhang noch die Rede sein. Hitler hatte jetzt mehr Zeit für die Partei; die Wehrmacht hatte ihre Weisungen. Das längst fällige und schon geschilderte Parteigerichtsverfahren gegen den Gauleiter Streicher genehmigte er endlich. Rosenberg bekam den Auftrag, als weltanschaulicher Schulungsleiter für die Nachkriegszeit eine „Hohe Schule" als „zentrale Stätte der nationalsozialistischen Forschung" vorzubereiten. Ley wurde angewiesen, Vorschläge für eine „umfassende und großzügige Altersversorgung des deutschen Volkes" auszuarbeiten. Hin und wieder wurden Parteigrößen in die Reichskanzlei zu Tisch geladen. Bormann hatte dort wie auf dem Obersalzberg und später in den Hauptquartieren seinen Stammplatz gegenüber dem Hausherrn. Die Tafel war einfach – oft gab es Eintopfgerichte. Hitlers Gäste mußten Lebensmittelkarten abliefern wie im Gasthaus, und die Küche mußte mit den allgemeinen Rationen auskommen. Arbeitsgespräche gab es selten; Hitler wünschte sie nicht, und seine Getreuen vermieden sie in dieser Runde, weil sie einander mißtrauten.

Typisch war ein Tischgespräch, bei dem Ende Januar 1940 unter anderen Heß, Rosenberg, Lammers und natürlich Bormann zugegen waren. Erzählt wurde von einem Kapitän der Handelsmarine, der nach vielen Jahren wieder einmal Odessa angelaufen und berichtet hatte, daß er bei den Behörden der neuen Sowjet-Freunde im Gegensatz zu früher keinem einzigen Juden begegnet sei. Hitler meinte, wenn dies der Anfang einer neuen Entwicklung sei, werde sie zu einem schrecklichen Pogrom führen, so daß der Westen am Ende ihn bitten müsse, im Osten für Humanität zu sorgen. Die Runde fand das sehr spaßig, um so mehr, als Hitler noch scherzte, er werde dann als Präsident eines Kongresses zum Schutz der Juden Rosenberg zu dessen Sekretär machen. Neuerdings – so erzählte Hitler weiter – werde in der Sowjetunion ein Film gezeigt, der sich kritisch mit dem Einfluß des Vatikans auf die Polen beschäftige. Ob der nicht mal zu bekommen sei? Rosenberg mimte Bedauern: „Vom Vatikan darf man doch bei uns nichts zeigen." Bormann stieß ihn laut lachend an: „Sowas kann man eben nur in Rußland sehen, leider!" Auch er hätte sich, wie seinerzeit Ribbentrop in Stalins Gesellschaft bei der Unterzeichnung des Moskauer Paktes bei den Sowjetkommunisten, wie unter altgedienten Parteigenossen gefühlt.

Aus jenen Februartagen des Jahres 1940 sind zwei Eintragungen in Bormanns Kalender insofern bemerkenswert, als sie über die übliche Erwähnung eines Fahrtziels oder eines Aufenthalts hinausgehen und ihre eigentliche Bedeutung erst durch ein späteres Ereignis gewinnen. Zu der in jedem Jahr stattfindenden Parteigründungsfeier am 24. Februar war Hitler mit Bormann im Sonderzug nach München gefahren, hatte im Hofbräuhaus vor den NS-Veteranen die übliche Rede gehalten, und anschließend war der engste Kreis ins Café Heck gezogen, dem Stammlokal der frühen Zeit. Bormann notierte: „Disput des Führers mit R.H. über Heilkundige und Magnetopaten." Dieses letzte Wort war ihm nicht geläufig; es müßte richtig Magnetopathen geschrieben werden. Um so vertrauter war dieses R.H., nämlich Rudolf Heß. In ihm hatten Heilpraktiker, Homöopathen, Naturapostel aller Art, Astrologen, Hellseher einen Schutzheiligen, wenn sie von den auf simplen Rationalismus eingeschworenen Parteifunktionären bedrängt wurden. Bormann hat über diese Neigung seines Vorgesetzten machmal massiv gespottet; sie war ihm, dem simplen Realisten, schlechthin unbegreiflich. Da er sich jedoch in dienstlicher Hinsicht gegenüber Heß stets loyal verhielt, kann nicht ohne weiteres angenommen werden, Bormann habe mit solchen Späßen dessen Ansehen bei Hitler bewußt untergraben.

Es ist aber auch nicht auszuschließen, daß sich solche Bemerkungen bei Hitler summiert hatten und daß er nun die seltene Gelegenheit eines Zusammentreffens mit Heß an privatem Ort wahrnahm, um jenem die Leviten zu lesen. Vielleicht hatte ihm auch seine Rede im Hofbräuhaus den Anstoß dazu gegeben, als er sich mit einem Magneten verglich, der „dauernd über das deutsche Volk streicht" und dabei neue Kräfte weckt. Das Wort „Disput" verrät auch, daß Heß seine Überzeugung verteidigte. Es gibt ein Indiz, daß er, der sehr starrsinnig sein konnte, jede Belehrung ablehnte: Als Hitler am nächsten Tag im Sonderzug nach Berlin zurückfuhr, beschäftigte ihn noch immer das Thema. In seinem Salonwagen kam es zu einem langen „Gespräch des Führers mit M.B. über das Thema ,Aberglaube und Medizin' und Prominente." (So der Eintrag im Kalender.) Dazu konnte Bormann einiges beisteuern. In seiner Personalkartei und in den ihm zur Verfügung stehenden Archiven des SD war manche Eigenart führender Parteigenossen verzeichnet, und als Musterbeispiel konnte auch Himmler dienen, der darauf schwor, daß in den Praktiken der Kräuterweiblein und der Schäfer manche alte Volksweisheit stecke. Immerhin geriet Heß durch dieses Gespräch nicht in Ungnade; zwei Monate später, an seinem 46. Geburtstag, besuchte ihn in seiner Berliner Wohnung der Gratulant Hitler, was nach den Maßstäben des Dritten Reiches als besondere Auszeichnung galt.

Trotzdem hielt es Bormann für nötig, im Reichsverfügungsblatt der NSDAP „vertraulich" und „nicht zur Veröffentlichung" dem Führerkorps mit einer ausführlichen „Klarstellung" wieder einmal die Befugnisse und die Bedeutung seines Amtes in Erinnerung zu bringen. Zwar seien, heißt es dort, die Schreiben seiner Sachbearbeiter nicht als „eigene Meinungsäußerungen des Führers" zu verstehen, aber „in allen die Führung der Partei betreffenden Fragen" sei „der Stellvertreter des Führers" – und das war praktisch Bormann – „oberste und letzte Instanz unter dem Führer". Ausführlich wurden die Politischen Leiter belehrt, daß sie „Anregungen und Vorschläge für die Gesetzgebung" nur über dieses Amt den zuständigen Ressortministern zuleiten dürften. Außerdem habe bei der Ernennung von Beamten keine andere Parteidienststelle mitzubestimmen.

Dieser Ukas datiert vom 9. Mai 1940, aber er lag bestimmt schon früher unterschriftsreif auf Bormanns Tisch. Denn an diesem Tag stieg er um 16.38 Uhr mit Hitler und dem übrigen Gefolge in den Sonderzug. Weil die Abfahrt geheim bleiben sollte, wurde sie auf den Berliner Vorortsbahnhof „Finkenkrug" verlegt. Der Zug fuhr – so der Tagebuchvermerk – „zunächst der Tarnung wegen in Richtung Hamburg, dann über Uelzen – Celle nach Euskirchen". Die meisten Passagiere durften nicht einmal wissen, wohin die Reise ging, doch Bormann gehörte zu den wenigen Eingeweihten, und er wußte auch, wo er ausstieg, obwohl auf dem Bahnhof Euskirchen zuvor alle Ortsschilder entfernt worden waren. Am nächsten Morgen, pünktlich zu dem auf 5.30 Uhr festgesetzten Angriffstermin, traf die Autokolonne im „Felsennest" ein, einer mit Betonbunkern, Flakstellungen und Truppenunterkünften zum Hauptquartier ausgebauten Anhöhe im Bereich des Dorfes Rodert bei Münstereifel.

Hitler hatte das Code-Wort zur Auslösung des Angriffs im Westen erst spät am

Vorabend nach den letzten Wettermeldungen vom Zug aus durchgeben lassen, aber Bormann hatte er schon Tage zuvor über die bevorstehende Abreise informiert. Offensichtlich diente Bormanns Ukas an die Parteiorganisation dazu, die oberste Funktionärsschicht daran zu erinnern, daß sie auch bei einer möglicherweise längeren Abwesenheit Bormanns die Spielregeln einzuhalten hatte. Das war um so wichtiger, als Hitler während der nun folgenden turbulenten Wochen des Westfeldzugs keine Zeit für Parteiangelegenheiten haben würde. So kam es dann auch. Bormanns Kalenderspalten blieben viele Tage leer; er hatte so wenig zu tun, daß er erst am 20. Tag seines Aufenthalts im „Felsennest" wieder zum Stift griff und eintrug, daß es dort zum erstenmal geregnet habe.

Bormann wurde wieder aktiv, als es darum ging, in den eroberten Gebieten eine Zivilverwaltung einzurichten. Das war schon Mitte Mai so gewesen, als der Essener Gauleiter Josef Terboven zum Reichskommissar für das besetzte Norwegen ernannt wurde, und das wiederholte sich nun, als nach der Kapitulation Hollands der österreichische Anschlußspezialist Arthur Seyß-Inquart diese Funktion für die Niederlande bekam. Mit ihm, dem Polizeichef Himmler und dem Funktionär Fritz Schmidt-Münster aus dem Amt Heß hatte Bormann am 25. Mai eine „Rücksprache"– ein von ihm oft gebrauchtes Wort, das dem Gespräch die Bedeutung einer Befehlsausgabe gab. Einen Monat später, als alle Kampfhandlungen mit dem Waffenstillstand abgeschlossen waren, hatte er insofern seinen großen Tag, als er alle Kriegsgewinner der Partei, die vom Sieg im Westen profitierten, zu einer Konferenz in das im Schwarzwald gebaute Hauptquartier „Tannenberg" beordern durfte. Außer Seyß-Inquart mit Stab kamen der badische Gauleiter Robert Wagner, jetzt auch Herrscher im Elsaß, Baldur von Schirach, der als Gauleiter nach Wien gehen sollte, und Josef Bürckel, der bisher dort regiert hatte und nun wieder seinen um Lothringen vergrößerten Heimatgau Saar-Pfalz übernehmen sollte. Die Vorschläge für diesen Funktionärsschub hatte Bormann schon Wochen zuvor ausgearbeitet und von Hitler unterschreiben lassen.

Viele Tage war Bormann in jenen Wochen unterwegs – im Flugzeug, im Auto, im Sonderzug. Wann immer Hitler aus dem Hauptquartier aufbrach, war er dabei, immer mit Stift und Block in der Tasche. Nur einmal gestattete er sich einen privaten Ausflug; zwei Tage nach der Einnahme von Paris fuhr er im Kraftwagen mit dem Münchner Gauleiter Adolf Wagner in die französische Hauptstadt, verzichtete aber auf deren Genüsse. Am Abend saß er schon wieder auf seinem Platz gegenüber Hitler am Tisch des Hauptquartiers. Zwischendurch fuhr er mit Hitler zum Treffen mit Mussolini nach München, begleitete ihn zur Unterzeichnung des Waffenstillstands zum Salonwagen von Compiègne, flog mit ihm und dessen Lieblingsarchitekten nach Paris und stapfte hinter ihm her, als dieser zwei Regimentskameraden aus dem Ersten Weltkrieg die alten Kampfstätten zeigte. Der Aufbruch aus dem vorgeschobenen Hauptquartier „Wolfsschlucht", einem transportablen Barackenlager bei dem belgischen Ort Bruly le Pêche, fiel ihm schwer. „Trauriger Abschied", schrieb er in den Kalender und dazu „Großes Hühner- und Schweineschlachten". Nach vielen Wochen mit mageren Rationen aus den reichsüblichen Zuteilungen hatte das Gefolge die Erlaubnis bekommen, im Feindesland zu holen, was Ställe und Keller hergaben.

Am 9. Juli, genau zwei Monate nach der Abreise aus Berlin, rollte der Sonderzug in den Münchner Hauptbahnhof. Jetzt ehrte Hitler seinen Gefolgsmann durch eine Gunst, die nur wenigen zuteil wurde: Im Haus Bormann, Pullach, Im Sonnenwinkel, gab er ein Fest und lud dazu eine Anzahl Münchner Künstler ein als Teilnehmer an den Stunden seines privaten Triumphes. Was danach kam, war zusätzliche Ausschmückung des ohnehin glänzenden Sieges, waren Empfänge, Staatsakte, war eine Kette von Reisen zwischen den Fixpunkten Berghof, Linz, München, Berlin und einmal auch nach Essen zum Kanonenschmied Krupp, der seinen 70. Geburtstag feierte und dem Bormann im Auftrag von Heß eine Hitler-Büste überreichte.

Wie alle Parteioberen machte Bormann in dieser ruhigen Zeit auch Pläne, wie der gewaltig ausgeweitete Machtbereich am besten genutzt werden könnte. Himmler ließ von seinem Stab alerter Jungmanager als erster eine „Niederschrift über die Behandlung der Fremdvölkischen im Osten" zusammenstellen. „Der Führer", so rühmte er sich in dem Begleitschreiben an Bormann, „fand sie sehr gut, . . . gab jedoch die Anweisung, daß sie nur in ganz wenigen Exemplaren vorhanden sein dürfe." Den Ost-Gauleitern Erich Koch (Ostpreußen), Albert Forster (Danzig-Westpreußen), Arthur Greiser (Wartheland) und Polens Generalgouverneur Hans Frank wurde nur gestattet, die „Geheime Reichssache" zu lesen. Bormann dagegen bekam eine Abschrift. Vorgeschlagen wurde, die „rassisch wertvollen" Menschen aus dem polnischen Bereich herauszuziehen und einzudeutschen. Die Masse sollte als „führerloses Arbeitsvolk" zur Verfügung stehen. Für alle Zeiten sollte diesen Menschen nicht mehr beigebracht werden als „einfaches Rechnen höchstens bis 500, Schreiben des Namens, eine Lehre, daß es ein göttliches Gebot ist, den Deutschen gehorsam und ehrlich, fleißig und brav zu sein". Lesen sei nicht erforderlich.

Dieses Aktenstück war für Bormann trotz Himmlers Versicherung noch lange nicht authentischer Führerwille; er wußte am besten, wie billig und beiläufig lobende Worte von Hitler zu bekommen waren. Außerdem kam das Manuskript von der schwarzen Konkurrenz. Deshalb nutzte er Anfang Oktober 1940 eine „Rücksprache des Führers mit Generalgouverneur Dr. Frank", um in der Wohnung Hitlers nach dem Essen mit einem Gesprächsprotokoll einen eigenen Leitfaden zu diesem Thema zu verfassen. Darin wird Polen zum „Arbeitslager" bestimmt, dessen Insassen als Saisonarbeiter nur vorübergehend im deutschen Gebiet eingesetzt werden dürften. Blutsmischungen mit Deutschen müßten dabei verhindert werden. Die Polen müßten so viel verdienen, daß sie etwas Geld an ihre Familien in der Heimat schicken könnten, aber „der letzte deutsche Bauer muß wirtschaftlich immer noch zehn Prozent besser stehen als jeder Pole". Ihre katholischen Pfarrer sollten die Polen behalten, damit sie „blöd und dumm" blieben. Alle Intelligenten seien umzubringen, das sei „nun einmal das Lebensgesetz".

Wenige Monate später beanstandete Hans Frank, daß die Polen zu schlecht behandelt würden – schlechter noch, als es diese Sklavenregeln vorsahen. Weil er fürchtete, sein wirtschaftliches Soll nicht erfüllen zu können, erinnerte er Bormann an die Führer-Richtlinien anläßlich des Gesprächs. Eine Abschrift des Protokolls besaß er jedoch nicht. So konnte Bormann kaltschnäuzig antworten, er wisse als Gesprächsteilnehmer, daß solche „Entscheidungen nicht getroffen" worden seien und daß der Führer im Gegenteil auf dem Standpunkt stehe, die Polen seien keine Europäer, sondern Asiaten, die man mit der Knute behandle. Frank unterließ es, sich auf das Zeugnis eines weiteren Gastes an der Tafelrunde zu berufen, weil er von ihm schon gar keine Unterstützung erwarten durfte. Dies war der ostpreußische Gauleiter Koch, einer der rabiatesten Ostland-Funktionäre und ein gewissenloser Massenmörder, dessen Gau durch ehemals polnische Gebiete wesentlich ausgeweitet worden war. Bormann hatte sich mit ihm früher öfter gestritten, weil der selbstherrliche Regionalfürst Befehle aus München grundsätzlich ignorierte. Jetzt waren sie Freunde.
In einem Punkt erwies sich Hitlers Sklavenplan als problematisch. Die in Fabriken und auf großen Gutshöfen eingesetzten Polen begegneten nicht nur rassebewußten Nationalsozialistinnen, sondern auch Frauen und Mädchen, die sich mit dem Mangel nicht abfinden mochten, der durch die Einziehung der Männer zu den Streitkräften entstanden war. Solche „artvergessenen" Frauen wurden durch die Gestapo ins Konzentrationslager gesteckt – zumindest für einige Monate. Ihren Liebhabern ging es viel schlechter. Auf Himmlers Anweisung wurden sie ohne gerichtliches Verfahren gehängt; zuvor ließ er sich jedoch Fotos von den Delinquenten schicken, denn wer germanischen Blutes war, sollte begnadigt und eingedeutscht werden.
„Verbote und Strafandrohungen", schrieb Bormann streng vertraulich im Dezember 1940 an die Gauleiter, „sind nur bedingt wirksam, können aus politischen Gründen (und hier dachte er an Franzosen und Italiener, Anm. d. Red.) auch nicht in allen Fällen ausgesprochen werden." Er wies dann auf einen von ihm inspirierten Erlaß des Innenministers Frick hin, wonach „die Schaffung besonderer Häuser für Prostituierte angeordnet" wurde. Dabei sei jedoch „den allgemeinen rassischen Grundsätzen Rechnung zu tragen". Die Gauleiter wurden angehalten, „der Frage der Errichtung von Bordellen für fremdvölkische Arbeitskräfte . . . besondere Aufmerksamkeit zu Schenken . . . Sollten sich Schwierigkeiten ergeben, erbitte ich beschleunigten Bericht." (Siehe Dokumentarteil Seite 463.)
Viel größere Sorgen bereitete ihm der Plan des Reichsjustizministers Franz Gürtner, in den eingegliederten Ostgebieten – das waren die Gaue Danzig-Westpreußen und Wartheland, Teile der Gaue Ostpreußen und Schlesien – das deutsche Strafrecht einzuführen. Damit wäre der Willkür und dem Terror der Parteifunktionäre gegen die polnische Bevölkerung teilweise ein Riegel vorgeschoben worden, weil dann die Untaten durch deutsche Gerichte hätten untersucht und geahndet werden müssen. In einem sieben Seiten langen Brief an Lammers protestierte Bormann gegen diesen Plan. Er hat dieses Schreiben unterzeichnet, aber gewiß nicht verfaßt; weder juristisch noch sprachlich wäre

er dazu in der Lage gewesen. Der Inhalt gibt jedoch seine Überzeugung wieder: Ein reguläres Strafrecht hindere die Gauleiter, den Auftrag des Führers zu erfüllen, ihre Gebiete „deutsch und zwar rein deutsch" zu machen; nur ein polizeiliches Standrecht ermächtige sie, die Polen rasch und ohne juristische Hemmnisse niederzuknüppeln oder gar auszurotten.

Dieses Schriftstück bürokratischer Unmenschlichkeit – es ist im Dokumentenanhang des Buches Seite 460 ff. ungekürzt wiedergegeben – macht erstmals sichtbar, daß Bormann nicht nur Befehle weitergab oder interpretierte. Es entlarvt ihn als Schreibtischtäter. Seine am 20. November 1940 formulierten Forderungen setzte er auch durch. Im Mai 1941 willigte das Reichsjustizministerium grundsätzlich ein, die Polen unter ein Sonderstrafrecht zu stellen. Doch Bormann gab sich damit noch nicht zufrieden. In einem weiteren Brief an Lammers forderte er „ein besonderes strafprozessuales Verfahren für Polen… das sich grundsätzlich von dem für Deutsche geltenden… Verfahren unterscheidet und das zweckmäßigerweise in Form eines polizeilichen Standrechts statuiert wird". Neben der Todesstrafe werde „auch an die Einführung der Prügelstrafe… zu denken sein".

Wie er sich dieses Standrecht dachte, machte er in einem Brief deutlich, den er acht Tage später schrieb. Darin berichtet er Lammers von einem Vorfall im Wartheland. Dort wurde ein volksdeutscher Gendarm in einem Dorf von Polen gesteinigt. Gauleiter Greiser ließ nicht nur die Schuldigen, sondern auch zwölf Geiseln aus dem Dorf vor der zusammengetriebenen Bevölkerung hängen. Dazu bemerkte Bormann: „Da dem Gauleiter… zu solchem Vorgehen an sich die rechtliche Grundlage" fehlte, bat er „um die Ermächtigung des Führers, erneut Standgerichte einsetzen zu dürfen" – wie in diesem Fall mit einem Parteifunktionär als Vorsitzendem und zwei Polizeioffizieren als Beisitzer besetzt. Ihre Urteile könnten – so Bormanns Forderung – nur auf Konzentrationslager oder Tod lauten. Hitler habe „Greiser die gewünschte Ermächtigung" gegeben und zugleich auch verfügt, daß über die Begnadigung der zum Tod verurteilten Polen nicht mehr der gesetzlich zuständige Reichsjustizminister, sondern der Gauleiter zu entscheiden habe.

Fast ebenso bemerkenswert wie der Inhalt dieses Briefes sind einige Begleitumstände. Der für die Formulierung von Gesetzen und für die Beteiligung der zuständigen Reichsminister verantwortliche Chef der Reichskanzlei Lammers erfährt durch einen Reichsleiter, also einen Funktionär der Partei, was der Chef des Staates über die Köpfe aller Staatsorgane hinweg verfügt hat – wider jedes geltende Recht. Dabei befanden sich zu dieser Zeit alle für diese Entscheidung Maßgebenden – nämlich Hitler, Lammers, Greiser und Bormann – auf dem Obersalzberg, so daß der Brief „Durch Boten! Persönlich!" dem Empfänger zugestellt werden konnte. Damit wird bereits praktiziert, was von nun an immer mehr zur Regel wird: Hitler regiert autoritär von seinem Führerthron herab. Bormann schirmt ihn gegen Einwände und Ratschläge ab und wird damit zum alleinigen Berater, Interpret und Verkünder des allerhöchsten Willens.

Am 4. 12. 1941 wurde die „Verordnung über die Strafrechtspflege gegen Polen und Juden in den eingegliederten Ostgebieten" im Reichsgesetzblatt veröffentlicht. Bormann hatte damit erreicht, was er anstrebte, nämlich das polizeiliche Standrecht.

Historiker streiten sich darüber, ob Bormann diese Schlüsselrolle mehr oder weniger zwangsläufig zufiel, ob er sie eroberte oder ob er sie erschlich. Doch dieser Streit ist insofern müßig, als alle drei Lesarten richtig sind. Seit Jahren hatte Bormann daran gearbeitet, das Ansehen der Konkurrenten um Hitlers Gunst abzubauen, teils mit Intrigen, teils mit Ellbogenkraft. Gleichzeitig gelang es ihm, sich in dienernder Anbetung und mit einer fast übermenschlichen Arbeitsleistung bei Hitler ein nahezu unbeschränktes Vertrauenskapital zu erwerben. Auf die Dauer wäre jedoch seine Rolle nie so umfassend und vor allem nie so wirksam geworden, wenn nicht ein Ereignis eingetreten wäre, das ihn von einem Tag auf den anderen über den ganzen Klüngel des Führergefolges emporhob.

Es war ein Ereignis, das damals allen Deutschen einen tiefen Schock versetzte – zu einem Zeitpunkt, da ihre Soldaten halb Europa unterworfen hatten und ihnen der siegreiche Frieden nicht mehr zweifelhaft schien.

Am 11. Mai 1941 gegen zehn Uhr erschien auf dem Berghof Karl Heinz Pintsch, Adjutant von Rudolf Heß, und meldete bleich und aufgeregt, er hätte Hitler einen persönlichen Brief seines Vorgesetzten zu übergeben. Der Adressat schlief noch, wie immer um diese Tageszeit, und Pintsch mußte in der Wohnhalle warten. Als Albert Speer mit Bauskizzen hinzukam, bat ihn der Heß-Adjutant, er möge ihm den Vortritt lassen, weil sein Auftrag dringend sei. Schließlich kam Hitler aus seinen Privaträumen im ersten Stock die Treppe herab und ließ Pintsch in die benachbarte Halle rufen. Speer berichtet: „Während ich noch einmal in meinen Skizzen zu blättern begann, hörte ich plötzlich einen unartikulierten, fast tierischen Aufschrei. Dann brüllte Hitler: ‚Sofort Bormann! Wo ist Bormann?‘"

Was Hitler so erregte und was ihn instinktiv nach seinem engsten Vertrauten rufen ließ, war die schriftliche Mitteilung seines Partei-Stellvertreters, daß er nach England geflogen sei, weil er hoffe, dort durch freundschaftliche Verbindungen mit einflußreichen Leuten den Krieg mit dem britischen Weltreich beenden zu können, ehe Hitler den schon fest eingeplanten Feldzug gegen die Sowjetunion beginnen würde. Bormann mußte Göring, Außenminister von Ribbentrop und Fliegergeneral Ernst Udet, Generalluftzeugmeister, auf dem schnellsten Weg herbeizitieren. Der Tatbestand war rasch geklärt.

Am späten Nachmittag des Vortags war Rudolf Heß, Jagdflieger im Ersten Weltkrieg und erfolgreicher Sportflieger in den Jahren seither, vom Flugplatz Augsburg-Haunstetten mit einer Me 110 in Richtung Nordsee gestartet, versehen mit Zusatztanks für größere Reichweite, mit Kartenmaterial und den neuesten Wettermeldungen. Udet sollte beurteilen, welche Chance Heß habe, England zu erreichen. Per Telefon meldete er: Wegen navigatorischer Schwierigkeiten so gut wie keine.

Hoffnungsvoll meinte Hitler: „Wenn er nur in der Nordsee ersaufen würde! Dann wäre er spurlos verschwunden, und wir könnten uns Zeit lassen für eine harmlose Erklärung." Tatsächlich aber war Heß nach einer fliegerisch hervorragenden Leistung schon fast zwölf Stunden an seinem Ziel in Schottland, als auf dem Berghof das große Durcheinander ausbrach.

Hitler befürchtete sicher nicht, daß Heß Staatsgeheimnisse verraten würde, war aber in großer Sorge, wie er der deutschen Öffentlichkeit und seinen Verbündeten das Verschwinden des Mannes erklären könnte, der in der Partei sein Stellvertreter und in der Nachfolge als Staatschef der Nächste hinter dem Kronprinzen Göring sein sollte. Stundenlang wurde darüber beraten, und schließlich wurde Bormanns Vorschlag angenommen, Heß für geisteskrank zu erklären. Reichspressechef Dietrich mußte am 12. Mai eine parteiamtliche Verlautbarung dahingehend formulieren. Trotz des vom Führer verhängten Flugverbots wegen einer seit Jahren fortschreitenden Krankheit – so schrieb er – habe Heß sich in den Besitz eines Flugzeugs bringen können und sei von dem Flug nicht zurückgekehrt. Ein zurückgelassener Brief verrate geistige Zerrüttung. Es sei leider damit zu rechnen, daß Heß abgestürzt sei.

Der Propagandafachmann Goebbels wurde bei dieser Affäre nicht konsultiert; er fand diese Erklärung nachträglich idiotisch. Daß sie idiotisch war, sollte sich wenig später zeigen, als der Londoner Rundfunk bekanntgab, daß Heß in englischem Gewahrsam sei. Nun mußte eine zweite Verlautbarung nachgeschoben werden. Darin wurde unter anderem behauptet, der körperlich schwer leidende Heß – er war in Wahrheit völlig gesund – sei möglicherweise von „Magnetiseuren, Astrologen usw." in geistige Verwirrung gestürzt worden, und es werde noch untersucht, „wie weit diese Personen eine Schuld trifft".

Bormanns Tagebucheintrag über den schon erwähnten „Disput" im Münchner Café Heck am 24. Februar 1940 mag ein Indiz sein, daß er auch zu dieser Bekanntmachung eine Idee beigesteuert hat. Dagegen gibt es für die Vermutung, er habe den Plan von Heß gekannt oder gar gefördert, um selbst zu avancieren, keine beweiskräftigen Fakten, auch wenn der Verdacht von Historikern gelegentlich geäußert wird. Ihm konnte wenig daran liegen, den Mann auszuschalten, hinter dessen gutem Ruf und hinter dessen Vollmachten er sich bisher immer versteckt gehalten hatte. Er hatte schon bisher nach Belieben schalten und walten können, und er hatte auch bis zu seinem Ende nicht das Bedürfnis, mit Glanz und Gloria in der Öffentlichkeit gefeiert zu werden. Zudem wäre es sein Verderben gewesen, wenn von solchen Machenschaften auch nur die geringste Spur sichtbar geworden wäre. Den Adjutanten von Heß, der nur bruchstückweise eingeweiht war, steckte Hitler sofort in ein Konzentrationslager, und wer immer mit Heß in Verbindung gestanden hatte, wurde verhört oder verhaftet.

Ernsthafter ist die Hypothese, wonach der introvertierte Heß zu dem Flug getrieben worden sei, weil er sich durch den Aufstieg Bormanns entmachtet gefühlt habe. So vermutete Baldur von Schirach: „Vielleicht aus Protest gegen diese stillschweigende Degradierung raffte Heß sich auf zu seinem vielumrätselten England-Flug." Im Spandauer Gefängnis, wo Heß und Schirach zwanzig Jahre beisammen und zeitweise befreundet waren, versuchte der ehemalige Reichsjugendführer, dies von Heß bestätigt zu bekommen. Doch sein verschlossener Mitgefangener behauptete zunächst, er könne sich an Bormann gar nicht erinnern. Mit dieser Taktik hatte er sich bereits beim Nürnberger Tribunal allen Fragen entzogen. Gegenüber Schirach wich er schließlich allen weiteren Gesprächen über dieses Thema mit der Begründung aus, er wolle darüber nicht reden, weil er sich sonst ärgere.

Auch Speer vermutete lange, Bormanns Ehrgeiz habe Heß „zu diesem Verzweiflungsschritt" getrieben. Doch nach 20 Jahren gemeinsamer Haft in Spandau war er dessen nicht mehr so sicher und neigte auch zu der Version, Heß sei überzeugt gewesen, Deutschland in der damals so sehr verhärteten politischen Situation den Rücken für den Krieg gegen die Sowjetunion freimachen zu können. Die weite Welt für England, Europa bis zum Ural für die Deutschen, das war das Angebot von Heß nach seiner Landung, und das war auch genau der Köder, mit dem Hitler die Engländer für seinen Frieden gewinnen wollte. Unmittelbar nach der Reichstagssitzung vom 4. Mai 1941 und eine Woche vor seinem Abflug hatte sich Heß bei seinem Führer in einem Gespräch unter vier Augen vergewissert, daß dieser sein Angebot einer Aufteilung in zwei Machtsphären aufrechterhielt.

Gegen diese Deutung spricht nicht, daß Bormann seinen entflogenen Vorgesetzten auf dem Obersalzberg „schon nach wenigen Minuten" – so berichtet Hitlers Kammerdiener Linge als Augen- und Ohrenzeuge – einen Verräter nannte, von dem er schon immer geahnt habe, daß er dem Führer nicht treu ergeben sei. Diese Äußerung zeigt vielmehr Bormanns Befürchtung, auch er, der Stabsleiter des Amtes Heß, könne der Mitwisserschaft verdächtigt werden. Linge glaubt, bei dieser Szene in Bormanns Gesicht gelesen zu haben, daß er durch den Heß-Flug völlig überrascht wurde. Es sei aber auch zu erkennen gewesen, „daß ihn der Verlauf der Ereignisse insgeheim mit Genugtuung und Freude erfüllte". Dies kann nur bedeuten, daß Bormann im Lauf der zwei Tage erkannte, wie ihm aus seiner offenkundigen Unschuld, aus der Schmähung des Geächteten und aus seinen unentwegten Ergebenheitsbeteuerungen die Chance der Nachfolge erwuchs. Es paßt auch durchaus zu seiner robusten Primitivität und zu seiner Gefühlsarmut, daß er am Abend des 12. Mai in seinem Haus ein Fest feierte. Ob Hitler ihm zu diesem Zeitpunkt bereits die Beförderung verkündet hatte oder ob dies erst am nächsten Tag geschah, ist nicht mehr festzustellen. Am späten Nachmittag des 13. Mai wurde sie dann öffentlich verkündet, zuerst den eilig auf den Berghof gerufenen Reichs- und Gauleitern. Dies geschah in einer Form, daß viele von ihnen den Vorgang nur halb begriffen. Auch Bormann machte kein Aufhebens davon. In seinem Kalender vermerkte er nur: „16.00–18.30 Uhr: Rücksprache des Führers mit allen Reichs- und Gauleitern." Auf dieses Schaustück Hitlerscher Theatralik muß näher eingegangen werden.

12   Der Günstling räumt auf

Kaum hatte der englische Rundfunk am 12. Mai 1941 die Nachricht gesendet, daß Heß gelandet und in Gewahrsam sei, da entschloß sich Hitler, alle Reichs- und Gauleiter für den nächsten Tag auf den Obersalzberg zu beordern. Bormanns Fernschreibnetz funktionierte; trotz weiter Entfernungen kamen sie fast alle rechtzeitig an. Sie wußten nur, was in der ersten Verlautbarung stand, und bestürmten Bormann, der sie in Empfang nahm, mit Fragen. Doch dieser schwieg und demonstrierte mit wichtigtuerischer Geschäftigkeit, daß er Dringlicheres zu erledigen habe. Der Führer, verhieß er, werde ihnen alles erklären. Nur einige Auserwählte konnte er nicht hindern, zu Hitler vorzudringen.

Göring, noch nicht vom Mißerfolg seiner Luftwaffe abgewertet, fragte Hitler, wie er den leergewordenen Platz besetzen wolle, und warnte eindringlich, Bormann zu wählen, der in der Partei fast nur Feinde habe. Ley, von Bormann längst ausmanövriert, sah nun die Stunde der Rache gekommen und meldete Hitler in strammer Haltung, er sei trotz seiner vielen Ämter bereit, auch noch die Bürde des Stellvertreters des Führers auf seine Schultern zu nehmen. Keinesfalls könne der Stabsleiter eines Verräters dessen Nachfolger werden. Hitler versicherte beiden, er werde Bormann keinesfalls zu seinem Partei-Stellvertreter ernennen. Vielmehr werde er das Korps der Politischen Leiter fortan selber führen und das Amt Heß auflösen. Das war so seine Art, mit der schlichten Wahrheit perfekt zu lügen.

Gegen 16 Uhr versammelten sich die etwa 70 Männer in der Wohnhalle der Berghofs. Mit todernsten Gesichtern – so berichten Augenzeugen – traten Hitler, Göring und Bormann in den Raum. Letzterer bekam den ehrenvollen Auftrag, den von Heß zurückgelassenen Brief an Hitler zu verlesen. Der Text „beeindruckte uns stark", gestand dreißig Jahre später einer der Gauleiter, „und seine Wirkung wäre tief gewesen, hätte Hitler nicht erregt ein scharfes Verdikt gesprochen", gefolgt von der Versicherung, dieser Tag sei einer der schwärzesten in seinem politischen Leben. Heß habe, so schrie er erregt, „Vertrauen und Disziplin zu Schaden werden" lassen in einem Augenblick, „in dem an den deutschen Ostgrenzen unsere Divisionen in Alarmbereitschaft stehen... und zu jeder Stunde den Befehl zum bisher schwersten militärischen Einsatz erhalten können". Das war ein Schock für die meisten Zuhörer; erst jetzt und auf diese Weise erfuhren sie, daß ein Krieg mit der Sowjetunion unmittelbar bevorstand.

Einen aus der Funktionärsgarde hatte der Heß-Brief zutiefst erschreckt: den Gauleiter der Auslandsorganisation der NSDAP Ernst Wilhelm Bohle, Oberhaupt aller Ortsgruppen der Partei jenseits der deutschen Grenzen. Er war in England geboren und aufgewachsen, beherrschte Englisch perfekt und gehörte – anders als die reichsdeutschen Gauleiter – organisatorisch zum Stab von Heß. Nun erinnerte er sich angstvoll, daß ihn Heß vor einigen Monaten spätabends in seine Berliner Dienstwohnung in der Wilhelmstraße gerufen und ihn gebeten hatte, einen Brief ins Englische zu übersetzen, der an den Herzog von Hamilton gerichtet war. Es waren die gleichen Gedanken, ja fast die gleichen Sätze gewesen, wie sie Bormann verlesen hatte. Bohle hielt es für das Beste, alles zu gestehen. Er drängte sich in die erste Reihe des Halbkreises, der sich um Hitler gebildet hatte; Bormann sollte ihm ein Gespräch mit dem Führer unter vier Augen vermitteln. Er bekam es rascher und anders, als gewünscht. Hitler sah ihn und fragte sofort: „Haben Sie denn nichts davon gewußt?"

Nach den ersten Worten des Geständnisses ging Hitler mit erhobenen Fäusten auf Bohle los. Hilfe kam ihm nicht von Bormann, sondern von Göring, der vorschlug, den Bericht bis zum Ende anzuhören. Dabei gelang es Bohle, den Verdacht auf Mittäterschaft zu entkräften.

„Ohne daß es ausgesprochen wurde", schrieb später einer der Gauleiter, habe „man gespürt, wer als Nachfolger von Heß ausersehen war. Martin Bormann... entwickelte bei dieser Tagung eine widerliche Geschäftigkeit, die das wenig schöne Bild, das man vorher schon von ihm hatte, vollends abrundete. Der weggeflogene Chef bereitete ihm keinen Kummer; sich beim neuen Chef anzubiedern, war sein ganzes Bestreben."

Dazu muß gesagt werden, daß dieser Augenzeuge, der Augsburger Gauleiter Karl Wahl, kein Favorit des Führer-Klüngels war und deshalb selten Gelegenheit hatte, Bormann aus der Nähe zu erleben. So konnte er nicht wissen, daß diese devote Emsigkeit nur das normale Verhalten war und daß ein Anbiedern gar nicht mehr nötig war.

Er sei nicht überrascht gewesen, sagt Wahl, als er am späten Abend bei seiner Heimkehr nach Augsburg in den Zeitungen die neueste parteiamtliche Bekanntmachung las. Sie lautete: „Der Führer hat folgende Verfügung erlassen: Die bisherige Dienststelle des Stellvertreters des Führers führt von jetzt ab die Bezeichnung Partei-Kanzlei. Sie ist mir persönlich unterstellt. Ihr Leiter ist, wie bisher, Pg Reichsleiter Martin Bormann. Den 12. Mai 1941. Adolf Hitler."

Wie versprochen, gab es keinen erklärten Nachfolger, aber wenn etliche der Granden gehofft hatten, es gebe nun einen Konkurrenten weniger, so sahen sie sich bald getäuscht. Organisation und Zuständigkeit des Amtes blieben wie zuvor, und an Umfang nahm es fortan noch schneller zu. Hinter dem neuen Namen Partei-Kanzlei verbarg sich von nun an für die Öffentlichkeit ein Funktionär, der willfähriger gegenüber Hitler und ehrgeiziger als sein Vorgänger, gerissen und brutal danach strebte, der zweite Mann im Staat zu werden. Bezeichnend ist, daß in dieser Verfügung der erst vor zwei Tagen verschwundene Heß nicht erwähnt ist. Zu den ersten Amtshandlungen Bormanns gehörte es, diesen Namen aus dem Gedächtnis der Deutschen zu tilgen und den Verrat zu rächen. Die Gestapo bekam viel zu tun. Hitler hatte in seiner Ansprache auf dem Obersalzberg die Stichworte für die Aktion geliefert: Alle Heß-Fotos seien aus den Dienststellen der Partei und des Staates zu entfernen, und alle „Mitschuldigen an dieser Wahnsinnstat" seien rücksichtslos zu bestrafen. Einen davon hatte er gleich genannt, den „geopolitischen Phantasten Professor Haushofer" von der Münchner Universität, mit dem Heß seit seiner Studentenzeit in Verbindung gestanden hatte. Was im einzelnen geschehen sollte, blieb Bormann überlassen. Und diesem war klar: Er mußte gründlich aufräumen, wenn er nicht den Verdacht einer eigenen Beteiligung wachrufen wollte.

Seinen Abscheu demonstrierte er, indem er zweien seiner Kinder neue Vornamen gab. Bei Rudolf, geboren am 31. 8. 1934, war Heß Pate geworden, bei Ilse, geboren am 9. 7. 1931, hatte Frau Ilse Heß die Patenschaft übernommen. Die Kinder heißen seitdem Helmut Gerhard und Eike.

Bohle wurde von den obersten Gestapoleuten Heydrich und Müller vernommen, blieb aber dann unbehelligt. Bei einer Nachkriegsvernehmung durch Robert M. W. Kempner, den amerikanischen Ankläger von Nürnberg, sagte er, die Verfolgungen „gingen eindeutig von Bormann aus und wurden in der übelsten Weise geführt".

Ilse Heß gab an, von den Plänen ihres Mannes nichts gewußt zu haben. Als sie trotzdem nicht in Ruhe gelassen wurde, beschwerte sie sich bei Hitler über Bormann – mit dem Erfolg, daß der hartnäckige Verfolger gebremst wurde. Als Beweis, daß sie nichts verschweige, verständigte sie Hitler, wenn sie Post von ihrem Mann aus England bekam; vielleicht tat sie dies auch, weil Stil und Inhalt der Briefe bewiesen, daß von einer geistigen Erkrankung nicht die Rede sein konnte. Bormann rügte daraufhin die Post-Zensoren – diese Briefe hätten Ilse Heß gar nicht zugestellt werden dürfen. Doch Hitler befahl ihm, die Überwachung einzustellen und ordnete außerdem an, daß ihr an Stelle des sofort von Bormann gesperrten Ministergehalts eine Rente bewilligt wurde. Dafür rächte sich Bormann dann wieder mit Nadelstichen. So weigerte er sich lange, beschlagnahmte Schlafzimmermöbel freizugeben, die Heß für seine Berliner Wohnung gekauft hatte. Erst nach einem schikanösen Aktenkrieg gab er nach, aber Bormann setzte durch, daß Ilse Heß das Eigentum ihres Mannes noch einmal bezahlte – an die Parteikasse.

Erbittert verfolgte Bormann den 72jährigen Geographie-Professor Karl Haushofer und dessen Sohn Albrecht. Beide wurden verhaftet, der Sohn für längere Zeit. Dem Vater ließ Bormann alle wissenschaftlichen Veröffentlichungen sperren. Albrecht geriet nach dem Attentat auf Hitler am 20. Juli 1944 als Widerstandskämpfer endgültig in die Fänge der Gestapo. Kurz vor Kriegsende wurde er ermordet.

Eine Kollektiv-Verfolgung verhängte Bormann über den in der Parteiverlautbarung als „Magnetiseure, Astrologen usw." bezeichneten Personenkreis, obgleich nicht die Spur eines Beweises vorlag, daß Heß bei seinem Entschluß durch sie beeinflußt worden war. Gewiß war Heß ein Hypochonder, war von

Komplexen belastet und hielt nichts von der Schulmedizin, sondern vertraute auf die Kräfte der Natur und auf spiritualistisch begründete Heilmethoden. So ließ er sich – wie übrigens auch Himmler – von dem Heilpraktiker und Masseur Felix Kersten behandeln, der der Ansicht war, der psychische Schlüssel zu den Leiden dieses Patienten sei dessen Impotenz. Als Bormann dies zu Ohren kam, schrieb er an Himmler, Heß habe mit seinem Flug wohl nur seine Männlichkeit beweisen wollen.

Für den primitiven Realisten Bormann hatten die manchmal doch abstrusen Gedankengänge seines Vorgesetzten nie so recht in den Rahmen der NS-Ideologie gepaßt, und es ist schon denkbar, daß er sich längst vorgenommen hatte, sie mit dem parteiamtlichen Bann zu belegen. Auffällig ist jedenfalls, daß er drei Tage vor dem Heß-Flug allen Gauleitern ein Rundschreiben „Streng vertraulich" mit dem Rubrum „Aberglaube, Wunderglaube und Astrologie als Mittel staatsfeindlicher Propaganda" geschickt hatte. Es richtete sich gegen „konfessionelle und okkulte Kreise", die „wieder vermehrt Unsicherheit und Verwirrung in die Bevölkerung zu tragen" versuchten. Neben Geistlichen, die durch Weltuntergangspredigten die Menschen erschreckten, nutzten „Wahrsager, Hellseher, Sterndeuter und Kartenlegerinnen gerade jetzt die natürliche Spannung aus, mit der die Volksgenossen die weitere politische und militärische Entwicklung des Krieges erwarten". Wenn manche Gauleiter glaubten, sie hätten jetzt im Krieg zu wenig zu tun, dann sollten sie sich mehr der weltanschaulichen Schulung und Aufklärung der Bevölkerung annehmen, damit die „Parolen politisierender Wahrsager" an der „auf wissenschaftlichen Erkenntnissen der Rasse-, Lebens- und Naturgesetze aufgebauten nationalsozialistischen Weltanschauung" abprallten.

Zwei Wochen später bekam auch der für die Ideologie zuständige Reichsleiter Rosenberg das Rundschreiben von Bormann zugesandt, mit der Anweisung „nun auch Ihrerseits in der Schulung für entsprechende Aufklärung, die nach den Ereignissen der vergangenen Woche (dem Heß-Flug, Anm. d. Red.) noch dringlicher geworden ist, zu sorgen". Ebenso wurden die Reichspropagandaleitung der Partei und das Propagandaministerium für die Aktion eingespannt. Sie sollten vereint den Bücher- und Zeitschriftenmarkt von allem „mit der Astrologie und sonstigen Hokuspokus in Verbindung stehendem Schrifttum" säubern und Veranstaltungen verhindern, die den Glauben an das Übernatürliche stärken könnten.

Durch Bormanns hektischen Eifer entstand daraus eine monströse und sich über viele Monate hinziehende Haupt- und Staatsaktion mit einer geradezu grotesken Vergeudung an Papier, Druckerschwärze und Arbeitszeit. Zauberkünstler und Illusionisten, die in Varietés auftraten oder von der offiziellen Freizeitorganisation „Kraft durch Freude" für unterhaltende Veranstaltungen engagiert waren, sollten nicht mehr auftreten dürfen. Sie bekamen erst wieder eine Zulassung, wenn prüfende Funktionäre von Partei und SD festgestellt hatten, daß sie ihre Tricks, vom Kartenkunststück bis zur zersägten Jungfrau, dem Publikum offenbarten und so jedem Wunderglauben vorbeugten. Diese Maßnahme hatte dann freilich auch zur Folge, daß von der Partei-Kanzlei angeregte Veranstaltungen örtlich verboten wurden, bei denen die „Vorführung von Illusionstricks und deren anschließende Aufdeckung die Öffentlichkeit darüber aufklären, daß es keinen übersinnlichen Zauber gibt".

In einem Fall der Okkultistenjagd rannte Bormann in eine Sackgasse. Reichsleiter Rosenberg machte ihn im Mai 1943 aufmerksam, daß ein Mann namens Hermann Kritzinger, der sich noch dazu Professor nenne, Übersinnliches produziere und propagiere. Die Partei-Kanzlisten ermittelten jedoch, daß es im Augenblick nicht opportun sei, diesem Mann auf die Finger zu klopfen. Denn im Februar des gleichen Jahres hatte der „Völkische Beobachter" verkündet, Kritzinger sei „mit anderen um die Lösung von Kriegsaufgaben besonders verdienten Männern der Wissenschaft" von Hitler der Professorentitel verliehen worden. Vorgeschlagen habe ihn dazu, schrieb Bormann an Rosenberg, das Oberkommando der Kriegsmarine. „Kritzinger soll mit einem ganzen Stab sogenannter Pendler sich um die Auspendlung von Geleitzügen bemüht haben!"

Mit dem Ausrufe-Zeichen hinter diesem Satz ließ Bormann erkennen, was er von den seltsamen Marineleuten hielt, die mittels eines am Faden baumelnden Pendels feindliche Schiffe mit Kriegsmaterial auf Meereskarten orteten. Einzugreifen traute er sich nicht, aber er wollte den Fall auch nicht aus den Augen lassen. „Ich werde festzustellen versuchen", schrieb er Rosenberg, „ob auch nach dem Wechsel der Marineleitung (an die Stelle von Erich Raeder war Karl Dönitz getreten, Anm. d. Red.) diese Pendelei fortgesetzt wird. Im übrigen soll Herr Kritzinger ein guter Bekannter des Admirals Canaris sein." Letzterer stand als Chef des militärischen Geheimdienstes schon lange auf Bormanns umfangreicher „Abschuß"-Liste und galt – zu Recht – als Gegner des Regimes.

Doch damit wird dem zeitlichen Ablauf der Entwicklung, die Bormann zum Herrscher neben Hitler werden läßt, weit vorausgegriffen. Nach der Ernennung zum Leiter der Partei-Kanzlei mußte er zunächst einmal sich und seinem Amt Autorität verschaffen und seine Konkurrenten ausmanövrieren. Er wußte natürlich, daß er unter den Reichs- und Gauleitern kaum Freunde hatte und daß mit seiner Ernennung die Zahl seiner Feinde noch gewachsen war. Als erstes mußte die oberste Funktionärsschicht besänftigt und zugleich belehrt werden, daß er einiges zu bieten habe, Zuckerbrot und Peitsche. Die Teilnehmer des so dramatisch verlaufenen Treffens auf dem Obersalzberg am 13. Mai 1941 hatten an ihren Schreibtischen noch nicht richtig Platz genommen, als ihnen „Persönlich – Streng vertraulich", durch Eilboten und gegen Quittung ein Rundschreiben überreicht wurde, das Bormann vom Führerhauptquartier – das in diesem Fall der Berghof war – mit dem Datum von 15.5.41 nachgeschickt hatte.

Worte und Inhalt dieses Rundschreibens sind so typisch für den primitiven Streber und den gerissenen Taktiker, daß es im Wortlaut – siehe Dokumentenanhang Seite 464 – des Studiums wert ist. Eingangs wird versichert, die Partei-Kanzlei werde wie bisher, „nun aber unter Aufsicht und Obhut des Führers selbst" weiterarbeiten. Es folgen einige Hinweise, wie nahe er, Bormann, dem

Führer sei und wie vorteilhaft es sei, daß er im jeweiligen Hauptquartier „laufend alle wichtigen Angelegenheiten" an den Führer herantragen könne. Einer der Sätze beginnt in Anlehnung an den Aufbau von Hitler-Reden mit den Worten: „Ich habe seit 1933…" und dann folgt zusammengeballt eine Aufzählung von Erfolgen. Erst nach weiterer 58 Worten endet der Satz mit der Versicherung, er habe dabei „gearbeitet wie ein Pferd. Ja mehr als ein Pferd, denn ein Pferd hat seinen Sonntag und seine Nachtruhe", indessen er darauf häufig habe verzichten müssen.

Er war sich offenbar der Rückendeckung durch Hitler so sicher, daß er seine Gegner provozierend aufforderte, sie könnten „baldigst dem Führer mitteilen", wer für seine Stelle besser geeignet sei. Andererseits tat er so, als sei er bereit, jedem hohen Funktionär den Weg zu Hitler freizumachen: Jeder könne zum Essen an den Tisch der Reichskanzlei kommen – nach vorheriger Anmeldung. Jeder wußte aber auch, daß Bormann mitredete, wenn die Liste der Gäste zusammengestellt wurde.

Genau zwei Wochen später, am 29. Mai, unterschrieb Hitler einen Erlaß, der Bormann „die Befugnisse eines Reichsministers" gab und ihn „als Mitglied der Reichsregierung in den Ministerrat für die Reichsverteidigung" berief. Der Erlaß bestimmte ferner, daß alle Zuständigkeiten des Stellvertreters des Führers aus Gesetzen, Verordnungen, Erlassen an den Leiter der Partei-Kanzlei übergehen. Damit hatte Bormann die gleichen Befugnisse, wie sie Heß besessen hatte. Es fehlte ihm nur dessen Titel als Stellvertreter und als Minister, weil Hitler einigen Paladinen versprochen hatte, er werde für Heß keinen Nachfolger ernennen. An Titeln lag Bormann so wenig wie an Orden. Ihm kam es nur auf die Macht an.

Am gefährlichsten waren für ihn zu dieser Zeit die beiden Granden, die an höchster Stelle vor ihm gewarnt hatten: Robert Ley und Hermann Göring. Die Klugheit gebot Bormann, nicht beide zugleich auf die Hörner zu nehmen. Seine Befugnisse auf dem staatlichen Sektor waren ihm durch den Führer-Erlaß vom 29. Mai sicher, aber in der Partei sammelte Ley seine Anhänger, weil er glaubte, jetzt dem nicht mehr von Heß gestützten Bormann verlorenes Terrain abnehmen zu können.

Am 4. Juni 1941 ließ sich Martin Bormann von seinem Haus auf dem Obersalzberg zum benachbarten Haus von Göring fahren, nicht ohne zuvor formgerecht um einen Empfang gebeten zu haben. In einem Aktenvermerk für die beiden engsten Mitarbeiter Helmuth Friedrichs und Gerhard Klopfer faßte er den Inhalt des Gesprächs mit Göring zusammen. Darin heißt es: „Verschiedentlich betonte der Reichsmarschall, es sei ihm bekannt, dass jetzt eine Reihe von Leuten glaubten, die Partei ausschalten zu können; selbstverständlich mache er, der Reichsmarschall, hier nicht mit." Bormann revanchierte sich, indem er darauf hinwies, „daß verschiedene Reichsleiter die Mitarbeit der Partei an Gesetzen, Verordnungen etc. für ihr Arbeitsgebiet selbst zu übernehmen wünschten", was nun wiederum Göring „als durchaus undurchführbar" abgelehnt habe. Nach 90 Minuten waren sich die beiden einig. Er habe, schrieb Bormann, „den Reichsmarschall im übrigen mehrfach gebeten, mich stets so-

fort zu bestellen, wenn er irgendwelche Wünsche bezüglich der Partei habe".
Seine Mitarbeiter wies er an, sie müßten „auch weiterhin eng mit den Sachbearbeitern des Reichsmarschalls zusammenarbeiten". (Siehe Seite 465.)
So jovial sich der eine, so dienstbeflissen sich der andere Gesprächspartner gab
– beide schlossen diesen Nichtangriffs- und Freundschaftspakt nur auf Zeit und
gegen gemeinsame Feinde. Göring, ohne Rang und Einfluß in der Parteiorganisation, wollte mit Hilfe der Partei-Kanzlei die Reichs- und Gauleiter an die
Kandare nehmen. Bormann holte sich die Sicherheit, daß er auf dem staatlichen Sektor seines Amtes unbehelligt bleiben würde und daß er keinen Zwei-
Fronten-Krieg führen mußte. Der Feldzug gegen die Aufständischen konnte
also beginnen. Auch der Zeitpunkt war günstig. Hitler war in den ersten Juniwochen mit verbündeten Staatsmännern und mit den Vorbereitungen für den
Überfall auf die Sowjetunion völlig in Anspruch genommen. Bald sollte er hinter dem Stacheldraht des Führerhauptquartiers „Wolfsschanze" in Ostpreußen für fast alle Parteigrößen unerreichbar werden, und sein Ohr sollte nur
noch einem gehören: Martin Bormann.
Auch eines zweiten, bei Hitler angesehenen Bundesgenossen hatte er sich inzwischen versichert, des Reichsministers Fritz Todt, zuständig für Rüstung und
Chef der OT (Organisation Todt), die mit einem militant organisierten Massenaufgebot von Ingenieuren und Arbeitern Befestigungen baute, vorwiegend
an der Atlantikküste. Auch mit ihm hatte Bormann über „Tendenzen" gesprochen, „die Dr. Ley z.Zt. bei den Reichsleitern wecke und pflege". Sein
Bündnis mit Todt ergab sich von selbst. Zwischen Ley als Chef des Gewerkschafts-Surrogats DAF und der OT war der Streit um Zuständigkeiten so permanent, daß sie sich nicht einmal darüber einigen konnten, wer die Kantinen
der Großbaustellen bewirtschaften durfte. „Dr. Todt erwiderte mir", teilte
Bormann seinen beiden Abteilungsleitern mit, „die Pläne Leys seien ja praktisch undurchführbar, denn sie würden zu einer völligen Zerrissenheit in der
Partei, evtl. auch zu einer Lahmlegung der staatlichen Arbeit führen."
Was Ley anstrebte, war sein Ziel seit Jahren: das Kommando über die Politischen Leiter und damit über die gesamte Partei einschließlich ihrer Nebenorganisationen. Den Gauleitern durfte er damit nicht kommen, denn sie wollten
als Territorialfürsten keine Zentralgewalt. Deshalb köderte er die unter ihrer
Machtlosigkeit leidenden Reichsleiter mit der Aussicht auf mehr Befugnisse.
Er versprach, er werde mit einer Geschäftsordnung für die Reichsleitung die
Zuständigkeiten festlegen und so verhindern, daß die Partei-Kanzlei in allen
Revieren wildere. Etliche Reichsleiter hatte Ley für den Plan bereits gewonnen, vor allen Frick, Frank und Rosenberg. Wie schon mehrmals, eröffnete er
die Feindseligkeiten mit der Forderung, daß sein Personalamt und nicht das
der Partei-Kanzlei über die Karrieren der Funktionäre zu entscheiden habe.
Dort lag für ihn der strategische Angelpunkt des Machtkampfs, und von einem
Gewinn an dieser Stelle versprach er sich den Sieg. Sie sollte sein Verdun werden.
Bormann war für den Papierkrieg gerüstet. Doch zu den zwei Führer-Erlassen,
auf die er sich stützen konnte, wollte er noch einen dritten, der ihm detailliert

und weitgehend Kompetenzen zuschreiben sollte. Schon hatte er den Erlaß entworfen und seinen Abteilungsleitern Friedrichs und Klopfer zur Begutachtung gegeben. Der erstere warnte, weil dafür „eine zwingende Notwendigkeit noch nicht besteht" und weil der Erlaß „bei den meisten Gauleitern eine unnötige Unruhe hervorrufen" würde. Außerdem werde Hitler fordern, daß dieser Entwurf mit Ley durchzusprechen sei, und dies sei bisher nicht geschehen. Selbstverständlich habe er die Absicht – antwortete Bormann in einer Aktennotiz –, „den Führer über die gegenwärtigen Tendenzen, die bei einer Reihe von Reichsleitern laut werden, ausführlich zu unterrichten". Erst wenn er dann zur Stellungnahme aufgefordert werde, wolle er seinen Entwurf vorlegen. Zu dieser Unterrichtung Hitlers – und damit verwahrte er sich insgeheim gegen den Verdacht des Intrigierens – sei er verpflichtet: „Ich habe keine selbständige Dienststellung, sondern bin Sachbearbeiter des Führers und die Partei-Kanzlei ist nicht mehr ein mehr oder weniger vom Führer abgesetztes Gebilde, sondern sie ist direkte Führerdienststelle."

Er hielt es dann doch für klüger, seinen Entwurf in der Schublade zu lassen und die Partei-Querelen nicht hochzuspielen. Bei hinhaltender Kriegsführung bekam Ley auf seine Briefe und Schriftsätze keine Stellungnahmen, sondern nur den Bescheid, alles werde dem Führer vorgelegt. Am 1. Juli 1941 riß Ley die Geduld. „In aller Ruhe und Überlegung", schrieb er, mache er Bormann noch einmal klar, „daß die Bearbeitung der Vorschläge und damit die Personalakten für die Politischen Leiter, die der Führer ernennt, in meinem Hauptpersonalamt durchgeführt werden muß." „Damit endlich Ruhe eintritt", sollten „die in der Partei-Kanzlei geführten Personalakten an das Hauptpersonalamt abgegeben werden."

Der Brief erreichte Bormann im Führerhauptquartier „Wolfsschanze" und zu einer Zeit, als man dort die Verluste der Sowjetarmee in der Kesselschlacht von Minsk zählte und spekulierte, welche weiteren Siege sich anbahnten. Hitler war mit dem größten Feldzug aller Zeiten voll beschäftigt. Der Parteikram mochte liegenbleiben. Er stimmte Bormanns Vorschlag zu, es möge alles gehandhabt werden wie bisher. In der Mitteilung an Ley legte Bormann diese lapidare Entscheidung großzügig aus. Er schrieb am 15. Juli: „Der Führer beauftragt mich, Ihnen mitzuteilen, daß die bisherige Regelung nicht geändert werden solle; die personalpolitischen Entscheidungen seien nach wie vor in der Partei-Kanzlei durchzuführen." Nur die Personalstatistik, also die bürokratische Riesenkartei über viele Millionen Parteigenossen, möge von Leys Hauptpersonalamt weiterbetrieben werden. „Der Führer betonte, die Bearbeitung der Personalvorschläge könne zweckmäßigerweise nur von dem, der ihn ständig begleite, durchgeführt werden."

Damit war der ständige Begleiter ausdrücklich als oberster Kaderschmied bestätigt. Der Angriff war abgeschlagen, und im Gegenstoß war wichtiges Gelände besetzt worden. Ein Führer-Erlaß war nun nicht mehr nötig. Mit einem juristischen Umgehungsmanöver schrieb sich Bormann im folgenden Jahr seine Befugnisse in der Partei selber zu. Er konnte sich dabei auf eine bestehende Verordnung berufen, die er zuvor gemeinsam mit dem Chef der Reichskanzlei, Lammers, zur Sicherung seines staatlichen Machtbereichs verfaßt hatte. Diese „Verordnung vom 16. Januar 1942 zur Durchführung des Führererlasses über die Stellung des Leiters der Partei-Kanzlei" schrieb in großzügiger Manier Kompetenzen vor, die Bormann als Kommandant der Schleuse zwischen Staat und Partei im Lauf der Jahre für sich ergattert hatte: die Alleinvertretung der Partei im Staatssektor, die Mitsprache beim Beamtenapparat, die Mitarbeit an Gesetzen und Verordnungen bis herab zur Instanz der Reichsstatthalter, das alleinige Recht, Wünsche und Beschwerden der Partei dem Staatsapparat zuzuleiten.

Daß er die hier gezogenen Grenzen seiner Befugnisse in der Praxis längst überschritten hatte, blieb wohlweislich ungesagt.

Im April 1942 benutzte schließlich Bormann diese selbstgezimmerte Verordnung, um sich damit wie Münchhausen am eigenen Zopf auf dem Parteisektor über alle Funktionäre hochzuziehen. Dazu genügte ein schlichtes Rundschreiben, gerichtet an etwa acht Dutzend führender Parteigenossen. Er sei, so heißt es darin, „vom Führer beauftragt, nach seinen grundsätzlichen Weisungen alle parteiinternen Planungen und alle für den Bestand des deutschen Volkes lebenswichtigen Fragen aus dem Bereich der Partei zu bearbeiten sowie Vorschläge der Reichsleiter, Gauleiter und Verbändeführer hierzu auf die gesamtpolitischen Erfordernisse abzustimmen". Auf vier Schreibmaschinenseiten – siehe Wortlaut im Dokumentarteil Seite 466 ff. – baute er aus den in der staatlichen Verordnung festgelegten Befugnissen eine zweite Schleuse, mit der er allein die Verbindung zwischen Hitler und der Partei kontrollieren wollte. Vor Jahr und Tag hatte er einmal den Auftrag bekommen, er möge seinem Führer die Gauleiter vom Hals halten; nun erweiterte er diesen Auftrag großzügig auf Reichsleiter und Verbändeführer. Sie wurden in diesem Rundschreiben verpflichtet, ihn „laufend über die Entwicklung der Parteiarbeit" zu unterrichten, indessen er versprach, sie „umgekehrt… laufend von den Entscheidungen, Weisungen und Wünschen des Führers" zu informieren. Wäre alles nach diesem Plan gegangen, hätte Bormann, einen Bibelspruch travestierend, seinen Parteigenossen jetzt schon sagen können: Niemand kommt zum Führer denn durch mich!

Wie wirksam die staatliche Verordnung sein konnte, bekam als erster Robert Ley zu spüren. Als Chef der DAF (Deutsche Arbeits-Front) hatte er vom Reichsfinanzminister verlangt, bei der Planung und der Ausarbeitung von Gesetzen des Ministeriums mitwirken zu können. Sein Ansinnen landete routinegemäß bei Lammers, dem Geschäftsführer des Kabinetts. Von ihm wurde Ley auf die noch druckfrische Neuregelung hin- und damit auch abgewiesen. Diesem Bescheid fügte Lammers mit stiller Freude hinzu, er habe dem Leiter der Partei-Kanzlei eine Fotokopie von Leys Antrag übermittelt.

Was Ley in jenen Monaten an Prestige in der Parteispitze verlor, wollte er durch mehr Popularität ausgleichen. Er versuchte als Redner zu beweisen, daß er noch immer zur ersten Garnitur gehöre. In „Betriebsappellen" bei großen Unternehmen verhieß er mit einem Schwall unzusammenhängender Sätze und mit ekstatischem Geschrei, der Sieg sei gewiß, wenn jeder am Arbeitsplatz mit äußerster Kraft Deutschland und dem Führer diene. Beifälliger als solche Mahnungen wurden von den Zuhörern Sätze aufgenommen, in denen Kritik an Unzulänglichkeiten geübt wurde. So nutzte denn Ley gern solche Gelegenheiten, um seinem Feind, dem Rüstungsminister Todt, mit Andeutungen einiges am Zeug zu flicken. Als er das auch noch in Zeitungsartikeln tat, hatte Bormann ein Beweisstück, das er schwarz auf weiß zu Hitler tragen konnte. Als dieser wieder einmal in Berlin residierte, wurde Ley in die Reichskanzlei zitiert und zuerst einmal von Bormann „mit scharfen Vorwürfen" zugedeckt, dann – wie der hinzugekommene Goebbels berichtete – ins Allerheiligste geleitet, wo ihn sich der Führer noch einmal „vorknöpfte".

Bormann ermunterte Ley trotzdem, als Redner durch die Lande zu ziehen; so konnte er ihn vom Brennpunkt des Geschehens fernhalten und seinen Tatendrang auf einen unwichtigen Sektor lenken. Ley benutzte dies, um sich in der Partei-Kumpanei etwas aufzuwerten. Bei Schirach schwadronierte er: „Zwischen mir und Bormann besteht ein eigenartiges Verhältnis. Ich hatte das Gefühl, daß er eifersüchtig ist, weil ich dauernd spreche, und er im Hauptquartier sitzt und schreibt. Da habe ich ihm angeboten, ich könnte ihm ein paar Versammlungen aufbauen, und er könnte dann auch an die Öffentlichkeit treten. Er sei doch eigentlich" – und damit gesteht Ley die Unterwerfung bereits ein – „der Mann an der Spitze der ganzen Partei als Vertreter des Führers. Da hat er gesagt, er könne das nicht, er sei ganz unfähig vor einer Versammlung zu reden. Ich sollte das machen. Das sei meine große Aufgabe im Krieg."

Als nächster aus dem Kreis der Widersetzlichen kam Hans Frank an die Reihe. Er hatte in der Kampfzeit der NSDAP ein nie genau definiertes „germanisches Recht" gefordert, war nach der Machtergreifung bayrischer Justizminister gewesen, war Oberhaupt der NS-Juristen, dazu noch Präsident der Akademie für Deutsches Recht und trug als Leiter des Reichsrechtsamtes der Partei auf der braunen Uniform die Reichsleiterspiegel. Doch dieses Amt war längst ohne Bedeutung und ohne Wirksamkeit; Bormann ließ alles Wichtige von seinen Juristen bearbeiten und entscheiden. Frank war eigentlich schon fast vergessen gewesen, als er überraschend im September 1939 zum Generalgouverneur für die besetzten polnischen Gebiete ernannt worden war. Nun saß er in der alten königlichen Burg von Krakau, hielt auf pompöse Art Hof und war im Grunde doch machtlos. Himmler und seine Einsatztruppen regierten das Land mit Terror und Mordaktionen, und sie nahmen die Anordnungen des Generalgouverneurs bestenfalls mit nachsichtigem Lächeln zur Kenntnis.

Für Bormann übernahmen Himmler und seine SS mit Freude die Rolle des Aufpassers. Sie meldeten ihm, daß der Generalgouverneur und sein Stab es mit der immer so laut verkündeten Ehrbarkeit der Nationalsozialisten keineswegs genau nähmen und daß Frank in seinem Salonwagen bei jeder Reise in die Heimat Pelze, kostbaren Schmuck, Edelsteine, Gemälde – darunter sogar einen Rembrandt – nach München überführe. Als Bormann genug Belastungsmaterial gesammelt hatte, zitierte er Frank zu einer „Rücksprache", Lammers und Himmler als Zeugen. Sie endete nicht ganz so effektiv wie geplant. Frank machte geltend, er habe immer alles aus eigener Tasche bezahlt, und da Hitler gegen eine halbwegs getarnte Korruption selten etwas einzuwenden hatte, verzichtete Bormann auf eine weitere Klärung.

Auf den eigenen Ruf war er sehr bedacht. Im März 1943 ermahnte er seine Frau brieflich, sie möge darauf achten, daß er „in seiner Vertrauensstellung beim Führer und in seiner Stellung als Leiter der Partei-Kanzlei... ganz vorwurfsfrei" bleibe. Goebbels habe sich bei ihm über führende Parteigenossen beklagt, weil sie Lebensmittel aus dem Schleichhandel bezögen. Wer eine Vertrauensstellung beim Führer habe, müsse erst recht alles unterlassen, was Anstoß erregen könnte. Dabei überging er freilich, daß er und seine Familie nicht nur von den amtlich genehmigten Rationen satt werden mußten. Sie konnten schließlich immer auf Erträge des Gutshofs auf dem Obersalzberg und eines riesigen landwirtschaftlichen Betriebes in Mecklenburg zurückgreifen.

Am „König von Ost-Frank-Reich", wie der Generalgouverneur spottend in Parteikreisen genannt wurde, an seinen Festen und an seiner aufwendigen Selbstdarstellung mußte der Kleinbürger Bormann Anstoß nehmen, wie er sich schon über das großspurige Auftreten des Rechtsanwalts Hans Frank (parteiintern »Frank II« genannt) in München geärgert hatte. Dieser Mann war nun kein gefährlicher Gegner mehr, aber seine Rechnung hatte sich in mehr als zehn Jahren summiert und konnte jetzt präsentiert werden. Die Umstände waren in mehrfacher Hinsicht günstig. Noch nie hatte sich Hitler so abfällig über die Juristen schlechthin geäußert wie jetzt. Sie ließen ihm zu wenig Köpfe rollen. In einem seiner nächtlichen Monologe, Ende März 1942, verkündete er, nun werde er „das Rechtsstudium so verächtlich machen wie nur irgend möglich", und er werde neun von zehn Richtern aus ihren Ämtern jagen. Einen Monat später ließ er sich dann auch vom Reichstag das gesetzliche Recht bescheinigen, daß er „Richter, die ersichtlich das Gebot der Stunde nicht erkennen", entlassen dürfe. Damit war Frank allein schon durch seinen Beruf kollektiv belastet. Außerdem hielt er jetzt Reden, in denen Begriffe vorkamen wie „Polizeistaat" und „Anarchie der Vollmachten". Als er sie auch noch drucken ließ, wurde das Buch beschlagnahmt und ihm untersagt, im Reichsgebiet in Versammlungen zu sprechen. Bormann brauchte diesen Reichsleiter nur ein wenig zu stoßen, und dann würde er fallen.

Geschah dies jetzt, konnte Bormann bei dieser Gelegenheit gleich eigene Günstlinge in Amt und Würden bringen. Der Stuhl des Reichsjustizministers war unbesetzt, seit Gürtner Ende Januar 1941 gestorben war. Roland Freisler, der sich dafür als Alt-Pg geschäftig anbot, wurde von Hitler als „Bolschewik" abgelehnt. Bormanns Favorit war Otto Georg Thierack, derzeit Präsident des Volksgerichtshofs, und dieser war auch bereit, den Juristen Klemm aus der Partei-Kanzlei als Staatssekretär ins Ministerium zu nehmen.

Doch für diesen Posten hatte Hitler schon den Hamburger Senator und Präsidenten des dortigen Oberlandesgerichts Rothenberger vorgesehen. Dieser Jurist hatte vor einiger Zeit auf Anraten seines Gauleiters der Partei-Kanzlei eine Denkschrift über eine Reform der Justiz zugeschickt, und Klemm hatte ihn dann auch zu einem Gespräch nach München kommen lassen. Weil Rothenberger von seiner Denkschrift nichts mehr hörte, gab er sie auch noch dem Führer-Adjutanten Albrecht, SA-Brigadeführer, den er bei einer anderen Gelegenheit kennenlernte. Über Albert Bormann kam sie dann auf Hitlers Schreibtisch, und diesem gefiel der Inhalt so gut, daß Lammers den Auftrag bekam, den Verfasser für die Stelle des Staatssekretärs im Reichsjustizministerium vorzusehen.

Daß es einen Weg zu Hitler über die Adjutantur und damit vorbei am Leiter der Partei-Kanzlei gab, ärgerte Martin Bormann bis in die letzten Tage seines Lebens. Wer immer versuchte, sich auf diesem Weg einzuschleichen, war ihm suspekt. Rothenberger bekam es auch bald zu spüren, aber zu verhindern war nicht mehr, daß Thierack zum Minister und Rothenberger zum Staatssekretär ernannt wurden. Das geschah am 20. August 1942. Ein schwacher Trost für Bormann war höchstens, daß er dem Führer melden konnte, Rothenberger habe sich während der Vorbesprechungen ausbedungen, daß er mit Hans Frank nie zusammenarbeiten müsse.

Franks Degradierung erfolgte vier Tage später. Seine Hinterlassenschaft wurde verteilt. Thierack erhielt das Amt des Rechtswahrerbundes und der Akademie für Deutsches Recht, die Partei-Kanzlei schluckte die restlichen Aufgaben des Reichsrechtsamtes der NSDAP. Es erlosch, und der Name Frank wurde aus der Liste der Reichsleiter gestrichen. Generalgouverneur in Polen durfte er bleiben. Staatssekretär Rothenberger aber machten Thierack und Bormann das Leben so schwer, daß er sich schon nach wenigen Monaten nach Hamburg zurücksehnte.

Hans Frank war klar, daß dieses Ergebnis seinen schlimmsten Feind noch nicht befriedigte, aber er wußte nicht, wie gründlich er bespitzelt wurde. Als er bald nach seiner Niederlage einige Mitglieder der französischen Botschaft in Berlin auf seine Krakauer Burg einlud, fragten sie ihn, ob er nicht Paris einmal wiedersehen möchte. Gerne, sagte er, aber erst wieder, wenn dort seine romantischen Erinnerungen nicht mehr vom Anblick deutscher Soldaten gestört würden. Bald darauf schrieb ihm Bormann, der Führer verurteile diese Bemerkung aufs entschiedenste, außerdem grenze sie an Landesverrat. War es Frank zuvor kaum noch gelungen, im Führerhauptquartier zu einem Gespräch empfangen zu werden – und wenn, dann „saß der Aufpasser Bormann dabei" –, so sah er nunmehr Hitler fast nur noch von fern bei Veranstaltungen. Als er Anfang Februar 1944 noch einmal ins Hauptquartier gerufen wurde, kam ihm dies so unerwartet, daß er rückfragte, ob er wirklich kommen sollte.

Immer wieder bot Frank schriftlich seinen Rücktritt an. Wenn es nur nach Bormann gegangen wäre, hätte er ihn jedesmal erhalten, damit Freund Himmler und dessen SS in Polen die Alleinherrschaft übernehmen konnten. Doch Hitler entließ seinen ehemaligen Advokaten nicht aus der Pflicht, bis dieser, geängstigt durch die nahenden Sowjetarmeen, die Auflösung des Generalgouvernements vorschlug und seine Burg räumte. Sogar den geflüchteten Frank ließ Bormann noch überwachen. Als er im Januar 1945 erfuhr, daß der verhaßte und gedemütigte Feind mit dem Rest seines einstigen Stabes in Schlesien mit den aus Polen geschleppten Beständen an Speisen und Getränken rauschende Feste feierte, wollte er dieses Nest von Volksschädlingen ausheben lassen. Doch ehe er dazu kam, wurde es von Rotarmisten in alle Winde zerstreut.

Die Rache am Reichsleiter Alfred Rosenberg schaffte Bormann ohne sonderliche Anstrengungen. Er konnte sie geradezu scheibchenweise genießen. Dieser Erfinder und Verkünder einer abstrusen Kulturphilosophie war von jeher ein Einzelgänger ohne Anhang. Seine Reden wurden in der Partei als Schlaflieder verspottet. Welche Positionen er auch immer seit der frühen Kampfzeit – meist mit hochtrabenden Titeln versehen – einnahm, es war ihm nie gelungen, einen geschlossenen Bereich an Zuständigkeiten zusammenzubringen. Der Reichsleitertitel war nur noch ein Relikt aus der Vergangenheit, verknüpft mit seinem „Außenpolitischen Amt der NSDAP". Er war über eine kümmerliche Existenz nie hinausgekommen, und die auswärtige Politik des Dritten Reiches durfte er nie beeinflussen. Rosenberg war zudem „Beauftragter für die Überwachung der weltanschaulichen Erziehung" der Parteigenossen, aber der Papierverbrauch dieses Amtes war unendlich viel größer als seine Wirksamkeit.

Anfang 1940 hatte er es bei Hitler erreicht, zum „Beauftragten des Führers zur Sicherung der nationalsozialistischen Weltanschauung" ernannt zu werden, aber kaum jemand in der Parteiorganisation nahm ernst, was er verkündete, weil weder der Inhalt seiner Lehre noch die Position des Verkünders imponierten. Über sein programmatisches Buch, den „Mythus", sagte Hitler beim nächtlichen Tischgespräch in der „Wolfsschanze", es sei kein parteiamtliches Werk, schon der Titel sei schief. Er habe es nur angelesen und dann als schwer verständlich weggelegt.

Es ist viel gerätselt worden, warum Hitler diesen entschlußscheuen und realitätsfernen Theoretiker drei Wochen nach Beginn des Rußlandfeldzugs zum Reichsminister für die besetzten Ostgebiete ernannt hat. Weil er baltischer Herkunft sei, wurde gesagt. Andere meinten, es sei ein Trostpflaster für das versprochene Außenministerium gewesen. Einiges aber spricht dafür, daß Bormann der Vater dieser Entscheidung war und daß er die beiden eben genannten Begründungen als Argumente bei Hitler vorgetragen hat. Sein eigenes Motiv für diese Fürsprache muß jedoch ein anderes gewesen sein. Um es aufzuspüren, sei auf Vorgänge vor dem Beginn des Feldzugs hingewiesen.

Walter Schellenberg, Himmlers Amtschef für Spionage, erzählt von einem Tischgespräch in der Reichskanzlei, bei dem ein von Zweifeln bedrückter Hitler wenige Tage vor Beginn des Angriffs durch Bormann ermuntert worden sei, dem Ruf der Vorsehung zu folgen, die ihn für diese entscheidende Eroberung ausersehen habe. Nichts könne schiefgehen, und niemand wisse besser als er, Bormann, „mit welcher Sorge und Mühe Sie, mein Führer, sich den kleinsten Details gewidmet haben". Das war eine handfeste Schmeichelei, wie Hitler sie liebte und wie Bormann sie auch aus seiner unkritischen Verehrung ständig produzierte. In der SS-Spitze nahm man an, daß Bormann mit seinem Rat zum Wagnis hintergründig auch daran gedacht habe, daß ein riesiges Ostreich in der Zukunft der neue Lebensraum für die eigene Karriere werden könnte. Wer dort nach dem Sieg Vizekönig wurde, war zwangsläufig der Zweitmächtigste im Reich und am Ende gar der Nachfolger auf dem Führerthron.

Seit April 1941 hatte es Verhandlungen gegeben, wie die zu erobernden Gebiete am besten beherrscht und genutzt werden könnten. Heer und SS waren sich einig, daß ein breiter Streifen hinter der Front von den Militärs zu verwalten sei und daß die SS im Hinterland die Befriedung übernehmen würde, was immer darunter zu verstehen war. Bormann verlangte daraufhin, daß auch die Partei ihren Teil vom großen Kuchen bekommen müsse. Wehrmacht und SS würden übermächtig, falls nicht eine von der „politischen Willensträgerin des deutschen Volkes" beherrschte Zivilverwaltung eingerichtet werde. Die beiden anderen Partner in diesem Geschäft schlugen vor, in einer gemeinsamen Konferenz mit Hitler die Aufgaben und Zuständigkeiten abzugrenzen, aber Bormann setzte durch, daß jeder Partner einzeln zum Vortrag gerufen und dann die Führerentscheidung verkündet wurde. Zu dieser Zeit wurde Rosenberg ermächtigt, sich für sein neues Amt vorzubereiten.

Wie eng in dieser Phase das Zusammenspiel zwischen Bormann und Himmler war, verrät ein Brief, den der Leiter der Partei-Kanzlei am 16. Juni 1941, also eine Woche vor dem Überfall, an Lammers schrieb. Darin befürwortet er, Himmler zur „Durchführung der in den Ostgebieten dringend erforderlichen polizeilichen Maßnahmen" erweiterte Vollmachten einzuräumen. „Besonders in den ersten Wochen und Monaten", heißt es, „muß die Polizei... unter allen Umständen von jeglichen Hemmnissen, die aus Streitigkeiten über Zuständigkeitsfragen folgen können, freigehalten werden." Genauer gesagt: Niemand soll sie hindern dürfen, Hitlers völkerrechtswidrige Mordbefehle auszuführen. Als Himmler den Durchschlag dieses von ihm bestellten Briefes las, diktierte er seinen „besten Dank" an den „lieben Martin".

Wenn Bormann ausgerechnet seinen Feind Rosenberg protegierte, so geschah dies, weil ihm, wie Goebbels-Gefolgsmann Wilfried von Oven im Propagandaministerium erfuhr, „ein hirnverbrannter Ostminister lieber war als ein kluger". Denn wer sich Blößen gibt, muß sich Eingriffe von außen gefallen und bei Gelegenheit sogar absetzen lassen. Daß Rosenberg aus dem Amt eine Bürde werde, war leicht zu schaffen. Man müsse, meinte Bormann, diesem realitätsfernen Theoretiker eben ein paar praktische und energische Leute an die Seite stellen. Sie wurden am 16. Juli 1941 bei einer „Führerkonferenz" in der Wolfsschanze, an der Rosenberg, Lammers, Göring und Keitel teilnahmen, von Hitler ausgesucht. Bormann schrieb, wie es bei geheimen Staatsgeschäften üblich war, das Protokoll. Er hatte vorbereitend schon eine Liste von Parteigenossen zusammengestellt, die ihm für eine Gewaltherrschaft im Osten geeignet schienen.

Über das auf dieser Konferenz verkündete Programm wird noch ausführlicher zu berichten sein, wenn Bormanns Rolle in der Ostpolitik geschildert wird. Zunächst ist gravierender, daß sich Rosenberg schon bei der Auswahl der Gebietskommissare nicht durchsetzen konnte. Den Norden, vorwiegend die baltischen Staaten, bekam Gauleiter Hinrich Lohse aus Schleswig-Holstein zugeteilt, ein Mann – laut Rosenberg – „von natürlicher Klugheit", der „sich aber dann in allerkleinsten Fragen" versteifte und „aus Bockigkeit" zu einem von Bormann freudig unterstützten Gegner wurde. Mit der Ernennung des ostpreußischen Gauleiters Erich Koch zum Gebietskommissar für die Ukraine fand sich Rosenberg nur widerstrebend ab, aber Göring und Bormann bestanden darauf; der eine wollte mit seinem Freund einen Vertrauten ins Ostland setzen, und der andere, zuständig für die Kriegswirtschaft, durfte mit Recht erwarten, daß Koch dieses reiche Territorium wie eine Zitrone auspressen würde. Für Rosenberg war Koch ein „Kleinbürger und Großmaul" und nur „ein vorgeschobener Partner Martin Bormanns".

Mit Schadenfreude beobachtete der Leiter der Partei-Kanzlei, daß auch andere Instanzen dem Reichsminister für Ostgebiete das Regieren schwermachten. Da forderte Göring als Generalbevollmächtigter für den Vierjahresplan horrende Lieferungen an Lebensmitteln und Rohstoffen. Da fing Fritz Sauckel, ursprünglich Gauleiter von Thüringen, als Bevollmächtigter für den Arbeitseinsatz ein Heer von Zwangsarbeitern zusammen und verschleppte sie ins Reich. Da war Heinrich Himmler, dessen Sicherungskräfte die Unterworfenen terrorisierten und der als Reichskommissar für die Festigung des deutschen Volkstums darüber bestimmte, welche Gebiete die „minderwertigen" Slawen einmal für deutsche Siedler zu räumen hätten. Und da war schließlich noch die Wehrmacht, die Flugplätze brauchte und Transportwege sichern mußte.

Bald sprach man in der Partei-Kanzlei vom „Cha-os(t)-Ministerium". Mitte Februar 1942 mäkelte Bormann bei dem mit Rosenberg seit eh und je verfeindeten Goebbels, jener habe sich ein ziemliches Durcheinander aufgebaut und fange nun „mit Krethi und Plethi Streit an". Gründe dazu bekam Rosenberg genug. So verfaßte Koch lange Schriftsätze über die Fehler seines vorgesetzten Ministers, und wenn dieser darüber etwas erfahren wollte, bekam er auf seine Anfragen bei Bormann keine Antwort. Rosenbergs im Führerhauptquartier stationierter Adjutant, der als ständiger Verbindungsmann zu Hitler amtieren sollte, wurde von Bormann eines Tages mit der Begründung weggeschickt, hier sei für ihn zu wenig zu tun. Ende 1941, so beklagte sich Rosenberg später, habe er zum letztenmal mit seinem Führer unter vier Augen sprechen können. Im folgenden Jahr wurde er nur dreimal und immer im Beisein Bormanns empfangen. Im Grunde wurde er gar nicht mehr gebraucht; was im Ostland zu geschehen hatte, bestimmten andere.

Er habe, schrieb Rosenberg kurz vor seinem Tod, im Osten eine europäische Neuordnung schaffen wollen, „von Bormann und Himmler jedoch wurden die leitenden Beamten anders beeinflußt, und der Führer hinderte dies leider nicht". Sieht man davon ab, daß dieser Satz noch immer die Unmoral der Gewaltherrschaft verteidigt, kann doch aus ihm geschlossen werden, daß Rosenberg selbst nach 26 Jahren politischen Wirkens an der Seite Hitlers dessen Charakter, Methoden und Ziele noch nicht kannte. Was Bormann und Himmler gegen ihn unternahmen, geschah mit allerhöchstem Segen und entsprach durchaus dem sozialdarwinistischen Prinzip, daß der Schwächere notwendigerweise vom Stärkeren gefressen werden wird.

Deshalb wurde Bormann auch nie gehindert, Rosenberg sogar auf den Gebieten lahmzulegen, die diesem seit eh und je besonders am Herzen gelegen hatten. Stets hatte er sich als der Papst des Nationalsozialismus gefühlt und deshalb mit seiner im „Mythus" verkündeten Weltanschauung die Christen herausgefordert. Um so größer war seine Enttäuschung, als Bormann der Parteiorganisation per Rundschreiben verkündete, von nun an sei er allein für die Kirchenpolitik zuständig. Die Christen kamen damit vom Regen in die Traufe; Bormann bekämpfte sie radikaler und brutaler, als dies Rosenberg je vermocht hätte. Auch darauf soll noch näher eingegangen werden.

Der „Wissenschaftler" Rosenberg konnte sich nur damit trösten, daß sein primitiver Konkurrent nie fähig sein werde, geistige Grundlagen für eine Auseinandersetzung mit christlich-jüdischen Ideen zu schaffen. Mit einer Fortsetzung des „Mythus" wollte er zeigen, wer für diese Aufgabe besser geeignet sei. Er muß wohl voreilig über diesen Plan geredet haben, denn Himmlers SD bekam davon Wind, und so erhielt der „liebe Martin" von seinem Freund Heinrich im Oktober 1942 „Geheim! Streng vertraulich! Persönlich!" eine Fünf-Zeilen-Notiz mit dem Rat, „es dürfte sich empfehlen... daß das Buch vorher dem Führer vorgelegt wird". Erschienen ist es nie; allein schon der Gedanke an einen Zensor Bormann mußte den Autor erschrecken.

Immerhin blieb Rosenberg noch der Führer-Auftrag, eine „Hohe Schule" vorzubereiten, die nach dem Krieg umfassend die Grundlagen der NS-Weltanschauung erforschen und das Rüstzeug gegen deren Gegner liefern sollte. Rosenberg hatte schon Universitätsprofessoren als künftige Mitarbeiter angeheuert, und nun sollte aus dem gesamten deutschen Herrschaftsbereich – er reichte vom Nordkap bis Saloniki, von der Atlantikküste vielleicht bald bis zum Ural – alles Material der Gegner gesammelt werden. Im Reichsgebiet kamen vorwiegend die Bibliotheken aufgelöster Klöster in Frage, im Ausland dazu noch die Bestände von Synagogen, Freimaurerlogen, Museen und wissenschaftlichen Instituten. Auch Kunstwerke aus dem Besitz der weltanschaulichen Gegner konnten bei dieser Gelegenheit gleich konfisziert werden.

Doch Reinhard Heydrich, Chef des Reichssicherheitshauptamtes, erhob Einspruch: Wo immer Bücher von weltanschaulichen Gegnern stünden, sei zunächst einmal die Gestapo zur Beschlagnahme verpflichtet. Und wenn schon dieses Material wissenschaftlich zu durchforschen sei, könne dies „immer nur im Gefolge der politisch-polizeilichen Arbeit geschehen". Erst hinterher stehe es Rosenbergs Gelehrten zur Verfügung.

Nichts lag Bormann ferner, als sich dieser Sache wegen mit Himmler oder der SS anzulegen. Der Führer, so schrieb er an Rosenberg, habe entschieden, daß aus den Klöstern im Reichsgebiet weder Bücher noch Kunstwerke entfernt werden dürften, soweit dies nicht durch die Gauleiter geschehe. Nach dem Sieg sei Zeit genug für eine sorgfältige Überprüfung der Bestände. „Keinesfalls sollte aber eine Zentralisierung der gesamten Bibliotheken, die der Führer schon wiederholt abgelehnt habe, vorgenommen werden."

Im gleichen Brief bremst er auch den Eifer von Rosenbergs Kunst-Einsammlern. Sie waren zunächst nur in den besetzten Westgebieten zugelassen und wollten nach der Eroberung von Jugoslawien und Griechenland nun auch auf dem Balkan plündern. Dort aber, so interpretierte Bormann des Führers Wille, sei „die Einschaltung Ihrer Sachbearbeiter nicht notwendig, denn irgendwelche Kunstgegenstände seien dort nicht zu beschlagnahmen". Was sonst zu tun sei, übernehme ohnehin Heydrich.

Mit den beschlagnahmten Kunstgegenständen versuchte sich Rosenberg Sympathien einzuhandeln. Es waren gemäß Katalog seiner Dienststelle immerhin 20 000 Stücke. Göring griff natürlich gleich zu und nahm nicht das Billigste. Hitler bekam im März 1943 eine Foto-Mappe der wertvollsten Bilder, damit er sich ein Geburtstagsgeschenk aussuchen könne. Statt eines Dankes dafür traf ein Bormann-Brief ein, ironischerweise auf den Tag nach dem Geburtstag datiert, der die Aufforderung enthielt, das ganze Raub- und Sammelgut umgehend an die Partei-Kanzlei abzugeben, die es von nun an verwalten werde. Fortan hielt es Bormann nicht mehr für notwendig, sich um Rosenberg besonders zu kümmern; dieser Mann war nun ein Selbstläufer – ins Abseits.

Noch weniger Mühe machte es, Reichsleiter Bouhler in dieses Abseits zu drängen. Dieser Rang-Kollege war einmal Geschäftsführer der Reichsleitung gewesen – abermals ein hochgestochener Titel für eine nebulöse Funktion – und war erst im November 1934 nach Berlin geholt worden, weil Hitler nach Hindenburgs Tod neben der amtlichen Präsidialkanzlei für das Staatsoberhaupt auch noch eine private „Kanzlei des Führers der NSDAP" haben wollte. Bouhlers Mannschaft kam meist aus der alten Garde der Partei, und zu ihr gehörte, wie bereits erwähnt, auch Bormanns Bruder Albert, der als Leiter von Hitlers „Privatkanzlei" einer von Bouhlers Abteilungen vorstand und zugleich Adjutantendienste bei Hitler versah. Er zählte wie sein Bruder Martin zum „persönlichen Stab des Führers". Wie üblich hatte es Hitler auch hier vermieden, die Zuständigkeit der „Kanzlei des Führers" oder auch nur ihres Sektors „Privatkanzlei" genau festzulegen. Kompetenzstreitigkeiten mit den anderen Kanzleien – Reichskanzlei, Präsidialkanzlei, Partei-Kanzlei – waren unvermeidlich und gewiß auch gewollt.

Obwohl Bouhler noch eine weitere öffentliche Funktion als Leiter der „Parteiamtlichen Prüfungskommission zum Schutze des NS-Schrifttums" ausübte, überanstrengte er sich nicht. Auch seine geheime Funktion als Chef der Euthanasie nahm ihn nicht sonderlich in Anspruch; die Hauptarbeit machte sein Gefolgsmann Victor Brack. Die meiste Zeit verbrachte der Reichsleiter auf seinem Gut Brannenburg bei Rosenheim und tauchte nur hin und wieder einmal kurz in seiner Berliner Dienststelle in der Voßstraße auf. Das ständige Gerangel um Kompetenzen war er leid.

Als dann Hitler nach Kriegsbeginn in seinen Hauptquartieren für ihn unerreichbar wurde und er nur noch über Martin Bormann mit seinem Führer korrespondieren konnte, suchte er nach einer neuen Aufgabe. Er hatte im Ausland gelebt, beherrschte Fremdsprachen, und weil die Forderung nach deutschen Kolonien noch nicht zu den Akten gelegt worden war, wähnte er seine Chancen in Übersee. Er reiste deswegen im Juni 1940 ins Führerhauptquartier „Wolfsschlucht" in der Eifel. Die Situation schien ihm günstig; Frankreich war so gut wie besiegt, und wenn es, wie Hitler erwartete, bald auch mit London zu Friedensverhandlungen kam, schien eine Neuverteilung Afrikas fällig. Bormann notierte am 23. 6. 1940: „Reichsleiter Bouhler bittet den Führer um Kolonialauftrag; der Führer lehnt ab."

Das war wohl nicht ganz in Bormanns Sinn, denn bei einer Auflösung der Bouhlerschen „Gemischtwarenhandlung" hatte er Chancen, im „Ausverkauf" durch schnellen Zugriff einiges zu erwerben. Etwa die Aufsicht über die Euthanasie-Kommissionen, die in den Heilanstalten über Leben und Tod von Geisteskranken entscheiden durften. Es konnte ihn auch reizen, den Bruder als Untergebenen schikanieren zu können. Oder er hätte mit der Schrifttums-Zuständigkeit eine Position mehr für das ständige Hickhack bei der Fixierung der NS-Weltanschauung erobert. Im Augenblick aber konnte er sich nur mit Geduld wappnen und Bouhler mit kleinen Schikanen zusetzen.

Bouhler wurde Anfang März 1942 wieder einmal mehr mit einem trockenen Bormann-Brief ermahnt, sich nicht in grundsätzliche Fragen einzumischen, die „Kanzlei des Führers" dürfe sich ausschließlich um die Sorgen einzelner Volksgenossen kümmern. Geblieben war Bouhler damit fast nur noch die Bearbeitung von Gnadengesuchen. Erneut bat er nun, wenigstens mit Vorarbeiten für eine Übernahme von Kolonien beginnen zu dürfen. Diesmal willigte Hitler ein. Bouhler durfte den Einsatzstab „Sisal" – Deckname für Ostafrika – zusammenstellen und sich einbilden, daß er dort später als Generalgouverneur regieren werde.

Er mußte jedoch in Kauf nehmen, daß gleichzeitig ein anderer Parteifunktionär geringeren Ranges den Einsatzstab „Banane" für eine Machtübernahme in Westafrika aufbaute. Das war insofern peinlich, als dieser Parteigenosse Gauleiter Ernst Wilhelm Bohle von der „Auslandsorganisation" (AO) und damit indirekt Bormann unterstand und diese beiden jetzt schon Anspruch auf die „Menschenführung" in den Kolonien erhoben. Bormann als Vorgesetzten – das konnte Bouhler nicht annehmen.

Doch hier wurde das Fell eines Bären verteilt, der nie zur Strecke gebracht wurde. Da Hitler den seit 15 Jahren in der Partei tätigen Bouhler nicht ausbooten lassen wollte, mußte Bormann für ihn ein anderes Betätigungfeld finden. Er kam auf die Idee, der unterbeschäftigt gewordene Reichsleiter könne sein neues Wirkungsgebiet dem ohnehin geschwächten Rosenberg durch einen listigen Handstreich abnehmen. Die Aktion konnte sogar als eine kriegsbedingte Maßnahme zur Straffung der Parteiorganisation gerechtfertigt werden – und dazu hatte Bormann einen generellen Führer-Auftrag.

Ende Januar 1943 – und hier wird eine Formulierung aus dem Amt Rosenberg zitiert – „suchte Reichsleiter Bouhler den Reichsleiter Rosenberg auf und bot ihm seine Unterstellung zugleich auch mit der Parteiamtlichen Prüfungskommission an. Hierüber wurden... Protokolle unterzeichnet". Damit wäre eine der vielen Rivalitäten, wie sie Hitler bewußt schuf, beseitigt worden; neben Bouhlers „Parteiamtlicher Prüfungskommission zum Schutze des NS-Schrifttums" amtierte mit den gleichen Aufgaben Rosenbergs „Hauptamt Schrifttum des Beauftragten des Führers für die Überwachung der gesamten geistigen und weltanschaulichen Schulung der NSDAP" – eine aufgeblasene Bezeichnung, wie sie nur der wichtigtuerische Rosenberg erfinden konnte. In dem oben erwähnten Protokoll wurde vereinbart, daß diese beiden Parteidienststellen zu einem „Schrifttumsamt der NSDAP" zusammengefaßt und daß Bouhler dessen Leitung übernehmen werde. Insgesamt aber sollte es – und das war der Pferdefuß – in Rosenbergs Amt eingegliedert werden.

Die Tinte der Unterschriften des Protokolls war kaum getrocknet, als es schon zum Krach zwischen den beiden Reichsleitern kam. Scheinbar entzündete sich der Streit an einer Personalfrage; Rosenberg wollte einen Bouhler-Funktionär, der sich für die Astrologie eingesetzt hatte, nicht in dem neuen Amt dulden. Beide beschwerten sich in langen Schriftsätzen bei Bormann, dem auf diese Weise die Kompetenz des Übergeordneten zufiel. Rosenberg schimpfte, dies sei doch wohl „ein starkes Stück", wenn Bouhler „sich freie Hand beim eventuellen Hinauswurf meiner Mitarbeiter" vorbehalte. Bouhler hingegen berief sich darauf, daß er als Reichsleiter in seinem Bereich gerade bei Personalfragen freie Hand behalten müsse.

Bormann sah dem Gerangel, bei dem beide Kämpen unvermeidlich an Gesicht verlieren mußten, monatelang genüßlich zu und hütete sich, Stellung zu nehmen. Nur Mitte April belehrte er zwischenzeitlich Rosenberg in einem kurzen Brief. Dieser hatte behauptet, es sei keineswegs ein Novum, daß ein Reichsleiter einem gleichrangigen Kollegen unterstellt werde, aber Bormann, längst maßgebend für die Struktur der NSDAP, wies spitzfindig nach, daß Rosenberg nicht einmal die Finessen der Parteiorganisation beherrsche. „Auf den weiteren Inhalt Ihres Briefes", versicherte er im Hinblick auf den Streitfall, „werde ich sobald als möglich eingehen." Doch damit ließ er sich weiterhin Zeit. Auch noch, als Rosenberg ihm am 20. Mai 1943 bei einem Gespräch in Berlin eine mündliche Entscheidung ablocken wollte.

Rosenberg nahm jedoch aus diesem Gespräch den Eindruck mit, daß Bormann auf seiner Seite stehe, denn brieflich gab er ein paar Tage später seiner „Genugtuung über diese weitestgehende Übereinstimmung unserer Ansichten Ausdruck". Um so härter muß ihn ein Bormann-Brief, datiert vom 29. Juni 1943, getroffen haben. Darin hieß es, „der Führer, den ich dieser Tage über die derzeitige Sachlage unterrichtete", habe ihn, Bormann, „beauftragt, Ihnen mitzuteilen, es sei völlig unmöglich, daß in dieser Zeit zwei Schrifttumsämter der NSDAP beständen". Nur noch Bouhler solle sich mit dieser Aufgabe beschäftigen. Dessen Kolonialtraum hatte sich in diesen Tagen mit der Kapitulation der letzten deutschen Soldaten in Afrika ohnehin gerade in einem Nichts aufgelöst. „Mit Rücksicht auf Ihren großen Auftrag in den besetzten Ostgebieten, der eine Lebensaufgabe für sich" darstelle, schrieb Bormann, halte es Hitler für angebracht, daß Rosenberg das Feld räume.

Mit einem ganzen Bündel von Denkschriften versuchte der Unterlegene diese Entscheidung zu ändern, und da er selber keinen Termin zu einem Gespräch im Führerhauptquartier bekam, schickte er einen seiner besten Leute in die Münchner Partei-Kanzlei zu Oberbefehlsleiter Helmuth Friedrichs. Dieser meinte, er habe den Eindruck, „daß der Reichsleiter Rosenberg den Kampf bereits nur noch im Rückzugsgefecht führe". Er riet, wie Rosenbergs Abgesandter es für seinen Chef formulierte, „es müsse eben von unserer Seite gekämpft werden". Da kaum anzunehmen ist, daß Friedrichs es wagte, seinen Vorgesetzten zu düpieren, läßt dies nur den Schluß zu, daß er die Weisung hatte, den Konflikt noch ein wenig anzuheizen, damit sich die Streithähne noch mehr kompromittierten. Das geschah dann auch, bis Rosenberg Ende Juli seine endgültige Niederlage von Bormann schriftlich bekam. Dieser Brief ging mit keinem Wort auf die Verhandlungen der beiden Funktionäre ein, und er hatte – als zusätzliche Demütigung – genau den gleichen Wortlaut wie der Bescheid vom 29. Juni.

Wenn hier ein relativ bedeutungsarmer Vorgang so ausführlich dargestellt wird, so geschieht das, weil diese Intrige für Bormann typisch ist – typisch für sein Talent, die Schwächen seiner Gegner auszunutzen, typisch auch für die Methode, aus dem Hintergrund, und immer durch den Führerwillen gedeckt, zuzuschlagen. Bouhler ließ er des Sieges nicht froh werden.

Das Schrifttum machte ihm um so weniger Arbeit, je mehr die Buchproduktion kriegsbedingt eingeschränkt wurde. Uneingeschränkt durfte Bouhler „nur noch" die Verantwortung für die barbarischen Versuche der Mediziner an Häftlingen der Konzentrationslager tragen. Sie waren jedoch ein Staatsgeheimnis und auch von der Sache her nicht geeignet, sein Ansehen aufzubessern. Im letzten Kriegsjahr wurde sein Amt schließlich aufgelöst und in die Partei-Kanzlei eingegliedert, mit der Begründung, der Krieg erfordere eine Straffung des Parteiapparates. Nur Rang und Uniform blieben Bouhler. Er sei, heißt es, schließlich nur noch der Laufbursche Bormanns gewesen. Doch er wurde nicht einmal mehr dafür gebraucht, und so fiel es nicht auf, daß er bei der großen „Götterdämmerung" in Berlin fehlte; er gesellte sich zum Gefolge Görings, weil er hoffte, dort vor Bormanns Durchhalte-Drohungen sicher zu sein. Als ihn die Amerikaner in Österreich in Zell am See festnehmen wollten, verübten er und seine Frau Selbstmord.

Bouhlers Privatkanzlei war Bormann vor allem lästig gewesen, weil er weder kontrollieren noch zensieren konnte, was von dort an Hitler herangetragen wurde. Sein Auftrag, den Führer abzuschirmen und ihm so die Konzentration auf die großen Aufgaben zu ermöglichen, deckte sich mit seinem eigenen Bestreben, als Diktator im Vorzimmer der Mächtigste nach Hitler zu werden. Sicherlich hat Hitler nie befürchtet, daß ein solches Monopol des Einflusses den Dirigenten des Vorzimmers auch zum Herrscher über den Chef im Allerheiligsten erheben könnte; er vertraute – genau wie Heß – auf die Loyalität. Es wäre Bormann auch nie eingefallen zu rebellieren. Seine Methode war, den Befehlenden so zu beeinflussen, daß dessen Wille sich mit den eigenen Absichten deckte. Zu dieser Taktik gehörte zwangsläufig, daß er im Hintergrund bleiben mußte. Seiner Frau schrieb er einmal, Robert Ley sei der Masse durch die vielen Reden bekannt, er aber sei der Erfolgreichere, weil seine Worte nicht die Massen, wohl aber die Männer an der Spitze erreichten. Daß Bormann zuweilen eigenmächtig und häufig brutal vorging, störte Hitler nicht. Zu einem Vertrauten sagte er: „Ich brauche ihn, um den Krieg zu gewinnen." Zumindest für diese Zeitspanne war Hitler bereit, sich von Bormann einmauern zu lassen. Ein Fenster zur Außenwelt aber hielt er sich auch im Hauptquartier immer offen: die Adjutantur. Sie war eine Anleihe aus dem Brauchtum fürstlicher Hofhaltung, denn ihr gehörten nicht nur die eigentlichen Adjutanten für persönliche Dienstleistungen und zur Abwicklung des Bürobetriebs an, sondern auch Abgesandte von Ministerien und Organisationen. Aufgabe dieser Beobachter war es, eine direkte Verbindung zwischen dem Staatsoberhaupt und ihrem Dienstherrn zu schaffen. Während sie meist ohne Einfluß blieben und eher als Statisten bei den nächtlichen Teetisch-Monologen dienten, vermochten die Adjutanten doch Besucher, Denkschriften, mündliche Informationen und natürlich auch Klatsch an Hitler heranzubringen und gelegentlich Bormanns Pläne zu durchkreuzen. Eine Zeitlang hatte Bormann daher versucht, mit überzogener Liebenswürdigkeit den einen oder anderen Adjutanten für sich zu gewinnen. Als er damit keinen Erfolg hatte, ging er zu einem – unter kühler Zusammenarbeit nur schlecht verborgenen – Kleinkrieg über. Eines der vielen Scharmützel wurde schon geschildert: die Rüge für die Adjutanten Wiedemann, Schaub und Brückner, nachdem sie Orden vom Herzog von Coburg angenommen hatten.

Daß Wilhelm Brückner zur bevorzugten Zielscheibe wurde, war über die Rivalität hinaus auch noch psychologisch bedingt. Er war der Primus und auch der populärste unter Hitlers Adjutanten. Darüber hinaus konnte er vieles vorweisen, was Bormann an sich selber vermißte. Der hochgewachsene Brückner war im Ersten Weltkrieg Offizier gewesen, hatte 1923 den Münchner Putsch mitgemacht, war mit Hitler zusammen vom Gericht verurteilt worden und in Landsberg Häftling gewesen. Kaum jemand wußte mehr über Hitlers private Vergangenheit. Wenn er in der Uniform eines SA-Obergruppenführers daherschritt, war er äußerlich schlechthin das Schmuckstück des Führergefolges. Daß er kaum politischen Ehrgeiz entwickelte, für Kabalen zu phlegmatisch und von zu schlichter Denkungsart war, stimmte Bormann nicht verträglicher. Soweit die alten Kampfgenossen Hitler redlich dienten, hielt dieser ihnen die Treue, auch wenn sie Fehler begingen. Bei Brückner übersah er manche Pannen. Bormann dagegen sammelte sie mit der Absicht, bei guter Gelegenheit ein Sündenregister präsentieren zu können. Diese Gelegenheit ergab sich am 18. Oktober 1940. An diesem Tag konnte er im Tagebuch notieren: „Entlassung des Chefadjutanten Brückner wegen Differenzen mit Kannenberg."

Hitler war eines hohen Besuches wegen eigens per Sonderzug von Berlin zum Obersalzberg gefahren. Er wollte der Kronprinzessin von Italien den Berghof zeigen. Wie immer, wenn Damen in sein Haus kamen, war er darauf bedacht, ein perfekter Gastgeber zu sein. Aus Berlin hatte er eigens seinen Haushofmeister Kannenberg mitgebracht. Natürlich führte Hitler die Prinzessin auch ins Kehlsteinhaus hinauf, was Bormann dann auch stolz in seinem Kalender vermerkte. Im Teehaus wurde natürlich Tee gereicht. Er war jedoch zu heiß, und die Königliche Hoheit verbrannte sich den Mund. Der Parvenü Hitler pflegte sich zu rühmen, daß in seinem Haus immer alles klappe; er entschuldigte sich überschwenglich und fühlte sich bloßgestellt.

Als auf Kannenberg die Vorwürfe niederprasselten, lehnte dieser die Verantwortung ab. Brückner hatte ihm das Kommando über Teeküche und die bedienenden Ordonnanzen weggenommen. Dessen Alter und die jetzt wohl zutierte Bormann bei Hitler – machten es notwendig, den aufreibenden Posten des Chefadjutanten neu zu besetzen. Er könne mit seinen Unterlagen beweisen, daß dieser Fauxpas kein Einzelfall sei. Die Nachfolge könne der Adjutant Julius Schaub übernehmen – auch einer aus der alten Garde, primitiv, grob, wenig attraktiv und trotz seines hohen SS-Führerrangs alles andere als ein Mustergermane. Ihn glaubte Bormann mit diesem Vorschlag für sich zu gewinnen und dann leicht lenken zu können.

gewinnen und dann leicht lenken zu können.

Schaub erinnerte sich nach dem Krieg: Bormann habe sich stets benommen, als fürchte er, „es könnte jemand etwas gegen ihn unternehmen, ohne daß er es merke". Anlässe dazu hat Bormann genug gegeben. Andererseits saß er als Leiter der Partei-Kanzlei so fest auf seinem Stuhl, daß sich nur noch wenige mit ihm anlegen wollten. Gefährlich konnte ihm nur werden, wer gleichermaßen Hitlers Vertrauen und Wohlwollen besaß. Unter den Politischen Leitern war weit und breit ein solcher Mann nicht zu entdecken. Wohl aber bei der SS, und das war um so verdächtiger, als auch eine zunehmende Rivalität zwischen der PO und der SS festzustellen war. Hitler hatte schon immer die verschiedenen Organisationen der Partei gegeneinander ausgespielt. Denkbar war es schon, daß er eines Tages die Politischen Leiter entmachten und Himmlers Führerkorps an deren Stelle setzen könnte.

Der Mann, der einen solchen Machtwechsel in Gang bringen und den Leiter der Partei-Kanzlei stürzen konnte, war keineswegs „Freund" Heinrich Himmler. Von ihm hat Bormann nie viel gehalten, wie der Brief an Heß aus dem Jahr 1932 beweist. Gefährlich dagegen war Reinhard Heydrich, dem die sittenstrenge Kriegsmarine vor Jahren die Offiziersuniform wegen einer Frauenaffäre abgenommen hatte und der dann als Chef des SD die Uniform eines SS-Führers angezogen hatte. Er saß nun in der Doppelfunktion des Chefs der Sicherheitspolizei und des SD, also gleichzeitig mit staatlicher wie mit SS-Funktionsmacht versehen, in der Berliner Prinz-Albrecht-Straße, verfügte über mehr Informationen als jeder Deutsche und war zugleich der oberste Lenker der polizeilichen Exekutive. Verdächtig war, daß Hitler ihn als den „Mann mit dem eisernen Herzen" bewunderte und daß er, hochgewachsen, blond, blauäugig, wie ein nordischer Prototyp aus den Büchern des NS-Rassenpapstes Hans Günther aussah.

Heydrich und sein SD waren bei den Politischen Leitern unbeliebt. Sie fürchteten zu Recht, daß in den Stahlschränken des Sicherheitsdienstes nicht nur die Umtriebe politischer Gegner, sondern auch ihre eigenen Sünden registriert waren. Für Bormann war diese Informationsquelle zeitweise der Grund gewesen, den SD zu fördern und mit Heydrich zusammenzuarbeiten. Dessen regelmäßige Berichte über die Volksstimmung benutzte er, um den Parteifunktionären „Feuer unter den Hintern" – wie er sich ausdrückte – zu machen. Und wenn ihm Verfehlungen einzelner Parteigenossen gemeldet wurden, reicherte er damit seine Personalkartei an. Verdächtig war jedoch, daß der ehrgeizige und undurchsichtige Geschäftspartner Heydrich ständig versuchte, seine Befugnisse auszuweiten. Als unmittelbar nach dem Fall Heß das Gerücht aufkam, der mit der Untersuchung beauftragte Heydrich werde sich mit der Berichterstattung über seine Ermittlungen für ein Amt in Hitlers Nähe empfehlen, wurde Bormann nervös. Doch im September 1941 fand er eine Gelegenheit, den möglichen Rivalen auf ein Nebengleis zu rangieren.

Der in Prag beim Reichsprotektor Konstantin von Neurath als Staatssekretär amtierende Tschechenhasser Karl Hermann Frank, ein Sudetendeutscher, klagte bei Hitler in der „Wolfsschanze", sein Vorgesetzter sei viel zu weich gegenüber den sich häufenden Sabotageakten in der Rüstungsindustrie des Protektorats. Am nächsten Tag wurde Himmler hinzugezogen, und für den folgenden Tag, es war der 23. September 1941, wurde von Neurath herbeizitiert. In Gegenwart von Bormann und Goebbels wurde ihm eröffnet, daß er versagt habe und daß er, wenn auch nicht offiziell abgesetzt, künftig einem Stellvertreter die Herrschaft in Böhmen und Mähren zu überlassen habe. Bormann empfahl als Stellvertreter Reinhard Heydrich. Himmler war einverstanden; dieser allzu tüchtige junge Mann begann auch ihm unheimlich zu werden.

In Bormanns Kalender, wo gewissenhaft alle wichtigen Besucher Hitlers verzeichnet sind, taucht Heydrichs Name zwar gleich im Oktober 1941 wieder auf, aber dann monatelang und zu dessen Lebzeiten nicht mehr. Trotzdem muß er vor seinem Tod noch einmal zur „Wolfsschanze" bestellt worden sein, denn er erzählte seinem Mitarbeiter und späteren Teil-Nachfolger Walter Schellenberg, daß er ins Führerhauptquartier gerufen worden sei, um über Wirtschaftsprobleme des Protektorats Vortrag zu halten. Vor dem Führerbunker habe er lange warten müssen; schließlich sei Hitler mit Bormann herausgekommen, aber er sei nur ungnädig gemustert worden, und Bormann habe Hitler wieder in den Bunker zurückdirigiert. Am folgenden Tag habe ihm Bormann mitgeteilt, der Führer lege auf diesen Vortrag keinen Wert mehr und habe sich sein Urteil bereits gebildet. „In der Form", so gibt Schellenberg den Bericht Heydrichs weiter, „sei Bormann zwar äußerst höflich geblieben, doch sei die eisige Kälte auf der ganzen Linie deutlich zu spüren gewesen."

Heydrich beschuldigte Bormann, er habe gegen ihn eine Intrige gesponnen, aber er kam ihr nie auf die Spur. Im Mai 1942 klagte er Schellenberg, sei sein Verhältnis zum Chef der Partei-Kanzlei und zum Reichsführer SS so schlecht geworden, daß er einen Beobachter ins Führerhauptquartier einschleusen wollte, um wenigstens den Grund der Ungnade zu erfahren. Dazu kam er nicht mehr. Am 27. Mai wurde Heydrich durch ein Attentat schwer verletzt und starb am 4. Juni. Bormanns Kalendereintrag: „Obergruppenführer Heydrich gestorben. Abends Rücksprache Führer mit M.B. wegen Nachfolge Heydrich, Trauerfeier etc. (auf meinen Vorschlag hin wurde Heydrich seinerzeit zum stellv. Reichsprotektor ernannt!").

Bedeutet das Ausrufezeichen, daß er sich Vorwürfe machte? Es könnte auch ein Zeichen des Sieges sein. Schellenberg mutmaßt in seinen Memoiren, daß Heydrich nicht einem tschechischen Attentat, sondern „der geheimen Feme des allerengsten Führungskreises (Hitler-Bormann-Himmler) zum Opfer gefallen" sei. Was er an Beweisen anführt, überzeugt nicht. Eine andere Behauptung könnte zutreffender sein: Heydrich sei Bormann so sehr an Geist und Einfallsreichtum überlegen gewesen, daß dieser sich „eines Tages in den Fangnetzen" des SD-Chefs „verstrickt hätte und von seiner stolzen Höhe herabgestürzt wäre". Der Konkurrent Heydrich dürfte jedoch nicht nur dem Leiter der Partei-Kanzlei sehr gelegen gestorben sein.

Insofern entbehrt es nicht der Ironie, daß ausgerechnet Bormann sich um das weitere Schicksal der Witwe Heydrichs zu kümmern hatte, um ihr Wohlergehen, und weil sie letzten Endes ein sogenannter Geheimnisträger war. Es war dies kein spezieller Auftrag; wenn prominente Parteigenossen starben, mußten ihre Hinterbliebenen von seinem Amt betreut und beschattet werden, und häufig auch mußte ihnen klargemacht werden, daß sie nach dem Tod des Würdenträgers auf die gesellschaftliche Stellung und auch auf den gewohnten Lebensstil zu verzichten hatten. Seine Frau Gerda, die jede Aufgabe ihres Mannes in einer Gloriole ungetrübter Bewunderung sah, ermahnte ihn einmal in einem Brief, er müsse gesund bleiben, denn „wir alle brauchen Dich so sehr", und sie nennt neben der eigenen Familie auch „Frau Todt, Frau Heydrich, Frau Kluge und noch viele andere". Die Erstgenannte war die Witwe des bei einem Flugzeugabsturz tödlich verunglückten Rüstungsministers, die Letztgenannte die Witwe des Schriftstellers Kurt Kluge, dessen Roman „Der Herr Kortüm" als ständige Erbauungslektüre auf Bormanns Nachttisch lag.

Frau Heydrich bereitete ihm einige Ungelegenheiten, weil sie sich mit der bescheidenen Rolle einer Privatperson schlecht abfand. Den gleichen Ärger bekam er, als der SA-Stabschef Viktor Lutze nach einem Autounfall starb und dessen Witwe sich weigerte, die Dienstvilla zu räumen, obwohl ihr von der Partei mehrere größere Wohnungen angeboten wurden. Um solchen Schwierigkeiten ein für allemal vorzubeugen, ließ er sich von Hitler zu einer generellen Regelung ermächtigen; per Rundschreiben informierte er alle Parteiprominenten, daß bei ihrem Tod die Witwen die Dienstwohnungen zu verlassen hätten.

„Das betrifft auch Dich", schrieb er an Gerda. Zu dieser Zeit, im Juli 1943, als immerhin schon Hunderttausende deutscher Familien durch Luftangriffe ihre Behausung verloren hatten, bewohnte er drei Häuser: je eines im Pullacher Sonnenwinkel, auf dem Obersalzberg und in der Güterverwaltung Nord in Mecklenburg. Ein viertes Haus, ein als jüdischer Besitz beschlagnahmtes Anwesen am Schluchsee im Hochschwarzwald, wurde gerade für ihn umgebaut. Formal waren zwei davon, Obersalzberg und Güterverwaltung Nord, auf seinen Namen in den Grundbüchern eingetragen, aber sie gehörten eben doch Hitler oder vielmehr zu dessen Reptilienfonds. An seine Frau Gerda schrieb Bormann warnend: „Pullach müßtest Du sobald als möglich räumen" – falls er sterbe –, und wenn der Führer ihr auch das Haus auf dem Obersalzberg belassen würde, müßte sie doch damit rechnen, daß Eva Braun sie schikanieren, ihr etwa die Gemüselieferungen aus den Gewächshäusern sperren würde. Dann sei es besser, wenn Gerda sich solchen Demütigungen gar nicht aussetzte.

Er schreibe ihr dies nicht, weil er etwa lebensmüde sei oder Todesahnungen habe, sondern er betrachte „diese Dinge mit größter Sachlichkeit". Er könne ja auch „durch einen Unfall, durch ein Attentat oder irgendsoetwas" umkommen. Wie er über den Tod dachte und wie ein guter Nationalsozialist darüber zu denken habe, schrieb er in einer Hausmitteilung einem seiner Mitarbeiter, dessen Aufgabe es war, Bücher zu lesen und zu beurteilen, damit Bormann anhand solcher Zusammenfassungen sich als ein vielbelesener Mann aufspielen konnte. Den Mitarbeiter rügte er, weil dieser ein Buch mit „Betrachtungen über Leben und Tod" als förderungswürdig eingestuft hatte, indessen doch der Verfasser – es war der damals vielgelesene Populärwissenschaftler Bruno H. Bürgel – die NS-Auffassung vom Wesen des Todes nicht teile. Bormann belehrte den Lektor, der Mensch lebe fort in seinen Werken und – mehr noch – in seiner Sippe und in seinem Volk. Der einzelne sei zwar sterblich, nicht aber die Nation. Das war wohl der Glaube, mit dem die Deutschen für Hitlers Weltmachtpläne zum Sterben auf die Schlachtfelder geführt werden konnten. Jede andere Religion sollte deshalb verschwinden.

13   Hitler war sein Gott

Weil sich Martin Bormanns Geliebte, die Schauspielerin Manja Behrens in Dresden, vor Bombenangriffen fürchtete, wies er die christlich Gesinnte brieflich zurecht: Menschen ihres Glaubens könnten doch froh sein, wenn sie vom irdischen Jammertal ins Himmelreich befördert würden. Dies schrieb der patriotische „Gefühlsmensch", als schon viele Hunderttausende deutscher Soldaten und Zehntausende in der Heimat vom Krieg gemordet worden waren. Es war dies aber auch seine Art, sich mit dem Christentum auseinanderzusetzen: primitiv, demagogisch und mit Argumenten, wie sie in der kommunistischen Gottlosenagitation der frühen zwanziger Jahre gebräuchlich waren. Das Christentum mit geistigen Waffen zu überwinden, war nicht seine Aufgabe, und es wäre ihm auch zu langwierig gewesen. Schikanen, Verbote, Drohungen sollten die Lauen im Glauben einschüchtern; die Beharrlichen würde man schließlich im Konzentrationslager isolieren. Statt an Jesus Christus zu glauben, sollten die Deutschen Adolf Hitler verehren.
Er konnte sich jedoch nicht völlig um die Konfrontation der Ideen drücken. Einige Male setzte er dazu an – vielmehr: setzte er Mitarbeiter dafür ein – und verschickte deren langatmige Schriftsätze als seine eigenen Gedanken. Damit wird deutlich, daß er sich als Prediger seines Glaubens nicht so wohl fühlte wie als Organisator und Manager des Kampfes gegen die weltanschaulichen Gegner – wie er die Christen generalisierend einstufte. Er ist darum auch nie mit einer Verkündung seines Un-Glaubens an die Öffentlichkeit getreten. Daß er trotzdem von Hitler ermächtigt wurde – im August 1942 –, in allen „konfessionellen Angelegenheiten" den Standpunkt der Partei festzulegen und zu verkünden, ist bezeichnend für das Gewaltsystem. Ebenso ist es bezeichnend, daß Bormanns antichristliche Aktivität seit Kriegsbeginn wuchs; er nahm an, das Volk werde nun durch größere Sorgen abgelenkt sein. Es fällt auch auf, daß er am aktivsten war, wenn Siegesstimmung und Sondermeldungen scheinbar bewiesen, daß der von Hitler so oft angerufene Allmächtige auf deutscher Seite mitkämpfe.
Eine von Bormanns simplen Vorstellungen vom Geist der christlichen Kirchen war, er könne sie lähmen, wenn er sie ihrer finanziellen Mittel beraube. Bald nach Kriegsbeginn verlangte er vom Reichsfinanzminister Graf Schwerin von Krosigk eine Verfügung, wonach die Finanzämter nicht mehr die Kirchensteuer einziehen sollten, so daß die Kirchen genötigt sein würden, die Gelder

selber einzutreiben – eine Forderung, die er in den folgenden Jahren mehrmals vergeblich wiederholte. Gleichzeitig versuchte er, die kirchlichen Kassen auf andere Art zu schröpfen. Zur Finanzierung des Kriegs mußten Städte, Gemeinden, Körperschaften an das Reich Kriegsbeiträge bezahlen, und auch die Kirchen waren davon nicht ausgenommen. Die evangelische Kirche mußte monatlich eine Million Reichsmark, die katholische 800 000 Mark aufbringen. Vom Leiter seiner staatsrechtlichen Abteilung, Gerhard Klopfer, ließ er sich am 18. Januar 1940 einen Brief an den Finanzminister aufsetzen, in dem Bormann gegen die nach seiner Meinung zu niedrigen Summen protestierte. „Eine höhere Belastung auch der Kirchen" sei „durchaus angebracht." Wenn dadurch eine Kürzung der Personalausgaben – also der Gehälter von Geistlichen – notwendig werde, so halte er dies „durchaus für tragbar". „Im Gegensatz zu allen anderen wehrpflichtigen deutschen Männern", heißt es in dem von Bormann unterschriebenen Brief, „steht keiner der kath. Geistlichen als Soldat im Felde; auch nimmt keiner der kath. Geistlichen freiwillig für das Volk Belastungen auf sich, wie sie jeder deutsche Familienvater zu tragen hat." Die neu festzusetzenden, wesentlich höheren Kriegsbeiträge sollten jeweils als Gesamtsummen von den beiden Konfessionen gefordert werden, und es sollte ihnen überlassen bleiben, wie sie von ihren Organisationen das Geld zusammenbringen. Der Fiskus dagegen müsse berechtigt sein, bei Zwangseintreibungen „nach seinem Belieben die Vermögenswerte der einzelnen Teile... in Anspruch zu nehmen". Bormann wollte, wie es sich bald zeigte, unbedingt in den Besitz der Klöster kommen.

Einen Tag, ehe diese Forderung abgeschickt wurde, hatte Bormann einen weiteren Klopfer-Brief, gerichtet an Rosenberg, unterschrieben. Darin empörte er sich, daß „die Betreuung der Angehörigen der Wehrmacht durch die Kirchen beider Konfessionen nach wie vor überaus rege ist". Die Soldaten erhielten „von den Geistlichen ihrer Heimatgemeinden laufend religiöse Druckschriften zugesandt", die „auf die Stimmung der Truppe einen gewissen Einfluß ausüben". Bormanns Beschwerde darüber war von der im Offizierskorps christlich gesinnten Wehrmacht mit der Begründung abgewiesen worden, die Zensur könne nur Schriften anhalten, die Angriffe gegen Partei oder Staat enthielten. Auch Reichsleiter Max Amann, zuständig für die Zuteilung bewirtschafteten Papiers, wollte oder konnte den Druck von Traktaten nicht verhindern. Polizeiliche Maßnahmen schienen Bormann „recht unbefriedigend und in ihrer letzten Auswirkung umstritten". Deshalb gab er nun dem Reichsleiter Rosenberg den Auftrag, NS-Traktate zu liefern, die „bei allen Angehörigen der Wehrmacht, gleichgültig welche Vorbildung ihnen eigen ist, Eingang finden".

Schon einen Tag später wurde Rosenberg ermahnt, „beschleunigt" zu produzieren. Eine Rüge bekam er obendrein – weil er bei Hitler ein Buch gelobt hatte, das der evangelische Reichsbischof Müller (genannt „Reibi"), einstens Pfarrer bei der Reichswehr in Königsberg und jetzt ohne nennenswerte Gefolgschaft unter den zerstrittenen Protestanten, für Soldaten geschrieben hatte.

„Ich bin anderer Auffassung", schimpfte Bormann, „denn durch dieses Buch werden unter Umständen Soldaten, die an sich bereits vom Christentum gelöst sind, erneut mit zum Teil getarnt christlichen Gedankenvorgängen vertraut gemacht." Auch Reichsleiter Amann wurde ermahnt, „bei einer ... Neuzuteilung von Papier dafür Sorge zu tragen, daß das konfessionelle Schrifttum, das nach den bisher gemachten Erfahrungen für die Stärkung der Widerstandskraft des Volkes gegenüber seinen äußeren Feinden doch nur recht zweifelhaften Wert besitzt, zugunsten politisch und weltanschaulich wertvollerer Literatur noch stärkere Einschränkungen erfährt".

Alfred Rosenberg galt den Kirchen als der Anti-Christ schlechthin. Daß er nicht ihr schlimmster Feind in der NSDAP war und daß er von dem weithin unbekannten Martin Bormann ständig als zu weich abqualifiziert wurde, erfuhren die wenigsten Kirchenmänner. Ein Zehn-Seiten-Brief an Rosenberg, datiert vom 22. Februar 1940, von Bormann unterschrieben, aber nach Stil und Inhalt unmöglich von ihm verfaßt, hätte sie ihren gefährlichsten Feind früher erkennen lassen, wenn sie ihn zu Gesicht bekommen hätten. Unter dem Rubrum „Richtlinien für die Erteilung des Religionsunterrichtes" begründet der radikale Nationalsozialist Bormann zum erstenmal, weshalb er einen Kompromiß zwischen seiner und der christlichen Weltanschauung ablehne. Er verrät dabei auch die Taktik, mit der er die Kirchen zugrunde richten möchte. Anlaß zu diesem Brief gab ihm ein Gerücht, Rosenberg habe Reichsbischof Müller beauftragt, Richtlinien für den Religionsunterricht in den Schulen auszuarbeiten.

Es entsprach den bürokratischen Gepflogenheiten Bormanns, daß er sich über das – übrigens unbegründete – Gerücht nicht etwa in einem Gespräch von Mann zu Mann Klarheit verschaffte. Wenn es um den verhaßten Rosenberg ging, mußte dieser aktenkundig „auf die ernsten Bedenken" hingewiesen werden, „die ich gegen eine solche Beauftragung zu erheben habe". Denn „es könne nicht Aufgabe der Partei sein", solche Richtlinien zu schaffen, weil diese „eine Synthese von Nationalsozialismus und Christentum zur Voraussetzung" hätten. „Eine solche halte ich für unmöglich." Als Begründung dafür verkündete Bormann: „Beide unterscheiden sich im Grundsätzlichen so stark voneinander, daß es nicht möglich sein wird, eine christliche Lehre zu konstruieren, die von der Ebene der nationalsozialistischen Weltanschauung voll bejaht werden könnte." Rosenberg wird belehrt: Kein Kompromiß könne diesen Gegensatz überwinden, sondern nur „eine neue Weltanschauung, deren Kommen Sie ja selbst in Ihren Werken angekündigt haben". Durch den Kompromiß hingegen werde nur „die durch den Nationalsozialismus befreite deutsche Volksseele wieder einmal in christlichen Dogmen verkümmern".

Der Religionsunterricht – fordert Bormann – sollte weitergeführt werden wie bisher, sofern die Lehrer „diesen Unterrichtsstoff als biblisches Gedankengut und nicht etwa als deutsches oder nationalsozialistisches" darstellten. Später müsse er jedoch eine Konkurrenz erhalten durch einen von „der Partei zu schaffenden Leitfaden für die deutsche Lebensgestaltung", damit zusätzlich den „überaus mangelhaften zehn Geboten" für „jeden deutschen Jungen und jedes deutsche Mädel" gelte „etwa das Gebot der Tapferkeit, das Verbot der Feigheit, ein Gebot der Liebe zur allbeseelten Natur… ein Gebot der Reinerhaltung des Blutes". Damit würde der „Konfirmationsunterricht mehr und mehr an Bedeutung verlieren". Der „nach unseren Sittengesetzen erzogenen Jugend" könne man dann getrost die Entscheidung überlassen, „ob sie noch gewillt ist, ihre Kinder in den weit minderwertigeren christlichen Glaubensdogmen erziehen zu lassen".

Wegen der programmatischen Ausblicke vergaß Bormann natürlich nicht die alltägliche Praxis, mit der er den Kirchen das Leben erschweren konnte. So hatte Albert Speer, als Architekt zuständig für die Neugestaltung der Reichshauptstadt, mit den örtlichen Kirchenleitungen über Bauplätze für Gotteshäuser in neuen Stadtteilen Berlins verhandelt. Die Folge war ein scharfer Verweis von Bormann und das Verbot, Grundstücke für solche Bauten vorzusehen. Als später die Städte unter den Bomben zerfielen, ließen manche Gauleiter mit auffallendem Eifer beschädigte Kirchen abreißen. Der durch Erfahrungen klüger gewordene Speer erklärte die Ruinen nach Möglichkeit zu „historisch und künstlerisch wertvollen Baudenkmälern" und bat brieflich den Parteigenossen Bormann, er möge den Abriß verbieten, bis „die Wiederaufbaupläne dieser Städte… endgültig vom Führer entschieden seien". Und als Speer einige Monate später abermals vom Leiter der Partei-Kanzlei gerüffelt wurde, weil er knappes Baumaterial für die Wiederherstellung von angeschlagenen Kirchen freigegeben hatte, verschanzte er sich wieder hinter der Begründung, es habe sich um „nationale Baudenkmäler historischen und künstlerischen Wertes" gehandelt. Bormann mußte passen; davon verstand er nichts.

Andere Baudenkmäler kirchlichen Besitzes wollte Bormann unversehrt mit List und Tücke enteignen, möglichst zugunsten der Partei. Der angebliche Reichtum in den Klöstern stach ihm besonders in die Augen. Am 13. Januar 1941 schickte er allen Gauleitern ein streng vertrauliches Fernschreiben, das schlechthin eine Aufforderung zum Plündern war. Es ist des aufmerksamen Lesens wert, weil es mit seinen wenigen Zeilen die Praktiken des Verfassers enthüllt. Er schrieb: „Es hat sich herausgestellt, daß die Bevölkerung keinerlei Unwillen zeigt, wenn Klöster einer allgemein geeignet erscheinenden Verwendung zugeführt werden. Als allgemein geeignet erscheinende Verwendung kommt in Frage die Umwandlung in Krankenhäuser, Erholungsheime, nationalpolitische Erziehungsanstalten oder Adolf-Hitler-Schulen usw. Von diesen Möglichkeiten soll weitgehender Gebrauch gemacht werden."

Ein Gesetz oder eine Verordnung, die eine Beschlagnahme des Besitzes gestatten würden, wurde in dem Fernschreiben nicht genannt; es gab auch nichts dergleichen. Auffällig ist auch, daß sich Bormann nicht wie üblich auf den Willen des Führers bezieht. Es ist daher anzunehmen, daß Hitler unterrichtet war und daß er es nur für besser hielt, aus dem Spiel zu bleiben, damit er notfalls die ungesetzliche Aktion als eine Eigenmächtigkeit von Heißspornen darstellen konnte.

Mit dem Vermerk „Geheim! Persönlich!" bekamen die Gauleiter im März den Tip nachgeliefert, wie sie ihre Raubzüge begründen könnten. Beschlagnahmen seien namentlich in der Ostmark (Österreich) erfolgt, „wegen Verstößen gegen Verordnungen der Kriegswirtschaft (z.B. wegen Hamstern von irgendwelchen Lebensmitteln, von Stoffen, Lederwaren etc.), in weiteren Fällen wegen Verstößen gegen das Heimtückegesetz und endlich vielfach wegen unbefugten Waffenbesitzes". Anschuldigungen dieser Art ließen sich leicht konstruieren; die heimliche Abgabe von ein paar Litern Milch, eine kritische Bemerkung über das NS-System oder ein paar alte Flinten als Wandschmuck genügten schon als Belastung. Eine Entschädigung an die Kirchen komme in solchen Fällen – so betonte Bormann – selbstverständlich nicht in Frage.

In dieser Bormann-Mitteilung taucht dann indirekt auch die Zustimmung Hitlers auf; ihn hätten Gauleiter angeblich nachträglich unterrichtet, nachdem sie solche Beschlagnahmen notwendigerweise hätten durchführen müssen. Geschehen sei dies bei seinem Besuch in Wien am 1. März 1941. Tatsächlich hat Hitler bei dieser Gelegenheit den Wunsch geäußert – also keineswegs verfügt –, „daß er die Einweisung des beschlagnahmten Besitzes in die in Frage kommenden Reichsgaue wünsche". Dies schrieb Bormann an Lammers, weil das inzwischen wach gewordene Reichsfinanzministerium den Raub für das Reichsvermögen beanspruchte.

Diese Verteilung der Beute entsprach der üblichen Taktik Hitlers: Wer räubern kann, darf es auch. Für Bormann war es eine gute Gelegenheit, sich den Gauleitern als wohlwollender Reichsleiter zu empfehlen. Er war in Wien dabei, als diese Regelung getroffen wurde, und in seinem Brief an Lammers gab er den Gauleitern noch zusätzliche Hilfestellung. Er argumentierte: Wer den Gauleitungen der Partei eigenen Besitz mit der „kindischen Ausrede" verweigern wolle, sie könnten damit allzu unabhängig von der zentralen Reichsgewalt werden, sei ein Bürokrat, der „in Wirklichkeit den Gauleitern und Reichsstatthaltern keinerlei Selbständigkeiten lassen" wolle. Ein Seitenhieb, mit dem auch Reichsinnenminister Frick getroffen werden sollte.

An der Aktion gegen das Stift Klosterneuburg bei Wien, einem der schönsten und größten Klöster Österreichs, läßt sich demonstrieren, wie eine solche Beschlagnahme eingeleitet und abgewickelt wurde. Wenige Tage nach Bormanns Aufforderung zum Plündern berieten in Wien bereits die Parteispitzen, wo für sie die dickste Beute zu holen sei. Das Augustiner-Kloster am Stadtrand stach ihnen am meisten in die Augen, mit seinem Grundbesitz von etwa 9000 Hektar (etwa die Fläche von hundert großen Bauernhöfen) und weiteren verstreuten Ländereien, mit ausgedehnten Bauten, einer Kirche aus dem 12. Jahrhundert, vielen Kunstwerken, einer Münzsammlung, einer Bibliothek mit 120 000 Bänden und einem berühmten Weinkeller. Um die Aktion dringlich zu machen, bestimmten sie das Kloster als Sitz einer künftigen Adolf-Hitler-Schule – für den Nachwuchs der Partei. Es empfehle sich dafür besonders „infolge seiner Größe und der Nähe geeigneter Sportplätze", doch müsse schnell gehandelt werden, weil sonst die Schule nach Hamburg gelegt werde.

Einen Tag später lag schon eine Dokumentation der Geheimen Staatspolizei Wien über das Kloster vor. Darin war zusammengetragen, daß schon einmal ein (offenbar falscher) Verdacht auf Devisenschiebungen vorgelegen hatte, daß der Prälat mit Parteigängern des früheren Bundeskanzlers Schuschnigg befreundet gewesen sei, daß Klosterinsassen wegen Sittlichkeitsvergehen verurteilt worden waren und daß gegen andere bereits Verfahren wegen staatsfeindlicher Umtriebe im Gang seien. Das genügte. Am 22. Februar 1941, nur einen Monat nach der Beratung der Partei-Oberen, unterschrieb der Gauleiter und Reichsstatthalter in Wien, Baldur von Schirach, den Beschlagnahme-Bescheid – „betrifft: Heranziehung nach dem Gesetz über die Unterbringung öffentlicher Dienststellen".

Welchen Umfang die von Bormann ausgelöste Aktion annahm, geht aus einem Gutachten des Instituts für Zeitgeschichte hervor. Allein in Westdeutschland wurden bis Anfang Mai 1941 die Insassen aus 35 Klöstern ausgewiesen, in der Diözese Breslau gab es mehr als 60 Beschlagnahmen, in Österreich über 200. Den Geschädigten half es nur wenig, wenn sie die Gerichte gegen diese Willkür anriefen; ihr Einspruch hatte selten aufschiebende Wirkung, und die Prozesse vor den Zivilrichtern zogen sich endlos hin. Im Juli 1941 jedoch trat ein, was Hitler unbedingt vermeiden wollte: Die Aktion wurde zu einem öffentlichen Skandal und löste bei der Bevölkerung weiter Landstriche Entrüstung aus.

Den Anstoß dazu gab der Bischof von Münster, Graf von Galen, in dessen Diözese acht Klöster von der Gestapo beschlagnahmt worden waren. In drei Predigten klagte er die Nationalsozialisten der Christen- und Kirchenverfolgungen an, außerdem des vielfachen Mordes an den Geisteskranken bei der sogenannten „Euthanasie"-Aktion. Ausländische Zeitungen berichteten darüber, und im Inland wurde der Wortlaut der Predigten durch illegale Flugblätter verbreitet. Bormann schrieb am 15. August 1941: „Welche Schritte der Führer gegen den Bischof unternehmen wird, muß noch entschieden werden. Sicherlich wäre Todesstrafe angebracht; mit Rücksicht auf die Kriegsumstände wird der Führer diese Maßnahme wohl kaum anordnen."

Bormann mußte seine Rache auf Eis legen; von Galen bekam nur Hausarrest und durfte sein Palais nicht verlassen. Der Leiter der Partei-Kanzlei jedoch mußte den Gauleitern ein Rundschreiben schicken, der Führer habe angeordnet, daß ab sofort „Beschlagnahmungen von kirchlichen und klösterlichen Vermögen bis auf weiteres unterbleiben" sollten. Erwiesen sie sich „in besonderen Fällen" als unbedingt notwendig, dann müsse „dem Führer zu meinen Händen Bericht erstattet werden".

Hitler zog sich wie üblich aus der Schlinge: Er hatte wieder einmal nichts gewußt. Als ihn sein einstiger Vizekanzler Franz von Papen Wochen später im Führerhauptquartier aufsuchte und die Rede auf von Galen brachte, tat Hitler entrüstet und behauptete, er habe mit einem strengen Erlaß – dem Bormann-Rundschreiben – diesen „Unfug" sofort abgestellt. Lammers jedoch verriet von Papen, Bormann habe der Führeranordnung noch einen Satz hinterhergeschickt, so genau sollten die Gauleiter den Befehl auch wieder nicht nehmen. In solchen Fällen empfand es Bormann als eine Ehre, seinem Führer als Sündenbock dienen zu dürfen; er wußte, daß er sich damit noch unentbehrlicher machte.

Wie sehr Hitler sich scheute, sich direkt an der Kloster-Aktion zu beteiligen, zeigen die Erfahrungen des Augsburger Gauleiters Wahl. Als ihm ein Abgesandter Bormanns klarmachen wollte, daß er jetzt auch in seinem Gau damit beginnen müsse, fragte ihn Wahl, „ob denn sein Chef" – also Bormann – „verrückt geworden sei", daß er ausgerechnet in diesen schlimmen Kriegszeiten den inneren Frieden störe. Der Abgesandte meinte, „der Kampf gegen die kirchlichen Organisationen sei nun einmal das Steckenpferd Bormanns". Wahl weigerte sich auch weiterhin, als er ein zweites Mal aufgefordert wurde, mit der verhaltenen Drohung, es sei „in seinem eigenen Interesse", wenn er sich nicht ausschließe. Bedrängt wurde er dann nicht mehr, obwohl Bormann gegen Wahl mit Vergnügen vorgegangen wäre, wenn er die Vollmacht dazu bekommen hätte. Die Abrechnung mit von Galen verschob Hitler auf die Zeit nach dem Krieg. Er folgte dabei einem Rat von Goebbels, der vor einer Festnahme warnte, weil das Regime sonst „Münster und ganz Westfalen für die Dauer des Krieges abschreiben" müßte.

Das vorwiegend streng katholische Münsterland war von jeher ein karger Boden für NS-Ideologien gewesen. Gauleiter Alfred Meyer hätte sich in seinem Amtssitz in der klerikalen Hochburg wohler gefühlt, wenn Bormann ein anderes Steckenpferd gewählt hätte als den Kampf gegen das Christentum. Als der evangelische Reichsbischof Müller daranging, eine Reichskirche zu basteln und nun auch noch die Protestanten verärgerte, riet Meyer zu einem Kompromiß. Diesmal fühlte sich Bormann aufgerufen, mit einem eigenen Elaborat zu verkünden, was ein Nationalsozialist zu glauben und zu verwerfen hatte – sozusagen als Papst der Partei. Datiert auf den 7. Juni 1941 erhielt Meyer eine umfangreiche Antwort mit der Überschrift „Verhältnis von Nationalsozialismus und Christentum". Und weil es hier um Grundsätzliches ging, bekamen auch alle anderen Gauleiter den Wortlaut mit dem Vermerk „Geheim!" geliefert.

In dem unglaublich banalen Text wird einleitend die schon beim Thema Religionsunterricht verkündete These wiederholt, Nationalsozialismus und christliche Auffassungen seien unvereinbar. Die Kirchen – behauptet Bormann – bauen auf der Unwissenheit der Menschen auf, ... denn nur so können „sie ihre Macht bewahren". „Demgegenüber beruht der Nationalsozialismus auf wissenschaftlichen Fundamenten" und stehe „weit höher als die Auffassungen des Christentums, die in ihren wesentlichen Punkten vom Judentum übernommen worden sind." Die Theologie erklärt Bormann zur „Scheinwissenschaft". Er dagegen vermag Gott zu erkennen, ein Blick zum nächtlichen Himmel genügt: „Die naturgesetzliche Kraft, mit der sich alle diese unzähligen Planeten im Weltall bewegen, nennen wir die Allmacht oder Gott. Die Behauptung, diese Weltkraft könne sich um das Schicksal jedes einzelnen Wesens, jeder kleinsten Erdenbazille kümmern... beruht auf einer gehörigen Dosis Naivität oder aber auf einer geschäftlichen Unverschämtheit." Was immer die christlichen Konfessionen stärken könne, müsse abgelehnt werden – „ohne Unterschied, weil die ev. Kirche uns genauso feindlich gegenübersteht wie die kath. Kirche". Zum erstenmal in der deutschen Geschichte sei jetzt der Staat unabhängig von den Kirchen. „Nur die Reichsführung und in ihrem Auftrag die Partei... haben ein Recht zur Volksführung. Ebenso wie die schädlichen Einflüsse der Astrologen und sonstigen Schwindler... unterdrückt werden, muß auch die Einflußmöglichkeit der Kirche restlos beseitigt werden."

So stolz auch Bormann gewesen sein mag, als er dieses Erzeugnis kleinbürgerlicher Gedankengänge durch die Fernschreiberleitungen jagte, so wenig konnte er sich später darüber freuen. Goebbels, der von Propaganda einiges verstand, belehrte ihn nachsichtig, ohne auf den Inhalt einzugehen, es sei unklug, die Kirchen während des Kriegs in solcher Form zu reizen. Rosenberg sagte gesprächsweise und herablassend, parteiamtliche Rundschreiben dieser Art seien unmöglich und registrierte befriedigt, daß Bormann betreten dazu schwieg. Im Nürnberger Prozeß sagte der Hamburger Gauleiter Karl Kaufmann als Zeuge aus, Bormann habe sein Elaborat auf Befehl Hitlers zurückziehen müssen – dergestalt, daß alle Exemplare wieder eingesammelt worden seien. Rosenberg behauptete allerdings auch noch, der Verfasser des Textes sei nicht Bormann gewesen, sondern ein Mitarbeiter aus der Partei-Kanzlei, und dieser habe strafweise anstelle der braunen Uniform eine feldgraue anziehen müssen, sei also zu den Soldaten geschickt worden. Dabei sind der aus Parteiphrasen zusammengestoppelte Text, die ungelenke Sprache, die primitiven Argumente und die schiefen Bilder so charakteristisch für Bormanns Schreibweise, daß an seiner Autorenschaft nicht zu zweifeln ist.

Bormann war nun offensichtlich die Lust vergangen, sich noch einmal auf das ideologische Glatteis zu begeben. Er zog sich dorthin zurück, wo er unangreifbar und von Amts wegen abgesichert war – auf seine Managerfunktion. Er ordnete an, das in manchen Schulen noch zu Beginn des Unterrichts übliche Gebet müsse „immer stärker abgebaut und beseitigt" werden. Statt dessen sollten „nationalsozialistische Sinnsprüche" verlesen oder von Zeit zu Zeit Morgenfeiern abgehalten werden. Rosenbergs Parteipoeten wurden angeregt, Vorlagen dazu zu liefern. Bormann machte sich auch Gedanken, wie weit es notwendig sei, die politische Zuverlässigkeit von konfessionellen Schwestern in Krankenhäusern und Lazaretten zu prüfen. Er kam dabei zu dem Schluß, daß sie „bei dem derzeitigen Schwesternmangel... *noch* nicht als am Krankenbett untragbar" einzustufen seien. Die Gauleiter warnte er mit einem Rundschreiben vor der krankhaften Sucht weltanschaulich noch nicht gefestigter Parteigenossen nach kultischen Feiern, gewissermaßen als Religionsersatz. Es sei falsch, kirchliche Bräuche zu ersetzen – etwa eine Volksfeier statt einer Taufe, eine Lebenswendefeier anstelle der Konfirmation abzuhalten. Der Nationalsozialismus sei eine wissenschaftlich fundierte Lebensauffassung. Seine Feiern hätten ohne Kult und Mystik nur der politischen Willensbildung zu dienen. Dieser Robespierre im Westentaschenformat setzte es gemeinsam mit Ley auch durch, daß den Familienangehörigen von kriegsgefallenen Soldaten die Todesnachricht nicht mehr von den Geistlichen gebracht werden durfte, sondern daß die Ortsgruppenleiter der Partei diese bittere Aufgabe übertragen bekamen.

Goebbels schimpfte: „Warum soll nicht der Pastor der Totenvogel sein!" In Kirchen- und Glaubensfragen war er der hartnäckigste Widersacher Bormanns innerhalb der Partei – ein wenig vielleicht aus verstehender Anhänglichkeit an das Christentum und in Erinnerung an seinen Jugendtraum, Priester zu werden. Dennoch war auch er für eine Abrechnung mit den unbotmäßigen Geistlichen. Zu seinem Mitarbeiter Werner Stephan im Propagandaministerium sagte er unter vier Augen: „Ich war stets dagegen, die Kirchen zum Kampf herauszufordern – im Gegensatz zur Partei-Kanzlei – und wollte den Schein loyaler Zusammenarbeit aufrechterhalten. Nach dem Krieg ist es leicht, den Kirchen die materielle Grundlage zu nehmen und ihnen so das Rückgrat zu brechen."

Goebbels gab nach, als Bormann, unterstützt von Himmler, verlangte, daß zum Weihnachtsfest 1941 nicht die gewohnten Lieder zur Geburt Jesu vom Rundfunk verbreitet wurden. Nur das unverfängliche „O Tannenbaum" war gestattet. Bormann empfahl, fröhliche Unterhaltungsmusik und Schlager zu senden. Goebbels beugte sich vielleicht dieser Forderung nur, damit er nach den Festtagen dem Führer berichten konnte, wie böse das Volk auf diesen Affront reagierte. Das wollte Hitler nicht ein zweites Mal in Kauf nehmen; im folgenden Jahr mußte Bormann das gewohnte „Stille Nacht" wieder dulden.

Von Anfang Dezember 1941 bis in den Februar 1942 zog sich ein Geplänkel hin, in dem der für die Volksstimmung zuständige Propagandaminister versuchte, von dem fanatischen Leiter der Partei-Kanzlei eine programmatische Erklärung zu erhalten, mit der die Partei aus allen religiösen Streitigkeiten herausgehalten werden konnte. Den Anlaß dazu fand Goebbels in Veröffentlichungen amerikanischer Zeitungen über ein in Deutschland erschienenes Buch „Gott und Volk", geschrieben von einem engagierten Neuheiden, und über eine Broschüre „Unser Glaube über das Jenseits" mit gleicher Tendenz. Unter anderem hieß es in der Broschüre, auf das vom Christentum verheißene Jenseits würden Nationalsozialisten „stolz verzichten".

Wenn er ein Agent des »Secret Service« wäre, argumentierte Goebbels, würde er „nichts anderes machen als derartige Bücher und Broschüren schreiben", weil er damit dem deutschen Volk im In- und Ausland am meisten schade. Er ließ seinen Mitarbeiter Walter Tießler aus der Reichspropagandaleitung listig-naiv bei Bormann anfragen, ob es etwa undeutsch sei, „in irgendeiner Form an ein Jenseits zu glauben". Ferner, ob es Aufgabe des Nationalsozialismus sei, diese Frage zu entscheiden, oder ob es nicht wichtiger sei, „jeden nach seiner Façon selig werden zu lassen". Tießler schlug eine grundsätzliche Partei-Erklärung vor, wonach der Nationalsozialismus ausschließlich für das Diesseits zuständig sei; Fragen des Jenseits müßten „eine Privatangelegenheit des einzelnen" bleiben. „Wer sich daher mit diesen Fragen – positiv oder negativ – befaßt, kann sich niemals auf die NSDAP oder den Nationalsozialismus berufen."

Mit einer solchen Erklärung hätte sich Bormann nachträglich selbst desavouiert, denn mit seinen programmatischen Briefen hatte er genau das getan. Auf ein Gespräch mit Goebbels brauchte er sich nicht einzulassen, weil er im Hauptquartier „Wolfsschanze" war. Doch Tießler mußte er anhören. Bormanns Entscheidung bekam Goebbels anschließend schriftlich. Verbieten oder beschlagnahmen wollte Bormann die neuheidnischen Schriften nicht, weil „in Deutschland genau die gleiche Gewissensfreiheit herrscht wie in den demokratischen Staaten". Er sei allerdings auch der Meinung, daß sich die Partei „mit derartigen Schriften nicht belasten" dürfe. Er habe deshalb „erst vor wenigen Tagen veranlaßt, daß eine Schrift des Hauptbefehlsleiters Schmidt zurückgezogen und eingestampft wurde". Da dieser Pg Schmidt das zu Leys Bereich gehörende Hauptschulungsamt der NSDAP leitete, fiel Bormann diese Maßnahme nicht schwer. Mit einer Stellungnahme zu der von Tießler vorgeschlagenen Erklärung ließ er sich über einen Monat Zeit. In einem Aktenvermerk für Tießler wischte er sie vom Tisch. Er schrieb: Der Führer habe wiederholt entschieden, jeder möge nach seiner Façon selig werden. „Irgendeine parteiamtliche Stellungnahme ist nicht ergangen und wird nicht ergehen."

So kaltschnäuzig konnte Bormann auftreten, weil ihm gerade in diesen Wochen sein Führer bestätigt hatte, daß seine Linie richtig war: Hitler gab ihm den neuen Reichsgau Wartheland als antichristliches Experimentierfeld frei. Gauleiter Greiser mit dem Sitz in Posen wurde ermächtigt, eine – von Bormanns Juristen entworfene – Sonder-Kirchenverordnung für seinen Bereich einzuführen. Das war rechtlich insofern möglich, als alle Verträge, die Polen für dieses Gebiet abgeschlossen hatte, mit dem Untergang dieses Staates wegfielen. Nun konnte Bormann auf juristischem Brachland ein Modell für das kirchliche Leben im »Großgermanischen Reich« nach dem Sieg entwickeln.

Die Trennung von Staat und Kirche war in diesem System perfekt. Die Glaubensgemeinschaften waren vor dem Gesetz nur noch Vereine, denen jede überörtliche Bindung verboten blieb. Wer einer Glaubensgemeinschaft angehören wollte, mußte ihr durch eine schriftliche Erklärung beitreten. Minderjährige waren dazu nicht berechtigt. Wer vom Reich in das Wartheland zog, mußte dort erneut seinen Beitritt erklären. Konfessionelle Organisationen jeder Art, etwa Jugendgruppen oder Wohlfahrtsverbände, durften nicht gegründet werden. Die Kirchensteuer war abgeschafft. Die Gemeinden durften nur Vereinsbeiträge, aber keine Spenden kassieren. Hauptamtliche Geistliche gab es nicht mehr; sie mußten einen Beruf ausüben und sich damit ihren Unterhalt verdienen. Außer dem „Kultraum" (Kirchengebäude) durften die Gemeindevereine keinen Grundbesitz haben.

Es war für Bormann gewiß ein Abend des Triumphes, als Hitler am 4. Juli 1942 im ostpreußischen Hauptquartier „Wolfsschanze" mit einem fast endlosen Abendmonolog bei Tisch den Kirchen Verhältnisse ankündigte, die sich kaum von denen unterschieden, die Bormann dem Wartheland jetzt beschert hatte. Und mit Bischof von Galen, Bormanns Erzfeind, werde abgerechnet, „auf Heller und Pfennig", sagte Hitler.

Offenbar genügte Bormann dieser Sieg, denn in den folgenden Monaten und Jahren wurden seine antikirchlichen Aktionen seltener. Er hatte das Seinige getan, mochte nun die Gestapo das Ihrige im Detail tun. Seine Aktivität und seine Aggressionen richteten sich jetzt stärker gegen die Juden und gegen die „Untermenschen" des Ostens.

14   Der Schreibtischmörder

„Die Leute, die es machten, sind alle tot: Hitler, Himmler, Bormann, Heydrich, Eichmann", sagte beim Nürnberger Kriegsverbrecherprozeß der letzte Polizei- und SD-Chef des Regimes, Ernst Kaltenbrunner, als der millionenfache Mord an den Juden verhandelt wurde. Dabei nahm er fälschlich an, Eichmann sei nicht mehr am Leben, und vergaß bei seiner Aufzählung Goebbels als einen der intellektuellen Urheber. Die Rollen waren unter diesen Männern zweckmäßig verteilt. Himmler, Heydrich und Eichmann bedienten die Schaltstellen der Vernichtungsmaschinerie. Goebbels heizte mit gut gespieltem Fanatismus den Terror immer wieder an. Hitler als der eigentliche Motor gab seinen Parteigenossen gesprächsweise die geheimen Vernichtungsbefehle, ohne daß er sich selbst als Mörder kompromittierte.

Die Rolle Martin Bormanns läßt sich am besten durch einen Vorgang charakterisieren, der in den letzten Monaten des Jahres 1940 spielt. Generalgouverneur Hans Frank war zu einem Gespräch über die besetzten Gebiete Polens, die als Auffanggebiete für Judendeportationen bestimmt waren, in die Reichskanzlei gerufen worden. Bormann war bei dem Gespräch natürlich anwesend, und zum Essen kam auch noch der ostpreußische Gauleiter Koch und der Wiener Gauleiter von Schirach hinzu. Nach Tisch ließ Hitler wie üblich seinem Redefluß freien Lauf, und seine Gäste spielten sich liebedienerisch und zustimmend als gute Gefolgsleute auf. Bormann saß still dabei und schrieb; in einem ausführlichen Aktenvermerk hielt er die wesentlichen Äußerungen fest.

Frank rühmte sich, viele Gebiete Polens, so auch seine Residenz Krakau, seien fast ganz von Juden gesäubert. Mehr und mehr würden sie in Gettos zusammengepfercht. Hingegen wehrte er sich gegen eine überstürzte Zuweisung von Juden aus anderen Gebieten. Es drohe sonst eine Übervölkerung der Gettos. Erst recht fehle ihm das Land für Judenreservate, wenn noch einige polnische Kreise dem Reichsgebiet zugeschlagen würden. Koch jedoch bestand darauf, daß er die in seinem Bereich wohnenden Juden und Polen noch abschieben werde, und auch von Schirach verlangte, daß die 60 000 noch in Wien lebenden Juden ins Generalgouvernement gebracht werden müßten.

Der penible Protokollführer Bormann vergaß nicht, die einzelnen Punkte des Gesprächs später in Aktionen umzusetzen. Er erinnerte Hitler nach einigen Tagen an die Wiener Juden und aktivierte so dessen schon in „Mein Kampf" manifestierten Haß aus der Jugendzeit. Die Führer-Entscheidung war kurz:

„Die in dem Reichsgau Wien noch wohnhaften 60 000 Juden" sollen „beschleunigt, also noch während des Krieges, wegen der in Wien herrschenden Wohnungsnot ins Generalgouvernement abgeschoben werden." Dies schrieb Bormann an Lammers, der seinerseits die Anordnung an von Schirach weitergab, ebenso an SS- und Polizeiführer, wie es der Amtsweg vorsah. Dabei muß die Terminbestimmung aus der damaligen Situation – Briefdatum 3. 12. 40 – begriffen werden: Hitler und seine Umgebung rechneten mit einem Sieg-Frieden im folgenden Jahr. So wird denn auch in einem Nachsatz verfügt, daß „die Abschiebung ... Anfang des nächsten Jahres in Angriff genommen werden" soll.

In der nun überall einsetzenden Judenverfolgung und -vernichtung ist Bormann fast immer auf diese Art beteiligt: als Bürokrat, als Unterzeichner von Gesetzen und Verordnungen, meist gemeinsam mit anderen, als Transformator des Führerwillens auf die Apparate von Partei und Staat, als Datenspeicher, der darüber wacht, daß die Mörder niemanden vergessen, als Zuträger und Antreiber seines Herrn.

Erfinderisch war er bei dieser Betätigung kaum, und er scheint lange nicht in dem Maß engagiert gewesen zu sein wie bei seinem verbissenen Kampf gegen das Christentum. Für Hitler war er der ideale Strohmann, hinter dem dieser Führer seine auf Juden konzentrierte Mordlust der Um- und Nachwelt verbergen konnte. Und Bormann war auch noch stolz auf diese Funktion. Oft genügten ihm ein paar antisemitische Sätze in einem der Tischmonologe Hitlers, um daraus eine weitere Anweisung zu entwickeln. Ermunternd war für ihn, daß er auf diesem Gebiet mit seiner Betriebsamkeit nie Fehler machen konnte, solange er nur radikal genug war.

Charakteristisch ist, wie er selbst aus kleinsten Anstößen eine Staatsaktion machte. Ihm selber ist es gewiß nicht eingefallen, daß die von den Deutschtümlern seit eh und je als verehrungswürdig gewerteten gotischen Schriftzeichen – geschrieben wie gedruckt – jüdischen Ursprungs sein könnten. Als diese Behauptung an Hitler herangetragen worden war, mußten Max Amann, Reichsleiter für die Presse, und „Herr Druckereibesitzer Adolf Müller", Eigentümer der vom Zentralverlag der Partei benutzten technischen Betriebe, in den ersten Januartagen 1941 auf dem Berghof erscheinen. Ihnen verkündete Hitler seine Entscheidung, „daß die Antiqua-Schrift" – die alten römischen Schriftzeichen – „künftig als Normalschrift zu bezeichnen sei". Die Schwabacher Judenlettern – so verkündete Bormanns Rundschreiben – müßten so bald wie möglich ausgemerzt werden, in Schulen, Druckereien, auf Straßenschildern, Urkunden, kurz überall. Die für die Kriegswirtschaft Verantwortlichen waren über die daraus entstehende Verschwendung von Arbeitskraft und knappen Rohstoffen entsetzt.

Die Ankläger in Nürnberg haben dem abwesenden Bormann vorgeworfen, daß er ab 1941, also nach dem Heß-Flug, fast alle antijüdischen Gesetze mitunterzeichnet hat, aber sie haben dabei nicht untersucht, wie weit er über die seinem Amt obliegende Unterschrift hinaus an der Entstehung dieser Gesetze beteiligt war – etwa bei der Einführung der Rasse-Gesetze in den neuen

Reichsgebieten oder bei einer Verordnung über die Beschlagnahme des Vermögens von ausgewanderten Juden. Beteiligt waren er oder sein dafür zuständiger Staatssekretär Klopfer an Zielsetzungen und Formulierungen immer, aber dabei fielen er und seine Bevollmächtigten weniger durch Perfidie als durch den bürokratischen Perfektionismus auf, mit dem sie auch das kleinste Schlupfloch im Maschenwerk der unmenschlichen Gesetze verschlossen.

An der sogenannten Wannsee-Konferenz am 20. Januar 1942, bei der unter dem Vorsitz des Polizei- und SD-Chefs Heydrich das Programm für die Judenvernichtung entwickelt wurde, nahm Klopfer teil, ohne sich dabei hervorzutun. Bormann war in der „Wolfsschanze" geblieben, obgleich er dort in jenen Tagen kaum gebraucht wurde, denn noch immer war der Feldherr Hitler mit der Abwehr sowjetischer Durchbruchsversuche durch die von Rückzügen und Eiseskälte geschwächte Front des Mittelabschnitts so sehr in Anspruch genommen, daß er für andere Dinge keine Zeit hatte. Zwei Tage nach der Konferenz reiste Bormann dann nach Berlin und unmittelbar darauf zum Obersalzberg. Man kann aus diesem indifferenten Verhalten schließen, daß er die Beschlüsse zwar kannte, die Durchführung aber Himmler und seinen Leuten überlassen wollte.

Auch in der Zeit vor dieser Konferenz war er über das bei führenden Parteileuten normale Soll an Antisemitismus nicht wesentlich hinausgegangen. Er forderte die Gauleiter auf, Juden ins KZ zu stecken, wenn sie „irgendwelchen Anordnungen nicht sofort Folge leisteten". Das konnte einem „Arier" genauso geschehen. Und er war auch mitverantwortlich, daß vom 5. September 1941 an alle Juden in Deutschland und sogar ihre Kinder vom sechsten Lebensjahr an sich nicht mehr ohne den sichtbar zu tragenden gelben Judenstern in der Öffentlichkeit zeigen durften. Eine ähnliche Kennzeichnung hatte er vor Jahren einmal angeregt, aber nun war sie nicht mehr sein alleiniges Werk. Abweichend von seiner auf anderen Sektoren immer auf Hochtouren laufenden Motorik hat er sich wohl monatelang bei der Jagd auf die Juden zurückgehalten. Kannte er zu diesem Zeitpunkt schon die Entscheidung Hitlers, oder kannte er früher als alle anderen Funktionäre den Plan der „Endlösung"? War er deshalb der Meinung, es lohne sich für ihn nicht mehr, sich mit Einzelheiten abzugeben? Beides kann mit Sicherheit angenommen werden.

Hitlers Heeresadjutant Gerhard Engel hat einen Führermonolog aufgezeichnet, den dieser am 2. Februar 1941 in der Reichskanzlei vor Bormann, Speer und Keitel hielt. Nach dem Krieg – so prophezeite Hitler – werde es in Deutschland keine Juden mehr geben. Die Frage sei jedoch, was mit ihnen geschehen sollte. Er hatte bereits einmal davon gesprochen, und das Auswärtige Amt hatte schon die Pläne dafür aufgestellt, alle Juden auf die afrikanische Insel Madagaskar zu transportieren. Dies aber sei – so gab Hitler nun zu bedenken – jetzt im Krieg unmöglich. Außerdem seien auch noch die Juden der eroberten Länder dazugekommen. „Wenn ich nur wüßte", sagte Hitler, „wo man die paar Millionen Juden hintun könnte; so viele sind es ja gar nicht." Von einer Umsiedlung, einem dauernden Wohnsitz im Osten, sprach Hitler zu diesem Zeitpunkt schon nicht mehr. Bormann wußte, daß Heydrich die Abschiebung vorbereitete und daß er sie seit Oktober 1941 praktizierte, also schon Monate vor der Wannsee-Konferenz. Zunächst hatte es noch geheißen, der Osten sei Sammel- und Durchgangsterritorium, aber Bormann hatte schon früher von Hitler erfahren, daß dort die Endstation, die Station ihres Endes, sein würde. Er war dauernd in der Nähe seines Führers, und er mag bei dessen Mordbeschlüssen als Katalysator gedient haben, wenn Hitler in Gesprächen unter vier Augen das Für und das Wider der verschiedenen Möglichkeiten entwickelte.

Auf der Wannsee-Konferenz am 20. Januar 1942 war beschlossen worden, die Juden im Osten zu Arbeiten einzusetzen, bei denen „ein Großteil durch natürliche Verminderung ausfallen wird". Der Rest, und damit der widerstandsfähigste Teil, müsse „entsprechend behandelt werden", weil er sonst „bei Freilassung als Keimzelle eines neuen jüdischen Aufbaus" dienen würde. Der deutschen Bevölkerung blieben die Deportationen nicht verborgen, obwohl die Polizei ihre Opfer im Morgengrauen abholte und sich auch sonst viel Mühe gab, ihr Tun zu verbergen. In der „Wolfsschanze" ärgerte sich Hitler Mitte Mai am Mittagstisch, daß nun das „sogenannte Bürgertum ... Krokodilstränen hinter einem nach dem Osten abtransportierten Juden herweine". Außerdem sickerten in der Heimat Beobachtungen von Urlaubern aus dem Osten durch; es hieß, die Juden würden dort systematisch ermordet.

Im Oktober 1942 erschien es Bormann deshalb nötig, den Gauleitungen eine – wenn auch nur verwaschene – Richtlinie für eine Stellungnahme zu geben. Die Zivilbevölkerung müsse an den zweitausendjährigen Kampf zwischen Juden und Germanen erinnert werden. Wenn die Juden nun in Lager gesperrt würden und Zwangsarbeit leisten müßten, dann liege es „in der Natur der Sache, daß diese teilweise sehr schwierigen Probleme ... nur mit rücksichtsloser Härte gelöst werden können". Der Text ist insofern verräterisch, als er nach vielen Windungen schließlich mit den letzten Worten noch das schreckliche Geheimnis andeutet, mit einer Phrase aus dem gängigen NS-Vokabular.

Doch Bormann blieb weiterhin reaktiv. Zwar setzte er im Oktober 1942 durch, daß der inzwischen an Darrés Stelle zum Reichsernährungsminister aufgestiegene Herbert Backe den Juden die auf Karten käuflichen Lebensmittelrationen drastisch kürzte, aber auch diese Maßnahme war nicht seine Erfindung. Goebbels hatte die Berliner Juden schon einen Monat zuvor von allen Zuteilungen ausgeschlossen, hatte ihnen das Halten von Haustieren verboten und ihnen die Dienste eines „arischen" Friseurs abgesprochen.

Um die »Bagatellfälle« dagegen kümmerte sich Bormann noch immer mit bürokratischer Sorgfalt. Da hatte das Oberkommando der Wehrmacht entschieden, ausnahmsweise könne ein Soldat die Erlaubnis bekommen, eine Frau zu heiraten, die schon einmal mit einem Juden verehelicht gewesen war. Bormann brachte den Fall vor Hitler. Seine Entscheidung erfuhr die Parteiorganisation per Rundschreiben. „Eine deutsche Frau, die in ehelicher Gemeinschaft mit einem Juden lebte, hat eine derartige rassische Instinktlosigkeit bewiesen, daß ihre spätere Verbindung mit einem Soldaten nicht mehr in Betracht kommt."

Geradezu eine Groteske spielte sich ab, als Bormann gemeldet wurde, bei der Überprüfung des Stammbaums von Hitlers Diätköchin habe sich eine ihrer Großmütter als Jüdin erwiesen. Die Aufregung war um so größer, als Hitler die Kochkünste dieser Frau oft gelobt und sie sogar manchmal an die Abendtafel geladen hatte. Für alle war klar, daß eine Vierteljüdin nicht den Führer bekochen durfte, aber als Bormann ihm den Fall vortrug, scheute dieser vor Kündigung und Begründung zurück. Der Haushofmeister Bormann schickte ihr den blauen Brief in den Urlaub. Aber das paßte Hitler nun wieder nicht. Er wollte auf seine guten Gemüsesuppen nicht verzichten. Die Kündigung wurde rückgängig gemacht.

Bei Hitler galt Bormann zunehmend als Experte in der Judenfrage oder zumindest als ein garantiert linientreuer Verfechter des mitleidslosen Kurses. Dafür spricht, daß er beauftragt wurde, einer ungarischen Regierungsdelegation mit einem Minister an der Spitze bei ihrem Besuch in Deutschland den NS-Antisemitismus beizubringen. Der Bundes- und Paktgenosse Ungarn war in dieser Hinsicht immer lax geblieben und hatte seine zahlreichen Juden so wenig behelligt, wie es der große Bruder in Berlin nur irgend zuließ. Wenn Europa aber wirklich judenfrei werden sollte, hieß es, dürfte man in Budapest keine Ausnahme dulden. Bormann reiste am 7. März 1943 abends von der „Wolfsschanze" ab und über Berlin auf den Obersalzberg. In der Münchner Parteizentrale erreichte ihn noch ein Fernschreiben, das der für die Besucher zuständige Reichsaußenminister als „Unterlage zur Verwertung bei einem solchen Gespräch" empfahl.

Bormann kann es nur als Anmaßung empfunden haben, daß von Ribbentrop, der allen Parteigenossen der Alten Garde als eitler Hohlkopf und Emporkömmling galt, nun auch ideologisch mitreden wollte. So war ihm denn auch von Ribbentrops Argument nicht neu, daß „100 000 Juden in Deutschland oder auch in einem verbündeten Land ... ungefähr die gleiche Wirkung" hätten, „als wenn man 100 000 Agenten des Secret Service in sein Land hereinließe". Sie seien Verbreiter der englisch-amerikanischen Nachrichten und des Defaitismus, müßten also aus weltanschaulichen und praktischen Erwägungen mit „besonderen Maßnahmen" bedacht werden. Die im Reichsgebiet lebenden Juden ungarischer Staatsangehörigkeit seien bisher nur dann nach dem Osten gebracht worden, wenn sie nicht in ihr Heimatland zurückgegangen seien, aber dies müsse geändert werden.

Bormanns Aufgabe war es, den ungarischen Besuchern klarzumachen, sie hätten nun „analog den deutschen Judenmaßnahmen" auch mit Verfolgungen zu beginnen. Konkret forderte Bormann die Ausschaltung der Juden aus dem Kulturleben und aus der Wirtschaft, ihre sofortige Enteignung, ihre Kennzeichnung für die Öffentlichkeit, also den Judenstern, sowie den Beginn der Aussiedlung nach dem Osten. Die Gefahr sei so groß, daß sie zum sofortigen Handeln zwinge.

Die Gäste kamen am frühen Vormittag auf den Obersalzberg, wurden bewirtet, herumgeführt, auch in Salzburg, besuchten dort eine „Fledermaus"-Aufführung, und Bormann konnte sich als Gastgeber und Repräsentant des Großdeutschen Reiches fühlen. Am nächsten Tag brachte er sie in einer Kolonne prächtiger Staatskarossen über die Autobahn nach München. Nach einem Rundgang durch die Parteibauten wurden sie im Haus Bormann in Pullach bewirtet, und nach weiteren Besichtigungen begannen sie dort am Abend erneut zu feiern. Am dritten Tag besuchten sie gemeinsam die Bauten auf dem Nürnberger Parteitagsgelände und Rüstungsbetriebe. Der Erfolg war mager. Die Ungarn mimten Begeisterung und überströmende Herzlichkeit, aber zwei Monate später, im Mai, klagte Hitler auf einer Berliner Gauleitertagung, die Judenfrage sei ,,am schlechtesten von den Ungarn gelöst", und ,,der ungarische Staat sei ganz jüdisch durchsetzt".

Gegen die noch in Deutschland lebenden Juden wurde in diesen Monaten ein Gesetz vorbereitet, das sie auch noch ihrer letzten Rechte berauben und sie völlig der Willkür preisgeben sollte. Mittelbarer Anstoß dazu war Hitlers Reichstagsrede Ende April 1942 gewesen, in der er die Juristen aufs übelste beschimpft hatte, weil sich Gerichte noch immer weigerten, Vollstrecker des staatlichen Terrors zu sein. Daraufhin bemühte sich Roland Freisler, damals Staatssekretär im Reichsjustizministerium, seine Ergebenheit durch Taten zu beweisen. Von Bormann, der ihn förderte und später gern auch unter dem neuen Justizminister Thierack als Staatssekretär weiterbeschäftigt hätte, erfuhr Freisler, wie er sich Hitler empfehlen könnte, nämlich durch ein antisemitisches Gesetz. Dafür gab es auch schon ein Vorbild; Bormann hatte (wie bereits geschildert) gemeinsam mit Gauleiter Greiser für den Warthegau eine Verordnung entwickelt, die den dort noch lebenden Polen jeden rechtlichen Schutz raubte und sie der Willkür von Himmlers Polizei auslieferte.

Davon angeregt schickte Freisler Anfang August 1942 einen Schnellbrief an alle zuständigen Ministerien, also auch an die Partei-Kanzlei, mit einem ,,Entwurf einer Verordnung über die Beschränkung der Rechtsmittel in Strafsachen für Juden". Von wem der Entwurf stammte, blieb im Begleitschreiben ungenannt, doch Freisler mochte die Vaterschaft zumindest nicht allein in Anspruch nehmen, denn er betonte, ,,er" (von ihm unterstrichen) habe ,,die Kriegswichtigkeit der Verordnung bejaht, weil sie mittelbar der Reichsverteidigung dient". Viele Deutsche seien nämlich mißgestimmt, weil Juden noch das Recht hätten, gegen polizeiliche Strafverfügungen die Richter anzurufen und gegen Strafurteile Berufung oder dergleichen zu fordern. Dies sollte den Juden durch die neue Verordnung verwehrt werden.

Rasch bekam Freisler Verbesserungsvorschläge. Die Beamten des Innenministeriums meinten, man könne den Juden bei dieser Gelegenheit auch gleich alle bürgerlichen Rechte in Verwaltungsangelegenheiten wegnehmen. Aus dem Ernährungsministerium kam die Forderung, Juden müßten gehindert werden, bei Flurbereinigungen und wasserwirtschaftlichen Maßnahmen Einwände zu erheben. Anderweitig entdeckte man, den Juden müßte die Eidesfähigkeit abgesprochen werden, wodurch allerdings wieder Komplikationen insofern entstanden, als eine nicht beschworene und unwahre Aussage dann auch nicht als Meineid bestraft werden konnte. Auch Bormann steuerte Verbesserungsvorschläge bei und verlangte unter anderem, Juden müßten Kostenbescheide von Behörden sowie Vollstreckungsbefehle ohne Widerspruch hinnehmen, und sie dürften auch nicht dazu berechtigt sein, einen Richter abzulehnen. Himmler verlangte dann noch, die Hinterlassenschaft eines toten Juden müsse zum Staatseigentum erklärt werden. Er rügte außerdem, daß die Gesetzesmaschine zu langsam arbeite und durch eine gemeinsame Besprechung über dieses Thema beschleunigt werden müsse.

Die Besprechung kam dann Ende 1942 zustande, und dabei wuchs die ursprünglich mit einem einzigen Paragraphen geplante Verordnung auf neun Paragraphen an. Danach blieb sie im Innenministerium liegen; Frick hielt sie „im Hinblick auf die Entwicklung der Judenfrage nicht mehr für notwendig". Tote, mag er sich gesagt haben, kann niemand mehr um ihre Rechte bringen. Doch im März 1943 belehrte ihn der Chef der Sicherheitspolizei, Kaltenbrunner, eines Beßren: Die Auseinandersetzungen um die Nachlässe der Juden seien ohne eine generelle Regelung viel zu zeitraubend, und es gäbe als Erben auch noch mit Deutschen verheiratete jüdische Menschen, die nicht deportiert seien. Erst nachdem Bormann als Koordinator ein Machtwort gesprochen hatte, wurde die Verordnung am 1. Juli 1943 komplett. Sie trug nun eindeutig seine Handschrift und bestimmte, daß strafbare Handlungen von Juden nur noch von der Polizei festgestellt und auch nur von ihr geahndet werden sollten. Sie waren damit – analog der Polenverordnung – ohne richterliches Urteil dem Himmlerschen Terrorapparat ausgeliefert. Ferner wurde bestimmt, daß nach dem Tod, oder vielmehr nach dem Mord an Juden, das Vermögen an das Reich falle, sofern keine nichtjüdischen Angehörigen Anspruch darauf erhöben.

Im Grund genommen bestätigte die Verordnung nur eine schon übliche Praxis. Schon vor über einem Jahr, am 12. Mai 1942, waren in Auschwitz 1500 jüdische Männer, Frauen und Kinder in die Gaskammer getrieben worden – die erste genau datierbare Massenvernichtung. Im April 1943 hatte Himmler bereits eine Statistik über „Die Endlösung der europäischen Judenfrage" zusammengestellt. Damit sie Hitler vorgelegt werden konnte, verlangte Bormann, daß darin die Worte „Liquidation" und „Sonderbehandlung" vermieden wurden. Himmler ließ sie gehorsam umschreiben. Demnach waren bis zum Abschlußdatum des Berichts 1,45 Millionen Juden in den Osten transportiert worden, und davon waren 1,27 Millionen in den Lagern „durchgeschleust" worden, wie die für des Führers „zartes Gemüt" annehmbare Bezeichnung für die Morde lauten mußte.

Doch das war nur eine Zwischenzählung; die Todesmaschinerie lief weiter. Bormann gab den Parteispitzen – Reichsleitern, Gauleitern, Verbändeführern – ein Vierteljahr später „im Auftrag des Führers" eine geheime Anweisung, was der immer mißtrauischer werdenden deutschen Bevölkerung zum Verschwinden der Juden gesagt werden sollte. Hier der kurze Wortlaut: „Bei der öffentlichen Behandlung der Judenfrage muß jede Erörterung einer künftigen Gesamtlösung unterbleiben. Es kann jedoch davon gesprochen werden, daß die Juden geschlossen zu zweckentsprechendem Arbeitseinsatz herangezogen werden." In den Schlagwortkarteien der Parteidienststellen war dieses Blatt unter dem Stichwort „Behandlung/Juden" abzulegen.

Den oben genannten Himmler-Bericht hat Hitler mit einiger Gewißheit nie gelesen. Genauer gesagt, er wollte ihn nicht lesen. Im April bekam ihn Bormann zur Wiedervorlage zurück. Auch im Juni darauf mußte er die mit der großtypigen Führer-Maschine getippten 16 Blätter unbenutzt aus Hitlers Zimmer tragen. Als Bormann dann am 2. Oktober 1943 ins Feldquartier des inzwischen zum Reichsinnenminister aufgestiegenen Himmler kam, war die Situation unverändert. Laut eines Aktenvermerks war „der Leiter der Partei-Kanzlei … der Auffassung, daß der Führer jetzt nicht bereit sein werde, den Bericht entgegenzunehmen". Die beiden Herren einigten sich, „daß infolgedessen die Angelegenheit zurückgestellt werden müsse". Wiedervorlage sollte nach einem Jahr sein. Das war nach Amtsbrauch und auch – bedingt durch die Ereignisse – die Vertagung auf den Nimmerleinstag. Tote Juden, wie viele es auch sein mochten, interessierten Hitler nicht. Die Gauleiter aber wollten nun endlich wissen, was aus den Juden im Osten geworden war; die Gerüchte in der Bevölkerung wurden ihnen unbequem. Sie wollten zumindest eine parteiamtliche Aussage, mit der sie der „Greuelhetze" entgegentreten konnten.

Bormann verbot ihnen jedoch, Hitler auf die Endlösung anzusprechen oder sich bei ihm für einzelne Juden einzusetzen. Von Schirach hat dies im Nürnberger Prozeß ausgesagt.

Um die Vernichtungsarbeit Himmlers brauchte sich Bormann nicht mehr zu kümmern. Für sich fand er eine neue Aufgabe: die sogenannten Mischlinge, bei denen ein Eltern- oder auch nur ein Großelternteil aus einer jüdischen Familie stammte. Bormann wußte, wie sehr seinen Führer dieses Problem beschäftigte. Im Dezember 1941 hatte Hitler stundenlang nach Tisch über seine Rassenbiologie doziert und war dabei auch auf diese Mischlinge zu sprechen gekommen. Sie seien so stark jüdisch determiniert, daß sie meist in der zweiten oder dritten Generation wieder Juden heirateten. Auch ein Arier als Ehepartner könne nicht verhindern, daß der jüdische Blutsanteil sich bis zur neunten Generation in der Sippe halte; erst dann sei er „ausgemendelt", das heißt weggezüchtet. Das gleiche Thema hatte Hitler am 1. Juli 1942 beim Mittagessen breitgetreten und den angeblichen Judenmischling Roosevelt, Präsident der USA, als Beispiel dafür angeführt, daß „eine völlige Einvolkung fremdrassigen Blutes … ausgeschlossen" sei. Mischlinge dürften – hatte Hitler verkündet – deshalb nicht zum Wehrdienst zugelassen werden; sie würden sonst auf diese Weise Deutschblütigen gleichgestellt. „Eine weitere Belastung unseres Blutes mit rassisch fremden Elementen sei jedoch nicht zu verantworten."

Im Auftrag von Bormann schrieb sein Mitarbeiter Henry Picker Hitlers Tischgespräche mit. Während dieses Gesprächs bekam er durch eine Ordonnanz eine Notiz seines Vorgesetzten zugesteckt. „Dr. Picker, besonders genau und ausführlich aufschreiben, was der Führer über Behandlung und Gefährlichkeit unserer jüdischen Mischlinge sagte, warum diese Mischlinge nicht in die Wehrmacht und nicht gleichgestellt werden sollen. B." Zwei Tage später – und hier wird Bormanns Arbeitsweise ganz deutlich – wurden die Gauleiter von ihm per Rundschreiben ermahnt, gegenüber den nicht unter die Nürnberger

Rassegesetze fallenden Judenmischlingen keinen so „gänzlich unverständlich milden Standpunkt" einzunehmen.

Wie verbissen er an dieser Aufgabe wirkte, geht auch aus einer Untersuchung hervor, die Heydrich wenige Monate vor seinem Tod im Auftrag der Partei-Kanzlei zusammenstellen mußte. Er hatte zu prüfen, wie weit es möglich sei, die etwa 70 000 Halb- und Vierteljuden zwangsweise zu sterilisieren. Er war dabei zu dem Schluß gekommen, daß pro Fall zehn Tage Aufenthalt in einem Krankenhaus notwendig seien und daß solcher Aufwand sich während des Kriegs verbiete. Bormann hatte daraufhin vorgeschlagen, alle Mischlinge von NS-Rassenforschern mustern zu lassen und dabei scharf die Deutschen von den Juden zu trennen – wobei dann unausgesprochen schon klar war, was mit letzteren zu geschehen hätte. Dieser Aufwand war aber Hitler zu groß gewesen, und so blieb das Problem ungelöst.

Nun erwies sich Freund Himmler zu helfen bereit. Sein Amtschef im Rasse- und Siedlungshauptamt, Hauptsturmführer Bruno K. Schultz, mußte einen Plan ausarbeiten, wie Rassemusterungen schneller ablaufen könnten. Dem „lieben Martin" schrieb Himmler Ende Mai 1943, er halte derartige Prüfungen für unbedingt notwendig. „Wir müssen hier – das aber nur unter uns gesprochen – ein ähnliches Verfahren durchführen, wie man es bei einer Hochzucht bei Pflanzen und Tieren anwendet. Mindestens einige Generationen hindurch müssen … die Abkömmlinge von derartigen Mischlingsfamilien rassisch überprüft und im Falle der rassischen Minderwertigkeit sterilisiert und damit aus dem weiteren Erbgang ausgeschaltet werden." Doch auch dieser Plan erwies sich als undurchführbar.

Im Februar 1944 hatte Hitler begriffen, daß kein anderer als Bormann die schwierige Regelung der Mischlingsprobleme übernehmen könnte. Der Auftrag wurde zweifach erteilt, in einem Erlaß für den staatlichen Sektor und in einer Verfügung für die Partei. Dadurch wurde jeweils der Leiter der Partei-Kanzlei für „Anträge auf Erteilung einer Ausnahmegenehmigung wegen jüdischen oder artfremden Bluteinschlages" zuständig. Beide Fassungen hatte Bormanns Amt wie üblich verfaßt und unterschriftsreif vorgelegt. Bormann bekam auch das Recht, sämtliche bisher von anderen Stellen bereits bearbeiteten und entschiedenen Fälle wieder aufzugreifen. Gegen so weitgreifende Vollmachten gab es dann wohl Einsprüche von Stellen, an denen Bormann vorbeimanövriert hatte, denn am 1. April 1944 schickte Hitler noch einen dritten Erlaß hinterher, der Bormanns generelle Zuständigkeit ein wenig abschwächte. Lammers oder Keitel durften bei Ausnahmegenehmigungen auch mitreden, sofern es um Beamte oder Soldaten ging. Doch ohne Bormanns Zustimmung konnten sie das Arier-Gütezeichen nicht verleihen. Göring hatte in der Frühzeit des NS-Regimes einmal prahlerisch verkündet: „Wer Jude ist, bestimme ich!" Das „bestimmte" jetzt Bormann.

Einige Wochen nach dem ersten Erlaß gab Bormann dann auch zu erkennen, wie streng er sein Amt als Rasse-Richter auffaßte. Den Gauleitungen gab er bekannt, Heiraten zwischen Deutschblütigen und Mischlingen zweiten Grades (also mit einem jüdischen Großelternteil) seien zwar nicht verboten, aber dennoch unerwünscht. Nachkommen aus solchen Ehen würde nie in die Partei aufgenommen und könnten auch eine Anzahl Berufe nicht ergreifen, selbst wenn der deutschblütige Vater sich als Soldat durch ungewöhnliche Tapferkeit im Krieg auszeichne.

Es war bei solch eisernen Grundsätzen auch selbstverständlich, daß er im Januar 1944 allen Parteigrößen verbot, weiterhin mit dem Komponisten Richard Strauß „persönlichen Verkehr" zu pflegen. Zwar hatte der Meister nie politisch opponiert und eine Zeitlang sogar als Kultur-Aushängeschild willig gedient, aber er hatte sich im Lauf seines künstlerischen Schaffens etliche Operntexte von Juden schreiben lassen, und sein Sohn war mit einer Jüdin verheiratet, die übrigens als Schwiegertochter des großen Musikers unangefochten blieb und den Krieg überlebte. Wenn es nach einer Bormann-Anweisung gegangen wäre, hätte im Juni 1944 der 80. Geburtstag des Meisters ohne offizielle Ehrung stattfinden müssen. Doch Baldur von Schirach, der immer gern den Musenpfleger spielte und in der Kulturpolitik manchmal von der Parteilinie abwich, reiste allen Anweisungen zum Trotz zur Gratulation nach Bayern und lud Strauß zu einer Feier nach Wien in sein Reichsstatthalterpalais ein. Bormann tobte: „Er hat einer Jüdin die Hand geküßt."

Was dies für ihn bedeuten mußte, erhellt ein Brief, den Bormanns Frau ein Vierteljahr später an ihn schrieb. Es sei entsetzlich, meinte sie, wie mächtig das Judentum sei, und der Krieg werde diese Rasse nicht einmal schwächen, weil sie nur mit Geld und nie mit Blut ihre Schlachten schlage. „Krankheit und Schmutz können dieses Ungeziefer nicht ausrotten", jammerte Gerda. „Wie kann man sie nur in Massen vernichten?" Ihr Ehemann wußte es, aber ihre Frage deutet darauf hin, daß er sie nicht eingeweiht hatte. Auch in seinen Briefen macht er darüber nie die geringste Andeutung. Er war eben auch hinsichtlich der Verschwiegenheit der ideale Gefolgsmann seines Führers.

15 Slawen sind Sklaven

Als Martin Bormann am 23. Juni 1941 kurz nach der Mittagsstunde im Führer-Sonderzug zusammen mit Hitler und dem ganzen Gefolge aus Berlin nach
Ostpreußen ins Hauptquartier „Wolfsschanze" bei Rastenburg rollte, war er
sicher, daß nun jener gewaltige Germanenzug in die östlichen Weiten beginnen würde, der in „Mein Kampf" als die größte Aufgabe des Dritten Reiches
proklamiert worden war. Wo die Eroberung enden und wo die Grenze Groß-
germaniens gezogen werden sollte, wußte noch niemand. Hinter Moskau? Vor
den Bergen des Ural? Oder auf dessen Kamm? Der Krieg und der Sieg würden
darüber entscheiden. Zukunftspläne gab es genug. Hitler, Göring, Rosenberg,
Himmler – um nur die erste Garnitur zu nennen – schickten ihre Phantasie in
die unermeßlichen Weiten, spielten mit der Landmasse und ihren Menschen.
Bormann beteiligte sich nicht daran. Ihm fehlten Vorstellungskraft und schöp-
ferischer Impuls ebenso wie die Wissensgrundlage, und so hatte er auch gar
nicht das Bedürfnis, jetzt schon mitzuplanen. Als Realist wartete er, bis die
Aufgaben an ihn herangetragen wurden. Dann bearbeitete er sie, vom
Schreibtisch aus, mit seinem von Telefonen und Fernschreibern gesteuerten
Verwaltungsapparat.

Wie Hitler die Menschen im Osten behandelt wissen wollte, hatte Bormann oft
gehört und gewissenhaft protokolliert – lange vor dem Überfall auf die
Sowjetunion. Da war zum Beispiel jener (hier schon erwähnte) stundenlange
Vortrag Anfang Oktober 1940 in der Reichskanzlei mit Frank, von Schirach
und Koch als Zuhörer gewesen. Es war dabei um die Rolle der Polen im künftigen Großreich gegangen, und Hitler hatte verkündet, sie seien „von Natur aus
faul" und müßten „zur Arbeit angetrieben werden". Infolgedessen seien sie
„geradezu zu niedriger Arbeit geboren". Aufstiegsmöglichkeiten kamen für
sie „nicht in Frage", und „ihr Lebensniveau müsse niedriggehalten werden".
Bormanns Protokoll hatte diese und noch andere Führer-Richtlinien getreu-
lich festgehalten. Er konnte sicher sein, daß Hitler von den „bolschewistischen
Untermenschen" keinesfalls besser dachte.

Die Frage war jedoch, für welchen der unterschiedlichen Beutepläne sich Hitler entscheiden würde. Da waren die Vorstellungen der Wehrmacht, die dort
wieder ansetzten, wo die Imperialisten der Wilhelminischen Epoche gescheitert waren, bei einer straffen, aber gemäßigten Diktatur des Militärs und des
Großkapitals. Da waren Himmlers Ideen der strengen Scheidung zwischen

Herrenvolk und Knechten mit dem Endziel, die Minderrassigen auszurotten und das Land unter nordischen Edelingen aufzuteilen. Und da war noch Rosenberg, erfüllt vom Haß des baltischen Emigranten gegen die bolschewistischen Russen und besessen von der Vorstellung, in den Ukrainern den gleichen Haß aus der Revolutionsära wiederbeleben zu können.

Schon ehe der Aufmarsch der deutschen Armeen abgeschlossen war, hatte sich Bormann entschieden, die Konkurrenz der Plänemacher – solange es ging – auszunutzen und dafür zu sorgen, daß sie sich untereinander das Leben schwermachten. Dies war von jeher das Rezept Hitlers gewesen, schon in der Frühzeit der Partei, und Bormann war ein gelehriger Schüler. Rosenberg stärkte er mit der Mahnung den Rücken, der Standpunkt der Partei müsse von ihm energisch gegen die Militärs durchgesetzt werden, die möglichst große Landstriche selber verwalten wollten, und ebenso gegen die Polizei- und SS-Kräfte, die sich bei ihrem Terror nicht von Verwaltungsbeamten stören lassen wollten. Der Ostminister verlangte deshalb noch vor seinem Amtsantritt, ihm müßte Himmler alle grundsätzlichen Weisungen zur Genehmigung vorlegen. Der Reichsführer SS konnte dieses Ansinnen nur abwehren, indem er Bormann als Zeugen anrief, ,,daß der Führer ... erklärt hat, daß ich mit meinem Aufgabenbereich Rosenberg nicht unterstellt bin". Vertraulich klagte Himmler seinem ,,lieben Martin": ,,Mit Rosenberg zu arbeiten, geschweige denn unter ihm, ist bestimmt das Allerschwerste in der Partei."

Am 16. Juli 1941 machte sich Hitler in der ,,Wolfsschanze" daran, den riesenhaften Kuchen handgerecht zu zerlegen – wie er sich ausdrückte. Noch besaß er ihn nur zum kleinsten Teil, wenn auch der Gegner durch Kesselschlachten schon sehr geschwächt war. Doch die sechs im Hauptquartier versammelten Ostland-Eroberer waren siegessicher. Geladen waren Rosenberg, Lammers, Keitel, Göring, und Bormann schrieb wieder das Protokoll, das dann als ,,Geheime Reichssache" den höchsten Vertraulichkeitsgrad aufgestempelt bekam. Wenigstens teilweise lag es in dem Belieben des Protokollführers, was als Beschluß notiert und wie formuliert wurde. Soweit die übrigen Teilnehmer später eine Abschrift bekamen, konnten sie daran nichts mehr ändern, denn inzwischen hatte es Hitler als oberste Instanz abgezeichnet. Später, im Nürnberger Prozeß, haben Göring und Rosenberg behauptet, Bormanns Protokoll habe die Planung radikalisiert und brutalisiert dargestellt. Der Vorwurf mag zutreffen, denn gewiß ließ er sich die Gelegenheit nicht entgehen, ein Dokument zu schaffen, mit dem er bei Bedarf als Scharfmacher auftreten konnte. Er ließ außerdem eigene Wertungen in das Protokoll einfließen – etwa indem er feststellte, Rosenberg habe für die Ukrainer sehr viel (und gemeint war: zu viel) übrig. Die Konferenz dauerte fünf Stunden, einschließlich einer Kaffeepause, und die längste Zeit redete gewiß Hitler, aber was die anderen sagten, reduzierte Bormann im Protokoll auf Zwischenfragen und Randbemerkungen.

Weshalb Himmler nicht geladen war, läßt sich leicht erklären: Kein Gericht zieht zur Urteilsbegründung schon den Henker hinzu. Sein Feldquartier, sein Sonderzug ,,Heinrich", stand nur ein Dutzend Kilometer entfernt auf einem Bahngeleise in einem Wald; sicher plagte ihn während dieser Stunden der

Grimm des Ausgeschlossenen. Doch niemand in der Sechser-Runde vermißte ihn; Rosenberg schon gar nicht, und auch Bormann und Göring war daran gelegen, den Reichsführer SS im zweiten Glied zu wissen. Himmlers Aufgabe formulierte Bormann im Protokoll so: Während scheinbar „im Interesse der Landeseinwohner ... für Ruhe, Ernährung, Verkehr usw." gesorgt würde, könnten „alle notwendigen Maßnahmen, Erschießen, Aussiedeln etc." trotzdem getan werden. Außerdem habe – so Hitler – „dieser Partisanenkrieg ... auch wieder seinen Vorteil: Er gibt uns die Möglichkeit auszurotten, was sich gegen uns stellt." Um Widerstand im Keim ersticken zu können, sollten die Polizeiregimenter gepanzerte Fahrzeuge bekommen, und die Luftwaffe müsse ihre Übungsplätze in den Osten verlegen, denn auf eine revoltierende Zivilbevölkerung könnten sogar die schwerfälligen Transportmaschinen vom Typ Ju 52 Bomben abwerfen. Beherrschen, verwalten, ausbeuten sei die Reihenfolge der Aufgaben.

Mit Göring war Bormann seit dem Verschwinden von Heß gegen die Clique der Reichsleiter verbündet. Die beiden hatten sich offensichtlich schon vor der Konferenz darüber geeinigt, wer im Verwaltungsapparat die wichtigsten Posten, die Reichskommissariate der Provinzen, besetzen würde. Hartnäckig verlangten sie, der ostpreußische Gauleiter Erich Koch müsse die reiche Ukraine verwalten, obwohl Rosenberg voraussagte, daß jener sich ihm nicht unterstellen und eigene Ziele verfolgen werde. Gauleiter Hinrich Lohse aus Schleswig-Holstein suchte sich Rosenberg für den Norden, Ostland getauft, selber aus. Bormann sorgte dafür, daß er dies später bitter bereute. Die Krim sollte der österreichische Ex-Gauleiter Alfred E. Frauenfeld übernehmen, und der ehemalige brandenburgische Gauleiter Wilhelm Kube wurde für Moskau beziehungsweise für Weißrußland vorgemerkt. Es waren ausschließlich Männer, die aufgrund ihrer Parteisituation von Bormann abhängig und zum Teil mit ihm freundschaftlich verbunden waren. Er und Göring konnten denn auch großzügig einwilligen, daß wenigstens ein Rosenberg-Vertrauter später einmal im Kaukasus regieren sollte. Doch dazu kam es nie.

Gegen Schluß, als die Konferenzteilnehmer schon müde waren, erinnerten sie sich des ausgebooteten Reichsführers SS. Über seine Machtbefugnisse gab es, wie Bormann im Protokoll vermerkte, eine längere Diskussion. Viel- und zugleich auch nichtssagend notierte er, daß „dabei von allen Beteiligten aber auch an die Zuständigkeit des Reichsführers gedacht worden" sei. „Der Führer, der Reichsmarschall etc. betonen wiederholt, Himmler solle ja keine andere Zuständigkeit bekommen, als er sie im Reich habe." Mit dieser unverbindlichen Formulierung schien Rosenbergs Forderung, die Polizei müsse in seinem Bereich ihm unterstellt sein, halbwegs erfüllt, aber andererseits verlieh Bormann mit der lapidaren Protokollierung des Hitler-Auftrags „Erschießen, Aussiedeln etc." doch wieder seinem Freund Himmler die nötige Unabhängigkeit. Auch Göring konnte mit dem Text zufrieden sein, denn mit der Betonung seiner übergeordneten Zuständigkeit (als Vorsitzender des Reichsverteidigungsrats und als Wirtschaftsdiktator) war eine Bremse für Himmler eingebaut.

Der Reichsminister für die besetzten Ostgebiete war zu diesem Zeitpunkt noch so neu in seinem Amt, daß er nicht einmal über ein eigenes Dienstgebäude verfügte. Er nutzte die Gelegenheit der Konferenz, Hitler um den ehemaligen Sitz der sowjetischen Handelsvertretung in Berlin zu bitten. Er bekam den Gebäudekomplex – und Rosenberg wertete dies insofern als einen Sieg, als ihm sein ganz spezieller Feind von Ribbentrop bisher den Einzug mit der Begründung verwehrt hatte, der Bau sei exterritorial. Doch auch Bormann konnte sich über die Wahl dieses Domizils freuen: Damit saßen Rosenberg und sein Stab so weit von ihrem Machtbereich weg, daß die als Vizekönige eingesetzten Gauleiter nach Belieben schalten und walten konnten, genauer: nach Bormanns Belieben, denn sein Draht zu ihnen war geographisch wesentlich kürzer und dazu auch noch stärker durch den Parteirang.

Im eroberten Osten erreichte Bormann auf Anhieb, was er in den besetzten Staaten des Westens nur rudimentär schaffte – er konnte mitregieren. Wenn er sich auf den Wunsch des Führers berief, parierten alle, die Reichskommissare und ihre Untergebenen, Himmlers Sicherungsapparat, der zum obersten Sklavenhalter ernannte Gauleiter Fritz Sauckel, wenn er im Osten Millionen Männer, Frauen und Jugendliche für die Arbeit in Deutschland zusammentreiben ließ, und selbst Hitler geriet mehr und mehr unter Bormanns Einfluß, weil er als einziger aus der Parteispitze ständig in der Nähe war. Erleichtert wurden ihm seine ressortüberschreitenden Übergriffe durch Hitlers Gewohnheit, Gegensätze zwischen seinen Gefolgsleuten bestehen zu lassen. Auch bei der Konferenz des „Kuchen-Aufschneidens" war wieder so verfahren worden, doch laut Protokoll hatte „der Führer betont, in der Praxis werde sich der Streit rasch geben". Tatsächlich wurde jedoch der Hader permanent – zum Vorteil Bormanns. Ihm fiel als dem ständigen Interpreten des Führerwillens jeweils die Schiedsrichterrolle zu und damit auch die Chance, die eigenen Pläne durchzusetzen.

Er beeinflußte auf diese Weise die Ostpolitik weit stärker, als es sein Amt vermuten läßt, und obwohl ihm dafür eigentlich die Voraussetzungen fehlten. Was wußte er schon von den gewaltigen Flächen zwischen Ostsee und Schwarzem Meer? Die endlosen Waldgebiete, die weglosen Sümpfe, die bis an den Horizont reichenden Schwarzerde-Felder, das alles waren für ihn nur Zeichen und Namen auf Landkarten.

Und wenn ihn Egozentrik, Voreingenommenheit und die Überheblichkeit des Siegers nicht allein schon gehindert hätten, die Menschen in diesem Land zu verstehen, dann hätte ihm auch noch die Gelegenheit gefehlt, sie in Begegnungen kennenzulernen.

Bormanns Welt waren Schreibtische, der eigene, derjenige Hitlers, anfänglich in hölzernen Baracken, später in fensterlosen und künstlich belüfteten Bunkern aus meterdickem Stahlbeton. Sein Bunker und der Hitlers lagen in den Hauptquartieren stets im Kern des Lagers, im Sondersperrkreis, umgeben von einem 250 Zentimeter hohen Maschendrahtzaun, dessen Tore von SS-Posten und Kriminalbeamten des Reichssicherheitsdienstes bewacht wurden. Umgeben war dieser Bereich von zwei weiteren Sperrkreisen, die mit elektrisch geladenem Stacheldraht, Maschinengewehr-Ständen, automatischen Vierlings-Flakgeschützen, Minen und Posten abgeriegelt waren. Als eine „Kreuzung zwischen Kloster und Konzentrationslager" .empfand General Alfred Jodl das Rastenburger Hauptquartier. Dabei lag die „Wolfsschanze" keineswegs im Feindgebiet, sondern in Ostpreußen, vierzig Kilometer von der sowjetischen Grenze entfernt.

Auch der monotone Tagesverlauf, ausgerichtet nach Hitlers Lebensgewohnheiten, war nicht dazu angetan, Bormann über dieses Gehege hinausschauen zu lassen. Vor neun Uhr am Morgen aufzustehen, war nur sinnvoll, wenn vom Tag vorher Arbeit liegengeblieben war – und dies war verpönt. Erst um zehn Uhr brachte ein Kurierflugzeug aus Berlin die Post, neue Akten, Zeitungen. Vor zehn Uhr stand auch Hitler nie auf, meistens viel später. Nach dem Frühstück pflegte er eine Viertelstunde auf den Wegen des Kiefernwäldchens spazierenzugehen, begleitet von einem Adjutanten und häufig auch von Bormann, der dabei gleich – halb amtlich, halb privat – einiges zur Sprache bringen konnte. Die militärische Lagebesprechung begann meist nach der Mittagsstunde; bei ihr war Bormann von den Generälen nicht gern gesehen. So fand er Zeit, sich seinen Akten zu widmen. Beim gemeinsamen Mittagessen mußte er auf seinem Platz sein, schräg gegenüber Hitler, mit Keitel als Nachbarn. Wenn Hitler seinen Stuhl zurückschob, nahm er Bormann häufig in seinen Arbeitsraum mit, doch ihre Gespräche dauerten selten länger als eine halbe Stunde – ein Zeichen dafür, wie präzise die Akten vorbereitet und wie gedrängt die einzelnen Punkte vorgetragen wurden.

Für die folgenden zwei Stunden trug Hitlers Kammerdiener Heinz Linge, Hauptsturmführer der Waffen-SS und damit einem Hauptmann der Wehrmacht gleichgestellt, meist das Stichwort „privat" in den Tageskalender ein. Damit umschrieb er, daß sein Dienstherr in dieser Zeit langgestreckt auf dem Feldbett lag und zu schlafen versuchte, manchmal bis zum Abendessen. Dennoch konnte es sein, daß Bormann gerufen wurde, und erst recht mußte er darauf nach der Abend-Lagebesprechung vorbereitet sein, die gegen 20 Uhr stattfand und bis Mitternacht dauern konnte. Danach begann „Tee", wie Linge schrieb, jenes von allgemeiner Abspannung und ermüdenden Führermonologen gekennzeichnete Nachtstück, das sich bis in die Morgendämmerung hinziehen konnte und bei dem Bormann mit Zwischenfragen und anekdotisch geschilderten Begebenheiten jene Tischgespräche und Tisch-Entscheidungen hervorrief, die er dann zu grundsätzlichen Führer-Weisungen verdichtete. „4 Uhr Schluß", notierte Linge häufig. Anschließend mußte Bormann noch das Gehörte verarbeiten. So wurden weniger als sechs Stunden Schlaf für ihn zur Regel. Daß er dieses Leben jahrelang durchhielt, ohne körperliche Bewegung, die meisten Stunden ohne Frischluft und ohne Tageslicht, bedurfte einer robusten Konstitution. Abgesehen von Routinereisen nach Berlin, München, zum Obersalzberg und gelegentlichen Abstechern zu offiziellen Ereignissen verließ er diese Isolierstation kaum. Es sei denn, Hitler zog sich für einige Zeit auf den Berghof zurück. Das eroberte Land betrat Bormann nur, als Hitler zweimal vorübergehend das Hauptquartier in die Ukraine verlegte. Dort entrann Bormann einmal sogar dem Schutz (und damit auch dem Gefängnis) des Stacheldrahts und der Wachtposten.

Was er vor diesem Ausflug von dem eroberten Land wußte, hatte er meist von Männern gehört, die es auch nicht viel besser kannten – zumindest schlechter als jeder Infanterist, der bei Winterbeginn 1941 vor Moskau zum Halten gezwungen worden war und danach den etappenweisen Rückzug begonnen hatte. Aus Hitlers Tischgesprächen hatte der Leiter der Partei-Kanzlei nur gelernt, daß die Slawen faul, anarchistisch, kulturlos, asiatisch und unfähig zu großen Leistungen seien. Die Pistole müsse deutschen Polizisten hier immer locker sitzen, hatte Hitler verkündet. Die Toten der Schlachtfelder, die Massengräber der Ermordeten, die Leiden der Verwundeten, die Qualen der Gefangenen kamen Bormann kein einziges Mal zu Gesicht. Das alles kannte er nur aus abstrakten Zahlen. Konkret waren für ihn nur die Schilderungen Hitlers, wenn er von der Zukunft des Landes schwärmte: Reichsbauern „in hervorragend schönen Siedlungen"; „wunderbare Gebäulichkeiten"; „Gouverneurspaläste"; um die deutschen Städte ein Ring von gepflegten Dörfern, durch die besten Straßen verbunden; Raum für hundert Millionen Germanen; und in der Weite arm, verstreut, beherrscht und ausgebeutet die Russen.

Kleinmütig erschienen Bormann jene Parteigenossen, die nicht an den schnellen und totalen Sieg zu glauben vermochten. So Goebbels, der im Spätherbst 1941 eine 27seitige Denkschrift ins Hauptquartier schickte mit dem Rat, den Menschen im Osten die Befreiung vom Bolschewismus zu verkünden und sie mit dem Versprechen einer schöneren Zukunft zu Bundesgenossen zu gewinnen. Oder wie dumm und kurzsichtig zeigte sich in seinen Augen dieser Rosenberg, der den Ukrainern und vielleicht sogar den Balten einen Sonderstatus gewähren wollte, mit Kultureinrichtungen wie einer Universität, mit besseren Lebensbedingungen, eigenem Landbesitz und am Ende gar noch mit einer Genehmigung, in eigenen Verbänden gegen die Moskauer Kommunisten zu kämpfen. Und wie beschränkt waren für ihn die Generäle, die es den Popen erlaubten, im Etappengebiet nach gottlosen Jahrzehnten wieder zu predigen, nur weil die Militärs hofften, die Gläubigen würden dann in Stalin künftig den Teufel sehen. Was immer von diesen Vorhaben bis ins Hauptquartier drang, blockte Bormann bei Hitler ab. Und wenn dies zu schwierig schien, spielte er die Denkschriften-Verfasser gegeneinander aus: Himmler war gegen die Kleriker, die Militärs gegen Pläne, den Unterworfenen Waffen zu geben, und wenn es um Sonderrechte für die Ukrainer ging, brauchte er nur Göring oder den bei Hitler hochangesehenen Gauleiter Koch zu alarmieren.

Zeitweise war sogar Rosenberg geneigt gewesen, der christlichen Lehre den Osten freizugeben. Am 15. Februar 1942 überreichte er Hitler einen von ihm verfaßten Aufruf, mit dem er die Religionsfreiheit in seinem Ostreich verkünden wollte. Er versprach sich davon eine starke Propagandawirkung. Aber Bormann prüfte den Aufruf und meldete Bedenken an. Würde sich eine neugegründete Ostkirche nicht zu einer Organisation des Widerstands entwickeln? Splittere man andererseits die Gläubigen in Einzelgemeinschaften auf, so ließen sie sich schlecht überwachen. Ideal wäre – darin waren sich Bormann und Hitler einig –, wenn jedes Dorf seinen eigenen Gott hätte.

Als Rosenberg im Mai beim nächsten Besuch im Hauptquartier seinen Plan modifiziert vorlegte, riet ihm Hitler, auf Bormanns Rat zu hören, denn dieser habe im Warthegau und in der Ostmark viele Erfahrungen im Umgang mit den christlichen Kirchen gesammelt. Immerhin war Bormann nun nicht mehr im Prinzip gegen die freie Religionsausübung, wohl aber gegen die öffentliche Verkündung eines dahingehenden Toleranz-Edikts. Wenn dieses – so warnte er – im Reich bekannt würde, sei unvermeidlich, daß dort die Kirchen mit Forderungen kämen. Am zweckmäßigsten sei, wenn Rosenberg auf jede Verlautbarung verzichte und nur die Reichskommissare mit Durchführungsbestimmungen die Neuerung in Gang brächten. So geschah es dann auch, aber die erhoffte Wirkung auf die Stimmung der Menschen blieb aus.

Daß Land und Menschen rücksichtslos auszubeuten waren, war für Bormann keine Frage. Er war damit nicht allein. Göring prahlte in Volksreden mit seiner Raubpolitik, Koch rühmte sich seiner Rücksichtslosigkeit laut, und bis zu den Parteibonzen in den Verwaltungen herab war es üblich, Lebensmittel lastkraftwagenweise zu lächerlich geringen Festpreisen aufzukaufen und sie in die Heimat zu schicken. Den entgegengesetzten Weg gingen massenhaft Gebrauchsartikel, meist Ramschwaren, die in diesem Land bei Tauschgeschäften hohe Gewinne brachten. Im Prinzip ahmten damit die Funktionäre nur das Beispiel des NS-Staates nach, der für die Erzeugnisse der östlichen Ländereien Spottpreise ansetzte und sie dann mit gewaltigen Aufschlägen an die deutsche Bevölkerung weitergab, wie er sich umgekehrt seine Lieferungen in die Ostgebiete dort mit Wucherpreisen bezahlen ließ. Der wirtschaftspolitische Laie Bormann faßte dieses Prinzip Ende März 1942 eigens in einer Aktennotiz als Gedächtnisstütze zusammen, unter Berufung auf eine Führer-Äußerung. Mit den „Schleusengewinnen" aus dieser Ausbeutungsmechanik sollten mit der Zeit die Rüstung und der Krieg bezahlt werden.

Wie gering die neuen Machthaber das Leben der Besiegten werteten, spürten als erste die Kriegsgefangenen, vor allem jene, die im Lauf des Jahres 1941 in unvorstellbaren Massen den Deutschen in die Hände gefallen waren. Man hatte sie in improvisierte Lager eingepfercht, und sie waren mangels funktionierender Bahnlinien so zögernd nach Westen abtransportiert worden, daß sie beim Einbruch des Winters zu Zehntausenden in ihren eisigen Stacheldrahtgehegen krepierten. Rosenberg schrieb empört an Keitel, der „sich versteifende Widerstand der Roten Armee" sei eine Folge dieser Unmenschlichkeit und sie sei damit die Ursache „auch für den Tod Tausender deutscher Soldaten". Keitel war insofern in einer Zwangslage, als in jenem harten Winter die Transportstränge nicht einmal für den eigenen Nachschub und den Heimtransport der verwundeten und unter Erfrierungen leidenden Deutschen ausreichten. Die eigenen gehen vor, argumentierte er, und Bormann rechtfertigte ihn bei Rosenberg, indem er in einem Brief vom 28. November 1941 bemängelte, die Kriegsgefangenen würden nicht streng genug behandelt. Es gab für ihn ohnehin zu viele von diesen „Untermenschen".

Ein Rundschreiben Anfang November 1941, gerichtet an die Politischen Leiter mit einer Anweisung über die Beseitigung von Leichen der in Deutschland gestorbenen sowjetischen Kriegsgefangenen, ist bezeichnend für Bormanns Kaltschnäuzigkeit. Die Toten sollten nicht eingesargt, sondern nur in Teerpappe oder Ölpapier eingeschlagen und mit Wehrmachtslastwagen unauffällig abtransportiert werden. Erst wenn genügend Leichen vorlägen, sollten sie im Massengrab Seite an Seite gelegt werden, aber nicht unbedingt Kopf an Kopf – offenbar um die Körper möglichst dicht stapeln zu können.

Zeremonien seien bei dieser Prozedur ebenso verboten wie späterer Grabschmuck.

Als Hitler im Juli des folgenden Jahres für drei Monate das Hauptquartier „Werwolf" in Winniza in der Ukraine bezog, unternahm es Bormann, die „Untermenschen" aus der Nähe zu besichtigen. Er tat dies nur ein einziges Mal, und zwar bei einer Autofahrt gemeinsam mit Hitlers Begleitarzt Karl Brandt. Sie fuhren einen Tag lang, am 22. Juli 1942, von Dorf zu Dorf, von Kolchose zu Kolchose, wo deutsche Landwirtschaftskommissare ihren hohen Gästen stolz die riesigen Flächen wogender Getreidefelder zeigten. Am Abend berichtete Bormann seinem Führer, was er in den zwölf Stunden entdeckt hatte – mit den scharfen, kalten Augen des Eroberers, den auch die ländliche Idylle nicht hatte weich stimmen können.

Viele, allzu viele Kinder hatte er gesehen. Seine Befürchtung: Sie könnten „uns eines Tages sehr zu schaffen machen", weil sie einer Rasse angehören, „die weit härter als unser eigenes Volk erzogen" wird. Weitere Beobachtungen: Kein Mensch trage eine Brille. Die meisten hätten ein völlig einwandfreies Gebiß, seien gut genährt und blieben offenbar kerngesund von der Kindheit bis ins hohe Alter. Dabei tränken sie ungereinigtes Wasser, das uns krank machen würde. Gegen Malaria seien diese „sogenannten Ukrainer" (für Bormann sind es unterschiedslos Slawen) offenbar gefeit, ebenso gegen Fleckfieber, obwohl Läuse ihre Hausgenossen seien. Zwar seien die meisten Dörfler blond und blauäugig, aber doch vom ostbaltischen Typ, so daß die Gesichter der Erwachsenen flach und grob, eben slawisch aussähen. Unter einer geregelten deutschen Verwaltung werde sich dieses Volk noch stärker vermehren – das könne wohl kaum erwünscht sein, „denn eines Tages wollen wir ja doch dieses gesamte Land deutsch besiedelt haben".

Nur schlecht vermochte der feiste und schon etwas kurzatmige Büromensch seine Bewunderung für diesen Menschenschlag zu verbergen. Eigentlich mußten er und die ganze Abendgesellschaft nun zu dem Schluß kommen, daß sie gemäß ihrer eigenen Rassentheorie hier ihre künftigen Überwinder, nämlich eine stärkere, lebenskräftigere, härtere Rasse, vor sich hatten. Da Hitler jedoch nicht sein eigenes Evangelium verleugnen konnte, reagierte er böse und gereizt auf Bormanns Bericht. Da habe doch kürzlich jemand vorgeschlagen – schimpfte er –, in den Ostgebieten den Handel und den Gebrauch von empfängnisverhütenden Mitteln zu verbieten. Wer dies versuche, den werde er „persönlich zusammenschießen". Ganz im Gegenteil müßten diese Mittel hier geradezu propagiert werden, „aber man müsse ja wohl erst den Juden zu Hilfe holen, um derartige Dinge forciert in Gang zu bringen". Es wäre deshalb auch heller Wahnsinn, eine Gesundheitsfürsorge nach deutschem Muster einzuführen. Man solle ruhig den Aberglauben verbreiten, Impfen sei „eine ganz gefährliche Sache".

Einmal in Fahrt, kam Hitler vom Hundertsten ins Tausendste. Er phantasierte über Schulbildung, Städtebau, Wohnungen in diesem Land – immer ausgerichtet auf das Ziel, die Besiegten für alle Zeiten zu versklaven. Statt der kyrillischen Schriftzeichen sollten die Ukrainer die römischen lernen und die deutsche Sprache so weit, daß sie Befehle verstünden. Es dürfte ihnen „keinesfalls eine höhere Bildung zugestanden werden". Wer eine Schule besuchen wolle, müsse dafür zahlen, aber „man dürfe sie nicht mehr lernen lassen als höchstens die Bedeutung der Verkehrszeichen". Bormanns beauftragter Mitschreiber Henry Picker machte – wie befohlen – besonders ausführliche Notizen.

Aus diesem Protokoll verfaßte Bormann schon am nächsten Tag eine Anweisung für den Ostminister Rosenberg, in der des Führers Wille in acht Absätzen zu einer „Geheimen Reichssache" zusammengefaßt war. Rosenberg erfuhr so unter anderem: Abtreibungen im Osten können „uns nur recht sein; keinen-* falls sollen sich deutsche Juristen dagegen wenden". Ein „schwunghafter Handel mit Verhütungsmitteln" ist zuzulassen. Impfen „der nichtdeutschen Bevölkerung und ähnliche vorbeugende Gesundheitsmaßnahmen sollen keinenfalls in Frage kommen". Da unter der deutschen Herrschaft „die gesamten Lebensumstände selbstverständlich viel besser und gesicherter werden … müssen wir die notwendigen Vorkehrungsmaßnahmen gegen eine Vermehrung der nichtdeutschen Bevölkerung treffen". Keine höhere Bildung; Lesen und Schreiben genügen. Keine Gemeinschaft zwischen Deutschen und Eingeborenen.

In Rosenbergs Ministerium schlug dieser Brief wie eine Bombe ein. Er wurde nicht als eine aus spontaner Verärgerung entstandene Meinungsäußerung gewertet, sondern mit Recht als eine Antwort auf eine „Große Denkschrift" aufgefaßt, die das Ministerium entwickelt hatte und die von Rosenberg vor einiger Zeit im Führerhauptquartier abgegeben worden war. Darin war – einmal mehr – dargelegt worden, wie wichtig es sei, den Ukrainern wenigstens eine kulturelle und verwaltungsmäßige Selbständigkeit zu gewähren. Nur so könnten sie für die deutschen Ziele und am Ende sogar für den Kreuzzug gegen den Bolschewismus gewonnen werden.

Diese Situation legt den Verdacht nahe, daß Bormanns Fahrt in die Dörfer weniger seine Neugierde befriedigen oder der Ablenkung von der Büroarbeit dienen sollte, sondern eher ein Schachzug in seiner Auseinandersetzung mit Rosenberg war. So überrascht, wie er seine Beobachtungen in der nächtlichen Runde vortrug, konnte er von den blonden Haaren und den vielen Kindern kaum sein, denn wenn dies auch seine erste und nahezu einzige Berührung von Land und Leuten war, so hatten ihm andere darüber sicherlich manches berichtet. Vorteilhaft für ihn war jedoch, daß er nun seine eigenen Eindrücke ge-

---

* Häufig falsche Schreibweise in NS-Schriftstücken, Anm. d. Red.

sprächsweise vortragen und in der oft bewährten Manier von dem durch die Ärgernisse eines ganzen Tages aggressiv gestimmten Hitler eine Stellungnahme erhalten konnte, aus der sich eine Willenserklärung des Führers formulieren ließ.

Ostminister Rosenberg brach dieser Brief das moralische Rückgrat. In seinem Antwortschreiben versicherte er, daß des Führers Wille selbstverständlich geschehe, ja daß er im Grund genommen die geforderten Maßnahmen längst eingeleitet habe. Er wollte damit, wie er später im Nürnberger Prozeß erklärte, nur die Atmosphäre verbessern, um zu einem günstigeren Zeitpunkt seine Vorschläge wieder anbringen zu können. Die Beamten seines Stabes spornten ihn dazu sogar noch an, am eifrigsten der Leiter seiner Hauptabteilung Politik, Georg Leibbrand, und dessen Mitarbeiter Markull. Er faßte im September 1942 in einem Memorandum zusammen, was der Reichskommissar Gauleiter Koch mit gleichgesinnten Parteifunktionären in der Ukraine an Schäden anrichtete. Markull stellte eine „auffällige Übereinstimmung zwischen den Auffassungen Kochs und den Weisungen des Bormann-Briefes" fest. „Ein Ministerialerlaß im Sinne des Bormann-Briefes", schrieb er, würde von den meisten Abteilungsleitern „als ein vollkommener Wandel der Auffassungen angesehen und mit tiefer Depression und Schwinden des Vertrauens aufgenommen werden."

Weil der so kritisierte Minister noch immer nicht den Mut fand, den von Bormann formulierten Führer-Willen durch neue Bemühungen zu verändern, schrieb Markull Anfang Dezember 1942 unter dem Eindruck der sich für ihn schon abzeichnenden Katastrophe von Stalingrad eine weitere Mahnung: „Betr.: Neue Maßnahmen im Osten." Die eroberten Gebiete könnten „nur durch den östlichen Menschen auf die Dauer" gehalten werden, aber bisher sei „alles geschehen, um die Völker des Ostens zu erbitterter Ablehnung unserer Herrschaft zu bringen. Insbesondere hat der Bormann-Brief vom 23. 7. ds. Js., dessen Inhalt sich erschreckend weit herumgesprochen hat, unserer Politik und Moral in den abgelaufenen Monaten schwer geschädigt." „Dem Führer gegenüber" müsse „offen erklärt werden, daß die Verantwortung für den bisherigen Kurs nicht mehr übernommen werden kann." Doch Rosenberg wagte nichts dergleichen; durch Nachgeben wollte er sich bei Hitler wieder mehr Vertrauen und Gehör verschaffen. Er nahm es sogar hin, daß sein Hauptabteilungsleiter Leibbrand, der Verantwortliche für die beiden Denkschriften, von der Reichsleitung der Partei – sprich Bormann – zum Waffendienst bei der Wehrmacht freigegeben wurde.

Im Grund genommen war der Ostminister schon sehr bald nur noch eine Attrappe, denn er durfte nicht einmal mehr mitreden, als Anfang September 1942 in Berlin von einem Gremium der Partei- und Staatswürdenträger darüber beraten wurde, wie die vielen Mädchen und Frauen seines Territoriums besser ausgenutzt werden konnten. Das geheime Protokoll dieser Besprechung erwähnt ausdrücklich, daß „Reichsleiter Bormann die Lösung der Hausarbeitsfrage" – die für den eigenen Mehrfach-Haushalt wohl zum Problem geworden war – in der Verschleppung von Ukrainerinnen nach Deutschland sähe. Die Anregung dazu holte er sich gewiß bei seinem Ausflug durch die Dörfer, und auf seinen Bericht war es sicher auch zurückzuführen, daß – wie es im Protokoll hieß – „der Führer die sofortige Hereinnahme von 400 000 bis 500 000 hauswirtschaftlichen Ostarbeiterinnen aus der Ukraine im Alter von 15 bis 35 Jahren" anordnete. Der für die Durchführung zuständige Generalbevollmächtigte für den Arbeitseinsatz, Sauckel, erhielt dafür drei Monate Zeit. Bormann ordnete zusätzlich an, daß „die illegale Hereinholung von Hausgehilfinnen ins Reich durch Angehörige der Wehrmacht oder sonstiger Dienststellen nachträglich genehmigt und auch... weiterhin nicht verwehrt" werde. Es sollten jedoch – und wieder wird die Wirkung von Bormanns Beobachtungen vor sechs Wochen sichtbar – „nur solche Mädchen angeworben werden, gegen deren dauernden Verbleib im Deutschen Reich nach Maßgabe ihrer Haltung und ihres Erscheinungsbildes keine Bedenken bestehen". Die Kreisleiter der Partei wurden von Bormann beauftragt, die Ostarbeiterinnen auf Haushalte und Bauernhöfe zu verteilen.

Außer Impfverbot, sanitären Unterlassungen, Empfängnisverhütung und Vernichtung wurde damit ein weiteres Mittel zur Dezimierung der Ukrainer eingesetzt. „Denn" – so heißt es weiter in dem Protokoll – „es entspricht einem ausdrücklichen Wunsch des Führers, daß eine möglichst große Anzahl dieser Mädchen eingedeutscht werden." Von dem Schock, daß dieser starke und gesunde Menschenschlag ein slawisches Volk sein könnte, hatten Hitler und Bormann sich offenbar inzwischen erholt. „Der Führer" korrigierte kurzerhand in einer Teerunde „unser schulmäßiges Wissen um die Völkerwanderung" und machte aus den blonden und blauäugigen Ukrainern „bäuerliche Nachkommen seßhaft gebliebener germanischer Stämme, ... deren Wiedereindeutschung nur eine Frage der Zeit sei." Dank dieser Methode, die schon beim Raub der sabinischen Frauen durch die Römer in der Antike erfolgreich war, sollten – so steht es im Protokoll der Berliner Tagung im September 1942 – „in hundert Jahren ... 250 Millionen deutschsprechende Menschen in Europa leben".

Den Männern aus dem Osten dachte Bormann ein Schicksal zu, wie es zu alttestamentarischen Zeiten bei erfolgreichen Kriegszügen gebräuchlich war: Sklaverei oder Tod. Am 19. August 1942 schrieb er, sie sollten für uns arbeiten und „soweit wir sie nicht brauchen, mögen sie sterben". Bis zum Ende des Krieges hörte er nicht auf zu fordern, die Kriegsgefangenen müßten härter behandelt werden. Die Wachmannschaften der Wehrmacht waren ihm stets zu menschlich. Als ihnen schließlich – und nicht zuletzt auf sein Drängen hin – das Oberkommando der Wehrmacht im Januar 1943 mit einem Erlaß die Erlaubnis gab, gegen widersetzliche Gefangene die Waffen zu gebrauchen und zu prügeln, beeilte sich Bormann, den Erlaß auch den Politischen Leitern mitzuteilen. Sie sollten darauf achten, daß nun wirklich hart durchgegriffen werde. Im November des gleichen Jahres gab Bormann per Rundschreiben bekannt, einzelne Gauleitungen hätten sich über zuviel Nachsicht der Wachmannschaften beschwert. Die Gefangenen würden weniger bewacht als vielmehr beschützt. An das Oberkommando der Wehrmacht schrieb er, die schwer arbeitenden Deutschen könnten es nicht verstehen, wenn Kriegsgefangene, die doch immer unsere Feinde blieben, besser lebten als sie, in einer Zeit, da es für das Vaterland um Sein oder Nichtsein gehe. Bormann forderte die Parteifunktionäre auf, regelmäßig über die Gefangenenlager ihrer Bereiche zu berichten, und damit sie auch auf dem laufenden blieben, erhielten sie per Rundschreiben und im Wortlaut regelmäßig die Bestimmungen, mit denen die Wehrmacht die Bedingungen in den Lagern verschärfte. Ein halbes Jahr vor Kriegsende erreichte er, daß die Lager der Wehrmacht entzogen und der SS-Verwaltung übergeben wurden, einer Institution, die in den Konzentrationslagern probate Methoden zur Ausbeutung, zum Quälen und Morden entwickelt hatte.

Im Osten jedoch schrumpfte der Raum für Bormanns Politik der harten Hand immer mehr zusammen. Spätestens mit der Kapitulation von Stalingrad Anfang Februar 1943 begann die Zeit der Rückzüge. Seitdem mehrten sich die Stimmen von Parteiführern, die im Osten einen versöhnlicheren Kurs befürworteten. Goebbels sagte in seiner vertraulichen Mitarbeiterkonferenz am 5. März 1943, er habe mit Göring und anderen Persönlichkeiten über die schlechte Behandlung der ausländischen Arbeitskräfte gesprochen. Sie seien beide der Meinung, „daß wir die Ostvölker nicht bei der Sache halten können, wenn wir mit unseren bisherigen Methoden weiter fortfahren". Er werde einen klärenden Erlaß herausgeben, und dann könne „sich niemand mehr dahinter verstecken, daß es eine besonders nationalsozialistische Tugend sei, die Ostvölker zu beschimpfen und zu mißhandeln".

Das war ein Schlag gegen Bormann, aber dieser tat so, als sei er gar nicht betroffen. Im Gegenteil: Als Goebbels zwei Monate später gemeinsam mit Himmlers Reichssicherheitshauptamt ein Merkblatt „über die allgemeinen Grundsätze für die Behandlung der im Reich tätigen ausländischen Arbeitskräfte" herausgab, reichte Bormann den Text in einem Rundschreiben an sämtliche Parteidienststellen bis hinab zu den Ortsgruppen weiter. In einem Begleitschreiben gab er allerdings die Anweisung, „die Partei- und Volksgenossen in geeigneter Weise über die Notwendigkeit einer strengen, aber gerechten Behandlung der ausländischen Arbeitskräfte aufzuklären". Allzu publik sollte der volle Wortlaut auch wieder nicht werden. Er verbot jede Veröffentlichung.

Das Los der 12 Millionen „Fremdarbeiter", die um diese Zeit meist unfreiwillig in Deutschland schufteten, wurde mit diesem Merkblatt natürlich nicht wesentlich verbessert. Zwar hieß es darin, eine humane Behandlung sei nötig, wenn die „volle Arbeitskraft" dieser Menschen „auf lange Sicht erhalten werden … ja sogar eine weitere Leistungssteigerung" eintreten sollte. Wenn man sie „als Bestien, Barbaren und Untermenschen" bezeichne, seien sie unmöglich „zur aktiven Mitarbeit für eine neue Idee zu gewinnen". Zugleich aber wurden die Deutschen auch ermahnt, „den erforderlichen Abstand zwischen sich und den Fremdvölkern als eine nationale Pflicht" zu betrachten. „Bei Außerachtlassung der Grundsätze nationalsozialistischer Blutsauffassung" – also bei Geschlechtsbeziehungen – „muß der deutsche Volksgenossse sich schwerster Strafe bewußt sein."

Immerhin zeigte sich Bormann in dieser Sache nachgiebig, wenn nicht im Prinzip, so doch in der Prozedur. Er konnte in der damaligen Situation auch nicht nach der Ausrufung des „totalen Kriegs" gegen Maßnahmen Sturm laufen, die die deutsche Wirtschaft und die Rüstung stärken sollten. Eine mehr oder weniger öffentliche Auseinandersetzung – die er ohnehin stets scheute – hätte ihn zudem als Bluthund gebrandmarkt. Außerdem war der Gesundheitszustand Hitlers nicht mehr der beste, und wenn Bormann dessen schützende Hand verlieren sollte, würde es unzweckmäßig sein, nur Feinde ringsum zu haben. In den kommenden Zeiten könnte es nötig werden, Verbündete zu haben, und gerade Goebbels schien dafür am besten geeignet zu sein, denn er war unverkennbar wieder stärker geworden. Hitler brauchte in der prekären Lage einen Fanfarenbläser, und radikale Typen waren jetzt gefragt. Goebbels war andererseits nicht so stark, daß ihm Bormann nicht doch das Gesetz des Handelns vorschreiben konnte. Auf den angekündigten Anti-Prügel-Erlaß zum Schutz der „Fremdarbeiter" mußte Goebbels verzichten; eine Bemerkung Bormanns genügte, damit der Minister seine Absicht fallenließ. Aus dem gleichen Grund unterließ er auch einen geplanten Vorstoß, mit dem er die diskriminierende Stoffplakette abschaffen wollte, wie sie die Arbeitskräfte aus dem Osten ständig tragen mußten.

Solche Rückzieher hatte Goebbels in der Ostpolitik schon wiederholt machen müssen. Da er die Beschlüsse der Geheimkonferenz vom 16. Juli 1941 nicht kannte, war er lange für eine Selbstverwaltung in der Ukraine eingetreten, und in seinem Tagebuch hatte er 1942 Ende April bedauernd vermerkt, daß Hitler dort nicht mehr wie in den ersten Kriegsmonaten als Retter und Befreier angesehen werde. „Der Knüppel auf dem Kopf", hatte er beklagt, sei „auch Ukrainern und Russen gegenüber ein nicht immer überzeugendes Argument." Doch wenn er nach den Jahren, die Hitler ihn in der Ecke hatte stehen lassen, wieder nach vorn kommen wollte, dann konnte er dies nur mit Bormanns Duldung erreichen.

Diese Unterwerfung fiel Goebbels nicht ganz so schwer, weil er sich damit in die Front gegen seinen alten Widersacher Rosenberg einreihen konnte. Ende 1941 hatte Goebbels einen Plan entwickelt, wie „die vollständige Sympathie der Ostvölker" zu gewinnen sei. Damals lag er völlig falsch. Hitler wollte die Menschen vertreiben, deportieren und, wenn es nicht anders ging, ermorden lassen. Von Gemeinsamkeiten hielt er nichts. Im Mai 1942 hatte es abends in der „Wolfsschanze" ein langes Gespräch darüber gegeben, wie weit die Bevölkerung der eroberten Gebiete zu Reichsbürgern gemacht werden könnte. Der Danziger Gauleiter Forster war Gast beim nächtlichen Tee gewesen und hatte berichtet, der Rassenprofessor Günther sei nach zehntägiger Fahrt durch Westpreußen zu der Überzeugung gekommen, die meisten Polen seien es wert, Deutsche zu werden. Und wenn es in einigen Landkreisen weniger gut um das nordische Erbgut bestellt sei, dann möge man dort künftig SS-Garnisonen als Blutauffrischer stationieren. Doch Bormann hatte laut und energisch widersprochen: Dem deutschen Volk dürften nicht durch »Pollacken« slawische Blutströme zugeführt werden, die sein Wesen ungünstig beeinflussen könnten.

Er war – genau wie Hitler – gegen jede Art von Zusammenarbeit mit den Unterworfenen. Der Hasardeur Hitler spielte wieder einmal wie schon so oft nach dem System alles oder nichts; wenn er Mitstreiter wollte, mußte er ihnen etwas bieten, aber genau das, womit er sie hätte gewinnen können, wollte er selber: ihr Land und ihre Freiheit. Darum hatte er Rosenbergs Ukraine-Pläne abgelehnt, und als dieser nun vorschlug, den baltischen Staaten in einem Statut die Autonomie – natürlich unter deutscher Herrschaft – zu versprechen, wußte Bormann, daß auch dieser Plan scheitern würde. Er schickte zunächst einmal den Reichskommissar Lohse ins Gefecht, der sich gegen jede Einschränkung seiner Vize-Königs-Würde wütend wehrte. Dann wurde er selber aktiv, mit Klagen über die Konfusion in den Ideen und in den Ämtern des Ostministers. Rosenberg gegenüber erweckte Bormann noch eine Weile den Anschein, als ließe sich über den Baltenplan reden. Doch im Herbst erklärte Hitler, er werde auf die Ostsee-Länder nie verzichten; sie würden Reichsgebiet.

Für Himmler war das kein Hindernis, die Esten und die Letten in seine Waffen-SS einzuplanen. Er wollte gleich etliche Jahrgänge einziehen. Einige Bataillone hatte er schon in aller Stille angeworben. Wenn es ums Mitkämpfen und Mitsterben ging, nahm er es mit der Rasse nicht mehr genau. Ruthenen, Ukrainer, Kosaken, Tataren und andere Völkerschaften hatte er schon in seinen Diensten, insgesamt 50 000 Mann. Nun argumentierte er, Verstärkung sei nötig, weil seine zur Partisanenbekämpfung im Osten eingesetzten Sicherungsdivisionen ständig benutzt würden, um Löcher in der Front zu stopfen. Zu dem Griff nach den Esten und Letten fühlte er sich um so mehr berechtigt, als die Wehrmacht gerade dabei war, gleichfalls Hilfstruppen östlicher Herkunft in aller Stille aufzustellen – zusätzlich zu den Hunderttausenden Hilfswilligen, „Hiwis" genannt, die als Panjefahrer, Kfz-Schlosser, Küchenhelfer im Front- und Etappengebiet bei der Truppe dienten. Himmler witterte Konkurrenz.

„Lieber Martin", schrieb er Anfang März 1943, „ich bitte Dich, dem Führer vorzutragen, daß von seiten der Wehrmacht ein russisches Komitee und eine russische Befreiungsarmee propagiert und gegründet worden ist. Das würde den kürzlich vom Führer geäußerten Richtlinien klar widersprechen. Ich bitte um Mitteilung, welches die Entscheid des Führers ist."

Himmlers Eifersucht war nicht unbegründet. Keitel und Jodl waren dafür, den sowjetischen General Wlassow, Kriegsgefangener seit 1942, die Vollmacht zur Aufstellung russischer Einheiten zu geben. Auch Goebbels trat für diesen Plan ein, allerdings mit dem Vorbehalt, man brauche propagandistische Versprechungen später nicht unbedingt zu halten. Doch Hitler blieb, von Bormann bestärkt, starrsinnig. „Wir bauen nie eine russische Armee auf", verkündete er in der Lagebesprechung, „das ist ein Phantom ersten Ranges." Wenn die Russen als Arbeiter ins Reich geholt würden, könnte er mehr Deutsche für die Streitkräfte frei machen, war sein Argument. Mitte Mai 1943 konnte Bormann hochbefriedigt den Führerwillen zu Papier bringen: Eine Proklamation, also konkrete Zusagen an die Ostgebiete, dürfte nur mit Genehmigung Hitlers erlassen werden, und der werde sie nie geben. Nützlicher als Sympathien oder gar Freundschaft der Ostvölker schienen Bormann deren Unterdrückung und Ausbeutung. „Die einzig richtige Politik", meinte er, „ist die, die uns die größte Menge Nahrungsmittel garantiert." Wo sich Widerstand zeige, müsse rücksichtslos durchgegriffen werden. Zur Bekämpfung von Banden und Partisanen empfahl er die wildesten SS-Befehlshaber, denn dort, wo „neunmalkluge Wehrmachtsgenerale" kommandierten, herrsche die größte Unsicherheit.

Wer im Verdacht stand, zur Milde zu raten, wurde durch ihn vom Hauptquartier ferngehalten. Wie dies geschah, zeigt ein Wechsel von Fernschreiben zwischen Bormann-Mitarbeitern und Rosenbergs Ministerium. Mitte September 1943 hatte der Ostminister um einen Termin für einen Vortrag bei Hitler gebeten. Die Partei-Kanzlei in München verlangte daraufhin zunächst einmal „fernschriftlich die Besprechungspunkte ... zwecks Vorunterrichtung von Reichsleiter Bormann", damit dieser „sich rechtzeitig die Unterlagen beschaffen kann und sie (die Unterredung, Anm. d. Red.) nicht unfruchtbar ausgeht". Rosenbergs Referent schrieb am gleichen Tag zurück, Bormann habe die Besprechungspunkte schon vor Tagen per Fernschreiben ins Hauptquartier bekommen, sie würden trotzdem noch einmal an die Partei-Kanzlei durchgegeben. Als Rosenberg dann endlich Antwort erhielt, kam sie vom Chef der Reichskanzlei, Lammers, an den Bormann die Angelegenheit zuständigkeitshalber abgegeben hatte. Daraus erfuhr der Ostminister, daß vier seiner Besprechungspunkte noch nicht reif für einen Vortrag bei Hitler seien, weil dazu noch die Stellungnahmen anderer Instanzen ausstünden. „Der sonstige Inhalt" von Rosenbergs Besprechungsprogramm „betrifft offenbar Angelegenheiten des Parteibereichs", schrieb Lammers, und dafür sei er nicht zuständig. Wenn Rosenberg seine Audienz haben wollte, mußte er nun die Prozedur erneut bei Bormann mit der Bitte um einen Termin beginnen – und er mußte in Kauf nehmen, in der gleichen Manier abermals genarrt zu werden.

Um diese Zeit, im Herbst 1943, war Rosenberg zudem noch in einen erbitterten Kompetenzstreit mit Goebbels verstrickt. Dieser forderte seit Monaten, die gesamte Propaganda im Osten müsse seinem Minsterium übertragen werden. Hitler hatte wie üblich eine vieldeutige Entscheidung gefällt, die nur neue Auseinandersetzungen zwischen den beiden Konkurrenten heraufbeschwor. Bormann war wieder einmal mehr als Schiedsrichter für solche Fälle eingesetzt, aber er hütete sich, eindeutig Partei zu ergreifen. Auf diese Weise gelang es ihm, den Streit bis in den Dezember 1943 hinein in Gang zu halten. Mit Rücksicht auf seine wachsende Interessengemeinschaft mit Goebbels schlug er sich am Ende dann doch auf dessen Seite und brachte gemeinsam mit dem inzwischen zum Mitläufer degradierten Lammers die Angelegenheit noch einmal auf Hitlers Schreibtisch. Der entschied dann nach Bormanns Vorschlag. Allen Beteiligten war damit einmal wieder klargemacht worden, daß ohne dessen Mithilfe beim Führer nichts mehr zu erreichen war.

Weder die Propaganda der Goebbels-Mannschaft noch die kümmerlichen Anbiederungsversuche der Rosenberg-Mannschaft konnten bei den unterworfenen Ostvölkern Vertrauen erwecken. Dazu kam, daß diese Bemühungen erst einsetzten, als die deutschen Siege ausblieben und ein großer Teil der eroberten Gebiete mit einer Kette von Rückzügen geräumt werden mußte. Erst jetzt, im Sommer 1944, billigten auch Hitler und Bormann die Versuche, Hilfstruppen im Osten anzuwerben – allerdings ohne ausdrückliche Zustimmung und mit dem Hintergedanken, daß sie Versprechungen anderer NS-Granden nicht zu halten brauchten. Was dem Heer und was Rosenberg verwehrt geblieben war, durfte nun Himmler, nämlich mit General Wlassow verhandeln. Der Ostminister hatte davon zunächst keine Ahnung.

Als im August 1944 die Rote Armee fast Warschau erreichte, und auch in Frankreich und Italien die Fronten dem Reichsgebiet immer näher rückten, glaubte Rosenberg, in dieser prekären Lage Gehör für seine alten Pläne zu finden. Doch nun war er nahezu ein König ohne Land und damit auch ohne ein Volk, das er zum Kampf hätte aufrufen können. Von seiner ganzen Herrlichkeit existierte fast nur noch der bürokratische Apparat seines Ministeriums in Berlin, der sich eifrig bemühte, wenigstens durch die Betreuung der Verschleppten und der Freiwilligen aus den Ostgebieten eine Lebensberechtigung nachzuweisen. Deshalb lag Rosenberg sehr viel daran, endlich freie Hand für eine Übereinkunft mit Wlassow zu bekommen. Doch als er im August 1944 bei Bormann um einen Termin für einen Vortrag bei Hitler bat, bekam er umgehend den Bescheid, der Führer sei durch militärische Probleme überlastet.

Am 7. September 1944 schrieb Rosenberg ein weiteres Mal an Bormann, diesmal ausführlicher. Er zählte auf, was nach seiner Meinung im Osten versäumt worden war, „aus mancherlei Gründen, auf die ich eben nicht eingehen will". „Es bleibt jedoch auch jetzt noch zu überlegen, ob wir die Millionen Kräfte des Ostens, die ja jetzt zum großen Teil mit uns kompromittiert sind, auch positiv weiter aktivieren können." Nach seiner Rechnung waren das immerhin vier bis fünf Millionen Menschen. Er habe „bestimmte grundsätzliche Richtlinien ausgearbeitet", die er „dem Führer gern persönlich vortragen" wolle. Daß Bormann am Scheitern der Ostpolitik mitschuldig sei, deutete er nur verhalten an: „Ich glaube, ... daß Sie durch Ihre Einschaltung auch einen Teil der Verantwortung für die Dinge übernommen haben."

Dieses Schreiben schickte Rosenberg nicht auf dem normalen Weg ins Führerhauptquartier. Seit Monaten gingen die meisten seiner Briefe unbeantwortet in Bormanns Ablage, der mit dem abgewirtschafteten Ostminister seine Zeit nicht vergeuden wollte. Lammers, der gerade in Berlin war, nahm das Schreiben in die „Wolfsschanze" mit, und von ihm kam dann auch wieder die Antwort, die vom 18. September datiert. Darin hieß es, Lammers und Bormann seien „übereingekommen, dem Führer dringend nahezulegen, daß er Sie möglichst bald unter Zuziehung des Reichsführers SS zu einem mündlichen Vortrage ... empfangen möge". Zuvor sollte Rosenberg jedoch seine „Richtlinien, die Sie ... für die Behandlung und die Beeinflussung der Ostvölker ausgearbeitet haben, baldigst schriftlich" den beiden Wächtern vor Hitlers Allerheiligstem „zur Kenntnis bringen", damit sie „die Angelegenheit" weiterverfolgen könnten, „falls es in den nächsten Wochen nicht zu Ihrem Vortrag beim Führer kommt".

Der schon zu oft genasführte Rosenberg merkte diesmal, daß ihn Lammers im Auftrag von Bormann wieder einmal aushorchen und dann ins Leere laufen lassen wollte. Er schickte seine Richtlinien nicht – und bekam umgehend, datiert vom 22. September, den Bescheid, dem Führer sei es in nächster Zeit unmöglich, ihn zu empfangen. Beschwichtigend wurde ihm jedoch von Lammers versichert, „daß die Behandlung der Ostvölker im Machtbereich des Großdeutschen Reiches nach den Grundsätzen und Richtlinien des Ostministers erfolge". Doch auch das war, wie er bald merkte, nur eine Finte. Als er ins Hauptquartier eine „Meldung an den Führer" schickte, in der er die Tätigkeiten seiner Dienststellen aufzählte und einmal mehr die Politik der harten Hand als verderblich darstellte, landete sie statt auf Hitlers Schreibtisch wieder in Bormanns Aktenablage. Sie war durch dessen neueste Intrige ohnehin nur noch Makulatur.

Zwei Tage zuvor, am 26. September 1944, verschickte nämlich die Partei-Kanzlei ein Rundschreiben „betr.: General Wlassow", mit dem die Parteispitzen über das Bündnis unterrichtet wurden, das Himmler mit dem abtrünnigen Russengeneral geschlossen hatte – ausgerechnet mit jenem Parteiführer, der Rosenbergs Ostpolitik stets als zu mild bekämpft und als „Germane" jede Zusammenarbeit mit den Slawen verworfen hatte. Rosenberg mußte sich um so mehr hintergangen fühlen, als in dem Bormann-Rundschreiben von seinen Zuständigkeiten schon gar nicht mehr die Rede war. Empört forderte er am 17. Oktober 1944 von Bormann, „vorläufig der Partei keine näheren Informationen zugehen zu lassen, ehe die ganze Lage geklärt ist, und zweitens, auch in Zukunft Mitteilungen an die Partei, die die Ostpolitik bzw. die Ostvölker betreffen, mit mir abzustimmen". Dazu bekam Bormann wieder einmal eine Denkschrift; er sollte sie als Rundschreiben in der Parteispitze verbreiten, damit klargestellt werde, daß der Ostminister schon immer das Richtige gewollt habe und nur durch schlimme Intrigen gehindert worden sei.

Bormann ignorierte diese Forderungen. Als Mitte November 1944 die untereinander zerstrittenen und längst demoralisierten Vertreter der Ost-Emigranten in Prag zu einem gemeinsamen Bekenntnis zum NS-Staat zusammengerufen wurden, blieb Rosenberg ausgeschaltet. Die SS durfte bei diesem Marionettentheater Regie führen. In einer Denkschrift von 20 Seiten – kürzer konnte sich der ewig beleidigte Umstandskrämer selten fassen – beklagte sich Rosenberg bitter über diese Zurücksetzung. Er mußte sie um so kränkender empfinden, als Himmler, Bormann und Hitler nun tatsächlich auf seine ursprünglich empfohlene Linie eines bedingten Bündnisses eingeschwenkt waren. Nicht genug damit; auf der Suche nach einem Schuldigen für die Sünden der Vergangenheit, für Ausbeutung und Terror, hatte Bormann entdeckt, daß sich dafür niemand besser eignete als jener Alfred Rosenberg, der doch nach außen hin als Minister die Verantwortung für alle Vorgänge in den Ostgebieten zu tragen hatte. So wurde er nun in Prag zwar verdeckt, aber doch deutlich beschuldigt, „Kolonialpolitik" mit den Methoden der Plutokraten betrieben zu haben. Ihm könne man deshalb die neue Sammlungsbewegung unmöglich anvertrauen.

Diesmal schickte Rosenberg sein langes Klagelied „auf einem rein persönlichen Wege" ins Hauptquartier, also an Bormann vorbei, und als Entschuldigung für dieses Abweichen vom Dienstweg zählte er mit Akribie auf, wie viele seiner Schriftsätze an Hitler in den letzten Jahren bei Bormann hängengeblieben waren. Tatsächlich erreichten die mit der großtypigen „Führer-Maschine" getippten Blätter ihren Adressaten. Rosenberg beklagte darin, „die Diskriminierung des Ostministers als verantwortlich für die ‚Kolonialpolitik' im Osten" sei von seinen Gegnern bewußt in die Weltöffentlichkeit lanciert worden. „Der Ostminister hat die Pflicht, sein Ansehen und seine Ehre gegen diese Methoden zu wahren. Da die Staatsraison es ihm verbietet, dies in der Öffentlichkeit zu tun, vertraut er auf die Gerechtigkeit des Führers."

Daß ein solches Vertrauen in Hitler fehl am Platz sein würde, hätte Rosenberg nach über zwanzigjährigen Erfahrungen mit diesem Mann eigentlich wissen müssen. Zu seiner Ehrenrettung geschah nichts. Hitler war im Gegenteil froh, daß ihm Bormann nun einen Menschen präsentierte, den man für alle Fehler und Versäumnisse im Osten verantwortlich machen konnte.

16   Am Ziel: Sekretär des Führers

Allein von der Gnade oder Ungnade Hitlers hing das Schicksal der Parteiführer, der Minister und aller Großen des Dritten Reiches ab. So war denn dessen Rückzug hinter den Stacheldraht der Hauptquartiere schlimm für alle, die draußen bleiben mußten, aber noch härter traf sie, daß ihn Bormann dort zusätzlich einmauerte. Wie weit Hitler dies nur duldete, ob er diese Isolierung etwa wollte oder ob er, in der manischen Besessenheit des Hasardeurs völlig seinem großen Spiel hingegeben, die Mauern Bormanns gar nicht mehr wahrnahm, ist kaum mehr zu klären. Wahrscheinlich treffen alle drei Vermutungen zu.

Da war zunächst die Annahme Hitlers, er werde den Krieg rasch gewinnen und beenden, wenn er ihn nur mit ungeteilter Energie führen könne, also alle anderen Aufgaben von Managern nach allgemeinen Anweisungen erledigen lasse. Zur Steuerung der oft ad hoc verteilten Kompetenzen und zugleich als Wächter vor unerwünschter Inanspruchnahme schien ihm der „Dreier-Ausschuß" eine ideale Konstruktion. Dies war ein Mammutsekretariat mit dem Minister Lammers für den staatlichen, Generalfeldmarschall Keitel für den militärischen Sektor und Bormann für die Parteiangelegenheiten. Anfänglich war dieser Ausschuß nur eine verkleinerte Ausgabe des Ministerrats für die Reichsverteidigung, aber je unbeholfener und untätiger sich diese Institution erwies, desto wichtiger wurde ihr Ableger.

Die Bezeichnung Dreier-Ausschuß mißfiel Bormann; es sei ein unangenehmer Name, schrieb er seiner Frau. Doch die Institution verstand er gut zu nutzen. Mit der Zeit wurde sie zur Schaltzentrale seiner Macht. Wenn auch anfänglich die Tätigkeit des Ausschusses auf wenige Sachgebiete beschränkt war, so griffen die drei Männer allein schon wegen ihrer Ränge und ihrer Dienststellen in alle Bereiche hinein und konnten unter Berufung auf den Führerwillen zur heimlichen Nebenregierung werden. Keitel, begrenzt im Denken und nur im militärischen Bereich zu Hause, fiel dabei nur eine Komparsenrolle zu. Lammers, der sich als vorsichtiger Beamter vor der Verantwortung scheute, war alles andere als eine Kämpfernatur. Dem dritten im Bund, Bormann, waren beide nicht gewachsen. Er war brutaler, primitiver, schlauer, energischer, machthungriger als sie. Vor allem aber traute ihm Hitler mehr als jedem anderen Menschen.

Über seinen Einfluß sagte Göring während des Nürnberger Tribunals zu seinem Anwalt: „Bormann wußte über die intimsten Angelegenheiten des Führers Bescheid. Bei manchen Teestunden durften nur er und Sekretärinnen dabei sein, und dabei wurden oft die wichtigsten Sachen entschieden." Solches Vertrauen mußte verdient sein. Der Rosenberg-Mitarbeiter Werner Koeppen, den Bormann aus dem Hauptquartier hinausintrigierte, lobte an ihm, er sei immer präsent gewesen. „Er war nicht redselig, suchte keine Kontakte und gab seine Zeit nur dafür her, für Hitler zu arbeiten. Kaum hatte Hitler einen Gedanken ausgesprochen, formulierte Bormann ihn ... als Anordnung. Er wußte alles, was in der Reichskanzlei geschah und lavierte zwischen allen." Bormanns Fähigkeiten, sich der Besonderheit seiner Stellung anzupassen, ging bis in die kleinsten Details. Er war Kettenraucher, aber wenn Hitler in der Nähe war, rührte er keine Zigarette an oder qualmte in Gesprächspausen auf einer Toilette. Er trank gern Kornschnäpse und auch nicht wenige, aber wenn er annahm, daß er noch zum Dienst gerufen würde, gönnte er sich keinen Tropfen. Keine Handreichung war ihm zu gering. Er empfahl und beschaffte Bücher, besorgte Nachschub an Diätlebensmitteln für Hitler, begutachtete in dessen Auftrag, ob man den 1942 fertig gewordenen und von Goebbels hochgepriesenen Film über den Eisernen Kanzler Bismarck dem Volk ohne politischen Schaden zeigen könne, und er jagte den Kasinoverwalter der „Wolfsschanze" aus dem Hauptquartier, weil dieser versäumt hatte, eine Flaschenkiste auf eine Bombe hin zu untersuchen, ehe sie in den Vorratsraum geschafft wurde.

Bormanns Weimarer Mentor bei seinem Start als Funktionär, Hans Severus Ziegler, beobachtete die Karriere mit dem Stolz des Talententdeckers und stand als hoher Funktionär in Thüringen immer mit ihm in Verbindung. Dieser Kenner der internen NS-Szene meint heute noch, Bormanns größte Leistung sei gewesen, „die etwa zwölf Paladine, ... diese Querulanten, dazu manche Gauleiter, nach Möglichkeit im Kriege fernzuhalten von A.H.". Dabei „hat Bormann gewißlich etwas hemdsärmelig und mit den Ellbogen um den Führer Luft gemacht, um dessen Nervenkraft nicht noch ärger zu strapazieren".

Speer allerdings sieht die Situation anders. Wohl habe Bormann die Paladine ferngehalten, dafür aber Hitler mit ungezählten Kleinigkeiten unnötig behelligt und belastet. Tatsächlich hat Hitler in einem Teegespräch einmal gesagt, er sei froh, einen solchen Türhüter zu haben, der ihm die Leute vom Hals halte. Daß er ihm dabei auch die Entscheidung überließ, wer Informationen herantragen und Beschlüsse erwirken konnte, hat Hitler offensichtlich ohne Bedenken in Kauf genommen. Zu seinem Leibfotografen Hoffmann sagte er einmal, er wisse, daß Bormann brutal sei, aber er brauche ihn, um den Krieg zu gewinnen.

Hintergründig hatte Bormann aber auch noch die Funktion, den schöpferischen Genius in Hitler vor dem rauhen Wind der Wirklichkeit zu schützen. Unangenehmes sollte den Führer nach Möglichkeit nicht erreichen, vor allem keine Schilderungen von den verheerenden Wirkungen des Luftkriegs in der Heimat. Er könnte sonst seine „nachtwandlerische Sicherheit" – wie Speer es ausdrückte – verlieren. Diese Barriere entsprach auch Hitlers eigener Absicht; er wollte sich nicht durch solche Informationen den Glauben an den Auftrag

der Vorsehung rauben lassen. Er drückte sich deshalb vom Besuch bomben-
zerstörter Städte und vermied es im Krieg, dem Volk Auge in Auge bei Kund-
gebungen gegenüberzustehen. Wenn es auch richtig ist, daß Bormann nur im
Schatten Hitlers groß werden konnte, so brauchte doch Hitler ebensosehr seinen Gehilfen, damit dessen breiter Rücken all das verdecke, was er nicht sehen
wollte.

Bormann hätte ein Ausbund an Selbstlosigkeit sein müssen, wenn er diese Situation nicht genutzt hätte. Der im Reichsinnenministerium angestellte Henry
Picker berichtete, daß schon 1942 sein Minister oder dessen Staatssekretäre
nicht „mehr persönlich, telefonisch oder schriftlich unmittelbar an Hitler her-
ankamen". Goebbels mußte seine allwöchentlichen Leitartikel für das Intelli-
genzblatt „Das Reich" bei Bormann einreichen, der sie dann, natürlich nicht
unkommentiert, Hitler vorlegte. Der Reichsfinanzminister hatte 1942 seinen
letzten Vortrag im Hauptquartier, und weil er fürchten mußte, Bormann
werde nicht einmal seine Memoranden auf den Schreibtisch Hitlers kommen
lassen, beschwor er Lammers, doch darauf zu achten. Der Reichswirtschaftsminister Walter Funk klagte, es sei „unendlich schwer … mit dem Führer ein
vernünftiges Wort zu sprechen; immer steckt Bormann seine Nase dazwischen.
Er fällt mir ins Wort, unterbricht mich". Zustimmend freute sich Bormann,
wenn Hitler an einem Aufruf, den Goebbels an die Wehrmacht gerichtet hatte,
mit der Bemerkung herummäkelte, wer nicht bei den Soldaten gestanden
habe, könne auch nicht deren Sprache sprechen. Für Hitler ließ Bormann notieren, welche Witze und bösen Anmerkungen die Deutschen über Göring und
andere Größen machten. Geradezu ein Vergnügen bereitete es ihm, von
Hjalmar Schacht, dem ehemaligen Reichswirtschaftsminister, das Goldene
Parteiabzeichen zurückzufordern, das diesem, wie allen Mitgliedern des
1933er Kabinetts, 1937 ehrenhalber verliehen worden war. Dem Emporkömmling waren alle diese Fälle ein Genuß, weil er Menschen demütigen
konnte, zu denen er einmal hatte aufschauen müssen.

Wo immer Hitler Anlaß zu wütenden Ausfällen fand, nutzte Bormann sie, sich
als Verkünder und Vollstrecker der Absichten Hitlers zu erweisen – auch
dann, wenn er als Vertreter der Partei im Einzelfall gar nicht legitimiert war. Als
im September 1942 der Vormarsch zum Kaukasus steckenblieb und die Generäle Hitlers Vorwürfe mit einem Hinweis auf seine eigenen Befehle beantwor-
teten, zog sich der „Größte Feldherr aller Zeiten" grollend in seinen Bunker
zurück. Zutiefst erschreckt notierte Bormann im Kalender: „Seit dem 5. 9. ißt
der Führer nicht mehr im Kreis der Angehörigen des Führerhauptquartiers."
Zwei Tage später: „Der Führer ordnet die Heranziehung von Stenografen zu
den militärischen Lagebesprechungen an." Bormann ließ sie aus Berlin kommen, vereidigte sie und befahl ihnen, die bisher ausschließlich politische Reden
aufgenommen hatten, jedes Wort bei den ganz anders gearteten militärischen
Konferenzen mitzuschreiben. Ihre Aufzeichnungen, von Hitler als Alibi gedacht, gingen natürlich durch Bormanns Hand, und damit hatte er auch schon
eine Fußspitze in einen Sektor geschoben, der ihm bis dahin völlig verschlossen
geblieben war.

Um die gleiche Zeit schaltete er sich in einen Streit ein, den der eben ernannte Reichsjustizminister Otto Georg Thierack mit dem obersten aller Polizisten, mit Heinrich Himmler, austrug. Der Zwist wurzelte in Hitlers wütenden Attacken gegen die „volksfremden" Richter, die nicht bereitwillig genug Todesurteile fällten. Der neue Minister war gewillt, die Henker in dem gewünschten Umfang zu beschäftigen, aber Himmler war der Ansicht, auch die schon nicht mehr regulären Gerichtsverfahren seien bereits unnötiger Aufwand. Seine Vernichtungsmaschinerie in den Konzentrationslagern könnte durch „polizeiliche Sonderbehandlung", wie sie im eroberten Osten schon üblich geworden war, unauffälliger und abgekürzt arbeiten. Über Justizurteile, die seiner Meinung nach von der Polizei korrigiert werden sollten, hatte er bisher schon an Bormann regelmäßig berichtet. Nun mußte entschieden werden, ob Thierack oder Himmler die oberste Instanz der Gerechtigkeit des Dritten Reiches sein sollte.

In Shitomir, Himmlers Feldkommandostelle, trafen sich die Kontrahenten, und nach fünfstündigem Verhandeln einigten sie sich in den wichtigsten Punkten auf Vorschläge Bormanns. Wie von ihm nicht anders zu erwarten, wurde damit das Strafrecht auch für das Reichsgebiet in ungesetzlicher und unmenschlicher Weise verschärft. Thierack hatte an Bormann geschrieben, die Justizverwaltung könne leider nur einen kleinen Beitrag zur Vernichtung derjenigen liefern, die zu langjährigen Freiheitsstrafen verurteilt seien und nun vom deutschen Volk durchgefüttert werden müßten. Von dieser Sorge wurde er durch die Vereinbarung mit Himmler befreit. Deutsche und Tschechen, die mehr als acht Jahre abzusitzen hatten, übernahm der Reichsführer SS „zur Vernichtung durch Arbeit". Bei Juden, Zigeunern und Angehörigen der Ostvölker genügte schon ein Urteil über eine dreijährige Freiheitsstrafe. Bormann betonte, er lege besonderen Wert darauf, Hitler jede Aufregung über unangebrachte Richter-Milde zu ersparen. Er drang deshalb darauf, daß bereits der Justizminister solche Urteile korrigiere, indem er gleich die polizeiliche Sonderbehandlung der Missetäter anordne. Für den Fall, daß sich Thierack und Himmler über einen Fall nicht einigen konnten, war Bormann als Schiedsrichter die oberste Instanz, also über Leben und Tod eines Menschen. Lapidar ordnete er an: „Grundsätzlich wird des Führers Zeit mit diesen Dingen überhaupt nicht mehr beschwert."

Noch ein weiteres Beispiel sei aus den vielen grenzüberschreitenden Befugnissen herausgegriffen, die der Leiter der Partei-Kanzlei besonders im Jahr 1942 auf dem staatlichen Sektor an sich riß: die Entwicklung der „Lex Krupp". Mit diesem Gesetz wollte Hitler den Weiterbestand der Essener Waffenschmiede als Familienunternehmen sichern. Bormann war deshalb schon zweimal Gast in der Villa „Hügel" beim Firmenchef gewesen. Ihm war aufgetragen, sich der Sorgen dieser Großindustriellenfamilie anzunehmen, vor allem wegen der steuerlichen Belastungen, die bei einer Übergabe an die nächste Generation entstehen würden. Das Einvernehmen war schon ziemlich herzlich geworden, denn um die Novembermitte 1942 schrieb der Seniorchef einen langen Brief, der mit „Mein lieber Herr Bormann" begann und mit der Versicherung von

„unverändert dankbarer Verehrung" endete. Aus dem Text geht hervor, daß Alfried Krupp, Juniorchef und Nachfolger, mit Bormann ein Vierteljahr zuvor im Hauptquartier verhandelt hatte und daß der Absender nun die Absprache bereits in die Form eines von Hitler zu erlassenden Gesetzes gebracht hatte. Im Dezember diktierte Bormann die Antwort mit der Anrede „Lieber Herr von Bohlen" und mit der abschließenden Bitte, ihn „in angenehmer Erinnerung zu behalten". Lammers, so schrieb er, habe er mitgeteilt, daß „der Führer eine Lex Krupp wünsche". Der Chef der Reichskanzlei werde zur weiteren Beratung „gern nach Essen kommen, da er die Werke noch niemals gesehen hat". Das Gesetz wurde dann doch erst im November 1943 von Hitler unterschrieben. Bormann aber bemühte sich, diese Verbindung zur Geldaristokratie nicht abreißen zu lassen; er hatte entdeckt, daß er bei seiner Machtexpansion das Gebiet der Wirtschaft zu lange vernachlässigt hatte.

Reichsminister Lammers war es zu dieser Zeit schon gewohnt, daß er seine Führeraufträge von Bormann zugeteilt bekam und daß die reinliche Scheidung von ehedem – hier Staat, dort Partei – zu seinen Ungunsten abgeschafft war. In den ersten Jahren des Nebeneinanders mag er, der versierte Beamte, den Anfänger Bormann häufig als einen Elefanten im Porzellanladen der Bürokratie belächelt haben. Doch bald mußte er erfahren, daß es gerade die Hemdsärmeligkeit des Neulings war, verbunden mit einer Begabung, ganze Aktenstöße rasch auf wenige Kernsätze zusammenzudrängen, was den neuen Kollegen zu einem ernsten Konkurrenten werden ließ. Nachteilig war für Lammers auch, daß er es unter seiner Würde hielt, als Allzweck-Sekretär jede Art von Dienstleistungen zu übernehmen. Zwar mußte er bei Kriegsausbruch nicht wie die meisten Minister in Berlin zurückbleiben, aber er gehörte weder zur persönlichen Begleitung Hitlers, noch wurde er im Hauptquartier stationiert, sondern in der Nachbarschaft. Und wenn auch von allerhöchster Stelle bei der nächtlichen Tafelrunde sein gesunder Menschenverstand gelobt wurde, so blieb das Verhältnis zu seinem Dienstherrn eben doch auf Distanz. Ehe das Hauptquartier im Februar 1943 vorübergehend nach Winniza verlegt wurde, schrieb Bormann an seine Frau: „Morgen früh wird er (Hitler) mit einer kleinen Gruppe Vertrauter dorthin fliegen … Behalte dies ganz für Dich. Lammers, Himmler, Ribbentrop usw. müssen auf Dauer in ihren Winterquartieren bleiben."

Für den Fall, daß Lammers sich gegen die wachsende Bevormundung zur Wehr setzen würde, baute Bormann schon frühzeitig vor. Es gab, wie über alle wichtigen Leute, in seinen Stahlschränken auch eine Akte Lammers. Wie er das Material sammelte, erhellt ein Fernschreiben, das er am 29. April 1942 vom Obersalzberg dem Gauleiter und Reichsstatthalter in Salzburg, Gustav Adolf Scheel, schickte. Es sei ihm zu Ohren gekommen, schrieb Bormann, daß der Gauleiter am Tag nach der Reichstagssitzung vom 26. 4. 42 mit Lammers in dessen Salonwagen von Berlin nach München gefahren und daß dabei einiges geredet worden sei, was die Führung der Partei interessieren sollte. Scheel möge ihm umgehend darüber berichten.

Das geschah am gleichen Tag, denn Scheel war als Gauleiter und durch die unmittelbare Nachbarschaft des Berghofs noch zusätzlich unter Bormanns Fuchtel. Er berichtete, daß auch der Staatsminister Meißner, Chef der Präsidialkanzlei, und einige hohe Beamte an der Unterhaltung im Waggon teilgenommen hatten und daß in erster Linie über die Führerrede und das eben in Berlin beschlossene Gesetz gesprochen wurde, mit dem Hitler sich zur Absetzung von Richtern und zur Korrektur von Gerichtsurteilen hatte ermächtigen lassen. Was Lammers und Meißner dabei sprachen, habe er nur teilweise mitbekommen, weil er sich mit einem der Beamten angeregt unterhalten habe. Nach Scheels Bericht hatte Lammers das neue Gesetz nicht gerade begeistert gelobt, aber die Angaben waren doch zu unbestimmt, als daß sie eine Belastung darstellen konnten. Scheel war zwar Arzt, aber als hoher SD-Funktionär und SS-Führer hatte er schon Erfahrungen mit solchen heiklen Angelegenheiten. Mit der Behauptung, an den Wortlaut der Lammers-Äußerungen könne er sich schon gar nicht erinnern, zog er sich ganz aus der Affäre.

Am 12. April 1943 wurde dem Chef der Reichskanzlei und Reichsminister Hans Heinrich Lammers ebenso eindeutig wie endgültig klargemacht, daß er fortan nur noch die zweite Geige zu spielen habe, bei Hitler ebenso wie im Dreier-Ausschuß. Aus Hitlers Arbeitszimmer im Berghof trug Bormann in seiner Unterschriftenmappe einen Briefbogen heraus, wie er nur für Dokumente von großer Bedeutung verwendet wurde: mit den Großbuchstaben DER FÜHRER in Golddruck in der linken oberen Ecke. Darunter der Text, getippt auf der Führer-Maschine mit ihren einen halben Zentimeter hohen Buchstaben: „Reichsleiter M. Bormann führt als mein persönlicher Sachbearbeiter die Bezeichnung ‚Sekretär des Führers‘. Führerhauptquartier, den 12. 4. 1943." Zeitlich eingerahmt wurde diese Prozedur von Staatsbesuchen. Zwei Tage zuvor war Italiens Duce auf dem Obersalzberg gewesen, und Stunden nach der Ernennung traf der rumänische Staatschef Marschall Antonescu dort ein.

Der Sprachbrockhaus erklärt den mit dem französischen Wort „secret = geheim" verwandten Titel mit „Schreiber, Geheimschreiber, Titel für Beamte der mittleren Laufbahn", aber das alles kann Hitler ja wohl kaum gemeint haben, als er die Titulatur wählte. Bei seiner Vorliebe für historischen Pomp mag er eher an die berühmt gewordenen Sekretäre von Renaissancefürsten und Barock-Königen gedacht haben, Geheimnisträger, die alle Staatsaffären und alle Amouren ihrer Herren aus dem Dämmerlicht ihrer Kanzleien heraus steuerten. Insofern war der Titel nicht schlecht gewählt, denn er verlieh in dieser Ausdeutung die praktisch unbeschränkte Vollmacht, immer und in jedem Fall im Namen des Dienstherrn zu handeln.

Es wird in diesem Kapitel noch zu schildern sein, auf welche Weise Bormann zu dieser Auszeichnung kam. Was sie bedeutete, hat er selbst dem Reichsführer SS in einem Brief klargemacht, den er wenige Tage später auf dem Obersalzberg diktierte und durch einen Kurier ins Feldquartier Himmlers mitnehmen ließ. Der Bogen mit dem neuen, noch druckfrischen Titel, gleichfalls in der linken oberen Ecke placiert und ohne Hakenkreuz, hatte fast privaten Charakter, wirkte aber doch durch seine gewollte Sachlichkeit damals gewiß bedrohlich auf jeden Empfänger. Himmler wurde diesmal nicht als „lieber Heinrich" angeredet, sondern als „lieber Parteigenosse Himmler", und das vertraute Du wurde durch das amtliche Sie ersetzt. Bormann schrieb, Hitlers Verfügung sei „schon technischer Gründe halber notwendig" geworden. Er fuhr dann fort: „Wie Sie wissen, erhalte ich seit Jahren fast täglich Aufträge, die außerhalb des Aufgabenbereiches der Partei-Kanzlei liegen. Diese Aufträge habe ich bisher unter Verwendung von Briefbogen, die lediglich die Aufschrift ‚Reichsleiter Martin Bormann' trugen, durchgeführt, um klarzustellen, daß sie nicht in den Aufgabenbereich der Partei-Kanzlei gehören. Da sich aber mehrfach eine völlige Klarstellung als dringend notwendig erwies, hat der Führer die beiliegende Verfügung vom 12. 4. getroffen. Eine neue Dienststelle mit neuen Zuständigkeiten wird damit nicht geschaffen."

Was Bormann auf dem Parteisektor bekanntgab, mit bewußter und taktisch bedingter Untertreibung, mußte Lammers vier Wochen später mit einem Rundschreiben den „Obersten Reichsbehörden" und den „dem Führer unmittelbar unterstellten Dienststellen" mitteilen (siehe Dokumentationsteil Seite 472). Der Text ist wesentlich ausführlicher als der Bormann-Brief an Himmler, unterscheidet sich aber inhaltlich nur wenig und übernimmt sogar manche Formulierungen. Bormann hat diesen Wortlaut – wie aus seinem Aktenvermerk vom 8. Mai 1943 hervorgeht – seinem Kollegen Lammers weitgehend vorgeschrieben, denn so deutlich würde dieser seine Degradierung zum Gehilfen wohl kaum aus eigenem Antrieb hinausposaunt haben. Dort heißt es u.a.: „Führeraufträge ... auf dem zivilen staatlichen Gebiet wird Reichsleiter Bormann ... in der Regel über mich den zuständigen Reichsministern oder sonstigen Beteiligten übermitteln."

Sie alle, die ganze Creme des Dritten Reichs, lasen die Nachricht mit Zähneknirschen. Da hatten sie etliche Jahre und vor allem in den letzten Wochen einzeln oder auch im Bündnis versucht, diesen Karrieremacher zu stoppen oder gar ins zweite Glied zurückzudrängen, aber sie hatten ihn unterschätzt, seine Beharrlichkeit, seine Schlauheit, seine Servilität, seinen Eifer, seinen Ehrgeiz und auch die Wirkung der dunklen treuen Hundeaugen, die Gerda schon bei der ersten Begegnung entzückt hatten und aus denen Hitler täglich eine grenzenlose Ergebenheit herauslas. Nun mußten seine Gegner einsehen, daß sie diesen Mann so schnell nicht stürzen konnten, daß es gefährlich würde, sich mit ihm anzulegen, und daß es klüger war, sich um seine Freundschaft zu bemühen. Ein Komplott, das sie gegen ihn gebildet hatten, zerbröckelte wie eine Wand aus Lehm.

Der Keim zu diesem Komplott war schon an jenem 12. Mai 1941 gelegt worden, als nach dem spektakulären Heß-Flug der Posten eines Leiters der Partei-Kanzlei geschaffen worden war. Kaum jemand im Führerkorps gönnte ihn Bormann. Doch er hatte – wie schon erzählt – es verstanden, sich das Wohlwollen Görings zu sichern, des damals Zweiten in der Rangfolge der Macht. Auch Himmler brauchte Bormann nicht zu fürchten, denn mit ihm zog er scheinbar am gleichen Strang. Speer war noch nicht bis ins erste Glied vorgedrungen. Und wen es sonst noch gab, war zweite Garnitur, die höchstens im

Verein zu fürchten war. Die Ausnahme war Goebbels, aber sein Ansehen bei Hitler krankte noch immer an der längst vergangenen leidigen Affäre mit der Filmschauspielerin Lida Baarova, und es war auch nicht besser geworden, als der Propagandaminister zwar erfolgreich trommelte, intern aber gelegentlich durchblicken ließ, daß ihm ein weniger kriegerischer und weniger risikoreicher Weg zur Weltmachtstellung lieber gewesen wäre. Auf die Dauer genügte freilich dem von Ehrgeiz und Machthunger fiebernden Intellektuellen diese Nebenrolle nicht. Er sah ein, daß er an Bedeutung nur gewinnen konnte, wenn er sich stärker ins Kriegsgeschehen einschaltete und dabei das Manko seines unsoldatischen Aussehens durch das Feuer des revolutionären Kämpfers überstrahlte.

Am 19. März 1942 bekam er nach langer Zeit erstmalig wieder Gelegenheit, Hitler unter vier Augen zu sprechen, in der „Wolfsschanze". Genaugenommen waren es sechs Augen, weil Bormann schweigend und lauernd dabeisaß. Nach dem Rückzug der auf Moskau angesetzten Verbände, nach dem Desaster mit der mangelnden Winterbekleidung der Soldaten war Hitler noch voller Groll gegen die Generäle. Nun müsse, so forderte Goebbels, der Krieg radikal und unter Aufbietung aller Kräfte geführt werden. „In solcher Stimmung", schrieb er in sein Tagebuch, „wirken natürlich meine Vorschläge ... auf den Führer absolut positiv ... Alles, was ich im einzelnen vortrage, wird Stück für Stück vom Führer ohne Widerrede akzeptiert." Doch mehr geschah dann nicht. Der Dreier-Ausschuß bekam den Auftrag, sich mit den Goebbels-Vorschlägen zu befassen, und dort verwandelten sie sich in Aktenstöße.

Ergrimmt beschuldigte Goebbels diese drei – Bormann, Lammers, Keitel –, „eine Art von Kabinettsregierung einzurichten und zwischen dem Führer und den Ministern eine Wand aufzubauen". Daß es soweit überhaupt hatte kommen können, war nach Goebbels' Ansicht die Schuld Görings, der als Vorsitzender des Ministerrats für die Reichsverteidigung versagt und „im Verlauf der vergangenen dreieinhalb Jahre außerordentlich schwere Fehler gemacht" habe. Die „Heiligen Drei Könige", wie Göring den Dreier-Ausschuß nannte, seien ja nur Sekretäre und nicht berechtigt, „eigene Machtvollkommenheiten auszuüben". Das war formal zwar alles richtig, aber die Ursache für diese Verlagerung der Gewalten war nicht allein in Görings Faulheit oder in Bormanns Ehrgeiz zu suchen, sondern ebensosehr in dem von Hitler absichtlich herbeigeführten Chaos der Zuständigkeiten und den damit zwangsläufig permanenten Rivalitäten innerhalb seiner Gefolgschaft.

Ein so kluger Kopf wie Goebbels wußte das natürlich auch, aber er hütete sich, diese Erkenntnis seinem Tagebuch anzuvertrauen. Jedoch handelte er folgerichtig. Wenn die Paladine sich einigten und sich von Hitler nicht mehr gegeneinander ausspielen ließen, könnten sie mit einer Gemeinschaftsaktion von Hitler die Handlungsfähigkeit der Regierung und der Parteiorganisation fordern. Die drei Sekretäre würden damit auf ihre Rollen als Bürovorsteher zurückgedrängt. Beim Rüstungsminister Speer machte Goebbels die ersten Annäherungsversuche; ihn hatte er im Sommer 1942 mit Propaganda zur Prominenz hochgejubelt und überall war bekannt, daß Speer und Bormann eine heftige Aversion trennte. Auch Wirtschaftsminister Funk und der Reichsorganisationsleiter der Partei, Ley, waren für ein Bündnis geeignet. Goebbels lud sie gemeinsam zu Kamingesprächen in sein Haus, und sie wurden sich rasch einig, daß dieser „primitive GPU-Typ" – Goebbels reihte Bormann damit in die übel beleumundete sowjetische Staatspolizei ein – entmachtet werden müsse.

Ihr Plan war, mit der Forderung nach dem „totalen Krieg" eine äußerste Kraftanstrengung des gesamten Volkes auszulösen und zugleich den „Heiligen Drei Königen" die Schuld zu geben, daß dies nicht schon längst geschehen sei. Sie hofften, Göring und andere unschwer als Bundesgenossen gewinnen zu können. Anfang Oktober hatten Goebbels und Speer Gelegenheit, mit Hitler über den ersten Teil des Plans, über die Mobilisierung aller Kräfte zu sprechen, aber die Mine gegen Bormann konnten sie noch nicht legen. Der Tag war insofern ungünstig, als auch Gauleiter Baldur von Schirach aus Wien, Generalgouverneur Hans Frank aus Krakau und Parteirichter Walter Buch aus München bei ihrem Führer vorgeladen waren – drei Bormann-Feinde, die bei Hitler in Ungnade waren, so daß ihn schon ihr Anblick in Mißstimmung versetzte. Immerhin versprach Hitler, er werde bald den Startbefehl für den totalen Krieg geben.

Er gab ihn am 27. Dezember 1942 in der „Wolfsschanze" – an Bormann. Unter diesem Datum steht in dessen Tagebuch der schon durch die Länge ungewöhnliche Eintrag: „Nach verschiedenen Rücksprachen beim Führer fährt M. B. nach Berlin, um am 28. 12. mit Dr. Lammers und danach mit Dr. Goebbels den totalen Einsatz des deutschen Volkes zur Erhöhung des Kriegspotentials zu besprechen." So hatten sich die Verschworenen die Sache nicht gedacht. Sie hatten nur Bormanns Stellung noch gestärkt, denn ihre Beschlüsse bedurften nun erst recht seiner Zustimmung. Von ihm bekam Goebbels an diesem Tag den Auftrag, so rasch wie möglich den für den totalen Krieg notwendigen Erlaß „über den umfassenden Einsatz der arbeitsfähigen Männer und Frauen für die Aufgaben der Reichsverteidigung" zu entwerfen. Im Januar sollte das Papier zur weiteren Besprechung fertig sein. In der Nacht vom 30. zum 31. Dezember 1942 fuhr Bormann wieder zurück zur „Wolfsschanze". Nach Silvester trug er – und man spürt aus den wenigen Worten seinen Stolz – in seinen Kalender ein: „31. 12. M. B. allein beim Führer bis 4.15 Uhr." Und wenn auch in diesen Stunden des Jahreswechsels Hitler der Redende und sein Gegenüber vorwiegend der gläubig Zuhörende war, so ließ doch diese bis dahin einmalige Auszeichnung erkennen, wie eng die Bindung schon war.

Da Goebbels den Erlaß und die zusätzlichen Planungen längst fertig in der Schublade hatte, fand die nächste Besprechung schon am 8. Januar 1943 statt, wieder in Berlin. Zu seiner Unterstützung zog er Speer und Funk hinzu. Bormann kam, die Zuständigkeit des Dreier-Ausschusses betonend, mit Lammers und Keitel. Im Prinzip einigten sie sich schnell. Sehr viele kleine und auch manche mittlere Betriebe sollten geschlossen werden, sofern sie nicht kriegswichtig waren. Die frei werdenden Arbeitskräfte waren für die Rüstungsindustrie bestimmt, damit dort dann die Wehrtauglichen für den Waffendienst herausgezogen werden könnten. Goebbels knüpfte zusätzlich an seine radikale Phase vor 1933 im proletarischen Berlin an und plädierte für das Verbot jedweden Luxus. Bormann, der schon wiederholt die Parteiführerschaft per Rundschreiben zum einfachen Leben aufgefordert hatte, mochte nicht widersprechen. Vielleicht freute er sich schon auf den Ärger, der damit Goebbels ins Haus stand. So protestierte denn auch Göring gegen die Schließung seines Berliner Schlemmerlokals „Horcher". Eva Braun intervenierte wegen des Verbots der Dauerwelle und der Produktion von Kosmetika. Ihr machte Hitler dann tatsächlich korrigierende Konzessionen mit der Begründung, die in den Urlaub heimkehrenden Soldaten hätten ein Anrecht, zu Hause reizvolle Frauen anzutreffen. Er dachte dabei an den von ihm gelegentlich zitierten Napoleon-Ausspruch, eine Nacht mache in Paris die Verluste einer Schlacht wieder wett.

Den Aufenthalt in Berlin nutzte Bormann, um Goebbels so nebenbei eine Rüge zu verpassen. Er ließ dessen Mitarbeiter Tießler in die Reichskanzlei kommen und bemängelte, daß „sowohl in der Innen- wie in der Außenpropaganda" der Kampf gegen den Bolschewismus „im Lauf der Zeit nachgelassen" habe. „An Hand einwandfreiester Unterlagen in Wort und Bild" sei vor allem den neutralen Völkern klarzumachen, daß es in diesem Kampf „um die gesamte Kultur überhaupt" gehe. In Deutschland müsse man „den Angehörigen der einzelnen Stände klarmachen, wie ihr Los bei einem Sieg des Bolschewismus aussehen würde". (Der volle Wortlaut ist im Anhang Seite 469 f. wiedergegeben.)

Es ist wegen des Stellenwert-Verhältnisses Bormann/Goebbels interessant, jetzt schon – und damit dem Geschehen auf der Prominentenbühne vorausgreifend – zu schildern, was sich aus dieser Anweisung Bormanns entwickelte. Von ihm bekam Ende April ein Partei-Kanzleiangehöriger den Auftrag, bei Tießler anzumahnen, „daß den Wünschen des Reichsleiters bisher kaum entsprochen worden" sei. Völlig ungenügend genutzt sei der Fall Katyn geblieben – ein Massengrab in der Nähe von Smolensk von etlichen tausend polnischen Offizieren, die auf Befehl Stalins ermordet worden waren. Da die Goebbels-Mitarbeiter wußten, daß ihr Chef bei jeder Bormann-Mäkelei in helle Aufregung geriet, antwortete Tießler umgehend und abwiegelnd. Es werde doch „laufend eine antibolschewistische Propaganda im Ausland betrieben", ihr Erfolg sei im Fall Katyn sogar größer, als ihn Goebbels erwartet habe. Damit hätte sich die Partei-Kanzlei gewiß nicht zufriedengegeben, wenn nicht nun – man war schon in der ersten Maihälfte – eine freundschaftliche Zusammenarbeit zwischen den beiden Diensherren am Horizont sichtbar geworden wäre. Doch soweit war es noch lange nicht auf der Hauptbühne. Am 13. Januar 1943 flog Bormann ins Hauptquartier zurück und erstattete am gleichen Tag seinem Führer Bericht über die Berliner Vereinbarungen. Dieser unterschrieb auch sofort den mitgebrachten Erlaß. Ihm schloß sich gegen Monatsende eine Verordnung an, wonach alle männlichen Deutschen zwischen 16 und 65 Jahren und alle weiblichen zwischen 17 und 45 zum Sondereinsatz verpflichtet waren, falls sie dazu aufgerufen wurden. Trotzdem waren Goebbels und seine Freunde nicht zufrieden. Speer schimpfte: „Nach einigen Sitzungen in der Reichskanzlei stand für Goebbels und mich fest, daß eine Aktivierung unserer

Rüstung durch Bormann, Lammers oder Keitel nicht zu erwarten sei; unsere Bemühungen hatten sich in bedeutungslosen Einzelheiten festgelaufen."
Ähnlich verdrossen, wenn auch aus anderer Ursache, war Himmler. Er kam am 16. Januar ins Hauptquartier und quengelte – „es war wirklich kein Vergnügen", erzählte Bormann seiner Frau – weil er in die Aktion nicht eingeschaltet worden war und sich überhaupt zurückgesetzt vorkam. Er sei, klagte Himmler, gerade noch gut genug, immer neue Divisionen aufzustellen. So scharf und heftig – schrieb Bormann an seine Frau Gerda – sei diese Kritik gewesen, daß er unter anderen Umständen keine andere Wahl gehabt hätte als aufzustehen, Himmler die Uniform abzunehmen und ihm den Abschied zu geben. Nur mit Rücksicht auf Himmlers nervösen und überlasteten Zustand habe er darauf verzichtet. Wem der Führer Unrecht tue, der müsse es ertragen. „Wenn uns schon die Nerven von Zeit zu Zeit durchgehen, dann ist es kein Wunder, wenn es dem Führer, dessen Aufgaben übermenschlich sind, nicht anders geschieht. Er überragt uns wie der Mount Everest. Was immer gesagt oder getan wird: Der Führer ist der Führer! Was wären wir ohne ihn?"
Goebbels war der Meinung, es sei dringlich, daß dieser Führer jetzt zu seinem Volk spreche. Gründe dafür gab es: In Stalingrad war die 6. Armee elend zugrunde gegangen, und die Deutschen sollten nun alle Kräfte aufbieten. Doch Hitler wollte nicht, wie immer, wenn er sich zu einer Niederlage hätte äußern müssen. Zudem hatten sich nach seiner Meinung die Generäle und ihre Soldaten an der Wolga unrühmlich von ihm verabschiedet; sie hätten sich totschießen lassen oder Selbstmord begehen sollen, statt in Gefangenschaft zu gehen. Goebbels sollte deshalb die Rede halten. Er ließ sich dafür im Berliner Sportpalast eine einzigartige Kulisse aufbauen. Die Kundgebung ging als ein Beispiel von Massenhysterie und Volksverführung in die Geschichte ein. „Wollt ihr den totalen Krieg?" fragte er am 18. Februar mit seiner klingenden, klaren Stimme und erntete den ohrenbetäubenden Jubel von Tausenden. Hitler flüchtete sich während dieser Tage an die Front, nach Saporoshe in der Ukraine, und geriet dort fast in den Schußbereich durchgebrochener, feindlicher Panzer.
Bormann hörte die Rede in der „Wolfsschanze" aus dem Lautsprecher. Er mußte spüren, daß sie hintergründig auch gegen ihn gerichtet war. Vier Tage zuvor hatte er sich noch gegenüber seiner Frau brieflich gerühmt, er habe die jetzt anlaufende Mobilisierung in Gang gebracht und trage die Verantwortung, daß sie ein Erfolg werde. Dadurch sei sein Kopf so voll und seine Zeit so knapp, daß er zu privaten Briefen nicht mehr komme. Doch am Tag nach der Goebbels-Rede erfuhr er am Telefon von seiner Frau, daß zumindest seine Mutter nervös reagiert und ihrer Schwiegertochter empfohlen hatte, die eine oder andere Hausgehilfin für die Rüstungsindustrie freizugeben. Gereizt und grob rüffelte er seine Mutter, sie habe sich nicht in seine Angelegenheiten einzumischen.
Goebbels war zum Angriff entschlossen. Am Abend nach seiner Rede hatte er außer Speer, Funk und Ley noch weitere Prominenz im Haus: Görings Weltkrieg-I-Kameraden und Vertrauten Generalfeldmarschall Milch, Justizmini-

ster Thierack, etliche Staatssekretäre. Diesmal wurde offen darüber gesprochen, daß das Chaos der Kompetenzen beendet und das Reichskabinett wieder handlungsfähig gemacht werden müsse. Doch einig war man sich auch, daß dazu Verstärkung notwendig sei. Speer und Milch boten sich an, zwischen den wieder einmal zerstrittenen Parteigenossen Göring und Goebbels zu vermitteln. So konnte am 2. März der Propagandaminister in das Landhaus des Reichsmarschalls auf dem Obersalzberg reisen. Die Luft war dort „rein"; Hitler und Bormann waren im ukrainischen Hauptquartier „Werwolf".

Eine Stunde lang trugen Goebbels und Speer ihren Plan und seine Motive vor, und Göring stimmte ihnen mit jovialem Brustton zu. Doch Goebbels registrierte skeptisch: „Mir scheint es, daß Göring allzulange von den eigentlich treibenden politischen Kräften getrennt gestanden hat." Außerdem sei er „etwas müde und resigniert geworden. Um so notwendiger aber erscheint es mir, ihn wieder in die Reihe zu bringen." „Was Bormann anlangt, so ist sich Göring über seine eigentlichen Absichten nicht klar. Daß er aber ehrgeizige Ziele verfolgt, dürfte wohl ohne weiteres einleuchtend sein." „Verlassen Sie sich drauf", versicherte er Göring, „wir werden dem Führer über Bormann und Lammers die Augen öffnen ... Wir sind einfach ein Treuebund für den Führer." Und Speer prophezeite, Bormann steuere geradewegs die Nachfolgeschaft Hitlers an. Ein paar Tage später unterrichtete Goebbels in Berlin auch Ley und Funk. Über das Ergebnis waren sie „sehr beglückt". Doch der Reichsorganisationsleiter fiel mal wieder ins Lamentieren des zufällig nüchternen Trinkers. Er beklagte die „Inaktivität der Partei" und formulierte: „Das muß wohl in der Hauptsache auf die etwas bürokratische und verwaltungsmäßige Führung der Partei durch Bormann zurückgeführt werden. Bormann ist kein Mann des Volkes. Er hat sich immer nur in der Verwaltung betätigt und bringt deshalb für die eigentlichen Führungsaufgaben nicht das richtige Organ mit."

Das Komplott schien komplett; wer Namen und Rang hatte, war dabei, abgesehen von Frick, den keiner mochte, und von Himmler, den Goebbels noch zu gewinnen versprach. Doch dazu kam er nicht mehr, denn am 9. März 1943 ergab sich eine scheinbar einmalige Konstellation für die Attacke. Speer war bei Hitler schon zwei Tage zuvor und hatte – so Goebbels – „wie immer klug und geschickt vorgearbeitet". Bormann reiste in Bayern mit der ungarischen Regierungsdelegation herum und gab ihr Nachhilfestunden in Antisemitismus. Als Goebbels mittags im Hauptquartier „Werwolf" eintraf, stand ihm Hitler für ein langes Gespräch zur Verfügung. Vier Stunden dauerte es, und Goebbels durfte, assistiert von Speer, alles auspacken, was ihm am Herzen lag. Es fehle eben, sagte er, eine politische Führung in Berlin. „Der Dreier-Ausschuß", notierte er in seinem Tagebuch, „ist dem Führer in seinen Arbeitsmethoden noch nicht so bekannt." Dies zu ändern, war ja Goebbels gekommen, aber so einfach war das nicht. Im Tagebuch klang das durch: „Bormann genießt noch ziemlich viel Vertrauen beim Führer, während Keitel etwas abgemeldet ist."

Führer-Lob hielt Goebbels im Tagebuch ausführlich fest. Seine „Maßnahmen bezüglich des totalen Kriegs werden ... vollauf gebilligt". Seine Rede im Berliner Sportpalast wird „als ein psychologisches und propagandistisches Meisterstück bezeichnet". Seine „antibolschewistische Propaganda wird ... vollauf gebilligt", allem Bormann-Tadel entgegen. Und dann begann im zweiten Teil des Gesprächs die subtile Arbeit des Gängebohrens nach Holzwurmart mit Ratschlägen an Hitler. In der Kirchenfrage (Bormanns Steckenpferd) müsse die Partei kurz treten. Die Moral der Parteioberen müsse besser werden; manche Reichs- und Gauleiter praßten und protzten. Bei den Tagungen der Funktionäre dürften nur noch Eintopfgerichte und alkoholfreie Getränke konsumiert werden. Und Korruption gäbe es leider auch, sogar in Bouhlers „Privatkanzlei des Führers"; es stinke also selbst in der engsten Umgebung des Alleroberstein.

Als Goebbels und Speer in der Teeunterhaltung spät in der Nacht dazu ansetzten, den Bundesgenossen Göring aufzuwerten, hatten sie es schwer. Er hatte die Luftschlacht gegen England verloren, er konnte Bombenangriffe nicht abwehren, und er konnte trotz großmäuligen Versprechens mit seinen Flugzeugen das eingeschlossene Stalingrad nicht versorgen. Doch dafür gab es Entschuldigungen. Als sie dann glaubten, Verständnis geweckt zu haben, traf die Meldung ein, Nürnberg sei soeben von Bombern schwer heimgesucht worden. Hitler ließ General Karl Bodenschatz, den Vertreter des Reichsmarschalls im Hauptquartier, aus dem Bett holen und donnerte ihn an Görings Stelle zusammen. Goebbels versuchte trotzdem den dicken Oberbefehlshaber der Luftwaffe zu verteidigen, „denn seine Autorität muß unter allen Umständen erhalten bleiben". Erfolglos. Hitler tobte. Bei solcher Stimmungslage mußte der Generalangriff gegen Bormann vertagt werden.

Mitte März platzte parteiintern eine Eiterbeule auf. In einem Prozeß gegen Lebensmittelschieber fielen die Namen hochgestellter Parteigenossen, die über den Schwarzmarkt ihre Rationen aufgebessert und durch fingierte Arbeitsverträge ihr Hauspersonal aufgestockt hatten. Darunter waren der Innenminister Frick, der Erziehungsminister Rust, der Landwirtschaftsminister Darré, der Arbeitsdienstführer Hierl und von den Militärs Generalfeldmarschall von Brauchitsch und Großadmiral Raeder. Dem Scharfmacher Goebbels kam der Skandal einerseits gerade recht, denn damit war wieder einmal mehr nachgewiesen, daß sein Ruf nach radikaler Härte und totaler Ordnung berechtigt war, aber andererseits hätte er doch gern einige der Kompromittierten als traditionelle Bormann-Feinde in sein Komplott eingebaut. In einer Sitzung des Dreier-Ausschusses trug er den Fall vor, auch als Anklage gegen den Schlendrian, der mangels einer starken Führung eingerissen war.

Für Bormann war das eine Warnung. Er merkte, daß sich etwas gegen ihn zusammenbraute. Am Tag der Ausschuß-Sitzung schrieb er seiner Frau einen mahnenden Brief, sie dürften sich keinerlei Vorwürfen aussetzen. Da er von anderen immer fordere, sie sollten vorbildliche Nationalsozialisten sein und sich an die Rationalisierungsvorschriften halten, müsse sein Haus besonders korrekt geführt werden. Dazu komme noch, daß er „einen besonderen Vertrauensposten beim Führer habe".

Seine Gegner trafen sich am 18. März wieder in Berlin. Drei Stunden berieten Goebbels, Speer, Ley, Funk und Göring. Sie übten Selbstkritik; die „Heiligen Drei Könige" hätten bisher viel geschickter als sie Hitlers Wünsche und dessen jeweilige psychische Situation berücksichtigt. Bormann sei der gefährlichste. Damit es ihm nicht gelinge, zwischen den Führer und die Minister einen Keil zu treiben, müsse nun der Ministerrat für die Reichsverteidigung nicht nur aktiviert, sondern auch durch einige starke Männer wie Speer, Ley und Himmler ergänzt werden. „Wir müssen allerdings", schrieb Goebbels in sein Tagebuch, „sehr vorsichtig vorgehen, damit die Mitglieder des Dreier-Ausschusses nicht vorzeitig auf unser Vorhaben aufmerksam werden." Göring versprach, er werde bei seiner nächsten Unterredung mit Hitler die Sache dann in Gang bringen.

Alle nahmen an, dies werde sehr bald geschehen, denn Hitler war gerade im Begriff, aus dem Osten für einige Wochen ins Reich und vor allem auf den Berghof zurückzugehen.

Görings Vorstoß fand nie statt. Mitgespielt mag dabei haben, daß Hitlers nächste Wochen schon weitgehend für Reisen und Staatsbesucher verplant waren. Es mag auch sein, daß Bormann, der jetzt wieder die Termine machte, Göring ausklammerte. Außerdem vermutet Speer, Göring habe sich in aller Stille aus dem Bündnis zurückgezogen, denn Bormann habe ihm gerade in jenen Tagen eine Dotation von sechs Millionen Mark aus dem Reptilienfonds der „Adolf-Hitler-Spende" zukommen lassen.

Der ganze Klüngel traf sich erst wieder beim Begräbnis des SA-Stabschefs Lutze, der auf der Autobahn verunglückt war – auf einer Schwarzfahrt übrigens, denn er hatte seine ganze Familie im Dienstwagen, und Privatreisen waren wegen des Benzinmangels untersagt. Hitler sprach bei dieser Gelegenheit mit etlichen seiner hohen Funktionäre. Göring war nicht darunter, wohl aber dreimal nacheinander Goebbels, der dabei zur Überzeugung kam, daß er mit dem dicken und faulen Reichsmarschall aufs falsche Pferd gesetzt hatte. Am Nachmittag des 9. Mai hatten er, Ley und Bormann – der das Gespräch arrangiert hatte – „Gelegenheit, mit dem Führer noch einmal alle Personalien des öffentlichen Lebens durchzusprechen". Goebbels vermerkte dies in seinem Tagebuch voller Stolz, denn zu so vertraulichen Beratungen war er schon seit Jahren nicht mehr zugezogen worden. Abschließend freute er sich: „Bormann benimmt sich dabei außerordentlich loyal; ich muß schon sagen, daß die Vorwürfe, die gegen ihn erhoben werden, zum großen Teil unberechtigt sind. Wenn man gegenüberstellt, was er von gemachten Versprechungen hält und was Göring hält, so zieht Göring dabei zweifellos den kürzeren. Auf Göring ist kein richtiger Verlaß mehr. Er ist müde und etwas verbraucht."

Bormann fiel es leicht, loyal zu sein; er war seit dem 12. April der Sekretär des Führers, ausgestattet mit dem Recht, in jedes Ministerium hineinzuregieren. Goebbels war klug genug, dies zu berücksichtigen. Er wußte jetzt, daß er einen Platz in der Nähe Hitlers nur bekommen konnte, wenn Bormann damit einverstanden war. Goebbels versprach – so sagt Speer –, sich nur noch über Bormann an Hitler zu wenden und keine Entscheidung mehr selbständig einzuholen. Auch seine Redemanuskripte, die Hitler vorher sehen wollte, gelangten über Bormann zu ihm. Als der Propagandaminister am 5. Juni 1943 gemeinsam mit Speer im Berliner Sportpalast durch eine weitere Massenversammlung die Entschlossenheit zum totalen Krieg intensivieren wollte, strich zunächst Hitler mit fettem Stift ganze Passagen und verbesserte dann teils mit dem Stift, teils mit dünner Feder einzelne Wendungen. Offensichtlich ging er anschließend mit Bormann das Manuskript ein weiteres Mal durch; etliche schwer lesbare Korrekturen wurden von Bormanns Hand deutlicher gemacht und noch andere eingefügt. Bormann notierte auch die zusammenfassende Führerkritik auf ein Deckblatt: ,,Zu viele Wiederholungen, zu viel Längen, stark kürzen. Künftige Reden erst nach endgültiger Ausfeilung in letzter Fassung vorlegen.'' Das war nur eine der vielen bitteren Pillen für Goebbels. In seinem Tagebuch erwähnte er dann und wann Gespräche mit Bormann, meist mit einem kritischen Unterton, aber er wagte nie eine offene Widerrede. Ende November 1943 besprachen sie in Berlin ,,eine ganze Reihe Personalfragen'', was im Klartext bedeutet, daß sie sich verständigten, wer unter Beschuß genommen werden sollte. Das war in erster Linie von Ribbentrop. ,,Auch Bormann macht sich schwere Sorgen über die deutsche Außenpolitik'', vermerkte Goebbels nach dem Gespräch. ,,Ribbentrop ist zu unelastisch ... Aber ich glaube nicht, daß der Führer bereitgefunden werden kann, sich von seinem Außenminister zu trennen.'' Dabei war der Wunsch der Vater des Gedankens. Der Propagandaminister wollte der Nachfolger werden. Als ihm die Situation günstig schien, schickte er eine 40seitige Denkschrift für Hitler an Bormann. Darin riet er wegen der militärischen Niederlagen zu einem Frieden mit der Sowjetunion, wobei er die Verhandlungen mit Stalin übernehmen wollte. Doch dann wartete er wochenlang auf ein Echo aus dem Hauptquartier, und als er nachfragte, sagte ihm Bormann geradeheraus, er habe die Denkschrift gar nicht weitergeleitet, weil der Vorschlag bei Hitler nicht die geringste Aussicht habe. Als Goebbels beim nächsten Führer-Gespräch trotzdem darauf zurückkam, war Hitler zwar informiert, aber die sorgsam ausgearbeiteten Pläne lagen begraben in der Aktenablage. Ein Außenminister ohne eigene Meinung und ohne Initiative war für Hitler und Bormann der bequemere.

Mit Speer, dem zweiten Mann im Komplott, wagte Bormann zunächst nicht so hemdsärmelig umzugehen. Niemand wußte besser als er, wie groß dessen Kredit bei Hitler war. Deswegen ,,zeigte er sich liebenswürdig'', erzählt Speer, ,,und deutete mir an, daß ich mich wie Goebbels auf seine Seite stellen könne''. Doch wenn es unauffällig zu machen war, legte er Speer Steine in den Weg. So Ende August 1943, als der Rüstungsminister seinem Führer ein zuvor abgesprochenes Gesetz zur Unterschrift vorlegte, mit dem die gesamte Industrieproduktion Speer unterstellt werden sollte. Hitler unterzeichnete nicht; Bormann habe ihn gewarnt, weil Lammers und Göring nicht gefragt worden seien. ,,Ich bin froh'', erklärte er, ,,daß ich wenigstens in Bormann einen getreuen Ekkehard habe.'' Mit einer Blitzaktion gelang es Speer, die geforderten Zustimmungen herbeizuschaffen und damit die Intrige scheitern zu lassen. Was Speer von dem Gesetz erwartet hatte, erreichte er nicht. Viele Gauleiter sperrten sich gegen die Umstellung von Betrieben ihres Bereiches auf die Rüstungsproduktion. Bormann schürte diesen Widerstand, und er verfügte auch noch über ein zusätzliches Instrument, mit dem er dies besonders wirkungsvoll tun konnte: Die Gauwirtschaftsberater. Es gab dieses Parteiamt seit langem bei jeder Gauleitung, aber es war jahrelang ohne Bedeutung geblieben, weil sich niemand von der Reichsleitung so richtig darum kümmerte. Bormann hatte das herrenlose Brachfeld schon als Stabsleiter unter Heß entdeckt und unauffällig begonnen, es zu beackern. Er konnte damit auf ein Gebiet vorstoßen, in dem die Parteiorganisation bisher schlecht hatte Fuß fassen können. Nur Ley hatte mit seinen ,,Arbeitsfront''-Funktionären schon einige Bastionen in der Wirtschaft besetzen können. Bormann rief ab 1940 die Gauwirtschaftsberater in kürzer werdenden Abständen zu Tagungen, und weil er sie dabei aufwertete, wurden sie gern seine Gefolgsleute. Bei Bedarf konnte er sie gegen die Vierjahresplan-Dienststellen Görings, gegen den Wirtschaftsminister Funk, ihre eigenen Gauleiter und nun auch gegen Speer einsetzen.

In der Vergangenheit hatte er sich meist damit begnügt, Speers Gegnern unter der Hand Hilfe zu leisten, wie etwa dem Architekten Giesler, der in seinem Kollegen einen schlimmen Konkurrenten sah. Jetzt häuften sich die unmittelbaren Konfrontationen in dem Maß, als Speer das Wohlwollen Hitlers einbüßte. Gerissen brachte Bormann mit Vorliebe solche Fälle vor den Allerhöchsten, die dessen Unwillen auslösen mußten. Das war der Fall, als Speer die Produktion der Nymphenburger Porzellanmanufaktur, mit der Hitler sich verbunden fühlte, zugunsten der Rüstung einschränken wollte. Auch ein Münchner Bilderrahmenfabrikant stand ihm aus früheren Jahren nahe, und als dieser Betrieb zumachen sollte, wurde Speer von Bormann belehrt, daß die Arbeit des Rahmentischlers ,,in der Hauptsache auf Weisungen des Führers'' zurückgehe. Speers Anregung, ,,doch in Zukunft den Führer wegen derartig kleiner Dinge nicht zu belästigen'', stieß auf taube Ohren. Natürlich machte er sich auch unbeliebt, als er von Bormann den Auftrag aufgehalst bekam, für den Staatsschauspieler Johannes Riemann im Berliner Westen eine aus jüdischem Besitz beschlagnahmte Villa frei zu machen, und Speer dann bedauernd mitteilen mußte, daß er über kein Objekt mehr verfüge.

Wie sehr durch solche Mätzchen Speers Ansehen bei Hitler abgebaut war, bekam er voll zu spüren, als er sein Rüstungsprogramm für 1944 vorlegte und dabei vorsah, keine weiteren Zwangsarbeiter mehr aus Frankreich, Belgien und den Niederlanden abzuziehen, sondern dort in den Betrieben mehr zu produzieren. Sowohl Keitel als auch Himmler waren für diesen Plan, weil sie anderenfalls einen vermehrten Zulauf zu den Untergrundkämpfern in besetzten Gebieten befürchteten. Doch Bormann war gegen Speers Plan und mit ihm sein Vasall Sauckel, der Verantwortliche für die Beschaffung von Arbeitskräften. Bormann hatte Hitlers Stimmungsbarometer schon vor Beginn der Sitzung auf Sturm gestellt. Speer wurde grob zurechtgewiesen, und Sauckel bekam freie Hand für die Jagd auf Zwangsarbeiter. Speer: ,,Von nun an hatten wir es erst mit heimlichen, bald jedoch mit immer offeneren Angriffen gegen meine Mitarbeiter in der Industrie zu tun; immer häufiger mußte ich sie bei der

Partei-Kanzlei gegen Verdächtigungen verteidigen." Dabei verstieg sich Bormann zu der Behauptung, das Rüstungsministerium habe ein ganzes Nest von Staatsfeinden und NS-Gegnern versammelt.

Doch so leicht gab sich Speer nicht geschlagen. Als er im Frühjahr 1944 wieder der Gnadensonne teilhaftig wurde und bei einem Besuch auf dem Berghof von Hitler als hoher Gast empfangen und sichtbar ausgezeichnet wurde, drehte sich bei Bormann der Wind. Er versicherte Speer, „er sei an dem großen Treiben nicht beteiligt gewesen". Ein paar Tage später lud er ihn zusammen mit Lammers als Abendgast in sein Haus auf dem Obersalzberg ein, prostete ihm übereifrig zu und bot seinen beiden Gästen gegen Mitternacht auch noch das Du an. Speer machte davon schon am nächsten Morgen keinen Gebrauch mehr. Lammers aber – so Speer – blieb an dem Du hängen.

Der fügsame Chef der Reichskanzlei profitierte von diesem freundschaftlichen Umgangston dienstlich wenig. Immer häufiger wurde er übergangen. Zwar sicherte ihm Bormann zu, er werde ihn „in der Regel" zum Vortrag bei Hitler mitnehmen, aber in der Praxis degradierte er Lammers zu seinem Abteilungsleiter. Im Nürnberger Prozeß sagte Lammers: „Bormann konnte täglich zum Führer gehen und ich alle sechs oder acht Wochen. Herr Bormann hat mir die Entscheidung des Führers übermittelt und hat den persönlichen Vortrag gehabt, und ich habe ihn nicht gehabt."

Vier Wochen nach Bormanns Beförderung zum Sekretär des Führers äußerte Lammers nach einem gemeinsamen Vortrag bei Hitler in dessen Vorzimmer verschüchtert, der neue Titel habe „schon erheblich Staub aufgewirbelt". Der triumphierende Bormann konnte es sich nicht verkneifen, seinen engsten Mitarbeitern, Klopfer und Friedrichs, das Gespräch in einem Aktenvermerk zu schildern. Danach habe er Lammers „erwidert, dies sei mir völlig unverständlich, denn tatsächlich sei ich in der Praxis bereits seit Jahren als Sekretär des Führers tätig geworden". Nur seien eben ohne den Titel Mißverständnisse möglich gewesen, „daß ich mich um Angelegenheiten kümmere, die mich gar nichts angingen". In der Aktennotiz heißt es dann weiter: „Lammers erwiderte mir, man habe ihn schon scharfmachen wollen, indem man gesagt habe, nun würde Dr. Lammers wohl überflüssig sein. Der Reichsmarschall habe... gesagt, künftig solle er wohl die Hände an die Hosennaht legen, wenn er einen Brief von mir als Sekretär des Führers erhielte. Abschließend betonte Dr. Lammers, insbesondere Reichsminister Dr. Goebbels schiene über meine Betrauung als Sekretär des Führers sehr wenig erbaut."

Ende Mai 1944 mußte Lammers wieder einmal – zum wievielten Mal eigentlich? – in einem Rundschreiben seine Unzuständigkeit allen Obersten Reichsbehörden in Erinnerung bringen: Bormann vertrete mit seiner Partei-Kanzlei die Partei allein. „Ein unmittelbarer Verkehr der Obersten Reichsbehörden und der Obersten Behörden der Länder mit anderen Dienststellen der Partei ist... unzulässig."

Privat dagegen zahlte sich die Vertraulichkeit aus. Als Lammers Ende Mai 1944 sein 65. Lebensjahr vollendete, fand er auf seinem Gabentisch eine Urkunde, die ihn zum Eigentümer eines Jagdhauses mit 33 Hektar Grundbesitz plus Nebengebäuden „nebst dem vorhandenen Mobiliar" machte. Ursprünglich sollte Lammers nur ein großes Geldgeschenk bekommen, und Bormann hatte es auch schon beim Reichsfinanzminister angefordert, aber dann hatte das Geburtstagskind den Wunsch nach wertbeständigerem Grund und Boden geäußert. In dieser Form erfüllte ihn Bormann besonders gern, denn was er hier verschenkte, war Eigentum der „Stiftung Schorfheide" und damit Staatsbesitz, über den Göring stets verfügt hatte, als ob er ihm gehöre. Dorthin hatte der Reichsmarschall auch sein Wohnschloß Karinhall gebaut und dort hielt er Hof mit Jagden, pompösen Festen und einem ständigen Wachbataillon. Der neue Nachbar konnte ihm nicht willkommen sein. Damit Lammers sich später dort auch wirklich festsetzen würde und „nach dem Krieg auf dem geschenkten Grundstück zweckentsprechende Wohn- und Wirtschaftsgebäude… errichten" konnte, schanzte ihm Bormann noch eine steuerfreie Bar-Dotation von 600 000 Reichsmark zu.

Dagegen mußte sich der nun von allen Bundesgenossen verlassene Robert Ley ständige Demütigungen gefallen lassen. Bezeichnend dafür ist eine Aktennotiz, die Bormann nach einem Gespräch mit dem Reichsorganisationsleiter am 23. August 1943 diktierte (siehe Dokumentarteil Seite 475 ff.). Der Anlaß war eine von Ley geplante Anordnung, mit der er die Weisungsbefugnis der Reichsleiter gegenüber den Gauleitern herausstellen und dabei eine stärkere Bindung der Gau- und Kreis-Fachämter an den jeweils zuständigen Reichsleiter erreichen wollte. Er stützte sich dabei weitgehend auf eine alte, aber von den auf Selbständigkeit erpichten Gaufürsten kaum befolgte Regelung. Hitler und Bormann waren jedoch grundsätzlich gegen eine Stärkung der Reichsleiter; außer dem Führer und seinem Sekretär sollte es keine Autorität auf der höchsten Ebene der Parteiorganisation geben. Ley durfte deshalb seine Anordnung nicht treffen.

Demütigender als das Verbot war jedoch die Art, wie Bormann es seinem Gesprächspartner mitteilte – einsilbig, unwillig, herablassend und jede Erörterung erstickend. Einen Termin für ein Gespräch Leys mit Hitler ließ er kurzfristig ausfallen. Leys Baupläne, die der Architekt Giesler ausführen sollte, konterte er mit einem Entwurf von Speer. Weshalb der allwöchentliche Durchhalte-Artikel Leys bei den Redaktionen gestoppt worden war, wußte Bormann sicherlich, aber er tat uninformiert. Bei einigen Gauleitern hatte es Ärger gegeben, aber der Partei-Kanzlist geizte mit Auskünften. Als einzige Neuigkeit erfuhr Ley, daß an Stelle von Frick Himmler Reichsinnenminister geworden war, aber das hätte er zwei Tage später auch in allen Zeitungen lesen können. Man sieht bei der Lektüre förmlich den ohnehin von Hemmungen geplagten kleinen und dicken Reichsorganisationsleiter untertänig und kleinlaut im Sessel vor Bormanns Schreibtisch schwitzen. Die Aufzeichnung verrät auch, wie sehr Bormann diese Stunde der Rache genoß. Um sie noch länger auszukosten, ließ er sein Protokoll mit dem Vermerk „Geheim" bei seinen engsten Mitarbeitern tagelang kursieren, ehe es in den Panzerschrank ging. Sie sollten wissen, wie ihr Chef mit seinen Feinden umspringen konnte.

Als Sieger in allen Streitigkeiten und Intrigen stellte Bormann im Juli 1943 eine Liste der „Aufgabengebiete des Sekretärs des Führers" zusammen, die er sämtlichen Dienststellen der Parteiführung und allen Obersten Reichsbehörden zuleitete. Mit ihr proklamierte er sich zum alleinigen Vermittler zwischen dem Diktator einerseits, dem Staat, der Partei und dem Volk andererseits. Nur die Wehrmacht blieb noch aus seiner Zuständigkeit ausgeklammert. Er beanspruchte: „1. Erledigung zahlreicher persönlicher Angelegenheiten des Führers, 2. Teilnahme an Besprechungen des Führers, 3. Vortrag der eingehenden Vorgänge beim Führer, die in das Arbeitsgebiet des Sekretärs des Führers fallen, 4. Übermittlung von Entscheidungen und Meinungsäußerungen des Führers an Reichsminister, andere Oberste Reichsbehörden oder Dienststellen des Reiches." Absichtlich verzichtete Bormann dabei auf eine genaue Abgrenzung seines Wirkungsbereiches im Sachlichen; er blieb damit ebenso unbegrenzt wie die Zuständigkeit von Hitler selbst. Mit dem Privileg der „5. Schlichtung von Meinungsverschiedenheiten, Zuständigkeitsstreitigkeiten zwischen Reichsministern und dergl." sicherte sich Bormann zusätzlich noch eine Befugnis, die bisher als letzte Instanz dem Führer vorbehalten war und die es ihm bei den ewigen Querelen der Paladine erlaubte, in jedem Bereich einzugreifen.

Ausgerüstet mit der Machtfülle aus diesen fünf Punkten war der Sekretär des Führers nun auf dem staatlichen Sektor ebenso stark wie der Leiter der Partei-Kanzlei auf dem Parteisektor. Die restlichen drei Punkte seiner Zuständigkeiten konnten deshalb auch bescheiden bleiben. Sie gaben Bormann alle Vollmachten für den Ausbau der Stadt Linz, Hitlers liebstem Bauprojekt, gaben ihm die Aufsicht über Hitlers gesamten Haushalt in den Hauptquartieren, in München, auf dem Obersalzberg und gaben ihm die Aufsicht über die Stenografen der militärischen Lagebesprechung. Einen neunten Anspruch ließ er in dieser Liste bewußt weg; er wurde von Bormann, versehen mit dem Stichwort „Geheim", beim Chef der Sicherheitspolizei, Kaltenbrunner, angemeldet. Dieser verständigte dann seinen Chef Himmler, daß der Sekretär des Führers auch zuständig sei für „alle Fragen, die den Schutz und die Sicherheit des Führers und seiner Umgebung betreffen". Der Reichsführer SS mußte die als Hüter Hitlers eingeteilten Kriminalbeamten des Reichssicherheitsdienstes und die Wachen der Waffen-SS wohl oder übel Bormann unterstellen.

Eine neue Dienststelle, so hatte Bormann versichert, entstehe mit diesem Amt nicht, doch zwangsläufig blähte es den schon auf mehr als 500 Köpfe gewachsenen Apparat der Partei-Kanzlei noch weiter auf. Erst im Zusammenspiel der beiden Funktionen wird erkennbar, wie stark und umfassend die Gewalt des zu dieser Zeit noch immer nahezu unbekannten Funktionärs ab der zweiten Hälfte des Jahres 1943 war.

Im September 1942 brachte die in Lemberg erscheinende deutsche Tageszeitung eine längere Würdigung Bormanns mit Bild. Darin wurde behauptet, er sei „der Fürsprecher jedes Einzelnen beim Führer, wenn er eine gerechte Sache zu vertreten hat" und „ein Wahrer des Gesetzes der Kameradschaft" – gängige, aber in diesem Fall völlig unzutreffende Phrasen aus dem NS-Vokabular. Von den eigentlichen Aufgaben und Befugnissen ist in diesem Bericht nicht die Rede. Das Blatt wurde im Reich nur in wenigen Exemplaren gelesen. Bormann war es wichtiger, seinen Namen unter Befehle, Verordnungen, Erlasse zu setzen; sie machten ihn stärker als jede Art von Berühmtheit. Ebenso verschmähte er Auszeichnungen. Er hätte gewiß von Hitler viele Orden bekommen, wenn er sie nur gewünscht hätte. „Ich habe mehr geleistet, als man mit Orden ausdrücken kann", schrieb er an seine Frau. Die Italiener hängten ihm bei Hitler-Mussolini-Treffen zweimal eine Dekoration um den Hals, aber niemand hat sie oder auch nur eine Ordensschnalle an seiner Uniform je gesehen. Einzig das Band des sogenannten Blutordens trug er ständig.

Seine Dienststellen regierte er von seinem jeweiligen Standort aus mit den damals modernsten Mitteln der Nachrichtentechnik. Als er im August 1944 einen neuen Befehlswaggon von der Reichsbahn mit Fernschreibern, Telefonen, Funkgeräten geliefert bekam, führte er ihn stolz Hitler vor. „Ich werde auch auf längeren Reisen arbeiten können", schwärmte er vor seiner Frau, und das bedeutete in diesem Fall, daß er nun auch von unterwegs seine Mannschaft antreiben, mahnen, beschimpfen und verdonnern konnte. Seine Frau schrieb ihm einmal, die Masse der Menschen werde immer egoistisch bleiben und müsse durch die Androhung harter Strafen im Trab gehalten werden. Diese Meinung hatte er ihr eingehämmert, und nach diesem Grundsatz behandelte er auch seine Mitarbeiter. Als Hitler einmal zufällig Zeuge wurde, wie Bormann einen Untergebenen am Telefon rüde und brüllend beschimpfte, freute sich der menschenverachtende Führer und scherzte: „Da gibt's Zunder!" Er hatte auch nichts dagegen, daß sein Sekretär einem Regierungsrat befahl, er möge sich im Laufschritt entfernen. Wohl aber hätte der Charmeur Hitler Einspruch erhoben, wenn der Rabauke Bormann in seiner Gegenwart wie üblich die Fernschreiberinnen mit einem Tritt aufs Hinterteil zu schnellerer Gangart angespornt hätte. Wer in Bormanns Diensten stand, mußte Tag und Nacht verfügbar sein. Unangemeldet und überraschend inspizierte er gelegentlich seine Dienststellen und erwartete dabei fieberhafte Betriebsamkeit. Dabei entging es ihm, daß sich in dem unübersichtlich gewordenen Apparat so mancher Parteigenosse mit Wichtigtuerei vor dem Dienst bei der Wehrmacht drückte. Wen er dagegen mit einer Zigarette erwischte, der wurde entlassen.

Er selbst schonte sich nicht. „Dieses ständige Sitzen am Schreibtisch macht wahnsinnige Rückenschmerzen", klagte er in einem Brief seiner Frau. „Und in der Nacht habe ich nach 16stündiger Arbeit ständig Ohrensausen." Eine andere Stelle: „Müller (ein Mitarbeiter) und ich beschäftigen fünf Sekretärinnen Tag und Nacht." Oder: „Unser Leben hier ist eine ziemliche Hetze. Das könnte niemand lange aushalten." Frau Gerda honorierte diese Anstrengungen mit kindlicher Bewunderung. „Ich kann mir nicht vorstellen", lobte sie ihn, „wie der Führer ohne Dich fertig würde." Eine andere Stelle: „Was würde der Führer ohne Dich tun? Niemand ist so selbstlos und so mit den Dingen vertraut wie Du. Bei allen anderen spielen doch mehr oder weniger Ehrgeiz und Eitelkeit mit." Manchmal bat sie ihn, er möge Urlaub nehmen und sich zu Hause erholen. Doch er hielt sich für unentbehrlich – und war es auch in gewissem Sinn.

17   Die Peitsche für die Gauleiter

Sooft die Gauleiter vor ihren Führer gerufen wurden, hatte Martin Bormann eine große Stunde. Er lud sie ein, empfing sie mit abgestimmter Freundlichkeit oder auch mit ernster Miene. Von ihm bekamen sie ihre Quartiere zugewiesen und Informationen über das Programm. Saßen sie versammelt, begrüßte er sie mit wenigen, immer gleichen Sätzen, kündigte mit sechs Worten (,,Es spricht jetzt der Parteigenosse X") den nächsten Redner an und schmetterte schließlich am Schluß der Tagung das dreifache Sieg-Heil. In den dreieinhalb Dutzend Parteiherzögen sah er seine persönliche Truppe, seine Vollstrecker. Doch wenn ihm auch auf seinem Weg nach oben so vieles gelang – die Gauleiter wurden nie ergebene Gefolgsleute, wie er sie für sich wünschte. Sein Führer sagte ihm oft genug, es sei eine seiner wichtigsten Aufgaben, diese Horde selbstherrlicher Territorialfürsten zu bändigen. Doch Hitler war es auch nicht unlieb, daß Bormann nie damit fertig wurde. In solchen Augenblicken ließ er Bormann fühlen, daß dessen Autorität eben doch nur geborgt war und daß ihm, Hitler, selbst die Gauleiter aufs Wort gehorchten.

So gelehrig Bormann gemeinhin die Taktik seines Meisters kopierte – gegenüber den Gauleitern gelang es ihm nur unvollkommen. Bei den robusten Altgedienten, die jahrelang in der Rabaukenzeit die Schlägereien in Versammlungen und bei Straßenaufmärschen mitgemacht hatten, fehlte ihm die Autorität des Dienstalters. Die Intelligenteren stießen sich an seiner Primitivität, die wenigen Anständigen an seinen bösartigen Intrigen. Sprach ihr Führer zu ihnen, dann unterlagen sie ausnahmslos und selbst noch bis in die letzten Monate der NS-Herrschaft dessen Faszination. Bormann dagegen besaß nicht die Spur einer Ausstrahlung. Es kam auch vor, daß seine Befehle in den Gauen moderiert oder auch gar nicht durchgeführt wurden. Der Augsburger Wahl sagte dazu: ,,Lange hatte ich gute Miene zum bösen Spiel gemacht und seine Anordnungen zu mildern versucht, bis ich mich eines Tages von ihm losmachte und alles ungelesen dem Feuer übergab, was den Namen Bormann trug." Das war freilich erst in der späten Phase der Diktatur, als im Parteiapparat schon mancher Faden zwischen Zentrale und Provinz gerissen war, und örtlicher Ungehorsam nicht mehr bis zum Chef der Partei-Kanzlei durchdrang.

Doch schon in den Jahren zuvor mußte Bormann Eigenwilligkeiten von Gauleitern hinnehmen. Seine einzige Waffe dagegen wäre immer nur der Gang zum Allerobersten gewesen, doch der war nicht gewillt, wegen jeder Aufsässigkeit gegen Bormann ein Machtwort zu sprechen. Außerdem war nach Hitlers Auffassung jeder schwach und unfähig, der sich nicht selbst Respekt verschaffen konnte.

Auch aus diesem Grund war es für Bormann zweckmäßig, sich mit den Gauleitern nicht allzu offen anzulegen – um so mehr, als sie trotz häufiger Eifersüchteleien immer zusammenstanden, wenn einem von ihnen die Selbständigkeit geschmälert wurde. Zudem waren viele von ihnen auch Reichsstatthalter, seit Kriegsbeginn zusätzlich noch Reichsverteidigungskommissare und dadurch mit staatlicher Gewalt ausgestattet, so daß sie sich gegen Bormanns Machtansprüche auf diesem Sektor verschanzen konnten. Das änderte sich erst, als auch er mit seiner Ernennung zum Sekretär des Führers für diesen Bereich legitimiert wurde.

So war er lange Zeit gezwungen, sie sehr viel vorsichtiger zu behandeln als etwa die schwachen Reichsleiter oder auch jene Minister, die im Hauptquartier kein persönliches Gehör mehr fanden. Noch im November 1943, als er schon auf hohem Roß und fest im Sattel saß, vermied er ihnen gegenüber den Kommandoton. Er war immer bemüht, die Stellung der Gauleiter zu stärken, indem er ihnen ständig neue Befugnisse zuschob – freilich mit dem Hintergedanken, daß diese Gewalt eines Tages gebündelt an ihn zurückfallen würde, wenn ihn Hitler erst zum Vorgesetzten aller Gauleiter ernennen würde. Damit wäre er dann der eigentliche Parteiführer gewesen. Doch das schaffte er nie. Die Gauleiter blieben, wie Hitler im Dezember 1932 nach dem Abfall von Gregor Strasser feierlich verkündet hatte, „als Stellvertreter des Obersten Führers der Bewegung personell diesem allein" unterstellt.

Doch neben dem Zuckerbrot setzte Bormann auch die Peitsche ein, um die Herde an seine Kandare zu gewöhnen. Für den Bürobetrieb der Gauleitungen schuf er den Posten eines Gaustabsleiters neu, der als eine Art Geschäftsführer die einzelnen Amtsleiter, aber auch den Gauleiter und dessen Stellvertreter zu kontrollieren hatte. Da diese Aufpasser am Ort ihres Wirkens wenig beliebt waren, blieb meist Bormann ihre einzige Stütze, und also waren sie ihm ergeben. Noch wirkungsvoller waren seine schon unter Heß begonnenen Bemühungen, auf die Besetzung von Gauleiterposten, auf Versetzungen und Ernennungen, auch der stellvertretenden Gauleiter, entscheidenden Einfluß zu gewinnen. Den Schlüssel dazu boten ihm deren Personalakten, die nur von der Partei-Kanzlei geführt wurden.

Schon im Jahr 1939 verfaßte er mit seinen engsten Mitarbeitern ein sehr umfangreiches Gauleiter-Planspiel „betrifft: Personalumbesetzungen". Darin machte er Vorschläge für „Änderungsmöglichkeiten in der Ostmark", und auf etlichen Blättern beschäftigte er sich bereits mit zwei jener reichsdeutschen Regionalfürsten, die ihm besonders mißliebig waren – den Gauleitern Josef Wagner und Bernhard Rust. Beide schaffte er dann auch im Lauf der nächsten zwei Jahre ins Abseits. Im September 1939 entstand eine weitere „Liste der einsatzfähigen Parteigenossen" mit abgehalfterten, derzeit stellungslosen Gauleitern und mit Funktionären aus Gau- und Kreisleitungen, die Bormann nach oben bringen wollte. Darunter waren auch etliche, die wegen ihrer Vorliebe für den in Parteikreisen so geschätzten Alkohol, wegen Wirtshausschlägereien oder Differenzen mit Bormann-Feinden ihre Posten verloren hatten. Aus diesem Reservoir holte er nach und nach eine Anzahl in die Partei-Kanzlei, teils für die Dauer, die meisten jedoch mit der Aussicht, über kurz oder lang in der Provinz auf einen Posten gehievt zu werden, wo sie neben ihrem eigenen Wohl auch das ihres Gönners fördern konnten.

Das Schachspiel mit den Gauleiterfiguren blieb bis zum bitteren Ende des Dritten Reiches eine von Bormann mit viel Liebe gepflegte Beschäftigung. Alle paar Monate verfaßte er wieder eine neue Liste mit Vorschlägen, manchmal aus einem aktuellen Anlaß, wenn etwa durch Todesfall eine Neubesetzung nötig war.

Wie er bei diesem Spiel taktierte, läßt sich am Fall des Gauleiters Josef Wagner am besten demonstrieren. Dieser war aus der alten Parteigarde, wie mancher seiner Amtsbrüder Lehrer von Beruf, und er hatte gewiß in seinem ursprünglichen Wirkungsbereich in Westfalen mit Sitz in Bochum hart gearbeitet, um die Bergarbeiter und eine streng katholische Landbevölkerung für das Hakenkreuz zu gewinnen. Als 1935 in Schlesien der dortige Gauleiter wegen eines Skandals abgesetzt worden war, bekam Wagner dieses Amt noch zusätzlich. Außerdem war er Preiskommissar mit der Verpflichtung, die untergründig wegen forcierter Aufrüstung längst angelaufene Inflation durch eine Kontrolle der Preise zu verschleiern. Alles in allem also ein Mann, dem Hitler zumindest jahrelang gewogen war und dessen Fähigkeiten er hoch einschätzte.

Für Bormann hing Josef Wagner jedoch ein schlimmer Makel an: Er und seine Familie waren gläubige Katholiken. Was ihm als Gauleiter bei den Westfalen und bei den Schlesiern Vertrauen verschafft hatte, war für ihn, den gläubigen Reichsleiter, ein Sakrileg am Nationalsozialismus. Nachdem Bormann schon mehrmals Hitler bedrängt hatte, er möge doch Wagner wenigstens einen der beiden Gaue wegnehmen, durfte er am 5. Dezember 1939 einen Aktenvermerk über eine Führerentscheidung diktieren, wonach der kirchenfromme Parteigenosse sich nach Bochum zurückzuziehen und den durch polnisches Gebiet erweiterten Gau Schlesien zu räumen habe. Vom geteilten Schlesien sollte die eine Hälfte der bisherige Stellvertreter Wagners bekommen, von dem Bormann unter anderem rühmte, daß er keinerlei konfessionelle Bindungen habe. Als Parteioberhaupt für die andere Hälfte wurde der bisherige Staatssekretär im Propagandaministerium Karl Hanke ausersehen; er wurde abgeschoben in die fernste preußische Provinz, weil der attraktive Parteigenosse sich während der Liebschaft seines Ministers mit der Schauspielerin Lida Baarova um dessen Ehefrau bemüht hatte.

Ganz wohl kann es jedoch Hitler bei dieser Entscheidung zunächst nicht gewesen sein, denn vollzogen wurde sie vorläufig nicht. Mitte April 1940 erinnerte Bormann seinen Führer, daß noch immer alles beim alten sei. Er verfehlte auch nicht, zu bemerken, daß sich Wagner widerborstig zeige und in die Rückkehr nach Bochum erst einwilligen wolle, wenn er seinen inzwischen zweigeteilten Gau wieder in der ursprünglichen Ausdehnung bekomme.

„Der Führer äußert", schrieb Bormann in sein Tagebuch, „Josef Wagner solle sich auf Westfalen-Süd beschränken." Schon eine Woche später hatte er bei Hitler, der gerade durch die Vorbereitungen des Westfeldzugs äußerst nervös war, den Ärger über den renitenten Gauleiter so hochgetrieben, daß diesmal die Kalendereintragung schärfer ausfallen konnte. „Der Führer entscheidet erneut, daß ein Ruhr-Gau nicht in Frage komme; von Josef Wagner soll ich eine Entschuldigung verlangen; erfolge sie nicht, soll Wagner seiner Ämter enthoben werden." Nach dieser massiven Drohung bekam er sie wohl, denn Wagner kehrte nach Bochum zurück. Der erste Angriff Bormanns war damit gescheitert, aber sein Gegner war angeschlagen. Im Januar 1941 verfügte Hitler offiziell die Teilung des Gaues Schlesien und die Neubesetzung der Gauleiterposten nach Bormanns Vorschlag.

Einige Monate später bekam Bormann mit einer Gestapo-Akte die Sprengladung geliefert, mit der er Wagner auch noch vom Bochumer Gauleiterthron katapultieren konnte. Dessen noch sehr junge Tochter Gerda hatte sich in den SS-Offizier Klaus Weill von der Leibstandarte verliebt, und als die beiden jungen Leute heiraten wollten, verweigerten Gerdas Eltern die Einwilligung. Der Freier genoß nicht den besten Ruf, und außerdem war er aus der Kirche ausgetreten, was Frau Wagner besonders entsetzte. Sie schrieb ihrer Tochter, auf einer solchen Ehe könne kein himmlischer Segen ruhen. Heirate sie trotzdem, so sei sie ihr Kind nicht mehr. Dieser Fluchbrief, wie Bormann das Papier nannte, wanderte in der Leibstandarte den Dienstweg aufwärts und landete schließlich beim Gestapo-Chef, dem Gruppenführer Müller, der Klaus Weill nach Berlin zur Vernehmung kommen und sich von ihm erzählen ließ, was dem mit Goldenem Parteiabzeichen und Gauleiter-Insignien geschmückten Staatsfeind Wagner denn sonst noch alles anzulasten sei. Es kam noch einiges zusammen, was ein strenger Ortsgruppenleiter sogar bei einem simplen Volksgenossen mit Stirnrunzeln quittiert hätte.

Bormann wurde dieses Sündenregister im Herbst 1941 präsentiert. Josef Wagner ahnte nichts von dem Unwetter, das sich über ihm zusammenbraute. Er durfte nichts erfahren, denn Hitler wollte seine aufgestaute Wut in einem theatralischen Auftritt entladen, der allen Spitzenfunktionären die Lust zu Widersetzlichkeiten nehmen sollte. Bormann konnte es nur recht sein. Wagner hatte in den ganzen letzten Jahren nicht nur alle religionsfeindlichen Aktionen in seinem Machtbereich unterbunden, sondern darüber hinaus innerhalb des Parteiführerkorps Kritik an diesem Kurs geübt.

Wie üblich versammelte sich die gesamte Parteicreme am 8. November 1941 abends in München zur Gedenkfeier an den „Operettenputsch" von 1923. Hitler hielt seine Ansprache im Löwenbräukeller, da der Bürgerbräukeller seit dem Attentat vor zwei Jahren noch nicht wiederhergestellt war. In seiner Rede mit dem üblichen Geschimpfe auf seine Kriegsgegner flocht er auch einen Absatz ein, in dem er die innerdeutschen Opponenten bagatellisierte. Wer „unsere Front stören" wolle, „ganz gleich... aus welchem Lager er kommt", dem schaue er – „Sie kennen meine Methode" – eine Zeitlang zu. „Das ist die Bewährungsfrist. Aber dann kommt der Augenblick, an dem ich blitzartig zuschlage... und dann hilft alle Tarnung nichts, auch nicht die Tarnung mit der

Religion." Bei diesen Sätzen mag Hitler schon seinen für den nächsten Tag geplanten Coup vorgekostet haben. Bormann hat gewiß diese Drohung mit besonderer Begeisterung aufgenommen. Kündigte sie doch, nur ihm verständlich, seinen Triumph beim bevorstehenden Spektakel an.

Als am nächsten Tag um 13.30 Uhr die Reichs- und Gauleiter im sogenannten Führerbau am Königlichen Platz in München versammelt waren und Hitler mit Bormann den Saal betreten hatte, begann abzurollen, was für Gauleiter Wahl „ein von langer Hand vorbereiteter Anschlag Bormanns auf Wagner" war. Wie beim Verschwinden von Heß durfte Bormann wieder einmal einen Brief verlesen, jenen Fluchbrief, den Frau Wagner ihrer Tochter geschickt hatte. Dann sprach Hitler kurz und mit schneidender Stimme, daß er eine solche Intoleranz in der Partei nicht dulde. Wagner forderte er auf, sofort den Saal und auch das Haus zu verlassen. Energisch erbat der Angegriffene das Wort, um sich zu der Anklage äußern zu können. Damit brachte er Hitler erst richtig in Wut; der noch durch den Widerspruch zusätzlich Gereizte wiederholte seinen Hinauswurf noch knapper, noch drohender und verkündete, er habe Wagner bereits aus dem Führerkorps der Partei ausgestoßen. Wahl berichtete, mit Ausnahme von Bormann und Himmler seien alle Zuhörer vor Schrecken fast gelähmt gewesen, und so habe niemand gewagt – „dem Himmel sei's geklagt – dem Unglücklichen beizustehen". Bormann trug befriedigt in seinen Kalender ein: „Der Führer enthebt Josef Wagner seines Amtes; der Stellv. Gauleiter Paul Giesler wird Gauleiter des Gaues Westfalen-Süd."

Noch während der Versammlung bekam der Oberste Parteirichter Buch den Auftrag, ein Verfahren gegen Wagner einzuleiten. In der Verhandlung wurde gegen ihn vorgetragen, er sei in der katholischen Kirche geblieben, obwohl deren Bischöfe sich gerade in jüngster Zeit gegen die NSDAP gestellt hätten. Schlimmer noch, er habe sich deutlich an die Seite dieser Gegner gestellt, indem er seine Kinder in eine Breslauer Klosterschule geschickt habe, indessen sie in der Hitler-Jugend kaum gesehen worden seien. Der Brief seiner Frau beweise, daß er nicht einmal in seiner Familie die NS-Weltanschauung durchgesetzt habe, und seine Frau habe sogar bei einem Empfang im Vatikan vor dem Papst einen Kniefall gemacht.

Doch Wagner verteidigte sich geschickt mit dem Hinweis auf das „positive Christentum", zu dem sich die Partei in ihrem alten und nie geänderten Programm bekannt hatte. Von dem Brief und dem Kniefall seiner Frau habe er nichts gewußt. Weder der Gerichtsvorsitzende Buch, der mit seinem Schwiegersohn Bormann längst verfeindet war, noch die sechs Beisitzer, ausschließlich Gauleiter, hielten den von Hitler verfügten Parteiausschluß für gerechtfertigt und hoben ihn im Februar 1942 auf. In seinem Brief an Bormann empörte sich Himmler, er müsse sich über das Urteil doch sehr wundern. Doch sein Ärger war kurz; Hitler weigerte sich, den freisprechenden Gerichtsbeschluß durch seine Unterschrift rechtskräftig zu machen. Schwiegervater Buch mutmaßte, „der Lump" Bormann habe das verhindert.

Noch einem weiteren Intimfeind konnte der Leiter der Partei-Kanzlei bei dieser Gelegenheit einen Tritt versetzen. In dem Verfahren gegen Wagner war auch zur Sprache gekommen, der Gauleiter habe dem früheren Obersten SA-Führer Franz Pfeffer von Salomon, bis August 1930 Vorgesetzter des Hilfskassenverwalters Bormann, verraten, was bei der Zusammenkunft der Parteioberen anläßlich des Heß-Flugs auf dem Berghof besprochen worden sei. Pfeffer war nach seiner von Bormann ausgelösten Absetzung zum „Leiter der Abteilung für den kulturellen Frieden" in der NSDAP ernannt worden – was im Grunde nur ein Trost- und Schweige-Pflaster für einen Mann darstellte, der zuviel wußte und darum nicht gleich ganz fallengelassen werden konnte. Diese Funktionärsstelle war aber später dem Stellvertreter des Führers und damit auch dessen Stabsleiter unterstellt worden. Im Oktober 1934 hatte dann Pfeffer, von Bormann ständig unter Druck gehalten, auf den Posten verzichtet. Seine Verbindungen zu den alten NS-Kämpen hatte er aber nicht abreißen lassen – auch nicht die zu Heß. Nach dessen England-Flug war auch Pfeffers Name von Bormann auf die Liste der zu Verhaftenden gesetzt worden.

Seit Pfeffer frei war, hatte er in Briefen an seine alten Mitkämpfer die Politik Hitlers kritisch kommentiert und gegen das Unrecht protestiert, das ihm angetan worden sei. Etliche dieser Briefe waren bei Bormann gelandet. Er schrieb am 10. Dezember 1941 in sein Tagebuch: „Im Auftrag des Führers teile ich dem ehemaligen OSAF Franz v. Pfeffer, der im Zusammenhang mit der Angelegenheit RH verhaftet war, mit, Pfeffer sei aus der NSDAP ausgeschlossen; er solle seine Briefschreibereien unterlassen, wenn er nicht wiederum in Haft genommen werden wolle." Um es gleich vorwegzunehmen: Bei der nächsten großen Verhaftungswelle, nach dem Attentat auf Hitler am 20. Juli 1944, war Pfeffer wieder dabei. Bormann ließ seinen ehemaligen Förderer nicht mehr aus den Klauen.

Schon ein halbes Jahr später, im Mai 1942, schaffte ihm der Tod einen weiteren Gegner unter den Gauleitern aus dem Weg. Carl Röver, seit 1929 zuständig für den Gau Weser-Ems mit dem Sitz in Oldenburg. Seine Widerborstigkeit ärgerte Bormann nicht weniger als seine ständigen Einladungen an den Redner Rosenberg. Rövers Herrlichkeit endete unvermutet.

In der Nacht zum 13. Mai 1942 verkündete er, daß er am nächsten Tag zuerst ins Führerhauptquartier und anschließend zum englischen Ministerpräsidenten Churchill fliegen werde, um Frieden zu stiften. Zuvor wollte er noch eine vierstündige Rede auf Schallplatten aufgenommen haben. Ein eilig herbeigerufener SS-Professor stellte progressive Paralyse fest, die der Patient aus Afrika, wo er vor dem Ersten Weltkrieg als Kaufmann tätig war, mitgebracht hatte. Der Ministerpräsident der oldenburgischen Landesregierung und der Stabsleiter der Gauleitung brachten den Kranken heimlich in ein einsam gelegenes Blockhaus.

Bormann gab Weisung, die Art der Erkrankung zu verschweigen. Aus München schickte er zwei Beauftragte nach Oldenburg, die ihm am 15. Mai den Tod Rövers ins Hauptquartier nach Rastenburg melden konnten. Offizielle Todesursache: Herzschlag. Nachfolger wurde einer von Bormanns Favoriten aus seiner Vorschlagsliste – und das war für ihn das Wesentliche.

Der Tod schien in dieser ersten Hälfte des Jahres 1942 wirklich im Sold Bormanns zu stehen. Heydrich, den er eine Zeitlang als Rivalen in Hitlers Gunst gefürchtet hatte und der als Chef des SD zuviel über den Leiter der Partei-Kanzlei wußte, starb nach einem Attentat Anfang Juni. Der nächste auf der Bahre war Mitte Juni Adolf Hühnlein, Korpsführer des Nationalsozialistischen Kraftfahr-Korps (NSKK). Der Major a.D. war einer aus der alten SA-Garde, die Bormann immer feindlich gesinnt blieb, indessen er es Hühnlein nie vergessen konnte, daß dieser ihm vor Jahr und Tag die Führung eines von Bormann gegründeten NS-Automobilkorps weggenommen hatte. Hühnleins Nachfolger wurde ein Mann ohne großen Rückhalt in den Parteiorganisationen. Damit die Rangordnung gleich von Anfang klargestellt war, teilte Bormann – siehe seinen Kalender – ,,der Führerschaft des NSKK die Ernennung des neuen Korpsführers mit", noch ehe Hitler dem neuen Würdenträger die Beförderung verkündet hatte.

Mit Adolf Wagner, dem Gauleiter von München-Oberbayern, gab sich Bormann stets kameradschaftlich eng vertraut, jedoch nur, weil dieser robuste Uralt-Pg., der mit Hitler außer dem Vornamen auch die Stimmfärbung und den Dialekt gemeinsam hatte, beim Führer stets Gehör fand. In Wahrheit war ihm dieser starke Mann, noch dazu an der Spitze des Traditionsgaues und am Sitz der Reichsleitung, ziemlich unbequem. Er kann deshalb nicht untröstlich gewesen sein, als er Mitte Juni nach Traunstein gerufen wurde, weil Wagner dort in einer Sitzung der Kreisfunktionäre einen Schlaganfall erlitten hatte. Er traf einen Schwerkranken an, der nur noch behindert reden und sich kaum bewegen konnte. Als ein paar Tage später auch Hitler nach einem Krankenbesuch die Hinfälligkeit gemustert hatte, durfte Bormann den wichtigen Platz mit einem seiner Günstlinge besetzen. Er wählte Paul Giesler, den er gerade erst in Bochum inthronisiert hatte, so daß dort ein weiterer Bormann-Favorit Platz nehmen konnte. Peinlich war jedoch, daß der Kranke die so lange ausgeübte Macht nicht abgeben wollte. Noch Monate später mußte Bormann in München die Staats- und Parteistellen gegen Befehle des nicht mehr ganz zurechnungsfähigen Wagner abriegeln und anordnen, daß dieser ,,sich jeder Einflußnahme auf die Führung seiner früheren Amtsgeschäfte zu enthalten hat".

Bei den frisch ins Amt gekommenen Gauleitern hingegen gab sich Bormann als jovialer Vorgesetzter. Den Nachfolger Wagners, Giesler, präsentierte er dem NS-Presse-Zaren Reichsleiter Max Amann, dem Reichsstatthalter in Bayern, Reichsleiter Ritter von Epp, und dem Ministerpräsidenten des Landes bei einem Essen in seinem Pullacher Heim. Ein paar Tage später stellte er ihn und den neuen NSKK-Korpsführer bei Göring vor. Zwei neu ins Amt gekommenen Gauleitern, Scheel (Salzburg) und Lauterbacher (Süd-Hannover-Braunschweig, der Rust abgelöst hatte), ließ er sogar die Ehre widerfahren, ins Rastenburger Hauptquartier geladen und dort durch ihn Hitler vorgestellt zu werden. Sie hofierte er. Die alten Starrköpfe, die ihn nie voll respektierten, mochten aussterben. Mit dem Nachwuchs, der seine Lehrzeit in der Partei-Kanzlei hinter sich und dort das Organisieren und Taktieren gelernt hatte, würde er Ordnung und Disziplin, die totale Partei-Räson, in die riesige Maschinerie der NSDAP und ihrer Verbände bringen.

Hitler schien damit einverstanden. Bei seinen nächtlichen Monologen in der Wolfsschanze lobte er Bormann, weil er „die Gauleiter mit den nötigen einheitlichen Weisungen" versehe und sie einheitlich erziehe. Hitler waren viele kleine Potentaten immer lieber als etliche große, und darum wollte er den Gauleitungen sogar eigene Vermögen zuschanzen. Zu Reichsfürsten würden sie dadurch nicht, meinte er, denn sie blieben immer jederzeit absetzbar. Er stimmte Bormann auch zu, als dieser dafür plädierte, den Gauleitern Zeit zu langfristigem Wirken einzuräumen. In der Praxis wollte der Leiter der Partei-Kanzlei dieses Prinzip aber nur für seine Favoriten gelten lassen. Einen, den er gar nicht mochte, hätte er am liebsten schon nach einjähriger Tätigkeit in die Wüste geschickt: den Gauleiter und Reichsstatthalter in Wien, Baldur von Schirach.

Bezeichnenderweise gehörte auch Schirach zu jenen Parteigrößen, vor denen der karrierehungrige Bormann früher gekatzbuckelt hatte, schon in Weimar und später in München, als der zum Reichsjugendführer Ernannte von Hitler als Anwärter für eine Führer-Nachfolge ausersehen schien. Doch als Schirach Anfang 1940 Nachfolger des Gauleiters Bürckel in der österreichischen Hauptstadt wurde, hatte die Gnadensonne aus dem Berghof den Zenit schon überschritten. Immerhin war er noch ein einflußreicher Mann, und als er Ende September in der Reichskanzlei auf eine Audienz wartete, unterhielt sich Bormann mit ihm im vertraulichen Du-Ton, den er sich früher einmal mehr oder weniger erschlichen hatte. Dabei gestand Schirach, daß er sich finanziell übernommen habe. Sogleich bot Bormann Hilfe an. Es koste ihn nur einen Satz bei Hitler, und eine Viertelmillion oder auch mehr sei bewilligt.

Schirach lehnte das Angebot dankend ab. „Vielleicht habe ich ihm damit zu deutlich gezeigt," erzählte er dem Autor, „daß ich mich nicht von ihm kaufen ließ. Denn von nun an merkte ich, daß er in der Partei und bei Hitler gegen mich arbeitete." Schwierig war das nicht. Mit jugendlicher Arroganz ließ der Wiener Gauleiter die biederen und mit kleinbürgerlichen Eierschalen behafteten Funktionäre fühlen, daß er, der Verse-schmiedende NS-Lyriker, sie für Banausen hielt. Als Musenfreund fühlte er sich berufen, der an der Donau heimischen Kultur eine neue Blüte zu bescheren. Das verdroß nicht nur Hitler, der es den Wienern nie vergaß, daß sie sein Genie als Mal- und Baukünstler verkannt hatten, sondern auch Goebbels und Göring, die in harter Konkurrenz untereinander Berlin zur Metropole der Kunst machen wollten. Als Schirach sich gar noch mit demonstrativem Selbstbewußtsein als eigenständiger Politiker der jungen Generation zu profilieren suchte und die Parteimeinung mal da, mal dort überging, bot er seinen vielen Gegnern eine Blöße nach der anderen.

Speer hat miterlebt, wie Bormann in Hitlers Teestunden den Gauleiter Schirach abwertete. Er erzählte fast beiläufig mehr oder weniger bedeutsame Wiener Geschichten und löste bei Hitler prompt die üblichen Abfälligkeiten aus. Zum Glück, meinte dann Bormann, regiere dort ein tüchtiger Gauleiter, der die Wiener gewiß noch zu guten Deutschen erziehen werde. Das war bewußt so dick aufgetragen, daß Hitler widersprechen mußte. „Nach einem Jahr", berichtet Speer, „hatte Bormann Hitler dahin gebracht, daß er Schirach ablehnte und ihn geradezu anfeindete." In der Partei verbreitete Bormann, Schirach passe ausgezeichnet nach Wien, weil dort ohnehin jeder gegen jeden intrigiere. Das war für andere Parteigrößen das Zeichen, daß sie sich nun für Brüskierungen und Überheblichkeiten der Vergangenheit an Schirach rächen konnten. Als er im September 1942 in Wien einen Europäischen Jugendkongreß veranstaltete, bei dem er sich mit viel Glanz und Gloria zum Schirmherrn aller Jugendorganisationen der besetzten und verbündeten Länder hochspielte, verhinderte Ribbentrop, daß prominente Politiker mitmachten, und sperrte Goebbels die Berichterstattung in der deutschen Presse. Bormann kolportierte eifrig, die Wiener sprächen von „Baldurs Kinderfest".

Mit geradezu unverständlicher Kurzsichtigkeit stolperte Schirach in Situationen, die ihn um die Reste von Hitlers Wohlwollen bringen mußten. Früh im Jahr 1943 veranstaltete er in Wien eine Ausstellung „Junge Kunst im Dritten Reich". Sie zeigte Bilder, die nach Hitlers allein maßgeblichem Kunstverständnis als „entartet" gelten mußten. Schirach wurde auf den Obersalzberg befohlen. Hitler bot ihm keinen Stuhl an, und Bormann schlug ein Heft der Hitler-Jugend-Zeitschrift „Wille und Macht" mit einem bebilderten Ausstellungsbericht auf. Leise und eiskalt, so berichtet Schirach, habe Hitler gesagt: „Ein grüner Hund! Damit mobilisieren Sie alle Kulturbolschewisten gegen mich. Das ist Erziehung zur Opposition!" Er befahl, die Ausstellung zu schließen.

Trotzdem wurden Schirach und seine Frau wenig später auf den Obersalzberg geladen, diesmal als Gäste. Bormann nahm ihre Anwesenheit mürrisch zur Kenntnis. Eva Braun empfing sie ungnädig; zwischen ihr und Henriette von Schirach, Tochter des Leibfotografen Hoffmann, waren die Beziehungen immer gespannt, weil die Hoffmanns eine Zeitlang davon geträumt hatten, Hitler werde Henriette heiraten. Doch sie kannte offensichtlich den Schwarm ihrer jungen Jahre schlecht; in der abendlichen Unterhaltung am Kamin erzählte sie empört, sie habe in Amsterdam gesehen, wie jüdische Frauen zur Deportation durch die Straßen getrieben wurden. Hitlers laute und wütende Reaktion war: „Was haben Sie sich um die Judenweiber zu kümmern?" Wenig später bekamen die Gauleiter von Bormann ein Fernschreiben, das ihnen untersagte, bei Hitler für Juden einzutreten oder gar einzelne zu schützen.

Bei diesen Vorkommnissen sah sich Hitler ausgerechnet dort angegriffen, wo er Unfehlbarkeit beanspruchte, in der Kunst und in der Judenfrage. Das war für ihn die Bestätigung, daß Bormanns Warnungen berechtigt waren: Schirach war „verwienert". „Es war ein Fehler von mir, daß ich Sie nach Wien geschickt habe", schrie er Schirach an. Der gerade frisch mit Bormann liierte Goebbels vermerkte in seinem Tagebuch, der Führer habe mit Schirach „nichts Großes im Sinn. Er möchte ihn früher oder später in die diplomatische Laufbahn... abdrängen".

Um das Maß bei Bormann vollzumachen, weigerte sich Schirach nun auch noch, den radikal antichristlichen Kurs mitzumachen. Die Wiener Hitler-Jugend-Führung wurde von ihm angewiesen, die Geistlichkeit nicht zu brüskieren. Die zur Wehrmacht eingezogenen Wiener erhielten zu Weihnachten von der Gauleitung ein Buch mit etlichen religiösen Bildern und Texten und mit einem Schirach-Gedicht christlicher Tendenz zugeschickt. Sein Adjutant sagte später aus, Schirach habe erwogen, mit Kardinal Innitzer, Primas der katholischen Kirche in Österreich, versöhnliche Gespräche aufzunehmen, aber ein Bormann-Erlaß habe dies verboten. Auf Grund dessen häuften sich denn auch vom Frühjahr 1943 an die Angriffe der Partei-Kanzlei gegen Schirach. Er wurde beschuldigt, den Luftschutz in Wien gröblich vernachlässigt zu haben und mußte die Inspektion durch einen Experten dulden, der ihm dann jedoch ein gutes Zeugnis ausstellte. Die Gauleitung wurde als Gerüchteküche bezeichnet; ,,maßgebliche Männer, die aus der Alpen- und Donauregion stammen", würden ,,unberufenen Personen Mitteilungen über Planungen machen".

Längst spielte man in der Spitze der Partei-Kanzlei wieder Schach mit den Gauleiter-Figuren. Im November 1943 verfaßte Bormann dazu mehrere Aktenvermerke. Mitte des Monats legte er Hitler Pläne über die ,,Neubesetzung der Gauleitung Wien" vor: Der Parteichef von Niederdonau, Jury, der seinen Sitz ebenfalls in Wien hatte, sollte wenigstens kommissarisch mit dem Amt zusätzlich betraut werden. Damit drang er nicht durch. Hitler befürchtete, ein so vergrößerter Machtbereich stärke den Einfluß der Hauptstadt auf das gesamte Österreich und führe eines Tages zu einem ,,Reichsgau Ostmark", der das ganze Land umfasse. Bormann schrieb dies – handschriftlich, damit keine Sekretärin etwas erfuhr – an seine Spitzenfunktionäre Klopfer und Friedrichs und fügte hinzu: ,,Aus diesen Gründen solle ich mir, betonte der Führer, eine bessere Lösung überlegen. Ich (zweimal unterstrichen, Anm. d. Red.) erbitte beeilt Ihre Vorschläge." Er hatte es mit der Degradierung Schirachs so eilig, daß er schon 14 Tage später mit einem neuen Planspiel vor dem Führer-Schreibtisch stand: Der Gauleiter von Köln oder derjenige von Weser-Ems könnte nach Wien geschickt werden. Allerdings hatte er Schwierigkeiten, für die entstehende Lücke den richtigen Mann vorzuschlagen. Und erst recht blieb die Frage offen, was künftig mit Schirach geschehen solle.

Weil Hitler immer noch zögerte, dem Drängen nachzugeben und in Wien einen neuen Mann einzusetzen, schickte Bormann im Herbst 1944 zwei Emissäre nach Österreich. Der eine war sein Spitzenfunktionär Friedrichs, der andere Ernst Kaltenbrunner, Chef der Sicherheitspolizei und des SD.

Jeder der beiden Abgesandten lieferte eine Denkschrift, und beide schilderten, was ihr Auftraggeber von ihnen erwartete – nämlich daß Schirach seine Sache miserabel mache. Doch selbst damit gelang es Bormann nicht, ein verdammendes Verdikt von Hitler zu bekommen. Dieser scheute einerseits das Aufsehen, das die Abberufung eines Mannes erregen mußte, der als Reichsjugendführer nicht nur in Deutschland bekannt war. Andererseits kam Schirach zugute, daß er mit der Hitler-Jugend noch immer eine Hausmacht besaß und daß sein Amtsnachfolger in der Jugendorganisation, Artur Axmann, mit ihm gemeinsam gegen Bormann agierte. Manchmal hatten sie damit sogar Erfolg. ,,In sechs aufeinanderfolgenden Fällen", ließ sich Himmler von einem seiner

Vertrauensmänner berichten, konnten Axmann und Schirach nachweisen, daß „Reichsleiter Bormann den Führer falsch unterrichtet und Entscheidungen des Führers veranlaßt hätte, die sie auf Grund dieser falschen Information als hinfällig betrachten würden". „Beide wollen", heißt es in dem Bericht weiter, „in der nächsten Zeit persönlich beim Führer zum Vortrag erscheinen und – wenn dieser Umstand nicht abgestellt wird – um anderweitige Verwendung bitten." Damit konnten sie natürlich die Position Bormanns nicht erschüttern, aber er war genötigt, Schirach bis zum Zusammenbruch zu dulden, obwohl er danach gierte, den Mann am Boden zu sehen, der ihn als kleinen und beflissenen Funktionär erlebt und von oben herab behandelt hatte.

Dagegen gelang es ihm, die Liste der Uralt-Gauleiter noch um drei weitere Namen zu lichten. Der erste, Karl Weinrich in Kassel, fiel durch eigene Unfähigkeit. Als seine Gauhauptstadt im Oktober 1943 von Flugzeugen bombardiert wurde, war er gerade bei einem Kameradschaftsabend in der näheren Umgebung. Dort blieb er auch, bis keine Bomben mehr fielen, und als er dann in die halbzerstörte Stadt zurückkehrte, kümmerte er sich zuerst um seinen eigenen Hausrat statt um die Brände, die Schäden und die vielen Opfer, wie dies als Reichsverteidigungskommissar in seinem Gau seine Pflicht gewesen wäre. Goebbels hatte in Kassel den Skandal erfahren. Er berichtete Bormann, und dieser entschied, der Gauleiter werde sofort aus dem Amt gejagt. Einer der Schützlinge Bormanns, den er bei jeder Gelegenheit anbot, wurde der Nachfolger Weinrichs. Obwohl dieser rundköpfige Spießertyp den Gau seit 1929 geführt hatte, war er für Bormann so profillos geblieben, daß er in den Personallisten der Partei-Kanzlei unter dem Namen „Weinreich" laufen konnte. Eine Tugend aber hatte der Geschaßte doch gezeigt: Gefügig hatte er immer das getan, was ihm von oben befohlen worden war. Deshalb wollte ihn Bormann nicht in Armut und Schande verstoßen; er sollte einen Bauernhof bekommen, damit er dort ein zurückgezogenes Leben führen könne. Himmlers SS war für solche „Landsässigmachung" zuständig und sollte den Hof beschaffen. Doch Weinrich stellte Ansprüche – „unverschämte Forderungen", wie Himmler Bormann schrieb, und deshalb vorschlug, „Herrn Weinrich zum Arbeitseinsatz zu bringen, ebenso seine verehrte Frau Gemahlin und die noch mehr verehrte Frau Tochter". Doch Bormann blieb dem harmlosen dicken Ex-Funktionär weiter gewogen. In seinem Antwortbrief wiegelte Bormann ab: Weinrich sei „wie so viele beschäftigungslose Leute unzufrieden". Daraus würde sofort „strahlende Zufriedenheit, ... wenn Weinrich auf einem Hof säße und Gardinen anstecken könnte und ähnliches mehr; er arbeitet nun einmal gern im Haushalt".

Auch beim Sturz des Hinrich Lohse, Gauleiter von Schleswig-Holstein, brauchte Bormann nicht viel mehr als einen Finger zu rühren. Lohse besaß zusätzlich Amt und Titel des Reichskommissars von Ostland, also der eroberten baltischen Staaten und der Ostseeregion der Sowjetunion. Dabei hatte er sich allmählich zwischen sämtliche Stühle gesetzt. Er lieferte zwar ins Reich, was er aus dem Land herausziehen konnte, aber es war immer zu wenig. Mit Himmler und dessen SS-Apparat war er ständig zerstritten, ebenso mit der Wehrmacht und sogar mit seinem vorgesetzten Reichsminister Rosenberg, der ihn einmal als Gefolgsmann angesehen hatte. Schlimmer noch: Lohse protestierte gegen die Massenmorde an Juden durch die Einsatzkommandos der SS und fragte in einem empörten Schreiben, ob das denn nicht viel schlimmer sei als Katyn. Der schlichte Bauernsohn aus Schleswig-Holstein, der sich oft rühmte, stets das besondere Vertrauen des Führers besessen zu haben, hatte sich im Gestrüpp der großen Politik rettungslos verfangen. Nun hatte er auch noch das Pech, in der ungünstigsten Situation krank zu werden.

Mitte August 1944 gab es dort, wo die Heeresgruppe Mitte im Osten die Front gehalten hatte, nur noch (so Hitler) „ein Loch". Bei dem Durchbruch der Roten Armee waren 28 deutsche Divisionen und damit 350 000 Soldaten verlorengegangen. Feindliche Vorstöße waren der ostpreußischen Grenze nahe gekommen. Ostland drohte abgeschnitten zu werden. Lohse benutzte einen Besuch beim Oberbefehlshaber der Heeresgruppe Nord, sich von Wehrmachtsärzten untersuchen zu lassen. Sie diagnostizierten einige Managerkrankheiten und empfahlen ein paar Wochen Aufenthalt in einem Sanatorium. „Die absolute Notwendigkeit zur Kur besteht aber z.Zt. nicht." Militärärzte sind eben nicht so schnell bereit, jemanden d.u., also dienstunfähig zu schreiben. So konsultierte dann Lohse in Königsberg wenig später einen zivilen Doktor und ließ sich von ihm in die Innere Abteilung des St. Elisabethen-Krankenhauses einweisen, wo ihn ein Professor wegen einer Blutadernentzündung im rechten Unterschenkel, einer Lymphwegeentzündung und einer Nierenreizung ins Bett steckte. Lohse meldete dies handschriftlich Bormann: „Ich kam mit einer akuten Thrombose gerade rechtzeitig, so daß Schlimmeres verhütet werden konnte." Der Professor bescheinigte ihm – nicht ganz so dramatisch –, daß die „sofortige stationäre Aufnahme" nötig war, „da andernfalls ein lebensgefährlicher Zustand hätte eintreten können".

Bormann vermutete, daß Lohse die akute Gefahr eher in der militärischen Situation als im Gesundheitszustand gesehen habe und schickte aus der nahen „Wolfsschanze" statt der Genesungswünsche über die Königsberger Gauleitung ein Fernschreiben – „geheim, in verschlossenem Doppelumschlag zustellen" –, in dem Lohse angewiesen wurde, „mit Rücksicht auf die gegenwärtigen Umstände sich nicht nach dem Ostland" zu begeben, „sondern in Ihren Gau". Dieser Befehl ging am 28. August 1944 morgens um 5.10 Uhr durch das Kabel. Doch dann trug Bormann offensichtlich den Fall Hitler nach dessen Aufstehen und der Lagebesprechung noch einmal vor, und dabei gelang es ihm, den Beschluß von der vergangenen Nacht zu verschärfen. Mit einem zweiten Fernschreiben, um 16.50 Uhr, untersagte er Lohse auch noch, auf den Gauleitersessel nach Kiel zurückzukehren. „Die zuständigen Stellen", schrieb er, „werden von mir darüber unterrichtet werden, daß Sie wegen schwerer Kreislaufstörungen etc. bis auf weiteres nicht in der Lage sind, Ihre Tätigkeit als Reichskommissar und als Gauleiter auszuüben."

Den dritten der alten Kämpen strich Bormann einen Monat später aus seinen Listen. Tot war Josef Bürckel, nach NS-Maßstäben einer der verdientesten Parteigenossen. Er hatte seinem Führer die Heimkehr der Saar ins Reich nach der Abstimmung 1935 melden können, hatte nach dem Einmarsch in Österreich als Spezialist für „Anschlüsse" in Wien residiert und war dann 1940 wieder in seinen Heimatgau zurückgegangen, um das eben eroberte Lothringen „gleichzuschalten". Im späten Herbst jenes Jahres hatte er dort auf Befehl Hitlers, von Bormann gesteuert, ein Großreinemachen veranstaltet und in einer überfallartigen Aktion hunderttausend „Französlinge" ins unbesetzte Frankreich abgeschoben. Sie durften nur mitnehmen, was sie tragen konnten. Im Präfekturpalais von Metz pflegte er gelegentlich zu regieren, aber diese Stadt war nun von den Westalliierten zurückgewonnen worden, ohne daß der Gauleiter – wie es Bormann grundsätzlich verlangte – mit dem Einsatz des eigenen Lebens die Verteidiger angeführt hätte.

Offiziell wurde verkündet, Bürckel sei in seiner Gauhauptstadt Neustadt an der Weinstraße einer Lungenentzündung erlegen. Rosenberg, der auch hier wieder die Trauerrede zu halten hatte, spricht von einer Herzschwäche „nach einer furchtbaren Erregung über das Vorgehen Bormanns", der dem Gauleiter einen Stellvertreter als Aufpasser zugeordnet habe. Doch Rosenberg wußte das auch nur vom Hörensagen. Nach neueren historischen Forschungen soll Bürckel Selbstmord verübt haben, weil ihm seine Flucht aus Metz zur Last gelegt worden sei. Auch der Ex-Gauleiter Wahl bezeugt, Bürckel sei durch Bormann in den Tod getrieben worden.

Daß der pfälzische Gauleiter völlig unerwartet starb und daß in Parteikreisen zuvor nichts von einer Krankheit bekannt war, geht auch aus einem Brief hervor, den Gerda Bormann ihrem Mann am 29. September 1944 schrieb, an dem Tag also, da die Todesnachricht veröffentlicht wurde. Sie fragte: „Ist das mit rechten Dingen zugegangen?" Allerdings vermutete sie, Saarseparatisten könnten Bürckel mit Bakterien umgebracht haben. Ihr Mann beantwortete die Frage einsilbig; er hatte die Angewohnheit, Gerdas Briefe mit Randbemerkungen auf den Obersalzberg zurückzuschicken, und in diesem Fall begnügte er sich damit, hinter die Frage ein kurz angebundenes „Ja!" zu schreiben. Den Nachfolger hatte er schon – einen Mitarbeiter aus der Partei-Kanzlei.

Den Gauleitern war also zumindest in den letzten beiden Jahren des Regimes oft genug demonstriert worden, daß sie Bormann fürchten mußten. Der ziemlich unbekümmerte Schirach hatte zwar seinem Adjutanten befohlen, jedes Schreiben Bormanns zu lesen und dann gleich wegzuwerfen, aber dem Autor gestand er: „Wenn man mit einem führenden Parteigenossen sprach, nahm man sich doch sehr in acht, etwas Negatives über Bormann zu sagen." Riskieren konnte man das – so Schirach – bei Leuten, die „aus ihrem Herzen keine Mördergrube machten und ihn bei mir ganz offen kritisierten. Allzu viele waren das nicht. Sie sprachen von ‚diesem Schreiber', nannten ihn ‚Speichellekker' und häufig auch einfach ‚Schwein'." Schirach vermutete: „Hätten ihn Karikaturisten gezeichnet – die Figur, den Speck, die kurzen Beine, die Visage – dann wäre tatsächlich immer ein Schwein daraus geworden."

Doch wenn es ernst wurde, spätestens im Vorzimmer Hitlers, kuschten die Gauleiter alle, denn der Leiter der Partei-Kanzlei entschied nicht nur über Karriere, sondern auch über Leben und Tod.

18 Volkssturm

Das Führer-Wort war Wasser auf Bormanns Mühlen: „Die Herren wollen jetzt ihre Denkschriften zurückhaben. Ich lasse sie aber zu späterem Studium im Panzerschrank aufbewahren." Über die Schrankschlüssel verfügte Bormann.

Die Herren, denen der Spott galt, waren Generäle. Und die Äußerung fiel in den Monaten nach dem Blitzkrieg im Westen, der, entgegen allen Unkenrufen der Militärs, mit einem in der europäischen Geschichte einmaligen Sieg geendet hatte. Der simple Garnisonskanonier des Ersten Weltkriegs, Bormann, hatte für die Kaste der Generäle zwar nie viel Zuneigung aufgebracht, aber doch wenigstens das Vertrauen, sie verstünden ihr Handwerk. Nun aber, nach den Erfolgen des Amateur-Feldherrn Hitler, war der Nimbus fort. Geblieben war das Mißtrauen, mit dem radikale Parteigenossen schon immer die führenden Militärs bedachten. Hatte nicht die Reichswehr noch 1930 junge Offiziere ausgestoßen, nur weil sie Verbindung zur NSDAP hatten? Hatte ihnen nicht der Kanzler-General von Schleicher mit dem Ausnahmezustand und den Waffen des Heeres zuletzt noch den Weg zur Macht sperren wollen?

Sie besangen in ihrem „Horst-Wessel-Lied" nicht nur die „Kameraden, die Rotfront" erschossen hatte, sondern auch die Opfer der Reaktion, also jener Gesellschaftsschicht, der auch die zumeist monarchistisch gesinnten Offiziere angehörten. Wie so viele der Alten Kämpfer war auch Bormann überzeugt, daß in der Wehrmachtsspitze so manches Nest von Reaktionären unberührt geblieben war von der nationalsozialistischen Umwälzung.

Allerdings war diesen Leuten schlecht beizukommen, solange sie die Uniform trugen. Der Korpsgeist schützte sie. Den Eintritt in die Partei als Treuebekenntnis konnte man ihnen nicht abnötigen, denn Soldaten durften nicht Mitglied werden. Oft genug beklagten sich bei der Wehrmacht dienende Parteifunktionäre und Formationsführer, daß dort ihr Bekenntnis zur Bewegung ihrer Beförderung im Weg stünde. Bormann war im Hauptquartier von Offizieren und Generälen umgeben; die meisten beachteten ihn kaum oder ließen ihn ihre Abneigung fühlen, wie etwa Heinz Guderian und Franz Halder. Andere arrangierten sich notgedrungen, wie etwa die militärischen Adjutanten Hitlers, weil sie ihm von früh bis spät begegneten. Nur wenige – Ehrgeizlinge und Kumpeltypen – leerten mit ihm dann und wann eine Flasche Korn. Für alle anderen blieb er, trotz der Uniform eines SS-Obergruppenführers mit den Rangabzeichen eines SS-Generals, eben doch der Parteifunktionär, der verkleidete Zivilist, der in ihrem Bereich nichts zu sagen und nichts zu suchen hatte.

Um so notwendiger schien es ihm, daß die Partei und er selbst – was für ihn identisch war – innerhalb der Wehrmacht ein gewichtiges Wort mitsprechen müßten. Er griff wie immer in seiner Karriere nicht direkt an. Er begann mit kleinen Vorstößen an der Peripherie und versuchte den Gegner dort zurückzudrängen, wo Recht und Moral auf seiner Seite schienen. So protestierte er gemäßigt, aber regelmäßig bei der Wehrmachtsführung, wenn ihm gemeldet wurde, daß nichtchristlichen Soldaten der Kirchgang befohlen oder gar, als Strafe für die Gottlosen, für sie am Sonntagmorgen Küchendienst oder Revierreinigen angesetzt worden war. Die Militärgeistlichen hätte er gern abgeschafft, aber nach ein paar schwachen Versuchen gab er es auf, denn so wenig Hitler christlich gesinnt war, so sehr hielt er an einer Institution fest, die bei der Truppe die Angst vor dem Heldentod mindern konnte.

Vom Oberkommando der Wehrmacht verlangte Bormann, daß in Fällen der politischen Beurteilung von Wehrmachtsangehörigen die Partei gefragt werden müsse. Seinen zuständigen Sachbearbeiter wies er an, mit dem Chef des Wehrmachtspersonalamtes „über die Frage der Beteiligung der Partei bei der Beförderung von Wehrmachtsangehörigen Näheres zu verhandeln". Noch schickte er nur einen Mitarbeiter als Spähtrupp vor, und noch sprach er nicht offen aus, worum es ihm ging, aber sein Ziel war schon erkennbar: Ähnlich wie bei den höheren Beamten sollte die Partei auch bei der Karriere der Offiziere mitreden dürfen.

Natürlich wußte Bormann, daß ihm sein Führer eine solche Forderung noch nicht erfüllen konnte, aber er demonstrierte damit immerhin, daß auch er, wie Hitler, viele Anschauungen des Offizierskorps als reaktionär und überholt ablehnte. Mitte Mai 1942 empörten sich die beiden in mehreren Gesprächen über ein Marine-Skandälchen: Ein Berufsoffizier hatte um eine Heiratserlaubnis nachgesucht, doch als den Moralaposteln im blauen Tuch bekannt wurde, daß die Braut schwanger war, hatten sie die Heirat verweigert, dem Offizier den Status des Berufssoldaten aberkannt und ihn strafversetzt. Nach ihrer Ansicht hatte die Frau eines Offiziers als Jungfrau in die Ehe zu gehen oder wenigstens dafür zu gelten. Was Hitler dazu sagte, faßte Bormann als grundsätzliche Richtlinie für die Zukunft zu einem Protokoll zusammen. Darin wurden in zehn Punkten etliche „ungeschriebenen Gesetze" der Offizierskaste als eine „durchaus verlogene Moral" verurteilt. Man spürt aus dem Text das Vergnügen des Kleinbürgers Bormann, der nun die Arroganz einer feudalen Gesinnung abkanzeln konnte und dabei sowohl das „gesunde Volksempfinden" als auch das Führer-Urteil auf seiner Seite hatte.

Andererseits mußte er sich auch manche Nadelstiche von seiten der Militärs gefallen lassen. Daß sie ihn nicht zu den Lagebesprechungen zuließen, regte ihn nicht auf, da er ohnehin Hitlers Exemplar der stenografischen Aufzeichnungen verwahrte. Dagegen reagierte er mit humorlosem Geschimpfe, als er im Juli 1942 ins Hauptquartier „Werwolf" kam und dort in seinem Schlafraum nicht den für höhere Ränge üblichen Wasseranschluß vorfand, sondern nur

Krug und Schüssel, noch dazu in der beziehungsreichen braunen Farbe. Die dafür verantwortliche Wehrmachtsdienststelle mußte schnellstens den fehlenden Komfort einbauen.

Nicht zu Unrecht, aber ohne konkrete Anhaltspunkte vermutete Bormann im Geheimdienst der Wehrmacht, in der von Admiral Wilhelm Canaris geleiteten „Abwehr", ein Nest von Regimegegnern. Den Admiral nannte er in Briefen gelegentlich „unseren ganz besonderen Freund". Es ließ sich auch kein größerer Gegensatz denken als der kultivierte und weltmännische Canaris und der ordinäre und engstirnige Partei-Kanzlist. Bormann kam es daher sehr gelegen, daß sich der Gauleiter Ernst Wilhelm Bohle, zuständig für die NSDAP-Ortsgruppen im Ausland, Ende 1942 bei ihm beschwerte, die „Abwehr" habe sämtliche Funktionäre der Partei in der Schweiz hinter seinem Rücken als Agenten eingespannt. Wenn die eidgenössische Spionageorganisation Lärm schlug, konnte dies zu einem Verbot der Partei in der Schweiz und zu diplomatischen Ungelegenheiten führen. Der Protest Bormanns bei Keitel entbehrte jedoch nicht der Heuchelei, denn als Erbe des Spionen-Netzes wartete schon der SD-Chef Schellenberg, Leiter der SS-Spionageorganisation. Da zu dieser Zeit die Scheinfreundschaft zwischen Bormann und Himmler noch in voller Blüte stand, änderte sich für die Parteigenossen in der Schweiz nur die Firma, nicht aber die Arbeit.

Es gab jedoch auch den einen oder anderen General, dessen Gesinnung Bormanns Ansprüchen genügte. So der Befehlshaber hoch im Norden Norwegens, Eduard Dietl, der „Held von Narvik". Wenn es von ihm Neues zu berichten gab, schrieb es Bormann gleich seiner Frau, denn auch sie hatte Dietl in ihr Herz geschlossen. Dieser General hatte Verständnis dafür, daß seine Krieger in den kalten Regionen und etliche tausend Kilometer von der Heimat entfernt Sehnsucht nach Bettwärme empfanden. Er hatte auch nichts gegen eine vorübergehende Kollaboration mit Norwegerinnen, aber als Ehefrauen schienen sie ihm nicht so recht geeignet. So blond und nordisch, wie die NS-Rassentheoretiker das germanische Brudervolk wähnten, waren die Töchter des Landes nicht. Mancher von Dietls Landsern reichte trotzdem ein Gesuch ein, seine Kriegsbraut heiraten zu dürfen. Da ein generelles Verbot der parteioffiziellen Lehre von der Hochwertigkeit der Nordmenschen widersprochen hätte, begnügte sich Dietl mit einer truppeninternen Warnung; die deutsche Frau – belehrte er seine Soldaten – sei rassisch wertvoller als die Norwegerin.

Bormann war von diesem Ukas um so mehr begeistert, als die Befehlshaber in den besetzten westlichen Ländern in dieser Hinsicht großzügiger verfuhren. Er verschickte den Dietl-Text an die Gauleitungen, damit in den örtlichen Parteiorganisationen mit diesen Argumenten Stimmung gegen das Einsickern fremden Volkstums oder gar unerwünschten Blutes durch verliebte Soldaten gemacht würde. Den Funktionären empfahl er, den Urlaubern zu Hause gesellige Veranstaltungen zu bieten, an denen die NS-Frauenschaft und die älteren Jahrgänge des BdM (Bund deutscher Mädel in der Hitlerjugend) sich beteiligen und das bessere Angebot der heimischen Weiblichkeit repräsentieren müßten.

Zu den NS-frommen Generälen wurde Anfang 1943 auch Walter von Unruh gerechnet; ihm war in der jetzt anlaufenden Aktion des totalen Krieges die Rolle des „Heldenklau" übertragen worden. Diesen volkstümlichen Titel bekam er, weil er die Etappenverbände der Wehrmacht und auch die Heimat auf kriegsverwendungsfähige Soldaten durchkämmte. Doch Bormann traute dem General nicht – aus Erfahrung. Unruh gehörte 1935 zu den Gründern eines „Soldatenbundes", der damals mit einer Aktion gegen die militanten Formationen der NSDAP alle gedienten Soldaten nach der Entlassung aus dem Wehrdienst quasi als Zwangsmitglieder erfassen, ihnen Gewehr, Uniform und Stahlhelm nach Hause mitgeben und sie sonntags zu Übungen verpflichten wollte. „SA, SS und sonstige Parteigliederungen", hatte von Unruh vor Offizieren in Würzburg verkündet, „haben sich an den Soldatenbund zu wenden, wenn sie Nachwuchs benötigen."

Nicht zuletzt durch die energische Gegenwehr von Heß und Bormann war aus diesen Plänen der Militärs nichts geworden, aber der jetzt 66jährige General war noch immer der Meinung, soldatische Gesinnung sei wichtiger als die NS-Weltanschauung. Jetzt konnte das Regime seine Energie und seine Rigorosität brauchen, aber um so dringlicher verlangte Bormann, daß nun endlich die ganze Wehrmacht mit der NS-Ideologie eingefärbt würde. Reichsleiter Rosenberg, zuständig für weltanschauliche Schulung, hatte sich darüber schon seit längerer Zeit Gedanken gemacht, und da er sich durch Büchersammlungen für Truppenbibliotheken schon etliche Verbindungen geschaffen hatte, waren bei seinem Amt hin und wieder Redner als Prediger des NS-Katechismus von Garnisonen angefordert worden.

Mitte Mai 1943 war Rosenberg in der „Wolfsschanze", zuerst bei Hitler zum üblichen Streit mit Koch und Bormann, und dann am nächsten Tag zu einem Gespräch über Parteiangelegenheiten beim Sekretär des Führers. Über die Notwendigkeit, mehr braunes Ideengut in die Soldaten zu pumpen, waren sich die beiden schnell einig, und Bormann widersprach auch mit keinem Wort, als sein Besucher ihm erläuterte, wie er dies bewirken werde. „Wir hatten stets darüber geklagt", bestätigte Rosenberg schriftlich einige Tage später den Inhalt der Übereinkunft, „daß in der Wehrmacht der Nationalsozialismus noch nicht jene Wurzel gefaßt habe, wie wir erhofften. Jetzt sei die Gelegenheit dafür gegeben" – nämlich durch die Proklamation des totalen Krieges –, „um Partei und Wehrmacht zu einer weltanschaulichen Einheit zu führen."

Doch an Predigern fehlte es. Rosenbergs Apostel waren entweder im Wehrdienst oder nicht mehr so jung, daß ihnen ein längerer Dienst bei der Truppe zugemutet werden konnte, auch wenn sie dabei nur mit dem Mund zu fechten hatten. Für diese Schulung sollten deshalb Männer herangezogen werden, „die nach einem kämpferischen Einsatz und als gute Nationalsozialisten" zu „weltanschaulichen Betreuungsoffizieren" gemacht werden konnten. „Im übrigen waren wir uns auch darin einig", bestätigte Rosenberg, daß diese Leute „von meiner Dienststelle geschult werden und ihre Einsetzung in den Divisionen im Einvernehmen mit der Partei-Kanzlei bei meiner dienstlichen Beteiligung erfolgt."

Es traf sich günstig, daß wenig später die frühere Hitler-Ordonnanz, Junge, jetzt SS-Offizier an der Ostfront, zu einem Besuch ins Hauptquartier kam. Er berichtete Hitler von den schwarz-weiß-rot geränderten Flugblättern des „Nationalkomitees Freies Deutschland", einer von den Sowjets gesteuerten antifaschistischen Organisation deutscher Kriegsgefangener unter der Führung von Stalingrad-Generälen, und Hitler meinte, gegen dieses „Gefährlichste, was momentan an der Front stattfindet", müsse der Glaube an das Hakenkreuz gefestigt werden.

Das gab Bormann einen guten Start; er konnte seinem Führer sagen, die Vorbereitungen dafür liefen schon. Rosenberg hörte von ihm freilich viele Wochen lang nichts mehr über dieses Projekt. Als er ungeduldig wurde, ließ ihn Bormann mit Keitel und dessen Amt verhandeln, und Mitglieder einer von Rosenberg gegründeten Lehrgemeinschaft, in der Mehrzahl Professoren, durften in Offiziersversammlungen schon Vorträge halten. Da jedoch bei den meisten Generälen das Hakenkreuz nur oberflächlich und klein auf dem Tuch ihres Waffenrocks saß, kamen die Verhandlungen nur langsam voran. Endlich, Mitte November 1943, konnte der Weltanschauungsexperte seinem Führer „gute Fortschritte" melden. Ungeklärt und deshalb von Hitler zu entscheiden sei eigentlich nur noch die Dienstbezeichnung der NS-Prediger in Uniform. Zur Wahl stünden „Offizier für nationalsozialistische Erziehung" und „Offizier für weltanschauliche Erziehung". Hitler entschied sich – typisch für seine Besserwisserei – für eine Kreuzung der beiden Vorschläge und machte daraus „Offizier für nationalsozialistische Weltanschauung". Doch dabei blieb es nicht.

Bormann war die ganze Zeit schriftlich von Rosenberg über die Verhandlungen auf dem laufenden gehalten worden, aber er hatte mit keinem Wort verlauten lassen, daß er gleichzeitig eine eigene Organisation aufbaute. In Tagungen und Gesprächen hatte er auch schon ein Programm und einen Mitarbeiterstab zusammengestellt. Dagegen hatte er die von Rosenberg vorgeschlagenen Offiziere bei ihren Truppenteilen erst gar nicht angefordert. Mit Goebbels und Himmler hatte er sich bereits über ihre Mitwirkung geeinigt. Er mußte jetzt nur noch einen Trick finden, mit dem er die älteren Ansprüche seines Konkurrenten entwerten konnte.

Zunächst meldete er bei seinem Obersten Kriegsherrn Bedenken gegen die Bezeichnung „Offizier für nationalsozialistische Weltanschauung" an; sie umfasse nicht alle Aufgaben, denn dieser neue Soldatentyp müsse nicht nur Grundsätze predigen, sondern auch die Truppe mit aktuellen Argumenten täglich neu begeistern. Solch eine Aufgabe wäre doch wohl Rosenberg, der selber als einer der langweiligsten Redner der Partei bewitzelt wurde, nicht anzuvertrauen. Bormann war beim letzten Rosenberg-Vortrag im Hauptquartier gerade verreist gewesen. Nun schrieb er: „Nach meiner Rückkehr sprach der Führer u.a. mit mir über diese in Aussicht genommene Bezeichnung und über die gesamte Tätigkeit, die von diesen Offizieren ausgeübt werden soll. Dabei entschied der Führer, diese Offiziersstelle soll endgültig die Bezeichnung ‚Offizier der nat. soz. Führung‘ (abgekürzt: NS-Führungsoffizier) bekommen."

Der hartnäckige Kleinigkeitskrämer Rosenberg verbiß sich prompt in diesen Köder. Er schickte am 26. 11. 43 eine in Großtypen geschriebene „Meldung an den Führer" ins Hauptquartier, in der er haarspaltend bewies, daß diese Offiziere erziehen, aber keineswegs auch beim Kampf führen sollten. Eigentlich stünde der nun gewählte Titel nur einem Divisionskommandeur zu. Er hatte nach so vielen Jahren Erfahrungen mit Hitler noch immer nicht begriffen, daß es diesem im Grund genommen gar nicht um eine Weltanschauung ging, sondern schlechthin um Macht, und daß die so dringlich verlangte Erziehung nur benötigt wurde, damit die Soldaten williger in den Tod gingen.

Rosenbergs protestierende „Meldung an den Führer" blieb denn auch bei Bormann hängen. Erst als jener bereits aussichtslos zurückgeworfen war, fragte Bormann provozierend an, „ob ich nach diesen Erläuterungen Ihre Meldung vom 26. 11. 1943 dem Führer vorlegen soll". Er brauchte es nicht mehr zu tun. Für alle Fälle aber hatte Bormann auch schon einen Bericht parat, den ihm einer seiner Gaustabsleiter geschickt hatte und in dem Klage über einen Rosenberg-Funktionär geführt wurde, der in der Kriegsschule Wartheland Vorträge gehalten hatte – trocken und ohne aktuellen Bezug. Außerdem habe der Redner auch noch „Keile in die Gemeinschaft" getrieben durch „Behandlung von Religionsproblemen und Erörterungen über... Minderwertigkeit einzelner deutscher Volksstämme".

Erst ein Bormann-Brief vom 30. November 1943 ließ Rosenberg erkennen, daß ihm Bormann die ganze Aktion aus den Händen genommen hatte. Darin stand: „Die Partei-Kanzlei hat sich schon seit langem mit dieser Offizierstelle, deren Schaffung und Entwicklung auf ihre Anregung erfolgte, befaßt... Ein (unterstrichen, Anm. d. Red.) Teilgebiet... ist die weltanschauliche Schulung, ein anderes sehr umfangreiches Gebiet umfaßt die politisch-praktische Aufklärung... die aktuellen Themen. Gegenüber der Wehrmacht muß die Partei-Kanzlei alle (unterstrichen, Anm. d. Red.) Dienststellen der NSDAP vertreten. Wohin kämen wir, wenn neben Ihnen Reichsminister Dr. Goebbels, Reichsleiter Dr. Ley und die übrigen beteiligten Reichsleiter, Reichsminister und sonstigen politischen Führungsstellen des Reiches neben und allzuoft gegeneinander mit dem Oberkommando der Wehrmacht verhandeln würden!" Gegen Ende des fünf Seiten langen Briefes erfuhr Rosenberg schließlich, wie weit er schon abgeschlagen war. Bormann schrieb:

„Im Einvernehmen mit dem Oberkommando der Wehrmacht habe ich für die Meldungen geeigneter Offiziere aus dem Führerkorps der Bewegung die erforderlichen Unterlagen von den Gauleitern erbeten. Die eingehenden Meldungen werden laufend dem Oberkommando der Wehrmacht zur Verfügung gestellt."

Da Rosenberg noch immer nicht aufgeben wollte, wurden noch etliche böse Briefe gewechselt, aber Bormann tarnte mit ihnen nur noch, wie hinterlistig er sein Spiel angelegt hatte. Schon Mitte Oktober 1943 hatte er einer ausgewählten Versammlung von Generälen in der „Wolfsschanze" seinen Plan und seine Mannschaft präsentiert, und in der Wehrmacht hatte er schon den Mann gefunden, der dem Vorhaben mit einer Generalsuniform Autorität verschaffte:

Hermann Reinecke, Chef des Allgemeinen Wehrmachtsamtes, der so linientreu war, daß er als Beisitzer in den Volksgerichtshof berufen werden konnte. Am 22. Dezember 1943 wurde Bormanns neue Machtposition mit einem Führerbefehl bestätigt, der die Bildung eines „NS-Führungsstabes" im Oberkommando der Wehrmacht vorschrieb. Chef des Führungsstabs wurde Reinecke, aber die eigentliche Leitung fiel hintergründig der Partei-Kanzlei zu. Bormann hatte den Generälen versichert, er werde keine Parteiredner in Soldatenuniformen stecken, sondern Offiziere wählen, die besondere Tapferkeit und unerschütterliche NS-Gesinnung gezeigt hätten. Politruks und Kommissare nach dem Muster der Roten Armee wolle er nicht. Die Praxis sah dann anders aus. Im späten Frühjahr 1944 hatte er 201 Planstellen mit NS-Führungsoffizieren besetzt. Bezeichnenderweise waren weit über hundert dieser Einpeitscher aus der Kirche ausgetreten. Viele dieser Offiziere sahen nicht, wie vorgeschrieben, im Oberkommando der Wehrmacht ihre vorgesetzte Instanz, sondern schickten ihre Berichte direkt an die Partei-Kanzlei. Als Bormann mit diesen Informationen den Militärs einheizen wollte, kam es zu einem massiven Kompetenz-Tauziehen zwischen ihm und dem Generalobersten Guderian, der sich die Bespitzelung der Truppenführer verbat und die Verfasser der Berichte mit Strafen bedrohte.

Andererseits gelang es kaum einem der NS-Führungsoffiziere, die Rolle zu spielen, die Bormann ihnen zugedacht hatte. Sie konnten nicht wie die Kommissare in den Armeen der Großen Französischen Revolution oder der frühen Roten Armee mit blankem Terror die Zaghaften einschüchtern, und es war ihnen auch verboten, Kritik an Generälen zu üben. Heldenmut und Kriegsbegeisterung ließen sich im sechsten Kriegsjahr kaum mehr erwecken, mit Drohungen ebenso wenig wie mit flammenden Reden. Hervorgetan haben sie sich erst in den letzten Wochen vor dem Kollaps des Regimes, als sie, statt mit Argumenten, mit der durchgeladenen Pistole die zurückweichenden Landser der ausgebluteten Regimenter im Hinterland aufhielten und gegen den Feind trieben oder gar als Deserteure aufhängen ließen. Sie vollzogen endlich das, was Bormann schon zwei Jahre zuvor in einem Rundschreiben an die Gauleiter gefordert hatte: „Jeder Zweifel an einem deutschen Sieg und an der Gerechtigkeit unserer Sache muß sofort nach dem Vorbild der Kampfzeit (vor 1933, Anm. d. Red.) mit massiveren Mitteln zum Schweigen gebracht werden."

Radikal und brutal, diese Worte werden für Bormann mit jeder Verschlechterung der Situation immer mehr zu Leitmotiven. Weil die Gerichte der Wehrmacht nicht schnell genug mit der Todesstrafe bei der Hand waren, wollte er dem Reichsjustizminister Thierack alle Verfahren mit politischem Hintergrund gegen Soldaten zuschanzen. Wenn Dönitz nicht bei Hitler protestiert hätte, wäre es ihm schon im Sommer 1943 geglückt.

So mußte er sich noch über ein Jahr gedulden; erst nach dem Attentat auf Hitler am 20. Juli 1944 wurde der Volksgerichtshof auch für Militärs zuständig. Radikal und brutal sollten nach Bormanns Vorstellungen alle Deutschen sein, auch in der von Luftangriffen täglich mehr verheerten Heimat. Da die eigenen Luftstreitkräfte nicht mehr in der Lage waren, die Angriffe abzuwehren, beschlossen Bormann, Goebbels und Himmler mit der Wut der Ohnmächtigen, den „Luftterror" mit Terror zu beantworten. Sie wollten damit dem aufgestauten Groll des Volkes ein Ventil schaffen und zugleich die Moral der Angreifenden schwächen.

Im April 1944 ordnete der Oberste Polizeichef Kaltenbrunner an, daß abgeschossene Feindflieger „in bestimmten Fällen" gleich bei der Gefangennahme getötet werden könnten und daß die Polizisten ihre Gefangenen nicht vor der Lynchjustiz durch empörtes Volk schützen dürften. Goebbels blies mit einem durch Presse und Rundfunk verbreiteten Leitartikel ins gleiche Horn. Doch von wenigen Fällen abgesehen gab es die gewünschte Volkswut nicht. Die Partei sollte diesem Mangel abhelfen, nach dem schon bei den Judenpogromen bewährten Rezept. Ende Mai 1944 verschickte Bormann ein „Geheim" gestempeltes Rundschreiben, das auch die Kreisleiter erhalten sollten und das schon durch die Überschrift den Zweck klarlegte: „Volksjustiz gegen anglo-amerikanische Mörder." (Siehe Dokumentation Seite 484.) Mit dem wiederholten Hinweis auf von Tieffliegern beschossene Frauen und Kinder wurde Haß geschürt und dann darauf aufmerksam gemacht, daß schon „abgesprungene oder notgelandete Besatzungsmitglieder... durch die aufs äußerste empörte Bevölkerung" gelyncht wurden, ohne daß die „dabei beteiligten Volksgenossen" bestraft wurden. Den für die Auslösung solcher Aktionen zuständigen Ortsgruppenleitern durften die Kreisleiter jedoch diese Anstiftung zum Mord nur mündlich weitergeben. Die erhoffte Wirkung blieb freilich aus; viele Funktionäre erkannten das Verbrecherische des Auftrags, und eine Anzahl Gauleiter untersagte die Weitergabe an die Kreisleiter.

Auch aus anderen Richtungen brach Bormann in den militärischen Sektor ein. Er war mit Hitler seit März 1944 auf dem Obersalzberg, also weitab vom Kriegsgeschehen, aber da die Invasion im Westen für den Sommer voraussehbar war, bereitete Bormann die Partei darauf vor. Am 30. Mai bekamen die Gauleiter als „Geheime Reichssache" Anweisungen für den „Einsatz der Partei im Invasionsfall" – auf vielen Seiten wenig Konkretes, dafür um so mehr NS-Phrasen und Durchhalteparolen. Immerhin erfuhren sie, daß die Oberste Führung ein Vordringen des Feindes bis an die Reichsgrenzen nicht ausschloß, denn „in den unmittelbar betroffenen Gauen" – so der Bormann-Text – „wird es sich vielleicht als notwendig erweisen, Frauen zu Hilfsdiensten, u.a. zu Schanz- und Planierungsarbeiten heranzuziehen". Eine Woche später landeten die feindlichen Streitkräfte an der französischen Atlantikküste.

Mit einem Erlaß „über die Zusammenarbeit von Partei und Wehrmacht in einem Operationsgebiet innerhalb des Reiches" ergänzte Hitler in der Julimitte Bormanns Anweisungen. Falls gegnerische Kräfte auf deutsches Reichsgebiet vordrängen, sollten dort „die Dienststellen der NSDAP, ihrer Gliederungen und Verbände" ihre Tätigkeit fortsetzen und den militärischen Oberbefehlshabern, denen die vollziehende Gewalt in solchen Fällen übertragen werde, zur Verfügung stehen. Ein „Gauleiter für das Operationsgebiet" werde den Einsatz der Partei zu leiten haben. Der für Bormann wichtigste Absatz verfügte, daß er „die zur Durchführung dieses Erlasses erforderlichen Vorschriften" formulieren werde. Sie würden dann auch für den militärischen Apparat verbindlich sein.

Warum er so verbissen nach solchen Befugnissen drängte, wird aus einem Brief erkennbar, den er am 15. Juli an seine Frau schrieb, dem ersten aus der „Wolfsschanze" nach einem monatelangen Aufenthalt in Bayerns Bergen. „Die Rückkehr war dringendst notwendig, denn in verblüffender Weise zeigt dieser Krieg immer deutlicher, daß nicht die Offiziere... die Träger brutalsten Kampfes- und Widerstandswillens sind, sondern der Führer und seine Parteimänner. Zur Versteifung der vielfach scheußlich knieweichen Haltung bei den Offizieren und daher auch bei ihren Truppen mußte der Führer hier selbst erscheinen, um entsprechend deutlich zu werden und seinen Einfluß auf die Truppen zu verstärken."

Den Generälen fiel es zu diesem Zeitpunkt schon schwer, an diesen Sieg zu glauben. Die Invasion war nicht, wie Hitler immer prophezeit hatte, in den ersten acht Stunden gescheitert. In harten Kämpfen weiteten Amerikaner und Briten ihre Basis in Frankreich immer weiter aus, und im Osten standen sowjetische Spitzen an der ostpreußischen Grenze. Am 18. Juli schrieb Bormann an seine Frau: „Zur Zeit stehen die Dinge wirklich auf Spitz und Knopf, wenn der Russe irgendwo mit Panzern und genügend Spritwagen etc. durchbricht – das ist zur Zeit nicht schwer – ist im Hinterland hinter unserer dünnen Frontlinie nichts, was ihm an wirksamen Waffen entgegengestellt werden kann." Des Führers Nerven seien daher verständlicherweise sehr angespannt.

Auch hinter der Front, in den Etappen und in der Heimat, sah es schlecht aus. Im Mai hatte Bormann den Gauleitern einen 16seitigen Bericht über den üblen Zustand der „inneren Front" geschickt, mit Ermahnungen, hart durchzugreifen und auch im Führerkorps der Partei auf Sauberkeit zu achten. Schieber und Kriegsgewinnler würden die Moral des Volkes, die Kampfbereitschaft und den Durchhaltewillen der Soldaten untergraben. So würden beim Bau von Befestigungsanlagen Betrügereien großen Stils begangen, massenweise würden Rohstoffe, Nahrungs- und Genußmittel, Gebrauchsgegenstände verschoben und schwarz gehandelt. Offiziere in den besetzten Gebieten seien an diesen Geschäften in großem Umfang beteiligt. Bestechliche Offiziere würden in den Wehrbezirkskommandos viele Feiglinge vor der Einberufung zur Truppe bewahren. „Hier müssen deshalb rechtzeitig starke Abwehrkräfte geschaffen werden", mahnte Bormann, denn es gelte, „nicht nur den jetzigen Krieg, sondern auch den kommenden Frieden zu gewinnen."

Was sich dann am 20. Juli 1944 um 12.42 Uhr bei der Lagebesprechung in der „Wolfsschanze" ereignete, gab Bormann die endgültige Bestätigung, daß die Offizierskaste dezimiert und entmachtet werden müsse. Der Hergang des Attentats, bei dem eine von Oberst Claus Schenk Graf Stauffenberg in die Baracke geschmuggelte Bombe unter der dicken Eichenplatte des Kartentisches neben Hitler explodierte, braucht hier nicht noch einmal geschildert zu werden. Bormann war nicht im Raum; ihn alarmierte die Explosion in seinem nahe gelegenen Quartier am Schreibtisch. Er kam dazu, als Hitler in zerrissener Kleidung, blutend und von Keitel gestützt, zum Führerbunker geführt wurde.

Wenig später erfuhr er von den Ärzten Morell und Hasselbach, daß Hitler nur äußerliche und unbedeutende Verletzungen davongetragen hatte.

Schon eine halbe Stunde später gingen Hitler und Bormann den Zaun des Sperrkreises entlang. Noch hatten die Kriminalisten des Reichssicherheitsdienstes nicht entdeckt, wie dieser Anschlag zustande gekommen war. Die richtige Spur fand Bormann. Ein Feldwebel der Fernsprechtruppe erzählte ihm, daß ein schwerkriegsbeschädigter Oberst kurz vor der Explosion die Baracke verlassen hatte. Dies schien Bormann verdächtig, und er nahm den Zeugen sofort mit zu Hitler, obwohl die umstehenden Wehrmachtsoffiziere lautstark gegen die ungeheuerliche Verleumdung eines Standesgenossen protestierten.

Damit war Stauffenberg ein Verdächtiger; er saß inzwischen im Flugzeug nach Berlin.

Gegen 16 Uhr wurde im Hauptquartier klar, daß hinter dem Attentat eine weitgespannte Verschwörung stand, daß in Berlin von der Dienststelle des Oberbefehlshabers des Ersatzheeres, des Generalobersten Friedrich Fromm, mit dem Code-Wort „Walküre" bei den Heimattruppenteilen der Alarm für innere Unruhen ausgelöst worden war und daß die Wehrkreise angewiesen wurden, einem neuen Oberbefehlshaber des Heeres, Feldmarschall Erwin von Witzleben, zu gehorchen. Himmler profitierte als erster aus der Parteimannschaft von der Diskriminierung der Heeresgeneralität; er bekam die Aufgaben Fromms, zu dessen Stab auch Stauffenberg gehörte. Der Mann mit dem Kneifer war nun plötzlich Befehlshaber eines gewaltigen Machtapparates; ihm unterstanden als Innenminister sämtliche Polizeikräfte, als Reichsführer die Formationen der Allgemeinen SS, deren Sonderformationen, auch in den besetzten Ländern, die Bewacher der Konzentrationslager, nominell auch die Divisionen der Waffen-SS und dazu nun noch sämtliche im Reichsgebiet und im Protektorat stationierten Heerestruppenteile. Er stieg mit seinem Polizeichef Kaltenbrunner ins Flugzeug, um in Berlin den Aufstand niederzuschlagen.

Er eilte keineswegs sofort in die Zentrale des Putsches, Fromms Amtssitz im ehemaligen Kriegsministerium in der Bendlerstraße, sondern peilte die Lage, indem er – wie er sich ausdrückte – von der Peripherie her die Staatsfeinde beobachtete. Die Verschwörer konnten noch um 18 Uhr ein Fernschreiben an alle Wehrkreiskommandos mit der Anweisung schicken, alle Reichsstatthalter, Gauleiter, Minister, Polizeiführer sofort zu verhaften und alle Nachrichtenanlagen zu besetzen. Doch dazu kam es, von Ausnahmen abgesehen, nicht mehr. Eine halbe Stunde später wurden alle Rundfunkprogramme unterbrochen, und mit einer Sondermeldung wurde bekanntgegeben, daß Hitler ein Attentat nahezu unversehrt überlebt habe. Damit war eine Grundvoraussetzung des Putsches hinfällig. Auch die Besetzung des Berliner Regierungsviertels mißglückte den Aufständischen.

Während in der „Wolfsschanze" zeitweise die meisten Nachrichtenverbindungen unterbrochen waren, weil auch der Chef der Heeresnachrichten-Truppen zu den Verschwörern gehörte, war Bormanns Fernschreibnetz die ganze Zeit intakt geblieben. Trotzdem ließ er es bis zum Abend unbenutzt. Nach der Rundfunkdurchsage warteten in den Gauleitungen und in der Münchner

Reichsleitung die Funktionäre zwei Stunden vergeblich auf Informationen und Befehle. In der Turbulenz des Geschehens und erschüttert von dem Ereignis muß er zeitweise die Nerven verloren haben. Dafür sprechen auch Wortlaut und Inhalt einer ganzen Serie von Fernschreiben, die er dann ab 20.30 Uhr an den Parteiapparat hinausjagte. Er diktierte sie seiner bewährten Sekretärin Else Krüger direkt in die Tasten. Ihr unterliefen dabei, angesteckt von seiner Nervosität, nicht nur eine Unmenge Tippfehler, sondern sie ließ auch Worte aus oder verwechselte Namen.

Die beiden ersten Fernschreiben, nur mit fünf Minuten Abstand gesendet, konnten nur Verwirrung stiften. Da werden die Gauleitungen zunächst vor dem Putschversuch gewarnt und angewiesen, „sofort alle aus dieser Lage sich ergebenden Konsequenzen zu ziehen". Dabei sollten sie gleichzeitig „äußerste Vorsicht walten lassen". Was sie in der Provinz unternehmen und was sie nicht tun sollten, wußte Bormann offenbar selbst nur unbestimmt. Sie bekamen den Hinweis, daß „nur Befehle des Führers Adolf Hitler oder seiner Männer… Gültigkeit" haben und „nicht Befehle abtrünniger reaktionärer Generäle". Gemeinsam mit den örtlichen Polizeiführern sollten die Gauleiter „alle Personen, die mit dem reaktionären Verbrechergesindel: Fromm, Hübner, Witzleben, Frh. v. Stauffenberg im Komplott stehen, sofort festnehmen lassen". Die so vage unterrichteten Gauleiter machte Bormann „dafür verantwortlich, daß Sie …die Führung in Ihren Gauen auf jeden Fall fest in Ihrer Hand behalten".

Auch ein drittes Fernschreiben, um 21.30 Uhr gesendet, läßt noch keine klare Überlegung erkennen. Es meldet, daß auch General „Olbrich" (statt Olbricht, Anm. d. Red.) zu den Verschwörern gehöre, stellt eine völlig unsinnige Verbindung zwischen dem Moskauer „Nationalkomitee Freies Deutschland" und der „Generalsclique" her und versichert in 19 Zeilen zweimal, die Rettung des Führers sei auch die Rettung Deutschlands. Zwanzig Minuten später folgte eine weitere Mitteilung, mit der Bormann im Rabaukenton endlich wieder ins gewohnte Geleise kam: „Ein General Beck will sich die Führung der Staatsgeschäfte anmaßen. Der General (Diktierfehler, Anm. d. Red.), der ehemalige Feldmarschall von Witzleben spielt sich als Nachfolger des Führers auf. Es versteht sich von selbst, daß nationalsozialistische Gauleiter von diesen Verbrechern, die ihrem Format nach ausgesprochene Miniaturwürstchen sind, sich nicht düpieren lassen und keine Befehle entgegennehmen. Heil Hitler M. Bormann." Um diese Zeit war der Staatsstreich schon zusammengebrochen. Erst lange nach Mitternacht wurde es Bormann klar, daß er seinen Parteigenossen einen zusammenfassenden Bericht schuldig war. Um 3 Uhr morgens, also schon am 21. Juli, gingen 29 Zeilen durch die Fernschreiber. Sie enthielten nicht viel mehr Informationen als die inzwischen schon über alle Sender verbreitete Rede Hitlers, erhielten aber dennoch den Geheim-Vermerk. Die Parteigrößen wurden beruhigt; Himmler habe das Ersatzheer „fest in der Hand" und von allen Truppenteilen „laufen fortgesetzt die Gelöbnisse der Treue" ein. An diesem Vormittag, um 11.35 Uhr, mußte Bormann dann auch noch seine ersten Anweisungen abschwächen. Auf Drängen Himmlers befahl er über Fernschreiber den Gauleitern, „jegliche weitere Aktionen gegen die

Offiziere, deren Verhalten zweideutig oder gar eindeutig als Gegner klassifiziert ist, umgehend zu stoppen... und alle die Dokumente zu schicken, deren Fälle nach Ihrer Meinung geklärt werden sollen". Himmler wollte die Beute der Jagd allein präsentieren können.

Auffällig ist, daß in diesen Fernschreiben der Generaloberst Fromm in der Aufzählung der Verschwörer mehrmals und immer an erster Stelle genannt wird, abweichend von allen offiziellen Nachrichten. Dabei war Fromm ursprünglich gar nicht in den Staatsstreich verwickelt; von dem Attentat erfuhr er erst am Nachmittag bei einem Telefongespräch mit Keitel, und dabei fragte er offenbar nichtsahnend und besorgt, ob sein Mitarbeiter Stauffenberg unter den Opfern sei. Als er von den Verschwörern aufgefordert wurde, bei dem Aufstand mitzumachen, weigerte er sich und wurde deswegen „auf Ehrenwort" in seiner Wohnung in Haft gehalten. Er übernahm wieder sein Amt, als die Aktion gescheitert war und ließ fünf führende Offiziere des Widerstands im Hof seines Amtssitzes standrechtlich erschießen. Obwohl er also keineswegs belastet schien, wurde er am 21. Juli festgenommen, auf ausdrücklichen Befehl Hitlers. Erst im März des nächsten Jahres wurde er vom Volksgerichtshof zum Tod verurteilt, aber nicht wegen Hoch- oder Landesverrats, sondern wegen Feigheit; er hätte gegen die Verschwörer zur Waffe greifen sollen.

Wie aber kam dann Fromm schon am Abend nach dem Attentat auf Bormanns Verschwörerliste? Dem Marineadjutanten Hitlers war schon früher aufgefallen, daß der Reichsleiter den Befehlshaber des Ersatzheeres mit besonderem Mißtrauen bedachte, mit der Begründung, er kenne den General schon lange. Admiral Jesko von Puttkamer, Dönitz-Vertreter im Hauptquartier, erinnert sich, daß diese Bekanntschaft auf den Ersten Weltkrieg zurückgehe. Tatsächlich gehörte Fromm damals zum Feldartillerie-Regiment 55, Standort Naumburg/Saale, wo Bormann seine unnormal lange Rekrutenzeit bis zum Kriegsende ausdehnen durfte, als Bursche bei einem Offizier, der ihn offenbar als Belohnung für Emsigkeit und Ergebenheit vor einer Versetzung an die Front bewahrte. Fromm war damals in der Garnison. Bormann mußte ihm monatelang die Stiefel putzen. Die in der kaiserlichen Armee noch sehr krassen Klassenunterschiede zwischen Offizieren und Angehörigen des Mannschaftsstandes soll Bormann als bedrückend empfunden haben. Einige seiner Bekannten führten auf diese „Putzer"-Zeit mit untergeordneten Dienstleistungen sogar seinen Stiefeltick zurück; er besaß etwa drei Dutzend Paare dieser Langschäfter, braune für die Partei-, schwarze für die SS-Uniform. Sie mußten immer spiegelblank sein.

Das wäre eine plausible Erklärung für die Abneigung des zum Sekretär des Führers Aufgestiegenen gegen den Generaloberst Fromm. Der Emporkömmling ließ sich nie gern an Zeiten erinnern, in denen er noch nichts war, und er haßte Leute, vor denen er klein und demütig hatte auftreten müssen – so die SA-Führer Pfeffer von Salomon und Röhm, so Rudolf Heß nach seiner Flucht, und, wie sich noch zeigen wird, Hermann Göring. Von solchen Ressentiments getrieben, konnte er bei Hitler durchsetzen, daß auch Fromm verhaftet wurde. Auch auf dem Parteisektor konnte Bormann von der Situation profitieren. Es müßten nun, so argumentierte er bei Hitler, wirklich alle Kräfte der NSDAP zusammengefaßt und eingesetzt werden. So bekam er die Unterschrift unter eine Verfügung, die ihn „zur Herbeiführung des totalen Kriegseinsatzes" der gesamten Parteiorganisationen ermächtigte. Sie berechtigte ihn, „Dienststellen sowie Aufgabengebiete... ganz oder teilweise stillzulegen und die hierdurch frei werdenden Kräfte anderweitig... kriegswichtig einzusetzen". Mit dieser Vollmacht war er Herr über das ganze Funktionärskorps bis herab zum kleinsten Blockleiter, über alle Gliederungen wie SA, SS, NSKK und über die angeschlossenen Verbände. Jedem Funktionär, der sich ihm entgegenstellte, konnte er die Dienststelle schließen und ihn damit als Soldat an die Front schicken.

In der hektischen Nacht vom 20. zum 21. Juli 1944 kam Bormann nur zu 90 Minuten Schlaf. Er sei deshalb viel zu müde, alles brieflich zu erzählen, schrieb er seiner Frau, und er werde dies nachholen, wenn er demnächst auf den Obersalzberg komme. Er schickte ihr statt dessen Durchschläge seiner Fernschreiben, damit sie ermesse, was er geleistet habe. In ihrer Antwort erntete er dann auch die gewünschte Bewunderung. „Du arbeitest zu viel", mahnte sie, „viel mehr als die anderen." Doch er entgegnete, er könne sich jetzt nicht schonen. „Die Mörder des 20. Juli" müßten weiter verfolgt werden.

Er war jedoch gezwungen, von seinen aus Wut und Angst geborenen generellen Verdächtigungen einiges zurückzunehmen. Der Aufstand mußte als das Werk einer winzigen und einflußlosen Gruppe erscheinen, die vom Volk verabscheut wurde. Deshalb belehrte er die Parteispitzen mit einem am 24.7.1944 um 4 Uhr morgens gesendeten Fernschreiben, es dürfe sich niemand dazu hinreißen lassen, „das Offizierskorps, die Generalität, den Adel oder Wehrmachtsteile in corpore anzugreifen oder zu beleidigen". Das Heer habe ja auch „die auf Verhaftung der Gauleiter oder Kreisleiter lautenden Befehle des Verräterhaufens" nicht ausgeführt. Dazu lieferte er noch eine erfreuliche Nachricht; der Führer habe inzwischen klargestellt, daß die vollziehende Gewalt in den Gauen „nicht an die Wehrmacht oder an einzelne Generäle übergehen kann, sondern sie muß gerade in besonderen Krisen... fester denn je in der Hand der Gauleiter gehalten werden". Für den Dirigenten der Funktionäre war diese Zusicherung besonders wichtig. Ein weiteres abwiegelndes Fernschreiben verbreitete er am Tag darauf; er verbot den Gauleitern alle „Einzelaktionen gegen Verdächtige", damit die Untersuchungen des Reichssicherheitshauptamtes nicht gestört und niemand vorzeitig gewarnt würde.

Am 26. Juli 1944 mußte Bormann es hinnehmen, daß der beim Führer – auch durch die Berliner Putsch-Ereignisse – wieder hochangesehene Reichspropagandaminister zum „Reichsbevollmächtigten für den totalen Kriegseinsatz" ernannt und damit durch weitreichende Vollmachten als Lenker der gesamten Staatsmaschinerie eingesetzt wurde. Doch allein schon die dabei benutzte bürokratische Konstruktion ließ erkennen, daß der Titel mehr versprach, als er in der Realität bedeutete. In einem Führer-Erlaß wurde zunächst einmal Göring als Vorsitzender des Ministerrats für die Reichsverteidigung beauftragt, „das gesamte öffentliche Leben den Erfordernissen der totalen Kriegsführung in jeder Beziehung anzupassen". Doch schon der nächste Satz schrieb ihm vor, „zur Durchführung dieser Aufgabe" einen Reichsbevollmächtigten für den totalen Kriegseinsatz vorzuschlagen – nämlich Goebbels, der durch einen zweiten Erlaß Hitlers ins Amt kam. Auch Bormann durfte in diesem Verwirrspiel mit Kompetenzen mitwirken: Im ersten Erlaß wurde nicht nur festgelegt, daß der Leiter der Partei-Kanzlei „auf Grund der ihm erteilten Vollmachten" in seinem Parteibereich von Goebbels-Maßnahmen nicht erreicht werden konnte, sondern er durfte auch noch dieses Papier mit unterschreiben, neben Hitler und dem bei allen staatlichen Akten-Prozeduren unvermeidlichen Lammers. Seinen Funktionären schickte er Abschriften der beiden Erlasse. Damit sie seine Rolle bei dieser Entwicklung nicht unterschätzten, verhieß er ihnen, er werde „zur Erläuterung der notwendigen Maßnahmen... in einer Woche eine Tagung" abhalten. Anfang August wurden sie dann von ihm nach Posen und zur „Wolfsschanze" gerufen.

Auch an einem anderen Rundschreiben, das vom gleichen Tag datiert, war zu erkennen, daß er Leitstern der Funktionäre geblieben war. Jedem Reichsleiter, Gauleiter und Verbändeführer schickte er als „Geheime Reichssache" ein numeriertes Exemplar seines „ersten Berichts über die Hintergründe des Mordanschlags". Verglichen mit den bis dahin verbreiteten Fernschreiben ist der Text einigermaßen frei von massiven Beschimpfungen, verhältnismäßig sachlich im Ton und richtig in den Fakten, wenn auch stets von einer „Verschwörerclique" die Rede ist. Der Stil verrät, daß Bormann diesen Bericht nicht selber verfaßt hat oder zumindest die Hilfe eines geschickteren Formulierers in Anspruch genommen hat. Neun Verschwörer werden namentlich genannt, sogar mit ihren militärischen Rängen. Hinter fünf der Namen steht ein Kreuz; sie sind schon tot. Bei vieren zeigt ein (v) an, daß sie verhaftet sind. Generaloberst Fromm fehlt in der Liste.

Am 12. August 1944 hielt Bormann mit einem Rundschreiben Nachlese nach „Verrätern, Defaitisten und ähnlichen Handlangern des Feindes". Das deutsche Volk, so behauptete er in einer Anordnung für die Parteicreme, verlange mit Recht deren „rücksichtslose Ausmerzung. Damit alle Hintermänner" erfaßt würden, sollten „mir beeilt alle Personen bzw. Zusammenhänge" mitgeteilt werden. Darüber hinaus verlangte er „beschleunigte Namhaftmachung aller sonstigen Personen, die in Vergangenheit oder Gegenwart durch ihr Verhalten Anlaß zu Zweifeln an ihrer nat. soz. Haltung und weltanschaulichen Festigkeit gegeben haben". Es war die Aufforderung zur großen Hexenjagd. Bormann hielt auch selber Ausschau. Als Franz von Papen, Ex-Vizekanzler und nun Botschafter in Ankara, in jenen Tagen ins Hauptquartier gerufen wurde, begegnete er Bormann auf dem Stettiner Bahnhof in Berlin. Bormanns „zynisches Lächeln" deutete Papen als die unausgesprochene Drohung: „Du bist auch reif für das große Reinemachen."

Sorgfältig beobachtete Bormann alle, die jetzt zur Strecke gebracht wurden. Von Kaltenbrunner erhielt er ständig Berichte über die Verhörergebnisse der Geheimen Staatspolizei. In die Verhandlungen vor dem Volksgerichtshof schickte er Mitarbeiter aus der Partei-Kanzlei als Aufpasser. Zusätzlich ließ er sich durch den Reichsjustizminister Thierack informieren. So meldete Thierack, der Gerichtsvorsitzende Freisler habe die Angeklagten niedergebrüllt. „Das machte einen recht schlechten Eindruck, zumal der Präsident etwa 300 Personen das Zuhören gestattet hatte. Ein solches Verfahren" sei sehr bedenklich. Dessen ungeachtet wollte Goebbels den während der Verhandlung gedrehten Dokumentarfilm „Verräter vor dem Volksgerichtshof" den Gauleitern zur Verfügung stellen. Doch Bormann widersprach und setzte sich durch, mit der Begründung, daß dann jeweils ein größerer Personenkreis zuschauen würde und daß sich daraus „unerfreuliche Diskussionen um die Prozeßführung" entwickeln könnten.

„Wir haben noch lange nicht alle Untersuchungen zum 20. Juli abgeschlossen", schrieb er im Oktober 1944 an Gerda. Die Gegner hätten sich nur verkrochen, und weitere bittere Enttäuschungen seien zu erwarten. „In Zukunft werden sie nicht mehr nur mit Aktentaschen kommen, sondern mit Granaten und Gift."

Als im August auch der Oberbefehlshaber im Westen, Feldmarschall Günther von Kluge, in den Verdacht geriet, mit den Männern des Widerstands paktiert zu haben, beteiligte sich Bormann eifrig am Kesseltreiben. Mit einer kühnen Krimi-Konstruktion wollte er sogar beweisen, daß dieser Heerführer so etwas wie ein allgegenwärtiger Brandstifter bei der Verschwörung sei. In einem Aktenvermerk erläuterte er Mitte August 1944 seinen drei Spitzenmitarbeitern, weshalb Kluge jetzt abgelöst werde: „Nach den bisherigen Vernehmungen" müsse er „von einzelnen Gedankengängen einzelner Verräter gewußt haben. Meldung hierüber hat er nicht erstattet." Verdächtig sei ferner, daß Kluge „lange Zeit Oberbefehlshaber der Heeresgruppe Mitte (Rußland)" gewesen sei. Sie war im Juni und Juli überrannt worden, fast zwei Dutzend ihrer Generäle hatten sich inzwischen dem Moskauer „Nationalkomitee Freies Deutschland" angeschlossen.

Was Bormann damit als wahrscheinlich darstellte, teilte er vier Wochen später als Faktum Gauleiter Eggeling in Halle mit. „Tatsächlich steht der Zusammenbruch der Heeresgruppe Mitte in einem gewissen Zusammenhang mit dem 20.7.1944." Unter Kluges Kommando hätten sich dort die Verräter gesammelt. „Der Generalstabschef Treskow gehörte zu den Hauptverrätern. Er beeinflußte mit seiner Miesmacherei eine ganze Reihe von Generälen." Eggeling hatte angefragt, weshalb die Verschwörung unentdeckt bleiben konnte. Bormanns Antwort: Das unerhörte Kameradschaftsgefühl der Offiziere habe dies bewirkt und „an soviel Intrige und Gemeinheit... konnte niemand glauben". So bestehe denn auch im Hauptquartier keine „gesellschaftliche Verbindung" zwischen den Offizieren des Oberkommandos des Heeres und den Getreuen des Führers. Letztere hätten dazu keine Zeit, denn jeder müsse „von früh bis nachts arbeiten, wenn er seine Aufgabe pflichtbewußt erfüllen will". Für die Öffentlichkeit waren solche vertrauliche Informationen nicht bestimmt. Die Parteifunktionäre der unteren Ränge lasen im Reichsverfügungsblatt der Partei-Kanzlei etwas anderes. „Die Verallgemeinerung einzelner weniger Fälle widerspricht nicht nur den bereits ergangenen Anordnungen,

sondern vor allem der Hingabe und Treue Hunderttausender braver Offiziere." Auch Bormanns Schoßkinder, die NS-Führungsoffiziere, wurden für ihre
Truppenpropaganda auf den gleichen Trend gedrillt. In dem Text ihres Infor-
mationsblatts hieß es zum Zusammenbruch der Heeresgruppe Mitte: „Die
wenigen, ob General oder Mann, die Verrat geübt und sich in irgendeiner
Form dem Feind ergeben haben, die nun mit ihm paktieren, werden kriegsge-
richtlich abgeurteilt. Für den Verräter haftet seine Sippe." Den letzten Satz
übernahm Bormann aus Himmlers Posener Rede von 1944.
Die bitteren Überraschungen, die er seiner Frau angekündigt hatte, kamen
auch. „Denk Dir, das Attentat auf den Führer und die natsoz. Führung war
bereits 1939 geplant von Gördeler, Canaris, Oster, Beck und anderen! In einem
Panzerschrank, dessen Schlüssel bisher fehlte, fand man die einwandfreien Unterlagen, die vernichtet werden sollten, durch ein Versehen eines der Beteiligten aber aufgehoben wurden. Die ganzen Pläne für den Angriff im Westen wurden bereits verraten, nachweislich dem Gegner überbracht." Sie antwortete ein
paar Tage später: „Hoffentlich ist Euch keiner entkommen, der im Verborgenen
weiterarbeitet. Ach Vati, es ist nicht auszudenken, was würde, wenn Heinrich
und Du nicht so hinter allem her wären." (Gemeint: Heinrich Himmler).
„Allein könnte der Führer niemals alles schaffen."
Zu dieser Zeit ließ Bormann schon seit Wochen in Herrlingen bei Ulm das
Haus des wohl populärsten deutschen Feldmarschalls, Erwin Rommel, überwachen. Dieser war Mitte Juli 1944 während der Invasionskämpfe in Frankreich bei einem Kraftwagenunfall schwer verletzt worden und auf dem Weg
der Genesung. Aus Kaltenbrunners Vernehmungsberichten entnahm Bormann, daß offenbar auch der legendäre „Wüstenfuchs" aus Schwaben zum
Kreis der Verschwörer gehört hatte. Als er Hitler seinen Bericht vorlegte, bekam er dessen Zustimmung zu Rommels Verhaftung; in einer Sitzung, an der
außer Bormann auch Keitel, Himmler und Hitlers Chefadjutant General Wilhelm Burgdorf teilnahmen, wurde beschlossen, wie dies unauffällig geschehen
könne. Unter dem Vorwand, der Feldmarschall werde ein neues Kommando
bekommen, sollte er nach Berlin gelockt werden. Doch Rommel lehnte die
Reise auf Anraten seines Arztes ab und bat um den Besuch eines bevollmächtigten Offiziers. Bormann schickte am 14. Oktober 1944 Burgdorf und einen
anderen General nach Herrlingen. Sie stellten den Feldmarschall vor die
Wahl: Volksgerichtshof und Schande oder Selbstmord mit Pensionsberechti-
gung für die Familie und eine standesgemäße Totenehrung. Rommel wählte
den Freitod und bekam ein Staatsbegräbnis. Sein „Verrat" blieb ein Geheimnis. Offiziell wurde bekanntgegeben, er sei an seinen Verletzungen gestorben.
Auf diese Weise wurde vertuscht, daß die Wehrmacht im Hauptquartier ihr
Ansehen verloren hatte und daß ihre Bereiche den Parteigrößen zum Plündern
überlassen waren. Auch Bormann griff zu. Ende Juli ordnete Hitler an, daß gegen das Vordringen feindlicher Kräfte in Italien ein rückwärtiges System von
Befestigungen im Alpenvorland von der Schweizer Grenze bis Venedig zu
bauen sei und daß die Gauleiter von Tirol und Kärnten als Oberste Kommissare die Arbeiten verantwortlich leiten sollten. Kurz darauf bekamen die Gau-

leiter im Westen des Reichs Aufträge gleicher Art. Bormann erläuterte seinen leitenden Mitarbeitern in der Partei-Kanzlei, mit welchen Argumenten er der Wehrmacht diesen Auftrag weggeschnappt hatte. „Auf Grund der Leistungen des Gauleiters Koch hat der Führer den Gauleitern und nicht der OT (Organisation Todt, paramilitärische Formation für Großbauten) und nicht den Pionieren den Ausbau... übertragen."

Koch hatte nach dem Zusammenbruch der Heeresgruppe Mitte und dem Vordringen sowjetischer Spitzen bis an die Grenze seines ostpreußischen Gaues dort die Bevölkerung rigoros zum Schanzen getrieben. An die Parteifunktionäre schrieb Bormann Ende August voller Stolz: „Die Aufgabe des Stellungsbaues wurde den Gauleitern und nicht den Reichsverteidigungskommissaren übertragen, d. h. dem Mann der Partei und nicht dem Mann des Staates."

Das war jeweils die gleiche Person, aber für Bormann war die Unterscheidung bedeutend, als er damit das Oberhaupt aller Schanzer und Schipper, ein Festungsbauer, wurde. „Das bedeutet für mich wieder eine enorme Arbeitssteigerung. Die Gauleiter müssen mir täglich über ihre Fortschritte im Stellungsbau und über etwaige Schwierigkeiten berichten! Auch meine Sekretärinnen müssen tüchtig schaffen, z. Z. sitzen noch drei und schreiben."

Er schonte weder sich noch andere, und auch die Gauleiter wurden angetrieben. „Die ersten in der vergangenen Woche eingelaufenen Berichte der meisten Gauleitungen zeigen, daß ihr Ausbau keineswegs dem entspricht, was der Führer erwartet", rügte er. „Wenn die Gauleiter nun lediglich die OT oder die Pioniere arbeiten lassen, dann hätte der Führer gleich von vornherein diese selbst beauftragen können."

Erst am 1. September 1944, also lange nach Beginn der Arbeiten, unterschrieb Hitler die Bestallung, mit der dieser Auftrag nach allen Seiten gesetzlich abgesichert wurde. Offenbar wollte er erst Erfolge sehen. Dies erklärt die Hektik, mit der Bormann die Arbeiten vorantrieb und dadurch vielfach unerträgliche Zustände schuf. An vielen Plätzen fehlten Bagger und Planierraupen, und wo sie vorhanden waren, mangelte es an dem schon nicht mehr für Kraftwagen und Fleugzeuge ausreichenden Treibstoff. Mit Spaten und Pickel mußten Hunderttausende – Frauen, Halbwüchsige, Arbeitsdienstformationen und ausländische Zwangsarbeiter – bei schlechter Massenverpflegung und miserablen Unterkünften umfangreiche Erdbewegungen vollbringen. Genutzt haben die Befestigungen später fast nichts.

Was Hitler noch dringender brauchte als Unterstände und Schützengräben, waren Divisionen. Himmler und Goebbels holten seit Ende Juli aus den Betrieben alle Männer heraus, die noch halbwegs tauglich waren. Sie stellten „Volks-Divisionen" zusammen, die kampferprobten eigenen Truppen mehr Angst einjagten als dem Feind, weil sie an der Front immer ein Unsicherheitsfaktor blieben. Wenn Bormann im Endspurt um des Führers Gunst mit den Konkurrenten Schritt halten wollte, mußte auch er noch Soldaten auftreiben. Da er nie eigene Ideen hatte, entlieh er sie sich auch jetzt dafür.

Als im August der Russeneinfall in Ostpreußen drohte, riet General Walther Wenck, der für den beim Attentat verletzten General Heusinger als Chef der

Operationsabteilung des Generalstabs amtierte, im bedrohten Gebiet alle Männer zu den Waffen zu rufen. Generaloberst Guderian unterstützte den Plan, doch Gauleiter Koch griff ihn noch schneller auf und schuf sich damit eine eigene Streitmacht, über deren Einsatz er allein verfügte. Guderian schlug Hitler vor, eine solche Reserve mit Hilfe der SA in allen Grenzgauen zu organisieren. Mit dem Hinweis auf die Röhm-Affäre und auf die Treue der Gauleiter gelang es Bormann, sich in die Pläne einzuschalten.

Zwar hatte Hitler 1937 vor Kreisleitern auf der Ordensburg Vogelsang ein Miliz-Heer als ,,einen gänzlich wertlosen Haufen" bezeichnet und ebenso eine Volkserhebung nach dem Muster der Großen Französischen Revolution, weil man ,,durch die Mobilisierung von Begeisterung" keine Soldaten herbeizaubere. Doch der Volkssturm war wahrhaft das letzte Aufgebot.

Am 26. September 1944 schrieb Bormann an seine Frau: ,,Heute stimmte der Führer nach einigen Geburtswehen dem Befehl für den Volkssturm zu. Ich fühle mich wie eine junge Mutter, erschöpft, aber glücklich." Himmler als Befehlshaber des Ersatzheeres konnte er bei dem Projekt nicht ganz ausschalten, aber dessen Ämterhäufung erlaubte gewiß kein großes Engagement. Der immer mißtrauische Hitler wollte ohnehin den Reichsführer SS nicht noch stärker machen. Der auf den Vortag datierte Führer-Erlaß bestimmte, daß ,,die Aufstellung und Führung ... in ihren Gauen die Gauleiter" übernehmen sollten. Himmler bekam die Verantwortung ,,für die militärische Organisation, die Ausbildung, Bewaffnung und Ausrüstung". Bormanns Name tauchte erst im vorletzten Absatz des Erlasses auf; er wurde beauftragt, die ,,politischen und organisatorischen" Ausführungsbestimmungen zu erlassen.

Daß Bormann seine Rolle nicht so bescheiden auffaßte, zeigte sich schon in seinen ersten Fernschreiben. Drei Tage nach der ,,Geburt" hatten seine Leute schon einen Arbeitsstab aus Vertretern der verschiedenen Organisationen zusammengetrommelt, die Parteispitzen wurden aufgefordert, alle ,,bisher auf diesem Gebiet gemachten" Erfahrungen an die Berliner Dependance der Partei-Kanzlei zu schicken. Seiner Frau Gerda gegenüber sprach Bormann von ,,meinem" Volkssturm.

Für ihn und die Gauleiter ging es nun auch darum, wer am Ende des Kriegs im Inneren die Macht haben würde. Der Führer? Daß dessen Gesundheit schlechter wurde, sah er besser als jeder andere; zwei Tage später legte sich der von chronischem Gliederzittern geplagte Hitler mit Magenkrämpfen für eine Woche ins Bett. Wenn nicht schon die Nachfolge, so mußte jetzt doch wenigstens die Stellvertretung angesteuert werden. Erster Anwärter für die Staatsführung war noch immer unwiderrufen Göring, dieser hatte aber beim Volk völlig abgewirtschaftet. Goebbels war im letzten Jahr weit nach vorn gekommen, hatte aber keine Gefolgschaft, weder in der Partei, noch in den Organisationen, noch bei den Ministern, noch bei der Wehrmacht. Aussichtsreichster Kandidat war Himmler durch seine Machtfülle, aber einem kleinen Kreis von Eingeweihten galt Bormann als Geheimtip.

Das Heer, das er durch die Gauleiter aufbauen ließ, wurde am Jahrestag der Völkerschlacht von Leipzig, am 18. Oktober 1944, offiziell aufgestellt, aber es konnte von kriegserfahrenen Soldaten nur bemitleidet werden. Mit weit über einer Million Marschierern war es nur zahlenmäßig imponierend. Was hier ins Glied trat, war der vielmals gesiebte Ausschuß der männlichen Deutschen zwischen 16 und 60 Jahren – viele Kränkelnde und Schwache, die ganz Alten und die ganz Jungen, die meisten ohne soldatische Ausbildung und verständlicherweise ohne Begeisterung und ohne den Glauben, ausgerechnet sie könnten noch mit dem Einsatz ihres Lebens Deutschland retten. Zwangsläufig war es eine Feierabendarmee; da die Produktion nicht absinken durfte und die Abendstunden wegen der verlängerten Arbeitszeit für den Volkssturmdienst selten in Frage kamen, blieb für den militärischen Drill nur der Sonntag. Geübt wurde meist mit Attrappen, denn Waffen waren rar. Für den Ernstfall standen fast nur Beutegewehre und wenig passende Munition zur Verfügung. Bekleidung war so große Mangelware, daß Gauleiter ihre Kämpfer mit Fliegergeschädigten-Ausweisen zum Einkauf von Textilien und Stiefeln in Nachbargaue schickten oder in Norditalien den Schwarzmarkt abgrasten. Als sich das Reichswirtschaftsministerium darüber bei Lammers beschwerte und dieser die Klage an Bormann weitergab, reagierte der Schöpfer des Volkssturms grob. ,,Die Armee der größten Idealisten", schrieb er, sei Parteisache und ginge Lammers nichts an.

Von der Wehrmacht ließ sich Bormann schon gar nicht dreinreden. Keitel sagte im Nürnberger Prozeß rückblickend aus, ,,daß der Reichsleiter Bormann jede Beratung, jede Mitarbeit und jede Information ... gegenüber militärischen Dienststellen abgelehnt hat". Da sich die Bataillone nur im weiteren Umkreis ihrer Heimatorte einsetzen ließen, fiel es der Wehrmacht meist leicht, auf diese Kräfte zu verzichten. Wenn es ernst wurde, verkrümelten sich ohnehin die meisten Volkssturmmänner älterer Jahrgänge unauffällig. Doch die zum Fanatismus erzogenen Hitlerjungen wurden häufig zum Kanonenfutter. So finden sich denn auch in Bormanns Briefen an seine Frau keine Bemerkungen mehr über seine mit soviel Vorschußruhm gestartete Armee. Nur ein militärischer Laie wie er, der erst kurz vor seinem Tod ins erste Gefecht zog, konnte erwarten, daß der Volkssturm etwas zu einer Schicksalswende beitragen würde. Im Herbst 1944 glaubte er noch fest daran. In einem Brief an Himmler Ende Oktober 1944 – trotz wachsender Rivalität noch immer der ,,liebe Heinrich" – rüffelte er dessen Nachlässigkeit als Mitverantwortlicher für den Volkssturm. Himmlers Beauftragter, der schlitzohrige SS-Obergruppenführer Gottlob Berger, befasse sich ,,hauptsächlich mit organisatorischen Angelegenheiten, für die ich verantwortlich bin, während Weisungen über die militärische Ausbildung nicht ergingen". Wenn dies nicht bald geschehe, drohte Bormann, träfen die Gauleiter ,,die notwendigen Vereinbarungen" mit Generaloberst Guderian, also mit der Wehrmacht, und dann ,,nehmen die Dinge aber zwangsläufig eine völlig falsche Richtung". Der ultimative Ton zeigt, daß der Sekretär des Führers sich nach seinem Sieg über die Generäle auch dem Reichsführer SS gewachsen fühlte.

19   Die Moral der „Goldfasanen"

Sie waren Freunde, der Reichsführer SS und der Sekretär des Führers, solange der Schein aufrechtzuerhalten war, und ihre Frauen, ob eingeweiht oder ahnungslos, spielten die Farce mit. Dabei war die familiäre Herzlichkeit eigentlich darauf gegründet, daß des verheirateten Heinrich Himmlers Lebensgefährtin nicht seinen Namen trug, sondern Hedwig Potthast hieß. Sie war einige Zeit seine Sekretärin gewesen, ihretwegen lebte er von seiner Frau getrennt. Hedwig Potthast hatte wegen der Mesalliance heftige Vorwürfe von ihren Eltern zu erdulden, aber der Reichsführer SS wollte eine Scheidungsaffäre vermeiden.

Weil Hedwig ein Kind von ihm hatte – ihr Sohn Helge wurde im Februar 1942 geboren –, wollte er ihr wenigstens ein Heim bieten, ein Eigenheim. Es war bezeichnend für Himmlers penible Vorstellungen von Korrektheit, daß er, Herr über riesige Wirtschaftsbereiche in den Konzentrationslagern, nicht das Geld besaß, um das Haus zu bauen. So klopfte er schließlich an, wo andere Mitglieder der NS-Führung schon hohe Beträge kassiert hatten, beim „lieben Martin", dem Verwalter der Hitler-Millionen.

Himmler bekam 80 000 Mark, aber nicht als Dotation, wie Generäle und Minister, sondern als Darlehen, noch dazu – wenn SD-Chef Schellenberg nicht übertreibt – gegen nahezu wucherische Zinsen, die der mit zwei Familien belastete Schuldner trotz seines Ministereinkommens nur mühsam aufbrachte. Immerhin hatte „Häschen", wie die Geliebte von ihm genannt wurde, nun im Berchtesgadener Land ihr Häuschen, im Schneewinkel-Lehen, und weil Gerda der sich etablierenden Lebensgemeinschaft anläßlich der Geburt einer Himmler-Tochter, des zweiten Kindes, etliche Geschenke aus ihrem Fundus an Säuglingskleidung und Spielzeug schickte, begannen auch bald die gegenseitigen Besuche. Bormann schrieb, er finde es „sehr nett, daß Du jetzt mit Häschen Verbindung hast und Himmler ist sehr froh, daß Ihr Euch gut versteht".

Bormann hatte nichts gegen außereheliche Freuden. Er nahm die Frauen, wie sie kamen, und seine Frau duldete oder förderte gar seine Eskapaden. Seine Ehebrüche waren ihr zwar nicht gleichgültig, aber sie glaubte die Harmonie in der Familie besser gewahrt, wenn sie gute Miene zum bösen Spiel machte. Da gab es neben vielen Augenblicksbekanntschaften in den ersten Kriegsjahren eine Affäre mit einer Schauspielerin in Berlin. Es gab auch eine Liebschaft

„mit dem kleinen schwedischen Mädchen, das nachher starb", an die ihn seine Frau in einem Brief erinnerte und dabei nur beanstandete, daß ihr Mann mit dieser Gefährtin zeitweise in einem Haus geschlafen hatte, in das sie selbst gelegentlich auch zu kommen pflegte und das dazu noch von einer „schmalspurigen" Wirtschafterin verwaltet wurde. Der Höhepunkt aber war die Liebschaft (von seiner Seite) und Freundschaft (von Gerdas Seite) mit Manja Behrens, Schauspielerin am Dresdener Staatstheater und im Film von der in München beheimateten, staatlichen Produktionsgesellschaft Tobis etliche Male mit Hauptrollen beschäftigt, so in „Susanne im Bade" und in „Stärker als Paragraphen".

Als ihre Filmkarriere 1936 begann, war Manja Behrens 22 Jahre alt, und da in jenen Jahren die Münchner Parteigrößen häufiger durch die Tobis-Ateliers in Geiselgasteig streiften, in mehr oder weniger echter Mäzenatenlaune, konnten Manja Behrens und Martin Bormann sich dort schon vor dem Krieg begegnet sein. Sie wird später Gast gewesen sein im Pullacher Bormann-Haus, wohin der Reichsleiter nach Hitler-Manier manchmal Künstler einzuladen pflegte. Ihre ständige Wirkungsstätte blieb jedoch die staatliche Bühne ihrer Geburtsstadt, und dort hatte sie – wie auch heute noch – ihren Wohnsitz, damals im Nobel- und Sanatoriumsviertel „Weißer Hirsch", mit dem Blick auf die Elbe. Wie und wann die vorübergehend nur lose Verbindung zwischen dem Ehepaar Bormann und Manja Behrens enger wurde, ist unwichtig, aber gegen Jahresende 1943 entdeckte Gerda, daß ihre Freundin Manja eigentlich ein tolles Mädchen sei, denn sie habe Martin, der noch zehn Pfund auf seine ohnehin feisten Rippen brachte, von der Notwendigkeit einer Schlankheitskur überzeugt. Zu dieser Zeit hatte die 29jährige Manja – Gerda war fünf Jahre älter – bereits etliche Male jeweils wochenlang sowohl in Pullach als auch auf dem Obersalzberg bei der Familie des Reichsleiters gewohnt.

Im Oktober 1943 besuchte Bormann sie, wohl in Dresden, und was dabei geschah, schilderte er begeistert, stolz und ohne jede Spur von Schuldbewußtsein seiner Frau in einem am Neujahrstag 1944 verfaßten Brief. Bis zu jener Begegnung habe er Manja nur sehr attraktiv gefunden, aber diesmal habe sie ihn ungeheuer angezogen, er habe sie mit seinen Küssen entflammt, und so sei sie seine Geliebte geworden, trotz ihrer Bedenken. „Du kennst meine Willensstärke", brüstete er sich bei Gerda, „dagegen kam M. auf die Dauer nicht an. Jetzt ist sie die Meine, und gerade deswegen fühle ich mich so unglaublich glücklich verheiratet." Allerdings habe die Geliebte gegenüber Gerda ein sehr schlechtes Gewissen. „Doch das ist Unsinn, denn ich war es ja, der sie unbedingt haben wollte." Gerda brauche ihm ihre Reaktion gar nicht zu schreiben, denn er kenne sie ja.

„Ach, meine Süße", versicherte er, „Du kannst Dir gar nicht vorstellen, wie glücklich ich mit Euch beiden bin." Wie gut meine es doch der Himmel mit ihm: eine Frau mit vielen Kindern und dazu als Ergänzung eine Geliebte. „Ich muß jetzt doppelt aufpassen, damit ich gesund und bei Kräften bleibe." Diese auf den schlicht-biologischen Teil einer Liebesbeziehung zielende Bemerkung war keineswegs frivol gemeint, vielleicht nicht einmal scherzhaft. Der in jeder Hinsicht robuste Typ eines Bierkeller-Kleinbürgers hielt von den viel-besungenen poetischen und romantischen Empfindungen einer Liebe nicht viel. Baldur von Schirach bezeugte, daß Bormann in alkoholbeschwingten Funktionärsklüngeln Pornofotos herumreichte; sie waren in der NS-Zeit so rar, daß er sie eigentlich nur über seine Freunde in der Spitze der Kriminalpolizei beziehen konnte. Ebenso waren die Witze, die er in solcher Stimmung erzählte, grobschlächtig deftig. In diesem Sinn läßt sich auch seine so unvermittelt ausgebrochene Leidenschaft erklären. Sogar an Hand seines Kalenders. Er war vom Juni-Ende 1943 an fast ununterbrochen im Hauptquartier gewesen, immer unter Männern, und im September hatte Gerda ihr zehntes Kind geboren, war also bei seinen seltenen Kurzbesuchen hochschwanger gewesen. Die Art, in der er nach dieser Geburt in seinen Briefen davon schwärmte, wie schlank und hübsch sie nun wieder sei, läßt erkennen, wie wenig sie ihn in dieser Zeit gereizt hatte. So war der Sekretär des Führers nur einfach hungrig auf irgendein Liebesobjekt, als er im Oktober Manja Behrens traf.

Im Frühjahr 1944, als Bormann mit Hitler wieder monatelang auf dem Obersalzberg war, hat sie dort eine Zeitlang bei dem Ehepaar gewohnt und ihren Part gespielt. Doch danach ließ Bormann das Verhältnis einschlafen. Im Hochsommer 1944 hielten nur noch die beiden Frauen die Verbindung aufrecht, telefonisch und brieflich. Von Gerda hörte Martin dann die Klage Manjas, daß er ihr seit Monaten keine Zeile mehr geschrieben habe. Ihre Mitteilung, daß sie sich auf den nächsten Besuch auf dem Obersalzberg freue, überging er mit Stillschweigen, und als sie im September nach der Schließung aller Theater – eine Maßnahme des Totalen Krieges – zehn Stunden täglich in einem Rüstungsbetrieb eintönige Fließbandarbeit als Dienstverpflichtete leisten mußte, rührte er keinen Finger für sie. Er entrüstete sich erst in einem Anflug von Eifersucht, als sie Nachrichtenhelferin bei der Wehrmacht werden wollte; viele dieser Mädchen, moralisierte er, werden schnell zu „Matrazen" der Etappenkrieger. Noch mehr entrüstete er sich im Februar 1945, daß Manjas Bruder nicht an der Front stand, sondern für den Geheimdienst in Prag arbeite und Manja dies auch noch billige. „Er und M. nehmen es als selbstverständlich hin", schimpfte Bormann in einem Brief an seine Frau, „daß andere kämpfen und ihr Leben einsetzen, auch für sie! Nee, Gerdakind, wir würden zur Zeit mit M. in erhebliche Auseinandersetzungen kommen und uns herzlich schlecht verstehen."

Der Ablauf dieser Affäre enthüllt den Charakter dieses Super-Nationalsozialisten zu deutlich, als daß auf die Schilderung der privaten Beziehung verzichtet werden könnte. Außerdem hatte diese Bettgeschichte, so seltsam das klingt, auch einen politischen Aspekt. Sie kann als Schulbeispiel dienen, wie ein Mensch an den Schalthebeln der Macht aus individuellen Situationen allgemein-verbindliche Maximen zu entwickeln vermag. Denn was sich Martin Bormann damals zeitweise doppelt gönnte und was seine Ehefrau mehr oder weniger freiwillig großzügig unterstützte, nämlich die Ehe zu dritt, das wollte der Sekretär des Führers nach dem Krieg und dem Sieg möglichst vielen deutschen Männern zur Pflicht, wenigstens aber zur moralischen Verpflichtung machen. Der Aderlaß durch die Schlachten mußte einen Mangel an Männern und einen Überschuß an Frauen zur Folge haben, aber das germanische Groß-reich brauchte für seine weitere Machtausdehnung möglichst schnell möglichst viele Geburten.

Es war vielleicht sogar Gerda, die ihrem Mann die entscheidenden Impulse für solche Pläne gab. In der letzten Januarhälfte 1944 schrieb sie, die Sache mit Manja und dem doppelten Glück ihres Mannes legten doch den Gedanken nahe, daß nach dem Krieg jedem wertvollen Mann per Gesetz zwei Frauen zu-gestanden werden könnten. „Voraussetzung ist natürlich, daß die beiden Frauen sich vertragen, das wird in den meisten Fällen schwierig sein." Manja freilich „ist ein sehr tief veranlagter Mensch und wird auf die Dauer mit der Rolle einer Nebenfrau nicht zufrieden sein."

Gerda Bormann spann in den nächsten Briefen das Garn dann weiter aus, ent-warf sogar gleich ein amtliches Formular, mit dem die Ehepartner ihre Einwilli-gung zu einer „Volksnotehe" zu dritt per Unterschriften dokumentieren konnten. Frauen wie Manja, meinte Gerda, seien ja wohl auch zu schade, ras-sisch-biologisch offenbar, als daß sie keine Kinder haben sollten. Gerdas Emp-fehlung an Martin: „Bei M. kannst Du ja helfen. Du mußt nun aber schauen, daß ein Jahr M. ein Kind hat und das andere Jahr ich, damit Du immer eine bewegliche Frau hast. Die Kinder tun wir dann alle zusammen ins Haus am See und da hausen wir zusammen und immer die Frau, die gerade kein Kind kriegt, kann zu Dir auf den" (Obersalz-) „Berg oder nach Berlin kommen."

An dieser Stelle des Gerda-Briefes protestiert Bormann mit einer Randbemer-kung: „Das ginge nie gut! Selbst bei den besten Freundinnen nicht. Jedes bleibt am besten für sich. Besuch ja, aber auch nicht zu lange!"

In den folgenden Briefen malen sich die beiden ihre Ehe zu dritt immer weiter aus. "Herzlieb", fragt Gerda, „hat sie Dich so lieb, wie es sich für eine Ehefrau gehört und wird sie Dir auf die Dauer angehören, wenn sie Deinen Na-men nicht tragen kann? Es wäre ja gut wenn nach diesem Krieg ein Gesetz heraus-käme, das erlaubt, daß gesunde, wertvolle Männer zwei Frauen haben." An dieser Stelle vermerkt Martin: „Der Führer denkt an ähnliches." Tat-sächlich sinnierte Hitler schon lange darüber, wie die Kriegsverluste an Men-schen aufzuholen seien, und Bormann besaß darüber Aufzeichnungen in sei-nem Panzerschrank. Es fiel ihm deshalb nicht schwer, das von Gerda angeregte Thema in der nächtlichen Teeunterhaltung aufzugreifen. Am 29. Januar 1944, also kurz nach Gerdas erstem Hinweis, verfaßte er einen „Vermerk. Betrifft: Sicherung der Zukunft des deutschen Volkes", der den neuen Führermonolog und „frühere Unterhaltungen und Überlegungen" auf zehn Schreibmaschi-nenseiten zusammenfaßte. In typischem, von Hitler-Reden geprägten NS-Deutsch formulierte er: „Unsere volkliche Lage wird nach diesem Kriege eine katastrophale sein… Wir werden den Krieg militärisch auf jeden Fall gewin-nen, ihn volklich aber verlieren, wenn wir nicht zu einer ganz entscheidenden Umstellung… kommen." Und weiter: „Nun können die Frauen, die nach die-sem Weltkrieg nicht mit einem Mann verheiratet sind, ihre Kinder ja nicht vom heiligen Geist bekommen, sondern nur von den dann noch vorhandenen deut-schen Männern." Folgerung: „Wir müssen wünschen, daß die Frauen, die nach diesem Krieg keinen Ehemann mehr haben oder bekommen, mit möglichst einem Mann ein eheähnliches Verhältnis, aus dem möglichst viele Kinder erwachsen, eingehen."

So dauerhaft, wie dieser Menschenzuchtplan die legitime Zweitehe vorsah, wünschte Bormann für den eigenen Gebrauch die Bindung dann auch wieder nicht, wie denn überhaupt zwischen Theorie und Praxis, zwischen öffentlich verkündeten Maximen und privatem Verhalten bei der NS-Bonzokratie immer ein Abgrund klaffte. Schlimm war für sie nur, daß dies dem Volk nicht verborgen blieb. Mit der Begründung, daß Skandale die Stimmung der Deutschen beeinträchtigen, wetteiferten Bormann und Goebbels in parteiinternen Mahnungen an die braunen Halbgötter, sie dürften etwas Zurückhaltung üben: keinesfalls durch aufwendigen Lebensstil auffallen.

Doch während die meisten Deutschen in den beiden letzten Kriegsjahren in ihren Häusern eng zusammenrückten und sich von den Behörden Ausgebombte als Untermieter in die Wohnungen legen lassen mußten, baute Bormann zusätzlich zu seinen Häusern in Pullach und auf dem Obersalzberg noch zwei weitere Behausungen für sich und seine Familie aus – die schon erwähnte ehemals jüdische Villa am Schluchsee und ein Gutshaus in Mecklenburg. In das Schwarzwaldhaus – so wies er seine Frau an – müßten aus dem Obersalzberger Gutshof „in großzügigen Mengen" Kartoffeln, Gemüse, Obst, Fruchtsäfte und Koks geschafft werden; die Lastkraftwagen verfuhren auf dem rund 400 Kilometer langen Weg streng rationalisierten Treibstoff. Seine Frau erhielt während des Aufenthalts im „Haus am See" einen Pkw mit Fahrer.

So sehr er darauf bedacht war, die Seinen gut zu versorgen, so gering war sein Verständnis für die kleinen Übergriffe anderer. Einen seiner Kraftfahrer entließ er wegen einiger Salatköpfe, die sich der Mann aus den Treibhäusern auf dem Obersalzberg angeeignet hatte. Ein Dienstmädchen, das über einen längeren Zeitraum lange Finger gemacht hatte, wollte er durch Himmler in ein KZ stecken lassen. Doch der entschied, die Diebin möge einige Wochen im Ortsgefängnis von Berchtesgaden brummen und „durch besonders verschwiegene Leute des Reichssicherheitsdienstes" ein Dutzend Stockschläge bekommen. Ebenso wenig wollte Bormann das Tabu bürgerlicher Moralvorstellungen, die seinen Geburtenplänen im Weg standen, im eigenen Haus abgeschafft wissen. Seiner ältesten Tochter erlaubte er nicht einmal den Besuch eines „Liebesfilms", einer simplen Schnulze, und seine Frau ermahnte er, sie möge im Fall seines Todes nie in der Nähe von Kasernen wohnen, denn ganz schnell kämen dort die Mädchen zu unehelichen Kindern.

Voller Schadenfreude verfolgte er ein Ehedrama des Reichsleiters und Pressebeherrschers Max Amann, dessen Frau sich wegen ständiger Seitensprünge ihres Mannes im Tegernsee ertränken wollte und durch einen polnischen Zwangsarbeiter gerade noch gerettet wurde. Aber mit keinem Gedanken erwog Bormann, daß ihm ein solcher Skandal nur durch die Großzügigkeit seiner Frau erspart blieb. Vielmehr bewog ihn der Vorfall, seine Anordnung „Betr.: Verhalten der Ehefrauen und Familienangehörigen führender Parteigenossen" ein zweites Mal als Rundschreiben in Umlauf zu setzen. Darin hieß es: „Je länger der Krieg dauert, desto stärker tritt die Verpflichtung führender Parteigenossen in den Vordergrund, allen übrigen Volksgenossen ein Vorbild an Kampfbereitschaft, Siegeszuversicht und bescheidener Zurückhaltung in persönlichen Dingen zu sein."

Der Erlaß war erstmalig im Februar 1944 verbreitet worden. Er hätte also auch von Bormann selbst beachtet werden müssen, als er Anfang Juni in seinem Haus auf dem Obersalzberg die Hochzeitsfeier für Gretl Braun, die jüngste Schwester der Hitler-Freundin, und SS-Gruppenführer Hermann Fegelein ausrichtete. Eva Braun hatte auf einer rauschenden Festivität als Entschädigung dafür bestanden, daß sie nie ein solches Glanz-Spektakel bekommen würde. Der auf seine Schlicht-Rolle festgelegte Führer suchte zwar mit Bormann gemeinsam ein teures Diadem für die Braut aus und lud das Paar mittags zum kärglichen Mal an seinen Tisch, aber alles andere arrangierte sein Allzweckfunktionär. Das Fest zog sich über Tage hin, teils im Bormann-Haus, teils im Adlerhorst auf dem Kehlstein, und die Bevölkerung erzählte sich, es seien unvorstellbare Mengen teurer Delikatessen, Champagner und Liköre aus Frankreich konsumiert worden. Der arrogante, gern feuchtfröhliche Fegelein wurde bei dieser Gelegenheit zum Duz-Kumpan Bormanns. Nur Gerda Bormann stieß in der alkoholbeschwingten Fröhlichkeit ein Mißgeschick zu; als ihr Mann sein Smokinghemd wechseln wollte und erfuhr, daß sein schönstes Stück noch vom Vortag ungewaschen sei, verbannte ihr Mann sie für einige Tage strafweise nach Pullach.

Auch Bormanns Bauwut blieb trotz kriegsbedingten Mangels an Arbeitskräften und Material ungehemmt. Auf dem Obersalzberg ließ er auf denkbar schwierigstem Gelände zwei Wohnsiedlungen hochziehen, die Klaus- und die Buchenhöhe. Die Wohnungen waren nach den damaligen Maßstäben sehr komfortabel, die Mieten dennoch lächerlich gering, denn die Baukosten brachte weitgehend der Staat auf. Wer aber dort einziehen wollte, mußte nicht nur eine Funktion auf dem Obersalzberg haben. Mitglieder einer Kirche hatten keine Chance, das Parteibuch war eine Selbstverständlichkeit und ebenso eine günstige Beurteilung durch die Amtswalter der Parteiorganisation. Sogar im Hochgebirgswinter wurde gemauert und angewärmter Beton geschüttet. Ab 1943 wurden dann die Luftschutzstollen wichtiger. Für Hitler und sein engstes Gefolge entstand ein weitläufiges System von Gängen und Kammern, ein zweites kleineres für die Bormann-Familie und wenige Mitarbeiter. Die Schutzräume lagen tief im Fels, abgedeckt von 50 Meter hohem, festem Gestein, ausgestattet mit Klimaanlagen, Küchen, Wasserversorgung, Marmorfliesen, Parkettfußböden und mit Stellungen für Maschinengewehre an den Eingängen.

Bormanns unterirdische Behausung einschließlich der Büros für wenige Mitarbeiter hatte 275 Quadratmeter Wohnfläche.

Zwar berichtet Speer, Hitler habe schon im März 1942 befohlen, die Hausbauten auf dem Obersalzberg einzustellen, aber Bormann hielt sich nicht daran. Während er vorgab, mit den Luftschutzbauten und anderen Sicherheitseinrichtungen nur das kostbare Leben des Führers zu schützen, beschäftigte er auf mehreren Baustellen immer noch Kolonnen großer Baufirmen. Als ihm Speer, der für die gesamte Produktion und deren Arbeitskräfte zuständige Minister, im September 1944 auf die Schliche kam und bei einer Inspektion die Bauingenieure vorlud, empörte sich Bormann in einem Brief an seine Frau: „Anstatt den Instanzenweg einzuhalten und bei mir anzufragen, zwingt der große Baugott einfach meine Leute, ihm zu berichten." Da er jedoch Material und Arbeiter nur über Speer bekommen konnte, schickte er seinen Obersalzberg-Statthalter Helmut von Hummel in die Verhandlungen, der dann, wie Bormann händereibend feststellte, doch noch einen günstigen Kompromiß erreichte. Als dann der „Herrgott von Obersalzberg" im Dezember 1944 nach Hause kam, waren die Luftschutzstollen für Hitler, Göring und für die eigene Familie bis auf wenige Innenarbeiten fertig.

Der unzeitgemäße Aufwand dieser Projekte und die kostspieligen Korrekturen von Fehlplanungen erregten Kritik in Parteikreisen. Doch Bormann belehrte die Kritiker Ende Oktober 1944 mit einem Aktenvermerk, daß dieser Teil seiner Arbeit die Parteigenossen gar nichts anginge. „Die Auffassung, die Verwaltung Obersalzberg sei ein Teil der Partei-Kanzlei, ist grundfalsch." Nur weil er Kanzlei-Chef sei und „gleichzeitig über alle Angelegenheiten des Obersalzberges verfüge", also nur in Personalunion, sei eine Verbindung gegeben. „Irgendwelche rechtliche oder finanzielle Bindung ... besteht zwischen der Verwaltung Obersalzberg und der Finanzverwaltung der NSDAP nicht", obwohl „aus Vereinfachungsgründen" und „lediglich zu meiner Erleichterung ... zur Erledigung irgendwelcher Arbeitsvorgänge" Angestellte der Partei herangezogen würden. Die Betriebe, wie der Gutshof oder das Hotel Platterhof, würden „streng nach privatwirtschaftlichen Gesichtspunkten geführt".

Ebenso verschwenderisch verfuhr Bormann mit einem Areal, das er in aller Stille zusammengerafft hatte und nahezu unbemerkt im östlichen Mecklenburg bewirtschaften ließ, genannt „Güterverwaltung Nord". Grundbuchlich war sie Eigentum der Verwaltung Obersalzberg, die ihrerseits auf Bormanns Namen lief, aber letzten Endes eben doch dem armen und jeden Mammon verachtenden Staatschef gehörte. Es waren ursprünglich sieben Rittergüter gewesen, die nun eine nahezu geschlossene Fläche von 10 000 Hektar (mehr als 100 große Bauernhöfe) bildeten, mit Wirtschaftsgebäuden, Ställen, Gesinde- und Herrenhäusern und mit dem Schloß des Gutes Stolpe.

Wenn Bormann und seine Mitarbeiter nach dem Zweck dieser riesigen Landwirtschaft gefragt wurden, gaben sie an, damit werde „die Ernährung des Führers sichergestellt". Doch ein solches Areal erzeugt gewiß mehr, als ein von Magenbeschwerden geplagter Vegetarier verzehren kann, auch wenn er noch ein hundertköpfiges Gefolge miternährt.

In diesem Areal sollte nach Bormanns Plänen ein „Sanssouci" des Fridericus-Verehrers Hitler entstehen, etwa 100 Kilometer von der Hauptstadt, die dann Germania heißen sollte, entfernt. Als Führer-Sitz waren die Reiherberge ausersehen. Zunächst aber ließ Bormann das Schloß Stolpe renovieren und das Gutshaus Möllenbeck großzügig umbauen – das erstgenannte für mögliche Führerbesuche, das andere für den eigenen Gebrauch. Die Verwaltung und die landwirtschaftliche Produktion überließ er „ganz erstklassigen Landwirten" – so in einem Brief an den Staatssekretär und späteren Landwirtschaftsminister Herbert Backe.

Für Bormann waren die Güter auch eine verschwiegene Absteige, wenn er aus Berlin mit einer Frau verschwinden wollte. Wesentlich wichtiger aber war ihm, daß er sich bei Hitler als Musterlandwirt präsentieren konnte, mit Erträgen, die weit über denen der Vorgänger liegen sollten. Ständig forderte er von Backe größere Zuteilungen an Kunstdünger, Dieselkraftstoff, an Maschinen, Fahrzeugen und Geräten. Den Hinweis, daß seine Betriebe ohnehin durch erhöhte Zuteilungen bevorzugt würden, wischte er mit der lapidaren Begründung vom Tisch, die Begüterung Nord müsse nun „in Ordnung kommen, und zwar so rasch wie möglich; Schlendrian kann ich nicht dulden". In einem weiteren Brief drohte er Backe: „Damit jeder Ärger ausbleibt, wäre es zweckmäßig, wenn Sie unser laufendes Kontingent entsprechend erhöhen würden." Vergebens beschwerten sich Landwirte aus der Umgebung über diese bevorzugte Behandlung. Backe wagte nicht, dem mächtigen Gutsherrn etwas abzuschlagen. Doch er wandte sich in seinem Ärger an einen – wie er glaubte, – Stärkeren, an seinen Freund Heinrich Himmler.

Der „liebe Heinrich" hätte gern die Gelegenheit benutzt, gegen den "lieben Martin" vorzugehen, aber seine Detektive wurden nicht fündig, weil ihnen Bormann und seine Mitarbeiter jede Auskunft verweigerten. Im abschließenden Vermerk eines Mitglieds des Himmler-Stabs hieß es: „Insgesamt hat sich bei mir die Meinung gefestigt, daß hier in einer Weise vorgegangen wird, wie sie der Gesamtheit gegenüber nicht gutzuheißen ist. Die Partei müßte gerade jetzt im Kriege … Vorbild sein. Das ist aber bei der Einrichtung und der Ausstattung der Güterverwaltung … nicht der Fall." Außerdem war dem Verfasser dieser Beurteilung das Eisen zu heiß, denn im letzten Satz bittet er, man möge doch seinen „Vermerk am besten wieder … vernichten".

Wie wenig die Rentabilität bei diesem Unternehmen eine Rolle spielte, bezeugt einer der Gutsinspektoren; die mecklenburgischen Kartoffeln wurden zunächst zum Obersalzberg transportiert und dort eingelagert, ehe sie mit den täglichen Gemüsetransporten ins Hauptquartier gingen. Alle Planungen wurden ohnehin auf das Fernziel des Sanssouci für den „Alten Adolf", Ebenbild des Alten Fritz, ausgerichtet. Schloß Stolpe besuchte Hitler jedoch nie. Sollte aber das Schloß später des Führers Landsitz werden, so hatte sich Bormann seinen Platz schon ausgesucht. Wohlwissend, daß er bei einem Nachfolger keinen Platz haben würde, mußte er eine Auffangstellung in der Nähe seines großen Gönners haben. Noch mehr als das Gutshaus Möllenbeck stach ihm das Nachbargut Krumbeck in die Augen. In Briefen an seine Frau träumte er einige Male davon, daß ihm „der Führer, wenn alles vorbei ist, vielleicht Krumbeck oder ein anderes Gut in Mecklenburg geben wird, als Anerkennung und als Familienerbe".

Gerda Bormann war dann im Januar 1945 noch einmal in Stolpe, offensichtlich um privates Eigentum vor der sich nähernden Front in Sicherheit zu bringen. Im März inspizierte der Obergeldverwalter von Hummel zum letztenmal die Betriebe. Schloß Stolpe wurde kurz vor der Besetzung durch die Russen von einem SS-Kommando im Auftrag Bormanns niedergebrannt.

Die Angst, daß der Krieg auch die eigene Familie heimsuchen könnte, plagte Bormann schon seit dem Sommer 1943. Brieflich gab er seiner Frau ständig neue Anweisungen, etwa wie sie sich bei Angriffen von Tieffliegern oder gar beim Einsatz von Giftgas zu verhalten habe. Zeitweilig schien ihm der Obersalzberg besonders durch Bomben gefährdet, worauf er seine Familie in das Haus am Schluchsee schickte: „Der Schwarzwald wird immer die sicherste Gegend sein, welchen Verlauf der Krieg auch nimmt." Als bei seinem Pullacher Heim ein bombensicherer Schutzraum für gelegentliche Führer-Aufenthalte fertig wurde, mußten Frau und Kinder dorthin umziehen. Doch schon ein paar Tage später veranlaßten ihn Berichte über die Großbrände bei den verheerenden Luftangriffen auf Hamburg, die Familie wieder auf den Obersalzberg zurückzubeordern. Dort wurde nun das ganze Hochtal bei schönem Wetter und Einflügen in Richtung Süddeutschland mit künstlichem Nebel getarnt. Ständig mußten zwei Mercedes-Limousinen vom Luxus-Typ „Nürburg" parat stehen, um die Familie bei drohender Luftgefahr in die noch im Bau befindlichen Stollengänge zu fahren.

Im Sommer 1944 schien ihm dann wieder der Schluchsee ein besserer Platz zu sein. Gerda wurde angewiesen, die Reise dorthin unauffällig zu arrangieren, „sonst werden viele Leute wieder über die Autofahrt quatschen". Gerede gab es dann doch, denn die Bormann-Kinder erzählten ihren Berchtesgadener Schulkameraden, sie reisten nun in den Schwarzwald, wohin der Krieg überhaupt nicht komme.

Gleichzeitig war Bormann bemüht, das Voralpengebiet und auch die Berge selbst für Luftangriffe unattraktiv zu machen. Unter dem Vorwand, der Führer wünsche nicht, daß die herrliche Natur durch Industrie verschandelt werde, verbot er die Verlagerung von Betrieben in diese Zone. Reichsschatzmeister Schwarz wurde getadelt, weil er eine Abteilung der Bayerischen Motorenwerke in ein leerstehendes Parteigebäude am Starnberger See hatte einziehen lassen; gleich darauf seien dort dann Bomben gefallen. Rüstungsminister Speer wurde untersagt, hinter einer Felswand bei Salzburg Werkhallen für die Flugzeugfertigung in den Berg hineinzubauen. Schon im Mai 1944 sperrte Bormann die Landkreise Berchtesgaden, Reichenhall und Traunstein sowie den ganzen Gau Salzburg für jeden Zuzug von Reichsbehörden und Reichsdienststellen der Partei; sie sollten vor Luftangriffen in andere Gebiete ausweichen. Im Februar 1945 wiederholte er die Anordnung in noch strengerer Fassung. Nun sollten „auch die Familienangehörigen führender Persönlichkeiten der Partei und des Staates dort nicht untergebracht werden ... schon der besonderen Luftgefährdung dieses Raumes wegen". Das war pure Heuchelei, denn bis dahin hatten dort kaum Luftangriffe stattgefunden. Nicht zuletzt deshalb ließ er die eigene Familie doch auf dem Obersalzberg und wählte einen Platz am Starnberger See für eine „Geheim-Registratur" der Partei-Kanzlei, in der Kopien von allen Akten verwahrt wurden. Er gab ihr die Tarnbezeichnung „Übersee" – ein Name, der später einige Verwirrung stiftete.

So lebte die Familie auch noch im sechsten Kriegsjahr relativ sicher und nahezu ohne den Zwang zu Entbehrungen, wie sie der Durchschnittsdeutsche auf sich nehmen mußte. Ihrem Oberhaupt war sie trotzdem eine Quelle ständiger Sorgen. Fast in jedem Brief gab er Anweisungen, was zu tun und zu unterlassen sei, und das ging bis zu der Warnung, die Kinder dürften keine Mohnkörner essen, weil sie daran sterben könnten. Da auf dem Obersalzberg viele ausländische Bauarbeiter waren, fürchtete er, in sein „Frauenhaus" könnten nachts Männer eindringen; seine Frau bekam eine Pistole und mußte schießen lernen. Im Herbst 1944 fing Gerda Bormann zu kränkeln an. Sie war eigentlich immer wohlauf gewesen; deshalb ängstigte er sich, obwohl es zunächst nur eine Erkältung zu sein schien. „Paß bloß auf", riet er. „Du mußt gesund und munter bleiben, damit Du noch viele Kinder haben kannst und mindestens hundert Jahre alt wirst." Zuversichtlich antwortete sie, das nächste Kind habe sie schon für die Zeit eingeplant, „wenn die Situation im Westen wieder in Ordnung ist". Wenn er nicht mehr rauche und dem Alkohol entsage, sei trotz seiner ständigen Überarbeitung ein munterer Junge gewiß. Doch als es auf Weihnachten zuging, war sie noch immer krank.

Sie litt auch schweigend unter dem ständig schlechter werdenden Verhältnis zu ihrem Vater. Seit Ende 1942 durfte der Oberste Parteirichter Buch kein Verfahren mehr leiten, ehe er dafür nicht die Unterschrift seines Schwiegersohns hatte, und ebenso bedurfte jedes Urteil dessen Signatur, damit es gültig wurde. Der so gedemütigte Reichsleiter Buch hielt mit seinem Unmut nicht hinter dem Berg; die gesamte NS-Prominenz kannte das Zerwürfnis. Ende August 1944 wurde der Familienstreit sogar Anlaß für ein Verfahren beim Obersten SS-Gericht. Dabei ging es um ein Gespräch während eines Kameradschaftsabends in der SS-Junkerschule von Tölz, der Offiziersschmiede der Waffen-SS. Der Chef des Rasse- und Siedlungs-Hauptamts der SS, Gruppenführer Harald Turner, zechte dort mit zum Kriegsdienst eingezogenen Angehörigen seines Amts. Neben Turner saß der Adjutant der Schule, SS-Hauptsturmführer Hermann Buch, Sohn des Obersten Parteirichters und damit Schwager Martin Bormanns. Vier Wochen später meldete Hermann Buch den Inhalt des Gesprächs seinem Reichsführer Heinrich Himmler.

„Sehr schnell" sei die Rede „auf das Verhältnis meines Vaters zu Martin Bormann" gekommen. Der wegen rabiater NS-Gesinnung als Verwaltungschef aus Serbien von der Wehrmacht hinausgeekelte Turner glaubte, in dem Buch-Sohn einen Verteidiger seines Vaters neben sich zu haben, lobte den Parteirichter und tadelte, Bormann berate Hitler schlecht oder belüge ihn gar. Die Freundschaft zwischen Himmler und Bormann „bestünde nur zum Schein". Nach dem Krieg sei ein Machtkampf zwischen der SS und den Politischen Leitern der Partei unvermeidlich. Bormann bereite ihn sogar schon vor. Wohl oder übel mußte Himmler den Vorfall untersuchen lassen, wenn er nicht riskieren wollte, daß die Sache von Bormann zu Hitler getragen wurde. Ein SS-Richter verhörte Turner, doch dieser leugnete schlechthin alles und behauptete, er kenne, von unbestimmten Gerüchten abgesehen, „das Familienleben des Reichsleiters Bormann überhaupt nicht". „Vielmehr ist mir nur zu genau bewußt, daß er eine wirklich lebensstarke Persönlichkeit und dem Führer treu ergeben ist." Trotzdem wurde Turner bis auf weiteres von seinem Amt beurlaubt.

Daß Himmler gleich so schweres Geschütz gegen seinen altgedienten Gefolgsmann (Parteigenosse seit 1929) auffahren ließ, zeigt, wie peinlich ihm dessen vom Alkohol freigesetzte Gedankengänge waren. Natürlich wußte der Reichsführer SS, daß Bormann und Buch zutiefst verfeindet waren, und im Grund genommen kann er sich nur gefreut haben, daß darüber innerhalb der NS-Führerschicht geredet wurde. Dagegen durfte er nicht die Behauptung überhören, daß der Leiter der Partei-Kanzlei seinen Führer falsch unterrichte, denn damit war Hitler selbst in die Sache hineingezogen, und dieser reagierte brutal, wenn seine Autorität im geringsten angekratzt und ihm unterstellt wurde, er merke es nicht sofort, wenn ihn jemand falsch unterrichte. Geradezu explosiv aber konnte es sich auswirken, wenn einem Schwätzer nicht der Mund gestopft wurde, der den Kampf zwischen Partei und SS, also zwischen Himmler und Bormann, ankündigte. Solange Hitler das Heft in der Hand hielt und Bormann dessen uneingeschränktes Vertrauen besaß, durfte von einer solchen Auseinandersetzung auf keinen Fall gesprochen werden.

Turner und Himmler hatten Glück. Angeblich hatte keiner der übrigen Teilnehmer des Kameradschaftsabends von solchem Gerede etwas vernommen, und so stand der junge Buch mit seiner Behauptung allein da. Mitte Oktober 1944 schrieb SS-Richter Breithaupt seinen zusammenfassenden Bericht an Himmler, in dem er schlicht feststellte, die Aussagen widersprächen sich, und die Ursache dafür sei wohl, daß Hermann Buch die Veranstaltung soldatisch-streng aufgefaßt habe, indessen Turner und alle anderen, ausschließlich Angehörige seiner Dienststelle, sich so ungezwungen gefühlt hätten, daß solche Bemerkungen im allgemeinen Trubel möglicherweise untergegangen seien.

20 „Onkel Heinrich", Freund auf Zeit

Mit dem unvermeidlichen Zweikampf zwischen Bormann und Himmler, zwischen den »Goldfasanen« des Korps der Politischen Leiter und dem Schwarzen Korps der NSDAP, rechneten die Parteigenossen der oberen Ränge schon seit 1941. Nach der Diffamierung der SA durch die Morde an Röhm und seiner Gefolgschaft, nach der von Bormann aus dem Hintergrund gelenkten Abwertung der Deutschen Arbeitsfront des Robert Ley und nach dem von der Partei-Kanzlei systematisch betriebenen Abbau der Autorität der Reichsleiter waren nur noch diese beiden Machtgruppen im Bereich der NS-Organisationen potent geblieben. Solange der Sieg über die äußeren Feinde nicht errungen war – darüber waren sich die Kontrahenten einig –, durfte die Auseinandersetzung nicht sichtbar geführt werden. Wohl aber nutzten beide die Zeit zum Ausbau ihrer Stellungen, um mit Späh- und Stoßtrupps günstige Ausgangspositionen zu schaffen.

Dem oberflächlichen Betrachter schien es klar, daß Himmler über die stärkeren Bataillone verfügte: Als Gebieter über einen nahezu allmächtigen Polizeiapparat, als Chef von Elite-Divisionen der Waffen-SS, als Oberhaupt einer Anzahl SS-Ämter, manche mit staatlicher Gewalt ausgestattet, als Befehlshaber des Ersatzheeres, als Herr über alle Kriegsgefangenen- und Konzentrationslager. Dem hatte Bormann scheinbar so gut wie nichts entgegenzusetzen: das Korps der Politischen Leiter, meist dickbäuchige Wort-Fanatiker, aber in der Mehrzahl kaum bereit, ihr Leben für Deutschland oder gar für den Leiter der Partei-Kanzlei einzusetzen. Sie wurden außerdem noch von dreieinhalb Dutzend Gauleitern dirigiert, die sich als souveräne Stammesherzöge benahmen und vorzugsweise ihre eigenen Interessen pflegten.

Trotzdem brauchte Bormann nie zu fürchten, daß ihn die nominelle Übermacht im Handstreich erledigen könnte. Hitler brauchte den Dualismus bei seiner stets bewährten Taktik der Balance, weil die Ansprüche der Machtapparate sich immer gegenseitig aufhoben. Es gelang Himmler auch nie, einen festen Platz im Hofstaat des von ihm gefürchteten Diktators zu erringen, weder auf dem Berghof oder in der Reichskanzlei in friedlichen Zeiten noch während des Kriegs. Während Bormann im Hauptquartier Wolfsschanze nur ein paar Meter neben Hitlers Bunker logierte, war Himmlers Feldquartier 50 Kilometer davon entfernt. Wo und wann immer der Reichsführer SS bei seinem Führer vorsprach, ging es ihm wie dem Hasen im Märchen: Der Igel Bormann war schon da. Diese zoologische Parallele – dickes, listiges Stacheltier gegen dümmlichen, hageren Renner – läßt sich durch einen vom SD-Chef Schellenberg gewählten Vergleich ergänzen. Er sah Bormann als angriffslustigen Keiler im Kartoffelfeld, Himmler als Storch im Salat. Nie wäre Himmler, urteilte Schellenberg, „zu einer Ausschaltung seines Gegners in der Lage gewesen". Der SD-Chef fand, äußerlich wie charakterlich wären die beiden Paladine völlig verschieden. Tatsächlich waren die Gegensätze fast grotesk: Der höher gewachsene und schmalbrüstige Himmler hatte von Don Quijote, dem Ritter von der „traurigen Gestalt", außer der Figur auch die Anfälligkeit für skurrile Ideen und die Blindheit gegen die Wirklichkeit. Bormann dagegen glich mit Figur, Schläue und Realitätssinn eher Sancho Pansa. Dies erklärt, warum sie sich in den ersten Jahren gemeinsamen Wirkens in der Partei gleichgültig, ja sogar fremd geblieben waren, obwohl sie gleichzeitig im Stab der Obersten SA-Führung wirkten, gleichaltrig waren und beide mit den Meriten eines Freikorpskämpfers prahlten – der eine völlig unberechtigt, der andere nur formal korrekt, da Himmler nie einen Einsatz in einer solchen Formation mitgemacht hatte. Erst die Morde an den SA-Führern hatten sie einander näher gebracht; beide gehörten zu den Gewinnern und stiegen damit aus der Anonymität in die oberste Führungsschicht auf. Bald danach begann auch die auf Geben und Nehmen begründete Zusammenarbeit.

So verfügte Bormann 1935, daß die Politischen Leiter mit dem Nachrichtendienst des SD eng zusammenarbeiten sollten. Als Himmler anfing, mit Ehrenrängen und dekorativen Uniformen einflußreiche Männer zu bestechen, bekam Bormann, obgleich nie Mitglied dieser Organisation, zum 30. Januar 1937, dem Jahrestag der Machtübernahme, auf Anhieb den Rang eines Gruppenführers und der besseren Optik wegen die rückdatierte SS-Mitgliedsnummer 555 – für die alte Parteigarde eine besonders ehrenvolle Zahl, denn sie stand auf Hitlers erster Mitgliedskarte, als er der Partei des Anton Drexler beigetreten war. An Hitlers Geburtstag 1940 wurde Bormann zum Obergruppenführer befördert. So zeigte er sich denn auch hilfsbereit, wenn Himmler kleine Freundschaftsdienste erbat.

Wenn die ungleichen Kämpen einander begegneten, geschah dies stets mit der Feierlichkeit, wie sie an Hoftheatern bei Wagner-Aufführungen zelebriert wurde: Sie gingen gemessen aufeinander zu, gaben sich beide Hände und tauschten treudeutsche Männerblicke. Germanenschwärmer Himmler hatte dieses Ritual eingeführt. Von ihm übernahmen Bormann und seine Frau auch die Verdammung Karls des Großen; für sie war der fränkische Reichsgründer der Sachsenschlächter. Gegenüber Hitler hielt Bormann freilich diese Ansicht verborgen, denn dieser hatte kein Verständnis für Rebellen gegen das Staatsoberhaupt.

Dagegen hatte Hitler keine Bedenken gegen Himmlers Pläne, das Germanische in den eroberten Gebieten zu neuem Leben zu erwecken und damit die Wiedervereinigung mit dem Reich einzuleiten. In Dänemark, Norwegen, Belgien und in den Niederlanden sollte die SS mit Sympathisanten aus der Bevölkerung auf dieses Ziel hinarbeiten. Im November 1941 bahnte sich dabei eine

Vereinbarung zwischen Himmler und Bormann an, der seinerseits den Reichsschatzmeister Schwarz bewog, die SS-Aktion mit Parteigeldern zu finanzieren. Im August 1942 bekam Himmler dann offiziell seinen Germanisierungsauftrag von der Partei durch eine Bormann-Anordnung.

Der Höhere SS- und Polizeiführer Hanns Rauter in Den Haag wurde damit in den Niederlanden für den Germanen-Bluff zuständig und beglückwünschte seinen Reichsführer in einem begeisterten Brief. Dieser sei ja nun durch Bormann „namens der NSDAP ausschließlich und allein beauftragt worden, in Verhandlungen mit den germanisch-völkischen Gruppen dieser Länder zu treten". Die Nachricht habe „wie eine Bombe eingeschlagen".

Von den Splittern dieser Bombe wurde unter anderen der Generalkommissar in den Niederlanden, Fritz Schmidt, schmerzlich getroffen, der bisher mit den holländischen Faschisten und ihrem Führer Adrian Mussert als Beauftragter der Parteiorganisation zusammengearbeitet hatte. Er befürwortete einen „weichen" Zukunftsplan, nach dem die Niederlande eine scheinbare Selbständigkeit behalten sollten. Die SS hingegen strebte eine „harte" Entscheidung an, nämlich die völlige Annektion des Landes und seine Eingliederung ins Germanische Großreich. Rauter war deshalb mit Schmidt verfeindet. „Gewisse Kopfschmerzen", triumphierte der SS-Führer in seinem Brief an Himmler, „seien bei Hauptdienstleiter Schmidt aufgetreten, der ja jetzt auf drei Wochen in Urlaub gefahren ist und der nicht weiß, woran er ist. Er wollte sich gleichzeitig bei Reichsleiter Bormann Weisungen holen."

Im Rang eines Hauptdienstleiters hatte Schmidt in der Partei-Kanzlei gearbeitet. Von der internen Entwicklung, die Schmidts Zusammenarbeit mit Mussert desavouierte, hatte er nichts erfahren. Nun fühlte er sich nicht nur unnötig auf seinem Platz, sondern auch noch der Rache der SS ausgeliefert. Doch Bormann bewog ihn, auf dem Posten auszuharren; er werde ihm beistehen und dafür sorgen, daß die politische Führung in diesen Fragen bei der Partei-Kanzlei bleibe. Rauter beklagte sich denn auch im Dezember bei Himmler über Schmidts weiteres Wirken; die SS sei durch ihn „ohne Zweifel stark aus dem politischen Raum herausgedrängt worden". Des Reichsführers graue Eminenz, Hauptamtschef Gottlob Berger, drohte, er werde Schmidt „das Leben schwer machen".

Bormann hatte jedoch keine Lust, sich wegen eines vorprellenden Mitarbeiters in eine größere Auseinandersetzung mit Himmler einzulassen. Als „Schmidt-Münster" – so genannt nach seiner Heimatstadt – wieder einmal Sorgen hatte, traf er sich mit Bormann in Berlin, der in der Akte vermerkte: „Ich hatte am 21. 6. mit Schmidt eine ganz friedliche Unterhaltung auf dem Weg vom Propagandaministerium zu meinem Arbeitszimmer." „Etwas unglücklich, aber keineswegs übertrieben" habe Schmidt geklagt, er werde nun noch mehr Schwierigkeiten bekommen.

Nach diesem Gespräch reiste Schmidt von Berlin in einem Sonderzug westwärts; die Partei-Kanzlei zeigte einer Anzahl gehobener Parteigenossen den Atlantikwall. Auf der Rückfahrt fiel er, während der Zug auf Chartres zurollte, auf unaufgeklärte Weise aus dem Fenster seines Schlafwagenabteils. Seine

Leiche wurde neben den Geleisen gefunden, an der Außenwand des Waggons waren Blutspuren. Bormanns Spitzenfunktionär Friedrichs, der Reiseleiter, meldete mit einem Blitzfernschreiben den Vorfall seinem Vorgesetzten auf den Obersalzberg. Er vermutete, Schmidt sei selbstmörderisch aus dem Zugfenster gesprungen, in einem „Zustand nervöser Überreiztheit", da er „auf Grund sachlicher Meinungsverschiedenheiten mit anderen Dienststellen in den Niederlanden der Meinung war, daß er überwacht würde und ein Vorgehen gegen sich zu erwarten habe".

Der Tod ging Bormann nicht nahe. Der für seine engsten Mitarbeiter verfaßte Aktenvermerk enthält kein Wort der Trauer oder des Bedauerns, wohl aber den Ansatz zu einer eigenen Rechtfertigung. Er habe sich „in diesen Tagen wiederholt überlegt, welche Gründe den Parteigenossen Schmidt-Münster zu seinem unglückseligen Schritt treiben konnten". Zusammengefaßt: An ihm, Bormann, konnte es nicht gelegen haben. Handschriftlich befahl er dann noch, „alle mit den letzten Tagen Schmidts zusammenhängende Vorgänge" seien im Panzerschrank zu verwahren. Er hatte in seinem Schachspiel mit Himmler einen Bauern geopfert, der seine Aufgabe erfüllt hatte. Offiziell ließ er verkünden, Schmidt sei durch einen Unglücksfall ums Leben gekommen. Das Begräbnis in Münster ließ er als eine Art kleiner Staatsakt aufziehen, mit Trauerparade einer SA-Formation, Wagner-Musik und Totenwache. Er selber stand stumm am Grab, das Reden überließ er wohlweislich anderen. Die Zeitungsberichte nannten ihn bei der Aufzählung der Trauergäste an erster Stelle: Bohrmann, mit h.

Bei dieser Feierlichkeit wußte Bormann bereits, daß er demnächst mit Himmler auf einem anderen, wesentlich wichtigeren Kampfplatz die Klinge kreuzen würde; Ende August 1943 wurde die Ernennung des Reichsführers SS zum Reichsinnenminister bekanntgegeben. Es gibt Hinweise dafür, daß Bormann dieses Amt zeitweise selber angestrebt hatte. Doch dann hätte er seinen Platz an Hitlers Seite einem Nachfolger überlassen müssen, und dies wird ihm den Verzicht leicht gemacht haben. Zudem konnte er damit rechnen, daß der immer ungeschickt taktierende Himmler trotz oder sogar wegen dieses Zuwachses in Schwierigkeiten geraten würde. Fast zwangsläufig mußte der neue Minister die gleichen Fehler begehen, an denen sein Vorgänger unter Bormanns Mithilfe bei Hitler gescheitert war. Frick hatte eine straffe Zentralverwaltung angestrebt und war dabei mit den Gauleitern kollidiert, denen Hitler, jeder straffen Ordnung abgeneigt, weitgehende Autonomie zugestand. Sie waren zudem, trotz ihrer SS-Ehrenränge, auch dem schwarzen Orden nicht gewogen, weil sie sich in der Vergangenheit zu oft über Arroganz und Elitebewußtsein der SS-Spitzen in ihren Gauen geärgert hatten. Himmler war gerade zwei Wochen im Amt, als ihn Bormann in herablassender Form brieflich belehrte, was er bei seiner geplanten Reform der innerdeutschen Verwaltung zu tun und zu lassen habe.

Wenn der Innenminister sich bis zu den regionalen Behörden durchsetzen wollte, mußte er die Gauleiter auf seine Seite bringen. Das wäre eine Arbeit für Jahre gewesen, und so lange konnte er nicht warten. Außerdem drängte ihn sein eigener Apparat, die Höheren SS- und Polizeiführer in den Gauhauptstädten; nun wollten sie einmal die starken Männer am Ort sein. Etliche seiner Regionalkommandeure ließen sogar gleich ihren Gaukönig fühlen, wer nun Herr im Land sei. Empört beschwerten sich diese Gauleiter bei Bormann, und weil er ihnen schnell aus der Klemme half, band er sie noch mehr an seine Person. Indem er Hitler jeden einzelnen Fall vortrug, steigerte er dessen Unwillen über die SS. Als Himmler sein Amt gerade ein Jahr ausgeübt hatte, verfaßte sein oberster Polizei- und SD-Chef Kaltenbrunner einen Bericht über die Gegensätze zwischen Partei und Staat. Er stellte eine zunehmende Machtverlagerung zugunsten Bormanns fest, weil sich die Gauleiter, obwohl als Reichsverteidigungskommissare und Reichsstatthalter in staatlicher Funktion, „vorzugsweise der Parteiorganisation bedienten und in der Verwaltung ein Gefühl der Zurücksetzung entstehen ließen". Zu SD-Chef Schellenberg sagte der resignierende Himmler, der Führer habe sich an Bormann und dessen Arbeitsweise so gewöhnt, daß es nicht mehr möglich sei, dessen Einfluß zu beschneiden, obwohl aller Anlaß bestehe, „ihn aus seiner Stellung hinauszumanövrieren".

Anlässe zum Streiten gab es genug. Nachdem Innenminister Himmler die Gauleiter in Bormanns Pferch getrieben hatte, hielt dieser die Zeit für gekommen, mit einer Institution aufzuräumen, die ihm und den Stammesherzögen schon lange unbequem war, mit dem Inlandsnachrichtendienst des SD, geleitet von dem Intellektuellen Otto Ohlendorf. Dies war ursprünglich eine Kombination zwischen einem demoskopischen Institut und einer parteieigenen Privatdetektei gewesen. Die Aufgabe war, einerseits die Stimmung im Volk zu beobachten und darüber zu berichten und andererseits Unterlagen über Personen zu sammeln, die dem Regime gleichgültig oder gar ablehnend gegenüberstanden. Das Netz der Beobachter arbeitete ehrenamtlich. In jeder Behörde, jedem Betrieb, in allen Organisationen sollten Vertrauensmänner als Späher tätig sein. Solange Bormann das Amt Heß aufbaute, war er froh, sich dieses Apparats bedienen zu können, etwa wenn es darum ging, die politische Zuverlässigkeit eines höheren Beamten zu beurteilen. Weil er jedoch nicht auf die Dauer von der SS abhängig sein wollte, baute er eine eigene Personalkartei auf, zu der ihm die Parteiorganisation bis hinab in die kleinsten Verästelungen das Material lieferte. Jetzt brauchte er die Informationen nicht mehr und fühlte sich selber bespitzelt. So war es nur zu verständlich, daß Bormann den SD lahmlegen wollte.

Den von Ohlendorf herausgegebenen und nur einem ausgesuchten Personenkreis zugänglichen Informationsdienst, „Meldungen aus dem Reich", qualifizierte der Sekretär des Führers als „Sprachrohr des Defaitismus" ab und behauptete, „die V-Männer des SD" kämen „offenbar nur in negative Kreise". Hitler bekam die Berichte nicht mehr auf den Tisch, und weil auch die Mehrzahl der einflußreichen Funktionäre die kritischen Informationen ablehnte, beklagte sich Ohlendorf schon im Januar 1943, er arbeite eigentlich nur noch für Himmlers Papierkorb.

Ende April fuhr Bormann schweres Geschütz auf. Der „liebe Parteigenosse

Himmler" – die Anrede variierte immer nach der momentanen Wetterlage –
mußte sich sagen lassen, daß sein Spitzeldienst sich wieder einmal auf ein Gebiet begeben habe, das der Partei-Kanzlei allein gehöre, nämlich die Beurteilung der höheren Beamten. Höhnisch meinte der Briefschreiber, diese Bemühungen sollten wohl „dazu dienen, nach Ihrer Bestellung zum Reichsinnenminister die politischen Gesichtspunkte bei der Personalgestaltung der inneren
Verwaltung stärker als bisher zur Geltung zu bringen". Die Beurteilung „zur
Personalpolitik der staatlichen Stellen" sei jedoch nicht Aufgabe des SD, sondern ausschließlich der Partei-Kanzlei. „Ich ziehe deshalb stets zur Vorbereitung meiner Entschließungen Auskünfte vom SD bei", aber er lege „auf die
Berichte der Gauleiter ... entscheidenden Wert", weil sie die Beamten aus ihrer praktischen Arbeit beurteilten. Der Brief endete mit einer offenen Drohung. Es sei nun zu überlegen, „ob und unter welchen Voraussetzungen die
Politischen Leiter ehrenamtlich im SD mitarbeiten dürfen".

Mitte Juni 1944 wurde aus der Drohung ein Faktum. Bormann verbot allen
Parteifunktionären, dem SD weiterhin Meldungen und Berichte zu liefern.
Robert Ley trat gehorsam mit seinen Arbeitsfront-Amtswaltern in diese Fußstapfen. Ohne Gegenwehr ließ sich Himmler eine Waffe aus der Hand schlagen, die ihm bei der weiteren Auseinandersetzung mit seinem Rivalen gewiß
von Nutzen gewesen wäre. Ohlendorf klagte dem Himmler-Masseur Kersten,
er müsse nun noch mit weiteren Gegenaktionen rechnen. Er war sich darüber
im klaren, daß die scheinbar so starke Hand seines Reichsführers ihn nicht
schützen konnte – im Sommer 1944, als Himmler den Zenit seiner Macht erreicht hatte und Goebbels glaubte, dieser sei sein Bundesgenosse der Zukunft.
Wenn Himmler die Befehlsgewalt der Wehrmacht und er die Kriegsführung im
Inneren besäße, so meinte der Propagandaminister in jenen Tagen, wäre
Deutschland bald gerettet. Wenig später mußte er erfahren, wie sehr er seinen
Wunschpartner überschätzte.

Himmler bekam am 20. Juli 1944 als Folge des Attentats auf Hitler als Befehlshaber immerhin einen Teil der Wehrmacht, das Ersatzheer. In jenen Wochen spielte er mit dem Gedanken, Bormann festnehmen zu lassen. Daß er es
unterließ, läßt sich nur ungenügend damit erklären, daß Hitler ihm dies nie zu-
gestanden hätte. Denn in Gedanken und auch ein wenig schon mit der Tat
hatte er um diese Zeit die immer so laut verkündete Treue zum Führer bereits
gebrochen. Nur der Stoß hatte gefehlt, der ihm den Absprung von dem sinken-
den Schiff des Dritten Reichs aufgezwungen hätte. Heinrich Himmler, der ein
Koppelschloß mit der Parole „Unsere Ehre heißt Treue" trug, hatte über seinen Geheimdienst, den Auslands-SD und auch persönlich bereits zu Feinden
innerhalb und außerhalb der Grenzen Fäden gesponnen. Für den Fall einer
Katastrophe wollte er sie zu einem Netz verflechten, das ihn vor einem Absturz
ins Nichts bewahren könnte.

Seine Konspiration hatte sehr privat begonnen. In dem Einfamilienhaus neben
Himmlers Berliner Staatsvilla wohnte der Rechtsanwalt Carl Langbehn. Als
Nachbarn unterhielten sie sich gelegentlich, und der Anwalt ließ dabei durch-
blicken, daß er kein Freund des NS-Regimes sei. Langbehn gehörte zu einer

Gruppe des Widerstands, und er vertrat wie sein Gesinnungsfreund Carl Friedrich Goerdeler die Ansicht, ein Umsturz sei nur möglich, wenn es gelänge, die Gegensätze in der Partei auszunutzen, indem man sie spalte und mit einer der Gruppen den Machtwechsel herbeiführe. Nach Goerdelers Analyse gab es in der NSDAP eine Hitlergruppe, eine Gruppe um Ley, eine um Bormann und dazu noch die SS. Ein Pakt mit der letzteren schien am zweckmäßigsten, denn sie verfügte als einzige der vier Gruppierungen über Waffen. War das Regime erst einmal gestürzt, sollte auch noch die SS ausgeschaltet werden. Die Verschworenen wußten durch ihre Auslandskontakte vage, daß Himmler und sein SD-Chef Schellenberg in Stockholm und Zürich Verbindung mit den Feinden aufgenommen hatten. Deshalb schien es ihnen nicht allzu gewagt, ausgerechnet den Polizeiminister ein wenig ins Vertrauen zu ziehen. Ende August 1943 vermittelte Langbehn ein Gespräch zwischen dem mitverschworenen ehemaligen preußischen Finanzminister Popitz und Himmler, bei dem der Reichsführer andeutete, daß er einer gemeinsamen Aktion nicht grundsätzlich abgeneigt sei. Ein Jahr später, nach dem Attentat auf Hitler, stellte Himmler in seiner Posener Rede an die Gauleiter seine Kontakte zum Widerstand als eine Falle dar, die er den Hochverrätern gestellt habe. Er behauptete ferner, Hitler sei über seine Verschwörer-Verbindungen stets informiert gewesen und habe sie gebilligt.

Die Wahrheit sah etwas anders aus. Hitler wußte wohl von den Kontakten, aber er ahnte nicht einmal, mit welchen Gedanken sein getreuer Heinrich dabei gespielt hatte. Wer weiß, wie weit der Reichsführer dieses Doppelspiel noch betrieben hätte, wenn nicht die Gestapo ein alliiertes Funktelegramm entschlüsselt hätte, das sich mit Langbehns Beziehungen zum US-Geheimdienst in der Schweiz beschäftigte. Der Gestapo-Chef, SS-Gruppenführer Heinrich Müller, meldete seine Entdeckung nicht wie üblich auf dem Dienstweg nach oben, sondern schickte sie unmittelbar ins Führerhauptquartier. Wenn Bormann bis zu diesem Tag noch nichts von den Auslandsbeziehungen Himmlers geahnt haben sollte, so mußte ihn diese Meldung alarmieren; vermutlich wußte er jedoch schon mehr, von Müller, der gegen Schellenberg intrigierte und in der letzten Phase des Kriegs auch offen mit dem Leiter der Partei-Kanzlei zusammenarbeitete.

Himmler hatte nun keine Wahl mehr, er mußte Langbehn verhaften lassen. Alles, was er für seinen Nachbarn noch tun konnte, war, daß er ihn vor den übelsten Verhörmethoden der Gestapo einige Monate lang schützte. Wie dubios er seine eigene Rolle in dieser Affäre empfand, geht daraus hervor, daß er die Gerichtsverhandlung gegen seine Gesprächspartner praktisch unter Ausschluß der Öffentlichkeit durchführen ließ. Von nun an hatte er eine Leiche im Keller, und Bormann wußte davon. Nur damit wird erklärlich, warum der Reichsführer in den Monaten seiner größten Macht nicht einmal den Versuch machte, seinen Rivalen Bormann auszuschalten, und warum er sich noch immer als Freund der Familie von Bormanns Frau auf dem Obersalzberg mit Reis bewirten ließ, den er so gern aß. Aus diesem Spannungsverhältnis entsprang auch der Wetteifer, mit dem Bormann und Himmler nach dem Attentat Hitler ihre Ergebenheit und ihre Sorge um dessen Leben sichtbar machten. Ihren schon geschilderten Bemühungen möge hier noch eine bezeichnende Episode nachgetragen werden.

Bormann, der die Verantwortung für die Sicherheit seines Führers im Hauptquartier übernommen hatte und auch dessen Bewacher befehligte, informierte den Polizeiminister, daß er auch verstärkte Vorsorge gegen einen Giftanschlag getroffen habe. Die Lebensmittel für Hitlers Diät wurden von nun an in großen Mengen eingekauft, eingelagert, ständig überprüft, und alle Personen, die an diese Vorräte herankommen konnten, mußten politisch besonders zuverlässig sein. Himmler demonstrierte seine Besorgnis, indem er diese Vorschriften noch übertrumpfte. Er machte Kaltenbrunner, den Chef des Reichssicherheitshauptamts zusammen mit dem Reichsarzt der SS, Ernst-Robert Grawitz, verantwortlich, daß alle Lebensmittel und Arzneien Hitlers „durch ewig sich ändernde, niemals aussetzende Stichproben" getestet wurden.

Solche Gemeinsamkeit wurde jedoch selten. Bormann vermied die offene Konfrontation. Wenn er Himmler bedrängen wollte, ließ er die Gauleiter über die SS Klage führen, und dafür eignete sich am besten Erich Koch, der Ostpreußenherzog; er ließ, obgleich von Himmler mit „lieber Erich" angesprochen, keine Gelegenheit aus, dem Schwarzen Korps zu zeigen, daß in seinen Bereichen – zeitweise die Ukraine und das Stammland – allein die Partei, also der Gauleiter, regiere. Himmlers Beschwerden ignorierte Bormann.

Scheinbar für die Gauleiter, in Wahrheit für die eigene Machterweiterung, setzte sich Bormann ein, als im August ein weiterer Führererlaß vorzubereiten war, wer die „vollziehende Gewalt" im Fall innerer Unruhen oder beim Vordringen feindlicher Streitkräfte bis an die Reichsgrenzen ausüben sollte. Da er im Hauptquartier nicht von Hitlers Seite wich, verhandelte der Leiter seiner staatsrechtlichen Abteilung, Gerhard Klopfer, in Berlin mit den mitspracheberechtigten Obersten Reichsbehörden. Das war in erster Linie das Reichsinnenministerium, dem die Polizei unterstand. Himmler hatte seinen Staatssekretär Wilhelm Stuckart angewiesen, diese Zuständigkeit nicht nur grundsätzlich zu wahren, sondern auch gleich festzulegen, daß alle Aktionen zentral von ihm befehligt würden, der seinerseits wiederum regional den höheren SS- und Polizeiführern Vollmachten erteilen könne. Von der Partei-Kanzlei wurde dagegen gefordert, die „vollziehende Gewalt" – also die gesamte Exekutive mit allen Vollmachten des Kriegsrechts bis zum Standgericht – müsse den Reichsverteidigungskommissaren, also den Gauleitern, übertragen werden. Der Führer habe ihm dies befohlen, behauptete Bormann, „nach den Ereignissen vom 20. 7.".

Die verhandelnden Herren konnten sich nicht einigen. Himmlers Mann meinte, der Plan Bormanns schalte die Obersten Reichsbehörden aus – was ja auch zutraf. „Es sei unmöglich, daß die Reichskommissare jeder nach eigener Eingebung ihre Maßregeln treffen, ohne daß der Reichsführer SS, der für die öffentliche Sicherheit und Ordnung im Reich verantwortlich sei, eine Lenkungsbefugnis habe." Ihm müsse die zentrale Befehlsgewalt übertragen werden, „da der Führer selbst sich unmöglich um alle Dinge kümmern könne". Doch Bormanns Vertreter blieb hart. Ihm berichtete Klopfer: Es „müsse eindeutig aus-gesprochen werden, daß den Reichsverteidigungskommissaren im Invasions-fall die vollziehende Gewalt zustände" und „unter Berufung auf den eindeutig erklärten Führerwillen" müsse „der Begriff der vollziehenden Gewalt unter allen Umständen in den Erlaß aufgenommen" werden. Die zentrale Len-kungsgewalt könne Himmler äußersten Falls in der Form zugebilligt werden, daß er den Reichsverteidigungskommissaren allgemeine Richtlinien vor-schreibe, aber eine Deligierung dieser Zuständigkeit an einen Himmler-Ge-folgsmann sei unmöglich, da Himmler „als Reichsführer SS … keinen allge-meinen Vertreter" für seine vielen Ämter habe.

Bei so großen Gegensätzen mußte – wieder einmal mehr – Hitler den Streit entscheiden. Dabei stellte es sich heraus, daß die Kontrahenten um das Fell ei-nes Löwen gezankt hatten, der gar nicht zum Abschuß freigegeben war. Einen Erlaß dieser Art gab es nämlich schon seit dem 13. Juli 1944. In ihm war die vollziehende Gewalt im Invasionsfall den Militärs zugesprochen worden, wie es in der Vergangenheit immer üblich gewesen war, und nur unter dem Ein-druck des Attentats hatte Hitler Anfang August eine Änderung erwogen. Als ihm nun Mitte September Himmler und Bormann ihren Kompetenzstreit vor-trugen, war zwar sein Mißtrauen gegen die Generäle keineswegs geringer ge-worden, aber die erste heiße Wut war verraucht. Gemäß seiner bewährten Me-thode, alle Kräfte gegeneinander auszubalancieren, änderte er den geltenden Erlaß nur ab. Die Befugnisse der Gauleiter wurden etwas ausgedehnt, diejeni-gen der Militärs ein wenig beschnitten, und Himmler ging leer aus. Es war kein großer Sieg für Bormann, aber immerhin hatte sein Konkurrent auf der Höhe der Macht einen Dämpfer bekommen.

„Heinrich Himmler fuhr gestern abend zum Westwall", meldete Bormann sei-ner Frau Anfang September 1944. „Wir stehen täglich in Verbindung durch das Telefon. Er packte seine Aufgabe als Befehlshaber des Ersatzheeres mit großartiger Energie an." Die Inspektion der Westbefestigungen gehörte nicht unbedingt in diese Kompetenz; Bormann hatte Himmler klargemacht, daß niemand besser die Betonbunker kontrollieren könne als er. Gut zwei Wochen war der Reichsführer damit beschäftigt. Diese Betriebsamkeit konnte Bor-mann nur recht sein, denn damit wurde er zum Befehlsübermittler, der allein schon durch die Wahl seiner Formulierungen die eigene Position stärken konnte. Umgekehrt kam er damit auch einem stillen Wunsch Himmlers entge-gen; dieser bangte nämlich vor jeder Begegnung mit Hitler und war sogar froh, daß Bormann ihm aufregende Stunden ersparte.

Auch aus einem anderen Grund brauchte Bormann nicht zu fürchten, daß ihm Himmler den Platz im Hauptquartier streitig machen würde; der Hypochonder gestand Ende September 1944, daß er ein so ungesundes Leben, wie es Hitlers Arbeitsrhythmus erfordere, nicht durchhalten könne. Bis vier Uhr am Morgen könne er nicht arbeiten; spätestens um Mitternacht müsse er schlafen.

Das war gewiß nicht der Mann, der einen „Keiler im Kartoffelfeld" zur Strecke bringen konnte. Zwar versuchte ihn sein Hauptamtschef Gottlob Berger in schwäbisch-hintersinniger Biederkeit Ende September 1944 zur Aktivität aufzustacheln, indem er schrieb, „der Soldat und die Heimat" glaubten nur noch an „Adolf Hitler, Heinrich Himmler und Dr. Goebbels", aber der Letztgenannte hatte um diese Zeit schon aufgehört, auf den Reichsführer und die SS zu setzen und hatte begonnen, sich mit dem offensichtlich unvermeidlichen Bormann zu arrangieren. Und Himmlers Bürochef Rudolf Brandt klagte dem Masseur Kersten, der Reichsführer komme nur noch zu Hitler, wenn Bormann es zulasse.

Aufträge bekam Himmler mehr als genug. „Auf mein Verlangen geht Onkel Heinrich am 3. November an die Ruhr", schrieb Bormann an seine Frau. „Er soll dort die Dinge in Ordnung bringen." Und schließlich durfte Himmler sogar in München als Hitlers Stellvertreter bei der traditionellen Feier zum Gedenken an den Putsch von 1923 auftreten. Die Kriegsproduktion durfte nicht stillstehen. Himmler verlas eine langatmige Proklamation seines Führers. Bormann beneidete ihn darum nicht; ihm lagen öffentliche Auftritte nun einmal nicht. Den Gauleitern beizubringen, daß sie um ihr Leben kämpften, daß aber der Endsieg sicher sei, wenn sie die Männer zum Volkssturm und die Frauen zum Schanzen trieben, war ihm wichtiger.

Ob der Landwirt Bormann wußte, daß hypertrophes Wachstum tödlich sein kann? Seinem „lieben Heinrich" verhalf er, als ob es keine Rivalität gäbe, zu immer neuen Aufgaben und Posten. Er wußte, daß der Fähnrich aus dem Ersten Weltkrieg Feldherrn-Ehrgeiz hatte. Als die Alliierten im November nahezu das ganze Elsaß eroberten, setzte er sich dafür ein, daß der Reichsführer zum Oberbefehlshaber einer neu zu bildenden Heeresgruppe am Oberrhein ernannt wurde. Anfang Dezember 1944 bekam Himmler diese Würde. Beglückt lenkte er seinen Sonderzug in den Südwesten und richtete auf den Geleisen der Schwarzwaldbahn zwischen Freiburg und Donaueschingen, deren zahlreiche Tunnels Unterschlupf bei Luftangriffen boten, sein Feldquartier ein. Damit war er wiederum für einige Zeit aus der unmittelbaren Umgebung Hitlers abgeschoben. Das paßte auch gut in dessen Pläne, denn bald sollte die Ardennen-Offensive beginnen, mit SS-Divisionen als Speerspitze, und dabei wollte der Feldherr Hitler nicht von Vorschlägen und Einreden des Reichsführers SS belästigt werden.

Aus der Wolfsschanze war der Führer mit seinem Hofstaat am 20. November ausgezogen. Er kam nie wieder dorthin zurück. Zunächst residierte er in Berlin. Bormann nutzte die Zeit, um seine Frau für zwei Wochen nach Stolpe kommen zu lassen, wo er mit ihr beisammen sein konnte, soweit es sein Dienst erlaubte. In der Nacht vom 10. auf 11. Dezember 1944 rollte Hitlers Sonderzug zum neuen Standort, einer Anzahl Hochbunker in der Nähe des Schlosses Ziegenberg im hessischen Landkreis Friedberg. Bormann schlug da zunächst einmal Krach; die Räume seiner Dienststelle fand er ungenügend, die Büromöbel unzureichend, und was das Schlimmste war, mit den Fernschreibern klappte es nicht. Sie waren seine Geschütze, mit ihnen führte er seinen Krieg, und wenn er zwischen den in zwei Reihen aufgestellten Nachrichtenmaschinen befehlend, diktierend und lesend umherstapfte, war er der „General der Fernschreiber", wie er in Parteikreisen hieß. Beim Reichsschatzmeister Schwarz hatte er durchgesetzt, daß ihm das gesamte Netz der Partei unterstellt wurde. Vier Tage später machte Himmler, aus dem Schwarzwald kommend, seinen Antrittsbesuch. Er wollte einige angeblich unfähige Generäle seiner Heeresgruppe ausgetauscht haben, und vor allem wollte er nicht dem Oberbefehlshaber West, Generalfeldmarschall Karl Rudolf Gert von Rundstedt, unterstellt sein, sondern seine Schlachten selbständig planen und schlagen. Bormann sagte ihm seine Unterstützung zu. Generaloberst Heinz Guderian, Chef des Generalstabs, war überzeugt, daß dies nur geschah, damit der Reichsführer scheitere und dann leichter abgehalftert werden könne. Doch so einfach lagen die Probleme auch für Bormann nicht; Mißerfolge an der Front konnte er nicht wünschen, da auch seine Existenz vom Endsieg abhing. Nur Himmler sollte ihn nicht erringen. Dessen Gefolgsmann Gottlob Berger sah eine andere Gefahr. Warnend schrieb er dem Reichsführer: „Ich bitte, die Tätigkeit als Oberbefehlshaber Oberrhein möglichst abzukürzen und wieder zum Führer-Hauptquartier zu gehen." Damit müsse den „von gewissen Seiten mit aller Energie" verbreiteten Gerüchten entgegengetreten werden, Himmler sei in Ungnade. Eine noch deutlichere Warnung kam vom Chef der SS-Kriegsberichter: Himmler müsse das „Bormann-Monopol" bei Hitler brechen.

Der Reichsführer fühlte sich stark genug, solche Hinweise zu überhören. Er versprach, Straßburg zurückzuerobern. Dafür ließ er sich zwei kampferprobte Divisionen zusätzlich unterstellen. Doch nach Erfolgen blieb der Angriff stecken, und das gewonnene Gelände ging wieder verloren.

Aus seiner Ratlosigkeit erlöste den Reichsführer ein neuer Auftrag, den er wiederum Bormanns Fürsprache verdankte: Der nach Berlin zurückgekehrte Führer ernannte ihn zum Oberkommandierenden der Heeresgruppe Weichsel, die freilich zunächst einmal nur auf dem Papier existierte. Beginnend am 12. Januar 1945 waren die Rotarmisten bis an die Oder bei Frankfurt vorgestoßen, und an der Nordflanke dieses riesigen Keils mußte eine neue Abwehrfront aufgebaut werden. Guderian wollte Himmler diese Aufgabe nicht anvertrauen, aber Hitler behauptete, dieser sei am Rhein hart und deshalb auch erfolgreich gewesen, und außerdem sei er als Oberbefehlshaber des Ersatzheeres in der Lage, rasch neue Einheiten an die Front zu bringen. Am 24. Januar übernahm Himmler seinen Posten. Zunächst zeigte er sich nur erfolgreich im Erfinden von Durchhalteparolen. Den Ehrgeizigen unter seinen Gefolgsleuten wurde jetzt klar, daß sie in seinem Kielwasser keine Karriere mehr machen konnten. SS-Gruppenführer Hermann Fegelein, Himmlers Vertreter im Führerhauptquartier, schloß sich noch enger an seinen Zechgenossen Bormann an. Polizei- und SD-Chef Ernst Kaltenbrunner spekulierte sogar schon merklich auf die Nachfolge, und Bormann ermunterte ihn, indem er ihm die Gelegenheit verschaffte, bei Hitler an Stelle von Himmler Vortrag zu halten.

Dann und wann kam Himmler von seiner Feldkommandostelle nach Berlin und setzte sich beim Mittagessen zu Bormann und Fegelein, aber der Empfang war weniger herzlich als früher. Er durfte auch an Lagebesprechungen im Bunker der Reichskanzlei teilnehmen. Dabei gab es seinetwegen am 13. Februar einen lauten und fast zwei Stunden dauernden Streit zwischen Hitler und

Guderian. Der Generalstabschef bestand darauf, daß Himmler den kriegserfahrenen General Walther Wenck in seinen Stab aufnehme, denn seine
Kenntnisse reichten für den Posten eines Heeresgruppenleiters nicht aus. Hitler tobte, gab aber schließlich doch nach. Wenck fiel jedoch durch einen Autounfall schon nach einem Tag aus. Die Offensive zur Abschnürung des Ein-
bruchkeils mißlang, Himmlers Divisionen blieben stecken. Bormann schrieb
am 20. Februar bekümmert, aber nicht frei von Schadenfreude an seine Frau:
„Onkel Heinrichs Angriff hat nicht geklappt, d.h. er entwickelte sich nicht
richtig und jetzt müssen die Divisionen seiner Reserve anderweitig eingesetzt
werden."

Denn nun griffen die Russen an – mit Erfolg. Als Guderian aus Himmlers
Feldquartier nur noch unklare Meldungen erhielt, fuhr er Mitte März dorthin
und erfuhr, daß der Heeresgruppenchef schon seit Tagen wegen Grippe im Sanatorium in Hohenlychen liege. Dort fand ihn der Generaloberst im Bett, „bei
leidlichem Wohlsein, und ich stellte fest, daß mich ein leichter Schnupfen nicht
veranlaßt hätte, meine Truppe in so gespannter Lage zu verlassen". Himmler
ließ durch Guderian bei Hitler um seine Entlassung aus seinem Kommando
bitten, mit der Begründung, daß er durch die Vielzahl seiner Ämter ohnehin
schon überlastet sei. Dies selber bei Hitler vorzutragen, war er nicht mutig genug.

Im Januar 1945 schon hatte Hitlers zunehmender Verfall Minister Lammers
bewogen, Bormann zu fragen, ob er nicht in einem Gespräch klären könne,
wen dieser als Nachfolger vorgesehen habe. Göring sei es doch wohl nicht
mehr. Bormann winkte ab. Er sagte: „Wäre die Frage nicht bereits geregelt, so
würde der Führer den Reichsmarschall jetzt nicht mehr ernennen; aber ich
glaube nicht, daß er die einmal gemachte Ernennung ändern wird. Lassen wir
die Sache fallen." Ob er annahm, Amt und Würde fielen ihm nahezu automatisch zu? Sein Selbstvertrauen war gewiß groß, aber er hielt sich doch wohl für
wenig geeignet, weithin sichtbar auf dem höchsten Podest des Reiches zu stehen, als Staatschef zu repräsentieren und als Volkstribun die großen Reden zu
halten. Sein Ehrgeiz war immer gewesen, im Hintergrund zu wirken und dort
die Hebel der Macht in den Händen zu halten. Ein Mann ohne Basis in der Partei mußte ihm der genehmste Hitler-Nachfolger sein. Deswegen durfte Himmler es auf keinen Fall werden. Doch mit ihm brauchte er nun nicht mehr zu
rechnen. Als der Reichsführer am 20. April 1945 noch einmal zur Geburts-
tagscour in die schon zertrümmerte Reichskanzlei kam, durfte er seinem Führer noch einmal die zitternde Rechte schütteln, aber zum engeren Gespräch
wurde er nicht zugezogen, und seine Bitte, Hitler möge vom Obersalzberg aus
die Verteidigung der Alpenfestung als letzte deutsche Bastion leiten, blieb unbeantwortet.

21   Der heimliche Herrscher

Einige gab es, die Bormann bereits als den künftigen Herrscher Deutschlands fürchteten; mit irgendeiner Galionsfigur am Bug könnte er als Kapitän den Kurs bestimmen. Göring hielt rund um Karinhall, Wohnsitz und Feldquartier der Luftwaffe, eine Division Fallschirmjäger versammelt, weil er befürchtete, Hitlers braune Eminenz werde ihn im Handstreich ausheben und umbringen lassen. In der Führung der Hitler-Jugend entdeckte Alfred Rosenberg einen Kreis junger Männer, die im stillschweigenden Einverständnis mit dem Reichsjugendführer Artur Axmann erwogen, wie sie Bormann an der Nachfolge Hitlers hindern könnten – möglicherweise durch ein Attentat. Der Reichsschatzmeister Schwarz argwöhnte, obgleich in seinem bayerischen Dienstsitz weit vom Schuß, Bormann werde am Tag seiner Machtübernahme die Alte Garde der Partei ausrotten.

Dafür hängten sich andere an Bormanns Rockschöße und spekulierten auf eine Karriere in seinem Fahrwasser. So Ernst Kaltenbrunner, der oberste Polizei- und SD-Chef, so der Gestapo-Chef Heinrich Müller. Der SS-Gruppenführer Hermann Fegelein, der neue militärische Chefadjutant General Wilhelm Burgdorf und der letzte Generalstabschef General Hans Krebs duzten sich mit Bormann und hoben mit ihm eifrig die Gläser. Der von ihm zum Gehorsam dressierte Robert Ley, Reichsorganisationsleiter der Partei, dienerte vor ihm bei jedem Besuch im Hauptquartier.

Über den Eindruck, den des Führers rechte Hand in den letzten Monaten seines Lebens machte, gibt es die anschauliche Schilderung des Rittmeisters Gerhard Boldt, der Anfang Februar 1945 zweimal zur Lagebesprechung zugezogen wurde und dabei „den Mann, der so entscheidenden Einfluß auf Hitler ausüben soll", zum erstenmal sah. Er beschrieb ihn als „etwa 45 Jahre alt, knapp mittelgroß, vierschrötig, untersetzt und stiernackig. Er wirkt fast wie ein Schwerathlet. Das runde Gesicht vermittelt durch die kräftigen Backenknochen und breitgezogenen Nasenflügel einen energischen und brutalen Ausdruck... Seine dunklen Augen und sein Mienenspiel verraten Verschlagenheit und kalte Rücksichtslosigkeit."

Gerade diese Eigenschaften waren es, die den Mann in dieser Endzeit seinem Führer unentbehrlicher machten als je zuvor. Am 4. Juli 1944 hatte Hitler auf dem Obersalzberg in einer Rede an Industrielle zynisch zugegeben, daß er „vabanque" spielte – wie immer, seit er in die Politik gegangen war. Die Worte waren: „Wenn der Krieg verloren ginge, meine Herren", dann brauche die Wirtschaft sich nicht mehr auf den Frieden umzustellen. Seine Zuhörer sollten sich dann ihre „private Umstellung vom Diesseits ins Jenseits" überlegen, wobei sie die Wahl hätten zwischen Galgen, Genickschuß, Hungertod, Sibirien oder Selbstmord. Bormann saß bei der Veranstaltung in der ersten Reihe. Spätestens seit diesem Tag wußte er, daß er um sein Leben kämpfte.

Sein Rezept für den Sieg war so schlicht wie seine Denkweise überhaupt: Soweit Genie und Nimbus des Führers nicht wirkten, mußte er mit harter Hand als Vollstrecker nachhelfen. Er mußte das ganze Volk zum Kämpfen zwingen, mit allen Mitteln. Und er mußte seinen Führer vor allem bewahren, was ihn von den großen Aufgaben ablenken, seine Entschlossenheit mildern oder gar seinen Glauben an die Gunst der Vorsehung beeinträchtigen könnte. Das Attentat hatte gezeigt, daß Verrat in der Luft lag. Bormann traute niemandem mehr, außer Hitler und sich selbst. Vom simplen Volksgenossen bis hinauf in die höchsten Spitzen wollten sie alle nur die eigene Haut retten. Doch sie mußten sterben, damit Deutschland – also Hitler und Bormann – lebe. In Aufrufen, Aktionen, Fernschreiben, Konferenzen und auch in Briefen an seine Frau verkündete er deshalb verbissen und scheinbar unbeeindruckt von der immer näher rückenden Katastrophe den unvermeidlichen Endsieg. Von Woche zu Woche wurde seine Betriebsamkeit hektischer, wurden seine Befehle brutaler. Schließlich trieb ihn schon nicht mehr der Mut als vielmehr die Wut der Verzweiflung. Spät erst verriet er wenigstens in seinen Briefen an seine Frau verhalten, aber an Häufigkeit zunehmend, daß er an die Rettung manchmal nicht mehr richtig glaubte.

Damit die Partei das Volk noch härter an die Kandare nehmen konnte, mußte sie immer einsatzbereit sein. Am 16. August 1944 bekamen seine beiden Mitstreiter Klopfer und Friedrichs handschriftlich den Befehl, „sofort... Geheimlisten aufzustellen und mir baldigst vorzulegen, aus denen hervorgeht, wer bei Ausfall eines prominenten Mannes – Reichsministers, Staatssekretärs, Gauleiters, Verbändeführers, Reichsleiters – an seine Stelle treten kann". Nachsatz: „Der Geheimhaltung wegen die Listen handschriftlich." Von Zeit zu Zeit wurden sie aktualisiert. Die letzte, verfaßt am 10. März 1945, ist in einigen Punkten aufschlußreich. Neben den vielen Abteilungen der Partei-Kanzlei nimmt sich darin der Rest der Partei bescheiden aus, und wie sich Bormann ihre Entwicklung dachte, zeigen Anmerkungen. So heißt es zum Beispiel: „Bei einem etwaigen Ausfall des Reichsleiters Bouhler könnten m.E. die meisten Aufgaben der Kanzlei des Führers der NSDAP der Partei-Kanzlei übertragen werden." Faktisch war dasselbe geplant, falls der Reichsorganisationsleiter Ley ausfiele. Schon sah sich Bormann als künftiger Generalsekretär, der dann die gesamte Partei befehligen würde, wie es sein heimliches Vorbild schon immer tat, wie Josef Stalin, den auch Hitler verstohlen bewunderte. In solcher Position könnte er, ebenso wie Stalin, die repräsentierenden Staatsämter getrost anderen überlassen und dennoch die Macht behalten.

Um die Partei, diese schwerfällige und mehr improvisierte als konstruierte Maschinerie auf Hochtouren zu bringen, mühte er sich täglich 18 Stunden ab, pendelnd zwischen dem eigenen Schreibtisch und demjenigen Hitlers. Seine Anordnungen reichten bis in das Privatleben seiner Funktionäre. Aus Bonzen sollten Vorbilder werden.

Auch die Wehrmacht bekam ihre Moralpredigt. Ende August 1944 verteilte er eine „Niederschrift" – wie er Manuskripte nannte –, die ein puritanisch gesinnter Parteigenosse über das Verhalten von „Partei und Wehrmacht im Generalgouvernement" verfaßt hatte. Die Etappe, so heißt es dort, vergifte Front und Heimat. „Es ist eine absolute Unmöglichkeit, daß die Front in einem todesmutigen Ringen liegt, daß die Heimat spartanisch einfach lebt und mit Aufbietung aller Kräfte arbeitet, während man in der Etappe nach Belieben schlemmen, saufen, fressen, huren kann."

Im September 1944 nahm er sich die Jäger vor. Der Ernst der Zeit, predigte er in einem Rundschreiben, verbiete guten Nationalsozialisten das Jagdvergnügen. Im Dezember kamen dann die Kleintierhalter an die Reihe. Die Ortsgruppenfunktionäre mußten Karnickelboxen und Hühnerställe kontrollieren, und wenn über den eigenen Bedarf Tiere gehalten wurden, sollten sie geschlachtet und das Fleisch verteilt werden. Seine Frau wies er in der zweiten Februarwoche 1945 an, im Frühjahr möglichst viel wildwachsendes, eßbares Grünzeug zu sammeln. Einen Monat später wurde dann auch die Partei mit einer achtseitigen Anordnung zur „Verminderung der Nahrungssorgen" auf die Weide verwiesen. Dem Führer werde er die „Sammelergebnisse der einzelnen Gaue laufend" mitteilen. Die eigene Familie war auf dieses Grünfutter nicht so sehr angewiesen; er schickte ihr mit dem täglichen Kurierdienst, der zwischen Berlin und dem Obersalzberg pendelte, in den amtlichen Metallkoffern häufig etwas Nahrhaftes, das er im Hauptquartier beschaffen konnte oder das er sich als Marschverpflegung für seine Reisen geben ließ.

Während er seine Frau immer wieder vor Überanstrengungen und Kriegsgefahren warnte, überlegte er sich permanent, wie er die Frauen stärker einspannen könnte. Im September 1944 setzte er sich dafür ein, daß 80 000 Mädchen die Soldaten an den Scheinwerferbatterien der Luftabwehr ablösten. Am 16. November schrieb er an Goebbels, es sei „jetzt die Aufgabe der Partei… stimmungsmäßig das deutsche Volk darauf vorzubereiten, daß in Zukunft Frauen in noch größerem Umfang unter Umständen sogar mit der Waffe eingesetzt werden". Als dann auf Grund eines Führer-Erlasses Ende November ein Wehrmachtshelferinnenkorps gegründet wurde, das weitere 150 000 Soldaten aus Schreibstuben und Nachrichtenstellen für die Front freistellen sollte, propagierte Bormann dies als „besonderen Ehrendienst der deutschen Frau". „Die politische, weltanschauliche und kulturelle Führung und Betreuung" der zumeist zwangsverpflichteten Frauen erfolgte nach seinen Anweisungen durch die NS-Frauenschaft.

Ende November 1944 verkündete er, „Frauen und Mädchen (sollten) im allgemeinen den Zonen unmittelbarer Kampfhandlungen ferngehalten werden"; sie würden also besser nicht in den Volkssturm einbezogen. Doch Anfang Dezember wurde das Oberkommando der Wehrmacht von ihm angewiesen, seinem Amt alle „freiwilligen Meldungen von Frauen und Mädchen" zum Einsatz mit der Waffe vor dem Feind „in Urschrift" zuzuleiten. Gewiß nicht ohne sein Zutun genehmigte dann Hitler am 28. Februar 1945 probeweise die Aufstellung eines Frauenbataillons. Wenn dessen Einsatz erfolgreich sei, sollten weitere Einheiten gebildet werden. „Der Führer verspricht sich", notierte Bormann, „eine entsprechende Rückwirkung auf die Haltung der Männer." Doch zunächst blieb es beim Plan. Wohl aber erinnerte sich Bormann an die weiblichen Krieger, als im März schon weite Teile des Reichs von feindlichen Truppen überrollt waren. Er gründete zur „Durchführung von Sonderaufgaben im Rücken des Feindes" die Partisanen-Organisation »Werwolf« und suchte dafür „entschlossene, tapfere Männer und Frauen jeden Alters". Den Frauen der Parteiprominenz wurden solche Opfer nicht zugemutet.

Offiziere und Generäle waren für Bormann seit dem Attentat zumeist Reaktionäre und Staatsfeinde. Er setzte Ende September 1944 durch, daß nicht nur die Hoheitsträger, also die leitenden Funktionäre, automatisch als Offiziersnachwuchs bei der Wehrmacht einrückten; von nun an kamen auch die niedrigeren Parteichargen zu diesem Privileg.

Wo Bormann eine Ritze im Gefüge der Wehrmacht entdeckte, sickerte die Partei ein. Nachdem er lange genug über unangebrachte Milde bei der Behandlung von Kriegsgefangenen gezetert hatte, erließ das Oberkommando der Wehrmacht eine Verfügung – „auf meine Anregung", triumphierte Bormann – die er Mitte September seinen Funktionären zuschickte, damit sie ihre neuen Befugnisse auch wahrnehmen konnten. Nun müßten, stellte Bormanns Begleitschreiben fest, die Offiziere der Gefangenenlager „engstens mit den Hoheitsträgern" zusammenarbeiten, und die Kommandanten der Lager hätten Verbindungsoffiziere zu den Kreisleitern abzustellen. Damit konnte die Partei kontrollieren, ob die Gefangenen auch energisch genug zur Arbeit angetrieben wurden.

Besonders empörte Bormann das „unerhört wichtige Problem der Erfassung der fluktuierenden Soldaten". Das waren nach seiner Meinung mehr als eine halbe Million Uniformierter, die mit Marschbefehlen und unrechtmäßigen Urlaubsscheinen durch die Lande reisten und sich vor dem Kampf drückten. Mit seinem Spitzenduo Friedrichs und Klopfer machte er sich Ende Februar 1945 Gedanken, wie diese Drückeberger an die Front geschickt werden könnten. „Würde man", so argumentierte er, „diese Uniformträger erfassen und wieder zu wirklichen Soldaten mit soldatischer Haltung etc. machen, hätten wir nicht nur genügend Menschen für die Front, sondern sogar die notwendigen Reserven, um selbst wieder aktiv zu werden." In Razzien müßten die Männer eingefangen werden. Ein Mitarbeiter schlug vor, die Fahnenflüchtigen öffentlich zu hängen und die Leichen eine Zeitlang zur Abschreckung am Strick baumeln zu lassen. Das geschah dann auch.

Der im bombensicheren Bunker amtierende und noch von keinem scharfen Schuß erschreckte Partei-Kanzlist verbreitete am 9. März 1945 durch Rundschreiben an alle Hoheitsträger schließlich auch noch sein Rezept „zur Stärkung der Front durch Erfassung Versprengter". Nach seiner Meinung könne es nämlich gar keine Versprengten geben; wer die Verbindung zu seiner Einheit verliere, brauche nur auf den Gefechtslärm zugehen und sich dort einer Truppe anschließen. Andernfalls sei er als Deserteur standrechtlich hinzurichten. Die gleiche Strafe maß Bormann am folgenden Tag in einem weiteren Rundschreiben allen jenen zu, die „sich in schamloser Art als Verwundete" tarnten.

Ende März 1945 erreichte Bormann schließlich, was er schon immer angestrebt hatte: Die NS-Führungsoffiziere wurden ihm allein unterstellt. Doch Hitler zögerte seine Unterschrift unter den Befehl über die Auflösung des entsprechenden Führungsstabs beim OKW noch 14 Tage hinaus. In Bormanns Schreibtisch lag unterdessen fertig formuliert ein noch viel weitergehender Führerbefehl. Durch ihn sollte „die Zuständigkeit der Partei-Kanzlei für die politische Führung der Wehrmacht" und damit die Partei-Herrschaft über die Militärs eingeführt werden. Mit Hitler war der Befehl schon abgesprochen, unterschrieben wurde er offenbar nicht mehr.

Zum permanenten Ärger Bormanns erwiesen sich die Parteigenossen keineswegs so eisern, wie er sie wünschte. Die erste Durchhalteparole mußte er schon am 5. September 1944 als „Geheime Reichssache" über die Fernschreiber in die Gauleitungen jagen. Als die Westalliierten auf Aachen und Trier vorrückten, hatten dort die Funktionäre Dörfer räumen lassen. Nun fehlten die Menschen beim Schanzen. Jeder Exodus, so ordnete er an, müsse im Hauptquartier genehmigt werden, durch ihn, und falls bei äußerster Gefahr jemand auf eigene Faust handle, müsse ihm dies unverzüglich gemeldet werden. Zum Jahresende rief er seine Würdenträger auf, immer dort zur Stelle zu sein, „wo die Situation ernst und schwer zu meistern ist", damit das Vertrauen zur Partei erhalten bliebe. An Gerda schrieb er in den ersten Stunden von 1945 aus dem Ziegenberger Hauptquartier, nun beginne ein Schicksalsjahr. Es werde durch die Versäumnisse der Luftwaffe noch härter als das vergangene sein – Ahnungen, die ihm aufgegangen waren, als er in die helle Mondnacht hinausgetreten war und bedacht hatte, daß am folgenden wolkenlosen Tag im Westen ein neuer Angriff praktisch ohne Luftunterstützung gegen Engländer und Amerikaner beginnen sollte. „Trotzdem müssen wir treu zur Sache stehen", fuhr er fort, „denn unser Schicksal hängt wie das von vielen Familien vom Ausgang dieses Krieges ab." Eine Stunde zuvor war er noch optimistischer gewesen, bei der Silvesterfeier mit französischem Champagner in der Gesellschaft Hitlers. Dieser hatte prophezeit: „Am Ende werden wir siegreich sein!" Die Runde nahm es schweigend auf, nur Bormann stimmte begeistert zu.

Fünf Tage später rügte er die Gauleiter, weil sie die Verteidigungsstellungen hinter der Front im Winterwetter verkommen ließen. Die Frauen und der Volkssturm mußten unverzüglich die Schäden reparieren. Noch größere Sorgen bereitete ihm das „Verhalten der Parteiführerschaft in Gebieten, die vom Feind besetzt werden". Seine unter diesem Rubrum verschickten Anordnungen lassen erkennen, daß vielen Funktionären die heile Haut längst wichtiger war als Hitler. Sie durften – so wurden sie am 23. Januar 1945 ermahnt – keinesfalls „vor der zivilen Bevölkerung ihre Wohnstätten verlassen". Wenn geräumt würde, hätten sie sich, soweit sie jünger als 51 sind, „nach Erfüllung ihres Auftrags grundsätzlich der Wehrmacht bzw. dem Deutschen Volkssturm zum sofortigen Kampfeinsatz zur Verfügung zu stellen". Knapp drei Wochen später, am 12. Februar, wurde die Tonart noch härter. In der Anordnung wurde allen aus dem Osten abgewanderten Funktionären befohlen, sich innerhalb einer Woche „bei der für ihren jetzigen Aufenthaltsort zuständigen Kreisleitung" zu melden. Wer dies unterlasse, würde als Deserteur „angesehen und entsprechend behandelt".

Zum 30. Januar 1945, dem zwölften und letzten Jahrestag des tausendjährigen Reichs, tönte Bormann in seinem Aufruf pathetisch, in der höchsten Gefahr müsse jetzt jeder Parteigenosse die „höchste Leistung und den größten Einsatz entwickeln". Nun seien nicht mehr Sammlungen – etwa von Geld, Textilien, Schuhen, Altmaterial – wichtig, und auch die Evakuierung bedrohter Landstriche sei nicht mehr wesentlich. Jetzt komme es auf „die Organisierung des seelischen und materiellen Widerstandes" an. Den Hoheitsträgern schickte er („Geheim!") zwei Tage später die Drohung hinterher, sie hätten darüber zu wachen, daß alle Befehle der Partei befolgt würden. „Wer hierbei versagt, und sei es auch nur aus Nachlässigkeit, wird unnachsichtlich zur Verantwortung gezogen." Noch deutlicher wurde er am 23. Februar. Härteste Strafe hat zu erwarten, „wer seine Pflichten vergißt" oder „seine dienstlichen Befugnisse nutzt, um sich und seiner Familie Vorteile zu verschaffen". Ebenso „wer die ihm anvertrauten Volksgenossen im Stich läßt", wer „sich von der NSDAP zu distanzieren versucht, wer beim Herannahen des Feindes flieht, statt zu kämpfen". Ausstoßung aus der Partei und zwangsläufig auch die Aburteilung durch ein Standgericht waren die Folgen. Diese drakonische Form der Rechtssprechung war am 15. Februar vom Reichsjustizminister verkündet worden. Bormann verschärfte sie noch, indem er die Gauleiter zu Gerichtsherren bestimmen ließ. Sie entschieden somit über Leben und Tod der Angeklagten, waren aber zugleich auch an Bormanns Weisung gebunden, es müsse jeder hängen, der nicht für Volk und Vaterland zu kämpfen bereit sei.

Die Gauleiter erhielten diese drakonischen Anordnungen fast gleichzeitig mit der Aufforderung, am 24. Februar gemeinsam mit Reichsleitern und Verbändeführern an der traditionellen Feier zur Erinnerung an die Parteigründung von 1920 teilzunehmen – diesmal nicht wie üblich in München, sondern in der Reichskanzlei. In Bormanns Einladung lasen sie, die einzige Möglichkeit, am Leben zu bleiben, sei die Bereitschaft, kämpfend zu sterben und damit den Sieg zu erzwingen. Das war weder logisch noch tröstlich, aber dennoch hegten die Geladenen die Hoffnung, daß ihnen wenigstens Hitler einen Silberstreifen am Horizont zeigen würde.

Die Reichshauptstadt empfing sie bedrückend mit Bränden vom Luftangriff der vergangenen Nacht. Bormanns Büro wies sie an, in den halbzerstörten Restaurants des Regierungsviertels zu warten, bis man sie rufe. Als sie sich in der schon ziemlich zerstörten Reichskanzlei versammelten, mußten sie Mäntel und Pistolen abgeben. Solange sie noch unter sich waren, konnten sie sich aussprechen. Einer der Teilnehmer, Gauleiter Rudolf Jordan aus Dessau, schrieb später darüber: „Harte Worte fallen, man kritisiert die Isolierung des Führers in den Bunkern des Hauptquartiers, und man nennt den Namen Bormann als den vermeintlichen Regisseur dieser Isolierung." Als Bormann dann schließlich kam, gab er das Tagungsprogramm und Verhaltensmaßregeln bekannt: Führerrede, aber keine Fragen, keine Beratung, auch nicht beim gemeinsamen Mittagessen, denn „der Führer befindet sich in wichtigen, um nicht zu sagen, wichtigsten Besprechungen und er darf in der augenblicklichen Situation nicht abgelenkt werden".

Die Granden der Partei erschraken beim Anblick des vergreisten, zitternden Hitlers. Seine Stimme klang müde, und seine Sätze rissen sie nicht mit, obwohl er ihnen eine Wende des Krieges durch Rudel neuartiger U-Boote und durch verbesserte Düsenflugzeuge versprach, die bald den Himmel über Deutschland wieder leerfegen würden. Doch diesmal merkten sie, daß er sie belog, denn sie kontrollierten die Rüstungsbetriebe in ihren Gauen. Als er aus der Tür ging, hörte man in der Stille allgemeiner Bedrückung einen der Getreuen seufzen: „Um Gotteswillen!" Als Hitler dann beim Essen ins Monologisieren geriet und nicht mehr auszuschließen war, daß doch der eine oder andere Gast sich an seinen Führer mit Fragen und Schilderungen wenden könnte, griff Bormann ein. Mit einem Zettel brachte er Hitler zum Aufbruch, folgte ihm und sagte im Hinausgehen: „Auf Wiedersehen in vierzehn Tagen!"

Wenn die Parteiführer, wie Jordan berichtete, in Bormann den „Regisseur der Isolierung Hitlers" sahen, so beklagten sie damit in erster Linie, daß ihnen der Zugang zu ihrem Führer versperrt war. Daß sich unter der Regie des Partei-Kanzlisten gleichzeitig auch der Kreis des ständigen Gefolges lichtete, konnten sie nur zum geringen Teil wahrnehmen. Ihnen fiel zwar auf, daß der Chef der Reichskanzlei, Reichsminister Hans Heinrich Lammers, immer mehr in den Hintergrund geriet, aber sie erfuhren nicht, daß und wie Bormann ihn abschob. Ein Briefwechsel zwischen den beiden, geschrieben in der Endphase ihrer Beziehungen, war dann schließlich der Fußtritt, mit dem der Parteimann den Staatsbeamten ins Abseits stieß.

Am 1. Januar 1945 entwarf Lammers – Absender „z.Zt. Haus am Fehrbellinsee" – handschriftlich einen zehnseitigen, demütigen Bittbrief an seinen Kollegen und Duz-Bruder. Vor allem der Anfang fiel ihm schwer; das erste Blatt seines Entwurfs wurde durch die vielen Korrekturen nahezu unleserlich. Er ließ das Ganze von seiner Sekretärin abtippen und zwei Tage später mit der Kurierpost und dem Vermerk „Eigenhändig" im Hauptquartier Adlerhorst bei Ziegenberg gegen Empfangsbestätigung abliefern. Lammers wünschte darin: „Dir, lieber Bormann, aufrichtigst alles Gute... für Deine verantwortungsvolle Arbeit für Führer und Volk, aber auch für Dein persönliches Wohlergehen und das Deiner Familie." Für sich wünschte Lammers, „daß unsere bisherige gute dienstliche Zusammenarbeit und unsere persönlichen freundschaftlichen Beziehungen die gleichen bleiben mögen, wie sie es bisher seit Jahren waren". Aber „das Band unserer dienstlichen und persönlichen Verbundenheit scheint sich jedoch zu meinem größten Bedauern gelockert zu haben... aus Gründen, die mir nicht näher bekannt sind, die ich nur vermuten kann".

Seit mehr als zwei Monaten war Lammers aus Hitlers Gefolge nach Hause geschickt worden, und seit über drei Monaten hatte er dem Staatschef keinen Vortrag mehr halten dürfen. Nun werde er „von allen Seiten dauernd gedrängt, die zahlreichen dringlich erwarteten Entscheidungen des Führers herbeizuführen". Andererseits würden ihm „Entscheidungen des Führers übermittelt, ... bei denen ich überhaupt nicht mitgewirkt habe, für die ich aber die Verantwortung tragen soll". „Wenn ich weiterhin so ausgeschaltet bleibe, ... möchte ich Dich, lieber Bormann, bitten, mir möglichst bald beim Führer ein kurzes Vorsprechen zu erwirken." In früheren Zeiten hätten sie doch manchmal gemeinsam Vortrag gehalten und sich abgesprochen. In den 20 Tagen, da Bormann Ende November und Anfang Dezember 1944 in Berlin gewesen war, hatte Lammers vergeblich auf eine Aussprache gewartet, aber auch seine Telefonanrufe waren vergeblich geblieben. Bormann hatte sich verleugnen lassen. Ob ihm denn etwas in die falsche Kehle gekommen sei? Lammers fand bei sich keinen Anlaß für ein Zerwürfnis und meinte deshalb, „ein offenes Wort und eine ehrliche Aussprache" würden alles klären.

Bormann antwortete sofort und so freundlich, als sei jeder Argwohn fehl am Platz. „Wärst Du hier, könnten wir uns auf jeden Fall des öfteren sehen und aussprechen, und alle ungewollten Mißverständnisse unterblieben ganz zwangsläufig." Er habe sich nie bei einem Telefonanruf verleugnen lassen. Wenn er aus Ziegenberg noch nicht angerufen habe, so hätten dies nur die ewigen, durch Bombenwürfe verursachten Leitungsstörungen verhindert. Lammers versah die drei Seiten mit bissigen Randbemerkungen, denn sein eigentliches Anliegen wurde in dem Antwortbrief mit keinem Wort gestreift.

Sechzehn Monate später, im April 1946, wurde im Nürnberger Prozeß der Zeuge Lammers an seinen Brief erinnert. Dort berichtigte er sich: So gut sei die Zusammenarbeit mit Bormann eigentlich nie gewesen, aber in einem Glückwunschschreiben zum Neuen Jahr vermeide man ja wohl Unfreundlichkeiten. – Es blieb trotzdem ohne Wirkung, denn gebraucht wurde er im Hauptquartier nicht mehr, und Bormanns Versprechen, er werde „den Führer so rasch wie möglich befragen, wann Du kommen kannst", war schlichter Partei-Kanzlei-Trost. Lammers war, wie er es selber nannte, „abgehängt". Aus dem Dreier-Ausschuß war ein Duo geworden, in dem Bormann alles bestimmte und Keitel nichts. In den letzten Tagen des Kriegs zog der arbeitslose Minister mit Hitlers Genehmigung südwärts und schloß sich auf dem Obersalzberg Göring an.

Das wäre ihm fast noch zum Verhängnis geworden, als Bormann den Reichsmarschall zum Hochverräter stempelte. Lammers wurde auf Bormanns Befehl unter Hausarrest gestellt.

Eigentlich war Bormann jeder im Weg, der Hitler beeinflussen konnte – angeblich, weil der Führer durch solche Leute nur von seinen großen Aufgaben abgelenkt würde, in Wahrheit aber, weil er von ihnen erfahren konnte, was Bormann verheimlichen wollte. Das war sehr viel, und darunter fielen die Intrigen gegen seine Mitbewerber um Hitlers Gunst ebenso wie etwa Berichte über die desolate Stimmung der Deutschen oder über das Ausmaß der Schäden durch den Bombenkrieg. Als Goebbels einmal eine Anzahl Luftaufnahmen von Trümmervierteln in die Reichskanzlei schickte, bekam er sie von Bormann mit der Bemerkung zurück, des Führers Zuversicht dürfe durch solche Bilder nicht beeinträchtigt werden. Auch die Berichte der Gauleiter über die Auswirkungen des Kriegs gingen von Bormanns Schreibtisch direkt in die Panzerschränke.

Ein Hitler-Vertrauter, den er weder kontrollieren noch kommandieren konnte, war ihm besonders lästig: der agile Fotograf Heinrich Hoffmann. In der Partei spielte Hoffmann keine Rolle, wenn man davon absah, daß er schon in der Frühzeit der NSDAP bei Aufmärschen und Veranstaltungen mit der Kamera herumgerannt war und sich so das Privileg errungen hatte, auch dort noch fotografieren zu können, wo kein anderer seiner Gilde mehr zugelassen wurde. Für Hitler hatte dies den Vorteil, daß er das Filmmaterial Hoffmanns zensieren und so alle Bilder sperren konnte, auf denen er sich nicht gefiel. Der Gewinn Hoffmanns war ein Monopol auf Fotos, die Hitler mehr oder weniger privat oder auch in besonders attraktiven Posen zeigten.

Aus Hoffmanns Laden holte sich Hitler die dort tätige Angestellte Eva Braun als seine Geliebte. Doch das war nicht der Grund für die Vertrautheit zwischen den beiden Männern. Sie reichte weit zurück in die frühen zwanziger Jahre, als der Bierkeller-Patriotismus in den besseren Kreisen Münchens Mode wurde und der witzige Alleinunterhalter Hoffmann in Hitler und seinen Vertrauten an den Kaffeehaustischen ein dankbares Publikum fand. Er war dann zum Hofspaßmacher avanciert, der immer herbeizitiert wurde, wenn es den Diktator nach heiterem Klatsch aus München und nach Histörchen aus der oberen Parteigenossenschaft gelüstete. In solchen Fällen mußte Bormann ein Telegramm aufgeben und den Passierschein ausstellen lassen – Aufträge, die ihm jedesmal gegen den Strich gingen.

Im September 1944 kam Bormann auf den Trick, mit dem er Hoffmann vertreiben konnte.

Als der Münchner Spaßmacher wieder einmal in der Wolfsschanze Besuch machte, meinte Bormann besorgt, er sehe schlecht aus, und er möge sich doch von Hitlers Leibarzt Morell untersuchen lassen. Das geschah, und Hoffmann hatte um so weniger dagegen einzuwenden, als er diesen Arzt vor Jahren Hitler empfohlen hatte. Die Untersuchung brachte zunächst keinen Krankheitsbefund, aber zwei Wochen später erfuhr der nach München zurückgekehrte Hoffmann telefonisch von Morell, eine bakteriologische Untersuchung habe ergeben, daß er, ohne selbst krank zu sein, ein Paratyphus-Ausscheider sei, noch dazu von Erregern des gefährlichen Typs B. Hitler wünsche deshalb Hoffmann nicht mehr zu sehen, und Bormann habe auch gleich angeordnet, daß die Münchner Gesundheitsbehörde den Hoffotografen am nächsten Tag abhole und in einem Sanatorium isoliere.

Da Hoffmann das Resultat der Untersuchung bezweifelte, reiste er nach Wien, um sich im Machtbereich seines Schwiegersohns, des Reichsstatthalters Baldur von Schirach, von einem befreundeten Arzt ein weiteres Mal untersuchen zu lassen. Der Wiener Arzt schickte Hoffmann zu einem bakteriologischen

Fachmann in ein Krankenhaus, das von der Wehrmacht belegt war. Der Befund war negativ. Bormann bekam ihn sofort zugesandt, aber in Wien wartete Hoffmann vergebens auf dessen Antwort. Dagegen meldete sich das Wiener Gesundheitsamt, weil aus dem Führerhauptquartier die Anweisung gekommen sei, Hoffmann als gefährlichen Seuchenverbreiter zu isolieren. Nur das ärztliche Zeugnis in Verbindung mit dem verwandtschaftlichen Schutz bewahrte ihn vor der Zwangsmaßnahme.

Im Dezember erschien bei Hoffmann ein Kriminalkommissar aus Hitlers Begleitkommando mit dem Auftrag, „alle Personen zu vernehmen, die sich mit Ihrem Fall befassen und sie gegebenenfalls zu verhaften". Bei den bakteriologischen Untersuchungen im Wehrmachtslazarett waren die Exkremente des Foto-Professors zwecks Vermeidung bürokratischer Schwierigkeiten als der Stuhl eines 26jährigen Grenadiers Heinrich Hoffmann ins Labor gegangen, und diese Angaben paßten auch auf den Sohn des Patienten. Bormann glaubte, einem Betrugsmanöver auf der Spur zu sein: Der Junior hätte sich für den Vater auf den Topf gesetzt. Hoffmann konnte allen Weiterungen nur entgehen, indem er sich verpflichtete, eine Zeitlang täglich seinen Stuhlgang unter der Aufsicht der SS zu produzieren. Gefunden wurde nichts. Die Berichte gingen wieder an Bormann, aber das Hauptquartier blieb weiterhin für Hoffmann versperrt.

Anfang April 1945, also wenige Wochen vor dem schon sichtbaren Ende, fuhr Hoffmann auf eigene Faust nach Berlin. Ob ihn Gefühle der Freundschaft dazu veranlaßten oder ob der Reporter nur die Chance für historisch bedeutsame Fotos nicht verpassen wollte, sei dahingestellt. Hitler begrüßte ihn in der Reichskanzlei mit der Befürchtung, er stecke noch das ganze Hauptquartier an. Bormann fuhr ihn an: „Wer hat Dir gesagt, daß Du hierher kommen sollst? Es wäre besser gewesen, Du hättest Strahlen erfunden, um die Flugzeuge herunterzuholen." Hitler lud Hoffmann dann doch noch zu einem Gespräch in seinen Bunker-Wohnraum, ließ eine Flasche Champagner bringen und bat ihn, einen Tag zu bleiben. Über die Krankheit wollte er nichts hören. Am nächsten Abend bat er Hoffmann, er möge Eva Braun nach München mitnehmen. Als sie sich weigerte, sah Hoffmann keinen Grund mehr zum Bleiben. Während er sich bei Hitler abmeldete, heulten die Luftschutzsirenen. Hitler meinte, während des Angriffs könne er nicht gehen, doch Hoffmann fühlte sich „wie die Maus in einer Falle. Jeden Augenblick konnte Bormann den letzten Ausweg versperren. Wenn es ihm gefiel, würde ich die Reichskanzlei nicht mehr lebend verlassen." Er nahm seinen kleinen Koffer und rannte in panischer Furcht durch rauchende Trümmerstraßen zum Reichspostministerium. Dort wartete mit einem Kraftwagen abfahrbereit sein langjähriger Freund aus München, Postminister Wilhelm Ohnesorge, der im Begriff war, sich nach Bayern abzusetzen.

Hoffmanns Sohn hat später gegenüber dem Autor die Meinung geäußert, Morell sei nicht in die Intrige eingeweiht gewesen. Das ist immerhin denkbar, denn die bakteriologische Untersuchung wurde nicht von ihm, sondern von einem Institut vorgenommen, bei dem Bormann einen positiven Befund bestellen konnte. Zudem begegneten sich der Leibarzt und der Sekretär des Führers stets mit jener Reserviertheit, hinter der sich Abneigung verbarg. Da der von Krebsangst und Magenkrämpfen geplagte Hitler sich nur bei Morell in guten Händen glaubte, mußte Bormann sich damit abfinden. Vielleicht hoffte er auch eine Zeitlang, er könne den dicken und immer schmuddelig wirkenden Medizinmann für sich gewinnen, denn er hatte keine Einwände, als der mit 60 000 Mark Jahresgehalt eingestellte Arzt sich pharmazeutische Fabriken zulegte und seine Stellung nutzte, um deren Umsatz zu steigern. Einen Beutel mit Morells „Russla"-Puder, ein eklig stinkendes Zeug, mußte laut Führerbefehl jeder Soldat im Osten in seiner Feldbluse haben, andernfalls drohten ihm strenge Strafen. Morell hatte Hitler eingeredet, das Pulver vertreibe und vernichte die Kleiderläuse, von denen die meisten Soldaten geplagt und oft mit Fleckfieber infiziert wurden. Landser machten sich den Spaß, ihre Läuse in die Beutel zu sperren, und stellten fest, daß die Quälgeister sich dort besonders wohl fühlten.

Bormann mußte Morell auf Befehl Hitlers den Professor-Titel beschaffen, und als der Doktor ein Elektronenmikroskop erbat, wurde auch der Sekretär des Führers damit beauftragt. Er selber ließ sich von ihm nicht behandeln; als er einmal krank war – was kaum vorkam – und Hitler ihm seinen Leibarzt in die Unterkunft schickte, nahm er zwar die Medizin entgegen, aber nicht ein. Er schickte sie seiner Frau mit der Weisung, sie möge das Medikament einem Bekannten schenken.

Als Hitler im Herbst 1944 einige Tage wegen Magenschmerzen im Bett blieb, schrieb Bormann am 30. September nach Hause, der Führer sei „weiterhin der Meinung, daß Morells Behandlung richtig ist". Am 4. Oktober berichtete er seiner Frau, Hitlers Begleitärzte Karl Brandt und Hans Karl von Hasselbach hielten Morells Therapie für falsch. „Ich kann das nicht beurteilen", schrieb Bormann, „denn ich bin kein Mediziner." Zu dieser Zeit hielt er es auch aus anderen Erwägungen für unzweckmäßig, sich gegen Morell zu stellen. So wurde er den Doktor erst am 21. April 1945 los; an diesem Tag schickte Hitler seinen Arzt mit dem Großteil seines Gefolges aus Berlin weg nach Süden. Dort wurde Morell von den Amerikanern aufgegriffen, in ein Internierungslager gesteckt und endlos verhört. Er starb hinter Stacheldraht, auf die Hälfte seines Gewichts abgemagert.

Wie schon bei der Hoffmann-Intrige, benutzte Bormann Morell, um den Hitler-Begleitarzt Karl Brandt in Ungnade fallen zu lassen. Dieser Chirurg gehörte eine Zeitlang zu der Mannschaft des Reichsleiters Philipp Bouhler und organisierte mit ihm den geheimen Massenmord an den Geisteskranken. Außerdem war er mit Bormanns Intimfeind, Rüstungsminister Albert Speer, befreundet. Allein schon dieser Verbindung wegen war Brandt unerwünscht. Als Bormann im Januar 1944 auch noch Verdacht schöpfte, Brandt strebe nach Würden und Amt eines Reichsgesundheitsministers, machte er Morell Angst. Speer als Lenker der Industrieproduktion und Brandt, Reichskommissar für das Gesundheitswesen, am Ende gar Minister, würden die pharmazeutische Industrie schärfer kontrollieren, und das konnte Morell kaum passen, weil er gerade dabei war, sich in Deutschland ein Monopol für die Herstellung von Penicillin zu sichern.

Im August 1944 wollte Brandt, von Speer unterstützt, seine Vollmachten als Reichskommissar ausbauen, und Hitler war auch schon dafür gewonnen. Auf Bormanns Seite stand ein alter Bekannter aus der SA-Hilfskassenzeit, der Berliner Arzt Leonardo Conti, inzwischen zum Reichsärzteführer aufgestiegen und vom gleichen Ehrgeiz geplagt wie Brandt. Am 14. August hatte Bormann – so schrieb er an seine Frau – einen schwarzen Tag; Conti sollte Anklagen gegen Brandt bei Hitler vortragen, doch der Führer verweigerte nicht nur die Audienz, sondern verbat sich wütend auch Bormanns Einwände, Brandt sei – so schrieb Bormann – „ein ehrgeiziger Streber und Intrigant", mit dem er nicht an einem Tisch sitzen möchte. Es nützte auch nichts, daß Bormann seinen Führer mit dem Verlangen nach Entlassung und Versetzung an die Front unter Druck setzte – ein gefahrloses Manöver insofern, als Hitler seinen Sekretär gar nicht entbehren konnte und dem Ex-Kanonier jede kriegerische Ausbildung fehlte. Die allerhöchste Verstimmung war dann auch schon nach ein paar Tagen verflogen; am 26. August konnte Bormann nach Hause melden, der Führer sei jetzt besonders nett zu ihm.

Doch so schnell gab er nicht auf. Am 15. September rief er Conti in die Wolfsschanze, und sie beratschlagten mit Morell. Am folgenden Tag hatte der dicke Doktor seinen Patienten A – die Codebezeichnung für Hitler – mindestens eine Stunde für sich. An den beiden folgenden Tagen konferierten dann wieder die drei Verbündeten. Es fehlte nur noch der Anlaß für den Beginn der Feindseligkeiten. Brandt lieferte sie mit der Behauptung, Hitler werde durch das von Morell verordnete Strychnin-Präparat allmählich vergiftet. Am 4. Oktober war diese Äußerung gefallen, und am 10. Oktober schrieb Bormann triumphierend seiner Frau: „Brandt soll nicht länger persönlicher Arzt sein." Auch von Hasselbach wurde entlassen. Auf Morell ließ Hitler nichts kommen.

Neuer Begleitarzt wurde der Chirurg Ludwig Stumpfegger, der bisher diesen Posten bei Himmler ausgefüllt hatte und wie Brandt auch schon medizinische Verbrechen auf dem Kerbholz hatte. Der Reichsführer SS stellte ihn gern zur Verfügung. Er freute sich, damit einen Mann mehr im Hauptquartier zu haben, doch darin irrte er; Stumpfegger schloß sich sehr schnell Bormann an.

Bormann aber wollte nach dem Sieg auch noch die Rache. Er bekam sie spät, erst in der zweiten Aprilhälfte 1945. Das Ehepaar Brandt erschien in jenen Tagen noch einmal im Berliner Führerbunker, um sich von Hitler zu verabschieden. Die Familie wurde angewiesen, auf dem Obersalzberg Zuflucht zu suchen. Da Brandt jedoch damit rechnete, daß er nach der Niederlage wegen der Euthanasie-Verbrechen zur Verantwortung gezogen werde, wollte er kämpfen und fallen. Seine Frau und seinen Sohn aber wollte er zuvor in Sicherheit wissen. Er brachte sie nach Eisenach, damit sie von dort aus die vorrückenden Amerikaner erreichen könnten. Der Kommandant dieser Stadt ließ jedoch Brandt als Drückeberger festnehmen. Als Hitler dies gemeldet wurde, befahl er Bormann, zu prüfen, ob Brandt die Geheimakten über das neu erfundene Nervengas Tabun mitgenommen habe. Sei dies der Fall, sollte Brandt von einem Kriegsgericht abgeurteilt werden. Die Akten waren schnell gefunden, Brandts Unschuld damit erwiesen, aber Bormann ließ ihn trotzdem zum Tod verurteilen. Wenn dieser Deserteur argumentierte, so meinte Bormann, daß er „nichts als seine Pflicht getan" habe, so sei dies allein schon ein Beweis, daß er nie ein ehrlicher Gefolgsmann des Führers gewesen sei. Brandt war in Gestapo-Haft, aber Himmler ließ das Urteil nicht vollstrecken; er hoffte, daß ihm die internationalen Verbindungen des Arztes dienlich sein konnten. Erst die Alliierten hängten ihn, nachdem er im Nürnberger Ärzteprozeß schuldig gesprochen worden war.

Als Brandt in Berlin von der Gestapo bewacht in einer Villa saß, versuchte Albert Speer ihn zu retten; nicht zuletzt seines Freundes wegen kam er zu einem letzten Gespräch mit Hitler in die Beton-Kasematten unter der Reichskanzlei. Es war die Höhle des Löwen, denn für Bormann war dies die letzte Gelegenheit, einen Mann zu vernichten, den er seit Jahr und Tag mit verstecktem, aber um so zäheren Haß verfolgt hatte. Hätte Hitler während der letzten Jahre auch nur in einem Anfall momentaner Wut seinen wohl fähigsten Minister für ein paar Stunden zum Abschuß freigegeben, hätte Bormann nie gezögert. Doch er erreichte nie mehr als eine partielle Entmachtung Speers.

Der Streit zwischen ihnen bestand permanent. Er hatte zunächst als Kleinkrieg begonnen, solange Speer als des Führers Architekt die Neugestaltung Berlins entwarf. Die Auseinandersetzungen steigerten sich vom Februar 1942 an, als der Reichsminister für Bewaffnung und Munition, Fritz Todt, mit dem Flugzeug abstürzte und Speer der Nachfolger wurde. Bis zum Herbst 1944 hatte Bormann mit Hilfe der Gauleiter die Befugnisse des Speer-Ministeriums soweit geschmälert, daß der Minister alles auf eine Karte setzen mußte, wenn er nicht zur Dekorationsfigur abgewertet werden wollte. Die Partei dirigierte jetzt in den Gauen die Betriebe und holte die Arbeiter von ihren Plätzen weg – für die Behebung von Fliegerschäden, für den Bau von Befestigungen, für die Wehrmacht oder für den Volkssturm. Speer konnte seine Planziele in der Rüstungsproduktion nicht mehr erreichen. Am 21. September 1944 übergab er Hitler in der Wolfsschanze eine Denkschrift, mit der er sich gegen Vorwürfe und Übergriffe der Partei verwahrte und neue Vollmachten verlangte. Hitler gab sie ungelesen Bormann; mit ihm und mit Goebbels als dem Reichsbevollmächtigten für den totalen Kriegseinsatz möge Speer sich einigen.

Ein paar Stunden später wurde er in den Bunker Bormanns gerufen. Der Sekretär des Führers empfing ihn „in Hemdsärmeln, die Hosenträger über dem dicken Oberkörper". Goebbels dagegen war gepflegt gekleidet, wie immer. Der Aufzug entsprach dem Part, den die beiden in der Szene spielten; der eine verbat sich „in rüpelhafter Weise" Kritik an der Partei und jeden Versuch, Hitler unmittelbar zu beeinflussen, der andere argumentierte „drohend und mit zynischen Einwürfen". Das Ergebnis war: Speer mußte sich dem neuen Zweibund unterordnen, der Minister hatte sich der Partei zu beugen. Im Ministerium war seine Autorität auch schon unterminiert; seine engsten Mitarbeiter Saur und Dorsch waren als altgediente Parteigenossen zu Bormann übergeschwenkt.

Da Göring in seinen Zuständigkeiten für die Wirtschaft gleichermaßen entmachtet war, klagte Speer ihm gelegentlich sein Leid. Bormann war über solche Zusammenkünfte immer schnell unterrichtet. Hämisch schrieb er Anfang November seiner Frau: „Keiner von beiden mag momentan Goebbels, und noch weniger mögen sie mich. In ihren Augen bin ich eben unfähig zu Kompromissen, ein sturer Parteimensch. Und idiotischerweise unterbreite ich auch noch alles dem Führer." Ein paar Tage später mußte sich Speer gegen Gerüchte in der Partei zur Wehr setzen; behauptet wurde, er habe bei der Gauleitertagung in Posen im August mit überhöhten Produktionszahlen geprotzt und lüge auch Hitler damit ständig an. In einem Rundschreiben wies er den Reichs- und Gauleitern nach, daß eine solche Irreführung insofern nicht möglich sei, als nicht er, sondern die Wehrmacht die Zahlen liefere. Seine Stellungnahme schickte er direkt an die Adressaten, er ließ sie nicht wie üblich durch die Partei-Kanzlei verteilen.

Wie schwach er und wie stark die Partei gegen Jahresende 1944 war, zeigen seine Bemühungen, die Versorgung mit Kohle und Gas trotz des dauernd bedrohten und immer wieder durch Luftangriffe unterbrochenen Bahnnetzes aufrechtzuerhalten. Am 29. Dezember erbat er von Bormann die Unterstützung der Parteiorganisation bei den notwendig gewordenen Einschränkungen in den Haushaltungen. Speer rügte auch, daß einzelne Gauleiter „für andere Bezirke bestimmte Kohlenzüge angehalten oder abgeleitet" hätten. Bormann stellte sich taub. Am 22. Januar mahnte Speer, die Situation habe sich verschlimmert; die Gauleiter beschlagnahmten nun die Kohlenzüge nach Belieben und verteilen sie innerhalb ihrer Bereiche nach eigenem Ermessen. Etliche Rüstungsbetriebe hätten deswegen schließen müssen. „Ich wäre Ihnen sehr dankbar", dienerte der Minister bei dem Parteimann, „wenn Sie durch entsprechende Anweisung an die Gauleiter sicherstellen würden, daß sie auch bei noch so großen Notständen auf durchfahrende Kohlenzüge nicht zurückgreifen."

In den ersten Februartagen 1945, so berichtet Speer, saßen Hitler, Bormann, Goebbels und Ley häufig nachts in Klausur. Sie berieten, wie das Eindringen feindlicher Streitkräfte ins Reichsgebiet gebremst werden könne. Es entstanden die Pläne für die Räumung, die Lähmung und die Zerstörung jener Gebiete, die nicht mehr gehalten werden konnten. Die Zerstörung versuchte Speer zu verhindern, indem er geltend machte, der Führer rechne nur mit einem vorübergehenden Verlust der Territorien. Bormann, noch immer auf den Sieg vertrauend, schloß sich anfangs dieser Argumentation sogar an. Er könne nicht glauben, schrieb er in jenen Tagen seiner Frau, „daß das Schicksal uns und den Führer diesen herrlichen Weg gehen ließen, nur um jetzt alles zugrunde gehen zu lassen".

Bormann amtierte zu dieser Zeit in der weitgehend zerstörten Reichskanzlei, ohne Heizung, ohne Strom, ohne Wasserversorgung. Von der Monatsmitte des Februar an tauchen in seinen Briefen zunehmend pessimistische Sätze auf: „Es gibt Zeiten, da bin ich ohne Hoffnung, weil der deutsche Soldat nicht mehr durchhält wie früher, und wie er könnte… Im Augenblick tappen wir wirklich im tiefsten Dunkel." Und an anderer Stelle: „Wir sind noch nicht aus dem Schneider. Die kritischsten Monate werden noch kommen."

In das von wachsender Verzweiflung entnervte Hauptquartier kam Speer am 18. März 1945 mit einer neuen Denkschrift. Sie bewies, daß der Krieg verloren und daß es sinnlos sei, ihn fortzusetzen. Sie warnte vor der Zerstörung von Versorgungseinrichtungen, Verkehrsnetzen, Lebensmittellagern und Betrieben, weil damit den Deutschen die Möglichkeit des Überlebens und eines Neubeginns genommen würden. Hitler las die Denkschrift nicht gleich, aber er ahnte, was sie enthielt, und reagierte dementsprechend mit drohender Kälte. Bormann war für ein paar Tage auf den Obersalzberg geflogen. Speer verschwand gleich wieder in die Westgaue, um dort Zerstörungen so weit wie möglich zu verhindern. So kam es zu keiner Auseinandersetzung. Sie hätte selbst im günstigsten Fall nichts bewirkt, denn Hitlers Kurs lag fest. Sein Nero-Befehl, der die Wehrmacht und die Gauleiter bei der Aufgabe von Gebieten zur „Verbrannten Erde" verpflichtete, war schon formuliert und wurde am folgenden Tag erlassen. Nachdem das deutsche Volk sich als das schwächere erwiesen habe – so motivierte Hitler diesen Befehl – und die Besten im Kampf gefallen seien, brauche man auf die übriggebliebenen Minderwertigen keine Rücksicht mehr zu nehmen.

Um zwei Uhr morgens kam Bormann am 20. März wieder nach Berlin zurück und konferierte sofort mit Hitler. Drei Tage später lief seine Ergänzung zum Nero-Befehl bei den Gauleitern aus den Fernschreibern. Weil die Wehrmacht sich zumeist gegen die Zerstörungen sperrte, wurden nun die Gaufürsten dafür verantwortlich gemacht. Ferner ordnete Bormann an, daß die vom feindlichen Einmarsch bedrohten Städte und Dörfer bis auf den letzten Einwohner zu räumen seien und daß die Bevölkerung in Ost und West zu Fuß in den Kern des Reiches abzumarschieren habe, falls keine Transportmittel zur Verfügung stünden. Wäre diese völlig unvorbereitete Aktion durchgeführt worden, hätten mit Sicherheit fast alle Marschierenden ihr Hab und Gut, und viele Gesundheit und Leben eingebüßt. Als die Wehrmacht protestierte, weil ihr die Flüchtlingskolonnen die Straßen blockieren würden, entschied Bormann, dann müßten sie eben die Feldwege benutzen. „Die militärischen Stellen", schrieb Generaloberst Guderian später, „bemühten sich im Verein mit Speer, die Ausführung dieses irrsinnigen Befehls zu verhindern." Speer fand sogar einen Helfer in der Partei-Kanzlei, Staatssekretär Klopfer, aber was immer er dabei unternahm, war in Bormanns Augen Hoch- und Landesverrat. Wäre es nach Bormanns Wünschen gegangen, hätte ein Kriegsgericht das Todesurteil gesprochen, noch ehe Speer zum letztenmal den Führerbunker aufsuchte.

Bei einer der letzten Speer-Reisen in den Westen hatte ihm Hitler in einer Aufwallung des alten Wohlwollens seinen Chauffeur Erich Kempka mitgegeben. Bormann wäre es nicht unwillkommen gewesen, wenn der Minister und der Fahrer einem Tieffliegerangriff zum Opfer gefallen wären. Kempka stand, so erzählt er, schon lange auf Bormanns Abschußliste, weil er „der Letzte aus dem Stab der alten Getreuen" war, „der ohne Befehl und ohne besondere

Aufforderung den Chef persönlich in seinen Privat- und Diensträumen aufsuchen durfte". Als Kempka sich einmal wegen Bormanns Schikanen zum Einsatz an der Front meldete, ließ ihn Hitler mit der Begründung nicht gehen, er vertraue ihm sein Leben an, und das sei wichtiger als „die ständigen Anfeindungen des Herrn Bormann". Ausgerechnet beim Harmlosesten des Führergefolges funktionierte die Intrigenstrategie des Partei-Kanzlisten nicht.

Bei allen Entscheidungen von größerer Tragweite war jedoch sein Einfluß auf Hitler in dieser letzten Phase des Dritten Reiches stärker als der jedes anderen Mannes. Mochte Bormann auch mangels Phantasie und intellektueller Begabung seinem Führer nur selten grundsätzlich Neues geraten haben, so konnte er ihn doch durch seinen radikalen Fanatismus zu den extremsten Maßnahmen treiben, und er konnte als perfekter Apparatschik die Befehle noch härter formulieren und noch unerbittlicher durchsetzen. Es ist nur ein einziger Fall bekannt, bei dem Bormann eine Unmenschlichkeit verhindern half.

Mitte Februar bombardierten englische und amerikanische Flugzeuggeschwader das bis dahin unbeschädigte Dresden. Die Stadt wurde weitgehend zerstört. Wie viele Menschen dabei umkamen, blieb jahrzehntelang umstritten. Die ersten Meldungen in der Reichskanzlei sprachen von 40 000 Opfern. Dieser Terrorangriff brachte Hitler so in Wut, daß er für jeden Toten einen kriegsgefangenen Flieger erschießen lassen wollte. Goebbels bestärkte ihn in seinem Plan. Der Propagandaminister gab seinem Abteilungsleiter Hans Fritzsche den Auftrag, die Mordaktion durch eine Presse- und Rundfunkkampagne vorzubereiten, doch dieser weigerte sich, bei dem Verbrechen mitzuwirken. Seine Argumente weckten auch bei Goebbels Bedenken, doch wenn er bei Hitler etwas erreichen wollte, mußte zuerst Bormann umgestimmt werden. Goebbels und seinem Staatssekretär Werner Naumann gelang dies schließlich, weil Fritzsche listigerweise Verhandlungen mit den Engländern über den Austausch von 50 000 Gefangenen in Aussicht stellte. Das beeindruckte dann auch Hitler; er sah eine Chance, Mißtrauen unter den Alliierten zu wecken und zugleich seine dezimierten Divisionen aufzufüllen.

Daraus wurde natürlich nichts, und der Haß des machtlos gewordenen Hitler gegen die feindlichen Luftstreitkräfte mußte sich irgendwann entladen. Das geschah, als Bormann Mitte März in einer Lagebesprechung meldete, eine abgesprungene amerikanische Bomberbesatzung sei durch deutsche Soldaten von der Lynchjustiz durch die Bevölkerung geschützt worden. Hitler befahl – und Bormann hatte dies sicherlich erwartet –, alle in den letzten Wochen gefangenen Bomberbesatzungen und ebenso die künftig noch abgeschossenen sollten dem SD übergeben und dann von SS-Kommandos erschossen werden. Doch dabei machte selbst der Chef des Reichssicherheitshauptamtes Kaltenbrunner nicht mehr mit, und die Wehrmacht schon gar nicht. Sie vereinbarten, den Befehl zu ignorieren. Es blieb Bormanns Politischen Leitern überlassen, örtlich Selbstjustiz zu üben. Da und dort geschah dies auch, und nach dem Krieg büßten die radikalen Vollstrecker von Bormanns Befehlen als Angeklagte vor den Gerichten der Alliierten ihre Morde mit dem Leben. Doch solche Fälle waren Ausnahmen.

In dieser letzten Phase des zusammenbrechenden Regimes wurde Bormanns Parteiapparat zunehmend brüchig. Wie weit die Auflösungserscheinungen schon gediehen waren und wie wenig heroisch die Bonzokraten ihren Kampf um das Schicksal des deutschen Volkes zu führen gewillt waren, lehrte ihn eine Korruptionsgroteske, die sich zwischen Düsseldorf und Arnheim abspielte. Die holländische Stadt war im September 1944 durch eine Landung englischer Fallschirmjäger zum Frontgebiet geworden, und die Einwohner hatten ihre Häuser Hals über Kopf räumen müssen. Auf einem grundsätzlichen Führerentscheid basierend, ordnete Bormann an, daß Deutsche aus den vom Bombenkrieg besonders heimgesuchten Städten an Rhein und Ruhr mit Möbeln und Textilien aus dem Hausinventar der Arnheimer versorgt werden sollten. Der Gau Düsseldorf entsandte daraufhin ein Räumkommando nach Holland, bestehend aus sechs Politischen Leitern, 300 kräftigen Transportarbeitern und einer Lastwagenkolonne.

Ein Vierteljahr lang plünderten sie die verlassene Stadt, bereicherten sich und führten ein fröhliches Etappenleben.

Himmler nutzte den Vorfall, um Bormann die schlechte Moral seiner Truppe vorzuhalten. Er schrieb: „Wird hier nicht unverzüglich eingegriffen, dann leidet das Prestige der Partei in unerhörtem Maße." Mit kaum verborgener Schadenfreude meinte er: „Es ist hier nicht bekannt, wie weit Gauleiter Florian (Friedrich Karl Florian mit dem Sitz in Düsseldorf, Anm. d. Red.) die Vorkommnisse decken wird. Ich habe die Sicherheitspolizei in Düsseldorf angewiesen, unverzüglich Haussuchungen bei den Beteiligten anzustellen."

Mit einem „Sondereinsatz der Partei-Kanzlei zur Verstärkung der Partei in frontnahen Gebieten" wollte Bormann die Politischen Leiter wieder besser in den Griff bekommen. In der zweiten Februarhälfte entwarfen seine Mitarbeiter dafür die Pläne und verfaßten Entwürfe für Rundschreiben und Aufrufe. Sie hatten es schwer, ihren Chef zufriedenzustellen. Seine Kritik schrieb er jeweils an den Rand ihrer Manuskripte; die Aufgaben und die Notwendigkeit der Aktion müßten den Gauleitern überzeugender klargemacht werden, denn diese hätten „nach dem vielfach verfehlten Volkssturmeinsatz... die Nase pläng". Nach vielen Korrekturen, mit denen er noch einige gängige Durchhalteparolen einbaute, konnte seine Anordnung am 6. März 1945 verschickt werden. Mit ihr verschaffte er sich eine kleine Mannschaft aus Antreibern und Henkern, die überall eingesetzt werden sollte, wo Moral und Kampfbereitschaft zerbröckelten.

„Der Feindeinbruch in das Reichsgebiet", so begründete er die Aktion gegenüber den Gauleitern, „löste an einzelnen Stellen Krisenerscheinungen aus, die mit allen Mitteln bekämpft werden müssen." Es seien „manche Dörfer und Städte kampflos von der wehrfähigen Bevölkerung verlassen" worden „und unverteidigt in die Hände des Feindes" gefallen. Ein einziger energischer Mann genüge oft, eine kritische Lage zu meistern. Doch „aus kriegsbedingten Gründen sind die Parteidienststellen nicht überall mit Persönlichkeiten besetzt, die ... selbst ein hervorragendes Beispiel an Standfestigkeit und Tapferkeit geben." Dem sollen nun „fanatische, energische Nationalsozialisten" abhelfen. Jeder noch feindfreie Gau sollte für die Aktion mindestens fünf bewährte Führungskräfte abstellen. Ihre Aufgabe wurde allein schon dadurch deutlich, daß jedem dieser Antreiber beim Einsatz „ein Offizier, ein Unteroffizier und ein Mann beigegeben" wurden. Daraus ließ sich notfalls ein ordnungsmäßig besetztes Standgericht zusammenstellen.

Mitte März rückten die angeforderten Superpatrioten zu einem kurzen Lehrgang ins Olympische Dorf in Wusterhausen bei Berlin ein. Männer der Partei-Kanzlei drillten sie. Der redeschwache Bormann verzichtete wohlweislich auf eine Ansprache; er versorgte die Kursteilnehmer schriftlich mit Kernsätzen und markigen Phrasen. „Sie haben alle Vollmachten, die Sie zur Durchführung Ihres Auftrags brauchen. Mit Geschick und unbeirrbarer Siegeszuversicht muß es gelingen, den Feinden zu trotzen und ihnen schwerste Verluste zuzufügen... Entscheidend ist also nicht die vorbildliche Räumung, sondern die erfolgreiche Verteidigung eines jeden Gebietes. Jedes Dorf und jede Stadt der Frontlinie muß zur uneinnehmbaren Festung werden. Stärken sie jedem Wankelmütigen das Rückgrat. Treten Sie jedem Schwächling mit der notwendigen Härte entgegen und übergeben Sie ohne Säumen Pflichtvergessene und Fahnenflüchtige der gerechten Bestrafung." Tausende verloren durch diese sinnlose Aktion noch ihr Leben in den letzten Wochen eines Krieges, der längst aussichtslos geworden war.

Der „Werwolf", aufgezogen als geheime Partisanenorganisation, wurde ein völliger Fehlschlag. Im Nürnberger Prozeß gegen die Hauptkriegsverbrecher wurde die Urheberschaft von mehreren Angeklagten Bormann zugeschrieben. Ankläger und Richter empörten sich, daß diese Verantwortung ausgerechnet ein Abwesender tragen sollte. Ihr Verdacht war jedoch ungerechtfertigt, denn schon am 10. März 1945 hatte Bormann als „Geheime Reichssache" ein Rundschreiben an die Gauleiter verbreitet: „Betr.: Durchführung von Sonderaufgaben im Rücken des Feindes." Unter dem Stichwort „Werwolf" möge sich melden, wer zur Tat bereit sei; er sollte Anschläge auf feindlichen Nachschub und dessen Vorratslager unternehmen, Nachrichtenverbindungen zerstören und tätig sein „zwecks Vorbereitung von Luftlandeunternehmen u.a.m.". Goebbels gab Hilfestellung; ein „Werwolf"-Sender verbreitete Heldengeschichten, aber sie waren fast alle schlichtweg erfunden, um den Feinden Angst und den Deutschen Mut zu machen. Es gab ein paar sinnlose und fruchtlose Einzelaktionen mit Drahtsperren auf Nachschubstraßen und vereinzelten Schüssen aus dem Hinterhalt. Sie hatten nur zur Folge, daß die Besatzer rigoros Geiseln erschossen, wo immer sie Werwölfe vermuteten.

Offensichtlich fanden sich kaum noch todesmutige Nationalsozialisten, die bereit waren, für Führer, Volk und Vaterland in den letzten Wochen ihr Leben zu lassen. Auch die Gauleiter glaubten nicht mehr an den Erfolg solcher Aktionen. Ihre letzte Hoffnung setzten sie auf eine Wunderwaffe, von der ihnen Bormanns Kommissare unter dem Siegel strengster Geheimhaltung erzählt und angekündigt hatten, ihr Einsatz stehe unmittelbar bevor. Niemand wußte besser als Bormann, daß es diese Waffe nicht gab.

22   Zwei Tote auf der Brücke

In den letzten Monaten des Dritten Reichs erreichte Bormann, was er über ein Jahrzehnt lang angestrebt hatte: Er bekam seinen Führer mehr und mehr für sich allein. Am 2. Februar übersiedelte er aus dem Dienstgebäude der Partei-Kanzlei mit einem winzigen Stab in die Reichskanzlei, und als diese Trümmer auch unbewohnbar wurden, ging er zwei Wochen später wie das ganze Hitler-Gefolge in die Unterwelt, ein Labyrinth von Kellern, Garagen, Verbindungsgängen und Gelassen im Geviert. Jetzt war er seinem Gott so nahe gekommen wie nie zuvor und näher als jeder andere Mann von Rang und Einfluß.

Schon Anfang Februar hatten der Führer und sein Sekretär begonnen, eine Art Vermächtnis zu verfassen, wobei noch offen blieb, ob sie es der Nachwelt zudachten oder ob es ein Dokument für den eigenen Gebrauch in späterer Zeit sein sollte. Der eine notierte, was der andere zur Rechtfertigung seiner Politik vorzubringen hatte. Ihre Manuskripte wurden bis jetzt nur in französischer Übersetzung gedruckt; sie fanden sich in den Aktenkisten, die Bormann in den letzten Kriegstagen nach Südtirol verlagern ließ.

Seit dieser Schreibarbeit, die sich mit Pausen bis zum April hinzog, wußte Bormann, daß Hitler die militärische Niederlage nahezu als unvermeidbar ansah und daß dessen Prophezeiungen, auf deutschen Schlachtfeldern würden wieder einmal mehr die asiatischen Horden vernichtet, im Grunde genommen nur noch Phantastereien waren. Er wußte auch, daß nur noch ein Wunder – und darauf hatte Hitlers Spielernatur während seiner ganzen politischen Laufbahn gesetzt – das Desaster abwenden konnte. Sie erwarteten es unter einer Betondecke von fast drei Meter Dicke und hinter Betonmauern von über zwei Meter Stärke.

An dieses Wunder glaubte der frühzeitig vergreiste Hitler nur noch, wenn er, monologisierend, sich mit seinem Gerede einnebelte. Der scharfsinnige Goebbels, jetzt häufiger, aber noch nicht ständiger Gast im Bunker, hegte weniger Hoffnung und bereitete seinen heroischen Abgang in die Weltgeschichte vor. Nur Robert Ley, der dritte im Bund der letzten Paladine, vertraute noch mit der fanatischen Beschränktheit eines Sektenpredigers voll auf die Gunst des Schicksals. Dem Realisten Bormann kamen, das zeigen Briefe an seine Frau, nun zunehmend Zweifel, ob das Verhängnis sich noch abwenden lasse, aber wenn seine hektische Betriebsamkeit noch einen Sinn haben sollte, mußte auch er ein Wundergläubiger bleiben, vertrauend auf des Führers Genie, auf die Vorsehung und bauend auf die Logik des Morgenstern-Paradoxon, daß nicht sein kann, was nicht sein darf. Seine ganze Kraft konzentrierte er darauf, dem Wunder die Zeit zum Kommen zu verschaffen. Da diese Zeit nur mit Blut zu gewinnen war, mußte er die Deutschen zwingen, weiterzukämpfen.

Ende Februar 1945 schickte ihm der Hitler-Jugend-Funktionär Griesmayr ein Manuskript mit dem Titel „Wie steht der Krieg?", und weil es seine eigenen Gedanken besser formulierte, als er es vermocht hätte, hielt er es für geeignet, den Politischen Leitern damit den rechten Weg zu weisen. Mit scheinbarer Offenheit schrieb der Autor, „die gegenwärtige Krise" habe „erstmalig in weiten Kreisen der unteren und mittleren Führung lähmendes Entsetzen, unverhohlene Kritik und stumpfe Hoffnungslosigkeit ausgelöst". Dies sei gefährlicher als der bolschewistische Vormarsch. Wer jedoch als Nationalsozialist nicht mehr an den Sieg glauben könne, möge folgerichtig Selbstmord begehen. Die Krise sei zu überwinden, wenn jeder Parteifunktionär bereit sei, mit wehender Flagge unterzugehen. „Die rücksichtslose Beseitigung feiger Vorgesetzter ist nicht nur ein Akt der Gerechtigkeit, sondern auch der Klugheit." Und: „In schicksalsschweren Tagen ist es besser, einen Schwächling mehr als hundert zu wenig erschießen zu lassen."

Diese Mixtur aus Verheißungen und Drohungen schien ihm die richtige Medizin für das Funktionärskorps. „Beeilt" – das Wort verwendete Bormann gleich viermal in seiner Anweisung – mußte das Manuskript gedruckt und an alle Reichsleiter, Gauleiter, Kreisleiter und Reichstagsabgeordneten verschickt werden. Gestrichen werden mußten jedoch zuvor „einige der untragbaren Vorwürfe, die ungewollt Kluften aufreißen" und der Hinweis, daß eine „Phiole Gift . . . in allen Notzeiten . . . zum Requisit heroischer Menschen" gehöre. Bei dieser Stelle schrieb Oberbefehlsleiter Helmuth Friedrichs, zuständig für die Parteiangelegenheiten in der Kanzlei, an den Rand: „Nee! Nicht unbedingt." Bormanns Motiv für die Streichung war anderer Art; niemand brauchte zu wissen, daß sich die Spitzen des Regimes dieses Mittels bedienen würden, um in letzter Minute aus der Verantwortung zu schleichen.

In den Tagen, da diese Broschüre in Taschenbuchformat aus den Druckmaschinen kam, versuchte Hitler auf andere Weise das Schicksal aufzuhalten. Um den Soldaten Mut zu machen, fuhr er an die Front, zum letztenmal. Weit hatte er es nicht, knapp hundert Kilometer; die Rote Armee lag vor Frankfurt an der Oder. Er bluffte Offiziere und Generäle der 9. Armee an diesem 13. März: „Wir besitzen noch Dinge, die fertig werden müssen, und wenn sie fertig sind, das Schicksal wenden." Da Bormann wußte, daß solche Aussichten gar nicht bestanden, tat er das Seine zur Kriegsverlängerung; er konferierte Tag für Tag pausenlos, mit dem Reichsjustizminister und dem Generalstaatsanwalt über die Dringlichkeit, Volksschädlinge schneller an den Galgen zu bringen, mit den Generälen des Wehrmachtsführungsstabes, wie noch mehr NS-Fanatismus in die Truppe gepumpt werden könnte, mit Robert Ley, den er als Wanderprediger zu den Soldaten beorderte und dann weiter nach Tirol, damit er dort aus graugöpfigen Standschützen eine Streitmacht bilde.

Zuversicht und Heroismus, die Bormann seinen Parteigenossen abverlangte, brachte er selbst nicht auf. Als Ende März die Rote Armee auf Wien vorstieß und auch die SS-Leibstandarte die Front nicht mehr halten konnte, riet er seiner Frau, was er seinen Funktionären schon so oft verboten hatte. Die militärische Führung sei dort so schlecht, schrieb er am 2. April, daß seine Frau auf das Schlimmste gefaßt sein müsse. Er befahl: „Beim ersten Anzeichen einer Bedrohung des Gaues Salzburg müssen Frauen und Kinder vom Obersalzberg umgehend nach Tirol gebracht werden." Eine Menge Personenautos, Lastkraftwagen und Busse seien eigens für die Flucht vorgesehen. Doch zwölf Stunden später hatte er sich wieder gefaßt. „Es besteht keine Gefahr", belehrte er seine Frau in einem nachgeschickten Brief. „Wien ist 330 km von Dir entfernt und die Amerikaner in Heidelberg 460 km. Wir müssen abwarten, was kommt."

Wien ging am 13. April verloren. Kurz zuvor funkte Bormann an die Gauleitung den Befehl: „Reichsleiter Baldur von Schirach begibt sich mit seinem letzten Dienstgrad zur Truppe." Von Schirach, im militärischen Rang Leutnant des Heeres, wußte, was ihm darüber hinaus noch bevorstand, weil er als Gauleiter von Wien die Stadt nicht hatte in Trümmer legen lassen. Er meldete sich im Befehlsstand der 6. SS-Panzerarmee, die vom Bormann-Gegner, Oberstgruppenführer Sepp Dietrich, befehligt wurde. Dieser hatte schon vorgesorgt und seinen Kommandostand mit Maschinengewehren abgesichert. „Ich habe mich eingeigelt", erklärte er von Schirach, „für den Fall, daß der Adolf mich ausheben lassen will, weil ich Wien nicht verteidigt habe." Die beiden Altparteigenossen saßen im selben Boot.

Bormanns Brief an seine Frau vom 2. April ist der letzte der noch vorhandenen; die späteren sind wohl verlorengegangen. In ihm klagte er einmal mehr den Mann an, den er seit Monaten für die militärische Katastrophe verantwortlich machte: Hermann Göring, Reichsmarschall, offiziell noch immer als Führer-Ersatzmann vorgesehen, Chef der Luftwaffe, des Reichsverteidigungsrates, des Vierjahresplans und damit der gesamten Wirtschaft, Reichsminister, preußischer Ministerpräsident, darüber hinaus mit vielen anderen Ämtern, Titeln und Orden versehen. Mit ihm hatte sich Bormann in den ersten Wochen nach dem England-Flug von Heß verständigt; ein regelrechtes Bündnis mit dem damals noch mittelmäßigen Funktionär hätte der Reichsmarschall als unter seiner Würde abgelehnt. Doch die letzten Jahre hatten seine ganze Herrlichkeit innerlich ausgehöhlt.

Von der einstigen Machtfülle stand nur noch die Fassade, und der Leiter der Partei-Kanzlei war jetzt mehr als jeder andere befugt, im Namen des Führers zu regieren.

Bormann wiederum war seit langem entschlossen, sich an Göring zu rächen, für so vieles, angefangen von der Mißachtung während seiner ersten Funktionärsjahre bis zu Görings zahllosen Versuchen, andere Größen gegen Bormann aufzustacheln. Der eigentliche Grund der Feindschaft lag noch tiefer. In der ganzen Prominenz des Regimes gab es kaum größere Gegensätze als diese beiden Männer. Gewalttätig und gewissenlos waren sie gleichermaßen, aber den

Allüren eines Barockfürsten mit dem Prunk von Uniformen und Mäzenatengehabe stand die bürokratische Engstirnigkeit des Kleinbürgers gegenüber, dem großmäuligen Volkstribunen der gehemmte Schreibtischtaktiker, dem Kondottiere ohne Gesinnung der Fanatiker einer primitiven Weltanschauung. Die Zeiten waren vorbei, da Bormann vor Göring gezittert hatte.

Da Heer, Luftwaffe und nun sogar die Waffen-SS versagt hatten, konnte nach Bormanns Überzeugung nur noch die Partei Deutschland retten. Sie erwies sich jedoch in der Stunde der Not nicht als die verschworene Gemeinschaft der Idealisten, die sie zu sein vorgab. So mußte ihr Führerkorps von Bormann überzeugt werden, daß es nach dem Gesetz des Mitgegangen-Mitgefangen-Mitgehangen mit dem Rücken gegen die Wand stand und nur noch kämpfend etwas zu gewinnen hatte. In einer Anordnung, erlassen am 1. April, machte dies Bormann seinen Parteigenossen klar. (Siehe Dokumententeil Seite 491.) Seine Sätze sind nur noch grelles Fanfarengeschmetter aus abgenutzten Parolen, dicht aneinander gereiht, und wer sie nachempfindend liest, spürt darin statt der Zuversicht, die sie verbreiten sollten, nur noch die Verzweiflung eines Gehetzten, der keinen Ausweg mehr sieht. Da ist die Rede von „höchster Stunde der Bewährung" und vom Kampf, der „mit aller Unnachgiebigkeit und unerbittlichst" zu führen sei. „Ein Hundsfott" – hier schlägt die Fridericus-Beschwörung durch – sei, „wer seinen vom Feind angegriffenen Gau ... verlässt, wer nicht bis zum letzten Atemzug kämpft, er wird als Fahnenflüchtiger geächtet und behandelt ... Jetzt gilt nur noch eine Parole: Siegen oder fallen!"

An diesem Tag besaß der „General der Fernschreiber" unter seiner Berliner Betondecke schon nicht mehr genügend Nachrichtenmittel, um seiner ganzen Gefolgschaft die Botschaft regulär mitzuteilen. Er mußte sie auch von den noch intakten Rundfunksendern verbreiten lassen. Doch seine Beschwörungen wirkten so wenig wie seine Drohungen. Worte galten nichts mehr, und anderes hatte er nicht zu bieten. Zwölf Tage später befahl er, jede Stadt müsse „bis zum Äußersten verteidigt und gehalten werden", und wer dabei versage oder sich dem widersetze, sei hinzurichten. Und nach weiteren drei Tagen, am 15. April – die Amerikaner hatten gerade Chemnitz und Bayreuth besetzt – verlangte er in einem weiteren Rundschreiben (siehe Dokumententeil, Seite 492) von den Gauleitern, sie müßten „jede Lage meistern, wenn notwendig blitzschnell und mit äusserster Härte ... Hasenherzen, Ratlose sind schleunigst gegen Männer auszuwechseln ... Die Führernaturen" verkündete er in verwirrten Gedankengängen, „haben alle hemmenden Brücken abgebrochen und sind von äusserster Einsatzbereitschaft".

Die meisten Gauleiter nahmen solche Ausbrüche nicht mehr ernst. Sie standen an exponierter Stelle, an der Front. Natürlich nicht an der wirklichen, wo geschossen wurde, aber doch an der Parteifront, und sie sollten die Bluthunde sein, die die Menschen in Verderben und Tod jagten. Gauleiter Karl Wahl in Augsburg, mit Bormann seit Jahren auf gespanntem Fuß, warf Befehle mit dessen Unterschrift jetzt ungelesen in den Papierkorb. Dem Bayreuther Gauleiter bekam seine Lässigkeit schlecht; er wurde als Defaitist auf Bormanns

Befehl erschossen. Gauleiter Rudolf Jordan, zuständig für Magdeburg-Anhalt, wurde in einem nächtlichen Telefongespräch von Bormann grob bedroht,weil er sich mit seinem Stab nicht in der Gauhauptstadt Dessau befand, sondern in einer Ortschaft nahe der Elbe, an deren westlichem Ufer die Amerikaner Halt gemacht hatten. Jordan argumentierte, er sei hier näher am Feind als die Wehrmachtsgeneräle. Dennoch beorderte Bormann den Gauleiter nach Dessau zurück, damit das Volk an dessen Siegeszuversicht glaube.

An Hitler ließ er die Gauleiter schon gar nicht mehr herankommen. Der Augsburger Wahl entdeckte, daß zahlreiche Düsenjäger vom Typ Me 262 in der Umgebung der Messerschmidt-Werke nordürftig getarnt flugfertig herumstanden. Weil er wußte, daß die Luftwaffe gerade diese Maschinen dringend brauchte, schickte er den zuständigen Fertigungsleiter des Werkes ins Hauptquartier, und da Wahl den Besucher an Bormann vorbei bei der militärischen Adjutantur anmeldete, bekam dieser einen von Hitler unterzeichneten Besucherausweis. Zwei Tage saß der Ingenieur wartend in Berlin herum. Dann entließ ihn Bormann mit dem Bescheid, der Führer könne ihn wegen Arbeitsüberlastung nicht empfangen. Wahl plante daraufhin, selber nach Berlin zu fahren, um Hitler über Bormann, die Kriegslage und die Situation der Bevölkerung aufzuklären. Den Stuttgarter Gauleiter Wilhelm Murr wollte er mitnehmen, aber dieser war gerade im Begriff, sich aus seiner Gauhauptstadt südwärts abzusetzen. Murr warnte Wahl: ,,Du solltest doch wissen, daß das bei Bormann völlig zwecklos ist und wir überdies Berlin nicht mehr lebend verlassen würden." Dessen Rache nicht weniger fürchtend als die Strafe der Eroberer, flüchtete Murr bis nach Vorarlberg und zerbiß dort seine Giftampulle.

Von Bormann bekam Wahl den Befehl, Augsburg bis zum letzten Stein zu verteidigen und, falls die Stadt nicht mehr zu halten sei, mit dem Münchner Gauleiter Paul Giesler, dem Oberverteidigungskommissar für den Süden, weiterzukämpfen. Als ihn Bormann über Funk nochmals zum Durchhalten ermahnte, mit dem Argument, es bahnten sich ,,außenpolitische Dinge" an, und es könne sich nur noch um Stunden handeln, zog Wahl für sich den Schlußstrich. Er sagte am Telefon zu Giesler: ,,Das Zeug von Bormann glaube ich nicht mehr . . . Für mich ist der Krieg zu Ende. Augsburg steht unmittelbar vor dem Fall, und das ist auch mein Fall." Er sorgte dafür, daß die Stadt unverteidigt den Amerikanern übergeben wurde.

Für Erich Koch, den Freund Bormanns, Gauleiter von Ostpreußen, galten die drakonischen Befehle nicht. Als seine Gauhauptstadt Königsberg nur noch eine Trümmerstätte war und der Kommandant mit den kümmerlichen Resten seiner Division kapitulierte, ließ Bormann bekanntgeben, der General sei zum Galgen verurteilt, weil er hinter dem Rücken des gerade abwesenden Gauleiters den Kampf aufgegeben habe. In Wahrheit hatte sich Koch rechtzeitig nach dem Hafen Pillau abgesetzt, denn dort wartete auf ihn ein vollbepacktes, seetüchtiges Schiff. Erst in Schleswig-Holstein, wohin der Krieg nie kam, tauchte er wieder auf. Mit falschen Ausweispapieren lebte er unter dem Namen Berger bis 1950 auf einem schleswig-holsteinischen Dorf. Er wurde entlarvt und an Polen ausgeliefert, als Massenmörder zum Tod verurteilt, aber nie hingerichtet. Auch die meisten anderen Gauleiter wurden von Bormann mit gefälschten Papieren ausgerüstet. Falls sie vom Feind überrollt würden, sollten sie damit im Untergrund leben und Partisanengruppen aufziehen. Mit Bedacht ließ Bormann dabei jüdisch klingenden Namen den Vorzug geben. So wurde aus dem Gauleiter Rudolf Jordan ein Richard Gabriel.

Der 12. April wurde für das Hauptquartier unvermutet zu einem Tag der Hoffnung. Der aufgefangene Funkspruch einer US-Nachrichtenagentur meldete den Tod des Präsidenten Franklin D. Roosevelt: Das Wunder, das seinerzeit Friedrich II. mit dem plötzlichen Tod der Zarin Elisabeth vor der totalen Niederlage gerettet hatte, wurde nun scheinbar auch dem Fridericus-Verehrer Hitler zuteil. In einem Tagesbefehl an die Wehrmacht verhieß er eine Wende des Kriegs, nachdem das „Schicksal den größten Kriegsverbrecher aller Zeiten von der Erde genommen hat". Bormann schien das Ereignis wichtig genug, noch während der Nacht seine Gauleiter anzurufen. Er prophezeite „einen totalen Umschwung in der Auffassung der westlichen Mächte über die sowjetische Offensive in Europa". Sie würden nun endlich einsehen, daß Hitler ihr natürlicher Verbündeter gegen den Vormarsch des Kommunismus sei. Die Sterbemeldung sei „die beste Nachricht, die wir seit Jahren erhalten haben . . . Sagen Sie allen Männern, der gefährlichste Mann dieses Krieges ist tot".

Doch am 16. April um 5 Uhr morgens setzte auf der sowjetischen Front entlang von Oder und Neiße ein mörderisches Trommelfeuer ein, bei dem eine halbe Million Granaten die deutschen Stellungen umpflügten. Beiderseits Frankfurts überquerten feindliche Panzerkolonnen und motorisierte Infanterie die Oder. Am 18. und 19. April notierte Bormann in seinem Kalender „Großkampf an der Oderfront". Und am 20. April schrieb er: „Leider nicht gerade Geburtstagslage."

Hitler wollte eigentlich keine Gratulanten sehen, aber seine Getreuen schickten den SS-Gruppenführer Fegelein zu dessen Schwägerin Eva Braun, die ihren Geliebten dazu brachte, daß er sich in den ersten Minuten nach Mitternacht bei Händedrücken kurze Glückwünsche anhörte. Am Nachmittag traten dann die Prominenten von Partei und Wehrmacht im Garten der Reichskanzlei unmittelbar neben dem Bunkerausgang zur offiziellen Gratulationscour an. Sie hörten wieder einmal mehr die längst absurd gewordene Versicherung, am Ende aller Drangsale werde den Deutschen der Sieg zufallen. Unten im Bunker stellte sich während der Lagebesprechung noch Göring ein. Er war lange nicht mehr im Hauptquartier gewesen, weil er sich die Vorwürfe Hitlers wegen des Versagens der Luftwaffe nicht mehr anhören mochte. Nun hatte er einen besonderen Grund zu kommen. Für den Fall, daß eine Teilung des Reichs durch feindliche Streitkräfte einträte, hatte Hitler getrennte Führungsstäbe für den Norden und den Süden genehmigt. Dieser Fall drohte nun durch den Vormarsch der Amerikaner bis nach Sachsen. Göring, noch immer Staatschef-Ersatz, war für den Süden eingeteilt. Er meldete sich ab: „Mein Führer, Sie haben doch wohl nichts dagegen, wenn ich jetzt nach Berchtesgaden fahre." Seine Kolonne stand in Karinhall schon abfahrbereit.

Auch Hitler und Bormann hatten in den letzten Wochen immer wieder den

Gedanken erwogen, sich in den Süden zurückzuziehen. Am 24. Februar war Hitler in der Lagebesprechung gefragt worden, ob sein Berghof weiterhin bei jedem Feindeinflug eingenebelt werden müsse. Die Bestände an Chemikalien würden knapp. „Das ist eine der letzten Ausweichen, die wir haben", hatte er geantwortet. „Dem Bunker geschieht nichts" – und damit meinte er die unter Bormanns Regie entstandenen komfortablen Felsenkeller – „aber die ganze Anlage wird weg sein. Wenn hier eines Tages Zossen (Sitz des Oberkommandos des Heeres, Anm. d. Red.) zusammengeschlagen wird, wo gehen wir dann hin?"

Im April 1945 war Zossen, 26 Kilometer südlich von Berlin, noch halbwegs intakt, aber es war vom sowjetischen Vormarsch nicht weniger bedroht als die Reichshauptstadt. Bormann hatte den Eindruck gewonnen, daß er seinen Chef für den Umzug in den Süden nahezu gewonnen hatte. Den Sekretärinnen hatte er angedeutet, mit dem Führergeburtstag werde der Aufenthalt in Berlin beendet sein. Er hatte auch schon einiges Personal mit dem Auftrag zum Berghof geschickt, das Haus für den Einzug vorzubereiten. Doch wie so oft zögerte Hitler die Entscheidung hinaus; er wartete in solchen Fällen immer auf ein Ereignis, das seinen Entschluß unumgänglich machte, und nahm dies dann als einen Wink des Schicksals.

Viel Zeit blieb ihm dazu nicht mehr. Die Amerikaner hatten schon die Elbe erreicht, und die Massen der Roten Armee fluteten über Oder und Neiße westwärts. Es war fast zu berechnen, wann sie sich die Hände reichen, das Reich in zwei Teile trennen und damit die Landverbindung zum Obersalzberg abschneiden würden. Zudem stießen die Panzer des US-Generals Patton weit nach Bayern hinein, und die Franzosen besetzten am 20. April Stuttgart. Auch im Westen und Nordwesten war keine Zuflucht mehr. Rhein und Ruhr waren von den Briten eingekesselt, und sie standen auch schon vor Bremen und Hamburg. Bormann hatte also triftige Gründe, wenn er jetzt darauf drängte, das Hauptquartier zu verlegen, sofern es nicht in Berlin eingeschlossen werden sollte. Er hatte auch erreicht, daß Erich Kempka, Hitler-Chauffeur und zugleich Leiter des Kraftfahrzeugparks in der Reichskanzlei, mit Reisevorbereitungen beauftragt wurde. Schon gab es eine Liste von Fahrzeugen – Pkw's, Lastwagen, Busse, geländegängige Autos und gepanzerte Begleitfahrzeuge – und der Personen, die damit auf die Reise gehen sollten.

Daß es Bormann zum Obersalzberg zog, ist verständlich. Dort waren Frau und Kinder, das Heim, dort wartete auf ihn ein Luftschutzstollen, sicherer als der Reichskanzlei-Bunker, und dort würde er nicht mehr nur in einem Notquartier hausen, sondern in einem eigenen Bereich mit genügend Raum für einen geregelten Bürobetrieb. Dorthin würde Goebbels, mit dem er hier seinen Führer teilen mußte, nicht folgen können, denn der Propagandaminister mußte sich als Gauleiter von Berlin in der Reichshauptstadt einschließen lassen. Auch glaubte der militärische Laie Bormann, im Hochgebirge zwischen den Südtiroler Dolomiten und der Zugspitze ließe sich ein Rest des NS-Regimes mit verhältnismäßig geringen Kräften noch lange halten. Käme es zum Zerfall der feindlichen Koalition, dann wären die Belagerer der Alpenfestung wohl die

Westmächte, mit denen man leichter verhandeln konnte als mit den Russen. Ginge jedoch alles verloren, dann waren in den unwegsamen Bergen die Chancen des Entkommens und Verschwindens größer.

Am frühen Nachmittag des 20. April verkündete Bormann den Sekretärinnen, spätestens in zwei Tagen, wahrscheinlich schon früher, sei Aufbruch. Sie sollten schon einmal ihre Koffer packen. Auch Hitlers Kammerdiener Linge und die Diätköchin bekamen die Weisungen, die Garderobe und die Lebensmittel für ihren Dienstherrn transportfertig zu machen. Doch bis zum Abend hatte sich Hitler wieder anders entschlossen. Seinen Sekretärinnen sagte er: „Ich muß hier in Berlin die Entscheidung suchen oder untergehen." Er werde deshalb seinen Stab vermindern, die zwei nach Jahren ältesten Damen müßten nach Süden fahren. „Alles Weitere sagt Ihnen Reichsleiter Bormann." Er fügte dann noch hinzu, er käme so bald wie möglich nach.

Aus der Reise mit dem Auto wurde nichts, weil die Russen bereits die Autobahn nach Süden beschossen. „Abflug-Vorauskommando nach Salzburg angeordnet", schrieb Bormann am 20. April in sein Notizbuch – und das Wort „Voraus-" sollte doch wohl sagen, daß er noch mit dem allgemeinen Exodus rechnete. Die nächste Eintragung am folgenden Tag lautet: „Abflug Puttkamer+Masse." Admiral Karl-Jesko von Puttkamer, Marineadjutant im Hauptquartier, war so etwas wie der Ranghöchste der Reisenden. Sie stiegen in Gatow, wo Hitlers Flugzeuge standen, um zwei Uhr morgens in die Maschinen; tagsüber zu fliegen wäre Selbstmord gewesen. Passagiere waren außer den Sekretärinnen die Stenografen, der nunmehr entlassene Leibarzt Morell und weiteres Stabspersonal, auch aus der Partei-Kanzlei. Bormann behielt in Berlin nur seine Sekretärin Else Krüger und seinen Mitarbeiter Wilhelm Zander. In der gleichen Nacht verließen ebenfalls auf Anweisung Bormanns die Spitzen der meisten Reichsbehörden und die Minister Berlin. Ihnen befahl er den Kurs nach Norden, weil nach Süden kein Durchkommen mehr sei.

Wer von Flüchtenden angenommen hatte, er könne in jener Alpenfestung Zuflucht finden, von der gerüchtweise immer wieder die Rede war, wurde enttäuscht. Sie war nur ein Bluff, erfunden von Bormann und ausgeschmückt von Goebbels mit der Verheißung, dort werde mit neuartigen und fürchterlichen Waffen der Gegenschlag vorbereitet. Am Abend des 21. April funkte Bormanns Statthalter auf dem Obersalzberg, Helmut von Hummel, nach Berlin, er habe jetzt schon Schwierigkeiten, alle Leute unterzubringen, die zu ihm geschickt worden waren. Aus der Münchner Partei-Kanzlei funkte der dortige Statthalter Friedrichs, daß der Tiroler Gauleiter Hofer die Grenzen seines Bereichs gegen jeden Zuzug sperre, weil es an Lebensmitteln fehle.

Eines der vielen Funktelegramme führte viele Jahre später, als der vermißte Martin Bormann gesucht wurde, zu einem grotesken Mißverständnis. Am 22. April um 9.21 Uhr erhielt Helmut von Hummel auf dem Obersalzberg den Bescheid: „Bin mit vorgeschlagener Übersee Südverlagerung einverstanden. Reichsleiter Bormann." Der sowjetische Journalist Lew Besymenski, ein Bormann-Biograph, deutete dies als einen Hinweis auf eine vorgeplante Flucht über Italien nach Südamerika. Die richtige Erklärung ist simpel. „Übersee" war eine Code-Bezeichnung für die aus München nach Straubing zum bayerischen Übersee ausgelagerten Teile der Partei-Kanzlei; ihre Akten sollten vor den näherrückenden Amerikanern in die schon vorbereiteten Ausweichquartiere in Südtirol in Sicherheit gebracht werden.

Hitler entschied sich am Nachmittag des 22.April bei der Lagebesprechung endgültig, nicht in die Alpen zu gehen. Am Vortag hatte er der Armee des SS-Generals Felix Steiner befohlen, die Russen von Berlin abzudrängen, unter Einsatz aller Kräfte bis zum letzten Mann, und die Luftwaffe sollte mit allen verfügbaren Maschinen dabei mitwirken. Doch die von Hitler eingeplanten Regimenter gab es nur noch in Fragmenten, Flugzeuge waren kaum noch vorhanden. Steiner hielt es deshalb für richtiger, die ohnehin verlorene Hauptstadt ihrem Schicksal zu überlassen und seine Soldaten westwärts in die relative Sicherheit der amerikanischen Gefangenschaft zu führen. Als Hitler nun erfuhr, daß Steiner seinen Angriffsbefehl ignorierte, schrie er in einem Wutanfall, der alle Zeugen entnervte, er sei von Verrat, Lüge, Korruption und Versagern umgeben. Nun würde er in Berlin bleiben und, da er nicht mehr kämpfen könne, sich das Leben nehmen. Bormann war damit unterlegen, und Goebbels, der in der Dramatik einer Götterdämmerung wenigstens noch seine historische Unsterblichkeit anstrebte, hatte gesiegt. Hitler war auch nicht mehr umzustimmen, so sehr Bormann und die von ihm dazu ermunterten Generäle dies noch versuchten.

Als Speer am 23. April zum letztenmal in den Bunker kam, sah Bormann doch noch eine Chance für seine Pläne. Er fing den Mann, den er stets bekämpft und systematisch abgewertet hatte, vor Hitlers Tür ab und bat ihn, auf den der Führer doch immer gehört habe, mit ungewohnter Freundlichkeit und Vertraulichkeit um Beistand. Speer möge doch Hitler klarmachen, es sei „höchste Zeit, daß er in Süddeutschland das Kommando übernimmt. Es sind die letzten Stunden, wo das möglich ist". Tatsächlich fragte Hitler dann Speer nach seiner Meinung, und dieser sagte ihm, es sei sinnlos, nach Berchtesgaden auszuweichen, denn mit der Eroberung von Berlin sei der Krieg auf jeden Fall zu Ende. Wenn es nach Bormann gegangen wäre, hätte dieser unerbetene Ratgeber den Bunker nicht mehr lebend verlassen, um so mehr, als Speer bei diesem Gespräch keinen Hehl daraus machte, daß er den Nero-Befehl weitgehend sabotiert, die Zerstörungen verhindert habe. Doch Hitler hatte jetzt seine wehmütige und resignierende Phase. Unter seinem Schutz konnte Speer im Bunker bleiben und miterleben, wie Bormann mit blitzschnellem Reagieren und virtuosem Intrigenspiel auch noch den Mann stürzte, der nur noch nominell zwischen ihm und dem Führer des Deutschen Reiches stand.

In einem Ausbruch ungehemmter Wut hatte Hitler in der Lagebesprechung am Vortag faktisch seinen Rücktritt erklärt. Er hatte gebrüllt, er habe für die Wehrmacht keine Befehle mehr, Göring möge den Krieg weiterführen und dann auch die Verhandlungen mit den Feinden übernehmen, weil er dafür ohnehin besser geeignet sei. Bormann hatte sogar den Auftrag bekommen, eine entsprechende Botschaft zu verfassen und sie nach Berchtesgaden fliegen zu lassen. Doch danach war es ihm wohl gelungen, seinen Führer wieder einmal umzustimmen, denn die Botschaft ging nie ab – begreiflicherweise, denn Bormann hatte von einem Staatschef Göring nichts Gutes zu erwarten.

Er konnte jedoch nicht verhindern, daß dem Reichsmarschall die Vorgänge berichtet wurden, denn der Luftwaffe-Vertreter im Hauptquartier, General Christian, hatte sie miterlebt, und der Luftwaffengeneral Karl Koller hatte sich bei Alfred Jodl noch eigens eine Bestätigung geholt. Auf dessen Bericht hin hielt Göring seine Stunde für gekommen. Er schickte an diesem 23. April einen Funkspruch in die Reichskanzlei mit der Anfrage, ob Hitler damit einverstanden sei, daß er „als Ihr Stellvertreter sofort die Gesamtführung des Reiches übernehme mit voller Handlungsfreiheit nach innen und außen. Falls bis 22 Uhr keine Antwort erfolgt, nehme ich an, daß Sie Ihrer Handlungsfreiheit beraubt sind" und werde dann „zum Wohl von Volk und Vaterland handeln". Sichtlich empört brachte Bormann diesen Text aus der Nachrichtenzentrale, aber Hitler regte sich zunächst kaum auf. Wenn sein Sekretär geglaubt hatte, nun würde sein Führer wie seinerzeit in der Röhm-Affäre in ein Flugzeug steigen und Abrechnung halten, so hatte er sich getäuscht. Auch das Bormann-Argument, dies sei der Beginn eines Staatsstreichs, ließ Hitler kalt. Doch wenig später kam aus der Funkzentrale eine neues Stück Papier, ein Telegramm Görings an von Ribbentrop mit der Weisung, der Außenminister möge auf den Obersalzberg kommen, falls der in Görings Anfrage genannte Termin ohne Antwort Hitlers verstreiche. Das war für Bormann der Beweis für den Verrat; er konnte Hitler damit wenigstens so weit bringen, daß dieser den Erlaß über die Nachfolge für ungültig erklärte und Göring jede weitere Betätigung untersagte. Bormann durfte den Text des Funkspruchs aufsetzen. Darin wurde Göring des Verrats beschuldigt, aber ihm zugleich zugesichert, daß weitere Maßnahmen unterblieben, falls er auf alle seine Ämter unter dem Vorwand schlechter Gesundheit verzichte. „Die Kapitulationsverhandlungen kann er trotzdem machen", entschied Hitler.

Görings Verzicht lag eine Stunde später schon vor, aber Bormann gab sich damit noch nicht zufrieden. Wenn jeder kleine Verräter, so argumentierte er, dem Tod verfallen sei, so würde es die Kampfmoral gefährden, wenn bei Führenden von Partei und Staat Ausnahmen gemacht würden. Er wies das SS-Kommando auf dem Obersalzberg an, Göring festzunehmen und in dessen Haus in Ehrenhaft zu halten, ebenso den Fliegergeneral Karl Koller und den Chef der Reichskanzlei, Reichsminister Hans Heinrich Lammers. Diesem Befehl schickte er später einen zweiten hinterher. „Nach unserem Tod", so forderte er, sind „die Verräter vom 23. 4. zu erschießen". Seltsam ist, daß die Kalenderspalte Bormanns für diesen so ereignisreichen Tag leer blieb, obwohl das letzte Hindernis fiel, das ihn bisher von dem Platz des zweiten Mannes im Staat getrennt hatte. „Göring aus der Partei ausgeschlossen", notierte er erst am 25. April. Da ein solcher Parteiausschluß die Vorstufe für ein Todesurteil war, hatte er offenbar Hitler doch noch für die Bestrafung gewonnen. Göring wußte, was ihm drohte. „Bormann ist mein Todfeind", sagte er auf dem Obersalzberg vor seiner Verhaftung zu seinem dort eingeflogenen Luftwaffen-Generalstabschef Karl Koller. „Der wartet nur darauf, mich umzulegen." Nun geriet Koller in die gleiche Gefahr, denn er war der am besten informierte Zeuge, wenn einmal der sogenannte Verrat untersucht werden würde. Gleich darauf erhielt er über Bormanns Funkleitung, von dessen Funktionären übermittelt, mehrmals einen Befehl Hitlers, er möge unverzüglich in die Reichskanzlei kommen. Unter Vorwänden zögerte er seinen Abflug hinaus. Danach erfuhr er vom neuen Oberbefehlshaber der Luftwaffe, Robert Ritter von Greim, daß ein solcher Befehl nie ergangen war. „Das scheint mir", sagte Greim, „doch eine sehr dunkle Geschichte." Auch im Generalstab der Luftwaffe argwöhnten die Offiziere, daß ihr Chef einen Besuch im Führerhauptquartier nicht überleben würde.

Die Staatsgefangenen Göring, Lammers und der zu ihnen gestoßene Reichsleiter Philipp Bouhler konnten nur kurz auf dem Obersalzberg bleiben. Am Vormittag des 25. April warfen 318 viermotorige britische Flugzeuge in mehreren Wellen Bomben auf den „heiligen Berg der Deutschen". Er war nicht eingenebelt, und in der klaren Frühlingssonne hoben sich die Bauten klar von der Schneelandschaft des Hochtales ab. Die meisten Häuser wurden schwer beschädigt, das Bormann- und das Göring-Haus völlig zerstört. Die rechtzeitig gewarnten Einwohner waren fast alle in den Luftschutzkellern. In Bormanns Notizbuch stehen an diesem Tag drei kurze Vermerke untereinander, und da er sie jeweils erst am Ende eines Tages oder später eintrug, ist ihre Reihenfolge aufschlußreich. Die erste Zeile meldet triumphierend die schon erwähnte Ausstoßung Görings aus der Partei. Die zweite lautet: „Erster Großangriff auf den Obersalzberg." Kein Wort verlor er über das Schicksal von Frau und Kindern, über das verlorene Heim. Die dritte, unterstrichene Zeile besagt: „Berlin eingeschlossen!" Auch in den folgenden Eintragungen bis zum Ende wird die Familie nicht mehr erwähnt.

Es ist immerhin möglich, daß der Luftangriff der Familie das Leben gerettet hat. Sohn Adolf Martin Bormann, als Kind „Krönzi" genannt, sagte bei einer späteren Vernehmung, seines Wissens habe sein Vater in jenen Tagen auch einen Funkspruch geschickt, der seiner Mutter befahl, sich und die Kinder mit Gift umzubringen, sobald der Familienvater den Kampf für aussichtslos erkläre, Helmut von Hummel, Bormanns Stellvertreter für den Obersalzberg-Bereich, habe die Botschaft jedoch nicht weitergereicht. Das bestätigte dieser dem Autor indirekt; er könne sich in Anbetracht so vieler Funksprüche in jenen Tagen zwar nicht mehr genau erinnern, aber er halte diese Version für möglich.

Kurz vor dem Luftangriff hatte Gerda Bormann von ihrem Mann noch mehrere versiegelte Kurierkoffer erhalten, mit den Aufzeichnungen von Hitlers Tischgesprächen, mit den letzten Manuskripten aus den nächtlichen Beratungen, einigen von Hitler gemalten Aquarellen und außer weiteren Papieren und Wertgegenständen auch den Briefwechsel der Eheleute aus der letzten Zeit. Das alles mußte Gerda Bormann zusätzlich zu ihrem Fluchtgepäck mitnehmen. Obwohl für die Evakuierung eine Transportkolonne schon lange eingeteilt war, stand sie nun in den Tagen des Chaos nicht zur Verfügung. Gerda Bormann, die Frau ihres Bruders Hermann Buch und 15 Kinder stiegen in einen Bus, dessen Fenster durch die Bomben zerstört waren und fuhren über verschneite Pässe nach Bozen, wo der Tiroler Gauleiter Hofer Räume für die Akten der Partei-Kanzlei und einen Unterschlupf für die Familie bereitgestellt hatte. Im weit auseinandergezogenen Bergdorf Wolkenstein, an der Straße des Grödnerstals, etwa 50 Kilometer östlich von Bozen, war das Quartier für die Familie Bergmann, wie sie sich nun nannten. Von der fast nur deutsch sprechenden Bevölkerung, die vom faschistischen Italien drangsaliert und dadurch nationalistisch geworden war, brauchte sie Verrat nicht zu fürchten.

Der US-Geheimdienst fand sie doch, aber zu dieser Zeit war Gerda Bormann schon eine schwerkranke Frau. Ein Arzt aus Bozen hatte Gebärmutterkrebs bei ihr festgestellt und eine Operation als letzte Möglichkeit empfohlen, aber sie konnte damals nur in München ausgeführt werden. Ihre Schwägerin wandte sich hilfesuchend an den amerikanischen Stadtkommandanten von Bozen; er möge der Kranken erlauben, den Zug zu benutzen, der einmal wöchentlich von Italien nach München fuhr. Der Offizier lehnte ab: „Für Nazis ist der Zug nicht da, sondern für jene Menschen, die unter den Nazis gelitten haben." Gerda Bormann starb am 23. April 1946, ziemlich genau ein Jahr nach ihrer Flucht, im Lazarett eines Internierungslagers in Meran. Dort wurde sie auch begraben. Ein katholischer Priester stand ihr während ihrer Krankheit bei und übernahm die Sorge für die Kinder. Sie ließen sich alle christlich taufen; eines der Mädchen wurde evangelisch, die anderen katholisch.

Adolf Martin Bormann wurde Novize in einem Priesterseminar in Ingolstadt, ging als Missionar in den Kongo, schied aber später aus dem Orden wieder aus, heiratete und lebt jetzt in der Bundesrepublik. Während seiner Priesterzeit sagte er: „Mein Vater würde, wenn er noch lebte, sich nie mit mir in Verbindung setzen, denn er haßte die katholische Kirche noch stärker als den Bolschewismus." Und sein fünf Jahre jüngerer Bruder Gerhard meinte: „Unser Vater hätte Adolf Martin in einem solchen Fall gewiß am liebsten erschossen." Der Nachlaß von Gerda Bormann kam in die Hände des Schweizer Staatsbürgers François Genoud, wohnhaft in Genf. Aus schwer erklärlichen Gründen hat er den Briefwechsel zwischen Gerda und Martin Bormann bisher nicht in der deutschen Originalsprache veröffentlicht, so daß alle daraus zitierten Stellen die Schwächen einer Rückübersetzung haben.

Die Spalte des 26. April blieb in Bormanns Kalender leer; vielleicht, weil es für die an Katastrophenmeldungen gewöhnten Bewohner des Führerbunkers endlich ein Tag schwacher Hoffnungen war. Aus Böhmen heraus waren Truppen der Heeresgruppe von Feldmarschall Ferdinand Schörner ein Stück nach Norden in Richtung auf Berlin vorangekommen, und die Armee von General Walther Wenck hatte an der Elbe kehrtgemacht und kämpfte sich nach Potsdam durch. Auch von Norden her sollten Angriffe auf den russischen Ring um Berlin vorgetragen werden. Hitler machte seinen letzten Getreuen Mut; wenn er die Schlacht um Berlin gewänne, sehe alles wieder anders aus. Viel versprach er sich von zwei Panzerdivisionen des SS-Generals Steiner – oder besser: was von ihnen noch übrig war. Doch gegen Abend des nächsten Tages meldete der Chef des Wehrmachtsführungsstabes, Generaloberst Jodl, daß die

Panzer mit Stoßrichtung Norden, also weg von Berlin, eingesetzt wurden, weil dort die Rotarmisten in schnellem Vormarsch seien, hinter den Deutschen her, die durch Mecklenburg hindurch in die westliche Gefangenschaft flüchteten. Bormanns Eintragung vom 27. April beginnt mit einer Anklage: „Die zu unserem Entsatz marschierenden Divisionen werden von Himmler-Jodl angehalten!" Dann folgt das Gelöbnis: „Wir (unterstrichen, Anm. d. Red.) werden mit dem Führer stehen und fallen: getreu bis in den Tod." Dann folgt die Verdammung: „Andre glauben ‚aus höherer (unterstrichen, Anm. d. Red.) Einsicht' heraus handeln zu müssen, sie opfern den Führer und ihre Untreue – pfui Teufel – gleicht ihrem ‚Ehrgefühl'!"

Daß Heinrich Himmler schon lange plante, aus den Trümmern des Dritten Reiches aufzusteigen wie der mythische Vogel Phönix aus der Asche, ahnte Bormann. Doch zu dieser Stunde wußte er noch nichts von dem konkreten Verrat, den Himmler seit Mitte Februar 1945 einfädelte: die Konspiration mit Folke Graf Bernadotte, dem Vizepräsidenten des schwedischen Roten Kreuzes. Der vom SD-Chef Walter Schellenberg gedrängte Himmler hatte sich schon mehrmals mit dem Grafen getroffen und dabei war auch über eine Absetzung des kranken und deshalb amtsunfähigen Hitler gesprochen worden, zuletzt am 21. April.

Der von Natur mißtrauische Bormann glaubte an diesem 27. April, einem SS-Komplott auf der Spur zu sein. Himmlers Verbindungsmann zum Führerhauptquartier, SS-Gruppenführer Fegelein, war zwei Tage zuvor zu Steiner geschickt worden, um ihn zum befohlenen Angriff zu drängen, hatte aber nichts Konkretes bewirkt und war nun des Untergangs von Berlin gewiß. Da er überleben wollte, zog er am 26. April aus dem Reichskanzleibunker in eine Privatwohnung und beschwor spätabends am Telefon seine Schwägerin Eva Braun, auch sie möge sich dem unvermeidlichen Untergang entziehen. Doch zu dieser Zeit ließ ihn Bormann auf Befehl Hitlers bereits suchen. Kriminalbeamte des Reichssicherheitsdienstes fanden Fegelein in Gesellschaft einer jungen Frau, im Zivilanzug, mit gepacktem Koffer, dessen Inhalt – Schmuck, Goldstücke, Uhren, Schweizer Frankennoten und über 100 000 Mark – eindeutig war. Fegelein wurde verhaftet und in den Bunker zurückgebracht.

Als am nächsten Tag, am 28. April, eine Nachricht des Stockholmer Senders in den Bunker kam, wonach Himmler mit den Westmächten über eine Kapitulation der deutschen Streitkräfte verhandle, war für Hitler und Bormann die SS-Verschwörung komplett. Steiner, Fegelein, der Reichsführer, das war eine Kette von Verrätern. Eva Braun setzte sich noch für Fegelein ein. Dagegen goß Bormann nur noch Öl ins Feuer; sein Saufkumpan vieler Nächte sollte sterben. Hitler ordnete ohne Kriegsgerichtsurteil die Erschießung an, und kurz vor Mitternacht knatterten im Ehrenhof der Reichskanzlei ein paar Maschinenpistolen.

Die Abrechnung mit Himmler mußte ausfallen; er war bei Großadmiral Dönitz, der von Plön in Holstein aus als Oberbefehlshaber der Armeen im nördlichen Reichsteil amtierte. Der neue Luftwaffenoberbefehlshaber Ritter von Greim war aus Anlaß seiner Ernennung noch im Bunker; er bekam nun den

Befehl, in einem Schulflugzeug, einem Heckenspringer, Berlin zu verlassen und den Reichsführer zu verhaften. Bormann faßte die dramatischen Vorgänge in seinem Kalender in zwei Sätzen zusammen: „Hoch- und Landesverrat – bedingungslose Übergabe wird vom Ausland bekanntgegeben. Fegelein degradiert – versuchte in Zivilkleidung sich feige aus Bln zu entfernen." Zu Hitler sagte Bormann, er habe schon immer gewußt, daß man die Treue nicht auf dem Koppelschloß (bei der SS: Meine Ehre heißt Treue), sondern im Herzen trage. An den nach München ausgeflogenen Admiral von Puttkamer telegraphierte er: „Statt mit Befehl und Appell die Truppen, die uns freikämpfen sollen, anzutreiben, schweigen die maßgebenden Männer. Die Treue scheint der Untreue zu weichen!" Hitlers Urteil über Himmler lautete: „Niemals darf ein Verräter mir als Führer nachfolgen." Wenn es eine Nachfolge überhaupt geben würde – und daran glaubte der zum Überleben entschlossene Bormann immer noch –, dann war damit die Zahl der Kandidaten sehr klein geworden. Daß er noch immer nicht aufgab, beweist ein ebenfalls an diesem 28. April notierter Kalendersatz: „Unsere RK (Reichskanzlei, Anm. d. Red.) wird zum Trümmerhaufen: auf des Degens Spitze die Welt jetzt steht." Sie war also noch zu gewinnen. Zwar drang die Rote Armee in erbitterten Straßenkämpfen immer weiter ins Herz der Stadt vor, verengte damit den Ring um den Führerbunker und belegte ihn zunehmend mit Geschützfeuer. Schon tauchten südlich des Potsdamer Platzes, also nur ein paar hundert Meter vom Hauptquartier entfernt, sowjetische Panzer auf. Die Armee von General Wenck war nun die letzte Chance der Rettung, aber sie kam vom Westen her bei Potsdam gegen die sowjetische Panzerübermacht nicht mehr voran.

Bormann sandte gemeinsam mit Generalstabschef Hans Krebs am späten Abend noch ein anfeuerndes Telegramm an Wenck. Himmler wolle die Deutschen bedingungslos den westlichen Plutokraten ausliefern. „Eine Wende kann nur vom Führer herbeigeführt werden." Vorbedingung sei dafür „die unverzügliche Herstellung einer Verbindung zwischen der Armee Wencks und uns". Doch dem General fehlten dazu die Panzer; er nahm noch die Reste der 9. Armee auf, die sich als wandernder Kessel von der Oder an Berlin vorbei durchgekämpft hatte und zog dann wieder westwärts.

In der Nacht, da Himmlers Abfall bekanntgeworden war, wollten Bormann und die Generäle Krebs und Burgdorf Trost in einigen Flaschen finden. Doch der Alkohol enthemmte sie nur. Burgdorf geriet vom Räsonieren ins laute Schimpfen. Er fragte, wofür er sich eigentlich engagiert habe und wofür die Wehrmacht „mit einem Glauben und Idealismus, wie er in der Weltgeschichte einmalig ist" ins Feld gezogen sei. „Für Euch sind sie gestorben, für Euer Wohlleben, für Euren Machthunger." Millionen Menschen seien geopfert worden, während „Ihr, die Führer der Partei, Euch am Volksvermögen bereichert habt. Gepraßt habt Ihr, ungeheuren Reichtum zusammengerafft, Rittergüter gestohlen, Schlösser gebaut, im Überfluß geschwelgt, das Volk betrogen und unterdrückt." Bormann wehrte sich nur kleinlaut; er habe sich doch nicht bereichert. Er vergaß oder verdrängte, daß ihn nur die Partei zu dem gemacht hatte, was er war, und daß in seinem Luftschutzstollen auf dem Obersalzberg so große Vorräte lagerten, daß dort die Plünderer nach dem Abzug der Bewachung knöcheltief durch Mehl, Zucker und andere Lebensmittel wateten. Da Hitler kaum mehr mit Entsatz rechnete, entschloß er sich, in der Nacht vom 28. auf 29. April zu heiraten und zu diktieren, was er der Nachwelt zu hinterlassen gedachte. Im Politischen Testament stieß er Göring und Himmler aus der Partei aus, ernannte er Dönitz zum Reichspräsidenten, Goebbels zum Reichskanzler und Bormann zum Parteiminister. Im Persönlichen Testament bestimmte er seinen „treuesten Parteigenossen Martin Bormann" zum Testamentsvollstrecker und berechtigte ihn, „alle Entscheidungen endgültig und rechtsgültig zu treffen". Beide Testamente unterzeichnete Bormann als Zeuge. Göring mutmaßte später in Nürnberg sogar, Bormann habe sie mitverfaßt. Während die Testamente vom Stenogramm in Maschinenschrift übertragen wurden, traute ein von Goebbels herbeizitierter Beamter der Berliner Stadtverwaltung um die Mitternachtstunde vom 28. zum 29. April Adolf Hitler und Eva Braun. Wiederum amtierte Bormann als Zeuge, zusammen mit Goebbels. Bormann fühlte sich schon als der eigentliche Erbe des Dritten Reiches – mit Recht, denn sein Führer war zum Selbstmord entschlossen, Goebbels ebenso, und die gesamte erste Garnitur der NSDAP war unter seiner kräftigen Nachhilfe im Lauf der letzten Monate degradiert worden. Zum Feiern nahm der noch immer Vielbeschäftigte sich kaum Zeit. Zweitschriften der Dokumente, die einzigen Unterlagen für seine neuen Befugnisse, waren aus Berlin hinauszuschaffen. Ein Major bekam den Auftrag, eine Durchschrift zu Feldmarschall Ferdinand Schörner nach Böhmen zu bringen, ein zweiter Bote sollte den Feldmarschall Albert Kesselring, der im Süden Deutschlands befehligte, erreichen, und Bormanns Adjutant Wilhelm Zander bekam den Auftrag, nach Plön zu gehen. Allen gab Bormann Begleitbriefe mit. An Dönitz schrieb er: „Lieber Großadmiral! Da wegen des Ausbleibens aller Divisionen unsere Lage hoffnungslos erscheint, diktierte der Führer in der vergangenen Nacht das anliegende politische Testament. Heil Hitler Ihr Bormann." Die Kuriere erreichten ihren Zielort nie.

Keine der Größen des Regimes konnte als Staatsoberhaupt Bormann so gelegen kommen wie Dönitz. Der Großadmiral hatte kaum eine Hausmacht. Für die Partei war Dönitz nicht einmal ein Außenseiter, und wenn er sich ihrer bedienen wollte, war er auf Bormann angewiesen. Auch dem Staatsapparat war er fremd. Er würde immer einen Mann brauchen, der erfahren war in den Praktiken der Verwaltung, der als Politiker zu taktieren verstand und der im Hintergrund die Fäden zog. Wenn es gelang, den Staat in der von Hitler konzipierten Form weiterzuführen, dann war der neue Parteiminister noch unentbehrlicher als bisher.

Am Abend des 29. April fragte Hitler noch einmal über Funk bei Jodl an, wo nun Wenck bleibe und was mit den anderen Verbänden sei, die um Berlin herum noch für seine Befreiung eingesetzt werden sollten. Stundenlang kam keine Antwort. Bormann witterte wieder Verrat und funkte nach Plön, nicht mehr wie bisher über die Zwischenstation des Oberkommandos der Wehrmacht in Zossen, südlich Berlin (Deckname „Teilhaus"), sondern über die Funkstation der

Gauleitung Mecklenburg. Der Wortlaut: „Dönitz! Nach unseren immer klareren Eindrücken treten die Divisionen vom Kampfraum Berlin seit vielen Tagen auf der Stelle, statt Führer herauszuhauen. Wir bekommen nur Nachrichten, die von Teilhaus kontrolliert, unterdrückt oder gefärbt werden. Wir können im allgemeinen nur über Teilhaus senden. Führer befiehlt, daß Sie schnellstens und rücksichtslos gegen alle Verräter vorgehen. Bormann." Und dazu eine Niederschrift: „Der Führer lebt und leitet Abwehr Berlin."

Es lohnt sich, diese Sätze zu analysieren. Ungewöhnlich ist schon die Anrede; sie läßt Hitler als den eigentlichen Absender vermuten. Keitel, der Chef von „Teilhaus" wird unausgesprochen den Verrätern zugerechnet. Der bevorstehende Selbstmord Hitlers wird nicht einmal angedeutet; ihn muß Bormann leben und amtieren lassen, solange es nur geht, denn seine eigene Autorität ist nur eine geborgte.

In den ersten Morgenstunden des 30. April kam von Keitel die Meldung, daß von den Entsatzarmeen nichts mehr zu erwarten sei. Der Kampfkommandant für die Reichskanzlei, SS-Brigadeführer Wilhelm Mohnke, antwortete auf Hitlers Frage, er könne diesen Bereich nicht über den 2. Mai hinaus halten. Das gab den Ausschlag. Bormann und Otto Günsche, SS-Sturmbannführer und persönlicher Adjutant Hitlers, wurden ins Allerheiligste gerufen und erfuhren, daß der Doppelselbstmord für den Nachmittag eingeplant sei und was mit den Leichen zu geschehen habe. Etwa 20 Getreuen, von Bormann zusammengerufen, drückte Hitler die Hand und murmelte dabei Unverständliches, ehe er sich in sein Schlafzimmer zurückzog. Als er gegen Mittag erwachte, ließ er seinen Chefpiloten Hans Baur kommen und befahl ihm, Bormann nach Plön zu bringen, denn dieser habe „eine Anzahl Aufträge von mir", und es sei außerordentlich wichtig, daß Dönitz sie kenne.

Um 15.30 Uhr warteten Bormann, Günsche und der Kammerdiener Heinz Linge vor Hitlers Wohnzimmer auf den Pistolenknall, doch das Trommelfeuer übertönte ihn. Als Günsche schließlich die Tür öffnete, waren Hitler und seine Frau tot. Goebbels und der Hitler-Jugend-Führer Artur Axmann kamen noch hinzu. Der Arzt Ludwig Stumpfegger registrierte den Exitus. Linge und Stumpfegger trugen die in eine Decke gewickelte blutende Leiche Hitlers hinaus, Bormann den Körper der Frau. Erich Kempka, der Cheffahrer, nahm sie ihm ab. „Eva hatte Bormann gehaßt", begründete er sein Tun. „Sein Spiel um die Macht war schon lange von ihr erkannt worden. Keinen Schritt weiter durfte sie in Martin Bormanns Armen verbleiben." Als die Leichen in den Flammen von 180 Liter Benzin verkohlten, stand Bormann mit erhobenem Arm in der Deckung des Bunkereingangs. Dann rief ihn Goebbels, momentan noch der Ranghöchste, zur Lagebesprechung mit den Generälen Burgdorf, Krebs und Mohnke.

Der neue Reichskanzler, längst entschlossen mit seiner Familie zu sterben, wollte keineswegs regieren. Bormann dagegen wollte überleben und weiter am Schalthebel der Macht bleiben. Er stützte sich dabei auf Hitlers letzte Befehle, Goebbels mußte sie respektieren. Zweck der Lagebesprechung war, die doch sehr unterschiedlichen Ziele der zwei letzten Paladine in einem Plan zu vereinen. Die Lösung des Problems: Es mußte gelingen, mit den Russen einen kurzen Waffenstillstand und freies Geleit für Bormann durch den Ring der Belagerer zu vereinbaren. So konnten der kleine Doktor seinen Weltuntergang und der dicke Parteifunktionär seinen neuen Anfang bekommen. Der russisch sprechende Krebs, vor Jahren Militärattaché in Moskau und dort von Stalin einmal demonstrativ auf dem Bahnhof umarmt, sollte als Unterhändler zum Gegner gehen. Mohnke bekam den Auftrag, durch einen Parlamentär mit weißer Fahne die Verbindung herzustellen. Bormann wollte die Entwicklung bei Dönitz so lenken, daß er nicht ausgeschaltet werden konnte. Um 17.40 Uhr des 30. April, als die Leiche Hitlers noch brannte, sandte er einen zweideutigen Funkspruch nach Plön. „Großadmiral Dönitz. An Stelle des bisherigen Reichsmarschalls Göring setzt der Führer Sie, Herr Großadmiral, als seinen Nachfolger ein. Schriftliche Vollmacht unterwegs. Ab sofort sollen Sie sämtliche Maßnahmen verfügen, die sich aus der gegenwärtigen Lage ergeben." Der Text erweckte den Eindruck, als lebe Hitler noch. Mit der schriftlichen Vollmacht war die Testamentsabschrift gemeint, die der Adjutant Zander vielleicht irgendwann einmal überbringen würde.

Der von seiner Ernennung überraschte Dönitz – er hatte in Himmler den Nachfolger gesehen – antwortete mit einem Ergebenheitstelegramm, gerichtet an Hitler. Er nahm an, sein Führer lebe noch. Bormann konnte diesen Irrtum um so leichter erwecken, als er sicher sein konnte, daß Zander noch nicht in Plön war.

Kurz vor Mitternacht vom 30. April zum 1. Mai traf im Bunker die Nachricht ein, daß der Parlamentär bei einem sowjetischen Divisionsstab sei und daß General Krebs dort erwartet werde. In den ersten Morgenstunden, um 3.50 Uhr, stieg Krebs im Hauptquartier des sowjetischen Generaloberst Tschuikow aus einem sowjetischen Jeep und präsentierte drei auf der Führerschreibmaschine getippte Dokumente: eine von Bormann unterschriebene Verhandlungsvollmacht, eine Liste der neuen Reichsspitze, wie sie das Politische Testament bestimmt, und einen von Bormann, Goebbels und Krebs gemeinsam entworfenen Brief an Stalin. Darin wurde dem Moskauer Diktator erklärt, wie vorteilhaft es für ihn sei, wenn er einer antikapitalistischen, antiplutokratischen Regierung aus Nationalsozialisten in den Sattel helfen würde. Dazu aber sei es notwendig, daß Bormann zum neuen Staatsoberhaupt nach Plön reise. Andernfalls sei zu befürchten, daß reaktionäre Kräfte in der neuen Regierung sich mit den Westmächten arrangierten.

Krebs erweiterte die Argumente noch mündlich. Der Vorteil für den Kreml sei, daß es im Augenblick nur eine deutsche Regierung gäbe – nämlich den Reichskanzler Goebbels und den Parteiminister Bormann –, die in Berlin sitze und somit ausschließlich der Sowjetmacht als Gesprächspartner zur Verfügung stehe. Die Russen erführen als erste von Hitlers Tod, der geheimgehalten werde, damit sich keine andere Regierung bilden könne. Käme es dazu, sei der Vorsprung für Stalin vertan, aber eine solche Entwicklung sei unvermeidlich, wenn die Russen den Waffenstillstand nicht gewährten und auf der Kapitulation beharrten. Was dann eintrete, habe ja der Versuch Himmlers gezeigt, der schon mit den Westmächten paktiert habe. Doch um 10.15 Uhr kam aus Moskau über den Fernsprecher die Ablehnung dieser Vorschläge.

Krebs versuchte ein Letztes. Wenn schon eine bedingungslose Kapitulation der Festung Berlin verlangt werde, dann brauche die neue Regierung wenigstens eine Starthilfe: Die von ihr noch zu benennenden Personen sollten von der Roten Armee nicht als Kriegsgefangene behandelt werden. Bormann würde dann mit kleinem Gefolge nach Plön reisen, und seine Verbindungen zur Sowjetmacht würden ihn unentbehrlich machen. Tschuikow lehnte auch diesen Vorschlag ab. Als Goebbels und Bormann über eine inzwischen hergestellte Telefonverbindung das magere Verhandlungsergebnis hörten, forderten sie Krebs zur Rückkehr auf. Er verließ nach fast zwölfstündigem Palaver erschöpft Tschuikows Hauptquartier.

Während Krebs noch verhandelte und Goebbels sich in den letzten Stunden seines Lebens seinen Kindern widmete, spielte Bormann seine Partie weiter. Schon am Morgen des 1. Mai, um 7.40 Uhr, schickte er ein weiteres Telegramm an Dönitz. „Testament in Kraft. Ich werde so schnell wie möglich zu Ihnen kommen. Bis dahin m.E. Veröffentlichung zurückstellen." Kurz vor elf Uhr lag der Text beim Großadmiral auf dem Tisch, aber Dönitz konnte daraus nur schließen, daß Hitler nicht mehr lebte. Zwar hatte er mit dem ersten Telegramm Vollmachten zum selbständigen Handeln bekommen, aber wegen der unklaren Formulierungen argwöhnte er eine Falle Bormanns. Um nicht als Rebell zu gelten, mußte er sicher sein, daß Hitler tot war. Er ordnete an, daß im Führerbunker alle erreichbaren Zeugen des Todes vernommen und daß ihm ihre Aussagen über die Funkleitung zugehen sollten. Der Befehl kam bei Bormann zwar an, aber er ließ ihn nicht ausführen.

Kurz vor 14 Uhr war Krebs wieder in der Reichskanzlei. Bormann machte ihm Vorwürfe, er habe den Russen die Vorteile eines Waffenstillstands nicht deutlich genug gemacht. Er traute es sich zu, bei Verhandlungen am Telefon ein besseres Ergebnis zu erreichen. Doch die Leitung war zerschossen. Sie müsse sofort wiederhergestellt werden, verlangte er von General Mohnke, und er fing zu brüllen an, als dieser ihm sagte, daß er deswegen keine Soldaten in den Tod schicke. Kalt entgegnete der SS-General, er allein entscheide über den Einsatz seiner Leute. Bormann gab nach; er merkte zum erstenmal, wie wenig er von der Autorität Hitlers geerbt hatte. Und er bedachte, daß er unter den SS-Offizieren im Bunker keine Freunde besaß; sie hatten untereinander auch schon vereinbart, daß sie ihn festnehmen würden, falls er sich davonstehlen wolle.

Auch Goebbels nahm nun keine Rücksicht mehr auf Bormanns Pläne. Er verlangte, daß Dönitz jetzt die ganze Wahrheit erfahre und diktierte ein Funktelegramm, das um 14.16 Uhr gesendet wurde. Bormann mußte es nach Goebbels wohl oder übel mitunterschreiben. Es informierte Dönitz, daß Hitler schon 23 Stunden tot war und daß die Absender zu Mitgliedern der neuen Regierung ernannt waren. Doch Dönitz dachte nicht daran, sich seine Mannschaft vorschreiben zu lassen, und er war schon gar nicht bereit, die radikalen Parteigenosssen Goebbels und Bormann zu Ministern zu machen. Er gab Befehl, beide zu verhaften, sollten sie in Plön auftauchen. Über den Sender Hamburg, der ihm als einziger noch zur Verfügung stand, ließ er verkünden, Hitler sei im Kampf gefallen.

An diesem Nachmittag des 1. Mai endete die Bundesgenossenschaft der beiden Schattenexistenzen. Goebbels, Kanzler ohne Reich für einen Tag, verfaßte seine Rechtfertigung für die Nachwelt. Sein Parteiminister Bormann beschaffte sich einen Beutel aus Wachstuch, nähte ihn in die Feldbluse seiner grauen SS-Uniform mit den Rangabzeichen eines Obergruppenführers und barg darin das Original des Persönlichen und eine Durchschrift des Politischen Testaments des verstorbenen Führers. Es gab dann noch ein Abschiedsgespräch im kleinen Kreis, mit Magda Goebbels und Artur Axmann. Hans Baur, im militärischen Rang eines Generals, wurde dazugerufen und von Goebbels ermahnt, Bormann bis zum Flugplatz Rechlin zu begleiten und – falls dies noch möglich sei – ihn nach Plön zu fliegen. Der Arzt Ludwig Stumpfegger kam; er hatte es übernommen, die sechs Goebbelskinder mit Gift umzubringen. Das geschah um 18 Uhr. Die Eltern starben zweieinhalb Stunden später.

Mohnke bereitete während des Nachmittags den nächtlichen Ausbruch vor. Bormann beanspruchte als Ranghöchster die Führung. Sie wurde ihm in der Gewißheit zugebilligt, daß er nicht in der Lage sein werde, sie auszuüben. Der SS-General legte fest, daß Soldaten, Zivilisten und Frauen in zehn aufeinanderfolgenden gemischten Gruppen die ,,Zitadelle" – das war der Deckname der Reichskanzlei – verlassen und zunächst durch Tunnels der Untergrundbahn versuchen sollten, unter den Feinden hinweg aus Berlin in nördlicher Richtung hinauszukommen. Er bot Bormann an, mit ihm zusammen in der ersten Gruppe auszubrechen, doch dieser entschied sich für die dritte Gruppe und verlangte, daß auch Baur und der Hitler-Begleitarzt Stumpfegger ihr zugeteilt würden. Mohnke sah in der Wahl ein Zeichen von Feigheit, aber genauso gut kann man darin eine kluge Kalkulation sehen; wenn die Vorhut eine schwache Stelle im Ring der Feinde gefunden und durchstoßen hatte, konnten die nächsten Gruppen diese Lücke nutzen. Außerdem wurde die dritte Gruppe von Werner Naumann, Staatssekretär im Propagandaministerium geführt, der soldatische Fronterfahrung besaß und in Hitlers hinterlassener Kabinettsliste als Propagandaminister vorgesehen war. Er konnte bei einem gemeinsamen Auftritt bei Dönitz ein Bundesgenosse sein.

Doch so selbstsicher, wie Bormann sich am Nachmittag aufspielte, war er nicht mehr. Der Krieg war diesem Kanzlei-Herrscher bis zu dieser Stunde fremd geblieben. An seine Frau hatte er Anfang April noch großmäulig geschrieben, er werde, wenn es ihm bestimmt sei, ,,wie die alten Nibelungen in König Etzels Halle . . . stolz und erhobenen Hauptes in den Tod gehen". Nun beschoß der Feind schon seit Tagen den Betonbunker. Die Keller waren voll mit Verwundeten. In den Trümmern draußen lagen Tote. Er hatte keine soldatische Natur und auch keine Begabung zum tragischen Helden. Er wollte ganz einfach überleben. Doch die Zuversicht, daß er dies schaffen würde, sank mit jeder Minute. Ihm fehlte sein Führer, der ihn mit Verheißungen aufrichtete. Seine Saufkumpane, die Generäle Krebs und Burgdorf, tranken ihre letzten Flaschen leer, ehe sie sich erschossen. Niemand vermißte ihn, niemand kümmerte sich um ihn. Er hatte keine Befehle zu geben, und es gab auch niemand mehr, der sie befolgt hätte. Er zeichnete sich nach Baurs Angaben das Sternbild des Großen Bären mit dem Polarstern als Orientierungshilfe auf, wenn er in den Nächten durch die Mark und durch Mecklenburg nach Schleswig-Holstein schleichen würde.

Wie kleinlaut er am Abend schon war, erlebte Hans Fritzsche, Abteilungsleiter bei Goebbels, der mit einer Anzahl Mitarbeiter im Keller des benachbarten Propagandaministeriums beschlossen hatte, mit weißer Fahne zu den Russen zu gehen und die Kapitulation Berlins anzubieten. Der bewaffnete Ausbruch wäre damit zu einem Verstoß gegen das Kriegsrecht geworden. Fritzsche erklärte sich bereit, seine Aktion zu verschieben, wenn Bormann die geheime Widerstandsorganisation Werwolf sofort auflöse. Während einer Feuerpause trafen sie sich im Garten der Reichskanzlei, und Bormann ging ohne Protest auf die Forderung ein. Er rief, so erzählte Fritzsche später, „einige Männer in SS-Uniform und in Zivil zusammen" und gab den verlangten Befehl.

Als es dunkel war, machte sich die erste Gruppe zum Ausbruch bereit, darunter Bormanns Sekretärin Else Krüger. Er hatte sie in den letzten beiden Wochen wenig gesehen; was es zu schreiben gab, hatte er selber getippt. Als sie sich verabschiedete, sagte er: „Versuchen will ich es, aber viel Zweck hat es nicht mehr." In seinen Kalender schrieb er: „Ausbruchsversuch!" Am Gelingen des Versuchs, das Wort verrät es, zweifelte er. Mohnke stieg als erster aus einem Kellerfenster der Reichskanzlei und rannte, gefolgt von seiner Gruppe, über den Wilhelmsplatz zum U-Bahn-Eingang. Nach jeweils 20 Minuten starteten die nächsten Gruppen.

Sie stolperten in der Dunkelheit der Schächte die Geleise entlang. Ihre Taschenlampen wagten sie kaum zu benutzen, denn auch die Russen streiften durch die Tunnels und lauerten auf den unterirdischen Bahnsteigen. Hinter dem Bahnhof Friedrichstraße führt die Bahn unter der Spree hindurch, und hier war der Schacht durch ein wasserdichtes Schott verriegelt. Die Gruppe Mohnke stieg nach oben und schlängelte sich durch die Trümmerfelder in Richtung Norden. Die meisten gerieten am 2. Mai in Gefangenschaft.

Die Gruppe Naumann lief fehl und kam erst nach einem zeitraubenden Umweg zum Bahnhof Friedrichstraße. Sie traf an der nahen Weidendammbrücke auf eine Ansammlung von Soldaten und beschloß, mit ihnen nach Norden, der Friedrich- und Chausseestraße folgend, durchzubrechen. Eine Panzersperre trennte sie von der russischen Linie. Baur wollte seitlich durch die Trümmer wegschlüpfen, aber Bormann hielt ihn zurück: „Bleiben Sie, Baur, Sie werden mir noch abgeschossen. Ich brauche Sie noch." Wegen des starken Infanterie- und Granatwerferfeuers schien ein Durchkommen unmöglich. Gegen Mitternacht tauchte auf dem Kampfplatz Erich Kempka mit einer Gruppe auf. Mit Panzern, meinte Bormann, ließe sich der Durchbruch schaffen - und tatsächlich kamen drei Panzer und drei Schützenpanzerwagen angerasselt. Kempka hielt sie an.

Bei der Vernehmung durch das Internationale Militärtribunal in Nürnberg hat Kempka beschrieben, wie die Panzer langsam anrollten und wie er und Stumpfegger hinter dem ersten, Bormann und Naumann seitlich neben dessen Turm vorgingen. Durch einen Treffer sei der Panzer explodiert, alle seien sie vom Luftdruck seitlich weggeschleudert worden, und Bormann, bekleidet mit einem Ledermantel über der SS-Uniform, sei in der Stichflamme offensichtlich tot zusammengebrochen. Doch den Leichnam sah er nicht. Da Kempka dieses Gefecht nicht nur überlebte, sondern sich auch noch bis Berchtesgaden durchschlug, konnte das Gericht nicht schlüssig folgern, daß der Angeklagte Bormann wirklich nicht mehr am Leben war.

In Wahrheit überlebte er die Explosion, sogar unverletzt. Beim nächsten Versuch, nach Norden durchzukommen, verlor er Baur aus den Augen. Der Fliegergeneral wurde verwundet von den Russen aufgelesen, und mutmaßte viele Jahre lang, sein Gefährte sei bei diesem Vorstoß getötet worden. Bormann war jedoch in einem Granattrichter in Deckung gegangen. Dort traf er auf Axmann, dessen Adjutanten Günter Weltzin, Stumpfegger und den Goebbels-Adjutanten Günther Schwägermann. Auch Werner Naumann kam noch hinzu.

Was dann geschah, mutmaßlich gegen drei Uhr am Morgen des 2. Mai, schilderte Axmann schon bei seinen Vernehmungen im Spätherbst 1945, aber niemand glaubte ihm. Nur der Historiker H. R. Trevor-Roper, der als Geheimdienstmann viele Nationalsozialisten nach Kriegsende verhörte, bezeichnete schon 1948 diese Darstellung als die wahrscheinlichste. Die auf etwa zehn Männer angewachsene Gruppe stieg am S-Bahnhof Friedrichstraße auf den Bahnkörper und folgte den Geleisen in westlicher Richtung. Auf dem Damm rissen sie sich die Rangabzeichen von den Uniformen. Ihre Waffen warfen sie weg. Dem erfahrenen Frontsoldaten Axmann – er hatte im Krieg den rechten Arm verloren – fiel auf, wie unsicher sich Bormann fühlte. Zeitweise hastete er der Gruppe voraus, als könne er nicht schnell genug wegkommen. Unangefochten näherten sie sich der S-Bahn-Station des Lehrter Bahnhofs. Rechtzeitig entdeckten sie, daß Rotarmisten auf dem Bahnsteig standen. Beim schnellen Verschwinden spaltete sich die Gruppe. Bormann, Naumann, Schwägermann, Axmann, Weltzin und Stumpfegger sprangen vom Bahnkörper auf die Invalidenstraße hinab, und sie landeten unmittelbar neben einer russischen Feldwache. Die Russen hielten sie für versprengte Volkssturmmänner, boten Zigaretten an, begannen radebrechend mit „woina kaputt, Gitler kaputt" ein Gespräch und bestaunten Axmanns Armprothese.

Das war zuviel für Bormanns flatternde Nerven. Zusammen mit Stumpfegger setzte er sich mit immer schneller werdenden Schritten nach Osten in Richtung auf die Charité ab. Sie kamen nicht weit, denn an der Sandkrugbrücke (heute Sektorenübergang) stießen sie wieder auf Russen. Die anderen merkten, daß diese Flucht die Soldaten mißtrauisch gemacht hatte. Sie verdrückten sich auf der Invalidenstraße westwärts, auf Moabit zu. Naumann und Schwägermann verschwanden im Gebüsch eines Ausstellungsgeländes. Die HJ-Führer Axmann und Weltzin kehrten erst um, als sie vor sich Panzer rasseln hörten. Zurückgekehrt sahen sie in der Nähe des Lehrter S-Bahnhofs im schwachen Licht der gerade beginnenden Morgendämmerung zwei Männer auf der Brücke liegen, die im Zug der Invalidenstraße die Geleise des Lehrter Güterbahnhofs überquert. Sie erkannten Bormann und Stumpfegger. Beide waren anscheinend tot, aber Blut oder Verletzungen waren nicht zu sehen. Axmann wußte, daß die Bunkerprominenz Giftampullen bekommen hatte. Er vermutete, daß die beiden sich damit getötet hatten. Vielleicht hätten sie entkommen können.

Axmann gelang dies, und er konnte sich sogar noch bis in die Alpen durchschlagen. Auch Naumann und Schwägermann gerieten nicht in Gefangenschaft. Doch Bormann und Stumpfegger gaben auf. Beide hatten Gründe, nicht lebend in die Hände der Russen zu geraten.

Axmanns Bericht und die daraus zu folgernden Mutmaßungen hätte Weltzin als einziger bestätigen können, aber er kam in sowjetischer Gefangenschaft ums Leben. Naumann konnte die Axmann-Version nur bis zu dem Gespräch mit der Feldwache bestätigen. Zweifelhaft wurde sie für Kriminalisten und Richter auch durch die Berichte von Kempka und Baur, die Bormann schon eine Stunde früher und jeweils an einem anderen Ort sterben ließen. Vollends verwirrte eine Meldung des Senders Prag I vom 7. Mai 1945 die Situation. An diesem Tag war die Radiostation noch in deutscher Hand, denn Feldmarschall Schörner hielt sich noch immer in Böhmen. Der Sender verkündete, mit Hitler und Goebbels zusammen hätten in Berlin Reichsleiter Bormann, Staatssekretär Naumann, die Generäle Krebs und Burgdorf „in deutscher Mannestreue kämpfend den Tod gefunden".

So ist es keineswegs erstaunlich, daß die Suche nach dem verschwundenen Sekretär des Führers schon bald nach Kriegsende begann und, weil erfolglos, sich länger als ein Vierteljahrhundert hinzog. Der sowjetische Geheimdienst hatte jedoch die Chance, das Rätsel sehr viel früher zu lösen. Er besitzt seit Mitte Mai 1945 einen kunstledergebundenen Taschenkalender, auf dessen erstem Blatt als Eigentümer Martin Bormann mit Adressen und Telefonnummern eingetragen ist. Auch die Vermerke in den Tagesrubriken vom Jahresanfang bis zum 2. Mai sind zweifellos von Bormann geschrieben, ebenso die Adressen und Telefonnummern auf den letzten Seiten.

Nach sowjetischer Darstellung lieferte ein Offizier der in Berlin eingesetzten 5. Stoßarmee das Notizbuch ab und meldete, es sei im Ledermantel eines toten Deutschen gefunden worden, der neben einem abgeschossenen Panzer gelegen habe. Heute weiß man es besser. Vielleicht hat der Offizier seine Meldung nachlässig abgefaßt. Vielleicht hat der Geheimdienst geschlafen, und die Bedeutung des Fundes viel zu spät erkannt. Vielleicht hat er in dem Kalender nur ein Täuschungsmanöver gesehen – etwa daß der untergetauchte Bormann sein Buch einem Toten in den Mantel steckte. Außerdem paßte ein im Untergrund lebender Bormann gut in die östliche Deutschlandpolitik als Zeuge dafür, daß in der westlichen Welt ein Netz von Faschisten ungestört verschwörerische Ziele verfolgen kann. Doch inzwischen ist bewiesen, daß Martin Bormann in den ersten Stunden des 2. Mai 1945 in der Berliner Invalidenstraße Selbstmord verübt hat.

Nachwort
Wie ich Martin Bormann fand

Daß es einen Reichsleiter Martin Bormann gab und daß er zu den führenden Männern des Dritten Reichs gehörte, erfuhr ich am 1. Mai 1945, ein paar Stunden vor seinem Tod – als Neunzehnjähriger, der als Kriegsberichter verwundet worden war und deshalb bis zur Genesung als Nachrichtensprecher am Reichssender Berlin eingesetzt war. Das Funkhaus lag in dem noch nicht von der Roten Armee eroberten Rest der Reichshauptstadt, und die Mannschaft des Senders saß unter der Erde, durch dicke Betondecken vor sowjetischen Granaten geschützt. Am Abend meldete der Abhördienst, der Reichssender Hamburg verbreite die Nachricht, Hitler sei gefallen, und Dönitz sei als Reichspräsident sein Nachfolger. Von den Ereignissen in der Reichskanzlei hatten wir, obwohl nur wenige Kilometer entfernt, keine Ahnung.

Das Funkhaus hatte in jenen Tagen einen Kampfkommandanten. Als wir uns fragten, ob der Krieg nun weitergehe oder nicht, belehrte er uns: „Vom Kriegsende kann keine Rede sein. Der Führer hat den Weg freigemacht, damit wir jetzt mit den Amerikanern und den Engländern verhandeln und gemeinsam gegen Moskau marschieren können." Diese Aussicht begeisterte niemand. Doch was sollte der Kampfkommandant anderes sagen, da er doch mit dem SS-General August Heißmeyer und dessen Ehefrau Gertrud, der Reichsfrauenschaftsführerin Gertrud Scholtz-Klink, zwei ziemlich prominente Vertreter des Regimes in seinem Befehlstand beherbergte. Daß er mit seiner Durchhalteparole richtig lag, erwies sich, als kurz darauf aus der Zentrale des Festungskommandanten ein Anruf kam: „Wir kapitulieren nicht und brechen um Mitternacht aus über Spandau, Nauen in Richtung auf Hamburg. Der Ausbruch steht unter der Leitung von Reichsleiter Bormann."

Der Name erregte Verwunderung. Ein Berliner fragte: „Na wat denn? Sind denn die Jeneräle ooch alle mit dem Führer jefallen? Wer is Bormann?" Die Reichsfrauenschaftsführerin belehrte uns: „Das ist der engste Vertraute des Führers, sein Sekretär." Nicht nur mir kam es seltsam vor, daß uns ausgerechnet ein Sekretär ins letzte Gefecht führen würde. Es war das erste Mal, daß ich diesen Namen hörte.

Wie ich heute weiß, hat mich der Sekretär nicht geführt. Ich hatte Glück, kam aus Berlin heraus und war 1946 in Nürnberg. Gleich nach dem Ende des Prozesses gegen die überlebende NS-Prominenz besuchte ich als junger Journalist den freigesprochenen und eben aus der Haft entlassenen Hans Fritzsche, des

Reichspropagandaministers rechte Hand im Rundfunk. Bei ihm hörte ich von Bormann zum zweitenmal. Fritzsche erzählte mir die Episode, wie er am Abend des 1. Mai 1945 von Bormann die Auflösung des „Werwolf" verlangt hatte. Erstaunt fragte ich, woher dieser unbekannte Mann soviel Macht gehabt habe. Fritzsche sagte: „Der hatte mehr Macht als Hitler, wenn Sie so wollen." Er verdeutlichte dies gleich durch eine andere Geschichte. Die Frau eines Augsburger Druckereibesitzers sollte als Halbjüdin von der Familie getrennt und in den Osten abtransportiert werden. Um dies zu verhindern, ging Fritzsche zu Bormann und gab zu bedenken, daß die Deportation der Frau erhebliche Unruhe in dem Druckhaus hervorrufen werde, denn sie sei bei den Arbeitern sehr beliebt. Fritzsche schlug vor, den Abtransport bis nach dem Endsieg zurückzustellen. Bormann stimmte ihm zu und verbot mit ein paar Zeilen auf einem Zettel die Deportation der Frau.

Jahre später stieß ich dann als Redakteur beim Magazin „stern" immer häufiger bei zeitgeschichtlichen Themen auf Bormann und seine Tätigkeit. Er war inzwischen für die deutsche und auch für die internationale Presse zur Dauersensation geworden, zum „Fliegenden Halberstädter", der gleich dem sagenhaften „Fliegenden Holländer" durch die Welt geisterte und doch nie festgehalten werden konnte. So entdeckten ihn unter anderen:

Im Juli 1945 auf einer Eisenbahnfahrt in Schleswig-Holstein der Schriftsteller Heinrich Linau;

1947 in Australien der Sekretär der Internationalen Seemannsgewerkschaft, Joseph Kleemann;

1950 in Afrika ein dänischer Journalist, in Argentinien ein englischer und in Spanisch-Marokko ein deutscher Kollege;

1951 in Chile der frühere Reichstagsabgeordnete der Weimarer Republik Paul Heßlein;

1952 in Rom als Franziskanerpater ein ehemaliger Beamter des NS-Rüstungsministeriums.

Das ging so Jahr für Jahr mit immer neuen und abenteuerlicheren Geschichten. Vorsorglich leitete 1959 der Generalstaatsanwalt beim Landgericht Berlin ein Ermittlungsverfahren gegen Bormann ein wegen des Verdachts, als Mittäter bei der Euthanasie, bei den Judenverfolgungen und beim Komplex „Verbrannte Erde" des vielfachen Mordes schuldig zu sein. Zwei Jahre später wurde das Verfahren an die Staatsanwaltschaft beim Oberlandesgericht Frankfurt abgegeben, und die hessische Regierung setzte 100 000 Mark Belohnung aus für „Hinweise, die zur Ermittlung der Person, des Aufenthalts und zur Auslieferung des Angeschuldigten führen". Vor allem der Frankfurter Generalstaatsanwalt Fritz Bauer war überzeugt, daß Feuer sein müsse, wo so viel Rauch aufstieg, und als 1960 Adolf Eichmann vom israelischen Geheimdienst aus Argentinien entführt wurde, trieb er die Suche nach Bormann um so energischer voran, als Eichmann angeblich in seinen Verhören die Vermutung geäußert hatte, Bormann sei noch am Leben.

Die hohe Belohnung einerseits und die Pressehonorare für sensationelle Bormann-Stories andererseits lockten immer wieder neue Jäger auf die Fährte des verschwundenen Reichsleiters. Im Januar 1964 bot Erich Karl Wiedwald, damals 38 Jahre alt, in Westpreußen geboren, dem „stern" eine Bormann-Geschichte an. Er war angeblich gemeinsam mit dem Sekretär des Führers aus dem belagerten Berlin entkommen. Jetzt lebe dieser im brasilianischen Urwald zusammen mit weiteren Ex-Nazis auf einer riesigen Plantage und lasse sich von schießfreudigen Leibwächtern abschirmen. Wiedwald versprach, eine Begegnung zu vermitteln. Zwei „stern"-Reporter flogen nach Brasilien und warteten verabredungsgemäß wochenlang vergebens auf die Kontaktaufnahme. Wiedwald mußte Jahre später bei einer richterlichen Vernehmung in Frankfurt zugeben, daß seine Geschichte erdichtet war.

In der Chefredaktion des „stern" war durch den Reinfall das Interesse an dem auf so mysteriöse Weise verschwundenen Bormann geweckt. Ich wurde gefragt, wo ich ihn suchen würde. „Bestimmt nicht in Südamerika", sagte ich, „sondern ich würde dort mit der Suche anfangen, wo er zuletzt gesehen wurde." Noch am gleichen Tag flog ich nach Berlin.

Artur Axmann, der letzte Reichsjugendführer des Dritten Reiches, hatte mir schon verschiedentlich zu zeitgeschichtlichen Themen Informationen gegeben, und ich kannte auch seine Aussage zum Fall Bormann bei den alliierten Geheimdiensten. Wir fuhren gemeinsam zum Lehrter Bahnhof. Er zeigte mir die Stelle, wo er Bormann und den Hitler-Begleitarzt Ludwig Stumpfegger leblos – er sagte bewußt nicht tot, denn „ich bin kein Mediziner" – auf der Straßenbrücke hatte liegen sehen, und er beschrieb genau, was sich zuvor abgespielt hatte. Da Axmann beide Männer gut gekannt hatte, war auszuschließen, daß er sich in den Personen getäuscht hatte. Ich glaubte ihm auch, daß er nicht etwa log, um einen lebenden Bormann vor weiteren Verfolgungen zu schützen, denn die beiden waren sich spinnefeind gewesen. Ich sagte mir:

Wenn auf dieser Brücke einmal zwei Leichen gelegen hatten, dann mußte sie jemand weggeschafft haben. In Berlin gibt es die „Deutsche Dienststelle für die Benachrichtigung der nächsten Angehörigen von Gefallenen der ehemaligen deutschen Wehrmacht", kurz WASt genannt. Sie half mir, wie früher schon, schnell und unbürokratisch. Bormann war dort nicht verzeichnet, wohl aber Ludwig Stumpfegger. In den Akten lag die beglaubigte Abschrift eines Briefes, den der Amtsvorsteher des Postamts 40 (Lehrter Bahnhof) am 14. August 1945 an Frau Gertrud Stumpfegger, Hohenlychen, Heilanstalt, eingeschrieben und mit elf Fotos abgeschickt hatte. Der Wortlaut:

„Sehr geehrte Frau Stumpfegger! Am 8. Mai d. J. wurde von Angehörigen des Postamtes auf der Bahnbrücke in der Invalidenstraße ein Soldat aufgefunden, der bei den Kämpfen um Berlin gefallen ist. Nach dem bei den Toten vorgefundenen Pass handelt es sich um Ludwig Stumpfegger. Da angenommen werden muß, daß der Verstorbene Ihr Ehemann ist, übermittle ich Ihnen diese so traurige Nachricht und spreche Ihnen gleichzeitig zu dem schmerzlichen Verlust mein herzlichstes Beileid aus. Ihr Ehemann wurde am 8. Mai zusammen mit einigen anderen gefallenen Soldaten auf dem Gelände des Alpendorfs (früher Landesausstellungspark) in Berlin NW 40, Invalidenstraße 63 beerdigt. Die dem Toten abgenommenen Bilder gehen Ihnen gleichzeitig zu . . ."

Die meisten Beamten beim Paketpostamt wußten von nichts. Etliche erinnerten sich dunkel, daß Kollegen bei Kriegsende tote Soldaten begraben hatten. Das Geschehen lag nun doch schon fast zwei Jahrzehnte zurück, und wer damals hier seinen Dienst versehen hatte, war zumeist schon für die Wehrmacht zu alt gewesen. Immerhin ergab es sich, daß vier Postbeamte von den Russen aus dem Amt als Leichenbestatter eingesetzt worden waren. Einer von ihnen lebte noch, Albert Krumnow. Er führte mich an die Stelle, wo die Toten gelegen hatten. Es war genau dort, wo sie auch Axmann gesehen hatte, doch in den Tagen dazwischen waren sie offensichtlich gefleddert worden. Krumnow erzählte mir, daß die längere der beiden Leichen nur mit weißer, neuer Unterwäsche bekleidet war und daß die andere, beleibtere, eine feldgraue Uniform ohne Rangabzeichen getragen habe. Die Stiefel waren weggeholt worden. Er und seine Kollegen hatten die Toten entsprechend den Anweisungen eines Rotarmisten auf einer Bahre in das nahegelegene Ausstellungsgelände getragen und dort in einer Grube beerdigt.

Bei dieser Gelegenheit erfuhr ich auch, daß Krumnow wegen dieses Vorgangs bereits von der Berliner Polizei im Auftrag der Frankfurter Staatsanwaltschaft vernommen worden war. Ich hatte also staatliche Konkurrenz. Es lag nahe, sich mit ihr zu verbünden, aber das traditionelle Mißtrauen der Rechtsbehörden gegen Journalisten ließ sich nur überwinden, wenn ich neues Material bieten konnte. Dazu kam ich, als mein „stern"-Kollege Kurt Wolber und ich zum 20. Jahrestag des Kriegsendes eine Serie über „Die letzten hundert Tage" des NS-Regimes veröffentlichten und dazu auch die Axmann-Darstellung über den Tod Bormanns verwendeten. Aus Berlin schrieb daraufhin der Leser Herbert Seidel. Er schilderte, wie er Anfang Mai als Fünfzehnjähriger die Güterwaggons auf dem Lehrter Bahnhof nach Lebensmitteln durchstöbert hatte und bei dieser Gelegenheit an den beiden Toten auf der Brücke der Invalidenstraße vorbeigekommen war. Auch ihm war, ebenso wie Krumnow, aufgefallen, daß an den Leichen keine Verletzungen zu sehen waren.

Wenn es gelänge – so sagte ich mir –, auch noch jene Menschen zu finden, die seinerzeit die Kleidungsstücke, andere Gegenstände oder gar Dokumente mitgenommen hatten, wäre vielleicht zu klären, ob außer Stumpfegger auch Bormann an dieser Stelle gestorben war. Doch ohne behördliche Hilfe kam ich nicht weiter.

Am Frankfurter Oberlandesgericht bearbeitete der Erste Staatsanwalt Joachim Richter den Fall Bormann. In ihm lernte ich einen Juristen kennen, der unvoreingenommen zur Zusammenarbeit bereit war, wenn er damit der Sache dienen konnte, der mir vertraute, dem ich vertrauen konnte und der sich dann auch in schwierigen Situationen, wenn ich wegen meiner Arbeit angegriffen wurde, als Freund bewährte. Er kann diesen Bericht leider nicht mehr lesen, weil er im Frühjahr 1977 kurz nach seiner Pensionierung verstorben ist. Zu ihm kam ich gerade noch rechtzeitig; in wenigen Tagen wollte Staatsanwalt Richter an der vom Krumnow angegebenen Stelle nach den Überresten der Toten graben lassen. Das sollte unauffällig geschehen, und die Presse sollte davon nichts erfahren. Nur mir wollte Richter die Anwesenheit gestatten, weil meine Ermittlungen schon so weit gediehen waren. Doch am zweiten Tag der Grabung waren mindestens 40 Reporter am Platz. Sie wurden Zeuge eines Fehlschlags; wir fanden nichts, weil bauliche Veränderungen auf dem Gelände den Postbeamten Krumnow bei der Suche nach der Grabstelle getäuscht hatten. Sieben Jahre später wurden dann Bormanns und Stumpfeggers Überreste 12 Meter enfernt gefunden.

Richter und ich waren uns einig, daß wir auf der richtigen Spur waren. Wir waren jetzt ein Team, und wir gaben nicht auf. Gegen alle Regeln seines Amtes informierte er mich über die Aussage eines Werkzeugmachers Willi Stelse, der in einem Betrieb in der Nähe des Lehrter Bahnhofs gearbeitet und ebenfalls die Leichen gesehen hatte. In diesem Betrieb – so hatte Stelse ausgesagt – war in jenen Tagen ein französischer Fremdarbeiter mit einem Ledermantel erschienen, einer Nachkriegs-Beute, und ein Kollege sei Zeuge gewesen, wie der Franzose aus einer Manteltasche einen in Kunstleder gebundenen Kalender hervorgeholt habe, der nach einem handschriftlichen Eintrag einmal Eigentum des Reichsleiters Bormann gewesen sei.

Nach diesem Kollegen – Stelse erinnerte sich dunkel an den Namen Bruno Fechner – forschte bisher Staatsanwalt Richter vergebens. Nun wollte ich es versuchen. Bei meiner nächsten Reportage-Reise nach Berlin nahm ich mir das Berliner Telefonbuch vor. Alle dort verzeichneten Fechner kamen nicht in Betracht. Schließlich sah ich den gesamten Buchstaben F durch: Ich fand einen Bruno Fechtmeier, der in unmittelbarer Nähe des Fundorts der Leiche und damit auch des Betriebs wohnte. Er bestätigte, Bormanns Kalender gesehen zu haben, und er berichtete, daß ein Werkmeister des Betriebs mit Namen Ernst Ott seinerzeit das kleine Buch eingesteckt und behalten habe.

Nun galt es, den Franzosen zu finden, der angeblich Maurice oder so ähnlich heißen sollte, und den Werkmeister Ott nach dem Verbleib des Kalenders zu fragen. Staatsanwalt Richter bemühte die französische Polizei, aber sie blieb erfolglos. „stern"-Reporter fanden die Spur des Werkmeisters Ernst Ott in Nordrhein-Westfalen; er hatte seine Familie in Berlin verlassen und war mit seiner Geliebten Inge Schwandt dorthin verzogen, aber er war kurz zuvor tödlich verunglückt. Doch Inge Schwandt wußte Bescheid. Sie und ihr Freund hatten das Notizbuch damals ihrem Vater übergeben, der als alter Kommunist von den Russen zum stellvertretenden Bürgermeister von Berlin-Mitte ernannt worden war. „Ihr kriegt bestimmt ein dickes Freßpaket dafür", hatte der Vater versprochen.

Ernst Ott und Inge Schwandt wurden im Sommer 1945 von einem sowjetischen Offizier ins Hauptquartier nach Karlshorst geholt, zwei Tage lang vernommen und bekamen dann tatsächlich die nahrhafte Belohnung. Der Moskauer Journalist Lew Besymenski durfte das Tagebuch erst bei seinem 1974 erschienen Buch über Bormann auswerten.

Staatsanwalt Joachim Richter besaß jedoch schon 1965 Abschriften von einigen Seiten dieses Kalenders; sie waren ihm von den Justizbehörden der DDR zur Verfügung gestellt worden. Den Adressenteil ließ er mich kopieren, und mein „stern"-Kollege Armin von Manikowsky wurde darin fündig. Er erinnerte sich, daß in den inzwischen herausgegebenen „Bormann letters" eine Geliebte Martins abgekürzt als „M" erwähnt wird. Nun fand er an der Spitze der Adressen den Namen Manja Behrens, ihre private Telefonnummer in Dresden und die Telefonnummer des Theaters, in dem sie auftrat.

Damit hatten wir, so schien es mir, doch wohl genug Indizien dafür, daß der Tote auf der Brücke Martin Bormann gewesen war. Wir konnten auch hinreichend belegen, wann und wie er gestorben war. Nur die Leiche fehlte noch, aber weder die Staatsanwaltschaft noch der „stern" waren in der Lage, das viele tausend Quadratmeter große Gelände in Berlin gänzlich umgraben zu lassen. Doch die Berliner Behörden sicherten mir zu, ich würde benachrichtigt, sobald dort aus irgendwelchen Gründen gebuddelt würde.

Im November 1965 entschied Rolf Gillhausen, Stellvertretender Chefredakteur beim „stern", daß es nun an der Zeit sei, die Ergebnisse der Untersuchung zu veröffentlichen. Sie erschienen mit der Überschrift „Bormann ist tot". Sie sollten das Ende einer Legende sein, aber es wurde daraus der Beginn einer Jagd auf den Autor. Simon Wiesenthal, in Wien beheimateter professioneller Nazijäger, der schon mehrere Bormann-Spuren in aller Welt entdeckt hatte, verkündete auf einer Pressekonferenz, er habe schon immer gewußt, daß der „stern" ein Nazi-Blatt und Jochen von Lang ein alter Nazi sei, der nur den lebenden Bormann vor weiteren Verfolgungen schützen wolle. Auch Joachim Richter bekam Ärger; sein Vorgesetzter, der Frankfurter Generalstaatsanwalt Fritz Bauer hatte vor längerer Zeit einen Brief von Horst Adolf Eichmann, dem Sohn des in Israel wegen Massenmordes an Juden hingerichteten Adolf Eichmann mit einem Hinweis erhalten, daß Bormann insgeheim in Argentinien lebe. Bauer hielt diese Version für wahrscheinlich. Mir hielt er vor, meine Veröffentlichung sei unverantwortlich, solange die Leiche fehle. Im Gegenzug forderte ich ihn auf, nach dem Arzt Ludwig Stumpfegger zu fahnden, der nachweislich als SS-Arzt-Menschenversuche an sowjetischen Kriegsgefangenen unternommen habe. Bauer entrüstete sich: „Das ist unsinnig. Sie wissen wie ich, daß dieser Mann tot ist." Es war nicht angebracht, ihn zu fragen, wo er Stumpfeggers Leiche habe.

Wollte ich alle Kritiker widerlegen, mußte ich den toten Bormann finden. Aber wo? Vielleicht war seine Leiche, wie die so vieler Gefallener, inzwischen umgebettet worden. Drei meiner Reporter-Freunde, Dieter Heggemann, Cornelius Meffert und Gerd Baatz, halfen mir bei der Suche, sooft sie in Berlin waren. Wir suchten eine Menge Berliner Friedhöfe ab, durchforschten Totenlisten, interviewten Friedhofs-Wärter. Meine Bemühungen wurden sogar in der DDR bekannt. Als ich dort einmal beim Presseamt des Staatsratsvorsitzenden zu tun hatte, fragte mich der Betreuer für die westdeutsche Presse, ob ich ihm bei einem Mittagessen Gelegenheit zu einem persönlichen Gespräch geben würde. Beim Ungarisch-Gulasch im „Haus der Intelligenz" rückte er mit der Sprache heraus. „Sie gefährden Ihre Karriere. Bormann ist nicht tot. Wir haben Beweise dafür, daß er von Bundeskanzler Kiesinger in Südamerika finanziert wird." Auf diese Beweise war ich nicht scharf.

Solange die Leiche oder vielmehr ihre Überreste nicht gefunden waren, konnte Bormann weiter durch die Welt geistern. Simon Wiesenthal verkündete, er besitze Fotos von dem jetzt in Argentinien lebenden Ex-Reichsleiter. Der ehemalige deutsche Geheimdienst-Chef Reinhard Gehlen behauptete in seinen Memoiren, Bormann sei schon während des Dritten Reichs ein Agent Stalins gewesen, sei bei Kriegsende selbstverständlich übergelaufen und in Moskau inzwischen verstorben. Auch Erich Karl Wiedwald meldete sich wieder, mit einer verbesserten Ausgabe seiner Geschichte und veröffentlichte in Holland ein Buch.

An der Entzauberung der letzten und schönsten aller Bormann-Legenden durfte ich auf Anweisung des „stern"-Chefredakteurs Henri Nannen mitwirken. Eine englische und eine amerikanische Massenzeitung veröffentlichten eine Serie mit dem Titel „Bormann lebt". Verfasser war Ladislas Farago, ein ehemaliger Mitarbeiter des US-Geheimdienstes. Er hatte angeblich ermittelt, daß Bormann vor Kriegsende Edelmetalle, Devisen und Kunstwerke im Wert von 200 Millionen Dollar im U-Boot nach Argentinien hatte schaffen lassen und sich dann, von Sendboten eines katholischen Bischofs geleitet, nach dem Zusammenbruch nach Rom begeben hatte. Dort traf er Evita Perón, die ihm ein Asyl in Argentinien anbot, sofern er ihr einen großen Teil seines Schatzes abträte. Derzeit nenne er sich Ricardo Bauer. Farago konnte nicht nur ein Foto dieses Menschen vorzeigen, sondern auch Bescheinigungen von Argentiniens politischer Polizei, wonach Bauer in Wahrheit Bormann sei. Den Namen Bauer, Ricardo hatte der Phantast Farago vom Leiter des Berliner Document Center entliehen. Der hieß Richard Bauer, war Deutscher, Emigrant und als Amerikaner zu uns zurückgekehrt. Bauer war inzwischen ebenfalls mein Freund geworden und half mir, wo es nur ging.

Ich traf Farago in London. Mitgebracht hatte ich einen Professor der Anthropologie der Universität Hamburg und den Sohn des Hitler-Fotografen Heinrich Hoffmann. Letzterer hatte häufig im Hitlerschen Hauptquartier fotografiert, kannte also Bormann. Der Anthropologe sollte die Schädelform auf Fagaros Bormann-Fotos mustern. Doch der Ungar distanzierte sich gleich von seinen Bildern; er habe sie nicht selber aufgenommen, sondern vom argentinischen Geheimdienst bekommen. Weder Hoffmann noch der Anthropologe konnten darauf Ähnlichkeiten mit Martin Bormann entdecken. Des Rätsels Lösung fand kurz darauf der Südamerika-Redakteur des „stern" Hero Buss. Die Bilder stellten einen in Argentinien lebenden Lehrer dar. Mit einem Trick entlarvte Buss auch den Beweiswert der Geheimdienst-Zeugnisse. Für 50 Dollar Schmiergeld ließ er sich von der argentinischen Geheimpolizei dokumentarisch bestätigen, daß Ladislas Farago in Wahrheit Martin Bormann sei. Die Bormann-Jäger verloren daraufhin so langsam die Lust am Erfinden neuer Legenden.

Trotzdem beschäftigte mich dieses Thema weiter. Dabei wäre mir die letzte Chance, Bormann zu finden, fast entgangen. Doch eines Tages schickte mir Herbert Seidel, der ehemalige Berliner Hitler-Junge, einen Zeitungsausschnitt, in dem mitgeteilt wurde, daß in Kürze auf dem Gelände gegraben werden sollte, wo ich Bormanns Überreste noch immer vermutete. Ich alarmierte meinen Frankfurter Freund, Staatsanwalt Joachim Richter. Er reagierte prompt, verständigte in Berlin die Polizei und die Baubehörde. Ihre Arbeiter waren dann auch eifrig im Suchen, weil sie hofften, 100 000 Mark mit dem Kopf Bormanns zu verdienen. Als Rechtsunkundige wußten sie nicht, daß nur der lebende Kopf soviel Geld wert war.

Tatsächlich stießen sie sehr bald auf zwei Skelette – in merkwürdiger Lage, der Schädel des einen neben den Füßen des anderen. Für Richter und mich war dies der erste Hinweis, daß wir am Ziel waren. Der Postbeamte Krumnow hatte uns erzählt, daß ihnen „der kleine Dicke" beim Transport immer wieder von der Trage gefallen war, bis sie den Einfall hatten, die beiden Toten in dieser Lage wegzuschaffen. Und weil sie die schon Verwesenden nicht mehr hatten anfassen wollen, war die Last dann auch direkt in die Grube gekippt worden.

Das nächste Wort mußten die Gerichtsmediziner sprechen. Daß sie es konnten, verdankte ich einem anderen Freund, dem englischen Historiker David Irving. Als er mich eines Tages nach dem Fortgang meiner Bormann-Suche fragte, mußte ich ihm gestehen: „Wenn wir ihn je finden, werden wir ihn vielleicht nicht identifizieren können. Wir haben keine Aufzeichnungen über sein Gebiß." Irving ging bei seinem nächsten Amerika-Aufenthalt ins Washingtoner National Archiv und fand dort das Zahnschema Bormanns, aufgezeichnet von dem Berliner Professor Hugo Blaschke, der die Gebisse der ganzen NS-Prominenz behandelte. Blaschke hatte die Zeichnung nach dem Krieg für die Alliierten angefertigt. Sie bestätigte, daß wir den richtigen Schädel gefunden hatten. Außerdem konnten der Zahntechniker Fritz Echtmann und die Blaschke-Assistentin Katharina Heusermann ihre Arbeiten an Bormanns Gebiß wiedererkennen. Auch die von Bormann in Fragebögen angegebene Körpergröße von 170 Zentimeter stimmte mit den Maßen des Skeletts überein. Stumpfegger war noch schneller zu identifizieren, da im Berliner Document Center die Befunde einer von SS-Ärzten vorgenommenen Untersuchung lagen. Schließlich rekonstruierte dann noch der Münchner Kriminalhauptmeister Moritz Furtmayr anhand der Schädel Köpfe und Gesichter der beiden Toten. Wir verglichen sein Werk mit Fotos von Bormann und Stumpfegger. Es gab keinen Zweifel mehr.

Die Frankfurter Staatsanwaltschaft stellte die Gebeine von Martin Bormann nach Abschluß der Strafsache seinen Angehörigen zur Verfügung, mit der Einschränkung, daß sie nur begraben und nicht eingeäschert werden dürfen. Schließlich ist nicht ganz auszuschließen, daß sie noch einmal als Beweisstücke benötigt werden. Bormanns Kinder sind bis jetzt nicht auf diese Bedingung eingegangen. Der „Sekretär des Führers" ruht deshalb für absehbare Zeiten in einem Pappkarton in der Asservatenkammer der Frankfurter Staatsanwaltschaft.

Jochen von Lang

Anhang

Bildnachweis

Die im folgenden Bildteil (Seite 353 bis 384) verwendeten Fotos
stellten zur Verfügung:

Lew Besymenski (Seite 382 unten);
Dieter Heggemann/„stern" (Seite 383 unten, 384 oben);
Ilse Heß/Privatbesitz (Seite 366 oben, 366 unten, 367);
Ekkehard Krüger/Privatbesitz (Seite 354 unten);
Jochen von Lang/Privatbesitz (Seite 360/361, 382 rechts oben);
Cornelius Meffert/„stern" (Seite 382 links/Mitte, 382 links oben, 383 oben);
„stern"-Archiv (Seite 372 unten, 373 unten, 374, 384 unten);
Zeitgeschichtliches Bildarchiv Heinrich Hoffmann (Seite 353, 354/355 oben,
355 unten, 356/357, 357 unten, 358 links, 358/359, 360 links, 362, 363,
364/365, 368, 369, 370/371, 371 rechts, 372/373 oben, 375 oben, 375 unten,
376/377 oben, 376 unten, 377 unten, 378/379, 380, 381 oben und unten).

Der Sekretär des Führers in der Uniform als SS-Obergruppenführer

Strandgut des Ersten Weltkriegs: Soldaten des Freikorpsführers Roßbach (mit Hakenkreuz-Armbinde).

Auf einem Gut bei der mecklenburgischen Kleinstadt Parchim ist
Martin Bormann Gutsinspektor, zuständig für Beschäftigung und
Lohn der als Landarbeiter getarnten Landsknechte. Als sie 1923
einen aus ihren Reihen als »Verräter« ermorden, ist Bormann zumindest an den Vorbereitungen zu dem Verbrechen beteiligt. In
einem Gasthof – jetzt ein HO-Laden *(+)* – wird der Mord geplant.
Die Richter können Bormann nur die Beihilfe nachweisen. Für ein
Jahr geht er ins Gefängnis. Mit diesem Mord beginnt seine Karriere in der Politik.

Links:
Das Debüt: Bormann ist dabei, als die Nationalsozialisten 1926 in Weimar einen Parteitag
abhalten. Vor dem Hotel »Elephant« nimmt
Hitler den Vorbeimarsch ab. Hinter ihm steht
Rudolf Heß, links im dunklen Hemd Hermann Göring. Am linken Bildrand ist Bormann in SA-Uniform zu sehen.

Unten:
1928 wird Bormann in die Parteizentrale nach
München geholt – als Leiter der Hilfskasse der
NSDAP. In der Gruppe der Funktionäre, versammelt um den NS-Schatzmeister Schwarz,
steht er ganz rechts außen.

Heirat 1929.
Bormanns Frau Gerda – ein Gemälde aus späteren
Jahren – ist die Tochter des »Alt-Pg.« Walter Buch.

Der mit Buch befreundete Hitler ist Trauzeuge. In seinem Wagen fährt das Brautpaar zur Kirche.
Links neben der Braut sitzt ihr Vater.

In Weiß die Braut, in Braun der Bräutigam. Der evangelische Geistliche braucht eine Sondergenehmigung für die Trauung in Uniform.

Rechts:
Für das Familienfoto posieren Hitler und Gefolge als Randfiguren. Ganz rechts sitzt Bormann-Mutter Antonie, hinter ihr stehen die Eltern der Braut.

Unten:
Eine Hakenkreuz-Hochzeit. Hinter dem Brautpaar die Nazi-Hautevolee. (v. l. n. r.) Hitler-Sekretär Heß; Münchens SA-Führer August Schneidhuber, der beim Röhm-Putsch 1934 liquidiert wird; der Oberste SA-Führer Franz Felix Pfeffer von Salomon; Brautvater und Parteirichter Walter Buch; Hitler; Bormann-Bruder Albert.

1930 in München. Die Bormann-Förderer, Reichsschatzmeister Franz Xaver Schwarz und Hitler-Sekretär Rudolf Heß, im Gespräch mit dem »Führer« vor dem Parteibüro in der Schellingstraße.

Rechts:
1935 in Nürnberg. Hitler und Stab besprechen Aufmarschpläne für den Parteitag. In der Mitte in Reichsleiter-Uniform Martin Bormann, inzwischen rechte Hand von Hitler-Stellvertreter Heß.

In der alten Reichskanzlei doziert der Hausherr Hitler vor andächtig lauschenden Jüngern. Erste Reihe (v. l. n. r.): Flugkapitän Hans Baur, Minister Franz Seldte, Rudolf Heß, Minister Wilhelm Frick, Martin Bormann und SA-Führer Viktor Lutze.

Besucher im Sportsanatorium Hohenlychen: Hitler, Heß, Bormann und SA-Adjutant Wilhelm Brückner. Hausherr Prof. Dr. Karl Gebhardt (im weißen Ärzteanzug) wird in Nürnberg wegen Versuchen an Menschen zum Tod verurteilt.

Parteitag in Nürnberg. Hitlers Adjutant Brückner kommt dem servilen Bormann zuvor. Er darf Hitlers Blumen halten. Neben Hitler, Heß und Bormann: Reichsfrauenführerin Gertrud Scholtz-Klink.

Kameradschaftsabend des Heß-Stabes. Raucher Bormann (unten) verzichtete in Hitlers Gegenwart auf die Zigarette.

Berlin sollte die Hauptstadt Europas werden und dann »Germania« heißen. Im Glauben an die
Verwirklichung seiner größenwahnsinnigen Pläne entwarf Hitler bereits 1925 die Prunkbauten
für seinen künftigen Regierungssitz. 1939, an seinem 50. Geburtstag und auf dem Höhepunkt
seiner Macht, stellt Architekt Albert Speer einen der Hitler-Träume im Modell vor.
Links: Hitler, Bormann und Stab vor dem Triumphbogen.

Links:
Im Krieg wurden jedoch Notunterkünfte für Ausgebombte dringlicher. 1944 besichtigte Hitler
mit Bormann die Modelle.

Stets macht Bormann deutlich, daß er der engste
Vertraute Hitlers ist. Als Allzweck-Funktionär
verwaltet er auch Hitlers Kasse und dessen Berghof auf dem Obersalzberg. Dort muß er sich mit
Hitlers Hausdame und Geliebten Eva Braun *(Bild
unten)* arrangieren. Die beiden können sich nicht
ausstehen, aber Bormann zeigt gespielte Freundlichkeit. Sie mißtraut ihm bis zu ihrem letzten Tag.

Rechts:
Gerda Bormann (den Rücken zur
Kamera) mit ihren Kindern und den Kin-
dermädchen zu Gast bei Hitler und Eva
Braun. In der Bildmitte Hitlers Patensohn
Adolf Martin Bormann, der älteste Sohn
der Familie.

Adolf Martin Bormann – in der Uniform der »Reichsschule der NSDAP«
(Bild rechts) – wird antichristlich erzogen, wie alle seine Geschwister.
Nach dem Krieg schließen sie sich mit
Ausnahme einer Schwester der katholischen Kirche an und er wird Priester. Sein Kommentar: »Dafür hätte
mich mein Vater erschießen lassen!«
Bei seiner Primizfeier (Bild links)
empfangen sie von ihm den Segen.

Bormann-Geliebte Manja Behrens im Film «Susanne im Bade» (1936). Sie ist heute Schauspielerin in der DDR.

Eine Ehe zu dritt plant der Führer-Sekretär 1944 mit seiner Frau Gerda und seiner Geliebten Manja. Er möchte nach dem Sieg jedem Deutschen eine Zweitfrau verordnen, damit die Geburtenzahlen des vom Krieg dezimierten Volkes wieder steigen.

Rechts:
Künftige Mütter zu Gast bei Hitler und Bormann.

Im Sonderzug mit Hitler-Sekretärin Gerda Christian. Typische Bormanngeste: Spiel mit dem Ehering.

Links:
Weihnachten 1943 auf dem Obersalzberg. Ein gelungenes Fest. Arrangeur Bormann, gestiefelt und im ländlichen Dress, schaut zufrieden auf Hitler, der Eva Braun (dunkles Kleid) und deren Freundin den Arm zur Gruppenaufnahme gereicht hat. Gäste: die Ehepaare Speer, Morell, Brandt, Hoffmann, Adjutanten.

Hochzeit im Haus Hitler.
Eva Brauns Schwester
Gretl wird die Frau
des hochdekorierten
SS-Generals Fegelein,
der damit zu Hitlers
»Schwager« avanciert.
Zusammen mit Hitler
sucht Bormann dessen
Hochzeitsgeschenk aus.

Links:
Mit Duz-Freund Hein-
rich Himmler, dem
Reichsführer SS, ist Bor-
mann in Salzburg Trau-
zeuge der Fegeleins. In
der Stunde des Unter-
gangs sorgt Sekrektär
Bormann für den Sturz
des Freundes Himmler
»wegen feigen Verrats«
und läßt in Hitlers Namen
Fegelein erschießen.

Im Mai 1941 fliegt Hitler-Sekretär Rudolf Heß nach England. Für Bormann wird damit der Weg
zur Macht frei. Er bekommt Ministerrang und wird »Sekretär des Führers«.

Fortan hat er allein stets Zugang zu Hitler. Die Partei muß auf sein Kommando hören, auch im Staatsapparat gewinnt er immer mehr Macht.

Am Tatort: Bormann (links) und Göring (in heller Uniform), Rivalen bis zum Ende.

Links:
Seit der Niederlage von Stalingrad mehren sich die Hiobsbotschaften. Bormann, Hitler und Außenminister von Rippentrop beim Studium neuer Meldungen im Hauptquartier »Wolfsschanze«. Am 20. 7. 1944 explodiert hier die Bombe des Grafen Stauffenberg.

Bormann hinter dem leicht verletzten Hitler. Neben dem am Kopf verwundeten General Jodl steht Bormann-Bruder Albert (dritter von rechts).

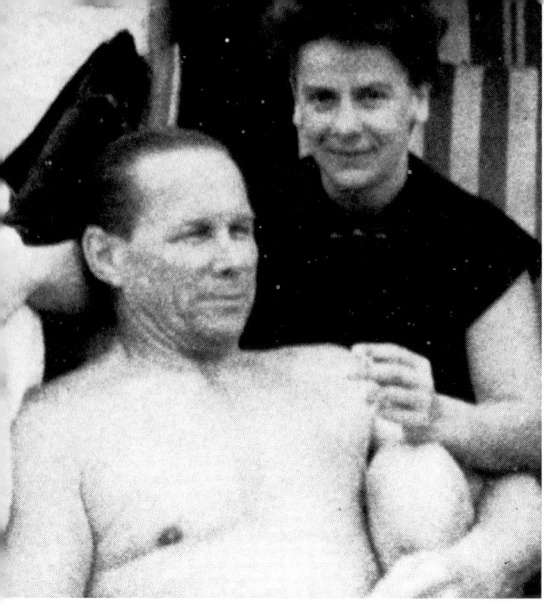

Floh mit Bormann: A. Axmann.

Fand Bormanns Kalender: Ernst Ott.

Augenzeuge Seidel (r.) mit Autor

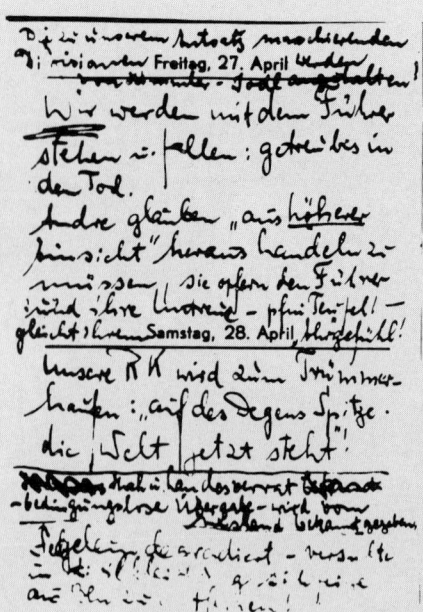

Ott-Freundin Inge Schwandt *(oben)* brachte den Kalender den Sowjets. Erst 1974 gaben sie ihn zur Veröffentlichung frei.

In der Nacht zum 2. Mai 1945 endet die politische Karriere Martin Bormanns, verliert sich seine Spur in den Straßen Berlins. So verurteilen ihn die Sieger 1946 in Nürnberg in Abwesenheit zum Tod. Seitdem geistert er durch die Weltpresse, wird er in Südamerika, Arabien, Tibet, Australien, ja selbst in Moskau gesehen. Bis 1972, ganze 27 Jahre, bleibt sein Schicksal ungeklärt. Dann finden sich bei Bauarbeiten in Berlin Gebeine. Und Gerichtsmediziner stellen fest, daß es Bormanns Skelett ist. Es ist das Ende einer Legende.

Links
Albert Krumnow (mit Hut) begrub Martin Bormann

Die Grabung 1965 in Berlin blieb erfolglos *(oben)*. 1972 fand man die Skelette nur 12 Meter neben der ersten Grabung.

27 Jahre nach Ende des Zweiten Weltkriegs steht fest: Bormann ist tot. Er starb am 2. Mai 1945 in Berlin.

Oben: Der Autor (l.) und Bormann-Zahnarzt Echtmann (r.) bei der Identifizierung
Unten: Erster Staatsanwalt Joachim Richter zeigt der internationalen Presse ein Foto der Rekonstruktion des Kopfes am Originalschädel.

Dokumente

Teil A:
Schlußbericht* der Frankfurter Staatsanwaltschaft unter dem Aktenzeichen Js 11/61 (GStA Ffm.) in der „Strafsache gegen Martin Bormann wegen Mordes" vom 4. April 1973

Vorbemerkung:

Die gesamten Vorgänge bestehen aus:
a) Urteilen und Entscheidungen in anderen Verfahren, Guides für Dokumente und anderem Urkundenmaterial (in besonderem Karton),
b) 8 Sonderbänden über Personalia und die konkreten Vorwürfe gegen den Angeschuldigten,
c) Sonderband Grabung vom 20./21. 7. 1965,
d) z.Zt. 34 Bänden Fahndungsakten,
e) z.Zt. 10 Bänden Strafakten,
f) Sonderband Farago,
g) Sonderband (grün) Axmann,
h) grünem Schnellhefter des Polizeipräsidenten in Berlin über die Skelettfunde vom 7./8. 12. 1972,
i) z.Zt. 2 Sonderbänden Skelettfunde,
k) 1 Leitzordner mit DC-Unterlagen über den Angeschuldigten,
l) Kartei (unterteilt nach Zeugen – weiße Karten –, angeblichen Aufenthaltsorten des Angeschuldigten – rote Karten –, Informanten – blaue Karten –),
m) 2 Kostenheften,
n) blauer Bildmappe über Gesichtsrekonstruktionen,
o) Schnellhefter mit Abschlußvermerk nebst Anlagen.

---

* Dieser Schlußbericht wurde vom Ersten Staatsanwalt Joachim Richter verfaßt, der seitens der Frankfurter Staatsanwaltschaft über ein Jahrzehnt lang die Suche nach Martin Bormann betrieb. Wegen der Mitarbeit an der Aufklärung des „Falles Bormann" gestattete der hessische Justizminister Karl Hemfler dem Autor die Erstveröffentlichung dieses Schlußberichts (Anm. d. Red.).

Inhaltsverzeichnis des Abschlußvermerks (Schlußberichts) mit Anlagen

I.
Personalien und Stellung des Angeschuldigten im „Dritten Reich"

Martin *Bormann* wurde am 17. 6. 1900 in Halberstadt geboren. Er besuchte zunächst die Volksschule, sodann die höhere Schule bis Obersekunda. Von Mitte Juni 1918 bis Mitte Februar 1919 gehörte er als Kanonier dem königlich-preußischen (2.Thüringischen) Feldartillerieregiment Nr. 55 an, dessen Standort Naumburg an der Saale war. Wehrdienstpersonalunterlagen sind nicht mehr vorhanden. Sie dürften beim Brand des Zentralnachweisamtes in Berlin im November 1944 vernichtet worden sein. Er soll sodann den Beruf eines Landwirts erlernt und von 1920 bis 1926 generalbevollmächtigter Geschäftsführer einer mecklenburgischen Begüterung gewesen sein. Während dieser Zeit, und zwar 1922/1923, war der Angeschuldigte Abschnittsleiter der Organisation Roßbach.

Durch Urteil des Staatsgerichtshofs zum Schutze der Republik vom 15. 3. 1924 wurde der Angeschuldigte in der Strafsache gegen Rudolf *Höß,* den späteren Kommandanten des Konzentrationslagers Auschwitz, und andere (St.R.St. 13/1924) im sogenannten Parchimer Fememordprozeß wegen Beihilfe zur schweren Körperverletzung sowie wegen Begünstigung zu einer Gefängnisstrafe von einem Jahr verurteilt, wovon ein Monat durch die Untersuchungshaft als verbüßt galt. Diese Strafe scheint der Angeschuldigte voll verbüßt zu haben. Eine Ablichtung des Urteils (hier auszugsweise wiedergegeben, Anm. d. Red.) mit Gründen befindet sich bei den Akten (Anlage 1 zu diesem Vermerk).

Am 17. 2. 1927 trat der Angeschuldigte der NSDAP bei (Mitgliedsnummer 60508). Von April 1927 bis August 1930 war er Mitglied der SA in der Obersten SA-Führung, sodann als Mitglied Nr. 2 Angehöriger des NSKK bis Frühjahr 1931.

Nach der Strafverbüßung scheint der Angeschuldigte nur noch hauptamtlich in der NSDAP tätig gewesen zu sein, und zwar vom 1. 11. 1927 bis 14. 11. 1928 als Gau-Presseobmann des Gaues Thüringen, vom 1. 4. 1928 bis 14. 11. 1928 außerdem als Bezirksleiter und thüringischer Hauptgeschäftsführer. 1930 gründete der Angeschuldigte als Mitglied des Stabes der Obersten SA-Führung die Hilfskasse der NSDAP, deren Leitung er bis zum Juli 1933 innehatte. Am 4. 7. 1933 wurde er Stabsleiter des Stellvertreters des Führers und zum Reichsleiter ernannt.

Der Angeschuldigte wurde am 30. 1. 1937 zum Gruppenführer, am 20. 4. 1940 zum Obergruppenführer der SS ernannt (SS-Nummer 555). Er war Mitglied des Reichsbauernrats und seit 1938 Mitglied des Deutschen Reichstages.

Nach dem Flug von Rudolf *Heß* nach England am 10. 5. 1941 ordnete *Hitler* durch Verfügung vom 12. 5. 1941 für den Bereich der NSDAP an, daß die bisherige Dienststelle des Stellvertreters des Führers von jetzt an die Bezeichnung „Partei-Kanzlei" führt und ihm persönlich unterstellt ist.

Durch Erlaß vom 29. 5. 1941 bestimmte *Hitler,* um die engste Zusammenarbeit der Partei-Kanzlei mit den Obersten Reichsbehörden zu gewährleisten, folgendes:

> „Der Leiter der Partei-Kanzlei, Reichsleiter Martin *Bormann,* hat die Befugnisse eines Reichsministers; er gehört als Mitglied der Reichsregierung und dem Ministerrat für die Reichsverteidigung an. Wo in Gesetzen, Verordnungen, Erlassen, Verfügungen und sonstigen Anordnungen der ‚Stellvertreter des Führers‘ genannt ist, tritt an seine Stelle der Leiter der Partei-Kanzlei.
>
> Die zur Durchführung und Ergänzung dieses Erlasses erforderlichen Vorschriften erläßt der Reichsminister und Chef der Reichskanzlei im Einvernehmen mit dem Leiter der Partei-Kanzlei."

Durch Erlaß vom 12. 4. 1943 bestimmte *Hitler:*

> „Reichsleiter *M. Bormann* führt als mein persönlicher Sachbearbeiter die Bezeichnung Sekretär des Führers."

Am 20. 7. 1944 verfügte *Hitler* (S. 82 DC-Unterlagen):

> „Ich beauftrage den Leiter der Partei-Kanzlei in der Partei, ihren Gliederungen und angeschlossenen Verbänden die zur Herbeiführung eines totalen Kriegseinsatzes notwendigen Anordnungen zu treffen.

Er ist insbesondere berechtigt, Dienststellen sowie Aufgabengebiete ganz oder teilweise stillzulegen und die hierdurch freiwerdenden Kräfte anderweitig in der Bewegung kriegswichtig einzusetzen oder der Wehrmacht und Rüstung zur Verfügung zu stellen.
Die im Rahmen der Parteiverwaltung zu treffenden Anordnungen ergehen im Einvernehmen mit dem Reichsschatzmeister der NSDAP."

Die Verfügung *Hitlers* vom 1.9. 1944 lautet:
„1. Ich beauftrage den Leiter der Partei-Kanzlei, den mit Befestigungsmaßnahmen betrauten oder zu personeller Unterstützung aufgerufenen Gauleitern in meinem Namen die notwendigen Weisungen zu erteilen.
Andere Dienststellen der Reichsleitung der NSDAP sind nicht befugt, ohne Auftrag des Leiters der Partei-Kanzlei einschlägige Maßnahmen einzuleiten.

2. Die Gauleiter sind verpflichtet, alle Mittel einzusetzen, damit die Stellungsbauten in kürzester Frist durchgeführt werden.

3. Der Leiter der Partei-Kanzlei ernennt zur einheitlichen Ausrüstung des Gesamteinsatzes Beauftragte, die ihm unmittelbar unterstehen und berichten. Er ist berechtigt, die geeigneten Parteigenossen aus anderen Dienststellen der Partei herauszuziehen.

4. Führungs- und Aufsichtskräfte der NSDAP stellt der Reichsorganisationsleiter im Auftrage des Leiters der Partei-Kanzlei zur Verfügung."

In dem Erlaß *Hitlers* vom 25. 9. 1944 über die Bildung des Deutschen Volkssturms heißt es u.a. (Ziff. 8):
„Die militärischen Ausführungsbestimmungen erläßt der Befehlshaber des Ersatzheeres Reichsführer-SS *Himmler,* die politischen und organisatorischen in meinem Auftrage Reichsleiter *M. Bormann.*"

Im politischen Testament *Hitlers* vom 29. 4. 1945, 4 Uhr, das der Angeschuldigte als Zeuge mitunterzeichnete, setzte ihn *Hitler* als „Parteiminister" in dem neu zu bildenden Kabinett ein. In dem privaten Testament *Hitlers* vom gleichen Datum, das der Angeschuldigte ebenfalls als Zeuge mitunterzeichnete, heißt es u.a.:
„Zum Testamentsvollstrecker ernenne ich meinen treuesten Parteigenossen Martin *Bormann*."

Die treffendste Schilderung der Persönlichkeit des Angeschuldigten gibt der Zeuge Dr. *Naumann* in seiner richterlichen Vernehmung vom 19. 1. 1970 (Band V Bl. 616, 617 d.A.) wie folgt:
„Der Angeschuldigte ist mir als Persönlichkeit durch zahlreiche dienstliche Kontakte bekannt geworden. Ohne alle Frage muß man *Bormann* als ein robustes Arbeitstier bezeichnen, der Improvisationsgabe mit äußerst beachtlichem taktischem Geschick verband. Wenn er auch von der Bildung her nicht irgendwie auffiel, so verstand er es jedoch regelmäßig, für alle Fragen, auch wenn sie noch so überraschend an ihn herangetragen wurden, eine plausible Lösung vorzuschlagen. Dieser an Effektivität orientierte Arbeitsstil, der nach heutigen Vorstellungen auf weite Strecken dem Idealbild des rücksichtslosen Managers entspricht, erklärt es, daß er das uneingeschränkte Vertrauen Hitlers besaß. Dies war *Bormann* auch vollkommen bewußt. Selbstverständlich brachte diese soeben skizzierte Position *Bormanns* es auch zwangsläufig mit sich, daß die ihm nachgeordneten Gauleiter sich sozusagen fest in seiner Hand befanden, jedenfalls war es das Bestreben *Bormanns*, diesen Teil der Hierarchie möglichst sicher in seine Hand zu bekommen."

Dr. Theodor *Hupfauer*, 1944 Amtsgruppenchef im Rüstungsministerium und später Chef des Zentralamtes des Rüstungsministeriums, im politischen Testament *Hitlers* vom 29. 4. 1945 von *Hitler* als Arbeitsminister in dem neu zu bildenden Kabinett designiert, äußert sich in seiner richterlichen Vernehmung vom 31. 8. 1970 (Band VI Bl. 876 d.A.) zur Stellung *Bormanns* innerhalb der Führung der Hierarchie wie folgt:
„Man mußte ab Ende 1944 der Überzeugung sein, daß *Bormann* als Chef der Parteikanzlei – den Wehrmachtsbereich ausgeschlossen – die einflußreichste und stärkste Persönlichkeit sei.

Ich konnte damals feststellen, daß verschiedene Reichsleiter und Minister, um zum Führer zu kommen, nur den Weg über *Bormann* wählten."

Der Angeschuldigte war Inhaber des „Goldenen Parteiabzeichens" und des „Blutordens", den er nachträglich erhielt, weil er mehr als ein Jahr aus politischen Gründen inhaftiert gewesen war. Seit dem 2. 9. 1929 war der Angeschuldigte mit Gerda *Buch*, geboren am 23. 10. 1909, der Tochter des Reichsleiters und Obersten Parteirichters Walter *Buch*, verheiratet. Aus dieser Ehe sind zehn Kinder hervorgegangen. Die Ehefrau des Angeschuldigten ist am 23. 3. 1946 in einem Kriegsgefangenen-Lazarett in Meran verstorben.

Durch Beschluß des Amtsgerichts Berchtesgaden vom 30. 1. 1954 (II 40/53) ist der Angeschuldigte für tot erklärt worden. Als Zeitpunkt seines Todes wurde der 2. 5. 1945, 24 Uhr, festgestellt.

Der Angeschuldigte wurde am 18. 9. 1931 wegen Hehlerei durch das Polizeipräsidium in München erkennungsdienstlich behandelt. Seitdem existiert ein Fingerabdruckblatt (Anlage 2 zu diesem Vermerk).

Von der Hand des Angeschuldigten stammt ein Kondolenzschreiben vom August 1943 (Anlage 3 zu diesem Vermerk). Das Original, das mir ein Verwandter zur Verfügung stellte, lag mir vor.

Der Angeschuldigte war 1,70 m groß. Diese Angabe scheint in seinem SS-Stammrollenauszug von seiner eigenen Hand eingetragen zu sein. Seine Schuhgröße war 42 1/2. Seine weitere Personenbeschreibung lautet nach den noch im Bayerischen Landeskriminalamt vorliegenden Paßunterlagen vom Jahre 1936: Gestalt: mittel; Gesicht: oval; Farbe der Augen: braun; Farbe des Haares: dunkelbraun. Besondere Kennzeichen sind nicht angeführt.

Nach absolut zuverlässigen Angaben besaß der Angeschuldigte zwei unveränderliche, durch operativen Eingriff hervorgerufene Merkmale an der Körperhaut.

Die vorstehenden Angaben beruhen auf der Auswertung der Unterlagen des Berlin Document Center, der Fahndungsakten und der Akten des Verfahrens, die vollständig verkartet sind.

II.
Das Urteil des Internationalen Militärtribunals in Nürnberg

Martin *Bormann* ist durch Urteil des Internationalen Militärtribunals in Nürnberg vom 1. 10. 1946 wegen Kriegsverbrechens und Verbrechens gegen die Menschlichkeit zum Tode verurteilt worden.

Das Urteil, dessen Verlesung am 30. 9. 1946 begann, lautet – soweit es hier interessiert – wie folgt:
Band XXII S. 467 (blaue Bände) (30. 9. 1946)
„ . . .
Am 17. November 1945 beschloß der Gerichtshof, den Prozeß gegen den Angeklagten *Bormann* gemäß den Bestimmungen des Artikels 12 des Statuts in dessen Abwesenheit zu führen.
. . .
In Abwesenheit des Angeklagten *Bormann* ernannte der Gerichtshof für ihn einen Verteidiger und . . . "

Band XXII S. 667 (1.10. 1946 vormittags)
„ . . .
Bormann ist nach den Anklagepunkten Eins, Drei und Vier angeklagt.
. . .
Verbrechen gegen den Frieden.
. . .
Berücksichtigt man die an anderer Stelle besprochene Ansicht des Gerichtshofs über den Tatbestand der Verschwörung zur Führung eines Angriffskrieges, dann reichen die vorliegenden Beweise nicht aus, um *Bormann* laut dem Anklagepunkt Eins schuldig zu erklären.
Kriegsverbrechen und Verbrechen gegen die Menschlichkeit."

Band XXII S. 669/670 (1. 10. 1946 vormittags)
„ . . . Sein Verteidiger brachte vor, daß *Bormann* tot sei und daß der Gerichtshof nicht von Arti-

kel 12 des Statuts, welcher ihm das Recht zu einem Strafverfahren in absentia gibt, Gebrauch machen möge. Aber es liegen keine überzeugenden Beweise für *Bormanns* Tod vor, und daher beschloß der Gerichtshof, wie schon früher bemerkt, ihn in absentia abzuurteilen. Sollte *Bormann* noch am Leben sein und späterhin verhaftet werden, so bleibt es laut Artikel 29 des Statuts dem Kontrollrat für Deutschland überlassen, irgendwelche mildernde Umstände in Erwägung zu ziehen, und, falls es ihm angezeigt erscheint, das Urteil abzuändern oder zu mildern.

Schlußfolgerung.
Der Gerichtshof findet *Bormann* nicht schuldig nach Anklagepunkt Eins, aber schuldig nach Anklagepunkt Drei und Vier.
. . ."

Band XXII S. 674 (1. 10. 1946 nachmittags)

„ . . .
Vorsitzender: Der Gerichtshof verurteilt den Angeklagten Martin *Bormann* gemäß den Punkten der Anklageschrift, unter welchen er für schuldig befunden wurde, zum Tode durch den Strang.
. . ."

III.
Das Ermittlungsverfahren, die Fahndung und die Voruntersuchung

Im Jahre 1959 leitete der Generalstaatsanwalt bei dem Landgericht in Berlin ein Ermittlungsverfahren gegen den Angeschuldigten ein, da dahingehende Hinweise eingegangen waren, daß Martin *Bormann* noch am Leben sei. Dieses Verfahren 3 P (K) Js 248/60 wurde mit Schreiben vom 24. 5. 1961 (Band I Bl. 96 d.A.) an die hiesige Behörde abgegeben und am 2. 7. 1961 unter gleichzeitiger Übernahme der Amtsverrichtungen der Staatsanwaltschaft gemäß § 145 GVG übernommen (Band II Bl. 130, 131 d.A.).
Der Überleitungsvertrag steht diesem Verfahren nicht entgegen, da der Angeschuldigte durch das Internationale Militärtribunal der vier Besatzungsmächte zum Tode verurteilt worden ist und der Überleitungsvertrag nur das Verhältnis der Bundesrepublik Deutschland zu den USA, Großbritannien und Frankreich regelt (Band I Bl. 79, Band II Bl. 129 d.A.).
Dem Angeschuldigten wird jeweils Mord in Mittäterschaft bei den Euthanasie-Verbrechen und bei der Judenverfolgung sowie versuchter Mord in dem Komplex „Verbrannte Erde" vorgeworfen. Die Vorwürfe ergeben sich – global zusammengefaßt – aus dem Haftbefehl des Amtsgerichts Frankfurt/Main vom 4. 7. 1961 – 931 Gs 4388/61 – (Hülle Band II Bl. 147 d.A.) (Anlage 4 zu diesem Vermerk). Die Beweismittel bestehen fast ausschließlich aus Urkunden.
Die örtliche Zuständigkeit ergibt sich daraus, daß Euthanasie-Verbrechen auch in Hessen, insbesondere in der Vernichtungsanstalt Hadamar bei Limburg, begangen wurden, die Judenverfolgung auch in Hessen, z.B. in Frankfurt/Main, durchgeführt wurde und sich schließlich das Hauptquartier *Hitlers,* in dem sich der Angeschuldigte ständig aufhielt, vom 16. 12. 1944 bis 16. 1. 1945 in Ziegenberg bei Bad Nauheim befand.
Das Verfahren konzentrierte sich zunächst auf die Fahndung nach dem Angeschuldigten, weil Hinweise darauf, daß er aus Berlin entkommen sei und überlebt habe, aus der Bundesrepublik und aus vielen Teilen der Welt eingingen. Danach soll er in Deutschland an verschiedenen Orten, in Argentinien, Australien, Bolivien, Brasilien, Chile, Columbien, Dänemark, Ecuador, Guatemala, Großbritannien, Italien, Kanada, Kuba, Mexiko, Österreich, Paraguay, Peru, in der Schweiz, der Sowjetunion, in Spanien, Südafrika, Surinam, Venezuela und in den USA gesehen worden sein. Diese Aufzählung erhebt keinen Anspruch auf Vollständigkeit.
Mit Zustimmung des Hessischen Ministers der Justiz (Erlaß vom 13. 11. 1964 – III (IV) 901/61 –) (Bl. 75 des Berichtshefts I) wurde für Hinweise, die zur Ermittlung der Person, des Aufenthalts und zur Auslieferung des Angeschuldigten führen, eine Belohnung von 100 000,– DM (in Worten: einhunderttausend Deutsche Mark) ausgesetzt.

Daraufhin erging die Presseerklärung vom 23. 11. 1964 (Anlage 5 zu diesem Vermerk).

In der englisch-sprachigen März-Nummer 1965, S. 74 – 77, von „Reader's Digest" erschien unter der Überschrift „World's Most Wanted Criminal" ein Aufsatz von Blake Clark über den Angeschuldigten. In diesem Aufsatz wird auf den ausgelobten Betrag hingewiesen. Am Schluß des Aufsatzes heißt es wörtlich:

„If you know or have seen a man whom you
believe to be Martin *Bormann*,
call the nearest West German embassy."

„Reader's Digest" wird in allen Weltsprachen veröffentlicht.

Im Hinblick auf diesen Aufruf erging der Erlaß des Auswärtigen Amtes vom 4. 6. 1965 an alle diplomatischen und konsularischen Auslandsvertretungen der Bundesrepublik Deutschland (Anlage 6 zu diesem Vermerk). Dem Auswärtigen Amt wurden Fingerabdruckbögen, Ausfertigungen des Haftbefehls und ein etwa 1939 entstandenes Lichtbild des Angeschuldigten (Anlage 7 zu diesem Vermerk) zur Verfügung gestellt.

Sämtlichen nur einigermaßen seriös erscheinenden Hinweisen wurde in der Bundesrepublik Deutschland unter Einschaltung der Sonderkommissionen der Landeskriminalämter nachgegangen. Soweit sich diese Hinweise auf das Ausland bezogen, wurde das Auswärtige Amt gebeten, diese Hinweise durch die diplomatischen Vertretungen der Bundesrepublik Deutschland überprüfen zu lassen. Sämtliche Hinweise im In- und Ausland erwiesen sich als unzutreffend.

Um sicherzustellen, daß für den Fall der Ergreifung des Angeschuldigten in Südamerika die Staaten Argentinien, Brasilien und Chile, die eine Verjährungsunterbrechung durch einfache richterliche Handlung wie z.B. den Erlaß eines Haftbefehls nicht anerkennen, vielmehr den Beschluß über die Eröffnung der Voruntersuchung verlangen, dem dann zu stellenden Auslieferungsbegehren nicht mit der Einrede der Verjährung entgegentreten können, wurde am 25. 4. 1968 die Eröffnung der Voruntersuchung gegen den Angeschuldigten beantragt. Die Eröffnung der Voruntersuchung erfolgte noch am gleichen Tage (Band IV Bl. 396 ff. d.A.) (Anlage 8 zu diesem Vermerk).

Der Untersuchungsrichter hat sich überwiegend der Fahndung nach dem Angeschuldigten gewidmet. Auch die insoweit erfolgten richterlichen Untersuchungshandlungen blieben erfolglos. Da somit der Zweck einer Voruntersuchung, nämlich die Beschaffung von Beweismitteln für die Entscheidung darüber, ob das Hauptverfahren zu eröffnen oder der Angeschuldigte außer Verfolgung zu setzen sei (§ 190 Abs. 1 StPO), nicht erreicht werden konnte, wurde am 14. 10. 1971 die Schließung der Voruntersuchung beantragt. Diesem Antrag entsprach der Untersuchungsrichter mit Beschluß vom 13. 12. 1971 (Band IX Bl. 1470 d.A.).

IV.
Die Gründe für die – erfolglos gebliebene – Grabung vom 20./21. 7. 1965 auf dem Ulap-Gelände in Berlin

Neben der ständigen Fahndung nach dem Angeschuldigten auf Grund der verschiedenen Hinweise wurden Ermittlungen nach dem Verbleib des Angeschuldigten unmittelbar nach dem Ausbruch aus der Reichskanzlei am Abend des 1. 5. 1945 angestellt. Dabei ergab sich, daß der Angeschuldigte nicht, wie Hitlers Fahrer *Kempka* behauptete, bei der Explosion eines deutschen Panzers an der Weidenkommer Brücke* ums Leben gekommen ist, sondern diese Explosion unverletzt überstanden hat und sodann gemeinsam mit dem Zeugen Dr. *Naumann*, Staatssekretär im Reichspropaganda-Ministerium, *Schwägermann*, Adjutant von Goebbels, *Dietrich*, Verbindungsführer des Reichsjugendführers der NSDAP zum Reichspropaganda-Ministerium, dem Reichsjugendführer *Axmann* und dessen Adjutant *Weltzin* (am 16. 10. 1945 in russischer Gefangenschaft verstorben), sowie mit Dr. Ludwig *Stumpfegger*, letzter Begleitarzt Hitlers im Führerbunker, auf

---

* Staatsanwalt Joachim Richter gebraucht hier die sich im Umgangssprachlichen eingeschlichene, aber falsche Bezeichnung. Richtig müßte es „Weidendammbrücke" heißen (Anm. d. Red.).

den Bahngleisen von der Weidendammer Brücke zum Lehrter Stadtbahnhof gelangt ist. Dies bestätigen übereinstimmend die in der Voruntersuchung auch richterlich vernommenen vorgenannten Zeugen Dr. *Naumann, Schwägermann, Dietrich* und *Axmann*. Der Verbleib von Dr. *Stumpfegger* blieb zunächst ungeklärt.

Am Lehrter Bahnhof trennte sich diese Gruppe. Die Zeugen Dr. *Naumann, Dietrich* und *Schwägermann* versteckten sich zunächst im Buschwerk südlich der Invalidenstraße und entfernten sich dann in westlicher Richtung, konnten sich in dem damals gewerblich genutzten Gelände westlich des Lehrter Bahnhofs für mehrere Tage verbergen und unter Schwierigkeiten die von den westlichen Alliierten besetzte Gebiete erreichen. Der Angeschuldigte begab sich mit Dr. *Stumpfegger* auf die Invalidenstraße nach Nordost in Richtung auf die Sandkrugbrücke, der Zeuge *Axmann* ging mit *Weltzin* in Richtung Alt-Moabit nach Südwesten. Dem Zeugen *Axmann* gelang es ebenfalls, sich aus Berlin zunächst nach Mecklenburg und später nach Lübeck durchzuschlagen.

In der Nähe des Kriminalgerichts Moabit kamen den Zeugen *Axmann* und *Weltzin* russische Panzer entgegen, die die beiden Genannten zwangen, auf dem gleichen Wege umzukehren.

1. *Axmann*

In seiner Vernehmung vom 17. 4. 1970 durch den Untersuchungsrichter (Band V Bl. 743 ff. d.A., insbesondere Bl. 745) fährt der Zeuge *Axmann* sodann wie folgt fort:

„Als wir auf diesem Rückweg die über die Bahngleise führende Brücke passierten, sahen wir an deren Ende in Richtung Stettiner Bahnhof zwei männliche Personen liegen. Während unserer Rückkehr hatte sich das Feuer verstärkt. Wir knieten bei den beiden Personen nieder und erkannten einwandfrei Martin *Bormann* und Dr. *Stumpfegger*. Beide lagen auf dem Rücken und hatten beide die Arme und die Beine seitlich ausgestreckt. *Dr. Stumpfegger* lag in dieser Haltung etwa 2–3 m hinter Martin *Bormann*. Ich sprach *Bormann* an, befühlte ihn und rüttelte ihn etwas hin und her und vernahm keinen Atem. Die beiden Personen trugen im übrigen immer noch die Mäntel, die sie vorher getragen hatten. Angesichts der von mir geschilderten Gefechtslage war eine nähere Prüfung, inwieweit bei den beiden Personen nun tatsächlich der Tod eingetreten war, nicht möglich. Sie machten jedenfalls einen leblosen Eindruck. Irgendwelche Verletzungen oder Einschüsse waren für mich nicht wahrnehmbar. Auch irgendwelche äußeren Veränderungen am Mund, die etwa auf die Einnahme von Gift hätten Rückschlüsse zulassen können, waren mir nicht wahrnehmbar. Ich habe allerdings den Mund nicht geöffnet. Ich habe auch keinen auffälligen Geruch wie z.B. etwa Blausäure bzw. starken Bittermandelgeruch wahrgenommen. Diese Prüfungen, die ich hier eben beschrieben habe, beziehen sich auf *Bormann*. Ich habe keinem der beiden Personen irgendwelche Gegenstände aus deren Kleidung entnommen. Die Zeit dieses Geschehens würde ich etwa mit 1.30 bis 2.00 Uhr nachts, es kann auch schon 2.30 Uhr gewesen sein – 2. 5. 1945 – jedenfalls war es noch dunkel, das Gelände wurde jedoch durch die überall herrschenden Feuersbrünste erhellt. So erklärt es sich, daß ich zweifelsfrei das Gesicht *Bormanns* wiedererkennen konnte. Außer diesen beiden Körpern lagen in der näheren Umgebung dieses Teiles der eben beschriebenen Brücke keine anderen Leichen. Soweit ich mich heute erinnere, waren bei *Bormann* die Augen geschlossen, jedenfalls nicht gebrochen."

In gleicher Weise hatte sich der Zeuge *Axmann* bereits in einer Interrogation durch Professor Dr. *Kempner* in Nürnberg am 10. 10. 1947 geäußert. Dort heißt es wörtlich:

„Fr.: Und woher hat Goebbels sein Gift bekommen, später?

A.: Ich nehme an, vom begleitenden Arzt des Führers.

Fr.: Wer war das?

A.: Das war Dr. Stumpfaecker*.

Fr.: Was ist aus ihm geworden?

A.: Ich habe Bormann und Stumpfaecker* auf der Invaliden-Brücke in Berlin liegen sehen. Als ich vor ihnen stand, gaben sie kein Lebenszeichen von sich.

Fr.: Sie nehmen an, daß Bormann tot ist?

---

* Wurde vom Internationalen Militärtribunal in falscher Schreibweise protokolliert (Anm. d. Red.).

A.: Ich habe bei meiner Aussage in Oberursel hingewiesen, daß ich morgens um 1/2 3 Uhr vor diesen Herren gestanden habe, mit meinem Begleiter.

Fr.: Wer war das?

A.: Das war Welzin. (Ebenfalls in falscher Schreibweise protokolliert, müßte richtig *Weltzin* heißen, Anm. d. Red.)

Fr.: Lebt er noch?

A.: Ich kriegte auch die Nachricht, daß er in russischer Gefangenschaft gestorben ist."

Dieselbe Darstellung hat, wie verschiedene Vernehmungen während der Voruntersuchung ergaben (z.B. Erna *Axmann*, Ilse *Fucke-Michels*, geb. Braun, Wilhelm *Gause*, Lieselotte *Gause*, geb. Schmidt), der Zeuge *Axmann* bereits bei der gesprächsweisen Erörterung der Ereignisse in Berlin und anläßlich seiner Vernehmung vom 11. 10. 1962 durch die Kriminalpolizei in Berlin gegeben (Bl. 3 ff. des Sonderbandes „Grabung in Berlin 1965").

2. *Schreiben der WASt*

Mit Schreiben vom 16. 1. 1963 hat die Deutsche Dienststelle für die Benachrichtigung der nächsten Angehörigen von Gefallenen der ehemaligen deutschen Wehrmacht (WASt) in Berlin-Borsigwalde der Zentralen Stelle der Landesjustizverwaltungen in Ludwigsburg mitgeteilt, daß Dr. *Stumpfegger* am 8. 5. 1945 „auf der Bahnbrücke in der Invalidenstraße" von Angehörigen des Postamts 40 (Lehrter Bahnhof) tot aufgefunden und am gleichen Tage auf dem Gelände des Alpendorfes in Berlin NW 40, Invalidenstraße 63, beerdigt worden ist (Anlage 9 zu diesem Vermerk). Ein Lageplan des in Betracht kommenden Geländes befindet sich in Hülle Band V Bl. 770 d.A...

3. *Krumnow*

Bei den Nachforschungen nach jenen Bediensteten des Postamts 40, durch die diese Beisetzungen vorgenommen worden waren, konnte der Postbeamte Albert *Krumnow* ermittelt werden, der in seiner polizeilichen Vernehmung vom 24. 4. 1963 (Sonderband „Grabung in Berlin") u.a. folgendes aussagte:

„Etwa um den 8. Mai 1945 herum, den genauen Tag kann ich heute nicht mehr sagen, wurden wir von Russen aufgefordert, Leichen, die auf der Eisenbahnbrücke in der Invalidenstraße lagen, fortzuschaffen und zu beerdigen. Ich persönlich bin nun zur Brücke gegangen und habe dort zwei männliche Leichen vorgefunden. Bei diesen beiden Leichen handelte es sich um einen deutschen Soldaten der Wehrmacht, während die andere Leiche lediglich mit Unterhose und Unterhemd bekleidet war. Mir ist noch in Erinnerung, daß von einem Soldbuch die Rede war, woraus man schließen konnte, daß es sich bei der Leiche, die nur mit Unterwäsche bekleidet war, um einen SS-Arzt gehandelt hat. Irgendwelche Uniformstücke von SS-Angehörigen habe ich in der unmittelbaren Nähe der Leiche nicht gesehen. Meinen Kollegen *Wagepfuhl* und *Loose* und einen Kollegen namens Paul *Stelze* sowie mir wurde nur aufgetragen, die beiden Leichen zu beerdigen. Wir haben aus diesem Grunde auf dem ehem. Ulap-Gelände (Alpendorf) ein Grab ausgehoben und die beiden deutschen Soldaten ordnungsgemäß beerdigt. Das Soldbuch hatte mein Kollege *Wagepfuhl* zur Aufbewahrung an sich genommen."

In seiner richterlichen Vernehmung während der Voruntersuchung bekundete der inzwischen am 5. 11. 1970 verstorbene Zeuge *Krumnow* (Band IV Bl. 510 ff. d.A.) später u.a. folgendes:

„Einige Tage nach der Waffenruhe in Berlin – es kann der 5., 6. oder 7. Mai 1945 gewesen sein – begab ich mich zu meiner Beschäftigungsbehörde, dem Postamt Berlin NW 40 in der Nähe des Lehrter Bahnhofs.

. . .

Ich weiß nun nicht mehr, ob es am 1. oder 2. Tage war, als ich auf der Brücke, auf welcher die Invalidenstaße über die Gleise des Lehrter Fernbahnhofes führt, auf dem nördlichen Bürgersteig, auf der Seite, die nach der Sandkrugbrücke hinführt, zwei männliche Leichen wahrnam.

. . .

An dem fraglichen Tage forderten russische Soldaten, die dort am Lehrter Bahnhof lagen, mich und einige Kollegen von mir auf, mitzukommen und die Leichen, deren Lage ich eben beschrieben habe, wegzuschaffen.

Bei der einen Leiche handelte es sich um eine größere männliche Person. Aus dem Militärpaß, den wir vorfanden bei dieser betreffenden Person, entnahmen wir, daß es sich bei ihm um einen Dr. *Stumpfegger* aus Hohenlychen handelt. Diese Person hatte keine Uniform mehr an, sondern war nur noch mit Unterwäsche bekleidet. Das eben erwähnte Ausweispapier hat nach meiner Erinnerung unter dem Leichnam gelegen. Bei der anderen Leiche handelte es sich um eine kleinere männliche Person. Diese Leiche war mit einer Uniform des Heeres bekleidet. Die Feldbluse wies allerdings keinerlei Abzeichen oder Kragenspiegel auf. Es fehlten auch jegliche Schulterklappen. Auch war an der Feldbluse keinerlei Hoheitsabzeichen angebracht. Stiefel waren nicht mehr vorhanden. Um wen es sich bei dieser Leiche handelte, war für uns nicht erkennbar. Beide Leichen wiesen keinerlei erkennbare Verwundungen auf. Es war auch kein Verband zu sehen. Auch nicht die Spuren von irgendwelchen Verletzungen oder Blutungen waren da. Irgendwelche Verwesungsmerkmale waren nach meiner Erinnerung nicht erkennbar. Vermittels einer behelfsmäßigen Trage, die wir uns aus unserem Postamt besorgten, trugen wir dann die beiden Leichen auf das Gelände, auf welchem sich jetzt die Spedition Weigmann befindet. Ich glaube mich dahingehend erinnern zu können, daß diese Spedition auch schon damals das Gelände innehatte. Dieses Gelände gab uns ein russischer Soldat an, als Platz, wo wir die Leichen beerdigen sollten. Dieser russische Soldat bezeichnete uns auf dem Firmengelände der Spedition Weigmann einen ganz bestimmten Platz, an dem wir das Grab auszuheben hatten. Auf dem Hof standen, wie ich mich erinnere, vier Bäume in einem Quadrat. Etwa in dem Mittelpunkt dieses Quadrates sollte der Platz für die Grabstätte sein. Dementsprechend hoben wir auch eine Grube aus. Die eben von mir erwähnte quadratisch angeordnete Baumgruppe lag in etwa gegenüber dem Eingang der Speditionsfirma; jedoch mehr zur S-Bahn zu als zum Eingang. Um was für eine Art von Bäumen es sich handelte, weiß ich nicht. Ich kann nur annehmen, daß es sich um Laubbäume gehandelt haben muß. Die Grabungsarbeiten wurden in keiner Weise durch irgendwelches Wurzelwerk gestört. Nach meiner Erinnerung wurde die Grube bis in eine Tiefe von 1/2 bis 3/4 Meter ausgehoben."

Der Zeuge *Krumnow* bezeichnete ferner der Kriminalpolizei gegenüber am 17. 5. 1965 auf dem zum Grundstück der Speditionsfirma Weigmann gehörenden Hofgelände zwei Stellen, jeweils an einem Baum. Er war nicht mehr ganz sicher, in der Nähe welchen Baumes die Beerdigung erfolgt war.

4. *Osterhuber/Müller*

Anläßlich einer Vernehmung der Söhne Martin und Gerhard des Angeschuldigten in Freising am 30. 3. 1965 (Band 16 Bl. 2827 ff. der Fahndungsakten) durch Oberstaatsanwalt Metzner und mich teilte Gerhard *Bormann* mit, daß er ungefähr im Jahre 1958 durch einen Polizeibeamten der Landpolizei in Freising darauf aufmerksam gemacht worden sei, daß ein gewisser Sebastian *Osterhuber*, ehemals Kriminalbeamter im Stabe Görings, etwas über den Tod des Angeschuldigten wisse. *Osterhuber*, der bereits verstorben sei, soll gesagt haben, daß er gesehen habe, daß der Angeschuldigte im Anschluß an eine Halsverwundung versucht habe, eine Zyankalikapsel zu sich zu nehmen. Die erste Kapsel soll *Osterhuber* dem Angeschuldigten aus der Hand geschlagen haben, die zweite Kapsel soll der Angeschuldigte genommen haben, ohne daran gehindert werden zu können. *Osterhuber* soll noch gesehen haben, daß der Angeschuldigte daraufhin tot zusammenbrach. Jener Polizeibeamte konnte ermittelt werden. Es handelt sich um den Polizeimeister Karl *Müller*, der in seinem Bericht vom 19. 4. 1965 u.a. folgendes erklärt (Band 17 Bl. 2951 der Fahndungsakten):

„Auf Grund der Umorganisation der Bayerischen Landpolizei wurde ich am 29. 4. 1960 zur LP-Station Freising versetzt. Ab dieser Zeit habe ich zunächst täglich mein Mittagessen in der Gaststätte „Hackerbräu" in Freising eingenommen. An meinem Tisch saß auch jeweils Herr Sebastian *Osterhuber*. Dieser gab sich mir gegenüber als Luftschutzbeauftragter und ehemaliger Offizier, ich glaube Stabsoffizier, aus. Bei einem Gespräch mit Herrn *Osterhuber* erwähnte ich, daß in dem Heim in Birkeneck der jüngste Sohn Martin *Bormanns*, Gerhard *Bormann*, als Kraftfahrer tätig sei. Zwangsläufig erstreckte sich dieses Gespräch dann auch darauf, was wohl aus Martin *Bormann* geworden sei.

. . .

Da sagte Herr *Osterhuber* sinngemäß, daß er mit Sicherheit wisse, daß Martin *Bormann* tot ist, weil er seine Leiche persönlich in Berlin gesehen habe. Ob *Osterhuber* erläuterte, wie *Bormann* ums Leben kam, weiß ich heute nicht mehr, glaube es aber auch nicht, weil ich mich wohl sonst noch daran erinnern könnte. Mir ging es nun hauptsächlich darum, daß Gerhard *Bormann* von *Osterhuber* erfährt und daß er mit diesem sprechen kann. Auf eine dementsprechende Frage sagte mir Herr *Osterhuber*, daß Gerhard *Bormann* zu ihm kommen soll, dann werde er ihn über den Tod seines Vaters aufklären. Ich habe hierauf bald Gerhard *Bormann* von Herrn *Osterhuber* unterrichtet."

Osterhuber ist am 22. 5. 1962 in Freising verstorben. Er war Kriminalinspektor und Angehöriger des Reichssicherheitsdienstes, wurde laut Mitteilung des Polizeirats a.D. *Kiesel*, des ehemaligen Personalchefs des Sicherheitsdienstes (Band 18 Bl. 3172 der Fahndungsakten), vom 12. 7. 1965 (Band 19 Bl. 3340 der Fahndungsakten) Ende April 1945 im Regierungsviertel in Berlin als Luftschutztruppführer verwendet und unterstand als solcher dem verstorbenen Generalleutnant der Polizei, *Rattenhuber*, direkt. Im Herbst 1944 war *Osterhuber* Angehöriger des Begleitkommandos *Veesenmayers* in Ungarn (Band 27 Bl. 4951 der Fahndungsakten). Aus dem Kriegsgefangenen-Entschädigungsantrag *Osterhubers* vom 21. 1. 1955 (Band 18 Bl. 3145 ff. der Fahndungsakten) ergibt sich, daß er seit 1939 Feldpolizeikommissar beim OKW war und am 2. 5. 1945 in Berlin in russische Gefangenschaft geriet, aus der er Mitte Mai 1945 entkommen konnte.

5. Grabung vom 20./21. 7. 1965
Im Frühjahr 1965 wurden Ermittlungen dahingehend angestellt, ob von dem Gelände des ehemaligen Alpendorfes (auch „Ulap-Gelände" genannt), das der Zeuge *Krumnow* als Beerdigungsstätte bezeichnet hatte, zwischenzeitlich Umbettungen erfolgt waren. Diese Ermittlungen ergaben, daß Umbettungen nicht stattgefunden hatten (Band 18 Bl. 3161 der Fahndungsakten). Im Hinblick auf dieses Ermittlungsergebnis und unter Berücksichtigung der Tatsache, daß sich bisher sämtliche Hinweise auf ein Überleben des Angeschuldigten als haltlos erwiesen hatten, wurde am 20. und 21. 7. 1965 auf dem von dem Zeugen *Krumnow* bezeichneten Gelände gegraben. Wenn die Grabung zur Entdeckung von zwei Skeletten, und zwar einem verhältnismäßig kleinen und einem großen – von Dr. *Stumpfegger* war inzwischen bekannt, daß er auffallend groß war – geführt hätte und in den Gebissen der Schädel Glasreste gefunden worden wären, bestand eine große Wahrscheinlichkeit für die Identität mit dem Angeschuldigten und Dr. *Stumpfegger*. Die Identifizierung anhand der Gebisse hätte Schwierigkeiten gemacht, da damals ein Zahnschema von keiner der beiden Personen bekannt war. Allerdings waren bereits mehrere Zahnärzte, der Dentist *Echtmann* und Helferinnen ermittelt worden, die in der Praxis des bereits zuvor verstorbenen Zahnarztes Professor Dr. Hugo Johannes *Blaschke*, der die NS-Prominenz behandelt hatte, tätig gewesen waren.
Die Grabung blieb erfolglos (Band 20 Bl. 3589 ff. und Bl. 3621 der Fahndungsakten).

V.
Der Notizkalender des Angeschuldigten

Unmittelbar nach der Grabung meldete sich bei der Kriminalpolizei in Berlin freiwillig der Zeuge *Stelse*, der in der Zeit zwischen dem 2. und 8. 5. 1945 die Invalidenstraße passierte, um zu seiner Arbeitsstätte, der Firma Solex-Vergaser in der Heidestraße, zu gelangen. Er gibt an, an der Eisenbahnbrücke am Lehrter Bahnhof zwei Tote liegen gesehen zu haben, die nur noch Unterbekleidung trugen. Dies teilte er an seinem Arbeitsplatz seinen Kollegen mit. Einer dieser Kollegen, der von der Illustrierten „stern" ermittelte Bruno *Fechtmeier* – der Zeuge *Stelse* konnte sich nur an den Namen Fechner erinnern, der sich dann als unzutreffend herausstellte – erklärte daraufhin, daß man in der Nähe jener Stelle, an der die beiden Toten gelegen hatten, ein in Wachstuch eingeschlagenes Notizbuch, vermutlich eine Art Taschenkalender, des Angeschuldigten gefunden habe. Dieses Notizbuch befindet sich nach Angabe des sowjetischen Journalisten *Besymenski* bei dem Generalstaatsanwalt der Sowjetunion in Verwahrung (Band VIII Bl. 1276 d.A.). Auf ein

Rechtshilfeersuchen des Untersuchungsrichters vom 13. 10. 1971 (Band VIII Bl. 1347 d.A.), in dem um eine beglaubigte Ablichtung des vollständigen Textes dieses Kalenders gebeten wurde, antwortete das sowjetische Außenministerium mit Verbalnote vom 17. 11. 1972, daß sich alle Originaldokumente, die die gegen Martin *Bormann* erhobenen Beschuldigungen betreffen, in den Akten des Verfahrens gegen die wichtigsten nazistischen Kriegsverbrecher befinden, das von dem Gerichtshof in Nürnberg verhandelt wurde. Die zuständigen sowjetischen Behörden würden über keinerlei andere Materialien über Martin *Bormann* verfügen.

Eine auszugsweise Abschrift, die offensichtlich aus diesem Notizbuch stammt, wurde im Jahre 1964 durch Staatsanwälte aus der Deutschen Demokratischen Republik der hiesigen Behörde übergeben (Band II Bl. 1847–1849 der Fahndungsakten). Dabei handelt es sich um eine Rückübersetzung aus der russischen in die deutsche Sprache (Anlage 10 zu diesem Vermerk).

Dieses Notizbuch befand sich nach der Aussage des Zeugen *Fechtmeier* in einem Ledermantel, den ein bei der Firma Solex-Vergaser beschäftigter französischer Zwangsarbeiter Anfang Mai 1945 nach einem der Beschaffung von Nahrungs- und Genußmitteln dienenden Streifzug in den Keller der Firma Solex-Vergaser mitbrachte. Nach den Recherchen der Illustrierten „stern" soll es sich um den nunmehrigen Justizbeamten Maurice *Lachoux*, wohnhaft in Paris, handeln. Da *Lachoux* den Reportern des „stern" eine Auskunft über die Umstände, unter denen er den Ledermantel gefunden haben soll, verweigerte, wurde mit Rechtshilfeersuchen vom 11. 1. 1966 (Band 23 Bl. 4257 ff. der Fahndungsakten) der zuständige französische Untersuchungsrichter um die Vernehmung dieses Zeugen gebeten, um möglicherweise dadurch zu klären, wo dieser Mantel – etwa auf der Invalidenbrücke – gefunden und ob er einer Leiche ausgezogen worden ist. In dieser Vernehmung vom 27. 4. 1966 (Band 28 Bl. 5179 der Fahndungsakten) erklärte der Zeuge *Lachoux*, daß er während seines Aufenthalts im Keller von Solex niemals etwas von einem Ledermantel vernommen habe, der von draußen eingebracht worden sei.

Es blieb somit unaufklärbar, ob sich dieses Tagebuch des Angeschuldigten tatsächlich in einem Ledermantel befunden hat. Tatsache ist, daß dieses Notizbuch in der Nähe der Invalidenbrücke gefunden worden sein muß.

VI.
Die weitere Fahndung im Aus- und Inland

Da die Grabung vom 20. /21. 7. 1965 erfolglos geblieben war und es den Zeugen Dr. *Naumann*, *Schwägermann*, *Dietrich* und *Axmann* aus der letzten, beschriebenen Gruppe gelungen war, aus Berlin zu entkommen, wurde die Fahndung nach dem Angeschuldigten im In- und Ausland fortgesetzt, zumal Hinweise auf ein Überleben des Angeschuldigten teils durch Informanten, teils über Pressemeldungen eingingen. In mindestens fünfzig Fällen wurde das Auswärtige Amt in Bonn gebeten, die aus dem Ausland eingegangenen Hinweise durch die zuständigen Auslandsvertretungen der Bundesrepublik überprüfen zu lassen. Darüber hinaus wurde mit den ausländischen Informanten korrespondiert, vereinzelt kam es zu persönlichen Kontakten mit diesen Informanten, wenn sie selbst die Staatsanwaltschaft bei dem Oberlandesgericht in Frankfurt/Main aufsuchten (z.B. *Verloop* aus Surinam, *Gray* aus England). Ferner übermittelten die deutschen Auslandsvertretungen bei ihnen direkt eingegangene Hinweise, die in den meisten Fällen bereits an Ort und Stelle – durchweg mit negativem Ergebnis – überprüft worden waren.

Sämtliche Hinweise aus dem In- und Ausland – die inländischen Hinweise wurden weiterhin durch die Sonderkommissionen der Landeskriminalämter überprüft – erwiesen sich als falsch.

1. Hinweise von Simon Wiesenthal
Zu den zahlreichen Pressemeldungen, in denen immer wieder behauptet wurde, daß der Angeschuldigte noch am Leben sei und sich in Südamerika aufhalte, trugen insbesondere Interviews des Leiters des Dokumentationszentrums des Bundes jüdischer Verfolgter des Naziregimes, Dipl.-Ing. Simon *Wiesenthal* in Wien, bei. In der italienischen Illustrierten „Epoca", Nr. 1029 vom 14. 6. 1970 (Band VI Bl. 811a d.A.), wird ein solches Interview wiedergegeben, demzufolge sich der Angeschuldigte ein Jahr zuvor in Dribura, einer deutschen „Kolonie" im Staate Rio Grande do

Sul, der an Paraguay grenzt, aufgehalten haben soll. Der Pfarrer dieser Kolonie heiße übrigens „Himmler". In einer Meldung von UPI vom 13. 3. 1968 wird in der „Neuen Zürcher Zeitung" vom 15. 3. 1968 (Band VI Bl. 913 d.A.) berichtet, daß Simon *Wiesenthal* in einem Interview mit „Dagens Nyheter" behauptet, der Angeschuldigte lebe noch und seine – Wiesenthals – Mitarbeiter hätten ihn in der „Waldner Kolonie" im südlichen Teil Brasiliens an der Grenze zu Paraguay aufgespürt. Die übrigen Informationen durch Herrn *Wiesenthal* – insbesondere aus der letzten Zeit – beinhalteten überwiegend anonyme und unseriös erscheinende Zuschriften.

Das in der Zeitung „Epoca" veröffentlichte Interview ist offensichtlich auch in der brasilianischen Illustrierten „O Cruzeiro" veröffentlicht worden. Daraufhin hat die Deutsche Botschaft in Rio de Janeiro am 9. 10. 1970 berichtet (Band 33 Bl. 6287 der Fahndungsakten):

„In dem hier vorliegenden Interview der Illustrierten ‚O Cruzeiro' mit Simon Wiesenthal sind einige Irrtümer enthalten. Der angebliche Aufenthaltsort *Bormanns* heißt richtig „Ibirubá". Er liegt an der Grenze nach Argentinien und hat rund 4.000 Einwohner. Der Ortspfarrer heißt *Hü*mmler."

Das Wahlkonsulat in Ijui (Konsul Honscha) gab der Botschaft folgende Stellungnahme (aaO. Bl. 6288):

„1. Schon vor Eintreffen des o.a. Bezugsschreibens hatte ich mit meinem Sohn Hartmut, der in Ibirubá wohnt, über das im ‚Cruzeiro' abgedruckte Interview mit Simon Wiesenthal gesprochen. Mein Sohn hielt die dort gemachten Angaben für unsinnig und unmöglich.
2. Eine mir bekannte Familie, die längere Jahre in Ibirubá wohnte, bestätigte die Ansicht meines Sohnes.
3. Bei einem Besuch in Ibirubá erfuhr ich gestern, daß der dortige katholische Ortsgeistliche, Pfarrer Hümmler, einen schriftlichen Protest an den ‚Cruzeiro' gerichtet habe."

Zu dem Namen des Ortspfarrers wird bemerkt, daß „O Cruzeiro" besonders hervorgehoben hatte, dieser heiße Himmler.

Zu der UPI-Meldung vom 13. 8. 1968 wird nur auf die richterliche Vernehmung des Zeugen *Wiedwald* vom 17. 12. 1969 (Band IV Bl. 557 ff. d.A.) und 12. 1. 1970 (Band V Bl. 590, insbesondere Bl. 595 d.A.) Bezug genommen. *Wiedwald*, der Informant zu dem Anfang Januar 1968 im „Spiegel" erschienenen Aufsatz von Antony Terry über die „Kolonie Waldner", ist ein Schwindler, der – nachdem ich bei dem Untersuchungsrichter den Antrag auf Vereidigung *Wiedwalds* stellte – schließlich einräumte, daß er 1964 erstmalig mit „stern"-Journalisten nach Südamerika gereist war. Im Hinblick auf die wiederholten Interviews des Zeugen *Wiesenthal* ist er auf meine Anregung im Wege der Rechtshilfe eidlich am 29. 9. 1970 durch das Landesgericht in Strafsachen in Wien in Anwesenheit des Untersuchungsrichters vernommen worden (Band VII Bl. 965 ff. d.A.). Seine Aussage lautet, soweit sie hier interessiert, wie folgt:

„Es trifft zu, daß ich bis in die jüngste Zeit gegenüber verschiedenen Journalisten Ausführungen über den mutmaßlichen Aufenthalt des Martin *Bormann* gemacht habe. Bei dieser Darstellung konnte ich allerdings nur Ausführungen über einen Aufenthaltsort machen, den nach meiner Meinung *Bormann* mutmaßlich in zurückliegender Zeit gehabt haben soll. Mit anderen Worten: In keinem Zeitpunkt einer Befragung – und das gilt auch für meine heutige Vernehmung – konnte und kann ich sagen, daß ich in der Lage wäre, mit Sicherheit zu sagen, daß sich der Beschuldigte an diesem bestimmten Ort befindet. Ich bitte davon Kenntnis zu nehmen, daß meine Mutmaßungen nicht ohne eine gewisse Substanz geäußert worden sind.

. . .

Die Hypothese, daß *Bormann* sich in einem Camp Waldner in Südamerika aufhalte, halte ich für vollkommen irrig. Mir ist bekannt, daß diese Ansicht, daß *Bormann* sich dort aufhalte, von einem gewissen *Wiedwald* vertreten wird. Diesen Mann habe ich auch kennengelernt. Was dieser Mann behauptet in bezug auf *Bormann*, ist unhaltbar, deswegen habe ich auf irgendeine Zusammenarbeit mit diesem Mann keinen Wert gelegt.

. . .

Dies vorausgeschickt kann ich zu der obenerwähnten Abhandlung von Gorney sagen, daß ich auf Grund meiner autonomen Prüfung der damals ausgewählteren Information bei dem Gespräch mit dem eben erwähnten Autor die Überzeugung hatte, daß der Beschuldigte in den ersten Monaten des Jahres 1968 sich tatsächlich in der kleinen Stadt Marechal Rondon aufgehalten haben kann.

Nach den mir damals zuteil gewordenen Informationen befindet sich in der Nähe dieser Stadt eine andere kleine Stadt mit Namen Ibirubá. Beide Plätze sind von Deutschen bewohnt. In der zuletzt genannten Stadt befindet sich ein Spital. Leiter dieses Spitals ist ein Deutscher namens Dr. Seiboth. Es wurde mir gesagt, daß dieser Dr. Seiboth bei dem Beschuldigten einen chirurgischen Eingriff vorgenommen haben sollte. Ich betone ausdrücklich, daß mir der Informant persönlich bekannt ist und daß ich an dessen Glaubwürdigkeit keine Zweifel haben konnte. Jedenfalls erschien mir diese Information so glaubwürdig, daß ich sie seinerzeit alsbald dem dann kurze Zeit später verstorbenen Generalstaatsanwalt Bauer mündlich mitgeteilt habe, als er sich seinerzeit hier in Wien aufhielt."

Ein Vermerk des verstorbenen Generalstaatsanwalts Dr. *Bauer* ist weder in den Fahndungsakten noch in den Handakten auffindbar.

(Band VII Bl. 967 d.A.):

„Im Mai dieses Jahres hatte ich ein Gespräch mit dem italienischen Journalisten Lazzero Ricciotti. Dieses Gespräch führte zu der Veröffentlichung in der italienischen Zeitschrift „Epoca" vom 14. 6. 1970. Mir ist diese Veröffentlichung nicht bekannt geworden in ihrem Text. Ich habe soeben Gelegenheit genommen, die deutsche Übersetzung dieses Artikels durchzulesen. In dieser Veröffentlichung ist ein Großteil des Interviews wiedergegeben, der andere Teil sind Informationen aus einer anderen Quelle, vermutlich aus einem Dossier mit früheren Veröffentlichungen über *Bormann*. Zum Unterschied zum Artikel in „France Soir" sind hier wenigstens ein Teil der Vorbehalte, die ich während des Interviews gemacht habe, wiedergegeben. Ordnungshalber weise ich darauf hin, daß der Ortsname unzutreffend wiedergegeben ist. Die dort erwähnte Ortschaft heißt nicht Dribura, sondern Ibirubá. Der wesentliche Unterschied zwischen dem, was ich gesagt habe und dem, was erschienen ist, liegt vor allem darin, daß Dinge, die ich als glaubwürdig erwähnt habe, im Artikel als Tatsachen wiedergegeben wurden."

2. Hinweis von Lew Besymenski

Anläßlich der Vernehmung vom 29. 9. 1970 übergab der Zeuge *Wiesenthal* auch einige Ablichtungen von „Dokumenten", aus denen sich entnehmen ließe, welcher Art jene Hinweise seien, die er erhalte. Unter diesen Ablichtungen befindet sich auch ein an den Zeugen Dr. von *Hummel*, der etwa die Funktion eines Privatsekretärs des Angeschuldigten auf dem Obersalzberg ausübte, gerichteter geheimer Funkspruch aus Berlin, der am 22. 4. 1945 um 9.21 Uhr aufgenommen wurde. Der Text lautet:

„*Hummel*, Obersalzberg
Bin mit vorgeschlagener Übersee Süd Verlagerung einverstanden."

Eine Ablichtung dieses und weiterer hier nicht interessierender Funksprüche übergab der sowjetische Journalist Lew A. *Besymenski* am 15. 9. 1967 zu den Akten (Hülle Band 30 Bl. 5581 der Fahndungsakten). Auch in seinem Druckwerk „Auf den Spuren von Martin Bormann" – 1965 im Dietz-Verlag, Berlin, in der DDR erschienen –, das überwiegend eine unsachliche, gegen die Bundesrepublik gerichtete Propaganda enthält, zitiert er diesen Funkspruch wörtlich und knüpft daran die Folgerung (S. 254 dieses Druckwerks):

„Dieses Dokument ist von außerordentlicher Bedeutung. Es stützt ein weiteres Mal unsere These von der Flucht nach Südamerika."

Die bereits im Jahre 1966 durchgeführten Ermittlungen ergaben eindeutig, daß es sich bei „Übersee" – auch „Übersee/Hohensee" – um die nach Schloß Steinach bei Straubing ausgelagerte Partei-Kanzlei der NSDAP handelte. Die Anschrift lautete:

„Dienststelle Übersee Postanschrift: NSDAP.-Dienststelle Übersee Straubing / Donau Postschließfach 99".

Näheres ergibt sich aus den Akten „NS 6/vorl. 241 aus Sammlung Schumacher/368" des Bundesarchivs in Koblenz (vgl. auch Band 27 Bl. 4975 bis 4980 der Fahndungsakten). Die Bezeichnung

„Südverlagerung" war – wie der Zeuge Dr. von *Hummel* in seiner Vernehmung vom 3. 5. 1966 (Band 26 Bl. 4811 der Fahndungsakten) bekundet – für die Transporte nach Südtirol üblich. Die Folgerung von *Besymenski* ist somit eindeutig falsch.

3. Hinweis von Gehlen

Im Herbst des Jahres 1971 veröffentlichte der Generalleutnant a.D. Reinhard *Gehlen*, letzter Chef der Abteilung Fremde Heere Ost des Generalstabs des Heeres und später erster Präsident des Bundesnachrichtendienstes, seine Memoiren. Dabei erwähnte er auch den Angeschuldigten. In den Vorabdrucken, die in der Presse erschienen, hieß es, daß der Angeschuldigte etwa vor zwei Jahren in der Sowjetunion verstorben sei. In seiner Vernehmung vom 21. 9. 1971 durch den Untersuchungsrichter, an der ich teilnahm, bekundete der Zeuge *Gehlen*, daß er und *Canaris* bei der Suche nach der in der obersten militärischen Führung offenbar vorhandenen undichten Stelle, die dem Gegner sofort eigene wichtige Entscheidungen zuspielte, auch den Angeschuldigten in Erwägung zogen. Im übrigen bekundet dieser Zeuge u.a. wörtlich (Band VIII Bl. 1313, 1314 d.A.):
  „Erst als Meldungen über Aussagen, die vor amerikanischen Behörden gemacht worden sind und die das Schicksal *Bormanns* betrafen, bekannt wurden, achtete man wieder etwas auf die Angelegenheit *Bormann*. Nach meiner Erinnerung war es entweder im Jahre 1946 oder 1947, als mir durch eine – ohne jeden Zweifel zuverlässige Quelle – bekannt wurde, daß *Bormann* in einem Film, der in einem Kino in Ostberlin vorgeführt worden war und in welchem über eine Sportschau berichtet worden war, in der Gruppe der sowjetischen Zuschauer – es mag sich hierbei um sowjetische Funktionäre gehandelt haben nach meiner Erinnerung – der Angeschuldigte mit Sicherheit wiedererkannt worden sei. Ich muß hierzu bemerken, daß mir von dem Betreffenden, von dem diese Information stammt, bekannt geworden ist, daß er den Angeschuldigten vor dem 2. 5. 1945 von Angesicht zu Angesicht hat sehen können. Diese Erkenntnis wurde von uns damals an die zuständigen amerikanischen Dienststellen weitergegeben. Ich möchte hierzu noch anmerken, daß schriftliche Aufzeichnungen hierüber nicht vorhanden sind. Die schriftlichen Unterlagen des Nachrichtendienstes wurden in Abständen jeweils vernichtet.
  Nach Konstituierung der Bundesrepublik hatte ich Veranlassung, entweder dem Bundeskanzler *Adenauer* oder dem Staatssekretär *Globke* zum Fall *Bormann* vorzutragen. Es war mir bekannt geworden, durch eine gleichfalls nach meiner Überzeugung äußerst zuverlässige Quelle, daß russischerseits der Plan erwogen würde, das Gerücht in die Welt zu setzen, daß *Hitler* noch am Leben sei und daß man den in den Händen der Russen befindlichen *Bormann* als Bevollmächtigten *Hitlers* auftreten zu lassen erwäge, dies alles mit dem Ziel, ein einheitliches, etwa nationalkommunistisches Deutschland zu bilden.
  Mir ist in Erinnerung, daß der Bundeskanzler daraufhin entschied, daß politisch in dieser Sache nichts zu unternehmen sei. Jedenfalls ist mir eine Stellungnahme in etwa diesem Sinne im Gedächtnis geblieben. Selbstverständlich erhielt der Nachrichtendienst zahlreiche Meldungen über den angeblichen Aufenthalt *Bormanns*. Diesen Meldungen gegenüber war und bin ich stets skeptisch gewesen, weil mir die Zuverlässigkeit der betreffenden Informanten nicht ausreichend erschien. Nur in den beiden eben geschilderten Fällen unterlag für mich die Zuverlässigkeit keinem vernünftigen Zweifel.
  Wenn ich heute nach dem angeblichen Tod des Angeschuldigten gefragt werde, so bemerke ich hierzu zunächst, daß ich meinerseits nie behauptet habe, daß der Angeschuldigte etwa vor drei Jahren gestorben ist. Ich für meine Person muß annehmen, daß *Bormann* mit an Sicherheit grenzender Wahrscheinlichkeit in der Zeit nach Bekanntwerden des eben geschilderten Konzepts eines nationalkommunistischen Deutschlands verstorben ist. Ich habe meinerseits nie behauptet, und kann auch heute nicht aussagen, daß ich hierfür auch nur eine einigermaßen sichere Informationsquelle gehabt hätte."

Die beiden Informationsquellen hat der Zeuge *Gehlen* aus Sicherheitsgründen nicht bekanntgegeben. Ihn hierzu zu zwingen, bestand im Hinblick auf die offensichtliche Mangelhaftigkeit und Dürftigkeit der beiden Hinweise keine Notwendigkeit. Der bereits mehrfach erwähnte sowjetische Journalist *Besymenski*, als sowjetischer Korrespondent der sowjetischen Zeitung „Neue Zeit" nunmehr in Bonn akkreditiert, brachte anläßlich einer Besprechung in Bonn am 11. 9. 1971 mit dem Untersuchungsrichter, an der ich teilnahm, zu den angekündigten Veröffentlichungen

Gehlens „nur zum Ausdruck, daß man dies allenfalls satirisch kommentieren könne" (Vermerk des Untersuchungsrichters vom 13. 9. 1971 in Band VIII Bl. 1276 d.A.). In meinen Handakten habe ich am 12./20. 9. 1971 vermerkt, daß *Besymenski* die angekündigte Version *Gehlens* über *Bormann* für absolut unrichtig hält und daß er uns im übrigen keinerlei Hinweise auf die Existenz des Angeschuldigten geben konnte, wonach insbesondere ich genau und gezielt gefragt hatte.

4. Hinweis von Ladislas Farago

Ende November 1972 erschien im „Daily Express" als Sensationsmeldung ein Fortsetzungsbericht von Ladislas *Farago*, der im großen und ganzen den Eindruck erweckt, als sei er eine Sammlung aller bisher über Martin *Bormann* erschienenen Sensationsmeldungen. In zwei Rücksprachen, und zwar am 4. 12. 1972 und am 10. 1. 1973, schilderte er die in seinen Besitz gelangten Geheimdienstberichte für den argentinischen Staatspräsidenten aus dem Jahre 1963. Auch behauptete er, im Besitz von über 200 Fotos und eines Vier-Minuten-Filmes über Martin *Bormann* zu sein. In der Besprechung vom 10. 1. 1973 – die also nach den Skelettfunden stattfand und an der auch ich teilnahm –, wurde er auf die Echtheit des Inhalts seiner Dokumente angesprochen und antwortete, daß er nicht annehmen könne, daß die argentinischen Behörden sich selbst betrügen würden. Auf sein in Vorbereitung befindliches neues Buch über verschiedene NS-Größen angesprochen, erklärte er, daß darin wenig über Martin *Bormann* stehen würde, und zwar nichts von dem, was im „Daily Express" über Martin *Bormann* veröffentlicht worden sei. Er erklärte sich abschließend bereit, Ablichtungen angeblich in seinem Besitz befindlicher handschriftlicher Originalbriefe Martin *Bormanns* und des ärztlichen Befundes über einen angeblichen Klinik- bzw. Sanatoriumsaufenthalt Martin *Bormanns* zur Verfügung zu stellen. Dieser Wunsch wurde deshalb an Herrn *Farago* herangetragen, weil sich bei den Fahndungsakten ein Originalbrief Martin *Bormanns* befindet und er – wie eingangs erwähnt – zwei unveränderliche, durch operativen Eingriff hervorgerufene Merkmale an der Körperhaut besaß. Mit Schreiben vom 17. 1. 1973 versprach *Farago* die sofortige Zusendung der erbetenen und versprochenen Unterlagen. Diesem Schreiben fügte er die Ablichtung einer in den „American Dental Association News" vom 1. 1. 1973 veröffentlichten Zeichnung des Gebisses des Angeschuldigten von Professor Reidar F. *Sognnaes* bei, der sich seit Jahren mit der Identifizierung von *Hitler* auf zahntechnischer Weise befasse und auch Material über Martin *Bormanns* Zahnstruktur besitze (Anlage 11 zu diesem Vermerk).
Die von Ladislas *Farago* angekündigten Unterlagen sind bisher nicht eingetroffen. Auf den offensichtlich unseriös erscheinenden Fortsetzungsbericht im „Daily Express" einzugehen, verbietet das Ergebnis der Skelettfunde vom 7. und 8. 12. 1972.

VII.
Weitere Ermittlungen über das Ulap-Gelände in Berlin

1. Keine Umbettungen von dem Ulap-Gelände
Wie bereits erwähnt, sind schon vor der Grabung vom 20./21. 7. 1965 Ermittlungen dahingehend angestellt worden, ob von dem Grabungsgelände Umbettungen nach Friedhöfen erfolgt sind. Hierfür ergaben sich keine Hinweise. Trotzdem wurden Anfang 1966 sämtliche erreichbaren Unterlagen des Bestattungsinstitutes Erich Schroedter o.HG., 1 Berlin 21, Ottostraße 7, aus den Jahren 1945 und 1946 durchgesehen, da dieses Institut die Umbettungen in dem genannten Zeitpunkt durchführte. Umbettungen von dem Ulap-Gelände (Invalidenstraße 63–68) waren nicht ersichtlich. Jedoch sind Umbettungen von anderen Nummern der Invalidenstraße (z.B. gegenüber dem Eingang zum Ulap-Gelände =Nr. 56 a), sowie von Alt-Moabit (südlich des Ulap-Geländes) erfolgt, also rings um die weiterhin vermutete Beerdigungsstätte. Es drängte sich somit förmlich die Vermutung auf, daß das Grab, in dem der Zeuge *Krumnow* zwei Leichen beerdigte, nicht umgebettet worden ist, vielleicht weil es in dem Gelände als Grab nicht erkannt wurde (vgl. Band 23 Bl. 4102 der Fahndungsakten).
Da mehrfach – zum letzten Mal unmittelbar nach *Gehlens* Veröffentlichungen im Herbst 1971 – ein Horst *Schulz* aus Berlin behauptete, daß der Angeschuldigte und Dr. *Stumpfegger* auf dem Gefallenen-Friedhof in Berlin 21, Wilsnackerstraße, beigesetzt worden seien, zog ich die Akten des

Gartenbauamtes über den Ehrenfriedhof in der Wilsnacker Straße von dem Bezirksbürgermeister von Berlin-Tiergarten bei und bat die Firma Schroedter um Überlassung etwa noch vorhandener Unterlagen über Umbettungen. Bei der Firma Schroedter sind derartige Unterlagen nicht mehr vorhanden. Die Akten des Bezirksbürgermeisters von Berlin-Tiergarten (Gart-AL 6211-03(4)-) enthalten keinerlei Hinweise auf Umbettungen von dem Ulap-Gelände (vgl. Band IX Bl. 1506 bis 1525 d.A.).

2. Keine weiteren Beerdigungen auf dem Ulap-Gelände

Bereits vor den Skelettfunden vom 7. und 8. 12. 1972 waren Hinweise erfolgt, daß in den letzten Kriegstagen Ende April 1945 auf dem Ulap-Gelände Erschießungen von Personen erfolgt seien, die im Zusammenhang mit dem 20. 7. 1944 von der Gestapo verhaftet und teilweise inzwischen vom Volksgerichtshof verurteilt worden waren (Band 23 Bl. 4128 – 4138 der Fahndungsakten). Zur Klärung dieser Frage, die wichtig erschien, weil die Möglichkeit zunächst nicht auszuschließen war, ob eventuell auf dem Grabungsgelände weitere Leichen beerdigt worden sind, wurden die Ermittlungsakten 3 P (K) Js 167/60 des Generalstaatsanwalts bei dem Landgericht Berlin beigezogen (Band II Bl. 229/230 des Sonderbandes „Sklettfunde"). Aus dem Abschlußvermerk vom 13. 1. 1969 dieses Verfahrens, das der Generalstaatsanwalt bei dem Kammergericht Berlin gemäß § 145 GVG vorübergehend an sich gezogen hatte (P (K) Js 1/68) (Band VII Bl. 129–141 dieser Akten), ergibt sich, daß die erste Gruppe dieser in der Nacht zum 23. 4. 1945 auf dem Ulap-Gelände erschossenen Häftlinge (Schleicher, Bonhoeffer, John, Perels, Nieden, Sierks, Marks und Kuenzer) am 5. bzw. 6. 5. 1945 in einem Bombentrichter auf dem Dorotheen-Stadtfriedhof in Berlin 65, Clausewitzstraße 126, bestattet wurde. Die zweite in der gleichen Nacht auf demselben Gelände erschossene Häftlingsgruppe (Professor Albrecht Haushofer, von Salviati, Moll, Munzinger, Stähle, Jennewein, Sossimow), von der der Mechaniker Herbert Kosney als einziger überlebte, wurde nach dem 13. 5. 1945 in einem Massengrab im Kleinen Tiergarten bestattet. Damit scheidet eine Verwechslungsgefahr aus.

VIII.
Vorbereitungen für eine erneute Grabung auf dem Ulap-Gelände in Berlin

1. Das Zahnschema des Angeschuldigten

Mit Schreiben vom 15. 7. 1971 (Band VIII Bl. 1236 ff. d.A.) übersandte ich dem Untersuchungsrichter eine Beschreibung der Zähne des Angeschuldigten, die der inzwischen verstorbene Professor Dr. Hugo Johannes Blaschke, der Zahnarzt der NS-Prominenz, nach dem Kriege aus dem Gedächtnis für das Military Intelligence Service Center des Hauptquartiers der Vereinigten Staaten auf dem Europäischen Kriegsschauplatz angefertigt hatte. Diese Beschreibung (Übersetzung in Bl. 26 des grünen Schnellhefters des Polizeipräsidenten von Berlin über die Skelettfunde) ist mir von dem Redakteur Jochen von Lang der Illustrierten „stern" zur Verfügung gestellt worden (Anlage 12 zu diesem Vermerk). Das Original befindet sich im National-Archiv in Washington. Das Zahnbild stimmt mit der von Ladislas Farago mit Schreiben vom 17. 1. 1973 übersandten Zeichnung von Professor Reidar F. Sognnaes überein (vgl. Anlage 11 zu diesem Vermerk).

2. Die Hinweise an den Polizeipräsidenten in Berlin

Mit Schreiben vom 8. 9. 1972 (Band 34 Bl. 3468 der Fahndungsakten) übersandte mir der Redakteur Jochen von Lang von der Illustrierten „stern", der seit 1965 aus beruflichen und persönlichen Gründen an der Aufklärung über den Verbleib des Angeschuldigten interessiert ist und mit dem sich eine angenehme und seriöse Zusammenarbeit entwickelte, die Ablichtung einer Meldung der Berliner Zeitung „Der Tagesspiegel" vom 13. 8. 1972, in der berichtet wird, daß der Aufbau eines Institutskomplexes auf dem ehemaligen Ulap-Gelände in der Invalidenstraße („Ulap" war übrigens die Kurzbezeichnung für den „Universum-Ausstellungspark") demnächst beabsichtigt ist. Der Baubeginn sei schon für 1972 vorgesehen gewesen. Das Gelände sei jedoch noch nicht von den gewerblichen Mietern in den zum Abriß bestimmten alten Häusern geräumt, und außerdem sei der Baugrund so schlecht, daß ein völliger Bodenaustausch notwendig werde.

401

Unter Übersendung der Fotokopie des Bauplans, der sich bereits seit Oktober 1969 bei den Akten der Voruntersuchung (Band IV Bl. 504 d.A.) befindet (Anlage 13 zu diesem Vermerk), bat ich den Polizeipräsidenten in Berlin mit Schreiben vom 11. 9. 1972 (Band 34 Bl. 6470 ff. der Fahndungsakten), mit den zuständigen Baubehörden beim Bausenator in Verbindung zu treten und zu bitten, daß der Baubeginn so rechtzeitig mitgeteilt werde, daß bei dieser Gelegenheit nochmals versucht werden kann, an der vermuteten Grabstätte mit besonderer Vorsicht zu graben. Der Polizeipräsident in Berlin traf die nötigen Maßnahmen und setzte sich mit dem Bauleiter jener Baufirma in Verbindung, der dieses Projekt übertragen worden war. Dabei wurde zugesagt, daß bei den notwendigen Ausschachtungsarbeiten besonders auf Skelett-Teile geachtet und für den Fall der Auffindung derartiger Skelette mit der Fortsetzung der Bauarbeiten innegehalten werden würde.

IX.
Die Skelettfunde vom 7. und 8. 12. 1972 auf dem Ulap-Gelände in Berlin

Am 7. und 8. 12. 1972 wurden auf dem Ulap-Gelände – etwa 12 bis 15 Meter von der Grabungsstelle des Jahres 1965 entfernt – von zwei Arbeitern, die zur Bauvorbereitung Arbeiten zwecks Leitungsverlegungen durchführten, zwei Skelette entdeckt. Durch den zuvor durch die Kriminalpolizei in Berlin entsprechend dem hiesigen Ersuchen vom 11. 9. 1972 unterrichteten Bauleiter war bei dem Auffinden des ersten Schädels sofort die Kriminalpolizei unterrichtet worden, die die Stelle systematisch absuchte und die beiden zum Teil unvollständigen Skelette von unterschiedlicher Größe fand. Die Skelette sind verhältnismäßig gut erhalten. Ein Schädel – in Zukunft mit Nr. 1 bezeichnet – wurde durch den Bagger am Schädeldach beschädigt. Die Skelette wurden im unmittelbar angrenzenden Leichenschauhaus sichergestellt. Im Schädel Nr. 1, gefunden am 7. 12. 1972, sind die Zähne gut erhalten. Im Schädel Nr. 2, gefunden am 8. 12. 1972, sind die Zähne des Unterkiefers fast vollständig vorhanden, jedoch fehlen im Oberkiefer mehrere Vorderzähne. In den Gebißteilen beider Schädel wurden erwartungsgemäß (vgl. oben IV, 5) Glassplitterchen gefunden und sichergestellt. Am 19. 12. 1972 wurden in den gesicherten Erd- und Knochenresten des Schädels Nr. 2 noch zwei Zähne aus dem Unterkiefer und ein Zahn aus dem Oberkiefer dieses Schädels entdeckt, die in den Kiefer eingesetzt werden konnten, da sie genau paßten. Am 12. 3. 1973 wurde in unmittelbarer Nähe der Fundstelle der Skelette zufällig noch eine goldene Brücke über drei Zähne gefunden.
Der Sohn Martin des Angeschuldigten (geboren am 14. 4. 1930) teilte auf Befragen mit, daß sein Vater 1938 oder 1939 bei einem Sturz vom Pferd ein Schlüsselbein gebrochen habe, daß er jedoch nicht wisse, ob es sich um das rechte oder das linke handle. Der Sohn Gerhard des Angeschuldigten (geboren am 31. 8. 1934) sagte mir ebenfalls, daß ihm bekannt sei, daß sein Vater Anfang des Krieges im Jahre 1939 bei einem Ritt auf einem dem Partei-Kanzlei gehörigen, nördlich von Berlin gelegenen Gut vom Pferd geworfen worden sei und dabei ein Schlüsselbein gebrochen habe.
Aus dem Berlin Document Center wurden die DC-Unterlagen über Dr. Ludwig *Stumpfegger*, geboren am 11. 7. 1910, beigezogen. Bei diesen Unterlagen befindet sich ein ärztlicher Untersuchungsbogen des Rasse- und Siedlungs-Hauptamts der SS vom 10. 11. 1939 (Anlage 14 zu diesem Vermerk), der genaue Angaben über Größe (190 cm), Kopfumfang (58 cm) und Schädelform (lang) enthält, in dem sich ferner ein Zahnschema befindet und in dem Dr. Ludwig *Stumpfegger* selbst angibt, daß er 1923 einen Unterarmbruch links erlitten habe, der vollkommen ausgeheilt sei.

1. Gebiß des Schädels Nr. 1
Das Gebiß des Schädels Nr. 1 wurde durch die Polizeizahnklinik in Berlin untersucht. Die Obermedizinalrätin Dr. *Matschke* erstellte das Gutachten vom 4. 1. 1973 (Anlage 15 zu diesem Vermerk) und kommt bereits – lediglich auf Grund des Zahnschemas des Schädels Nr. 1 und des Zahnschemas aus dem Jahre 1939, also ohne Berücksichtigung anderer Umstände – zu folgendem Schluß:

„Zusammenfassend kann gesagt werden, daß mit Ausnahme der Weisheitszähne sich große

Ähnlichkeiten zwischen dem Schädelbefund und dem Archivschema ergeben haben, so daß an Hand des gefundenen Schädels eine Identifizierung des Dr. St. mit an Sicherheit grenzender Wahrscheinlichkeit möglich ist."

Der Zeuge *Echtmann*, der als Zahntechniker bei Professor Dr. *Blaschke* tätig war, kann zu den feststellbaren Zahnreparaturen dieses Schädels keine konkreten Angaben machen. Es liegen auch keine Anhaltspunkte dafür vor, daß Dr. *Stumpfegger* in dieser Praxis zahnärztlich behandelt worden ist.

2. Gebiß des Schädels Nr. 2

Auch das Gebiß dieses Schädels wurde durch die Polizeizahnklinik in Berlin untersucht. Ebenfalls am 4. 1. 1973 fertigte die Obermedizinalrätin Dr. *Matschke* ein Gutachten über dieses Gebiß unter Berücksichtigung eines selbstgefertigten Zahnschemas anhand des Schädels Nr. 2 und des Zahnschemas von Professor Dr. *Blaschke* an (Anlage 16 zu diesem Vermerk). Dieses Gutachten schließt wie folgt:

„Zusammenfassend kann gesagt werden, daß abgesehen von wenigen grundsätzlichen Abweichungen, die auf einem Irrtum des behandelnden Zahnarztes beruhen können, große Ähnlichkeiten und darüber hinaus eindeutige Übereinstimmungen zwischen unserem Schädelbefund und dem Bericht und Zahnschema des Dr. Bl. vorhanden sind, so daß eine Identität des Schädels II mit M. *Bormann* nicht auszuschließen ist."

Der Dentist *Echtmann*, dem der Schädel Nr. 2 vorgelegt wurde, erklärte hierzu am 16. 12. 1972:
„Zum Schädel Nr. 2 kann ich sagen, daß die dort feststellbaren Arbeiten aus der Praxis des Dr. *Blaschke* stammen. Ich meine hiermit die technischen Arbeiten. Es handelt sich hierbei um die beiden Brücken und die Krone.
Das bei den Reparaturen teilweise verwandte Material – Palapont –, ein Kunststoff der Firma Kulzer, ist damals im ersten Stadium zur Verarbeitung gekommen.
Mir wurde auch das von Dr. *Blaschke* angeblich gefertigte Zahnschema vorgelegt. Ich würde dazu sagen, daß es sehr gut möglich ist, daß Dr. *Blaschke* sich hinsichtlich der Brücke mit den Fensterkronen geirrt haben kann und daß diese Brücke nicht so wie er auf der Zeichnung angegeben im Oberkiefer, sondern im Unterkiefer vorhanden war.
Eindeutig kann ich hier nochmals angeben, daß die Arbeit aus der Praxis Dr. *Blaschke* stammt und daß ich diese Arbeit auch gemacht habe."

Die Zeugin Katharina *Heusermann* bekundet am 19. 3. 1973:
„Ich war von April 1936 bis 1. 5. 1945 als erste Helferin bei Professor Dr. *Blaschke*. Ich bin gelernte medizinisch-technische Assistentin. Ich habe Professor *Blaschke* bei allen Behandlungen der Prominenz assistiert, auch bei Martin *Bormann*. Über diesen Angeschuldigten und die gesamte Umgebung *Hitlers* sind keine Behandlungsunterlagen mehr vorhanden.
. . .
Soweit ich mich erinnere, hatte der Angeschuldigte keine herausnehmbare Prothese. Mehr weiß ich aus der blanken Erinnerung nicht.
Nun wurde mir der Unterkiefer des unverletzten Schädels vorgelegt. Die Brücke von 2 bis 2 im Unterkiefer ist offensichtlich eine Arbeit, die in der Technik von *Blaschke* angefertigt wurde. Die beiden Fensterkronen auf dem linken und rechten Zweier sind typische Arbeiten von Professor *Blaschke*. Die andere Brücke unten rechts von 5–7 ist nicht typisch für *Blaschke*.
Nun wurde mir der Oberkiefer des gleichen Schädels gezeigt. Die Goldkrone auf dem oberen rechten Achter (Weisheitszahn) ist ebenfalls eine Arbeit aus *Blaschkes* Technik, und zwar wegen der eleganten, nicht plumpen Form.
Aus der Erinnerung ist mir eine Brücke im Oberkiefer nicht bekannt. Wenn es auch eine Fensterkrone mit Anhänger ist, könnte sie auch aus *Blaschkes* Technik stammen.
. . .
Mir wurde nunmehr das Zahnschema gezeigt, das *Blaschke* aus dem Gedächtnis angefertigt hat. *Blaschke* hat vergessen, die eben geschilderte elegante Goldkrone auf dem oberen rechten Achter (Weisheitszahn) einzuzeichnen. Ferner hat er die im Unterkiefer befindliche Brücke von 2

bis 2 vergessen. Die auch im Gutachten Dr. *Matschke* als fehlend bezeichnete Brücke fehlt. Diese Zähne müssen durch Paradentose schon zu Lebzeiten stark gelockert gewesen sein. Nach den im Kiefer vorhandenen technischen Arbeiten sind diese in der Technik von Professor *Blaschke* entstanden. Ich habe bestimmt bei diesen Arbeiten assistiert. Ob es sich dabei um den Patienten Martin *Bormann* handelte, kann ich nicht beschwören. Ich möchte es meinen. Mir wurde die Aussage *Echtmanns* vom 16. 12. 1972 vorgelesen und mit mir besprochen. Diese Aussage trifft, soweit ich es beurteilen kann, vollkommen zu."

Die nachträglich am 12. 3. 1973 gefundene Brücke wurde dem Dentist *Echtmann* gezeigt. Er erklärte dazu am 22. 3. 1973:

„Die mir zur Ansicht vorgelegte nachträglich gefundene Brücke stammt aus der Praxis von Professor Dr. *Blaschke*. Ich möchte sagen, daß ich diese Brücke gearbeitet habe. Es ist eine aus den ersten Anfängen meiner Tätigkeit bei *Blaschke*.

. . .

Es handelt sich um 20-karätiges Zahngold. Der fehlende Schneidezahn wurde mit einem Pontopinzahn als Zwischenglied verarbeitet. Die Zähne 1 und 2 sind die bei *Blaschke* beliebten Fensterkronen. Nach den Kronenzähnen zu urteilen, müßte es sich um Paradentose-Zähne gehandelt haben.

Man braucht die Brücke nur auf das Zahnschema zu legen, und es stimmt haargenau überein."

Der Obermedizinalrat Dr. *Riedel* von der Polizeiklinik in Berlin, der zusammen mit Frau Dr. *Matschke*, die sich gerade in Urlaub befand, seinerzeit die Begutachtung der Schädel vorgenommen hatte, erklärte, nachdem ihm diese Brücke vorgelegt worden war, am 13. 3. 1973:

„Die gefundene Brücke 2⌋ -Halbkrone, 1⌋ -Zwischenglied in Porzellan und 1⌋ -Halbkrone, ist als fehlender Ersatz vom *Bormann*schädel unbedingt anzusehen. Die Alveole 1⌋ im Schädel war ausgeheilt.

Sollte der nachträglich gefundene Ersatz mit Wurzeln in die leeren Alveolen von 2⌋ und⌊1 passen, wäre die Kette der Beweise geschlossen."

Der Zahnarzt Dr. *Mühn*, Stabsarzt im Bundeswehrkrankenhaus München (Mund- und Kieferchirurgie), der gebeten wurde, sich darüber zu äußern, ob die Brücke in den Schädel Nr. 2 paßt, gab am 31. 3. 1973 folgendes Gutachten ab:

„Die vorliegende Brücke entspricht in ihrem Ausmaß den gegebenen Verhältnissen am Schädel. Die Größenverhältnisse der radices der Pfeilerzähne stimmen mit denen der Alveolen des Schädels überein.

Es wurde festgestellt, daß Form und Ausdehnung der Alveole 12 mit den Wurzelmerkmalen des Zahnes 12 aus der vorliegenden Brücke übereinstimmen.

. . .

Die Form des palatinalen Anteils der Alveole 21 stimmt mit der des Brückenzahnes 21 überein. In situ sind die Mittellinien beider Zahnreihen gleich. Die angegebenen Bißmarken der Brücke lassen sich eindeutig durch den Gegenbiß kennzeichnen.

Aufgrund der obenangeführten Übereinstimmungen ist die vorliegende Brücke als ein Zahnersatz des Schädels von M. *Bormann* anzusehen."

3. Das gerichtsärztliche Gutachten über die Identifizierung der Skelettfunde

Am 31. 3. 1973 erstattete der Leiter des Landesinstituts für gerichtliche und soziale Medizin, Medizinaldirektor, nunmehr Senatsrat Dr. *Spengler*, das gerichtsärztliche Gutachten über die Identifizierung der Skelette (Anlage 17 zu diesem Vermerk).

a) Nach den *anthropometrischen Errechnungen* aus den Mittelmaßen der Röhrenknochen der beiden Skelette, die von unterschiedlicher Größe sind, ergibt sich für das Skelett Nr. 1 eine Körpergröße von 190–194 cm und ein Kopfumfang von 57–59 cm. Der Schädel wird als „typischer Langschädel" bezeichnet. Diese Errechnungen decken sich mit den in dem ärztlichen Untersuchungsbogen (Anlage 14 zu diesem Vermerk) über Dr. Ludwig *Stumpfegger* enthaltenen Angaben.

Für das Skelett Nr. 2 ergibt sich auf Grund der gleichen Untersuchungen eine Körpergröße von

168–171 cm und ein Kopfumfang von 55–57 cm. Der Schädel wird als „Rundschädel" bezeichnet. Die Körpergröße entspricht der Angabe im SS-Stammrollenauszug von 170 cm (vgl. I dieses Vermerks am Ende). Die Kopfweite ist in diesem Auszug nicht ausgefüllt. Der Kopf des Angeschuldigten als „Rundschädel" entspricht den noch vorhandenen Fotografien von dem Angeschuldigten (Anlagen 18 und 19 zu diesem Vermerk).

b) Nach den *röntgenologischen Untersuchungen* von Dr. *Schöldgen* sind deutliche Veränderungen an Speiche und Elle des linken Unterarmknochens des Skeletts Nr. 1 erkennbar (Anlagen 20 und 21 zu diesem Vermerk), die mit Wahrscheinlichkeit einem Zustand nach alter Fraktur im unteren Drittel des linken Unterarms entsprechen. Es besteht also Übereinstimmung mit dem von Dr. *Stumpfegger* angegebenen Unterarmbruch links. Bei dem Skelett Nr. 2 ergibt sich sowohl makroskopisch als auch auf Grund des Röntgenbefundes von Dr. *Schöldgen* (Anlagen 20 und 22 zu diesem Vermerk) eine Defektheilung nach Fraktur des rechten Schlüsselbeins im mittleren Drittel. Die Angaben der beiden Söhne des Angeschuldigten fanden damit ihre Bestätigung.

c) Da an der Stirn des Angeschuldigten über dem linken Augenwulst auf verschiedenen Aufnahmen eine *Narbe* erkennbar ist, wurde der Schädel Nr. 2 dementsprechend untersucht. Eine nennenswerte Knochenverletzung ist nicht erkennbar. Dadurch wird das Vorhandensein einer etwa unfallbedingt zu Lebzeiten entstandenen blutenden Kopfhautverletzung nicht ausgeschlossen.

d) Durch *Fotomontage* von Profilfotos beider Schädel mit Profilaufnahmen des Angeschuldigten und des Dr. Ludwig *Stumpfegger*, die miteinander zur Deckung gebracht wurden, ergibt sich völlige Übereinstimmung der Schädel- und Gesichtsformen (Anlagen 23 und 24 zu diesem Vermerk).

4. Das Ergebnis des gerichtsärztlichen Gutachtens

Der Gutachter kommt auf Grund der Untersuchungen zu a), b) und d) – also ohne Berücksichtigung der Untersuchungen über das Gebiß und der übrigen Umstände – zu der Schlußfolgerung, daß das Skelett Nr. 1 mit größter Wahrscheinlichkeit mit der Person des Dr. Ludwig *Stumpfegger* identisch ist.

Bezüglich des Skeletts Nr. 2 kommt der Gutachter zu der Schlußfolgerung, daß Schädel und Skelett allein mit größter Wahrscheinlichkeit für die Identität mit der Person des Angeschuldigten sprechen. Für den Fall, daß die anthropometrisch bestimmten Maßverhältnisse des Skeletts Nr. 2 mit Größe, Kopfumfang und -form übereinstimmen und die typischen prothetischen zahntechnischen Arbeiten am Gebiß dieses Schädels zahnärztlich verifiziert werden können, dürfte „die Identität des Schädels Nr. 2 und des Skeletts 2 (klein) mit der Person des Martin *Bormann* mit an Sicherheit grenzender Wahrscheinlichkeit nachgewiesen sein". Diese Voraussetzungen sind – mit Ausnahme des Kopfumfangs – gegeben. Darüber hinaus liegen aber noch die unter Nr. IV 1. bis 4. und unter Nr. V dieses Vermerkes erörterten Erkenntnisse vor.

5. Die Glassplitterchen

Die in beiden Gebissen – auf Grund der aus zweiter Hand stammenden Erklärungen *Osterhubers* (vgl. Ziff. IV, 4) erwartungsgemäß – gefundenen Glassplitterchen wurden von dem Kriminalreferat KD C (KTU-Chemie) des Polizeipräsidenten in Berlin untersucht. Die Untersuchung ergab, daß es sich nach Stärke und Form bei den Glassplitterchen um Trümmer von Ampullen bzw. Phiolen handeln könnte. Zyankali war nicht feststellbar, da es sich an der Luft zersetzt und außerdem leicht wasserlöslich ist.

Der Versuch, im In- und Ausland Vergleichsmaterial zu erhalten, blieb bisher erfolglos. Die einzige mir von einem Privatmann aus Berlin zur Verfügung gestellte Kapsel in Kunststoffhülle, noch aus dem Kriege stammend, ist offensichtlich eine private Anfertigung eines Chemikers für nächste Angehörige gewesen. Nach Vergleichsmaterial weiterhin zu forschen, ist im übrigen auch nicht mehr notwendig, da der Chemiker Dr. Albert *Widmann* ermittelt werden konnte, der bis Kriegsende im kriminaltechnischen Institut (KTI) des Reichskriminalpolizeiamtes – und zwar als Leiter der chemischen Abteilung des KTI – tätig war. Auf eine entsprechende Anfrage teilte er mit Schreiben vom 15. 2. 1973 folgendes mit:

„Selbstvernichter wurden auf Weisung unseres Amtchefs *Nebe*, Reichskriminaldirektor, Generalmajor der Polizei und SS-Gruppenführer, entwickelt und hergestellt. Sie waren für die

Ausgabe an deutsche Agenten bestimmt. Es mag 1943 oder 1944 gewesen sein, als ca. 950 Stück von der Reichskanzlei angefordert wurden, und zwar zur Verteilung an die oberste Führung. Deshalb wurde die Abfüllung durch Krim.O.Sekr. Karl *Sacks* persönlich überwacht. Die Selbstvernichter wurden von mir dem Abholer aus der Reichskanzlei übergeben. Sie wurden offensichtlich verteilt, denn sie wurden auch benützt.

. . .

Unser Amtschef *Nebe* gab den Auftrag, absolut sicher wirkende Selbstvernichter herzustellen. Cyankalitabletten wurden laut seiner Mitteilung von ärztlicher Seite aus abgelehnt mit der Begründung, daß sie bei subacidem Magen und bei Diabetikern infolge Cyanhydrinbildung versagen. Der Aufbau unserer Selbstvernichter war damit klar. Als wirksame Füllung wurde wasserfreie Blausäure verwendet. Zur Stabilisierung derselben wurden 2 % Oxalsäure zugesetzt. Deshalb ist die Füllung auch heute noch einwandfrei. Sie ist nicht polymerisiert und braun verfärbt oder harzig geworden, wie dies bei den polnischen Ampullen der Fall war. Die eingefüllte Menge war rund ein ccm. Die letale Dosis beim Einatmen beträgt nach meiner Erinnerung ca. 8 mg. Die Blausäure wurde aus technischem Natriumcyanid gewonnen. Diese Arbeit machte der Häftling Dr. *Kramer*, welcher von Beruf Chemiker war. Die Herstellung der Blausäure und das Abfüllen in Ampullen wurde in einer kleinen Baracke in den Werkstätten des RKPA im KL Sachsenhausen durchgeführt. Die Aufsicht hatte Herr KOS *Sacks* und Hauptscharführer Gerhard *Maier*. Unfälle sind keine vorgekommen. Hergestellt wurden insgesamt etwa 3000 bis 4000 Stück. Die Form und Größe der gläsernen Ampullen paßten wir den Aufbewahrungsbehältern an. Der ∅ betrug 9 mm, die Gesamtlänge im zugeschmolzenen Zustand ca. 35 mm. Die Böden der Ampullen waren flach. Das zugeschmolzene Ende war zur Verstärkung in blaue Farbe getaucht worden. Ampullen, die im Vacuum auf Dichtheit geprüft worden waren, bekamen zusätzlich einen kleinen roten Tupfen auf den blauen.
Zur Aufbewahrung der Selbstvernichter wurden aus abgeschossenen Infanteriepatronenhülsen kleine Behälter hergestellt. Hinter der Einschnürung wurden die Patronenhülsen auf der Drehbank abgestochen.
Ihre Länge betrug ca. 41 mm. Die 9 mm hohen Deckel wurden ebenfalls aus Patronenhülsen gefertigt. Die Deckel wurden auf die Behälter einfach aufgesteckt. Die Gesamtlänge des Selbstvernichters betrug somit ca. 46 mm, der ∅ war etwa 11 mm.

. . .

Es kommt hinzu, daß wir wahrscheinlich zu drei verschiedenen Zeitpunkten jeweils 1000 leere Ampullen vom Heeressanitätspark erhielten. Ich weiß nicht, aus welcher Fertigung die an die Reichskanzlei abgegebenen Selbstvernichter stammen."

Die Zeugin Hanna *Reitsch* (vgl. Gerhard Boldt; Die letzten Tage der Reichskanzlei, Rowohlt-Taschenbuch, 1964, S. 122) hat die Angaben von Dr. *Widmann* in ihrer Vernehmung vom 20.2.1973 bestätigt. Sie bekundet dabei u.a.:
„Die Beschreibung der Hülse stimmt mit der Schilderung überein, die Dr. *Widmann* auf Seite 2 seines Schreibens vom 15.2.1973 in dem Absatz gibt, beginnend mit „Zur Aufbewahrung…" und endend mit „11 mm" vollkommen überein. Ich weiß dies deshalb so genau, weil ich die Kapsel mit Hülse selbst in das Futter eines Uniformrocks eingenäht habe. Dadurch habe ich mir die Maße anhand meines kleinen Fingers gemerkt und soeben nachgemessen.
Als Hitler mir die Kapsel gab, sagte er dabei, daß es mir natürlich freistehe, von ihr Gebrauch zu machen. Herr von Greim hatte um Kapseln für ihn und mich gebeten. Hitler sagte ferner noch dem Sinne nach, daß wir gegenüber den anderen Insassen des Bunkers nicht benachteiligt sein sollten."

Der Zahnarzt Dr. *Kunz*, der sich seit dem 23.4.1945 als Zahnarzt im Lazarett-Bunker der Reichskanzlei befand (vgl. Lew Besymenski, Der Tod des Adolf Hitler, Christian Wegner Verlag, 1968, dort S. 79–84), bekundete am 21.2.1973:
„Ich kenne nur die Kapseln, die im Bunker vorhanden waren, weiß jedoch nicht, wie die Ampullen, die vermutlich drin waren, aussahen. Ich kann daher auch nichts zum Glas, zur Farbe und zur Form der im Bunker vorhandenen Kapsel sagen. Mir wurde aus dem Schreiben des Dr. *Widmann* vom 15.2.1973 der drittletzte Passus zum Durchlesen gegeben. Ich möchte dazu sa-

gen, daß die Hülsen, die ich bei Frau Goebbels und Eva Braun gesehen habe, gut aus einer Messing-Infanterie-Hülse gefertigt gewesen sein können. Die Gesamtlänge dürfte ca. 46 mm betragen haben. Ich selbst besaß keine Hülse. Ich habe auch niemals eine solche in der Hand gehabt.
. . .

Ich weiß nicht, ob Dr. *Stumpfegger* im Besitz von Kapseln war. Frau Goebbels hatte mehrere in ihrer Kostümjacke. Nach meiner Überzeugung haben aber jedenfalls Dr. *Stumpfegger* oder Frau Goebbels oder beide den Goebbels-Kindern das Gift gegeben."

Die Glassplitterchen wurden durch Dr. *Widmann* untersucht. Er konnte nachweisen, daß sie sämtlichst zylindrisch gewölbt sind, so daß sie einer Stelle am ebenen Boden einer Ampulle zuzuordnen sind, und daß diese Wölbung des Glassplitters zu einer Ampulle paßt, deren Durchmesser rund 9 mm beträgt. Da Splitter mit blauem Lack – mit solchem wurden die Blausäureampullen am zugeschmolzenen Ende geschützt – nicht vorgefunden worden sind, kommt Dr. *Widmann* zu folgendem Ergebnis:
„Der gegenwärtige Befund läßt streng genommen nur den Schluß zu, daß es sich bei den sichergestellten Glassplittern um Überreste einer Ampulle der gleichen Größe handelt, aus denen auch die Selbstvernichter hergestellt waren, es handelt sich *nicht* um Reste einer Ampullenart, die nicht verwendet wurde."

Es ergibt sich demnach mit an Sicherheit grenzender Wahrscheinlichkeit, daß diese Splitterchen von Selbstvernichtern stammen, denn nach den Aussagen von Hanna *Reitsch* und Dr. *Kunz* hatten die Insassen des Bunkers der Reichskanzlei Gelegenheit, solche Selbstvernichter zu erhalten. Auf die in dem Druckwerk von *Besymenski* veröffentlichten Obduktionsbefunde über die Familie Goebbels und über Eva Braun wird zusätzlich verwiesen. In den Zähnen dieser Leichen wurden Glassplitter einer dünnwandigen Ampulle gefunden.

6. Die Motive des Selbstmordes
Über die Motive, die den Angeschuldigten und Dr. *Stumpfegger* bewogen haben mögen, Selbstmord zu begehen – ein solcher ist eindeutig erwiesen, da weder *Axmann* noch *Krumnow* Verletzungen an den beiden Personen wahrgenommen haben und die Glassplitterchen in den Gebissen gefunden worden sind –, können nur Vermutungen angestellt werden.
Der Angeschuldigte war – wie sämtliche während des Ermittlungsverfahrens und der Voruntersuchung vernommenen Zeugen übereinstimmend bekundeten und was sich auch aus den letzten Funksprüchen aus der Reichskanzlei ergibt – keineswegs lebensmüde, sondern bestrebt, zu *Dönitz* nach Norddeutschland zu gelangen. Die Lage für die beiden Genannten muß daher aussweglos gewesen sein, zumal insbesondere dem Angeschuldigten, der den Krieg nur in Hitlers Hauptquartier verbracht hatte, jegliche Kampferfahrung fehlte. Anzunehmen ist, daß er erst jetzt sich der Tatsache bewußt wurde, daß er, falls er in Gefangenschaft geriete, damit zu rechnen hätte, als „Sekretär des Führers" vor ein alliiertes Gericht gestellt zu werden, dessen Urteil er vielleicht geahnt haben mag.
Dr. Ludwig *Stumpfegger* scheint nach den DC-Unterlagen Kampferfahrung gehabt zu haben. Jedoch dürfte auch er erkannt haben, daß ihm für den Fall der Gefangenschaft ein bitteres Schicksal bevorstand. Er war Obersturmbannführer der Waffen-SS und Begleitarzt Hitlers. Er mußte wahrscheinlich befürchten, als ehemaliger Adjutant des Reichsarztes der SS und Polizei, Generalleutnants der Waffen-SS und Präsidenten des Deutschen Roten Kreuzes, Professor Dr. Karl *Gebhardt*, der im „Ärzteprozeß" in Nürnberg durch Urteil vom 20.8.1947 zum Tode verurteilt und hingerichtet worden ist, wegen Beteiligung an grausamen und häufig mörderischen medizinischen Experimenten an Konzentrationslagerinsassen, Kriegsgefangenen und anderen Personen zur Verantwortung gezogen zu werden (vgl. Telford Taylor, Die Nürnberger Prozesse, Europa-Verlag, 1951, S. 53–61). Hinzu dürfte das Bewußtsein gekommen sein, daß gegen ihn der Vorwurf der Ermordung der Goebbels-Kinder erhoben werden würde.
Es handelt sich hierbei jedoch nur um Vermutungen über die Motive des Selbstmordes, auf die hinzuweisen nicht überflüssig erschien.

X.
Die plastische Gesichtsrekonstruktion als zusätzliche Gegenprobe

Gewissermaßen nur noch als Gegenprobe und aus dem Bestreben heraus, keine Erkenntnismöglichkeit zur Identifizierung der Skelette zu unterlassen, entschloß sich die Staatsanwaltschaft bei dem Oberlandesgericht Frankfurt/Main, dem Kriminalhauptmeister Moritz *Furtmayr* am 5.2.1973 den Auftrag zu erteilen, ein Gutachten nach der von ihm angewandten und erprobten Methode über das Verfahren der plastischen Gesichtsrekonstruktion auf Schädelbasis zu erstatten. Zuvor hatte der Kriminalhauptmeister *Furtmayr* im Schreiben des Bayerischen Landeskriminalamts in München vom 29.1.1973 nach vorheriger ausdrücklicher Befragung mitgeteilt, daß er auch in der vorliegenden Sache, in der es sich – im Hinblick auf die inzwischen erschienenen Presseveröffentlichungen – nicht mehr um unidentifizierbare Tote handelte, ein zweifelsfrei objektives Gutachten erstatten könne. Hinzu kam, daß das Bayerische Landeskriminalamt mit Schreiben vom 14.2.1973 mitteilte:

„Die von Herrn *Furtmayr* entwickelten Verfahren, nach denen er hinsichtlich der beiden Schädel gutachtlich tätig werden will, sind seitens der vorgesetzten Dienststelle als förderungswürdig anerkannt. Herr *Furtmayr* hat Gelegenheit, während der Dienstzeit Versuchsreihen zur Erprobung seiner Verfahren durchzuführen."

Auch ist auf den Kriminalhauptmeister *Furtmayr* als Fachmann für das Personenidentifizierungsverfahren durch plastische Gesichtsrekonstruktionen auf Schädelbasis in der Beilage zum Bayerischen Landeskriminalblatt Nr. 40 vom 5.10.1972 ausdrücklich hingewiesen worden.

Aus Gründen der zu wahrenden Objektivität verrichtete der Kriminalhauptmeister *Furtmayr* bis zum 6.3.1973 alle Arbeiten in seinem Dienstzimmer, wodurch er unter selbstgewählter Aufsicht stand und nachweisbar ist, daß er nicht nach ihm vorliegenden Lichtbildern modellierte. Außerdem zog er die beiden Schädel in eine Gesamtserie von insgesamt fünf zu modellierenden Schädeln ein.

Der Inhalt des gerichtsärztlichen Gutachtens ist – abgesehen von den Presseveröffentlichungen auf Grund der Interviews, das Dr. *Spengler* gab – dem Kriminalhauptmeister *Furtmayr* nicht bekanntgegeben worden. Auch hat er keine Einsicht in die DC-Unterlagen über den Angeschuldigten und Dr. Ludwig *Stumpfegger* erhalten.

Das Ergebnis der plastischen Gesichtsrekonstruktion ist in einer Bildmappe mit einem Bericht des Kriminalhauptmeisters *Furtmayr* vom 28.3.1973 enthalten, der abschließend wie folgt lautet:

„Sodann wurden beide Schädel in eine Serie von insgesamt fünf Schädeln einbezogen, um bei der plastischen Rekonstruktion des Weichteilbildes ein Höchstmaß an objektiver Arbeitsausführung gewährleisten zu können.

Schließlich wurden beide Gesichtsplastiken einer weiterführenden Modellierung im Detail unterzogen. Es wurde dabei darauf verzichtet, künstlerisch auf das Gesicht einwirken zu wollen, da die Gesichter allein in objektiver, sachlicher Form ein hohes Maß an Aussagewert abgeben, und so einer zu erfolgenden Vergleichsüberprüfung zur Identitätsfeststellung standhalten dürften."

Diese Vergleichsüberprüfung ergibt anhand der fotografischen Aufnahmen des rekonstruierten Gesichts für den Schädel Nr. 2 (Martin *Bormann*, Anlage 25 zu diesem Vermerk) und des Schädels Nr. 1 (Dr. Ludwig *Stumpfegger*, Anlage 26 zu diesem Vermerk) eine weitgehende Ähnlichkeit mit den fotografischen Aufnahmen insbesondere des Angeschuldigten (vgl. die Anlagen 7, 18, 19) und des Dr. Ludwig *Stumpfegger* (Anlage 27 zu diesem Vermerk) und stellt – unter dem Vorbehalt, daß es sich hierbei noch um ein im Teststadium befindliches neues Personenidentifizierungsverfahren handelt, das noch nicht dem Fingerabdruckverfahren gleichzusetzen ist – eindeutig eine Bestätigung für die bereits gewonnenen Erkenntnisse hinsichtlich der beiden Skelette dar, womit der Zweck der Gegenprobe erreicht ist.

XI.
Ergebnis

Obwohl dem menschlichen Erkenntnisvermögen von Natur her Grenzen gesetzt sind (BGHZ Band 36 S. 379/393 = NJW 1962, 1505), ist mit Sicherheit erwiesen, daß die am 7./8.12.1972 auf dem Ulap-Gelände in Berlin gefundenen beiden Skelette mit dem Angeschuldigten Martin *Bormann* und Dr. Ludwig *Stumpfegger* identisch sind.
Der Angeschuldigte und Dr. Ludwig *Stumpfegger* sind in den frühen Morgenstunden des 2. Mai 1945 – etwa zwischen 1.30 Uhr und 2.30 Uhr – in Berlin verstorben.

XII.
Weitere Maßnahmen

1. Die Fahndung nach Martin *Bormann* wird endgültig eingestellt.
2. Bei dem zuständigen Gericht ist demnächst, da Voruntersuchung stattgefunden hat, der Antrag zu stellen, durch Beschluß das Verfahren infolge des nachgewiesenen Todes des Angeschuldigten für erledigt zu erklären. Die Einholung dieser gerichtlichen Entscheidung erscheint erforderlich, weil eine Sterbeurkunde, die diese Entscheidung überflüssig machen würde, nicht vorgelegt werden kann.
3. Bei dem zuständigen Gericht ist die Aufhebung des Haftbefehls vom 4.7.1961 zu beantragen, um eine bei Fortbestehen des Haftbefehls nicht ausgeräumte Verwechslungsgefahr mit einer Person gleichen Namens auszuschließen.
4. Die Auslobung ist zurückzunehmen.
5. Das Auswärtige Amt ist von dem Ergebnis zu unterrichten, damit der Erlaß vom 4.6.1965 (– V 4 – 88 – 537 –) zurückgenommen und durch einen Erlaß ersetzt wird, in dem den diplomatischen und konsularischen Auslandsvertretungen der Bundesrepublik mitgeteilt wird, daß die Staatsanwaltschaft bei dem Oberlandesgericht Frankfurt/Main weiteren Hinweisen auf einen angeblich noch lebenden Martin *Bormann* nicht mehr nachgeht. Die genannten Auslandsvertretungen der Bundesrepublik mögen hiervon die Informanten derartiger Hinweise alsbald unterrichten.
6. Die Presse des In- und Auslandes ist von dem Ergebnis zu unterrichten.
7. Nach Eingang der anzustrebenden gerichtlichen Entscheidung sind die Skelette zur Bestattung an die Angehörigen freizugeben. Feuerbestattung ist im Hinblick darauf, daß die Skelette der zeitgeschichtlichen, wissenschaftlichen Forschung noch vorsorglich erhalten bleiben sollen, ausdrücklich auszuschließen.
8. Die gesamten Akten, Fahndungsakten, Sonderbände und Handakten sind nach Ablauf der nach der Aktenordnung abzuwartenden Liegefrist als geschichtlich wertvoll dem zuständigen Hessischen Staatsarchiv zur Verfügung zu stellen.

gez. Richter

Staatsanwaltschaft
bei dem Oberlandesgericht
Geschäfts-Nr. Js 11/61 (GStA)

6 Frankfurt (Main), 24. September 73
Zeil 42
Tel.: (06 11)–28 67 83 35

An das
Standesamt I Berlin (West)
1 B e r l i n 33
Lentzeallee 107

B e e r d i g u n g s s c h e i n

Die Beerdigung der am 7./8. Dezember 1972 in Berlin
(West) auf dem früheren Ulap-Gelände an der Invalidenstraße
gefundenen Skeletteile des ehemaligen Reichsleiters

Martin B o r m a n n

wird genehmigt. Feuerbestattung wird ausgeschlossen.

Die näheren Angaben über den Sterbefall sind auf der Seite 2
dieses Beerdigungsscheines enthalten,
soweit sie aus den Akten zu entnehmen sind.

Dienstsiegel

gez. Richter

Nähere Angaben über den Sterbefall:
(zu 1–7 vgl. § 37 PStG)

1. Vor- und Familienname:
2. Beruf:
3. Wohnort:
4. Geburtsort:
5. Geburtstag:
   (Nr. des standesamt-
   lichen Eintrages)
6. Vor- und Familienname
   des Ehegatten
   oder Vermerk, daß der
   Verstorbene nicht ver-
   heiratet war:
7. Ort, Tag und Stunde
   des Todes,
   gegebenenfalls des
   Auffindens der
   Leiche:

Martin BORMANN
Reichsleiter
Obersalzberg, Kreis Berchtesgaden
Halberstadt
17. Juni 1900
(Nr. des standesamtlichen Eintrages
hier unbekannt)
Gerda, geborene BUCH, verstorben

Tod: 2. Mai 1945 zwischen 1.30 Uhr und
2.30 Uhr

Skelettfund: 7. und 8. Dezember 1972

Dienstsiegel

Beglaubigt:
gez. Dittmann
Justizangestellter

Staatsanwaltschaft
bei dem Oberlandesgericht
Geschäfts-Nr. Js 11/61 (GStA)

6 Frankfurt (Main), 24. September 73
Zeil 42
Tel.: (06 11)–28 67 83 35

An das
Standesamt I Berlin (West)
1 B e r l i n 33
  Lentzeallee 107

B e e r d i g u n g s s c h e i n

Die Beerdigung der am 7./8. Dezember 1972 in Berlin
(West) auf dem früheren Ulap-Gelände an der Invalidenstraße
gefundenen Skeletteile des

Dr. Ludwig S t u m p f e g g e r

wird genehmigt. Feuerbestattung wird ausgeschlossen.

Die näheren Angaben über den Sterbefall sind
auf der Seite 2 dieses Beerdigungsscheines enthalten,
soweit sie aus den Akten zu entnehmen sind.

Dienstsiegel

gez. Richter

Nähere Angaben über den Sterbefall:
(zu 1–7 vgl. § 37 PStG)

1. Vor- und Familienname:	Dr. Ludwig STUMPFEGGER
2. Beruf:	Arzt, Dozent, Dr. med. habil.
	SS-Obersturmbannführer der Waffen-SS
3. Wohnort:	1939: Berlin
	bis April 1945: vermutlich Hohenlychen
4. Geburtsort:	München
5. Geburtstag:	11. Juli 1910
(Nr. des standesamt-	(Nr. des standesamtlichen Eintrages
lichen Eintrages)	hier unbekannt)
6. Vor- und Familienname	Gertrud, geborene SPENGLER
des Ehegatten	8 München 40, Milbertshofener Straße
oder Vermerk, daß der	69 III
Verstorbene nicht ver-	
heiratet war:	
7. Ort, Tag und Stunde	*Tod*: 2. Mai 1945 zwischen 1.30 Uhr und
des Todes,	2.30 Uhr
gegebenenfalls des	
Auffindens der	*Skelettfund*: 7. und 8. Dezember 1972
Leiche:	

Beglaubigt:
gez. Dittmann
Justizangestellter

Dienstsiegel

Abschrift
St. R. St. 13/1924.
12 J 236/1923.

Im Namen des Reichs.

In der Strafsache gegen
  1. den landwirtschaftlichen Arbeiter Rudolf *Höß*, geboren am 25. November 1900 in Baden-Baden (in Untersuchungshaft seit 28. Juni 1923),
  2. den Kaufmann Bernhard *Jurisch*, geboren am 14. April 1898 in Berlin (in Untersuchungshaft seit 28. Juni 1923),
  3. den landwirtschaftlichen Arbeiter Karl *Zabel*, geboren am 17. Oktober 1888 in Duvendiek (in Untersuchungshaft seit 24. Juni 1923),
  4. den landwirtschaftlichen Arbeiter Robert *Zenz*, geboren am 20. Juli 1894 in Neulübbenau (in Untersuchungshaft seit 1. März d.J.),
  5. den landwirtschaftlichen Arbeiter Georg *Pfeiffer*, geboren am 15. Juli 1899 in Osehatz (in Untersuchungshaft seit 24. Juni 1923),
  6. den landwirtschaftlichen Arbeiter Emil *Wiemeyer*, geboren am 16. Mai 1899 in Stargard (in Untersuchungshaft seit 28. Juni 1923),
  7. den Geschäftsführer Martin *Bormann*, geboren am 17. Juni 1900 in Halberstadt (in Untersuchungshaft gewesen vom 17. Juli 1923 bis 25. November 1923),
  8. den Landwirt Bruno *Fricke*, geboren am 7. November 1900 in Halberstadt (in Untersuchungshaft seit 17. Juli 1923),
  9. den Leutnant a.D. Eberhard *Hoffmann*, geboren am 27. Juni 1898 in Bugenhagen (in Untersuchungshaft seit 30. Oktober 1923),
 10. den Leutnant d.R. a.D. Bernhard *Thomsen*, geboren am 24. Mai 1896 in Eckernförde (in Untersuchungshaft seit 16. Juli 1923),
 11. den Oberleutnant a.D. Bernhard *Mackensen*, geboren am 4. August 1893 in Bruchsal (Baden) (in Untersuchungshaft seit 18. Juli 1923),
 12. den Gutssekretär Walter *Wulbrede*, geboren am 24. ... 1898 in Gevelsberg,
 13. den Kaufmann Ludwig *Richter*, geboren am 14. Oktober 1898 in Trier (in Untersuchungshaft seit 28. Juni 1923), wegen Verbrechen und Vergehen gegen §§ 223, 223a, 211, 257, 47, 49, 74 StGB

hat der Staatsgerichtshof zum Schutze der Republik in der öffentlichen Sitzung vom 12. bis 15. März 1924, an der teilgenommen haben
als Richter:
  Reichsgerichtsrat *Niedner*, Vorsitz:
  Reichsgerichtsrat Doehn
  Reichsgerichtsrat Dr. Baumgarten
  Professor Dr. Reincke-Bloch
  Referent im Preußischen Handelsministerium, Hartmann
  Rechtsanwalt Dr. Herschel
  Staatsminister a.D. Heine
  Hermann Müller, Berlin
  Verbandsvorsitzender Jäckel

---

* Da die Tat und der Tathergang sowie das Urteil bereits eingehend im dritten Kapitel „Roßbach und die Feme" geschildert wurden, wird hier auf die ausführliche Wiedergabe der Urteilsbegründung verzichtet (Anm.d.Red.).

als Ersatzrichter:
    Fabrikbesitzer Schmidt, Leipzig
als Beamte der Reichsanwaltschaft:
    Oberreichsanwalt Dr. Ebermayer
    Staatsanwaltschaftsrat Dr. Moericke
als Protokollführer:
    Justizobersekretär Bunge
nach mündlicher Verhandlung für Recht erkannt:

I. Die Angeklagten Höß, Jurisch, Zabel, Pfeiffer, Wiemeyer und Zenz werden je wegen schwerer Körperverletzung und vollendeten Totschlages verurteilt, und zwar:

Höß zu 10 – zehn – Jahren Zuchthaus,

Jurisch zu 5 – fünf – Jahren 6 – sechs – Monaten Gefängnis,

Zabel zu 9 – neun – Jahren 6 – sechs – Monaten Zuchthaus,

Pfeiffer zu 6 – sechs – Jahren 6 – sechs – Monaten Zuchthaus,

Wiemeyer zu 12 – zwölf – Jahren 6 – sechs – Monaten Zuchthaus,

Zenz zu 6 – sechs – Jahren 6 – sechs – Monaten Zuchthaus.

Auf die erkannten Strafen werden bei Höß, Jurisch, Zabel, Pfeiffer und Wiemeyer je sechs Monate der erlittenen Untersuchungshaft angerechnet.

II. Der Angeklagte *Bormann* wird wegen Beihilfe zur schweren Körperverletzung sowie wegen Begünstigung zu 1 – einem – Jahr Gefängnis, wovon ein Monat durch die erlittene Untersuchungshaft als verbüßt gilt, verurteilt.

III. Die Angeklagten Fricke, Hoffmann, Thomsen, Mackensen, Wulbrede und Richter werden je wegen Begünstigung, und zwar *Fricke* zu 10 – zehn – Monaten Gefängnis, *Hoffmann, Thomsen, Mackensen, Wulbrede* und *Richter* zu je sechs Monaten Gefängnis, verurteilt.

Auf die erkannten Strafen werden bei Fricke vier Monate, bei Hoffmann drei Monate, bei Thomsen, Mackensen und Richter je vier Monate der erlittenen Untersuchungshaft angerechnet.

IV. Die Angeklagten haben die Kosten des Verfahrens zu tragen.

Von Rechts wegen.

Gründe.

Am 22. Juni 1923 erschien der Angeklagte Jurisch auf der Redaktion des „Vorwärts" in Berlin und erklärte, daß er vertrauliche Mitteilungen über einen in der Nähe von Parchim in Mecklenburg verübten Mord zu machen habe. Der Angeklagte befand sich in höchster Aufregung und berichtete eingehend, daß vor einigen Wochen ein gewisser Kadow von mehreren Roßbachleuten ermordet und die Leiche im Wald verscharrt sei. Er machte auf den Redakteur Schiff den Eindruck „eines zu Tode gehetzten Tieres" und machte offenbar um Schutz nach, da er sich verfolgt fühlte. Die „Vorwärts"-Redaktion setzte sich sofort mit der Abteilung I a des Berliner Polizeipräsidiums in Verbindung, die ihrerseits unverzüglich den Kriminalbetriebsassistenten Vahldick nach Parchim entsandte, um im Einvernehmen mit der Mecklenburg-Schwerinschen Landeskriminalpolizei die erforderlichen Ermittlungen anzustellen. Darauf wurde am 24. Juni 1923 auf Veranlassung der Staatsanwaltschaft in Schwerin die Leiche Kadows, die unweit des Ritterguts Neuhof in einer Tannenschonung vergraben war, wieder ausgegraben und nach Parchim geschafft. Im Anschluß daran fand am 25. Juni 1923 eine gerichtliche Leichenschau und Leichenöffnung unter Zuziehung der Obermedizinalräte Wilhelmi und Viereck statt, die außer Zweifel stellte, daß Kadow gewaltsam ums Leben gebracht war. Da im Laufe der Untersuchung gegen die größere Anzahl der in die Mordsache verwickelten Personen der Verdacht entstand, daß sie sich durch ihre Zugehörigkeit zum „Verein für landwirtschaftliche Berufsausbildung" in Mecklenburg zugleich einer Verfehlung gegen § 7 Z.4 und 5 des Gesetzes zum Schutz der Republik vom 21. Juli 1922 schuldig gemacht hätten, wurde insoweit von seiten des Oberreichsanwalts ein besonderes Verfahren eingeleitet, das bis jetzt noch nicht zum Abschluß gelangt ist (Aktenzeichen 12 J 416/22). Das hatte zur weiteren Folge, daß wegen tatsächlichen Zusammenhangs (§ 13 Abs. 2a a.O.) die vorliegende Sache dem Staatsgerichtshof zur Aburteilung unterbreitet wurde.

Die mündliche Verhandlung hat nun in der „Parchimer Mordsache" zu nachstehendem Ergebnis geführt.

A.
Vorgeschichte der Haupttat.

I. Wie von dem als Zeugen und Sachverständigen vernommenen Leiter der Landeskriminalabteilung von Mecklenburg-Schwerin, dem Regierungsrat Wiggers, bekundet worden ist, wurde nach Auflösung des Freikorps Roßbach in Verfolg des Kapp-Putsches eine „Arbeitsgemeinschaft Roßbach" gegründet, deren Zentrale in Berlin war, während sich die Kassenstelle in Kalsow in Mecklenburg befand. Diese Organisation wurde jedoch 1921 aufgrund der Art. 177, 178 des Versailler Vertrags verboten. An ihre Stelle trat der *„Verein für landwirtschaftliche Berufsausbildung"*, der indessen am 22. November 1922 als Fortsetzung der „Arbeitsgemeinschaft Roßbach" gleichfalls dem Verbot verfiel und liquidieren mußte. An der Spitze des „Vereins für landwirtschaftliche Berufsausbildung" stand ursprünglich der Major a.D. Weber, der später durch den Leutnant a.D. Burandt ersetzt wurde. Nach Auflösung dieses Vereins rief Roßbach, der sich inzwischen der Nationalsozialistischen Deutschen Arbeiterpartei angeschlossen hatte, deutsch-völkische Jugendorganisationen in Gestalt von sogenannten Turnerschaften ins Leben. Indessen wurden auch diese von der Mecklenburgischen Regierung am 31. März 1923, und zwar aufgrund des Republikschutzgesetzes, verboten. Als auch die Nationalsozialistische Deutsche Arbeiterpartei von dem Mecklenburgischen Ministerium verboten wurde, trat Roßbach der Deutsch-völkischen Freiheitspartei, an deren Spitze der Reichstagsabgeordnete von Graefe stand, bei und stellte ihr seine Turnerschaften zur Verfügung. So wurden diese beiden Organisationen miteinander verschmolzen, wobei die alte Einteilung der Roßbach-Organisationen in Gaue, Bezirke, Kreise und Abschnitte beibehalten wurde. Roßbach selbst besaß innerhalb der Deutsch-völkischen Freiheitspartei als Leiter der Organisationsabteilung II zugleich einen maßgebenden Einfluß auf die neugebildeten Jugendorganisationen. In Mecklenburg verfügt die Deutsch-völkische Freiheitspartei als solche über Ortsgruppen, das oberste Organ wird von dem Landesvorstand gebildet.

II. Eine Hauptaufgabe des „Vereins für landwirtschaftliche Berufsausbildung" bestand in der Unterbringung von Arbeitern auf Gütern in Mecklenburg. Sie bildeten je in sich geschlossene Arbeitstrupps und unterstanden einem Truppführer. Solche Arbeitstrupps waren in der Umgebung von Parchim u.a. auf den Gütern *Neuhof* und *Herzberg* vorhanden. In Neuhof waren um die hier in Frage kommende Zeit etwa 25 Arbeiter untergebracht, die in einem Gebäude unmittelbar an der von Parchim nach Schwerin führenden Landstraße gegenüber der Ziegelei wohnten. Zu diesem Trupp gehörten die Angeklagten Höß, Zabel und Zenz; auch Jurisch hatte ihm angehört, befand sich aber zuletzt wegen einer Schußverletzung, die er sich 1921 in selbstmörderischer Absicht zugefügt hatte, im Krankenhaus in Parchim. Truppführer war in Neuhof Höß. Auf dem Gut Herzberg, das in nordöstlicher Richtung von Parchim liegt und erheblich weiter von der Stadt entfernt ist als Neuhof, waren unter den Angeklagten Pfeiffer als Truppführer der Mitangeklagte Wiemeyer sowie ein gewisser Kühl, dessen Aufenthalt zur Zeit unbekannt ist, tätig. Die genannten Angeklagten waren sämtlich entweder durch den „Verein für landwirtschaftliche Berufsausbildung" oder durch Vermittlung der Deutschnationalen Volkspartei in ihre Arbeitsstellen gelangt. Sie hießen im Volksmund schlechthin die „Roßbacher" oder „Hakenkreuzler" und betrachteten sich, soweit sie nicht förmlich der Deutsch-völkischen Freiheitspartei als Mitglieder beigetreten waren, ohne weiteres als zu dieser gehörig. Ebenso waren die betreffenden Gutsherren Mitglieder dieser Partei.

III. Auf dem Rittergut *Herzberg* hatte sich im Februar 1921 auch der am 29. Januar 1900 in Hagenow i.M. als Sohn eines Schmiedes geborene Walter *Kadow* unter die Roßbacher einreihen lassen. Kadow hatte ursprünglich die Laufbahn eines Volksschullehrers eingeschlagen, kam dann zum Militär und war nach seiner Entlassung eine Zeitlang zweiter Lehrer an der Schule in Roggenstorf b. Grevesmühlen i.M. gewesen. Bevor er nach Herzberg kam, war er an die Deutsch-völkische Freiheitspartei herangetreten und hatte in Wismar die ihr unterstellte Jugendgruppe geleitet. In Herzberg war Kadow bald außerordentlich unbeliebt geworden, ja, es war im Lauf der Zeit eine derartig gereizte Stimmung der „Roßbacher" gegen ihn entstanden, daß bereits damals gelegentlich die Rede davon war, ihn verprügeln zu sollen. Die Veranlassung hierzu war darin gelegen, daß sich Kadow unbefugterweise als früherer Leutnant aufspielte, Orden vorzeigte und von seinen Kameraden Geld entlieh, ohne es wieder zurückzuzahlen. Zu den letzteren gehörte auch der Angeklagte Wiemeyer. Vor allem aber war der Verdacht rege geworden, daß Kadow ein kommunistischer Spitzel sei. In der Tat läßt sich dieser Verdacht nicht als unbegründet von der Hand weisen, wenn man berücksichtigt, daß Kadow nach Aussage des Zeugen Wiggers noch in der Zeit, als er die Lehrtätigkeit ausübte, an geheimen Funktionärsversammlungen der Kommunistischen Partei teilnahm, im Januar/Februar 1921 auf drei Wochen nach Rußland reiste und sich dort um eine Stellung bemühte, auch das Bild von Lenin in seinem Besitz hatte. Das Gesamtverhalten Kadows war nach allem ein solches, daß er schließlich aus dem Kreise der „Roßbacher" in Herzberg entlassen wurde. Nach seiner Entlassung stellt sich weiter heraus, daß er sich 30000 M Vorschuß für seine ehemaligen Kameraden hatte geben lassen, den Betrag aber nicht an sie abgeführt, sondern ihn für sich behalten hatte. So war zuletzt von den „Roßbachern" die allgemeine Parole ausgegeben worden, den Kadow, wenn er sich einmal in Parchim zeigen sollte, festzuhalten. Auch der Angeklagte Bormann, der auf dem Gut Herzberg als Geschäftsführer des Eigentümers von Treuenfels tätig war und auf Betreiben des Mitangeklagten Fricke die Entlassung Kadows bewirkt hatte, war zu diesem Zweck mit dem Zeugen Masolle in Parchim in Verbindung getreten. Masolle hatte dort in demselben Hause, in dem sich der „Louisenhof" – eine Wirtschaft, in der die „Roßbacher" der Umgebung viel zu verkehren pflegten – befand, und zwar gerade schräg gegenüber von der Gaststube, ein Delikatessengeschäft; er war Kassierer der Parchimer Ortsgruppe der Deutsch-völkischen Freiheitspartei und mit Bormann, einem „Gesinnungsfreund" von ihm, wohl bekannt. Zwischen beiden war die Vereinbarung getroffen worden, daß Masolle den Kadow für den Fall seines Erscheinens in Parchim im „Louisenhof" festhalten und ihm, Bormann, unverzüglich Nachricht davon zukommen lassen solle, damit Kadow seine Schulden abarbeiten könne.

B.
Vorgänge unmittelbar vor, während und nach der Haupttat
(schwere Körperverletzung und Totschlag Kadows).

I. Am *31. Mai 1923* erschien Kadow unerwartet mit einem dem Namen nach nicht ermittelten jungen Mann in Parchim. Er wandte sich zunächst an den Kaufmann v. Haartz mit der Bitte um ein Darlehen von 30000 M, da er nach dem Ruhrgebiet abreisen wolle. V. Haartz gab ihm jedoch nur 5000 M, allerdings schenkungsweise. Kadow erklärte, sich nach dem Bahnhof zur Abreise begeben zu wollen. In Wirklichkeit reiste er indessen nicht ab, sondern verfügte sich zu Masolle, dem er sein Anliegen wegen Gewährung eines Darlehens gleichfalls vortrug. Masolle schlug ihm aber die Bitte ab und verabreichte ihm statt dessen einige Schnäpse in seinem Laden. Kadow hielt sich von da ab mit seinem Begleiter im „Louisenhof" auf.

Nunmehr verbreitete sich sehr schnell die Kunde unter den „Roßbachern", daß Kadow im „Louisenhof" sei. Nach Neuhof eilte ein gewisser Hansel, dessen Aufenthalt nicht ermittelt ist, und nach Herzberg überbrachte gemäß der mit dem Angeklagten Bormann getroffenen Vereinbarung der Zeuge Masolle persönlich die Nachricht, da es ihm nicht möglich gewesen war, telefonischen Anschluß zu erlangen. Masolle kam erst abends nach 9 Uhr mit einem Fahrrad, das er wegen einer Panne seines Motorrades sich hatte borgen müssen, in Herzberg an. Während der Unterredung mit Bormann erklärte dieser, es hätte keinen Zweck, daß Kadow nach Herzberg komme, um seine Schulden abzuarbeiten, es wäre vielmehr besser, er bekäme eine Tracht Prügel. Dann beauftragte Bormann den zu dem Arbeitstrupp gehörigen, oben genannten Kühl, den Masolle, der etwas angetrunken war, mit dem Wagen nach Parchim zurückzufahren; hierbei fügte er hinzu, *„Kadow wäre dort, er sollte ihn ordentlich verprügeln und könnte sich noch einige Kameraden mitnehmen"*. Daraufhin setzte sich Kühl mit den Angeklagten *Pfeiffer* und *Wiemeyer* in Verbindung, und alle drei fuhren mit Masolle auf dem Jagdwagen nach Parchim, indem Pfeiffer die Pferde lenkte. Sie kamen nach 11 Uhr vor dem „Louisenhof" an.

Dort hatte sich inzwischen bereits eine größere Anzahl „Roßbacher" eingefunden, insbesondere waren von den Neuhofern die Angeklagten Höß, Zabel, Zenz, Jurisch sowie der Zeuge Mietzner, der früher auch in Neuhof gearbeitet hatte, damals aber auf einem anderen Gut beschäftigt war, anwesend. Es war schon vorher ziemlich stark Bier und Schnaps durcheinander getrunken worden. Kadow selbst scheint infolge des Zuspruchs von seiten des einen oder anderen der Angeklagten am meisten getrunken zu haben, jedenfalls lag er beim Eintritt der Herzberger auf dem Sofa hingestreckt, ohne ein Wort zu reden. Diese Gelegenheit war benutzt worden, um Kadow aus der Tasche seine Papiere wegzunehmen und herumzuzeigen. Der Zeuge Masolle hat bekundet, daß sich unter diesen Papieren u.a. eine blaue Mitgliedskarte der kommunistischen Jugend, auf den Namen Kadow lautend, befunden habe. Nach dieser Entdeckung war für die genannten Angeklagten kein Zweifel daran mehr möglich, daß Kadow ein kommunistischer Spitzel sei und die Reise nach dem Ruhrgebiet nur dem Zweck antreten wolle, um Deutschland an die Franzosen zu verraten. *Infolgedessen herrschte jetzt unter ihnen allgemeine Übereinstimmung darüber, daß Kadow tüchtig verprügelt werden müsse.*

II. Nachdem Kadow vom Sofa aufgestanden und die Zecherei noch eine Zeitlang fortgesetzt worden war, erfolgte um die Polizeistunde gegen 12 Uhr der Aufbruch. Kadow wurde unter dem Vorgeben, es ginge noch in ein Café mit Damenbedienung, veranlaßt, den Jagdwagen zu besteigen. Dabei wurde es so eingerichtet, daß Kadow in der Mitte zwischen den Angeklagten Zenz und Jurisch saß, während Zabel unmittelbar vor ihm und Wiemeyer neben ihm auf dem Trittbrett stand. Der Angeklagte Pfeiffer saß mit Höß auf dem Bock und leitete die Pferde, indem er sich von seinen Kameraden während der ganzen Fahrt den Weg zeigen ließ. Kühl und Mietzner, die auch mitfahren wollten, fanden auf dem Wagen keinen Platz mehr und entschlossen sich daher, zu Fuß nachzufolgen. Als Kadow merkte, daß man mit ihm zur Stadt hinausfahre, wollte er aussteigen, wurde aber von Zabel mit vorgehaltener Pistole daran verhindert. Kurz nach der Eisenbahnüberführung begann die Prügelei. Zabel schlug entweder mit der geballten Faust oder mit einem Krückstock auf Kadow ein, Wiemeyer schlug mit der Faust, Pfeiffer mit einem Gummiknüppel zu. Auch Zenz beteiligte sich an der Schlägerei. Nur Höß verhielt sich vorläufig ruhig. Ob auch Jurisch damals mitgeschlagen hat, war mit Sicherheit nicht festzustellen. Kadow jammerte während der ihm zuteil gewordenen Mißhandlungen laut; es half ihm aber nichts, vielmehr wurden unter dem Ruf: „Du Lump! Was deutsche Männer aufgebaut haben, willst du verraten?" die Schläge so lange fortgesetzt, bis er stark blutete.

Nach weiterer Fahrt bog der Wagen auf Höß' Geheiß von der nach Schwerin führenden Landstraße ab auf einen Verbindungsweg in die Richtung nach Neuhof zu und hielt an einer *Wiese*, die sich links zwischen der Landstraße und den von ihr abzweigenden Verbindungsweg hinzieht. Kadow mußte aussteigen und wurde auf die Wiese gezerrt. Alsdann fielen *sämtliche* Angeklagten, die mit dem Wagen vom „Louisenhof" weggefahren waren, über Kadow her und schlugen auf ihn ein. Kadow wollte infolge der Mißhandlungen entfliehen, als Höß aus seiner Pistole einen Schreckschuß abfeuerte und ihn wieder zurückschleppte. Nun begann erst recht eine *allgemeine* Schlägerei. Pfeiffer schlug mit seinem Gummiknüppel zu, Wiemeyer und Zabel bedienten sich eines Spazierstocks zum Schlagen. Zenz scheint bloß mit der Faust zugeschlagen zu haben. Auch Jurisch nahm an der Schlägerei teil; zweifelhaft ist bloß, ob er mit der Faust oder, wie von Zabel behauptet wird, auch mit einem Spazierstock zugeschlagen hat. Kadow hielt während dieser Zeit die beiden Hände über den Kopf, um die Schläge abzuwehren, und wehklagte, aber vergeblich. Schließlich brach *Höß* ein *Ahornbäumchen von ca. 2–3 cm Stärke* ab, *ergriff es mit beiden Händen und schlug mit aller Wucht auf den Schädel Kadows ein*. Da brach Kadow blutüberströmt zusammen und blieb bewußtlos auf dem Platz liegen. Zum erstenmal wurde bei dieser Gelegenheit, und zwar von Jurisch, die Äußerung getan, man sollte Kadow den „Gnadenschuß" geben.

III. Nach dieser erbarmungslosen Mißhandlung wurde Kadow, der keinen Laut mehr von sich gab, von mehreren der Angeklagten angepackt, nach dem Wagen geschleppt und hinten auf den Gepäckträger gelegt. Dann bestiegen wieder alle den Wagen und fuhren den Verbindungsweg zurück nach der Landstraße. Mittlerweile waren Kühl und Mietzner herangekommen und wurden aufgefordert, mit auf den Wagen zu steigen. Ob alle beide dieser Aufforderung nachkamen, muß dahingestellt bleiben, jedenfalls ist Mietzner nach seiner bestimmten Versicherung mitgefahren. Auf dem Wege nach der Ziegelei zu äußerten die auf dem Wagen Sitzenden zu Mietzner, daß sie den Kadow verprügelt hätten, *„er hätte seinen Teil weg, und nun würde er in den Wald gefahren und vergraben"*. Auch wurde hier nach Angabe des Höß und Zabel abermals angeregt, dem Kadow den „Gnadenschuß" zu geben. An der Ziegelei angekommen, hielt der Wagen eine Weile, Mietzner stieg ab, verfügte sich in seine Stube und legte sich zu Bett. Es wurde sodann beraten, was denn nun eigentlich mit Kadow werden solle. Dabei wurde insbesondere erwogen, ob man ihn etwa abwaschen und ins Krankenhaus bringen oder ob man ihn nach dem Walde schaffen und dort vergraben sollte. *Schließlich drang der Vorschlag des Höß durch, daß man Kadow im Walde vergraben solle.* Darauf setzte sich der Wagen abermals in Bewegung, indem Pfeiffer, wie bisher, unter Führung des Höß zunächst ungefähr $1^1/_2$ km auf der Landstraße entlangfuhr und rechts in eine Waldschonung einbog. Nach einer weiteren Wegstrecke von etwa 400 m wurde haltgemacht und der in seine Pelerine eingehüllte Kadow vom Gepäckträger herabgehoben und auf den Boden gelegt. Kaum lag Kadow an der Erde, das Gesicht nach oben gekehrt, als sich *Wiemeyer* auf ihn stürzte, links neben ihm kniend sein *Taschenmesser* herauszog *und ihm damit den Hals durchschnitt.* Es war deutlich zu hören, wie Kadow röchelte. Darauf äußerte Jurisch von neuem, man solle ihm endlich den „Gnadenschuß" geben. Nun wurde Kadow einige Meter weit in das Dickicht geschleppt. Was sich dort weiter im einzelnen abgespielt hat, ist bei den sich gegenseitig widersprechenden Angaben der Angeklagten nicht vollständig aufgeklärt worden. Jedenfalls steht soviel fest, daß *Zabel* der erste gewesen ist, der mit einer geladenen Pistole nach dem Kopf Kadows zielte und losdrückte. Es scheint jedoch, daß dieser Schuß infolge einer Ladehemmung versagte. Möglicherweise hat dann Zabel zum zweiten Male versucht, Kadow durch einen Kopfschuß vollends zu töten. Tatsache ist, daß damals im ganzen *zwei scharfe Pistolenschüsse* ziemlich kurz hintereinander abgefeuert worden sind, *die beide den Kopf Kadows durchschlugen.* Als erwiesen darf in negativer Beziehung gelten, daß Wiemeyer, Jurisch und Pfeiffer diese Schüsse nicht abgegeben haben, während positiv bei Zabel und Zenz allerdings mit einer solchen Möglichkeit gerechnet werden muß.

IV. Nachdem Kadow auf die vorbeschriebene Weise getötet worden war, wurde die Leiche mit dem Mantel zugedeckt und im Walde liegen gelassen. Das muß nachts gegen 1 Uhr gewesen sein. Darauf fuhr man unter Mitnahme des Rucksacks und der Schuhe Kadows wieder nach Neuhof zurück. Hier wurde der stark mit Blut besudelte Wagen abgewaschen. Der in Neuhof damals arbeitende, zu den „Roßbachern" gehörige Zeuge Heise wachte hierdurch aus dem Schlaf auf, ging hinaus und fragte die Angeklagten Zabel und Zenz, was denn los sei, worauf er von ihnen zur Antwort erhielt, „sie hätten einen Rehbock geschossen". Nach der Reinigung des Wagens wurden der Rucksack sowie die Papiere Kadows einer genauen Durchsicht unterzogen, wobei man außer Schriftstücken, die auf eine kommunistische Tätigkeit des Getöteten hindeuteten, auch eine größere Menge russischen Geldes vorgefunden haben will. Der gesamte Inhalt des Rucksacks wurde noch in derselben Nacht von den Angeklagten verbrannt. Was aus den Papieren Kadows geworden ist, soweit sie nicht mit verbrannt wurden, hat sich nicht ermitteln lassen. Die Angeklagten Pfeiffer und Wiemeyer fuhren alsdann zusammen mit Kühl noch in derselben Nacht nach Herzberg zurück. Am nächsten Morgen begaben sich Höß und Zabel wieder nach der Stelle in der Waldschonung, wo Kadow liegen geblieben war, gruben die Leiche ein und deckten das Ganze mit Heidekraut zu, damit die Grabstelle möglichst unauffällig erscheine. Jurisch ging ebenfalls frühmorgens fort, und zwar um den Gummiknüppel zu suchen, den Pfeiffer bei der Mißhandlung Kadows auf der Wiese verloren hatte. Er fand ihn auch und händigte ihn dem Pfeiffer in Herzberg aus. Als der Zeuge Heise im Laufe des Vormittags bemerkte, wie der Angeklagte Zabel Bilder (Photographien) Kadows verbrannte, fragte er ihn, wie er dazu käme, und bekam von ihm die Antwort, sie hätten Tage vorher den Kadow wegen Spitzeleien verhauen, Kadow hätte aber bei der Verprügelung zu viel abbekommen, in diesem Zustand hätten sie ihn nicht liegen lassen können, deshalb seien sie in den Wald gefahren. Zabel schloß seine Erzählung mit den Worten: „Da mußte ich erst mal kommen" und machte dazu die Handbewegung des Erschießens, woraus der Zeuge entnahm, daß Zabel eingestehen wolle, er habe Kadow den Garaus durch Erschießen gemacht.

C.
Objektiver Befund der dem Kadow zugefügten Verletzungen.

Aufgrund der Sachverständigengutachten des Regierungsrats Dr. Pfreinbter und des Obermedizinalrats Dr. Wilhelmi war bezüglich der Verletzungen, die Kadow zuerst auf der Wiese und nachher im Walde zugefügt worden sind, folgendes festzustellen.

Der Kopf Kadows wies bei der Leichenschau an der Oberfläche zahlreiche Verletzungen auf, die bis auf den Schädelknochen gingen. Der vom Angeklagten *Höß* auf der *Wiese* mit dem abgebro-

chenen *Ahornbäumchen* geführte *Schlag* gegen den Kopf Kadows hat außer einer strahlenförmigen Verletzung („Sternfraktur") eine *Zertrümmerung des Stirnbeins* zur Folge gehabt, *wobei ein den vorderen Teil des Stirnbeins einnehmendes Knochenstück vollständig ausgebrochen ist.* Höchstwahrscheinlich ist hierdurch auf der rechten Seite eine gänzliche Erblindung herbeigeführt, doch läßt sich dies mit einer jeden Zweifel ausschließenden Bestimmtheit nicht behaupten. Dagegen ist mit einer an *Gewißheit grenzenden Wahrscheinlichkeit* anzunehmen, daß durch den vorbezeichneten Schlag Kadow in Siechtum verfallen ist, namentlich unter Berücksichtigung der übrigen ihm damals beigebrachten Verletzungen. „*Eine andere Möglichkeit kommt*", wie sich der Sachverständige Pfreinbter wörtlich ausgedrückt hat, „*praktisch nicht in Frage.*"
Kadow hat trotz der erlittenen außerordentlichen Verletzungen zu *der* Zeit, wo Wiemeyer den *Halsschnitt vornahm, bestimmt noch gelebt.* Das ergibt sich mit absoluter Sicherheit daraus, daß er das infolge des Schnitts ausströmende Blut in die Lungen einsog, wodurch das Röcheln hervorgerufen wurde. So war denn auch die Luftröhre voll Blut, außerdem befand sich im Magen Blut, und auch der Zwölffingerdarm war strotzend mit Blut angefüllt. Der von links nach rechts geführte 6 cm lange *Halsschnitt* hat die linke große Blutader völlig durchtrennt und die rechte Schlagader verletzt.
Dieser Schnitt war schlechthin tödlich. Die Frage ist nur, *wann* der Tod eingetreten ist und ob er insbesondere zu der Zeit, als die beiden *Schüsse* fielen, bereits eingetreten war. In *dieser* Beziehung ist eine *völlige* Aufklärung des Sachverhalts nicht zu erzielen gewesen. An sich besteht nach Ansicht der Sachverständigen sehr wohl die Möglichkeit, daß Kadow nach Durchschneidung der Kehle noch 2–5 Minuten lang gelebt hat. Allein es läßt sich bei den gerade in diesem Punkt erheblich auseinandergehenden Angaben der Angeklagten die Dauer der zwischen dem Halsschnitt und der Abgabe der Schüsse verstrichenen Zeit nicht mehr mit einiger Sicherheit feststellen. Nun hat zwar, wenn man den Angaben Pfeiffers folgt, Zenz nach Abfeuerung des ersten Schusses sich zu Kadow niedergebeugt und gesagt: „Das Herz klopft ja noch", und Zabel hat dazu bemerkt: „Das ist ja nur noch das warme Blut, was sich bewegt", aber es ist hierbei, wie von den Sachverständigen hervorgehoben wurde, ein Irrtum seitens des Zenz, der das Herz Kadows befühlt hat, leicht möglich, indem er infolge der Aufregung und mangels Schulung seinen eigenen Puls mit dem Herzschlag Kadows verwechselt haben kann.
Die zwei *Schüsse* mit der Pistole haben das Gehirn Kadows vollständig durchsetzt, wie an den beiden Ein- und Ausschußöffnungen des Schädels deutlich zu sehen ist. Der eine Einschuß befindet sich am Hinterhaupt: ihm entspricht der Ausschuß an der Stirn. Und der andere Einschuß ist vor dem rechten Gehörgang: ihm entspricht der Ausschuß in der linken Schläfengegend. *Jeder* der beiden Schüsse für sich allein war *tödlich.* Hiernach läßt sich mit Sicherheit *nicht* nachweisen, *was* letzten Endes die Todesursache bei Kadow gewesen ist, ob es der *Halsschnitt* war oder einer der beiden *Schüsse*; mindestens war Kadow, als er die Schüsse empfing, bereits ein dem Tode geweihter Mensch, der nur noch wenige Minuten zu leben hatte.

St. R. St. 13/1924
12 J 236/1923

Im Namen des Reichs

In der Strafsache gegen
1. den landwirtschaftlichen Arbeiter Rudolf *Höß*,
2. den Kaufmann Bernhard *Jurisch*,
3. den landwirtschaftlichen Arbeiter Karl *Zabel*,
4. den landwirtschaftlichen Arbeiter Robert *Zenz*,
5. den landwirtschaftlichen Arbeiter Georg *Pfeiffer*,
6. den landwirtschaftlichen Arbeiter Emil *Wiemeyer*,
7. den Geschäftsführer Martin *Bormann*,
8. den Landwirt Bruno *Fricke*,
9. den Leutnant a.D. Eberhard *Hoffmann*,
10. den Leutnant d.R. a.D. Bernhard *Thomsen*,

11. den Oberleutnant a.D. Bernhard *Mackensen*,
12. den Gutssekretär Walter *Wulbrede*,
13. den Kaufmann Ludwig *Richter*
wegen Verbrechen und Vergehen gegen §§ 223, 223a, 211, 257, 47, 49, 74 StGB
hat der Staatsgerichtshof zum Schutze der Republik in der öffentlichen Sitzung vom 12. bis 15.
März 1924, an der teilgenommen haben
    als Richter:
        Reichsgerichtsrat *Niedner*, Vorsitzender
        Reichsgerichtsrat Doehn
        Reichsgerichtsrat Dr. Baumgarten
        Professor Dr. Reincke-Bloch
        Referent im Preußischen Handelsministerium, Hartmann
        Rechtsanwalt Dr. Herschel
        Staatsminister a.D. Heine
        Hermann Müller, Berlin
        Verbandsvorsitzender Jäckel
    als Ersatzrichter:
        Fabrikbesitzer Schmidt, Leipzig
    als Beamte der Reichsanwaltschaft:
        Oberreichsanwalt Dr. Ebermayer
        Staatsanwaltschaftsrat Dr. Moericke
    als Protokollführer:
.   Justizobersekretär Bunge
nach mündlicher Verhandlung für Recht erkannt:
I. Die Angeklagten Höß, Jurisch, Zabel, Pfeiffer, Wiemeyer und Zenz werden je wegen schwerer
Körperverletzung und vollendetem Totschlag verurteilt, und zwar:
Höß zu 10 – zehn – Jahren Zuchthaus,
Jurisch zu 5 – fünf – Jahren 6 – sechs – Monaten Gefängnis,
Zabel zu 9 – neun – Jahren 6 – sechs – Monaten Zuchthaus,
Pfeiffer zu 6 – sechs – Jahren 6 – sechs – Monaten Zuchthaus,
Wiemeyer zu 12 – zwölf – Jahren 6 – sechs – Monaten Zuchthaus,
Zenz zu 6 – sechs – Jahren 6 – sechs – Monaten Zuchthaus.
Auf die erkannten Strafen werden bei Höß, Jurisch, Zabel, Pfeiffer und Wiemeyer je 6 – sechs –
Monate der erlittenen Untersuchungshaft angerechnet.
II. Der Angeklagte *Bormann* wird wegen Beihilfe zur schweren Körperverletzung sowie wegen
Begünstigung zu 1 – einem – Jahr Gefängnis, wovon ein Monat durch die erlittene Untersu-
chungshaft als verbüßt gilt, verurteilt.
III. Die Angeklagten Fricke, Hoffmann, Thomsen, Mackensen, Wulbrede und Richter werden je
wegen Begünstigung, und zwar
Fricke zu 10 – zehn – Monaten Gefängnis,
Hoffmann, Thomsen, Mackensen, Wulbrede und *Richter* zu je 6 – sechs – Monaten Gefängnis,
verurteilt.
Auf die erkannten Strafen werden bei Fricke vier Monate, bei Hoffmann drei Monate, bei Thom-
sen, Mackensen und Richter je vier Monate der erlittenen Untersuchungshaft angerechnet.
IV. Die Angeklagten haben die Kosten des Verfahrens zu tragen.

Von Rechts wegen
00000

Vorstehende Abschrift wird beglaubigt und die Vollstreckbarkeit des Urteils bestätigt.
Das Urteil wurde am 15. März 1924 nachmittags 6 Uhr verkündet.

Leipzig, den 17. März 1924
Gez. Dr. Töpfer
Assessor
00000

Anlage 2
Fingerabdruckblatt Martin Bormann*

Fingerabdruckblatt der Bayer. Landeszentrale für Fingerabdrücke.

1. Familienname: (bei Frauen auch Mädchenname) — Formel: *1 Uü / oi 9 / 1 U ü / 00*

   Bormann

2. Vornamen: (Rufname unterstreichen)

   Martin

3. Beruf: _____ 4. geb. am *13. 6.* 1 *900* in *Halberstadt*

   pol. Gde. _____ , pol. Bez. _____ , Staat:

5. Staatsangehörigkeit: _____ Zuständigkeitsgde.:

6. Vater: _____ Mutter: _____ geb. _____ Wohnort:

7. Ehefrau (mann) _____ geb. _____ Wohnort:

8.	1. Rechter Daumen.	2. Rechter Zeigefinger.	3. Rechter Mittelfinger.	4. Rechter Ringfinger.	5. Rechter Kleinfinger.
Rechte Hand	*10*	*(16)* *6*	*(8)* *8*	*(8)* *17*	*(4)* *9*

	6. Linker Daumen.	7. Linker Zeigefinger.	8. Linker Mittelfinger.	9. Linker Ringfinger.	10. Linker Kleinfinger.
Linke Hand	*(4)* *12*	*(2)* *6*	*11*	*(1)* *16*	*(1)* *14*

9.	Linke Hand	Rechte Hand
Gleichzeitiger Abdruck der 4 Finger		

10. Jetzt verhaftet wegen:

11. Bemerkung zu den Fingerabdrücken: z. B. Hautverletzung, steife Finger, Fehlen eines Fingergliedes

12. Aufgenommen in *München*

   am *18. 9. 44* *Wag*

   klassifiziert am *8 Sep. 19.* von *Nicklaus*

   nachgeprüft am *8 Sep. 19.* von *Fabricius*

13. Eigenhändige Unterschrift: *Martin Bormann*

Vordruck: LKP. Nr. 1 Stein 51

---

* Die Ablichtung wurde am 25.1.1968 vom Bayerischen Landeskriminalamt in München beglaubigt und trägt auf der Rückseite eine Unterschrift und das Dienstsiegel des Bayerischen Landeskriminalamts (Anm.d.Red.).

Liebe Lydia!

Diese traurige Nachricht vom
Hinscheiden Deines lieben Karl
hätte ich nicht erwartet; mir
steht Karl immer noch in
seiner gesunden u. gemüt-
vollen Stilkeit vor Augen.

Trotzdem wir uns solange
nicht sahen, habe ich immer
noch den Klang seiner
lieben, guten Stimme im Ohr.
Unser ganzes Mitgefühl
gilt dir u. Deinen Kindern.
Herzlichst
Dein Martin.

– Amtsgericht –   Frankfurt (Main), den 4. 7. 1961
– Der Untersuchungsrichter beim Landgericht –
Aktenzeichen unleserlich

Haftbefehl

Gegen den früheren Reichsleiter Martin *Bormann,*
geboren am 17.6.1900 in Halberstadt,
deutscher Staatsangehöriger, verwitwet,
letzter inländischer Wohnsitz: Obersalzberg bei Berchtesgaden,
seit 1945 unbekannten Aufenthalts,
wird die Untersuchungshaft angeordnet.

Er ist dringend verdächtig,
in Frankfurt (Main) und anderen Orten des früheren Deutschen Reiches und den von der deutschen Wehrmacht besetzten Gebieten in nicht rechtsverjährter Zeit in bewußtem und gewolltem Zusammenwirken mit anderen, insbesondere mit Adolf Hitler, Heinrich Himmler, Reinhard Heydrich, Adolf Eichmann, Rudolf Höß, Philipp Bouhler und Viktor Brack, als Stabsleiter im Amte des „Stellvertreters des Führers der Nationalsozialistischen Deutschen Arbeiterpartei", als „Leiter der Parteikanzlei der Nationalsozialistischen Deutschen Arbeiterpartei" und als „Sekretär des Führers" durch drei selbständige Handlungen, die jede für sich als eine im Sinne natürlicher Betrachtung einheitliche Handlung aufzufassen sind,
1. von 1939–1942 an den unter den Tarnbezeichnungen „Aktion T 4" und „Sonderbehandlung 14 f 13" durchgeführten Massentötungen von Heilanstaltsinsassen bzw. Konzentrationslagerhäftlingen verantwortlich mitgewirkt und dadurch mindestens 100 000 Menschen heimtückisch, grausam, aus niedrigen Beweggründen und mit Überlegung getötet zu haben;
2. von 1941–1945 maßgeblich an der Vernichtung jüdischer und anderer nach nationalsozialistischer Auffassung „rassisch minderwertiger" Volksteile aus den von Hitler und der deutschen Wehrmacht beherrschten Gebieten mitgearbeitet und dadurch mindestens 5 Millionen Menschen heimtückisch, grausam, aus niedrigen Beweggründen und mit Überlegung getötet zu haben;
3. im März 1945 in der Absicht, das deutsche Volk den Nationalsozialismus nicht überleben zu lassen, durch einen den Gauleitern und Reichsverteidigungskommissaren erteilten, jedoch unabhängig von seinem Willen nicht ausgeführten Befehl, sämtliche Lebensmittelvorräte zu vernichten, die militärischen, industriellen, Verkehrs- und Versorgungsanlagen zu zerstören und die deutsche Zivilbevölkerung ohne Sicherstellung ihrer Versorgung nach dem Innern des Reichsgebietes zu deportieren, versucht zu haben, eine unbestimmte Anzahl von Menschen heimtückisch, grausam und aus niedrigen Beweggründen zu töten.
– Verbrechen, strafbar nach den §§ 211 alter und neuer Fassung, 43, 47, 73, 74 des Deutschen Strafgesetzbuches –.
Neben dem gesetzlich vermuteten Fluchtverdacht besteht auch tatsächlich die Gefahr, daß sich der Beschuldigte in Kenntnis des schweren Vorwurfs weiterhin dem Verfahren entziehen werde, wie er es bereits seit 1945 getan hat.

Dienstsiegel

gez. Opper
Amtsgerichtsrat
Ausgefertigt: gez. Prawitz
Justizangestellter als Urkundsbeamter der Geschäftsstelle

Der Generalstaatsanwalt in Frankfurt a. M. hat mit Zustimmung des Hessischen Minsters der Justiz in Wiesbaden für Hinweise, die zur Ermittlung der Person und des Aufenthalts *und* zur Auslieferung des früheren Reichsleiters *Martin Bormann* führen, eine Belohnung von DM 100 000,– (in Worten: Hunderttausend Deutsche Mark) ausgesetzt.

Gegen Martin *Bormann*, geboren am 17. 6. 1900 in Halberstadt, zur Zeit unbekannten Aufenthalts, besteht Haftbefehl des Amtsgerichts in Frankfurt a.M. vom 4. 7. 1961.

Bormann ist dringend verdächtig, in Frankfurt/M. und anderen Orten des früheren Deutschen Reiches und den von der deutschen Wehrmacht besetzten Gebieten in nicht rechtsverjährter Zeit in bewußtem und gewolltem Zusammenwirken mit anderen, insbesondere mit Adolf Hitler, Heinrich Himmler, Reinhard Heydrich, Adolf Eichmann, Rudolf Höß, Philipp Bouhler und Viktor Brack, als Stableiter im Amte des „Stellvertreters des Führers der Nationalsozialistischen Deutschen Arbeiterpartei", als Leiter der Parteikanzlei der Nationalsozialistischen Arbeiterpartei und als „Sekretär des Führers" durch drei selbständige Handlungen, die jede für sich als eine im Sinne natürlicher Betrachtung einheitliche Handlung aufzufassen sind,

1. von 1939 bis 1942 an den unter den Tarnbezeichnungen „Aktion T 4" und „Sonderbehandlung 14 f 13" durchgeführten Massentötungen von Heilanstaltsinsassen bzw. Konzentrationslagerhäftlingen verantwortlich mitgewirkt und dadurch mindestens 100 000 Menschen heimtückisch, grausam, aus niedrigen Beweggründen und mit Überlegung getötet zu haben;
2. von 1941 bis 1945 maßgeblich an der Vernichtung jüdischer und anderer nach nationalsozialistischer Auffassung „rassisch minderwertiger" Volksteile aus den von Hitler und der deutschen Wehrmacht beherrschten Gebieten mitgearbeitet und dadurch mindestens 5 Millionen Menschen heimtückisch, grausam, aus niedrigen Beweggründen und mit Überlegung getötet zu haben;
3. im März 1945 in der Absicht, das deutsche Volk den Nationalsozialismus nicht überleben zu lassen, durch einen den Gauleitern und Reichsverteidigungskommissaren erteilten, jedoch unabhängig von seinem Willen nicht ausgeführten Befehl, sämtliche Lebensmittelvorräte zu vernichten, die militärischen, industriellen, Verkehrs- und Versorgungsanlagen zu zerstören und die deutsche Zivilbevölkerung ohne Sicherstellung ihrer Versorgung nach dem Innern des Reichsgebietes zu deportieren, versucht zu haben, eine unbestimmte Anzahl von Menschen heimtückisch, grausam und aus niedrigen Beweggründen zu töten.

– Verbrechen, strafbar nach den §§ 211 alter und neuer Fassung, 43, 47, 73, 74 des Deutschen Strafgesetzbuches–.

Während die zu 1. und 2. erhobenen Beschuldigungen durch die in der Zwischenzeit in der Bundesrepublik durchgeführten Strafverfahren im deutschen Volke und in weiten Kreisen der Weltöffentlichkeit bekannt sind, erscheint es zweckmäßig, die Beschuldigungen zu 3. kurz zu erläutern.

Gegen Ende des Krieges setzte sich bei Hitler, *Bormann* und den militärischen Ratgebern Hitlers die Auffassung von der Politik „Verbrannte Erde" durch. Im Falle des Rückzuges der deutschen Truppen sollten sämtliche militärischen und wirtschaftlichen Anlagen vernichtet werden. Als auch Teile Deutschlands, insbesondere Westdeutschlands, Anfang 1945 von den Alliierten besetzt wurden, ordnete Hitler mit Unterstützung *Bormanns*, der auch hier wie sonst die Meinungen Hitlers vertrat und unterstützte, die Zerstörung sämtlicher wirtschaftlichen und militärischen Anlagen und Vorräte an. Zwar konnte die Ausführung dieses Befehls zunächst zurückgestellt werden. Aber am 19. 3. 1945 befahl Hitler ausdrücklich, „alle militärischen, Verkehrs-, Nachrichten-, Industrie- und Versorgungsanlagen sowie Sachwerte innerhalb des Reichgebietes, das sich der Feind für die Fortsetzung seines Kampfes irgendwie sofort oder in absehbarer Zeit nutzbar machen kann, zu zerstören..." und beauftragte mit der Durchführung dieses Befehls die Gauleiter und Reichsverteidigungskommissare (abgedruckt in „Internationales Militär-Tribunal", Band XLI, Seite 430 ff.; Hofer „Der Nationalsozialismus", Fischer-Bücherei Frankfurt a.M., 1957, Seite 258 Nr. 150; Aussage Speer in IMT Band XVI Seite 545 ff.; Guderian „Erinnerungen eines Soldaten", 4. Auflage, Neckargemünd, 1960, Seite 384, 385).

Dieser Befehl bedeutete praktisch die Vernichtung der materiellen Lebensbedingungen der Zivil-bevölkerung. Er entsprang der Vorstellung Hitlers, der schon früher erklärt hatte, daß das Land, das ihn nicht zum Siege tragen könne, seiner nicht würdig sei und untergehen müsse (Halder bei Hofer, aa0., Seite 264 Nr. 152 b).

Als Speer ihm in seiner Denkschrift vom 18. 3. 1945 die Notwendigkeit der Erhaltung der Ver-sorgungs- und Verkehrsanlagen darlegte, war Hitlers Antwort:

,,Wenn der Krieg verlorengeht, wird auch das Volk verloren sein. Dieses Schicksal ist unab-wendbar. Es ist nicht notwendig, auf die Grundlagen, die das Volk zu einem primitiven Weiter-leben braucht, Rücksicht zu nehmen. Im Gegenteil ist es besser, selbst diese Dinge zu zerstören, denn das Volk hätte sich als das schwächere erwiesen und dem stärkeren Ostvolk gehöre dann ausschließlich die Zukunft. Was nach dem Kampf übrig bleibt, sind Minderwertige..."
(zitiert nach Guderian, aa0., Seite 384 ff.).

Bormann befahl am 23. 3. 1945 in Ergänzung dieses ,,Führererlasses", daß alle Einrichtungen in-dustrieller Art, alle Verkehrseinrichtungen und alle Lebensmittelvorräte zu vernichten seien und die Bevölkerung zwangsweise nach Mitteldeutschland zu evakuieren sei (Kühner ,,Wahn und Un-tergang", Stuttgart, 1956, Seite 277; vgl. Guderian, aa0., Seite 385).

Die Konzentration der restlichen deutschen Bevölkerung (ca. 50 Millionen) in Mitteldeutschland bedeutete den sicheren Tod für Millionen von Menschen: Frauen, Kinder und Greise wären man-gels Transportmöglichkeiten den Strapazen endloser Fußmärsche, die bereits zahllose Opfer ge-fordert hätten, dem Beschuß der alliierten Flieger und schließlich dem Hunger- und Erschöp-fungstod ausgesetzt worden und in großer Zahl elend zugrunde gegangen. Mit diesen Folgen war bereits im Hinblick auf die vorher gemachten Erfahrungen mit den Deportationen nach dem Osten und mit den Flüchtlingstrecks aus den besetzten deutschen Ostgebieten zu rechnen. Dieser Mordbefehl ist aber entgegen dem Willen *Bormanns* nicht zur Ausführung gekommen.

Anlage 6
Erlaß des Auswärtigen Amtes vom 4. Juni 1965

AUSWÄRTIGES AMT   Bonn, den 4. Juni 1965
V 4 – 88 – 537

An alle
diplomatischen und konsularischen
Auslandsvertretungen

Betr.: Fahndung nach dem früheren Reichsleiter der NSDAP
          Martin BORMANN, geboren am 17. Juni 1900 in Halberstadt.

Durch den in allen Weltsprachen in ,,Reader's Digest" veröffentlichten Aufruf zur Fahndung nach Martin Bormann als ,,World's Most Wanted Criminal" sind bei den Auslandsvertretungen zahlrei-che Hinweise über den angeblichen Aufenthalt des Verfolgten eingegangen.

Diese Hinweise wurden bisher – von Ausnahmen abgesehen – von den Vertretungen ohne weitere Stellungnahme über die Glaubwürdigkeit der Quelle und über den Wahrscheinlichkeitsgehalt der Angaben dem Auswärtigen Amt vorgelegt und von hier über den Bundesminister der Justiz an den Generalstaatsanwalt in Frankfurt/Main weitergeleitet. Auf Grund der Vielzahl dieser Zuschriften haben die Justizbehörden nunmehr darum gebeten, die dort eingehenden Informationen künftig unmittelbar zu bestätigen, diese vor Weitergabe im Rahmen der gegebenen Möglichkeiten selbst zu überprüfen oder nachprüfen zu lassen und das Ergebnis der Feststellungen in dem Begleitbe-richt mitzuteilen.

Zur Personenbeschreibung Bormanns ist hier folgendes bekannt:

Größe:	170 cm
Schuhgröße:	42$^{1}/_{2}$
Augenfarbe:	braun
Haarfarbe:	dunkelbraun, dünn, Geheimratsecken, Neigung zur Glatze
Gestalt:	untersetzt, breit

Außerdem stehen Kopien eines Fingerabdruckblattes sowie ein etwa 1939 entstandenes Lichtbild des Verfolgten (entspricht Wiedergabe in Reader's Digest) bei Bedarf zur Verfügung.

Für Hinweise, die zur Ermittlung der Person und des Aufenthalts *und* zur Auslieferung des früheren Reichsleiters Martin Bormann führen, hat der Generalstaatsanwalt in Frankfurt/Main mit Zustimmung des Hessischen Ministers der Justiz eine Belohnung von DM 100 000,– ausgesetzt.

Der Generalstaatsanwalt hat ausdrücklich darauf hingewiesen, daß allein ein ordnungsgemäß durchgeführtes Auslieferungsverfahren die Fälligkeit des ausgelobten Betrages zur Folge hätte.

Gegen Bormann liegt ein Haftbefehl des Amtsgerichts in Frankfurt/Main – 931 Gs 4388/61 – vom 6. Juli 1961 vor. Er ist u.a. dringend verdächtig, in nicht rechtsverjährter Zeit in bewußtem und gewolltem Zusammenwirken mit anderen mindestens 5 Millionen Menschen heimtückisch, grausam, aus niedrigen Beweggründen und mit Überlegung getötet zu haben.

Beglaubigt:	Dienstsiegel	Im Auftrag
Unterschrift (unleserlich)		gez. Schumacher
Angesteller		

Anlage 7
Fotografie des Angeschuldigten etwa aus der Zeit nach Beginn des Jahres 1939

Js 11/61 (GStA)

Beschluß

In dem Ermittlungsverfahren gegen

den früheren Reichsleiter
Martin *Bormann,*
geboren am 17. 6. 1900 in Halberstadt,
deutscher Staatsangehöriger, verwitwet,
letzter inländischer Wohnsitz:
Obersalzberg bei Berchtesgaden,
seit 1945 unbekannten Aufenthalts,

wird dem Angeschuldigten zur Last gelegt,

in Frankfurt/Main und anderen Orten des früheren Deutschen Reiches und den von der Deutschen Wehrmacht besetzten Gebieten
in nicht rechtsverjährter Zeit
in bewußtem und gewolltem Zusammenwirken mit anderen, insbesondere mit Adolf *Hitler,* Heinrich *Himmler,* Reinhard *Heydrich,* Adolf *Eichmann,* Rudolf *Höß,* Philipp *Bouhler* und Viktor *Brack,*
als Stableiter im Amte des „Stellvertreters des Führers der Nationalsozialistischen Deutschen Arbeiterpartei", als Leiter der Parteikanzlei der Nationalsozialistischen Deutschen Arbeiterpartei und als „Sekretär des Führers" durch drei selbständige Handlungen,
die jede für sich als eine im Sinne natürlicher Betrachtung einheitliche Handlung aufzufassen ist,

1. von 1939 bis 1942 an den unter den Tarnbezeichnungen „Aktion T 4" und „Sonderbehandlung 14 f 13" durchgeführten Massentötungen von Heilanstaltsinsassen bzw. Konzentrationslagerhäftlingen verantwortlich mitgewirkt und dadurch mindestens 100 000 Menschen heimtückisch, grausam, aus niedrigen Beweggründen und mit Überlegung getötet zu haben;

2. von 1941 bis 1945 maßgeblich an der Vernichtung jüdischer und anderer nach nationalsozialistischer Auffassung „rassisch minderwertiger" Volksteile aus den von *Hitler* und der deutschen Wehrmacht beherrschten Gebieten mitgearbeitet und dadurch mindestens 5 Millionen Menschen heimtückisch, grausam, aus niedrigen Beweggründen und mit Überlegung getötet zu haben;

3. im März 1945 in der Absicht, das deutsche Volk den Nationalsozialismus nicht überleben zu lassen,
durch einen den Gauleitern und Reichsverteidigungskommissaren erteilten, jedoch unabhängig von seinem Willen nicht ausgeführten Befehl,
sämtliche Lebensmittelvorräte zu vernichten, die militärischen, industriellen, Verkehrs- und Versorgungsanlagen zu zerstören und die deutsche Zivilbevölkerung ohne Sicherstellung ihrer Versorgung nach dem Innern des Reichsgebietes zu deportieren,
versucht zu haben,
eine unbestimmte Anzahl von Menschen heimtückisch, grausam und aus niedrigen Beweggründen zu töten.

– Verbrechen gemäß §§ 211 alter und neuer Fassung, 43, 47, 73, 74 StGB,
§ 1 des Gesetzes über die Berechnung strafrechtlicher Verjährungsfristen vom 13. 4. 1965 (BGBl. I S. 315) –

426

Wegen dieses Sachverhalts wird hiermit gegen den Angeschuldigten gemäß § 184 StPO die gerichtliche Voruntersuchung eröffnet.

Frankfurt/Main, den 25. April 1968
Landgericht – Untersuchungsrichter III
In Vertretung:
gez.: Schneider
Landgerichtsdirektor

Dienstsiegel

Ausgefertigt:
Unterschrift (unleserlich) Justizangestellter
als Urkundsbeamter der Geschäftsstelle

Anlage 9
Schreiben der WASt vom 16. Januar 1963

DEUTSCHE DIENSTSTELLE *für die Benachrichtigung der nächsten Angehörigen*
(WASt) *von Gefallenen der ehemaligen deutschen Wehrmacht*

BERLIN-BORSIGWALDE Eichborndamm 167–209, Telefon: 492071, Innenbetrieb: (95) 4208

An die
Zentrale Stelle der
Landesjustizverwaltungen
714 Ludwigsburg
Schorndorfer Str. 28

Ref. III/Na. 9474   16. Januar 1963

Betr.: Aufenthaltsermittlung Martin *Bormann,* geb. am 17. 6. 1900 in Halberstadt

Vorgang: Ihr Schreiben vom 9. 1. 1963 – 1 AR 818/60 –

Die bei der Leiche des gefallenen Dr. Ludwig Stumpfeger aufgefundenen Ausweise und sonstigen Besitzstücke sind nicht der Deutschen Dienststelle (WASt) abgeliefert, sondern der Ehefrau des Gefallenen unmittelbar zugesandt worden. Aus der nachstehend wiedergegebenen Abschrift wollen Sie bitte alles nähere ersehen:

Postamt 40 (Lehrter Bahnhof)   Berlin NW 40, den 14. August 45
–Az–   Einschreiben!

Frau
Gertrud Stumpfegger
(2) Hohenlychen
Heilanstalt

11 Bilder

Sehr geehrte Frau Stumpfegger!
Am 8. Mai d.J. wurde von Angehörigen des Postamtes auf der Bahnbrücke in der Invalidenstraße ein Soldat aufgefunden, der bei den Kämpfen um Berlin gefallen ist. Nach dem bei dem Toten vorgefundenen Paß handelt es sich um Ludwig Stumpfeger. Da angenommen werden muß, daß der Verstorbene Ihr Ehemann ist, übermittle ich Ihnen diese so traurige Nachricht und spreche Ihnen gleichzeitig zu dem schmerzlichen Verlust mein herzlichstes Beileid aus. Ihr Ehemann wurde am 8. Mai zusammen mit einigen anderen gefallenen Soldaten auf dem Gelände des Alpendorfs (früherer Landesausstellungspark) in Berlin NW 40, Invalidenstraße 63 beerdigt. Die dem Toten abgenommenen Bilder gehen Ihnen gleichzeitig zu. Der Paß wurde vernichtet.

gez. Berndt
Amtsvorsteher

427

Die Übereinstimmung vorstehender Abschrift mit der Urschrift wird hiermit beglaubigt.

Bad Wiessee, den 5. Aug. 1948
Der Bürgermeister
Im Auftrage
gez. Schneeberger

Dienstsiegel

Im Auftrage
gez. M. Krüger

Anlage 10
Auszug aus dem Notizkalender des Angeschuldigten*

Name und Adresse	M. Bormann, Obersalzberg
Telefon:	Berchtesgaden 24 43 oder Berlin 117411
Bei Unfall melden:	München 70261 oder Blankensee Mecklenburg 66

Führer-Hauptquartier Adlerhorst mit Eintragungen vom 1. 1. bis 20. 1.,
dann folgt Berlin am 21. 1. mit Eintragungen bis 1. 5. 1945

14. 1.	Besuch bei Tante Heßchen,
Donnerstag, 18. 1.	(Die einzige Eintragung in Ich-Form.)
	„Ich und Frau mit Eva Braun Frau *Fenglein* und Bredow".
Freitag, 19. 1.	Ankunft in Berlin 14.55 Uhr Nachmittag, Frau fährt nach Stolpe.
20. 1.	22.00 Uhr abends, Frau kommt aus Stolpe zurück.
29. 1.	Vormittags, Gespräch M.B. mit von Hummel.
2. 2.	Ein Gespräch mit von Hummel.
15. 3.	Vormittags, M.B. fährt mit Condor nach Salzburg, mit Betz und Gespräch mit Dr. Hummel.
16. 3.	Gespräch M.B. mit Schenk und Bredow in Obersalzberg und mit Frl. Josepha.
Sonnabend 17. 3.	Kaufmann und Dönitz Empfang beim Führer, M.B. besichtigt Schachtanlagen Gutshof, Dürren (genaue Schreibweise unbekannt). Nachmittag Besuch von Frau Hanke.
18. 3.	M.B. besichtigt Schachtanlagen usw.
19. 3.	17.00 Uhr. M.B. fährt von Salzburg (?) über München nach Berlin. 1.50 Uhr nachts mit Forster beim Führer bis 3.30 Uhr, anschließend Alarm, Bombenangriff auf Hagen/Zossen bis 5.30 Uhr.
Mittwoch, 11. 4.	Verlobungstag.
Sonnabend 14. 4.	Unser Kr*e*nzi geboren.

---

* Der Bormann-Kalender wurde von der Frau des deutschen Kommunisten Erich Weinert zunächst für die Sowjets in die russische Sprache übertragen. Für die deutschen Justizbehörden wurde schließlich eine Rückübersetzung aus dem Russischen angefertigt. Die Staatsanwaltschaft Frankfurt a. M. übernahm dabei die hierdurch entstandenen Übertragungsfehler. Offensichtliche Fehler sind hier kursiv gedruckt. (Anm. d. Red.)

Freitag, 20. 4.	Führer Geburtstag, aber leider Stimmung ist nicht feierlich. Befehl für Abflug von Vorkommando nach Salzberg
21. 4.	Purkammer? frühmorgens abgeflogen mit seinen Leuten, nachmittags Artilleriebeschuß auf Berlin.
22. 4.	Führer bleibt in Berlin, abends Schörner kommt nach Berlin.
24. 4.	General Weidling wird Kommandant von Berlin.
25. 4.	Göring wird aus der Partei ausgeschlossen. Erster massiver Angriff auf Obersalzberg, Berlin eingeschlossen.
27. 4.	Himmler und Jodl verhindern Eintreffen von Entsatzdivision. Wir werden kämpfen und sterben mit unserem Führer, treu ihm bis zum Tod. Andere glauben aus höheren Erwägungen zu handeln, aber sie opfern ihren Führer, pfui, sie haben alle Ehre verloren. Unsere Reichskanzlei wird zerstört werden. Die Welt hängt auf Messersschneide. Die Alliierten fordern von uns bedingungslose Kapitulation, das wäre Hochverrat. Fegelein degradiert, er versucht aus Berlin zu entkommen in Zivil.
29. 4.	Zum zweiten Mal der Tag mit Trommelfeuer begonnen. In der Nacht vom 28. zum 29. Auslandspressebericht über Kapitulationsangebot von Himmler. Heirat Adolf Hitler und Eva Braun. Führer diktiert sein politisches und privates Testament. Verräter Jodel, Himmler und Generale liefern uns den Bolschewiken aus. Wieder Trommelfeuer. Nach Feindmeldungen Amerikaner in München.
30. 4.	Adolf Hitler ƛ Eva B ƛ
1. 5.	Ausbruchversuch.

Telefonverzeichnis

M. Behrens, Dresden Weißer Hirsch, Prellstr. 8	36 36 59
Theater	2 53 81
Bormann, Pullach	7 02 61/4 18 04
Beireuth, Haus Roßwange	21 49
Dieter Stellne oder Stollne, Blankensee	66
Mellenbeck, Blankensee	26
Bredenfeld, Blankensee	45
Dr. Enke	79 33 92
Dr. Hamatsches, Kapeniusstr. 6, München	
Prof. Michalzis, Dresden	6 13 96
Frau Kluge, Nikolassee, Krottenauer Str. 64	
Dr. Preiss, Essen	5 14 11

Geburtstage

Martin Bormann	11. 4. 1914(?)	Gerda	23. 10. (ohne Jahresangabe)
Zehrengard	18. 2. 1932(?)	Fred Hartmut	4. 3. 1942
Adolf Martin	14. 4. 1930	Volker	18. 9. 1943
Eicke	9. 7. 1931	Theodor Bormann	1. 7. 1862
Irmgard	25. 7. 1933		in Hohendodeleben,
Helmut Gerhard	31. 8. 1934		gestorben 8. 7. 1903
Heinrich Hugo	13. 6. 1936	Antonia Mammong	gestorben 19. 11. 1863
Eva Ute	4. 8. 1940		

Gauleiterkonferenzen vom 9. 11. 1941 bis 24. 2. 1945

DENTAL STATUS OF HITLER'S DEPUTY
MARTIN BORMANN 1945

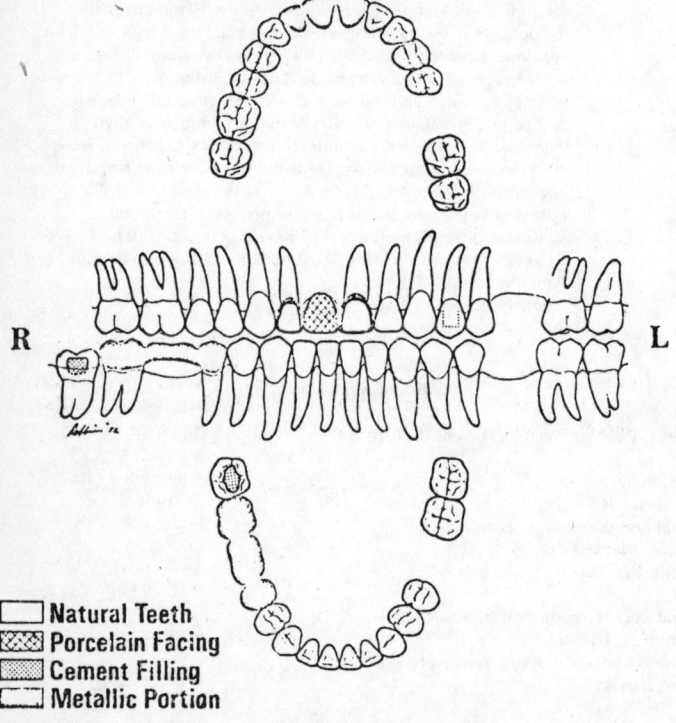

Natural Teeth
Porcelain Facing
Cement Filling
Metallic Portion

Above is the first publication of the 1945 dental status of Martin Bormann, Adolf Hitler's wartime deputy who disappeared at the end of World War II. The chart above may help track down Bormann, who in recent days has reportedly been traced to Argentina. It was diagrammed by Reidar F. Sognnaes, professor of anatomy and oral biology at the School of Dentistry, University of California at Los Angeles. The data was taken from documents in the US National Archives based on 1945 interrogations of Hugo J. Blaschke, dentist for both Hitler and Bormann. Dr. Sognnaes has had access to those documents during the past year and used them to prove finally that Hitler did die in Berlin as the war ended and that the Russians found his remains. It is possible that Dr. Sognnaes's information, which will be published in full in *The Journal of the American Dental Association*, can be used to help identify Bormann, dead or alive, even if the dentition has altered considerably in the past 28 years.

American Dental Association News 1. Januar, 1973

Blaschke states that he treated Martin BORMANN regularly from 1937 to 1945, for the last time in March 1945. During that period BORMANN was not treated by any other dentist. Source states that despite the non-availability of X-ray pictures (see last two paragraphs of Appex I) he remembers BORMANN's dentition in detail.

Description of Martin BORMANN's Teeth

Upper Jaw, seen frontally

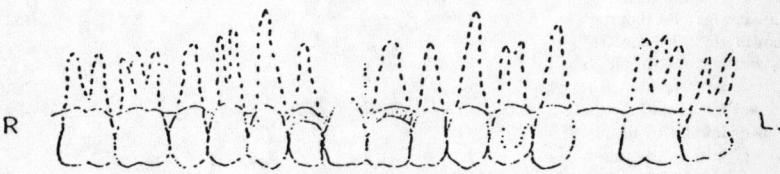

The upper right central incisor was missing. It had been lost about 1942. Since the gap had to be closed immediately, temporary window-crowns were made for the upper left central incisor and the upper right lateral incisor. The missing tooth was replaced by a procelain facet on a golden back part.

Since all upper incisors were more or less loosened by paradentosis, a bridge-support was planned extending from cuspid to cuspid. As, however, the loosening of the incisors progressed slowly, the temporary arrangement proved satisfactory and the bridge was never made.

Lower Jaw, seen frontally

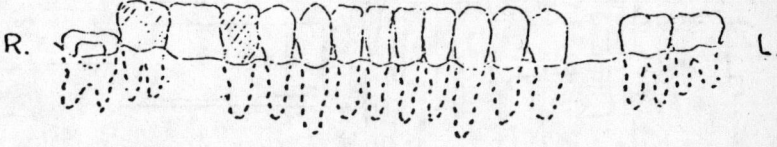

The lower rigth 3rd molar has not broken through all the way, and therefore occupies a lower position than the 2nd molar. It has an iodoform filling in the pulp cavity. A large cavity on its masticating and labial surfaces is filled with cement.

Color of Teeth

(NOTE: The color symbols used are those of the S.S. WHITE color ring for dentist.)

Upper right central incisor:	"6"
Upper right lateral incisor:	"6"
Upper right cuspid:	"G"
Upper right 1st bicuspid:	"G"

Upper right 2nd bicuspid:	"G"
Upper right 1st molar:	"G"
Upper right 2nd molar:	"G"
Upper left central incisor:	"6"
Upper left lateral incisor:	"6"
Upper left cuspid:	"G" and "K"
Upper left 1st bicuspid:	"17" or "18"
Upper left 2nd bicuspid:	"G" (?)
Upper left 2nd molar:	"G"
Upper left 3rd molar:	?
Lower right central incisor:	"6"
Lower right lateral incisor:	"6"
Lower right cuspid:	"G"
Lower right 1st bicuspid:	"G"
Lower right 3rd molar:	"17"
Lower left central incisor:	"6"
Lower left lateral incisor:	"6"
Lower left cuspid:	"G"
Lower left 1st bicuspid:	"G"
Lower left 2nd bicuspid:	"C"
Lower left 2nd molar:	"G"
Lower left 3rd molar:	?

Anlage 13
Bauplan des Ulap-Geländes

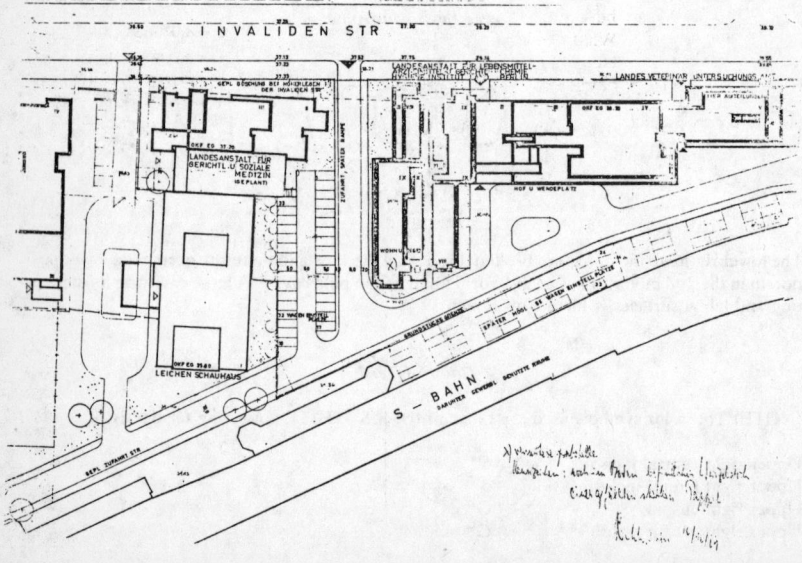

Raſſe- und Siedlungs-Hauptamt ⅎⅎ

Ärztlicher Unterſuchungsbogen

(Vor Ohren über Frau fineſgemäß betreuchen)

			Sü. Nr.	**84119**

Name: Stumpfegger , Ludwig   Perſonenſtand:

geboren in: München   am 11.2. 1910   Perſonenſtand:

Wohnort: Berlin   Straße und Haus-Nr.: Lazarett, Hohenlychen

Beruf? Nein

Die Unterſuchung eines ⅎⅎ-Angehörigen und ſeiner zuläſſigen Ehefrau darf nur durch einen ⅎⅎ-Arzt erfolgen.

1. Auftragsgenehmigung.

a) Ich entſinde hiermit

den ⅎⅎ- Unterſturmführer   Dr. med.   Lederhose

ſowie meine früheren Ärzte gegenüber dem Gt. u. S.-Hauptamt von der ärztlichen Schweigepflicht und ermächtige das Gt. u. S.-Hauptamt, dieſe Angaben zur Überprüfung zu verwenden.

b) Ich verſichere an Eidesſtatt, daß ich alle Fragen bei untersuchenden ⅎⅎ-Ärzte nach beſten Willen und Gewiſſen beantworten werde.

Ort: Berlin   Datum: 10.11.39

Unterſchrift: _[Unterschrift]_

2. Familienvorgeſchichte.

(Es ſind anzugeben: 1) erreichtes Alter, 2) evtl. Todesurſache, 3) genaue Angaben über auffällige Störungen, ſ. B. endocrine Störungen, allergiſche Zuſtände, Mißbildungen).

Kinder (auch unfruchtbar) bei (der) Unterſuchten: keine

Vater:	62	lebt	keine	
Mutter:	51	lebt	keine	
Geſchwiſter:	Bruder	28	lebt	keine.

Geſchwiſterkinder:

Großvater väterlicherſeits:	67		unbekannt
Großmutter väterlicherſeits:	85		Altersſchwäche
Großvater mütterlicherſeits:	68		Leberzirrhose
Großmutter mütterlicherſeits:	80		Arterienverkalkung

1

3. Frühere ärztliche Behandlung

(Angabe der Ärzte, Krankheiten. — genaue Zeitangabe und Anſchrift):

1938   Unterarmbruch links. Vollkommen ausgeheilt.

1936   Knieblutung. Entfernung des Meniskus aus der der Innenseite des rechten Fußgelenkes in Hohenlychen

von Prof. Gebhardt. Volle Funktionsfähigkeit.

Keine Beschwerden.

Name u. Anſchrift des Hausarztes: ⅎⅎ - Oberführer Prof. Dr. Gebhardt

Heilanstalt Hohenlychen

4. Eigene Vorgeſchichte.

Gehört:	normal	Betnäſſen: Nein
Zahnen geſtart:	mit 1 Jahr	Stampf: Keine
Sprechen gelernt:	mit 1 1/2 Jahren	
Kinderkrankheiten:	Masern	

Spätere Krankheiten: keine besonderen

Körperliche Entwicklung und Betätigung: normal

Geistige Entwicklung (Schulbeſuch, Berufsausbildung, evtl. Kriminalität)   normal
und Berufsleben

Charakterveranlagung: o.B.

Anfallende Begabung:

2

Gebiß

Erläuterungen zum Zahn-Schema

/ fehlt   K: Zahn überkront
● plombiert   W: Wurzelstägen (einmal nach)
O fehlt   S: Stiftzahn
+ Wurzel   B: Brücke
k fehlt   M: Gaumenstätte

Zahn-Schema

Gebiß behandlungsbedürftig? ja nein

Zahn: frisch
Zahnung: normal   Pigmentanomalien: keine
Schleimhaut: gut durchblutet   Geschwüre: keine
Netroulären: o.H.
Mittelfläche: o.B.   Spray: o.B.
Zähne und Gebiß: schmal
Mucosa: o.B.   Pupillar reagieren.   Schatten: Nein
Exzykität: Qr ohne Glas   6m   mit Glas
Schädelte 2 ohne Glas   6 m   2 mit Glas
farbentüchtig? ja nein
Ohren: o.B.   Flüstersprache: Qr 6 m   6 m
Sprachfehler: ja nein
Nase: o.B.
Mundhöhle: o.B.
Schläfe: o.B.
Sprachbehinderungen: keine
Lungen: Grenzen gut verschieblich.   reinen Bläschen atmen
Herz: Grenzen regulär, Töne rein.
Puls: 72 regelmäßig   Blutdruck: 120 / 85
Harn: o.B.
Brandungen: keine   Drüsenlagen: keine

Geschlechtskrankheiten: keine
Welche? ./.   Wann? ./.
Ulkusfraktion   Sehr mager?
Sucht (Süße der Genuß, Lebensverhältnisse, gesundheit, Entwicklung des Kindes)
Geschiedenen (Zahl)
Mißbrauch, Rauchen: Nichtraucher
Branntweingenuß: In Ordnung
Geschieden: keine
Gekundert: ./.

5. Allgemeiner Untersuchungsbefund.

Alter: 29 1/2 Jahre
Größe: 190 cm   Sitzhöhe: 92 cm   Gewicht: 85 kg   Schädelform: lang
Bruftumfang 92 /103 cm   Kopfumfang: 58 cm

Körperbau: muskulös (athletisch) rundlich hager schlaff schlecht
Haltung und Gang: frei-aufgerichtet bequem ausgeprägt schlecht
Muskulatur: fallig mittel unzureichend
Ernährend: gut genährt fettförmig flach-eingefallen Überblähung.
Organ: frei fest feucht-klingend
Gewebeturaut: schlaff schlaff
Bauchdecke: schlaffig eisenbeinfarben ellenbeinfarben

Augenfarbe: blau grau grünlich hellbraun buntbraun
Naarfarbe: hellblond buntblond braun braunschwarz rot
Naarform: frei schlicht wellenförmig regelmäßig kraus
Ist Mittelgesichtsteile am Auge vorhanden? nein (ausgesprochen, angedeutet)
Sind vorspringende Backenknochen vorhanden? nein (Hinterhaupt unterstrichen)

Körperschnitt (nach Kretschmer): nordisch   mit ./.   Einschlag

8) Zusammenfassendes Urteil über Gebrauchsfähigkeit:

a) Schmiedbrauch: gut, durchschnittlich, mäßig, schlecht.

b) Ist Fortpflanzung im völkischen Sinne wünschenswert? nicht erwünscht

c) Bestehen b. Bl. ärztl. Bedenken gegen Eintreten einer Schwangerschaft? _____

d) Liegt b. Bl. Schwangerschaft vor? _____

Der. Berlin , SS - Lazarett , Lübeck —   Straße 62   Datum 10.11.39

Dienstgrad SS   Unterscharführer   SS - San. Staffel V.-P.

                Unterschrift des Arztes

Dienststellung   Der leitende Arzt
                 der Krankenabteilung I

Geschlechtsorgane: _____ o.B.

Zeugungsfähigkeit: _____ vorhanden

Geschäftigkeit: _____

Becken (Rachitis, Beckenanomalien, nötigenfalls messen, einschl. Conj. diag.)

Etwaige Störungen und Veränderungen an Uterus und Adnexen (nötigenfalls unterstehen)

Urin-Untersuchung

Aussehen: hier trübe   Reaktion sauer   Eiweiß ./.   Zucker ./.

Blut: _____ o.B.   gegebenenfalls W.u.R ./.

Reflexe: Bauchdeckenreflex   Kremasterreflex o.B. Patellarsehnenreflex o.B.Achillessehnenreflex o.f.

Cutanell: neg.   Pupillenreaktion: auf Licht u. auf d. u.K.

Koordination: o.B.   Ohfangvut: nein

Motilität: o.H.   Ohrgerofer: vorhanden

Sensibilität: o.H.

Pflege: o.B.

Ergebnis   normal

Macht der (die) Untersuchte einen glaubhaften und offenen Eindruck? ja

6.) Fachärztliche Untersuchung oder Nachuntersuchung nötig? _____ nein

    Von wem? ./.

7.) Serologische Untersuchung am März 1938   Erfolgt: zunächst 1

Z B s t   Berlin, den 4. Januar 1973
                                                             6579

An
I A – KI 4 –

Betr.: Identifizierung des Dr. Ludwig *Stumpfegger* und
des Martin *Bormann,*
Skelettfund vom 7. und 8. 12. 72;
2 Gutachten.
Bezug: Schreiben vom 18. Dez. 1972 – OB.-Nr. 733/72 –

Beiliegend überreichen wir Ihnen die erstellten Gutachten betr. Dr. L. Stumpfegger und M. Bormann.

4 Anlagen

                                                             gez. Dr. Matschke
                                                             Obermedizinalrätin

A. Zur Identifizierung im Fall Dr. S t u m p f e g g e r liegen vor:

Schädel I   Dr. Stumpfegger:

1. Ein selbstgefertigtes Zahnschema an Hand des Schädels Nr. I.
2. Ein Zahnschema aus dem ärztl. Untersuchungsbefund des ehemaligen Rasse- und Siedlungs-hauptamtes der SS aus dem Jahre 1939.

Hierzu ist zu sagen, daß das von uns angefertigte Zahnschema des Schädels I in wesentlichen Punkten mit dem uns vorgelegten Archiv-Zahnschema des Dr. St. übereinstimmt.
Dieses Schema wurde im Jahre 1939 aufgenommen. Daher muß berücksichtigt werden, daß sich in dem Zeitraum 1939–1945 folgende zusätzl. Veränderungen ergeben haben können:

Im Oberkiefer: eine Füllung im Zahn _3/_
                 eine Füllung im Zahn _/1_
                 eine Füllung im Zahn _/5_ (bereits 1939 kariös)
                 eine Krone _6/_ (bereits 1939 gefüllt).
Im Unterkiefer: eine Krone _7/_ (bereits 1939 gefüllt)
                 eine Füllung _4/_
                 Zahn _/7_ fehlt (bereits 1939 gefüllt).

Bei sämtl. anderen Füllungen und den Kronen auf den Zähnen _5/_ und _/6_ liegt eine vollständige Übereinstimmung vor. Das Gebiß macht einen gepflegten Eindruck. Es handelt sich überwiegend um Goldfüllungen und Goldkronen, was auch der Stellung und dem Alter des vermutl. Schädelinhabers entsprechen würde.
Abweichungen ergaben sich nur bei den Angaben im Schema des Dr. St. von 1939 über die Weisheitszähne. Diese sind hier weder mit den nebenstehenden Kennzeichen fehlend (o) als auch mit dem Kennzeichen (W Weisheitszahn kommt noch) bezeichnet.
Unsere Untersuchungen an Hand des Schädels ergaben im Knochen retinierte Weisheitszähne, $\frac{8/8}{8}$, während Zahn _/8_ scheinbar nicht angelegt ist, was jedoch nur röntgenologisch endgültig feststellbar wäre.
Daß die Weisheitszähne vielleicht bei der Untersuchung seinerzeit eine untergeordnete Rolle spielten und daher unberücksichtigt blieben und nur die tatsächlich vorhandenen Zähne im Schema gekennzeichnet wurden, kann durchaus wahrscheinlich sein.

Zusammenfassend kann gesagt werden, daß mit Ausnahme der Weisheitszähne sich große Ähnlichkeiten zwischen dem Schädelbefund und dem Archivschema ergeben haben, so daß an Hand des gefundenen Schädels eine Identifizierung des Dr. St. mit an Sicherheit grenzender Wahrscheinlichkeit möglich ist.

gez. Dr. Matschke
Obermedizinalrätin

Anlage 16
Zahnärztliches Gutachten über Schädel Nr. 2 (Martin Bormann)

B. Zur Identifizierung im Fall Bormann liegen vor:

Schädel II M. Bormann:

1. Selbstgefertigtes Zahnschema an Hand des Schädels II unter Berücksichtigung sämtl. Füllungen, des Kronen- und Brückenersatzes und der fehlenden Zähne.
2. Ein Bericht des behandelnden Zahnarztes Dr. Blaschke (nach 1945 aus dem Gedächtnis hergestellt) mit einem gezeichneten Zahnschema des Ober- und Unterkiefers.
   Nur Zahnersatz und fehlende Zähne sind eingezeichnet.

Zwecks Vergleich bzw. Identifizierung können Rückschlüsse nur an Hand der vorhandenen Kronen und Brücken und der Zahnlücken gezogen werden.

Hierzu ist zu sagen:

Grundsätzliche Abweichungen sind darin zu sehen, daß die im Schädel II von uns festgestellte Krone 8/ und die Fensterkronenbrücke von 2/ bis /2 mit Kunststoffzwischengliedern im Zahnschema des Dr. Bl. nicht aufgeführt sind. Die Tatsache, daß Dr. Bl. dieses Zahnbild aus dem Gedächtnis aufgezeichnet hat, läßt Irrtümer nicht ausschließen. Daher sind auch geringe Abweichungen bei den von Dr. Bl. im Schema aufgezeichneten Zahnlücken, die auch im Schädel II vorhanden sind, zu erklären.

Die Zahnlücke im linken Unterkiefer bei /6 ist durch das Fehlen des Zahnes /5 vergrößert. Bei der Zahnlücke im linken Oberkiefer handelt es sich nicht um Zahn /6, sondern um /5.

Bei den vorgenannten Zähnen handelt es sich um ausgeheilte Alveolen, d.h. eine Verknöcherung hat stattgefunden. Der Verlust muß also zu Lebzeiten erfolgt sein.

In Dr. Bl. Bericht heißt es, daß wegen stark gelockerter Frontzähne im Oberkiefer eine Brücke von Eckzahn zu Eckzahn geplant gewesen sei, daß aber bei Verlust des Zahnes 1/ im Jahre 1942 diese Lücke sofort durch eine 3-gliedrige Brücke, bestehend aus 2 Fensterkronen auf den Zähnen 2/ und /1 mit einem Zwischenglied als Porzellanfacette mit Goldrücken als vorübergehende Lösung geschlossen wurde. Die Brücke ist im Schädel nicht feststellbar, da sämtliche Zähne von 4/ bis /3 fehlen. Bei dem Zustand der heute noch mit Ausnahme bei 1/ vorhandenen knöchernen Alveolen kann man jedoch darauf schließen, daß diese Zähne tatsächlich zu Lebzeiten schon stark gelockert gewesen sein müssen (hier eine Übereinstimmung mit Dr. Bl.) und erst mit Sicherheit nach dem Tod ausgefallen sind.

Hierfür spricht auch die Tatsache, daß am Fundort noch nachträglich die Zähne 4/,/3 und 3/ gefunden worden sind.

Im Gegensatz zu den gut erhaltenen Nachbaralveolen besagt der Knochenbefund bei dem von Dr. Bl. angegebenen bereits 1942 verlorengegangenen Zahn 1/, daß hier schon ein längerer Heilungsprozeß stattgefunden haben muß (keine leere Alveole). Also auch hier eine Übereinstimmung mit Dr. Bl.

Die Möglichkeit der von Dr. Bl. angegebenen und im Schema eingezeichneten Brücke ist daher nicht auszuschließen.

Auf einer uns vorliegenden Archivfotografie von Bormann erkennt man in der Tat eine von den Nachbarzähnen wesentliche Abweichung in der Farbe der angeblichen Porzellanfacette, obwohl Schwarzweißfotografien nicht ausreichendes Beweismaterial sein können.

Einen Beweis, der für die Identität spricht, könnte man auch in der Ähnlichkeit der Herstellungsart der vorhandenen Fensterkronenbrücke im Unterkiefer des Schädels II – einer heute nicht mehr üblichen Konstruktion – mit der von Dr. Bl. im Bericht angegebenen und im Schema eingezeichneten Fensterkronenbrücke im Oberkiefer erbringen. Hier kann die Feststellung des ehemaligen Zahntechnikers von Dr. Bl., daß der im Schädel noch befindliche Zahnersatz eine Arbeit aus dessen Praxis ist und von ihm selbst als Zahntechniker gefertigt wurde, nützlich sein.

Für eine eindeutige Übereinstimmung spricht:

a) die 3-gliedrige Brücke im rechten Unterkiefer $\overline{7-5}$, die im Zahnschema des Dr. Bl. eingezeichnet und auch im Schädel vorhanden ist,

b) der tiefer liegende Weisheitszahn $\overline{8}$, der sowohl im Bericht des Dr. Bl. als auch im Schädel II mit einer provisorischen Füllung versehen ist.

Die Kennzeichnung der Lage der Füllung (Kau- und Lippenflächen) ist identisch mit der Lage der prov. Füllung in unserem Schädelbefund (occlusal – buccal).

Zusammenfassend kann gesagt werden, daß abgesehen von wenigen grundsätzlichen Abweichungen, die auf einem Irrtum des behandelnden Zahnarztes beruhen können, große Ähnlichkeiten und darüber hinaus eindeutige Übereinstimmungen zwischen unserem Schädelbefund und den Bericht und Zahnschema des Dr. Bl. vorhanden sind, so daß eine Identität des Schädels II mit M. Bormann nicht auszuschließen ist.

gez. Dr. Matschke
Obermedizinalrätin

Anlage 17
Gerichtsärztliches Gutachten des Dr. Spengler

<table>
<tr><td>

Landesinstitut
für gerichtliche und soziale Medizin
Berlin
GeschZ.: Leiter

</td><td>

1 BERLIN 21, den 31. 1. 1973
Invalidenstraße 52 (am Lehrter Bhf.)
Fernruf: 35 01 41, App. 286
Innerbetrieblich: (988)

</td></tr>
</table>

Der Polizeipräsident in Berlin
Abteilung I A

1 Berlin 42
Tempelhofer Damm 1–7

Betr.: Skelettfunde vom 7. und 8. 12. 1972 in Berlin 21,
Invalidenstr. 59
hier: Identifizierung *Dr. Ludwig Stumpfegger*
Martin Bormann

Bezug: Ihr Schreiben vom 18. 12. 1972
Gesch.Z.: I A – KJ 4 – OB 733/72

Gerichtsärztliches Gutachten
über die Identifizierung von Skeletten

Zur Identifizierung der Obengenannten sind an den im Leichenschauhaus Berlin sichergestellten Skelettteilen und zwei Schädeln (Bezeichnung: *Schädel 1* und *Schädel 2*)

a) anthropometrische Untersuchungen zur Schlußfolgerung auf Kopf- und Körpergröße der beiden Personen

b) Röntgenuntersuchungen
   1) der Unterarmknochen auf vorhandene Frakturzeichen
   2) der Schlüsselbeine auf vorhandene Frakturzeichen
c) Untersuchung am Schädel 2 auf vorhandene Knochenverletzung an der Stirn über dem rechten Auge
d) fotografische Vergleichsuntersuchungen im Profil der Schädel 1 und 2 mit Profilfotos von Dr. Stumpfegger und Bormann

durchgeführt worden.

Das Gutachten bezieht sich außerdem auf den mir überlassenen ärztlichen Untersuchungsbefund des ehemaligen Rasse- und Siedlungshauptamtes der SS aus dem Jahre 1939 über Dr. Ludwig Stumpfegger.

Zu a) Die Skelettknochen gliedern sich makroskopisch in zwei zum Teil unvollständige Skelette von unterschiedlicher Körpergröße.

	Skelett 1 (groß)	*Skelett 2* (klein)
Mittelmaße der Röhrenknochen		
Femur (Oberschenkel)	52,0 cm	45,3 cm
Tibia (Schienbein)	43,1 cm	37,7 cm
Humerus (Oberarmknochen)	36,7 cm	31,5 cm
Ulna (Elle)	28,5 cm	23,9 cm
Radius (Speiche)	26,8 cm	beschädigt

Anthropometrisch errechnet sich aus den Mittelmaßen der Röhrenknochen bei

	Skelett 1	*Skelett 2*
Körpergröße	1,90–1,94 m	1,68–1,71 m

	Schädel 1 (Langschädel)	*Schädel 2* (Kurzschädel)
Umfang	51,9 cm	49,8 cm
Längsdurchmesser	17,4 cm	16,2 cm
Querdurchmesser	14,3 cm	14,7 cm

Schädel 1 wurde bei den Bergungsarbeiten 7. 12. 1972 am linken Stirn-Scheitelbein beschädigt. Typischer Längsschädel mit hohem steilem Stirnbein und schmalen Gesichtsknochen. Das fast vollständig erhaltene Gebiß zeigt zahnärztliche Reparaturen.

Schädel 1 – Umfang entspricht einem *Kopfumfang* von 57–59 cm.

Schädel 2 ist unbeschädigt. Es handelt sich um einen Rundschädel mit fliehender, wellenförmig konvex ansteigender Stirn und stark abfallendem kurzem Hinterkopf. Das Gebiß ist lückenhaft und weist am Unterkiefer typische zahnärztliche Reparaturen mit Brücke der 1. Schneidezähne über gefensterte Gelbmetallkronen der 2. Schneidezähne auf.

Schädel 2 – Umfang entspricht einem *Kopfumfang* von 55–57 cm.

Zu b) Makroskopisch lassen sich an den linken Unterarmknochen des *Skeletts 1* (groß) keine pathologisch-anatomischen Befunde erheben. Dagegen zeigt die Röntgenaufnahme deutliche Veränderungen an Radius und Ulna (Speiche und Elle), die mit Wahrscheinlichkeit einem Zustand nach alter Fraktur im unteren Drittel des linken Unterarmes entsprechen. (Siehe Röntgenbefunde von Dr. Schöldgen).

Das rechte Schlüsselbein des *Skeletts 2* (klein) läßt bereits makroskopisch eine typische Deformation mit starker Kallusbildung erkennen. Aus dem Röntgenbefund ergibt sich eine Defektheilung nach Fraktur des Schlüsselbeins im mittleren Drittel. (Siehe Röntgenbefund von Dr. Schöldgen).

Zu c) Am *Schädel 2* lassen sich an der Stirn über dem rechten Augenwulst pathologisch-anatomisch keine Knochenveränderungen erkennen. Der *Schädel 2* hat keine nennenswerten Knochenverletzungen durchgemacht. Dieser negative Befund am Knochen schließt jedoch nicht aus, daß unfallbedingt zu Lebzeiten eine blutende Kopfhautverletzung (Platz- oder Schnittwunde) zustande gekommen ist.

Zu d) Aus den beigefügten Profilfotos der *Schädel 1 und 2,* die durch Fotomontage mit den Profilaufnahmen von Dr. Stumpfegger und Bormann zur Deckung gebracht wurden, ergibt sich völlige Übereinstimmung der Schädel- und Gesichtsformen. (Bei Betrachtung der Fotos muß die Differenz von Gesichts- und Kopfhaut – Haare sowie Muskulatur – berücksichtigt werden).

Aufgrund der in a), b) und d) beschriebenen Untersuchungen in Verbindung mit der Auswertung des ärztlichen Untersuchungsbefundes des ehemaligen Rasse- und Siedlungshauptamtes der SS ist der *Schädel 1* und das *Skelett 1* (groß) mit größter Wahrscheinlichkeit der Person des Dr. Ludwig *Stumpfegger* identisch.

Der von Dr. Stumpfegger 1923 erlittene – vollkomen verheilte – Unterarmbruch links ist röntgenologisch an den Skelettknochen nachgewiesen worden.

Die Körpergröße, anthropometrisch aus den Skelettknochen mit 1,90 bis 1,94 m errechnet, stimmt mit der Körpergröße im ärztlichen Untersuchungsbefund von 1,90 m überein. Das gleiche gilt für den Kopfumfang, der im Untersuchungsbefund mit 58 cm angegeben ist. Die Schädelform „lang" und Rasseanteilbezeichnung „nordisch" decken sich mit dem Untersuchungsbefund des *Skelettschädels 1.*

Schädel 2 und *Skelett 2* (klein) sprechen allein mit größter Wahrscheinlichkeit für Identität mit der Person des Martin B o r m a n n .

Bormann soll sich – nach den mir übermittelten Berichten – einen Schlüsselbeinbruch durch Sturz vom Pferd zugezogen haben. Der Schlüsselbeinbruch ist sowohl röntgenologisch als auch makroskopisch als Defektheilung am *Skelett 2* nachgewiesen worden.

Sofern die anthropometrisch bestimmten Maßverhältnisse des *Skeletts 2* mit der Körpergröße von 1,68 bis 1,71 m, die beschriebene wesentliche Merkmale aufweisende Kopfform (Kurzschädel) sowie der Kopfumfang von 55–57 cm mit Bormann übereinstimmen und die typischen prothetischen zahntechnischen Arbeiten am Gebiß des *Schädels 2* zahnärztlich verifiziert werden können, dürfte die Identität des *Schädels 2* und des *Skeletts 2* (klein) mit der Person des Martin B o r m a n n mit an Sicherheit grenzender Wahrscheinlichkeit nachgewiesen sein.

gez. Dr. Spengler
Medizinaldirektor
Institutsleiter

Anlage 18
Fotografie des Angeschuldigten

Anlage 19
Fotografie des Angeschuldigten

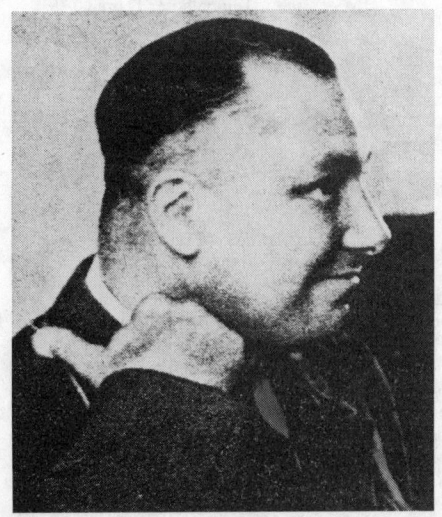

Anlage 20
**Röntgenologische Gutachten über Skeletteile des Dr. Ludwig Stumpfegger
und des Angeschuldigten**

Dr. med. K.-J. Schöldgen   **1 Berlin 42** 5. 1. 73
Facharzt für Radiologie   Tempelhofer Damm 138
                                                  Telefon 7 52 77 45
Frau Dr. med.
Herrn Dr. med.
Bln.

Sehr geehrte Frau Kollegin!
Sehr geehrter Herr Kollege!
Die Rö.-Untersuchung
ergab folgenden Befund:

Skelettaufnahmen der Unterarmknochen beiderseits
                    bez. mit *Dr. Stumpfegger, Ludwig:*
Leichte Deformierung des distalen Drittels des linken Radius mit Strukturdurchbauung des Mark-
raumes und Periostverdickung im Vergleich zum Radius der rechten Seite.
Auch im Bereich der linken Ulna ist im distalen Drittel eine etwas dichtere Struktur im Vergleich
zur anderen Seite erkennbar.
Beurteilung: Auf Grund des Vergleiches der beiden Unterarmknochen handelt es sich mit Wahr-
               scheinlichkeit um Zustand nach Fraktur im distalen Drittel des Unterarmes mit
               deutlichen Veränderungen am Radius.

                                                  gez. Schöldgen

Dr. med. K.-J. Schöldgen   **1 Berlin 42** 5. 1. 73
Facharzt für Radiologie   Tempelhofer Damm 138
                                                  Telefon 7 52 77 45
Frau Dr. med.
Herrn Dr. med.
Bln.

Sehr geehrte Frau Kollegin!
Sehr geehrter Herr Kollege!
Die Rö.-Untersuchung
ergab folgenden Befund:

Skelettaufnahme der rechten Clavicula in 2 Ebenen
                    bez. mit *Bormann, Martin*:
Im mittleren Drittel der Clavicula periostale Überbrückung einer verstärkten Verbiegung mit
vollständiger knöcherner Durchbauung, wobei das Periost in dieser Region erheblich verdünnt
und zum Teil aufgehoben ist.
Die Struktur des Knochens ist im proximalen und distalen Bereich regelrecht; dann erscheinen ei-
nige Zonen etwas strähnig.
Im vorbezeichneten Bezirk der knöchernen Überbrückung ist sie relativ dicht.
Beurteilung: Bei der mit Bormann, Martin bezeichneten Clavicula kann es sich durchaus um eine
               Defektheilung nach Fraktur der Clavicula im mittleren Drittel handeln.

                                                  gez. Schöldgen

Röntgenaufnahme des linken Unterarms des Skeletts Dr. Ludwig Stumpfegger

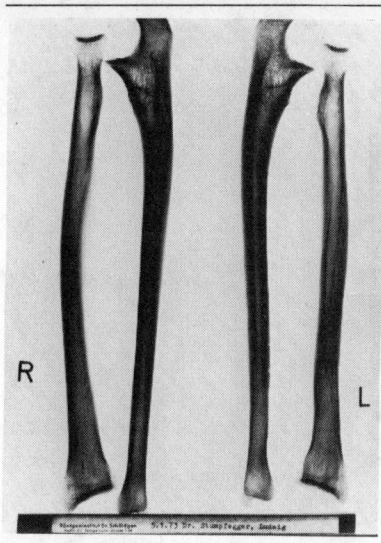

Anlage 22
Röntgenaufnahme des Schlüsselbeins des Skeletts des Angeschuldigten

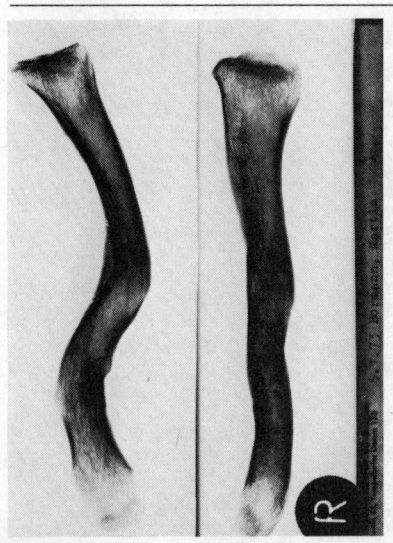

Anlage 23
Fotomontage des Schädels Nr. 2 mit Fotografie des Angeschuldigten

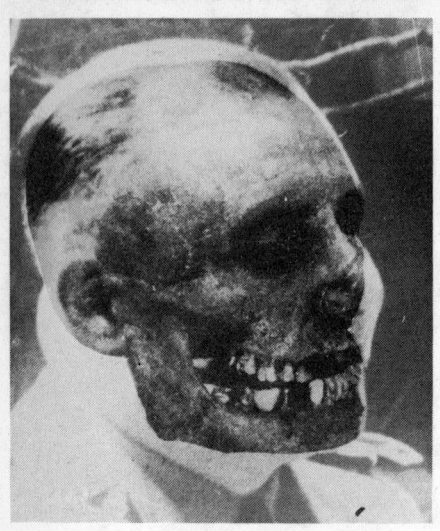

Anlage 24
Fotomontage des Schädels Nr. 1 mit Fotografie des Dr. Ludwig Stumpfegger

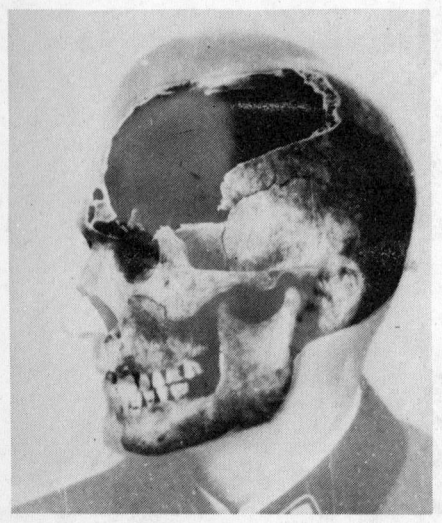

Anlage 25
Plastische Gesichtsrekonstruktion des
Schädels Nr. 2 (Martin Bormann)

Anlage 26
Plastische Gesichtsrekonstruktion des
Schädels Nr. 1 (Dr. Ludwig Stumpfegger)

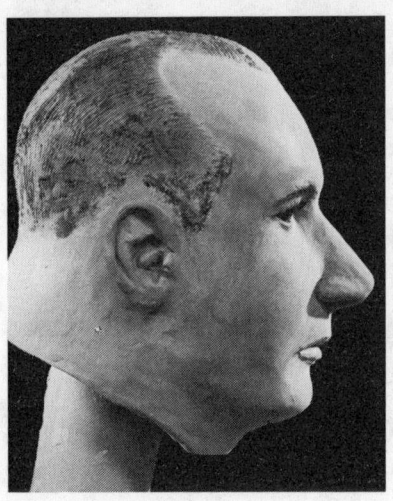 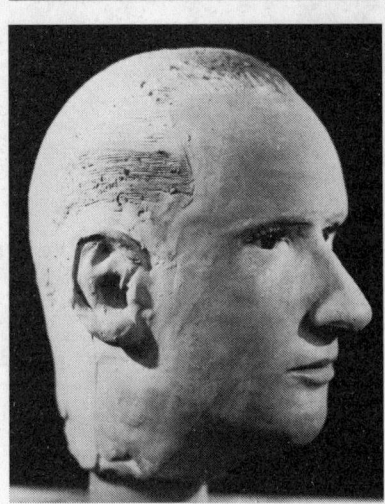

Anlage 27
Fotografie des Dr. Ludwig Stumpfegger

445

Dokumente

Teil B:
Vollständig wiedergegebene Dokumente aus der Zeit vom 5. Oktober 1932 bis 15. April 1945 (in Auswahl)

Die im Text angesprochenen Dokumente* stammen – soweit sie dem Autor nicht von privater Seite zur Verfügung gestellt wurden – aus folgenden Archiven und Instituten:

Bayerisches Hauptstaatsarchiv, München
Berlin Document Center
Bundesarchiv, Koblenz
Bundesarchiv – Militärarchiv, Freiburg
Deutsche Dienststelle (WASt), Berlin
Deutsches Zentralarchiv, Potsdam
Geheimes Staatsarchiv der Stiftung Preußischer Kulturbesitz, Berlin-Dahlem
Hessisches Hauptstaatsarchiv, Wiesbaden
Imperial War Museum, London
Institut für Zeitgeschichte, München
Institut für Zeitgeschichte, Wien
Institute of Contemporary History – The Wiener Library, London
National Archives, Washington
Zeitgeschichtliches Bildarchiv Heinrich Hoffmann, München-Hamburg

---

*Die gesamte Materialsammlung für dieses Werk umfaßt einige tausend Dokumente, die Verlag und Redaktion auf ihre Authentizität geprüft haben. Es hätte weit über den Rahmen dieses Buches hinausgeführt, sie hier vollständig wiederzugeben, so daß nur einige der wichtigsten in dieser Dokumentation berücksichtigt wurden (Anm. d. Red.).

Inhaltsverzeichnis aller vollständig wiedergegebenen Dokumente

Schreiben vom 5. 10. 1932
Martin Bormann „An den Privatsekreätr des Führers, Herrn Rudolf Heß" (vergleiche dazu auch
Ausführungen auf Seite 68 f.)

Martin Bormann   München, den 5. 10. 1932

An den
Privatsekretär des Führers, Herrn Rudolf Heß
z.Zt. Dachau

Lieber Herr Heß!

Nur dem Zwang gehorchend, behellige ich Sie in Ihrem Urlaub. Das Nachstehende *muß** aber
meines Erachtens gesagt werden. Sie und der Führer müssen die draußen herrschenden Anschauungen kennen.

Vorausgeschickt sei, was Sie ja ohnehin wissen, daß ich nicht gegen die SA eingestellt bin. Ich
habe auch nichts gegen die Person Röhms an sich. Meinetwegen mag sich Jemand** in Hinterindien
mit Elefanten und in Australien mit Känguruhs abgeben, es ist mir herzlich gleichgültig. Für mich
und alle wirklichen Nationalsozialisten gilt nur die Bewegung, nichts anderes. Was oder wer der
Bewegung nützt, ist gut, wer ihr schadet, ist ein Schädling und mein Feind. Die Bewegung und nur
sie ist ausschlaggebend.

Was nun aber in der Verhandlung durch die eidesstattlichen Aussagen an unbestrittenen Tatsachen – Ablenkungsmanöver Röhms können keinem nachdenkenden Menschen mehr imponieren
– zu Tage trat, das schlägt dem Faß rundherum den Boden aus. Einer der prominentesten Führer
der Partei schimpft bei einem ebenso prominenten Führer der schärfsten Gegner und schimpft und
beschimpft eigene Parteigenossen, die ebenfalls Führer sind, als Schweinehunde.

Jedem SA-Mann wie jedem einfachen Parteigenossen wird als eines der primitivsten und ersten
Gebote eingeremst, was u.a. der Chef selbst im Vorwort des Mitgliedsbuches sagt: „Vergiß niemals und an keiner Stelle, daß Du Vertreter und Repräsentant der nationalsozialistischen Bewegung, ja unserer Weltanschauung bist. *Der Fremde beurteilt die Bewegung nach dem Bilde, das er
von Dir erhält.* Sei also in Deinem ganzen Handeln, Tun und Lassen ein Nationalsozialist! *Bleibe
stets ein Vorbild* für Deine Mitgenossen."

Jedem SA-Mann, jedem einfachen Parteigenossen wird eingeremst und für den Fall Röhm war
das besonders nötig, daß er seine Kameraden, seine Führer auch bei Vorliegen von Fehlern bis
zum letzten zu decken habe – der prominenteste SA-Führer geht hin und verleugnet und verleumdet in dieser krassen Art und Weise.

Wenn der Führer diesen Mann nach diesem Vorgehen noch hält, so verstehe auch ich ihn, wie
schon zahllose andere, nicht mehr und das *ist* auch nicht mehr zu verstehen. In seinem Zimmer hat
der Führer drei Bilder des größten Preußen. Was wäre wohl mit einem General des alten Fritzen
geschehen, nach einer derartigen Handlungsweise???

Man sage nicht, die Verdienste des Stabschefs Röhm überwögen derartige Fehler. Der Schaden,
den R. durch sein Beispiel – „der Fremde beurteilt die Bewegung nach dem Bilde, das er von Dir
erhält" – angerichtet hat, ist durch kein Verdienst aufzuwiegen. Ganz abgesehen aber davon: *welche* Verdienste?? Sehen Sie sich sämtliche von Röhm erlassenen Befehle durch – *grundlegende*
Neuerungen werden Sie seit Pfeffers Zeit nicht finden. Die Bewegung wuchs und mit ihr die SA;
die Aufgabenstellung blieb die gleiche von Anfang an, abgesehen von einer einzigen Aufgabe, auf
die ich noch zurückkomme. Was an schwieriger, was an Generalstabsarbeit zu leisten war, ist wohl
des kaltgestellten General Hörauf Verdienst!

Man sagt, Röhm sei eine Persönlichkeit, sei ein Kopf! Darüber kann man sehr zweierlei Meinung
sein. Im übrigen ist trefflicher Maßstab für die Beurteilung eines Menschen die Qualität seiner

---

* Kursiv-Gedrucktes ist im Original unterstrichen.
** Wie hier wurde auch in allen übrigen Dokumenten die originale Schreibweise beibehalten
(Anm. d. Red.).

Mitarbeiter. Köpfe? Sehen Sie sich den früheren *stellv. Stabschef,* den Major Fuchs, den jetzigen *stellv.* Stabschef, den „Major u. Gruppenführer" Hühnlein an und Sie wissen, mit wie herzlich wenig Wasser da gekocht wird bzw. gekocht werden kann. Ich bin der Überzeugung, daß den Posten des Stabschefs jeder andere mit Menschenkenntnis und Organisationstalent begabte SA-Führer ausfüllen könnte, bestens ausfüllen könnte (Lutze). Ich war kaum Soldat, aber ich würde meinen Kopf zum Pfand setzen, daß ich das auch fertig kriegte. Schauen Sie sich die SS an, Sie kennen doch Himmler und Sie kennen Himmlers Fähigkeiten.

Man rühmt Röhms Treue zum Chef. Nun, drastisch ausgedrückt, mancher Kaczmarek war ein treuer Soldat und dabei doch ein Rindvieh u. als Soldat wenig wert. Die Treue allein also genügt nicht und kann nicht ausschlaggebend sein. Ganz abgesehen davon, daß bei wirklicher Treue zum Führer solche Sachen wie die Mayr-Angelegenheit wohl kaum vorkommen dürften. Und wenn der Chef Röhms Treue erwidern und ihn deswegen halten will, so fragt sich doch, was höher steht, die Treue zur Bewegung oder die Treue zu Röhm. Fast ist man versucht, an die unglückliche Nibelungentreue des Kaisers gegenüber Oesterreich zu denken, die der Chef selbst ja genügend kennt.

Man sagt, die Einstellung gegen Röhm entspringe der Animosität der politischen Leiter gegen die SA überhaupt. Eine unerhörte Unterstellung, denn, wie ich oben schon anführte, wird jede wirkliche Kämpfernatur das Gedeihen und Wachsen der SA freudigst begrüßen. Und schließlich sind ja gerade wir alten Pg alle einmal einfache SA-Männer gewesen. In der politischen Organisation wird von oben herunter keine Einstellung gegen die SA gezüchtet, wie umgekehrt bei der SA gegen die politischen Führer. Wer redet denn von unseren politischen Führern nur zu gern als von Bonzen? Nicht die politischen Gegner, wohl aber eigene SA-Führer. Und das, obwohl der größte Teil der politischen Führer sich ebenso einsetzt, wie die SA. Ich persönlich wäre lieber draußen SA-Führer, als Tag für Tag von früh bis spät hinter dem Schreibtisch zu hocken und Akten zu wälzen. Wer gibt im übrigen leichter und mehr Geld aus? Derjenige nicht, der die Beiträge hereinbringen muß und weiß, wie sauer dem größten Teil der Pg das Beitragzahlen fällt.

Man sagt, die SA stehe hinter Röhm. Die SA steht hinter dem ihr von Adolf Hitler bestimmten Führer, nicht mehr und nicht weniger. Daß sich speziell R. der besonderen *Liebe* der SA erfreute, darf füglich bezweifelt werden.

Wesentlich aber und ausschlaggebend ist Folgendes: Weiß der Führer, wieviele Parteigenossen wegen der Terrorakte aus der Bewegung ausgetreten sind? Mir hat Obernitz, der ja, vom Standpunkt der Obersten SA-Führung aus gesehen, die entsprechenden Befehle mit am erfolgreichsten ausführte und ausführen ließ, erzählt, Sturmführer hätten ihm die Ausführung solcher Befehle verweigert, Parteigenossen hätten ihm erklärt, sie hätten zum letzten Male nationalsozialistisch gewählt usw. Dieser Befehl enthielt eine Aufgabe, deren Erfüllung, vom Standpunkt Röhms aus gesehen, absolut ausblieb. Weiß der Führer, daß weite Kreise der Bewegung der Ansicht sind, Röhm sei gründlich von Schleicher hineingelegt worden?

Kennt der Führer die absolut *un*zuversichtliche Stimmung bezüglich der Wahlen unter den Parteigenossen? Weiß er, daß eine große Anzahl der SA-Männer die Ansicht vertreten, es sei am besten, kommunistisch zu wählen? Als nach Bekanntwerden der Röhm-Briefe der Führer bekanntgab, Röhm bliebe Stabschef, haben viele Pgg den Kopf geschüttelt. In der jetzigen Situation die Bewegung wieder auf die gleiche Belastungsprobe zu stellen, dünkt mich äußerst gefährlich. Vertrauen auf einen Wahlsieg bei der Reichstagswahl ist fast nirgends vorhanden, der Großteil der Pgg einschließlich SA ist in einer enttäuschten Stimmung als Folge der überspannten Hoffnungen, die maßgebliche Führer (Röhm, Goebbels) zur ersten Reichspräsidentenwahl und zur Wahl des 31. 7. erweckten. Das Vertrauen *zum Führer* besteht noch und dieses Vertrauen muß erhalten, muß gepflegt werden, denn ginge es verloren, wäre die Bewegung vielleicht nicht endgültig, aber fürs erste zerschlagen. *Es ist sicher, daß Unzählige das Vertrauen zum Führer verlieren werden, wenn der Führer einen Mann, der bei einem politischen Gegner erster Klasse seine Kameraden verrät, Material gegen sie erbittet, weiterhin hält.* – Halten wir doch unsere Pg für dümmer, als dumm (anstelle von „als dumm" stand ursprünglich die Formulierung „als sie sind", Anm. d. Red.). Die Bekanntgaben Röhms imponieren Niemanden mehr, die Pgg sind allmählich hellhörig geworden. Glauben Sie nicht, daß der größte Teil der Leser der heutigen Bekanntgabe Röhms sofort fragen wird: „Ja, wenn Bell u. Mayr falsche eidesstattliche Erklärungen abgaben, warum – das wäre doch ein gegebenes Fressen für uns – werden sie nicht des Meineids bezichtigt und angeklagt? Warum gibt Röhm lediglich eine sogenannte eidesstattliche Erklärung ab, wegen deren Inhalt,

450

selbst wenn sie falsch wäre, er strafrechtlich gar nicht belangt werden könnte? Warum usw???"
Nein, Herr Heß, auf den Leim gehen unsere Parteimitglieder nicht mehr, wer das annimmt,
täuscht sich ganz gewaltig. Im übrigen wird ja nun die Antwort der anderen nicht ausbleiben und
das geht weiter und weiter und die Bewegung setzt sich diesen Angriffen unnötiger Weise aus und
erleidet dabei schwersten Schaden. Wenn im übrigen die Unterredung, wie Reiner erzählte, vermutlich auf Schallplatten aufgenommen worden ist, dann kann auch das noch Überraschungen geben. Und *wir* müssen mit offenen Augen zusehen, daß durch solche Unglaublichkeiten die Bewegung Schaden erleiden muß, weil wir den schwächsten Punkt unserer Front nicht zurücknehmen,
sondern koste es, was es wolle, halten wollen. Wobei das Ansehen des Führers systematisch durch
Behauptungen übelster Art untergraben wird. – Gnade Gott meinem eigenen Bruder, wenn er
sich auch nur einen Bruchteil dessen gegen die Bewegung leistete, was sich der Stabschef leistete.
Aus dieser Einstellung heraus ist mir die des Chefs restlos unverständlich. Wenn ich oder andere
Pgg politische Entscheidungen nicht verstehen, nun gut, wir kennen die Voraussetzungen und näheren Umstände nicht, der Führer ist der Führer, er wirds schon recht machen. Hier aber handelt
es sich um den schweren Schaden, den die Bewegung durch das Verhalten eines ihrer Angehörigen
erleidet.

> Heil Ihr
> gez. Martin Bormann

Schreiben vom 27. 5. 1933
Martin Bormann „An den stellv. Parteiführer, Herrn Rudolf Heß" (vergleiche dazu auch Ausführungen im fortlaufenden Text Seite 73 f.)

Martin Bormann   München, den 27. 5. 1933

> An den stellv. Parteiführer, Herrn Rudolf Heß
> Berlin

> Sehr geehrter Herr Heß!

Herr Reichsschatzmeister S c h w a r z sagte mir jetzt schon zweimal, der Hilfskassenbetrieb
werde ihm zu groß, ein einfacheres Verfahren der Beitragsberechnung müsse eingeführt werden
und zwar dadurch, daß die Ortsgruppen nicht mehr entsprechend der Zahl der bei der HK namentlich geführten Mitglieder abrechneten, sondern der Beitrag sei entsprechend dem Stande der
Ortsgruppen in der Kartei der Kassenverwaltung abzurechnen. Das bedeutet mit anderen Worten
die Aufgabe der HK-Kartei und HK-Buchhaltung und übrig bliebe nur die Unfallabteilung.
Meine Bedenken läßt Herr Schwarz nicht gelten, ich bin eben innerhalb der Kassenverwaltung der
Angestellte, der zu parieren und auszuführen hat, was ihm befohlen wird.
    In Anbetracht dieser Tatsache bitte sich Sie erneut um anderweitige Verwendung und um eine
andere Aufgabe in der *politischen* Organisation, innerhalb der Kassenverwaltung möchte ich nicht
mehr tätig sein. Hätte ich gewußt, daß die Dinge sich so entwickelten, würde ich diese Bitte schon
nach vollendetem Ausbau der HK, also vor Jahr und Tag ausgesprochen haben. Denn eine besondere Leistung erfordernde und damit auch eine befriedigende Aufgabe ist die Leitung der HK
nicht mehr. Was jetzt zu tun ist, kann auch der Stabsleiter Geißelbrecht oder der Karteileiter
Kirchbauer erledigen und kommt der vorgesehene Abbau, so genügt für die Leitung der Unfallab-
teilungsleiter Wehse.
    Ich darf Sie bitten, von meinem Antrag auf Verwendung innerhalb der politischen Organisation
Herrn Reichsschatzmeister Schwarz nichts zu sagen; er würde micht nicht verstehen und würde sofort und restlos mit mir brechen.

> Mit Hitler-Heil!
> gez. Martin Bormann

Schreiben vom 30. 3. (vermutlich 1935)
Martin Bormann an den Reichsbauernführer Richard Walter Darré (vergleiche dazu auch Ausführungen Seite 92)

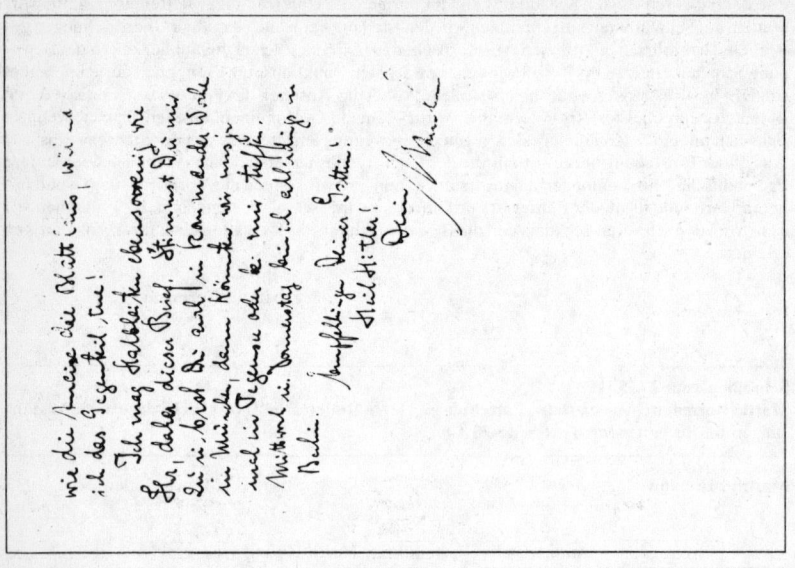

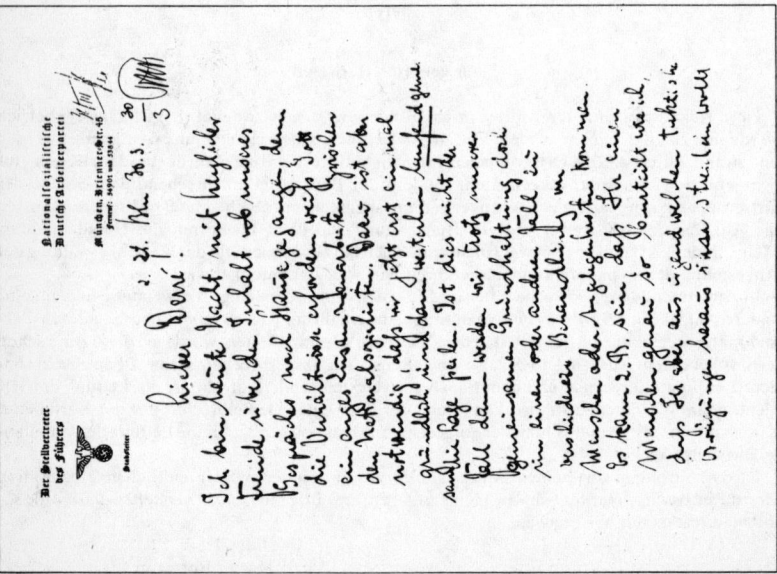

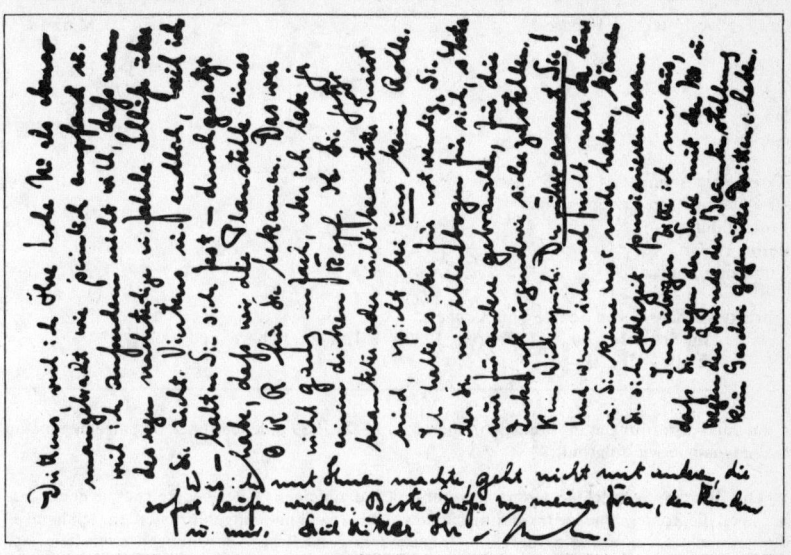

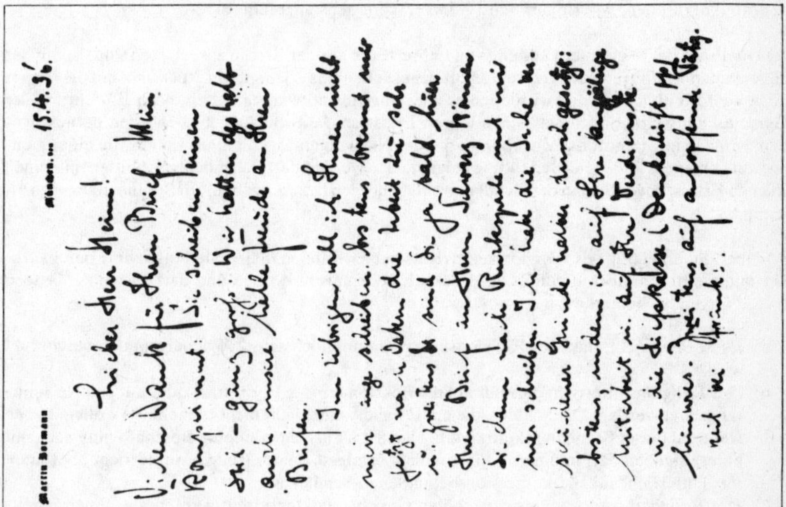

Schreiben vom 20. 3. 1939
Martin Bormann „An den Herrn Reichsminister für Wissenschaft, Erziehung und Volksbildung"
Bernhard Rust (siehe dazu auch Ausführungen Seite 140 f.)

Der Stellvertreter des Führers   den 20. März 1939

                                                                  III D – Es.
                                                                  3215/4

An den

Herrn Reichsminister
für Wissenschaft, Erziehung und
Volksbildung.
Berlin W 8
Unter den Linden 69.

Betrifft/ Verhältnis von Schule und Kirche.
          Ihr Schreiben vom 17. Februar 1939 – E II a Nr. 141/39
          E III, Z II a(B)–.

Zu den Ausführungen in Ihrem Schreiben vom 17. 2. 1939 teile ich Ihnen im einzelnen meine Stellungnahme wie folgt mit:

1.) Die Gemeinschaftsschule wird in nächster Zeit in denjenigen Gauen des Reiches, in denen bisher noch die konfessionelle Bekenntnisschule vorgeherrscht hat, eingeführt werden. Ich halte es deshalb nicht für notwendig, hierzu noch besondere gesetzliche Anordnungen zu treffen oder Schritte vorzusehen, wie sie auf Seite 2 Ihres Schreibens angeführt sind.

2.) Die Frage der Weiterverwendung von Lehrern, die aus der Kirche ausgetreten sind, ist mit der allgemeinen Einführung der Gemeinschaftsschule ebenfalls erledigt. Mit Rücksicht auf die seither noch vielfach übliche Praxis würde ich es allerdings für notwendig halten, nach Einführung der Gemeinschaftsschule nochmals einen klaren Erlass an die Schulaufsichtsbehörden herauszugeben, wonach in Zukunft der Zugehörigkeit oder Nichtzugehörigkeit eines Lehrers zu einer Konfession in keinem Fall mehr Bedeutung beigemessen werden darf. Ich möchte Sie bitten, mir einen solchen Erlass, bevor Sie ihn den Schulaufsichtsbehörden bekanntgeben, zur Stellungnahme zuzuleiten.

3.) Über die Erteilung des Religionsunterrichts habe ich Ihnen meine Stellungnahme bereits früher mitgeteilt. Ich möchte darauf ausdrücklich nochmals hinweisen und darf zusammenfassend hierzu folgendes bemerken:

a) Es ist erwünscht, dass der Religionsunterricht auf höchstens 2 Wochenstunden beschränkt wird.
b) Der Religionsunterricht darf nur auf die Eckstunden des Vormittags oder auf den Nachmittag gelegt werden. Die Schüler, die am Religionsunterricht nicht teilnehmen wollen, haben während dieser Stunden schulfrei, d.h. eine Schulaufsicht oder eine Beschäftigung auch mit Hausaufgaben darf in diesen Stunden nicht erfolgen, da der Religionsunterricht überhaupt nur Unterricht für die konfessionsgebundenen Schüler ist.
c) Der Religionsunterricht muss nach den Gesichtspunkten erteilt werden, die Ihnen bereits mitgeteilt sind und die der weltanschaulichen Haltung der Partei in diesen Fragen entsprechen. Ich darf darauf hinweisen, dass für die Ostmark bereits eine staatliche Regelung in dem von der Partei gewünschten Sinn durchgeführt worden ist.

d) Die Beibehaltung des Religionsunterrichts an den Schulen erfolgt lediglich mit Rücksicht auf die Bestimmungen der Konkordate. Irgendwelche weltanschauliche oder pädagogische Notwendigkeiten liegen dabei nicht vor.

e) Sofern Sie beabsichtigen, Richtlinien für den Religionsunterricht auch für das übrige Reichsgebiet herauszugeben, bitte ich Sie, mir diese im Entwurf zur Stellungnahme mitzuteilen. Ich darf jedoch nochmals darauf hinweisen, dass ich diesen Richtlinien nur dann zustimmen könnte, wenn sie den Ihnen bereits mitgeteilten Grundsätzen der Partei entsprechen. Nachdem Ihnen diese Grundsätze durch den Stellvertreter des Führers bekanntgegeben wurden, bitte ich Sie davon abzusehen, künftig noch die Stellungnahme anderer Parteidienststellen in diesen Fragen einzuholen, da sich der Stellvertreter des Führers die Stellungnahme der Partei den staatlichen Stellen gegenüber selbst vorbehalten hat.

4.) Den Kirchen soll es zunächst unbenommen bleiben, auch ausserhalb der Schule konfessionellen Unterricht für Kinder einzurichten. Ein Einschreiten gegen die Kirchen wird in diesen Fällen kaum möglich sein, da die Konfessionen in der Verkündung ihrer Lehre nicht eingeschränkt sind. Sobald es sich allerdings herausstellt, dass in einzelnen Orten durch allzu häufigen kirchlichen Ersatzunterricht die Schulkinder überlastet sind und dadurch ihre Aufnahmefähigkeit vermindert wird, hätte ich keine Bedenken, wenn dagegen die erforderlichen Massnahmen ergriffen werden. Sollten sich aber die kirchlichen Stellen entschliessen, auf den Religionsunterricht in der Schule ganz zu verzichten und ausschliesslich kirchlichen Religionsunterricht zu erteilen, so hätte ich gegen derartige Schritte nichts einzuwenden.

5.) In der Frage der Aufsicht über den Religionsunterricht bin ich durchaus Ihrer Ansicht. Ich halte es ebenfalls für richtig, dass jede kirchliche Aufsicht ausgeschaltet werden muss, da es sich um ein schulplanmässiges Lehrfach handelt.

6.) Hinsichtlich der Wünsche verschiedener Weltanschauungsgemeinschaften, einen lehrplanmässigen Unterricht ihres Glaubens einzurichten, teile ich ebenfalls Ihre Stellungnahme. Es geht nicht an, dass noch weitere Weltanschauungsgemeinschaften das Recht erhalten, Unterricht an den Schulen zu erteilen.

7.) Zu den Einrichtungen der Schulgebete, Schulgottesdienste und Schulandachten, habe ich Ihnen ebenfalls bereits früher schon meine Stellungnahme mitgeteilt. Ich möchte Sie nochmals bitten, nunmehr baldigst einen Erlass herauszubringen, wonach diese längst veralteten Einrichtungen endlich von den deutschen Schulen beseitigt werden. Gleichzeitig müsste mit diesem Erlass aber auch bestimmt werden, dass eine Beeinflussung der Schulkinder durch die Lehrer zur Teilnahme an konfessionellen Veranstaltungen ausserhalb der Schulzeit unterbleibt. Es wurden mir in letzter Zeit gerade wieder zahlreiche Einzelfälle mitgeteilt, in denen die Lehrer unter Missbrauch ihres Aufsichtsrechts die Schulkinder an schulfreien Nachmittagen zu kirchlichen Veranstaltungen geführt haben. Es wäre dringend notwendig, dass diese Dinge nun endlich reichseinheitlich klargestellt werden und zwar in dem Sinn, wie es die Partei wohl schon seit Jahren gewünscht hat. Ich darf deshalb auf Grund Ihres Schreibens vom 17. 2. 1939 nunmehr annehmen, dass ich in kürzester Zeit mit einem entsprechenden Erlassentwurf von Ihrer Seite rechnen kann.

8.) Hinsichtlich des Konfirmanden- und Kommunionunterrichts bin ich ebenfalls Ihrer Auffassung. Dieser Unterricht ist ausschliesslich eine Angelegenheit der Kirchen. Es müsste allerdings sichergestellt sein, dass künftig für diesen Konfessionsunterricht keine Schulstunden mehr ausfallen dürfen. Der Staat kann es nicht zulassen, dass für diese kirchlichen Dinge, die dem Belieben jedes Einzelnen überlassen bleiben, auch weiterhin die wertvolle Unterrichtszeit zur Verfügung gestellt wird, nachdem die Schulen in den letzten Jahren ohnehin schon eine wesentliche Verkürzung ihrer Unterrichtszeit vornehmen mussten.
Auch hier allerdings müsste in den Fällen eingeschritten werden, in denen etwa allzu häufiger kirchlicher Unterricht die sonstige Leistungsfähigkeit der Schüler herabsetzt.

9.) Die von dem Caritas-Verband vielfach betriebene Unterbringung katholischer Kinder der

Diaspora in entfernte, ausgesprochen katholische Gegenden, kann künftig nicht mehr geduldet werden.

Ich bin durchaus Ihrer Ansicht, dass es unerwünscht ist, wenn solche Kinder unter völlig veränderten Verhältnissen in eine fremde Schule gebracht werden. Auch wenn dadurch der gesetzlichen Schulpflicht genügt wird, besteht trotzdem ein staatspolitischer Grund, derartige Umgehungsmassnahmen abzustellen. Die Tatsache solcher Kinderverschickungen ist nichts anderes, als ein Misstrauen dieser konfessionellen Stellen gegenüber der staatlichen Schulverwaltung, die allerdings keine konfessionellen, wohl aber nationalsozialistische Erziehungsgrundsätze zu verwirklichen hat. Ich möchte Sie deshalb bitten, überall gegen diese Kinderverschickungen, erforderlichenfalls mit Hilfe der polizeilichen Stellen, einzuschreiten.

10.) Die Verwendung von Schulräumen für kirchliche Zwecke kann in Zukunft nicht mehr geduldet werden, wie ich Ihnen auch bereits früher schon mitgeteilt habe. Selbstverständlich ist, dass die Schulräume etwa für den von den Konfessionen durchgeführten kirchlichen Ersatzunterricht nicht zur Verfügung gestellt werden dürfen. Aber auch für Gottesdienste, Andachten, Bibelstunden usw. sind die Schulräume nicht da. Dafür haben die Konfessionen in der Regel ja ihre Kirchen gebaut. Wie Sie mir mitteilten, beabsichtigten Sie ursprünglich, diese Fragen durch einen besonderen Erlass zu regeln. Nachdem aber in der Zwischenzeit das Geheime Staatspolizeiamt bereits Bestimmungen hierüber erlassen hat, erübrigen sich weitere Anordnungen.

11.) Es wäre in Zukunft durchaus zu begrüssen, wenn in den staatlichen Schulräumen die Kruzifixe und sonstige christlich-konfessionelle Symbole verschwinden. Ich möchte aber darauf hinweisen, dass solche Massnahmen nur mit grosser psychologischer Geschicklichkeit, je nach den örtlichen Verhältnissen durchgeführt werden können, da sonst leicht politische Schwierigkeiten auftreten, die in keinem Verhältnis zur Bedeutung einer solchen Massnahme stehen. Ich weise darauf hin, daß in einigen Gauen derartige Anordnungen durchgeführt werden konnten, in anderen Gauen aber die Durchführung nicht möglich war. Auf diesem Gebiet können meines Erachtens keine zentralen Entscheidungen getroffen werden, vielmehr muss es den örtlichen Stellen überlassen bleiben, die Art und Weise dieser Durchführung und vor allem den Zeitpunkt selbst zu bestimmen.

Abschliessend möchte ich nochmals darauf hinweisen, dass Ihnen die Stellungnahme der Partei wohl zu den meisten dieser Fragen bereits seit längerer Zeit mitgeteilt worden ist. Ich habe im Vorstehenden zu sämtlichen von Ihnen berührten Punkten nochmals Stellung genommen, darf aber bemerken, dass sich ein grundsätzlich neuer Gesichtspunkt von seiten der Partei auf diesem weltanschaulichen Gebiet nicht ergeben hat.

Ich bitte Sie daher, nunmehr von einer weiteren Erörterung dieser Frage(n), die zum Teil schon seit Jahren schriftlich behandelt werden, abzusehen und die Ihnen mitgeteilten Gesichtspunkte der Partei in den notwendigen und allmählich dringlich gewordenen Anordnungen auf dem Gebiete der Schulverwaltung zu verwirklichen. Ich würde es sehr begrüssen, wenn mir möglichst rasch die seit langem gewünschten und von Ihnen nunmehr auch vorgesehenen Entwürfe zur Stellungnahme zugehen könnten.

Heil Hitler!
i.V.
gez. Bormann

Schreiben vom 10. 10. 1939
Rudolf Heß/Martin Bormann „An den Herrn Reichsminister für die kirchlichen Angelegenhei-
ten, Hans Kerrl" (siehe dazu auch Ausführungen Seite 141)

Nationalsozialistische   (NS-Enblem)   Deutsche Arbeiterpartei

Abschrift.

Der Stellvertreter des Führers   München, den 10. Oktober 1939.

Braunes Haus
Bo/Fu.

An den
Herrn Reichsminister für die
kirchlichen Angelegenheiten,
Hans Kerrl,

Berlin W 8,
Leipziger Strasse 3.

Wie mir mitgeteilt wird, beabsichtigen Sie, in Kürze eine Schrift zu veröffentlichen, in der Sie u.a.
zu den Begriffen „Weltanschauung" und „Religion" grundlegend Stellung nehmen.
Die von Ihnen beabsichtigte Veröffentlichung berührt den Aufgabenbereich der Partei auf das
stärkste; nach Ihren eigenen Ausführungen soll die von Ihnen herausgearbeitete Antithese
„Weltanschauung und Religion" ja auch dazu dienen, den Aufgabenbereich der Partei abzugren-
zen gegenüber jenem Bereich, der den Kirchen vorbehalten bleiben soll.
Ich halte die Herausgabe einer solchen Schrift für falsch, denn in ihrer Tendenz muss sich diese
Schrift gegen die Partei wenden und richten; auf jeden Fall muss meines Erachtens der Führer ent-
scheiden, ob die Schrift veröffentlicht werden darf. Ich nehme ferner als selbstverständlich an, dass
Sie auch mir den Entwurf Ihrer Schrift zur Stellungnahme zuleiten.

Heil Hitler!
gez. R. Hess.

F.d.R.d.A.
Unterschrift (unleserlich)

Nationalsozialistische   (NS-Enblem)   Deutsche Arbeiterpartei

Durchschrift.

Der Stellvertreter des Führers   München 33, den 19. Dezember 1939.

Braunes Haus

Stabsleiter

An den
Reichsleiter Pg. Dr. Goebbels,

München.
Karlstraße 20.

Betrifft: Buch des Kirchenministers Kerrl „Weltanschauung und Religion".

Soeben wird mir der Weihnachtskatalog der Buchhandlung Gsellius vorgelegt. In ihm ist auf Seite
75 das Buch des Reichsministers Kerrl „Weltanschauung und Religion" angekündigt, dessen Erscheinen bekanntlich der Führer verboten hat.
Gleichzeitig wird mir mitgeteilt, daß fast sämtliche evangelischen Buchhandlungen das Buch des
Pg. Kerrl in ihren Katalogen aufgenommen haben und sich für dessen Vertrieb einsetzen.
Ich halte es nicht für richtig, wenn für ein Buch, dessen Erscheinen der Führer verboten hat, von irgendeiner Stelle Reklame gemacht wird, zumal Reichsminister Kerrl in einer an den Stellvertreter
des Führers gegebenen Mitteilung den Verlag bereits vor längerer Zeit angewiesen hat, seine
Druckvorbereitungen für das Buch einzustellen.

Heil Hitler!
gez. M. Bormann

Nationalsozialistische   (NS-Emblem)   Deutsche Arbeiterpartei

Der Stellvertreter des Führers   z.Zt. Berlin, den 24. 9. 1940.

Stabsleiter   Bo-An.

                                                          Persönlich

An die
Gauleitung Franken
z.Hd. des Kreisleiters Zimmermann

Nürnberg
Gauleitung d. NSDAP.

   Durch Pg. Hoffmann wurde mir Ihr Schreiben vom 13. 9. 1940 vorgelegt. Die Kommission, die
in Neuendettelsaus (müßte richtig Neuendettelsau heißen, Anm. d. Red.) tätig war, untersteht der
Kontrolle des Herrn Reichsleiters Bouhler, bezw. ist in dessen Auftrag tätig.
   Die Benachrichtigungen an die Verwandten werden, wie mir gestern noch einmal bestätigt wurde, textlich verschieden abgefasst; selbstverständlich kann es aber einmal passieren, dass zwei
nahe beieinander wohnende Familien einen Brief mit dem gleichen Wortlaut bekommen.
   Dass sich die Vertreter der christlichen Weltanschauung gegen die Massnahmen der Kommis-
sion aussprechen, ist selbstverständlich; ebenso selbstverständlich muss es sein, dass alle Partei-
Dienststellen die Arbeit der Kommission, soweit notwendig, unterstützen.

                                        Heil Hitler!
                                        gez. M. Bormann
Handschriftliche Notizen unleserlich

Schreiben vom 20. 11. 1940
Martin Bormann „An den Herrn Reichsminister und Chef der Reichskanzlei Dr. H. H. Lammers"
(siehe dazu auch Ausführungen im Text Seite 160 f.)

Nationalsozialistische   (NS-Enblem)   Deutsche Arbeiterpartei

Berlin-Wilhelmstr. 34   Handschriftliche Notizen unleserlich

Der Stellvertreter des Führers   Den 20. November 1940..

                                        III/09 – Ku.
                                        2610/0/102.

                                        Einschreiben

An den
Herrn Reichsminister
und Chef der Reichskanzlei
Dr. H. H. Lammers

Berlin W 8
Voßstraße 6

Betrifft: Einführung strafrechtlicher Vorschriften in den eingegliederten Ostgebieten.

Nachdem das deutsche Strafrecht durch Verordnung vom 6. Juni 1940 (RGBl. I S. 844) in den eingegliederten Ostgebieten eingeführt worden ist, hat mir der Herr Reichsminister der Justiz nunmehr im Zuge der Einführung weiterer strafrechtlicher Bestimmungen die Entwürfe folgender Verordnungen mit der Bitte um Zustimmung vorgelegt:

1.) Verordnung zur Ausführung und Ergänzung der Verordnung über die Einführung des deutschen Strafrechts in den eingegliederten Ostgebieten (Akt.Zch.: 9170/2 IIa² 1291.40).

2.) Verordnung über die Einführung des deutschen Auslieferungsrechts in den eingegliederten Ostgebieten (Akt.Zch.: 9351/1 – IIa³ 529/40).

3.) Verordnung über die Einführung des Gesetzes über den Waffengebrauch der Forst- und Jagdschutzberechtigten sowie der Fischereibeamten und Fischereiaufseher in den eingegliederten Ostgebieten (Akt.Zch.: V b ² 1636).

4.) Verordnung zur Durchführung des Straftilgungsgesetzes und der Strafregisterverordnung in den eingegliederten Ostgebieten (Akt.Zch.: 4240 – IIa ⁴ 948.40).

Zu den beiden letzten Entwürfen habe ich mich bereits dem Herrn Reichsminister der Justiz gegenüber dahin geäußert, daß einmal unter keinen Umständen die in diesen Verordnungen enthaltenen Bestimmungen auf Nichtdeutsche Anwendung finden dürften und zum anderen ich für zweckmäßiger hielte, wenn die Reichsstatthalter ermächtigt würden, Verordnungen mit entsprechendem Inhalt einzuführen. Dies würde den Vorteil haben, daß den Reichsstatthaltern die Möglichkeit gegeben wäre, die von ihnen zu erlassenden Vorschriften nach Umfang und Zeitpunkt des Inkrafttretens den jeweiligen Erfordernissen anzupassen.

Zur Frage der Einführung des Waffengebrauchsrechts der Forst-, Jagd- und Fischereischutzberechtigten hat mir der Herr Reichsminister der Justiz bereits erwidert, daß er seinem Vorschlag auf Ermächtigung der Reichsstatthalter nicht nachkommen könne.

Meine gegen die genannten Verordnungen geäußerten Bedenken haben sich in der Zwischenzeit jedoch – abgesehen von der Bestimmung von Art und Zeit der Einführung durch den Reichsstatthalter -- auch noch in anderer grundsätzlicher Richtung verstärkt.

Wie mir berichtet worden ist, zeigt sich bereits, daß es ein Fehler war, das deutsche Strafrecht in den Ostgebieten einzuführen. Die Polen beginnen schon jetzt sich diese Einführung zunutze zu machen, indem sie Anzeigen gegen deutsche Beamte wegen angeblicher Willkür, Beschlagnahme usw. anbringen. Seit Aufhebung der Standgerichtsbarkeit hat sich auch bereits ein Ansteigen der Fälle von Widersetzlichkeit, z.B. Überfälle auf Polizeibeamte und Arbeitsverweigerungen größeren Umfanges, feststellen lassen.

Das deutsche Strafrecht scheint mir nach seiner ganzen Grundhaltung und Zielsetzung nicht recht geeignet, den besonders gelagerten Verhältnissen im Osten gerecht zu werden.

Ich bin sogar der Überzeugung, daß die Anwendung des Strafrechts im Osten in hohem Maße geeignet ist, die Handlungsfreiheit der Dienststellen und Beamten zu beschränken, die sich durch die zahlreichen zum Schutz des Einzelnen gegen Übergriffe der Verwaltung im Strafgesetzbuch vorgesehenen Bestimmungen behindert fühlen müssen.

Der Herr Reichsminister der Justiz hat zwar in Erkenntnis dieser Gefahr in § 1, Abschn. II, Ziffer 1 der Verordnung über das Inkrafttreten von Rechtsvorschriften auf dem Gebiete der Strafrechtspflege in den eingegliederten Ostgebieten vom 6. Juni 1940 die Bestimmung vorgesehen, daß nur Taten verfolgt werden sollen, deren Verfolgung im öffentlichen Interesse liege. Es muß aber in jedem Falle die Angelegenheit in irgendeiner Form zum Gegenstand einer Nachprüfung gemacht werden, die Folgen davon sind mit Sicherheit Verzögerungen und Unzuträglichkeiten, die den betreffenden ,,Täter" veranlassen, in Zukunft vorsichtiger, zaghafter und damit weniger der Sache dienend zu verfahren.

Noch gefährlicher ist aber der Umstand, daß die Polen sich auf diese Bestimmungen und auch auf die zum Schutz des Beschuldigten geschaffenen verfahrensrechtlichen Vorschriften stützen und damit ihre Position nicht unerheblich stärken werden. Nicht jeder Richter wird hier trotz guten Willens soviel Verantwortungsfreudigkeit und vor allem soviel Fertigkeit besitzen, um bei diesen Schwierigkeiten zu Entscheidungen zu kommen, die auf die politische Zielsetzung ausgerichtet sind.

Ich möchte deshalb vermieden sehen, daß die mit der Einführung des Strafrechts heraufbeschworene Gefahr dadurch befestigt und verstärkt wird, daß nun auch andere strafrechtliche Gesetze und Verordnungen in gleicher Weise in den Ostgebieten eingeführt werden.

Ich darf in diesem Zusammenhang darauf hinweisen, daß die Ausführungen des Führers anläßlich des Vortrages der Gauleiter Bürckel und Wagner am 25. September 1940 meinen Standpunkt grundsätzlich bestätigen. Der Führer hat betont, daß auch die Gauleiter in den Ostgebieten die notwendige Bewegungsfreiheit haben müßten. Sie allein seien ihm verantwortlich für die Durchführung der ihnen gestellten Aufgaben. Im gegenwärtigen Zeitpunkt das Reichsrecht in den neuen Gebieten einzuführen, heiße, den für die Neugestaltung eingesetzten Männern das Arbeiten schwer, ja unmöglich zu machen. In diesen Gebieten seien erst einmal alle Voraussetzungen zu schaffen, damit nach und nach dort Verhältnisse eintreten, die die Einführung des Reichsrechts ermöglichen. Die Schaffung derartiger Verhältnisse könne aber nicht bereits mit Einführung des Reichsrechts erfolgen. Erst wenn die Gauleiter der neuen Gebiete dem Altreich angeglichen hätten, könne man an die Einführung des Reichsrechts denken. Der Führer hat weiterhin betont, daß er von den Gauleitern nach 10 Jahren nur eine Meldung verlange, nämlich, daß ihr Gebiet deutsch und zwar rein deutsch sei. Nicht aber werde er sie danach fragen, welche Methoden sie angewandt hätten, um das Gebiet deutsch zu machen und es sei ihm gleichgültig, wenn irgendwann in der Zukunft festgestellt werde, daß die Methoden zur Gewinnung dieses Gebietes unschön oder juristisch nicht einwandfrei gewesen seien.

Nun mag zwar die Ergänzungsverordnung zur Verordnung über die Einführung des Strafrechts in den eingegliederten Ostgebieten nach formalen Gesichtspunkten nicht eine Einführung von Reichsrecht darstellen, da sie vollkommen neue Tatbestände bringt. Grundsätzlich gilt aber für sie das gleiche wie für die anderen Verordnungsentwürfe. Der Herr Reichsminister der Justiz hat in an sich begrüßenswerter Absicht mit dieser Verordnung eine Lücke schließen wollen, die trotz verwandter Bestimmungen im Strafgesetzbuch und im Heimtückegesetz sich als noch offen herausgestellt hat. Abgesehen davon, daß das Strafmaß in den §§ 2 und 3 des Entwurfs trotz bereits nachträglich erfolgter Verschärfung mir immer noch als zu milde erscheint, werden die Polen auch hier Mittel und Wege finden, diese Tatbestände zu umgehen, so daß neue Strafbestimmungen die Folge sein müßten. Niemals aber wird es möglich sein, Formulierungen zu finden, die alle Möglichkeiten erfassen.

Wenn Zuwiderhandlungen gegen Polen, die gegen die öffentliche Ordnung gleichviel in welcher Weise verstoßen, mit Hilfe des deutschen Strafgesetzbuches geahndet werden, so erschöpft sich diese Ahndung immer nur im Rahmen der Aufgabenstellung dieses Strafrechts. Die Besonderheit der Arbeit in den eingegliederten Ostgebieten macht es aber erforderlich, mit der notwendigen Verschärfung der Strafmittel zum Zwecke einer stärkeren Abschreckung in jedem Falle zugleich einen Schritt zur Verwirklichung des gesetzten Zieles zu verbinden, da jede Maßnahme in den Ostgebieten dazu dienen muß, dem Auftrag des Führers an die verantwortlichen Gauleiter zur Verwirklichung zu verhelfen.

Dies wird meines Erachtens nur dann möglich sein, wenn die Anwendung des deutschen Strafrechts in den eingegliederten Ostgebieten in dem bisherigen Umfang aufgehoben und für Polen ein besonderes Strafrecht geschaffen wird.

Dieses Strafrecht könnte sich auf einige wenige Bestimmungen beschränken, die so formuliert sein müßten, daß möglichst jedes ordnungswidrige Verhalten von Polen erfaßt werden kann.

Zu diesem besonderen Strafrecht muß noch eine entsprechende Strafverfahrensordnung treten, die ein schnelles und schlagkräftiges Arbeiten ermöglicht. Auf die zum Schutze des Beschuldigten bezw. Angeklagten unter den bei Entstehung des Strafgesetzbuches im Jahre 1870 herrschenden Gesichtspunkten geschaffenen und auch heute noch im wesentlichen nicht beseitigten Bestimmungen muß dabei weitgehend Verzicht geleistet werden. Ebenso sind die die Beachtung von Förmlichkeiten verlangenden Vorschriften, wie Einhaltung von Fristen usw., zu entbehren. Bestimmte Voraussetzungen für den Erlaß von Haftbefehlen, Anordnungen von Beschlagnahmen und Durchsuchungen sind ebenfalls nur hinderlich.

Ein solches Strafverfahren muß weiterhin in einer Instanz erledigt sein. Es erscheint mir unerträglich, einem Polen zu gestatten, ein gegen ihn anhängiges Strafverfahren durch mehrere Instanzen, vielleicht sogar bis zum Reichsgericht zu treiben.

Die in diesem Verfahren zur Verfügung gestellten Strafmittel müssen, abgesehen von der selbstverständlichen Verschärfung im Verhältnis zu den gegen Deutsche zur Anwendung kommenden Strafmitteln, ganz eindeutig unter dem Gesichtspunkt der Abschreckung und der für die Ostgebiete geltenden politischen Zielsetzung zur Anwendung gebracht werden.

Dabei muß die Unempfindlichkeit des Polen gegenüber Gefängnisstrafen in der gegenwärtigen Form beachtet werden. Neben der Möglichkeit der Todesstrafe wird auch an die Einführung der Prügelstrafe und die Schaffung anderer Maßnahmen mit vielleicht mehr polizeilichem Charakter zu denken sein.

Falls die Anwendung dieses besonderen Strafrechts für Polen durch die Justizbehörden erfolgen soll, so muß darauf Bedacht genommen werden, daß die Gerichte in diesen Fällen den polizeilichen Standgerichten, die sich nach den mir vorliegenden Berichten sehr gut bewährt hatten und infolge der Einführung des Strafrechts in den eingegliederten Ostgebieten leider weggefallen sind, in Arbeitsweise und Zielsetzung möglichst angenähert werden.

Nur auf diese Weise wird es möglich sein, die mit der Einführung des Strafrechts in den Ostgebieten entstandenen Gefahren zu beseitigen.

Unter Bezugnahme auf meine Ihnen in Beantwortung Ihres Schreibens vom 26. September 1940 – Rk. 14371 B – zur Frage der Einführung bürgerlich-rechtlicher Vorschriften in den eingegliederten Ostgebieten zugegangene Erwiderung vom 21. Oktober 1940 – 2610/0/103 – bitte ich Sie deshalb, auch hinsichtlich der Anwendung des geltenden deutschen Strafrechts auf Polen eine Entschließung des Führers herbeizuführen.

Der Herr Reichsminister der Justiz hat Abschrift vorstehenden Schreibens erhalten.

Heil Hitler!
i.V.

gez. M. Bormann

Handschriftliche Anmerkung unleserlich

Abschrift.

Nationalsozialistische Deutsche Arbeiterpartei

.Der Stellvertreter des Führers
Stabsleiter

München 33, den 7. Dez. 1940
Braunes Haus
Dr.Kl./Ra.

Rundschreiben.
(Nicht zur Veröffentlichung)

Streng vertraulich

Betrifft: Errichtung von Bordellen für fremdvölkische Arbeiter.

Die in immer stärkerem Masse notwendig werdende Hereinnahme fremdvölkischer Arbeitskräfte führt zu einer Gefährdung des deutschen Blutes. Verbote und Strafandrohungen sind nur
bedingt wirksam, können aus politischen Gründen auch nicht in allen Fällen ausgesprochen werden. Der Führer hat daher angeordnet, dass für fremdvölkische Arbeiter möglichst an allen Orten,
an denen sie in grösserer Zahl eingesetzt werden, eigene Bordelle zu errichten sind.
Durch Runderlass vom 9. September 1939 hat der Reichsminister des Innern und Chef der
Deutschen Polizei die Schaffung besonderer Häuser Für Prostituierte angeordnet und dabei bestimmt, das hierbei den allgemeinen rassischen Grundsätzen Rechnung zu tragen sei. Die
Durchführung der hienach notwendigen Massnahmen obliegt den zuständigen Kriminalpolizei-
leitstellen und Kriminalpolizeistellen.
Die Gemeinden sind gehalten, die Massnahmen der Polizei zu unterstützen und die hiernach
etwa verursachten Kosten als mittelbare Polizeikosten zu tragen. Über die Frage, inwieweit
auch die Arbeitgeber zur Tragung der Kosten herangezogen werden können, stehe ich in Verhandlungen mit dem Herrn Reichsarbeitsminister.

Ich bitte die Gauleiter, der Frage der Errichtung von Bordellen für fremdvölkische Arbeitskräfte ihre besondere Aufmerksamkeit zu Schenken. Derartige Bordelle müssen beschleunigt
überall, wo fremdvölkische Arbeiter tätig sind, eingerichtet werden. Sollten sich Schwierigkeiten
ergeben, erbitte ich beschleunigten Bericht.

Heil Hitler!
gez. M. Bormann

Für die Richtigkeit:
Unterschrift
Kriminal-Sekretär

F.d.R.:
gez. Dr. Klopfer

Verteiler:
Reichsleiter,
Gauleiter,
Verbändeführer

Nationalsozialistische Deutsche Arbeiterpartei

Parteikanzlei   Kreisleiter unterrichtet.

Persönlich. Streng vertraulich.   Führerhauptquartier, 15. 5. 41
                                                 Bo/Si

An alle Reichsleiter, Gauleiter und Verbändeführer.

Sehr geehrter Parteigenosse Zimmermann!

Die Arbeit der Parteikanzlei wird in der bisherigen Weise, nun aber unter Aufsicht und Obhut des Führers selbst, weitergeführt. Laufend werde ich also selbstverständlich den Führer über alle wichtigen Vorgänge unterrichten und ich werde ebenfalls laufend die Reichsleiter, Gauleiter und Verbändeführer über die Entscheidungen und Auffassungen des Führers in Kenntnis setzen; ein großer Teil der von mir in den letzten zwei Jahren herausgegebenen Rundschreiben wurde ohnehin durch meine Tätigkeit beim Führer ausgelöst.

Da ich zum engsten Stab des Führers gehöre, soll ich auch weiterhin ständig den Führer begleiten. Das hat während des Krieges den Nachteil, daß ich zweitweise nur fernmündlich oder brieflich erreichbar bin. Andererseits hat dieser Umstand den großen Vorteil, daß auch während des Krieges laufend alle wichtigen Angelegenheiten der Partei, der Reichsleiter, Gauleiter und Verbändeführer an den Führer herangetragen werden können.

Im übrigen stehen meine Sachbearbeiter, Pg. Friedrichs und Pg. Klopfer, ständig in Berlin oder München zu Rücksprachen zur Verfügung.

Wenn man nun, wie es vor einigen Tagen geschah, sagt, mit Referenten wolle man nichts zu tun haben, dann muß ich doch hier eine ganz persönliche Bemerkung einschalten und um etwas mehr Gerechtigkeit für mich und meine Männer bitten:

Ich habe seit 1933, als ich vor die Aufgabe gestellt wurde, die Mitarbeit der NSDAP an Gesetzen und Verordnungen sicherzustellen und durchzuführen, als ich vor die weitere Aufgabe gestellt wurde, laufend die politischen Richtlinien an die Dienststellen der Partei zu geben, als ich vor die schwierige Aufgabe gestellt wurde, eine einheitliche Meinung der bei unzähligen Vorgängen beteiligten verschiedenen Dienststellen der NSDAP herzustellen, gearbeitet wie ein Pferd! Ja mehr als ein Pferd, denn ein Pferd hat seinen Sonntag und seine Nachtruhe und ich habe in den vergangenen Jahren kaum einen Sonntag und herzlich wenig Nachtruhe gehabt. Trotzdem habe ich die Arbeit nicht allein schaffen können, sondern ich bedurfte der Mitarbeiter. Ich habe deswegen die Gauleiter wieder und wieder gebeten, mir ihre fähigsten und besten Köpfe zur Verfügung zu stellen; je besser die Männer sind, die mir die Gauleiter geben, desto bessere Arbeit kann in der Zentralstelle geleistet werden. Meine Männer haben nun ebenfalls zum großen Teil in den vergangenen Jahren hart arbeiten müssen, ebenso wenig wie mich konnte ich sie schonen. Im übrigen bin ich der Meinung, daß wir eine ganz anständige und brauchbare Arbeit geleistet haben. Wer anderer Auffassung ist, der soll baldigst dem Führer mitteilen, wen er an meiner Stelle für geeigneter hält. Es schien mir nötig, diese persönliche Bemerkung einzuschalten.

Im übrigen werde ich die Reichsleiter, Gauleiter und Verbändeführer künftig jeweils von den Aufenthalten des Führers in Berlin unterrichten. Der Führer begrüßt es sehr, wenn die Reichsleiter, Gauleiter und Verbändeführer, die während solcher Tage in Berlin sind, nach vorheriger Anmeldung bei seiner Adjutantur (Fernruf 12 00 50) zum Mittagessen oder zum Abendessen in die Reichskanzlei-Wohnung kommen.

                                                 Heil Hitler!
                                                 gez. M. Bormann.
Einschreiben durch Eilboten.

Aktenvermerk vom 4. 6. 1941
Martin Bormann an seine engsten Mitarbeiter Gerhard Klopfer und Helmuth Friedrichs (vergleiche dazu Ausführungen Seite 170 f.)

PERSÖNLICH!

Aktenvermerk für Pg. Klopfer und Friedrichs.

Der Reichsmarschall ist zur Zeit auf dem Obersalzberg. Über General Bodenschatz hatte ich ihn um einen Empfang gebeten, der heute stattfand. Ich war $1^1/_2$ Stunden im Landhaus Göring; zuerst unterhielt sich der Reichsmarschall mit mir längere Zeit über die von mir geschaffenen Anlagen auf dem Obersalzberg, dann über politische Probleme.

Verschiedentlich betonte der Reichsmarschall, es sei ihm bekannt, dass jetzt eine Reihe von Leuten (Dr. Frick etc.) glaubten, die Partei ausschalten zu können; selbstverständlich mache er, der Reichsmarschall, hier nicht mit, sondern es sei auch sein Wunsch, dass die Mitarbeit der Partei an den Gesetzen und Verordnungen des Staates im bisherigen Umfange erhalten bliebe. Dem Reichsmarschall sei bekannt, dass man zum Beispiel auch bei der Personal-Beurteilung, bei der Verleihung der Kriegsverdienstkreuze usw. die Beteiligung der Partei ausschalten wolle und zwar unter Hinweis darauf, dass die Gauleiter ja gleichzeitig auch Reichsstatthalter seien.

Ich habe meinerseits den Reichsmarschall davon unterrichtet, dass verschiedene Reichsleiter die Mitarbeit der Partei an Gesetzen, Verordnungen etc. für ihr Arbeitsgebiet selbst zu übernehmen wünschten; diese Wünsche lehnte der Reichsmarschall als durchaus undurchführbar ab; auch nach seiner Auffassung müsse unbedingt die Partei-Kanzlei als Zentralstelle weiterhin in gleicher Weise wie bisher diese Dinge bearbeiten.

Ich habe den Reichsmarschall im übrigen mehrfach gebeten, mich stets sofort zu bestellen, wenn er irgendwelche Wünsche bezüglich der Partei habe, wenn Klagen an ihn herangetragen würden usw. Selbstverständlich müssen wir auch weiterhin eng mit den Sachbearbeitern des Reichsmarschalls zusammenarbeiten.

Abschliessend hat mir der Reichsmarschall erklärt, er habe zu mir volles Vertrauen und die Überzeugung, dass wir auch weiterhin ausgezeichnet zusammen arbeiten würden.

Führerhauptquartier, 4. Juni 1941
Bo/Si.   gez. M. Bormann

Fernschreiben vom 29. 6. 1941
Martin Bormann an Gerhard Klopfer

Durchschrift

Fernschreiben   29. 6. 1941

Geheim!

Reichsleiter Bormann an Ministerialdirektor Dr. KLOPFER *München*

Eilt sehr, sofort auf den Tisch!

Gruppenführer Heydrich teilt mir mit, dass auf Einladung des Präsidenten der Deutschen Akademie, Ministerpräsident Siebert, General H a u s h o f e r als Senator der Deutschen Akademie und als Mitglied des Kleinen Rates der Deutschen Akademie an der am 30. 6. 1941 in Strassburg stattfindenden Tagung teilnehmen soll. Gruppenführer Heydrich teilt mit, offenbar lege Herr Ministerpräsident Siebert grossen Wert auf die Teilnahme Haushofer's.
Anstelle Haushofer's hätte ich schon längst wegen der, wenn auch ungewollten Beteiligung an dem

Unternehmen vom 10. 5. 1941 alle öffentlichen Ämter niedergelegt; General Haushofer denkt offenbar nicht daran. Es ist also notwendig, dass wir Herrn Ministerpräsident Siebert darauf aufmerksam machen, sämtlichen Gauleitern sei bekannt, die beiden Haushofer's seien mit als intellektuelle Urheber des Unternehmens vom 10. 5. anzusehen, ihr Auftreten in der Öffentlichkeit sei daher nicht erwünscht.

Bitte suchen Sie *umgehend* Ministerpräsident Siebert auf und unterrichten Sie ihn in geeigneter Form. Selbstverständlich müssen Sie sich genau an die Tatsachen halten.

Am 4. 7. 1941 soll in München im Residenz-Theater die Erstaufführung des Schauspiels „Augustus", dessen Autor Prof. Albrecht Haushofer ist, stattfinden.

Bitte suchen Sie Herrn Gauleiter Adolf Wagner auf und teilen Sie ihm mit, Haushofer Vater und Sohn seien bei dem Unternehmen vom 10. 5. beteiligt gewesen; mit Beiden habe R. H. theoretisch die Möglichkeit einer Verständigung durch persönliche Rücksprache geeigneter Leute besprochen. Wegen des sogenannten Wahrtraumes, der inzwischen durch einen neuen überholt sei, habe R. H. endlich fest an den Erfolg seines Unternehmens geglaubt.

Eine Absetzung des Stückes „Augustus" sei sicher nicht möglich, eine starke Herausstellung aber unerwünscht.

gez. M. Bormann.

Rundschreiben vom 2. 4. 1942
Martin Bormann an „Reichsleiter, Gauleiter, Verbändeführer" (vergleiche dazu auch Ausführungen Seite 173)

Nationalsozialistische   (NS-Enblem)   Deutsche Arbeiterpartei

Partei-Kanzlei

Der Leiter der Partei-Kanzlei   Führerhauptquartier, 2. April 1942

Rundschreiben Nr. 49/42
(Nicht zur Veröffentlichung)

Betrifft: Aufgabenbereich der Partei-Kanzlei.

In der zum Führererlass über die Stellung des Leiters der Partei-Kanzlei vom 29. Mai 1942* (RGBl. I, Seite 35, Anlage 1) ergangenen Durchführungsverordnung vom 16. Januar 1942 (RGBl. I, Seite 35, Anlage 1) wurden die dem Leiter der Partei-Kanzlei gegenüber den Obersten Reichsbehörden zustehenden Befugnisse klargestellt. Dies gibt mir Veranlassung, auch für den Bereich der Partei die bisher ergangenen Anordnungen nochmals zusammenzufassen.

Die Partei-Kanzlei ist eine Dienststelle des Führers. Er bedient sich ihrer für die Führung der NSDAP., deren Leitung er seit dem 12. Mai 1941 wieder vollständig und ausschließlich selbst übernommen hat.

Der Leiter der Partei-Kanzlei ist vom Führer beauftragt, nach seinen grundsätzlichen Weisungen alle parteiinternen Planungen und alle für den Bestand des deutschen Volkes lebenswichtigen

---

* Am linken Rand Angabe der richtigen Jahreszahl 1941 (Anm. d. Red.)

Fragen aus dem Bereich der Partei zu bearbeiten sowie Vorschläge der Reichsleiter, Gauleiter und Verbändeführer hierzu auf die gesamtpolitischen Erfordernisse abzustimmen. Weisungen und Richtlinien für die allgemeinen politischen Führungsaufgaben der Partei ergehen entweder durch den Führer selbst oder in seinem Auftrage durch die Partei-Kanzlei an die Partei, ihre Gliederungen und angeschlossenen Verbände.

Die Festlegung der von der Partei, ihren Gliederungen und angeschlossenen Verbänden einzuhaltenden politischen Linie hat sich der Führer selbst vorbehalten. Als sein Sachbearbeiter habe ich ihn ständig über den jeweiligen Stand der Parteiarbeit auf dem laufenden zu halten und ihm alle für Entscheidungen in Parteiangelegenheiten wichtigen Umstände zur Kenntnis zu bringen. Es ist deshalb erforderlich, daß ich als Leiter der Partei-Kanzlei von den Reichsleitern, Gauleitern und Verbändeführern laufend über die Entwicklung der Parteiarbeit sowie über Pläne und Vorhaben von politischer Auswirkung unterrichtet und an der Bearbeitung grundsätzlicher parteipolitischer Fragen von Beginn an beteiligt werde. Ich habe es mir umgekehrt zum Ziele gesetzt, die Reichsleiter, Gauleiter und Verbändeführer laufend von den Entscheidungen, Weisungen und Wünschen des Führers zu unterrichten; ich glaube, daß gerade hierdurch die Schlagkraft der NSDAP. erhöht und ihre einheitliche Auffassung in allen grundsätzlichen politischen Fragen gewährleistet werden kann.

Weiterhin ist mir als Leiter der Partei-Kanzlei im Bereich des Staates durch Erlass des Führers vom 19. Mai 1941 auf der Grundlage des Gesetzes zur Sicherung der Einheit von Partei und Staat die Vertretung der Partei gegenüber den Obersten Reichsbehörden zugewiesen worden. Daraus ergeben sich folgende Befugnisse, die durch die Verordnung zur Durchführung des Erlasses des Führers über die Stellung des Leiters der Partei-Kanzlei vom 16. Januar 1942 (RGBl. 1942, Seite 35) erneut bestätigt wurden:

1.) Beteiligung an der Reichs- und Landesgesetzgebung einschließlich der Vorbereitung von Führererlassen. Der Leiter der Partei-Kanzlei bringt dabei die Auffassung der Partei als Hüterin der nationalsozialistischen Weltanschauung zur Geltung (Führererlass vom 27. 7. 1934 und vom 6. 4. 1935).

Der Leiter der Partei-Kanzlei ist von den Obersten Reichsbehörden bei den Vorarbeiten für Reichsgesetze, für Erlasse und Verordnungen des Führers, für Verordnungen des Ministerrates für die Reichsverteidigung sowie Verordnungen der Obersten Reichsbehörden einschließlich Durchführungsvorschriften und Ausführungsbestimmungen von vornherein zu beteiligen. Das gleiche gilt bei der Zustimmung zu Gesetzen und Verordnungen der Länder und zu Verordnungen der Reichsstatthalter.

2.) Beteiligung der Partei an den Personalangelegenheiten der Beamten und Arbeitsdienstführer, deren Ernennung sich der Führer vorbehalten hat (Erlass des Führers vom 24. 9. 1935, RGBl. I, Seite 1002 und vom 10. 7. 1937 RGBl. I, Seite 769). Die Beteiligung der Partei an den übrigen staatlichen Personalien ist durch den Erlaß des Führers zur Ergänzung des Erlasses über die Ernennung der Beamten und die Beendigung des Beamtenverhältnisses vom 26. 3. 1942 (RGBl. I, Seite 153) den Gauleitern übertragen.

3.) Sicherung des Einflusses der Partei auf die Selbstverwaltung der Gebietskörperschaften (§ 18 Deutsche Gemeindeordnung, § 3, Absatz 5 der Ersten Verordnung zur Durchführung des Ostmarkgesetzes vom 10. Juni 1939 und § 2, Abs. 5 der Ersten Verordnung zur Durchführung des Sudetengaugesetzes vom 10. Juni 1939).

Da mir alle Befugnisse, die *im Bereich des Staates* nach den bisherigen Gesetzen, Verordnungen, Erlassen, Verfügungen und sonstigen Anordnungen dem ehemaligen Stellvertreter des Führers zustanden, übertragen worden sind, haben auch alle bisherigen Anordnungen über den Verkehr von Parteidienststellen mit Obersten Reichsbehörden und den Obersten Behörden der Länder, die mehrere Gaue umfassen, weiterhin Gültigkeit. Danach erfolgt die Mitwirkung der Partei bei der Gesetzgebung und bei der Bearbeitung der Personalien der Beamten durch die Obersten Reichsbehörden a u s s c h l i e ß l i c h über die Partei-Kanzlei. Auch Vorschläge und Anregungen für die Gesetzgebung aus der Partei, ihren Gliederungen und angeschlossenen Verbänden dürfen nur durch den Leiter der Partei-Kanzlei den zuständigen Obersten Reichsbehörden zugeleitet werden.

Ein unmittelbarer Verkehr zwischen Obersten Reichsbehörden und den Obersten Behörden der

Länder, die mehrere Gaue umfassen, einerseits und Dienststellen der Partei, ihren Gliederungen und angeschlossenen Verbänden andererseits in grundsätzlichen und politischen Fragen, besonders solchen, die der Vorbereitung, Abänderung oder Durchführung von Gesetzen, Erlassen und Verordnungen, sowie der Bearbeitung von Beamtenpersonalien dienen, ist wie bisher auch weiterhin unzulässig.

Diese Bestimmungen hat der Führer ausdrücklich zur Sicherung einer *einheitlichen* Vertretung der Partei getroffen. Sie sind deshalb unbedingt einzuhalten. Ich habe meinrseits Anweisung gegeben, die Dienststellen der Reichsleitung in regelmäßigen Abständen über die schwebenden Gesetzgebungsarbeiten in besonderen Besprechungen zu unterrichten, Vorschläge und Anregungen dieser Dienststellen in den Besprechungen entgegenzunehmen und die jeweils zuständigen Parteidienststellen an der Bearbeitung aller Einzelfragen weitestgehend zu beteiligen.

gez. M. Bormann.

f.d.R.:
gez. Friedrichs

Verteiler: Reichsleiter, Gauleiter, Verbändeführer.

Schreiben vom 2. 5. 1942
Martin Bormann an „Herrn Dr. Kurt Mayer, Berlin"

REICHSLEITER MARTIN BORMANN   Führerhauptquartier, 2. 5. 42.

Bo/Kü.

(Eingangsstempel: 13. Mai 1942)

Herrn
Dr. Kurt Mayer,
Berlin,
Hedemannstr. 28.

Sehr verehrter Parteigenosse Dr. Mayer!

Ich nehme an, daß Sie auch die Stammtafeln der Familie meines Schwiegervaters, des Reichsleiters Walter Buch, bearbeitet haben. Ich wäre Ihnen dankbar, wenn Sie mir Abschrift des gesamten von Ihnen festgestellten Materials, d. h. Abschriften der Stammtafeln etc. der Familien meines Schwiegervaters und seiner Ehefrau übermitteln würden.
Sobald ein gewisser Abschluss Ihrer Arbeiten erreicht ist, möchte ich für meine Kinder die gesamten Stammtafeln drucken lassen.

Heil Hitler!
Ihr

gez. Bormann

Schreiben vom (25.?) 10. 1942
Heinrich Himmler an Martin Bormann

An Reichsleiter B o r m a n n ,   Führerhauptquartier

RF/Dr.   (25.?) Oktober 1942

Geheim!   Feld-Kommandostelle

                                                   Streng vertraulich!
                                                   Persönlich

Lieber M a r t i n !

   Parteigenosse R o s e n b e r g soll ein neues Buch mit dem Titel „Vom Mythus zum Typus" geschrieben haben und demnächst herausbringen wollen. Ich glaube, es dürfte sich doch empfehlen,
dass veranlasst wird, dass das Buch vorher dem Führer vorgelegt wird.

                                                   H e i l H i t l e r !

                                                   Dein HH

Aktennotiz vom 12. 1. 1943
**Pg. Tießler, Verbindungsmann zwischen Martin Bormann und Joseph Goebbels, notiert „Vorlage
für den Minister" (Goebbels) „über Pg. Gutterer"** (siehe dazu auch Ausführungen Seite 237)

VORLAGE FÜR DEN HERRN MINISTER

über Pg. G u t t e r e r

Betrifft: Noch grössere Herausstellung des Bolschewismus

Reichsleiter B o r m a n n wurde von mir über die Ausführungen des Herrn Ministers, betreffend totale Kriegführung, unterrichtet und hat sie ausserordentlich begrüsst.
In diesem Zusammenhang hat mich der Reichsleiter auf folgende Gedankengänge besonders hingewiesen:
Wir haben zu Beginn des Russlandfeldzuges den Bolschewismus und seine Auswirkungen immer
wieder in breitester Form herausgestellt, sowohl in der Innen-, wie in der Außenpropaganda.
Reichsleiter Bormann ist aber der Ansicht, daß wir hier im Laufe der Zeit nachgelassen haben. Es
ist seines Erachtens notwendig, unseren Kampf gegen den Bolschewismus als den Kampf für ganz
Europa noch eindringlicher zu betonen. Im Zusammenhang mit dem Kampf für Europa müssten
selbst jene Völker genannt werden (nicht die Staaten), die uns neutral oder gar als Feinde gegen-
überstehen. Der Reichsleiter verweist auf die christentumfeindliche Walze unserer Gegner, die
bei allen Gelegenheiten wiederholt wird. Wir müssen die erstklassigen Propagandamöglichkeiten,
die uns der Bolschewismus mit seinen Erscheinungen bietet, im gleichen Masse auswerten. Während die Engländer und Amerikaner den Neutralen (Spaniern, Schweden usw.), wie auch ihren eigenen Völkern tagtäglich ausmalen, daß ein Sieg der autoritären Staaten ein Sieg der Gottlosigkeit
sein würde, haben wir in der letzten Zeit von der Möglichkeit nicht genügend Gebrauch gemacht,
immer wieder auszumalen, was ein Sieg des Bolschewismus für Schweden, die Spanier usw., wie
aber auch für jeden einzelnen Volksgenossen bedeuten würde.

An Hand einwandfreiester Unterlagen in Wort und Bild hätten wir es leicht, die Auswirkungen des Bolschewismus, wie sie sich seit 20 Jahren zeigen, den Neutralen klarzumachen.

Wir führen diesen Kampf nicht nur für uns und unsere Kinder, sondern es geht im Kampf gegen den Bolschewismus um die gesamte Kultur überhaupt. Was dies bedeutet, müsste im einzelnen immer wieder in neuen Variationen dargestellt werden, damit es jeder Deutsche, Spanier, Franzose, Schwede begreift. Wir kämpfen für Goethe, Schiller und Kant, genau so aber für Shakespeare, Milton, Corneille, Calderon.

Immer wieder muss an Hand neuer Beispiele den einzelnen Völkern klargemacht werden, daß ihre gesamte bisherige Kultur vernichtet werden würde, wenn das bolschewistische Chaos über uns käme.

Wir kämpfen aber nicht nur für die Kulturen jedes einzelnen der europäischen Völker, sondern auch für die sonstigen Grossen ihrer Vergangenheit. Was würde – um nur ein Beispiel zu nennen – aus dem Bilde Napoleons, wenn der Bolschewismus siegen würde? Aus dem Heros des französischen Volkes würde ein blutgieriger Völkermörder.

Von diesen Gesichtspunkten her müssten jede Woche die europäische Presse sowie der Rundfunk eine ganz bestimmte neue Seite des Bolschewismus behandeln, in der alle sich auf einen besonderen Punkt konzentrieren. Es müsse wöchentlich ein neuer Akkord über die Notwendigkeit der Bekämpfung des Bolschewismus angeschlagen werden. Das Thema ist so vielgestaltig, daß man es immer wieder neu, farbig und für jeden interessant formen kann.

Innenpolitisch müsse man den Angehörigen der einzelnen Stände klarmachen, wie ihr Los bei einem Sieg des Bolschewismus aussehen würde. Auch hier müsse man sich mit Einzelheiten befassen und sie immer wieder neu ergänzen. Es müsste jedem Einzelnen der für ihn mögliche Zustand ganz unmittelbar auf sein eigenes Dasein ausgemalt werden.

Die Propaganda-Unterlagen der Engländer usw. gegen uns sind so kümmerlich, dass sie zum Teil auf einem „V" aufgebaut werden. Demgegenüber haben wir mit dem bolschewistischen Chaos ganz andere Propagandamöglichkeiten, eine Walze, die wir in immer neuer Spiegelung ablaufen lassen könnten.

Ohne Unterschrift

Berlin, den 12. 1. 1943.
Ti/Ge.

Aktenvermerk vom 26. 1. 1943
Martin Bormann an Helmuth Friedrichs und weitere Mitarbeiter

Verteiler unleserlich

Führerhauptquartier, 26. Januar 1943
Bo/Kr.
(Eingangsstempel 1. Februar 1943)

Aktenvermerk für Pg. Friedrichs, III S und III D.

Betrifft: Christentum.

Aus einer Unterhaltung, die beim Führer stattfand:
Die Missionare, die zur Ausbreitung des Christentums nach Germanien kamen, waren politische Kommissare.

Der römische Staat wurde durch das Christentum vernichtet; die sogenannte Religion des Paulus revolutionierte die Sklaven und das römische Untermenschentum.

————

Das Christentum wird durch seine kulturellen Auswirkungen in jener Zeit gekennzeichnet: Die römischen Künstler, der römische Staat, hatten die schönsten Kunstwerke geschaffen; die sogenannten Kunstwerke, die von den Christen jener Jahre geschaffen wurden und in den Katakomben erhalten sind, tragen bolschewistisch-futuristische Züge.

————

Die ganze Grösse des Gegensatzes zwischen Heidentum und Christentum offenbart sich in der Hygiene, die beide auslösten:
Wir stehen heute noch staunend vor den römischen Wasserleitungen und Bädern! Demgegenüber unterdrückte das Christentum jede naturnotwendige Hygiene; der wurde ein Heiliger, der in seinem eigenen Kot lebte.
Auch heute noch ist es den Nonnen verboten, sich unentkleidet zu baden. Sie baden ebenso wie die Kinder, die bei den „Englischen Fräulein" erzogen werden, im langen Hemd.

————

Wie würde die Welt aussehen, wenn das Christentum nicht gekommen wäre und die wissenschaftliche Forschung um 1500 Jahre aufgehalten hätte?

————

In welchem Ausmaße das Christentum die sogenannte heidnische Kultur vernichtete, können wir uns heute kaum vorstellen.
Ähnliches wäre noch einmal eingetreten, wenn Thomas Münzer sich mit seiner Lehre durchgesetzt hätte.

————

Was wir brauchen, sind Geschichtswerke von nationalsozialistischen Gelehrten, die über einen starken Wirklichkeitssinn verfügen und die deshalb nicht völlig töricht Hypothesen aufstellen.

gez. M. Bormann

Der Reichsminister und Chef
der Reichskanzlei

RK. 5511 B

An die Obersten Reichsbehörden
und die dem Führer unmittelbar unterstellten Dienststellen.

Betrifft: Sekretär des Führers.   RK 42475

Der Führer erteilt seit Jahren gewohnheitsmäßig dem Reichsleiter Martin Bormann laufend Sonderaufträge der verschiedensten Art, die nicht in den Aufgabenkreis des Reichsleiters Bormann in seiner Eigenschaft als Leiter der Partei-Kanzlei fallen, sich vielmehr auf Angelegenheiten beziehen, in denen außerhalb des Rahmens der Partei Weisungen und Auffassungen des Führers führenden und leitenden Persönlichkeiten des Staates und staatlichen Dienststellen im Auftrage des Führers übermittelt werden sollen. Reichsleiter Bormann hat bisher bei Erledigung solcher Aufträge des Führers bewußt seine Eigenschaft als Leiter der Partei-Kanzlei ausgeschaltet und sich – z.B. im Kopf seiner Schreiben – lediglich als "Reichsleiter Bormann" bezeichnet. Einzelfälle haben jedoch gezeigt, daß Sinn und Zweck dieser Übung nicht immer richtig verstanden worden und deshalb eine ausdrückliche Klarstellung notwendig ist. Der Führer hat daher ... bestimmt, daß Reichsleiter Bormann als persönlicher Sachbearbeiter die Bezeichnung "Sekretär des Führers" führt. Durch diese Anordnung des Führers ist weder eine neue Dienststelle geschaffen noch sind neue Zuständigkeiten entstanden. Es ist vielmehr lediglich eindeutig klargestellt, daß Reichsleiter Bormann neben der von ihm geleiteten Partei-Kanzlei die bezeichneten Sonderaufträge des Führers erledigt. Führeraufträge dieser Art auf dem zivilen staatlichen Gebiet wird Reichsleiter Bormann in seiner Eigenschaft als "Sekretär des Führers" – wie auch bisher schon ohne diese Bezeichnung – in der Regel über **mich**

mich den zuständigen Reichsministern oder sonstigen Beteiligten übermitteln.

Ich bitte, von dieser Anordnung in denjenigen Angelegenheiten Kenntnis zu nehmen. Für den Schriftwechsel in denjenigen Angelegenheiten, in denen der Reichsleiter Bormann als "Sekretär des Führers" tätig ist, ist die Anschrift: 'Der Sekretär des Führers, Reichsleiter Martin Bormann' zu verwenden.

Aktenvermerk vom 8. 5. 1943
Martin Bormann an seine Mitarbeiter Gerhard Klopfer und Helmuth Friedrichs

Handschriftlich unleserlicher Verteiler

Führerhauptquartier, 8. Mai 1943
Bo/Kr.

Aktenvermerk für Pg. Dr. Klopfer und Pg. Friedrichs.

Reichsminister Dr. Lammers sagte mir heute im Anschluss an die Unterhaltung, die beim Führer über die Herabsetzung der Fleischrationen stattfand, die Bezeichnung „Sekretär des Führers" habe schon erheblich Staub aufgewirbelt.

Ich habe Herrn Dr. Lammers erwidert, dies sei mir völlig unverständlich, denn tatsächlich sei ich in der Praxis bereits seit Jahren als Sekretär des Führers tätig geworden; wie Dr. Lammers wisse, hätte ich dabei meine persönlichen Briefbogen verwandt und die Verwendung dieser Briefbogen gäbe zwangsläufig immer wieder zu Missverständnissen Anlass; sie setze mich Missdeutungen aus, wenn unterstellt werde, daß ich mich um Angelegenheiten kümmere, die mich garnichts angingen und für die ich offensichtlich vom Führer nicht beauftragt sei.

Ich sagte Herrn Dr. Lammers, ich hätte ja bereits betont, daß eine neue Dienststelle oder neue Zuständigkeiten überhaupt nicht geschaffen würden. An der bisherigen Handhabung würde sich überhaupt nichts ändern.

Dr. Lammers erwiderte mir, man habe ihn schon scharf machen wollen, indem man gesagt habe, nun würde Dr. Lammers wohl überflüssig sein. Der Reichsmarschall habe ihm, Dr. Lammers, gesagt, künftig solle er wohl die Hände an die Hosennaht legen, wenn er einen Brief von mir als Sekretär des Führers erhielte. Dr. Lammers habe darauf erwidert, wenn der Empfänger Einwendungen habe, bliebe ihm ja stets die Möglichkeit, diese Einwände mit meinem Brief dem Führer vorzulegen.

Dr. Lammers legte mir dann den Entwurf eines Rundschreibens an die Obersten Reichsbehörden vor, mit dessen Inhalt ich mich einverstanden erklärt habe.

Abschliessend betonte Dr. Lammers, insbesondere Reichsminister Dr. Goebbels schiene über meine Betrauung als Sekretär des Führers sehr wenig erbaut zu sein.

gez. M. Bormann

Vorlage.

10.8.43.

Gauleiter S p r e n g e r ist schwer suckerkrank. Durch
seine Mitarbeiter erfuhr ich, daß sein Zustand sich in der
letzten Zeit sehr verschlechtert hat. Er leidet sehr oft
unter absoluter Sehschwäche und kämpft mit der ihm eigenen
Energie und Willenskraft dagegen an. Sein Verhalten gegenüber
seiner Umgebung ist entsprechend reizbar und wechselvoll.
Vielleicht ist es ratsam, daß für Gauleiter Sprenger eine
längere Kur angeordnet wird.

München, den 10. August 1943.
II P - Ec. -

(Walkenhorst)

1) Ich habe den Führer unterrichtet.

2) Immer klarer stellt sich heraus
wie 3) wichtig
3) eilig

unsere Nachwuchs = Suche ist!
Es darf kein Talent geben, das
wir nicht kennen und
an den richtigen Platz bringen!   M. 14.8

2/5

Gespräch Reichsleiter Dr.Ley mit dem
Reichsleiter am 23.8.1943, 14 Uhr.

Betrifft: Anordnung, die das Unterstellungsverhältnis
erneut unterstreichen sollte!

Dr.Ley:	Sie haben mir nach dort im Brief mitgeteilt von dem Ablehnen über diese Verordnung der Reichsleiter und Gauamtsleiter. Erstens möchte ich dazu mal fragen, der erste Text ist wörtlich aus der Anordnung, die der Führer unterschrieben hat.
Reichsleiter:	Das habe ich dem Führer gesagt.
Dr.Ley:	Ich habe das nicht wegen der Reichsleiter gewollt, sondern wegen der Gauamtsleiter und Kreisamtsleiter.
Reichsleiter:	Der Führer wollte das nicht haben, ich habe ihm gesagt, es sei teilweise der alte Text, daraufhin sagte mir der Führer, trotzdem wolle er diese Anordnung in dieser Zeit nicht wiederholen, es sähe so aus, als ob in der NSDAP. lauter Indisziplin bestände.
r.Ley:	Das ist etwas anderes, ich habe das nicht nötig, mir Autorität über diesen Weg zu verschaffen.
Reichsleiter:	Das war dem Führer auch klar.
Dr.Ley:	Ich habe schon meine Autorität, ich habe das nicht der Reichsleiter wegen getan, ich wünsche das garnicht, dass verschiedene mehr Autorität bekommen, wenn sie es nicht selber verdienen, das ist absolut klar; wer sie nicht durch Arbeit verdient, kann sie auch nicht durch Befehle bekommen, aber mir ist nur daran gelegen, dass

Fortsetzung
des Dokuments
auf den
beiden nächsten
Seiten.

die Gauamtsleiter, die Kreisamtsleiter sie bekommen.

Reichsleiter: Aber das wollte der Führer eben nicht haben.

Dr.Ley: Eine andere Frage, ich höre, dass Giesler Donnerstag dem Führer vorträgt, ich wäre gerne dabei und hätte dabei gleich meine Berichte und Vorschläge gemacht.

Reichsleiter: Der Termin muss verschoben werden.

Dr.Ley: Ich habe jetzt alles soweit in Ordnung, es wird sehr ordentlich, es wird Ihnen sehr gefallen.

Reichsleiter: Der Termin muss verschoben werden.

Dr.Ley: Wenn es ist, bitte ich darum, dass ich auch dazu komme; kann mein Termin nicht Ende der Woche sein?

Reichsleiter: Ich kann Ihnen jetzt noch nichts sagen.

Dr.Ley: Ich habe alles soweit fertig und ich hätte es wirklich gerne dem Führer vorgetragen.

Reichsleiter: Aus anderem Anlass hat der Führer dieser Tage erneut mehrfach und eindeutig befohlen, er wünsche nicht mehr Vorlage irgendwelcher Anordnungen, die nicht mit anderen abgestimmt seien; er legt also besonderen Wert darauf, dass jeder Erlass auch tatsächlich vorher abgestimmt ist.

Dr.Ley: Der Erlass, den Sie vorlegen wollten, von Gölz, ist der vorgelegt worden?

Reichsleiter: Nein, mit dem Entwurf von Gölz bin ich nicht einverstanden.

Dr.Ley: So, die wollen Sie denn nun haben?

Reichsleiter: Den habe ich offiziell nicht an die herausgegeben. M.E. wird man bei einen Entwurf bleiben müssen, die den Herr Speer überreicht hat.

Dr.Ley: Ja eben, aber ich glaube, dass Sie mich mißverstehen. Nicht mein erster Entwurf, sondern das ist ja doch der zweite von Speer, der mit Speer vereinbart ist. Eben das meine ich.

Reichsleiter: Zu diesem zweiten Speer-Entwurf werde ich Ihnen umgehend meine Meinung sagen.

Dr.Ley: Den meine ich ja. Ach so, noch etwas, mein Artikel ist jetzt diese Woche nicht gekommen. Ist da von Ihnen etwas veranlasst worden?

Reichsleiter: Nein, mir völlig unbekannt.

Dr.Ley: So, ist also nicht an höchster Stelle irgendein Mißfallen über meine Artikel?

Reichsleiter: Ich habe nichts davon gehört, ich kann natürlich nicht sagen, ob Dr.Dietrich etwas veranlasst hat.

Dr.Ley: Nein, nein, ich habe schon gehört, es ist allgemein gesagt worden, nur hat man diese Woche den Artikel nicht gebracht.

Reichsleiter: Nein, mir ist nichts bekannt.

Dr.Ley: Und was gibt es sonst? Noch eine Frage: Heinrich, wie ist es damit ausgegangen? Was ich Ihnen neulich sagte?

Reichsleiter: Das ist selbstverständlich sofort aufgehoben.

Dr.Ley: War das wirklich so?

Reichsleiter: Das ist sofort aufgehoben. Der Führer sagte, es sei ganz klar, dass dergleichen niemals gemacht werden dürfe.

Dr.Ley: Das ist doch Wahnsinn. Hat sich das auch in anderen Gauen gezeigt?

Reichsleiter: Es wurde auch an Sprenger herangetragen, der hat es rundweg abgelehnt.

Dr.Ley: Ist denn darin ein System gewesen?

Reichsleiter: Das habe ich noch nicht festgestellt, halte es aber für möglich, weil eine ähnliche Anregung an Gauleiter Jury kam, der sie sofort ablehnte.

Dr.Ley: Wie ist sonst die Lage?

Reichsleiter: Himmler ist Innenminister geworden.

Dr.Ley: Ja, Gott sei Dank, aber was ist mit Daluege?

Reichsleiter: Daluege ist krank.

Dr.Ley: Da habe ich aber noch nichts bekommen.

Reichsleiter: Ja, der ist schwer krank. Er bat um einen Urlaub auf zwei Jahre, der ihm bewilligt wurde.

Dr.Ley: Wie ist sonst die Lage militärisch?

Reichsleiter: Es geht planmässig, es brennt in Osten überall, aber die Sache steht gut.

Dr.Ley: Also, ich wollte dies nur fragen, sobald der Termin sein kann, bitte ich, ihn doch zu machen.

Führerhauptquartier, 29. Januar 1944

Vermerk.

Betrifft: Sicherung der Zukunft des deutschen Volkes.

1.) In der Nacht vom 27./28. Januar unterhielt sich der Führer mit uns über das Problem unserer volklichen Zukunft. Aus dieser und früheren Unterhaltungen und Überlegungen sei folgendes festgehalten:
Unsere *volkliche Lage* wird nach diesem Kriege eine *katastrophale* sein, denn unser Volk erlebt jetzt den zweiten gewaltigen Aderlaß im Zeitraum von 30 Jahren. Wir werden den Krieg militärisch auf jeden Fall gewinnen, ihn volklich aber verlieren, wenn wir nicht zu einer ganz entscheidenden Umstellung der ganzen bisherigen Auffassungen und daraus resultierenden Haltung kommen.
Der blutliche Verlust ist ja nicht etwas Einmaliges, sondern er wirkt sich Jahr um Jahr bis in die fernste Zukunft hinein aus:
Ein einziges Beispiel:
Wieviele Kinder wären in diesem Kriege mehr geboren worden, wenn es möglich gewesen wäre, unseren Frontsoldaten überhaupt oder häufiger Urlaub zu geben!
Welche fürchterlichen politischen Folgen ein Krieg haben kann, zeigt uns der Dreißigjährige Krieg: bei seinem Beginn zählte das deutsche Volk über 18 Millionen, bei seinem Ende knapp $3^1/_2$ Millionen. Die Folgen dieses blutlichen Verlustes sind bis heute nicht aufgeholt und ausgeglichen, denn wir verloren die Weltherrschaft, zu der bei Beginn des Dreißigjährigen Krieges in erster Linie das deutsche Volk prädestiniert schien; unsere staatliche Zerrissenheit dauerte bis 1870, unsere volkliche im großen gesehen bis 1933; die konfessionelle Zerrissenheit ist heute noch nicht ausgeglichen.

2.) Ich wies schon früher mehrfach eindringlich auf die Lage hin, die sich nach Beendigung dieses Krieges ergibt: Wir müssen uns die Volkskarte über Europa und Asien der Jahre 1850, 1870 und 1900 und 1945 vor Augen halten: *Die asiatischen Völker vermehren sich in einem viel schnelleren Tempo als die* nordischen Völker, die teilweise ihre Volkszahl überhaupt nicht mehr vermehren. Würde dieses Verhältnis bleiben, dann würde es unseren nordischen Völkern garnichts nützen, wenn wir diesen Krieg gewinnen, denn in spätestens hundert Jahren würden sie doch von der gewaltigen asiatischen Volksmasse erdrückt werden. Schon der jetzige Kampf wird uns durch die immer neuen Kämpfermassen, die der Russe heranzuführen in der Lage ist, unendlich schwer.

3.) Nach diesem Krieg werden wir, wie der Führer betonte, 3 bis 4 Millionen Frauen haben, die keine Männer mehr haben bzw. bekommen. Der sich hieraus ergebende Geburtenausfall wäre für unser Volk garnicht zu ertragen: wieviele Divisionen würden – betonte der Führer – uns in 20 bis 45 Jahren und weiter fehlen!

4.) Zukunft – Leben eines Volkes sind desto gesicherter, je zahlreicher die Geburten dieses Volkes sind.
Die Rechnung mancher Eltern, sie müßten ihre Kinderzahl beschränkt halten, um die Zukunft der geborenen Kinder zu sichern, ist also grundverkehrt: das Gegenteil ist richtig! Bei genügender Einsicht müßten also alle Frauen, die *ein* Kind besitzen, größten Wert darauf legen, daß nicht nur sie selbst, sondern auch alle anderen Frauen so viele Kinder wie nur möglich bekommen, denn die Zukunft dieser Kinder ist desto gesicherter, je größer ihre Zahl ist. Das ist eine ganz nüchterne Rechnung.

5.) Nun können die Frauen, die nach diesem Weltkrieg nicht mit einem Mann verheiratet sind oder werden, ihre Kinder ja nicht vom heiligen Geist bekommen, sondern nur von den dann noch vorhandenen deutschen Männern. Verstärkte Fortpflanzung des einzelnen Mannes ist – selbstverständlich vom Standpunkt des Volkswohls – nur bei einem Teil dieser Männer erwünscht. Die anständigen, charaktervollen, physisch und psychisch gesunden Männer sollen sich verstärkt fortpflanzen, nicht die körperlich und geistig Verbogenen.

6.) Sollten die Toten des vergangenen Weltkrieges und dieses neuen Krieges nicht umsonst gefallen sein, müssen wir den Sieg mit allen Mitteln sichern. Jede Frau, deren Mann oder Bruder oder Vater oder anderer Verwandter in einem dieser Ringen fiel, muß das wünschen! Das heißt, jede Frau muß wünschen, daß möglichst *jede* gesunde Frau, die dazu in der Lage ist, nach Kriegsende zur Sicherung des Sieges und zur Sicherung der Zukunft unseres Volkes und damit aller seiner Enkel möglichst viele Kinder bekommt.

7.) Gerade auf diesem vielfach heiklen Gebiet nützen nun staatliche Anordnungen allein garnichts. Hier kann nur eine von der Bewegung getragene sehr ernste Überzeugung zur notwendigen Einsicht führen. Für dumme Witze und schlechte Scherze ist die Frage zu ernst; hier geht es wirklich um die Sicherung der Zukunft unseres Volkes.

8.) Befehlen können wir auch nach diesem Kriege nicht, daß Frauen und Mädchen Kinder kriegen sollen. Verständnisvollste – hier ist der viel zu oft verwandte Superlativ angebracht – Aufklärung ist notwendig.

9.) Sie kann m.E. nicht erfolgen durch Männer, die allzu leicht als persönlich interessiert, als Nutzniesser, angesehen werden. Über dieses Thema dürfen m.E. nur ältere Männer reden und vor allem müssen unsere Frauen-Organisationen die notwendige Aufklärung leisten.

10.) Es gilt ja von diesen Notwendigkeiten nicht nur die Frauen, die keine Männer mehr haben oder bekommen, zu überzeugen, sondern vor allen Dingen ist die Aufklärung der Alten, der Mütter und Väter, die in ganz anderen Anschauungen der Vergangenheit aufwuchsen, notwendig.

11.) Noch notwendiger ist die Aufklärung der Ehefrauen, die vielfach erst seit ihrer Verheiratung zu Ehrbarkeits-Fanatikerinnen werden.

12.) Wenn wir uns überlegen, was notwendig ist, um diese für unser Volk so lebenswichtige Frage zur erfolgreichen Lösung zu bringen, dann müssen wir uns die Lage im Einzelfall klarmachen. Zunächst werden einmal viele Frauen – Mangel an Logik ist nun einmal den Frauen angeboren – die Richtigkeit im allgemeinen bejahen, im Einzelfall für ihre persönlichen Verhältnisse fanatisch ablehnen.

13.) Die öffentliche, d.h. allgemeine Aufklärung kann aus einleuchtenden Gründen erst nach dem Kriege einsetzen. Nur ein Grund hierfür sei angeführt: Wir können heute noch nicht an die Frauen, deren Männer voraussichtlich noch fallen werden, appellieren und wir können unsere Aufklärung mit Rücksicht auch auf unsere Soldaten nicht beginnen; das würde voraussetzen, daß wir auch unsere Männer, die jetzt Soldaten sind, zunächst mit diesen Gedankengängen vertraut machen müssen, denn ohne weiteres wird es nicht jedem der Soldaten erwünscht sein, wenn seine Frau oder Braut nach seinem Tode Kinder von einem anderen Manne bekommt.

14.) Indessen müssen schon jetzt *wir* uns über die Schritte, die während des Krieges getan werden können, klar sein und über die weiteren, die unmittelbar nach Kriegsende einzuleiten sind.

15.) Schon jetzt müssen wir alle unerwünschten Hemmnisse unserer Zielsetzung abbauen: insbesondere gilt es, Dichter und Schriftsteller unserer Zeit auszurichten. Neue Romane, Novellen und Bühnenstücke, die Ehedrama – Ehebruch setzen, sind nicht mehr zuzulassen, ebensowenig irgendwelche Dichtungen, Schriftstellereien, Kinostücke, die das außereheliche Kind als minderwertiges, *un*eheliches behandeln.

(Das Wort „unehelich" muß, wie ich schon vor längerer Zeit betonte, gänzlich ausgemerzt werden. Die Vorsilbe „un" bezeichnet im allgemeinen etwas Abzulehnendes.
Beispiele:

ehelich	:	unehelich
Frieden	:	Unfrieden
Ehre	:	Unehre
frei	:	unfrei
sympathisch	:	unsympathisch
appetitlich	:	unappetitlich
hold	:	unhold
Heil	:	unheil
Glück	:	Unglück
Glaube	:	Unglaube)

Mit anderen Worten: wir müssen schon jetzt alles ablehnen, was dieses Problem ganz oder teilweise in einer für unsere Volkszukunft schädlichen Weise darstellt! Weder auf der Bühne noch im ganzen Schrifttum dürfen wir noch länger Konflikte zwischen „rechtmäßiger Gattin" und „unrechtmäßiger Nebenbühlerin" bringen.
Im Gegenteil müssen wir geschickt und unaufdringlich darauf hinweisen, daß z.B. – wie die Ahnenforschung erhellte – sehr viele Stammbäume berühmter Gelehrter, Künstler, Staatsmänner, Wirtschaftler und Soldaten die Geburt außerehelicher Kinder zeigen. Anders ausgedrückt: wieviele berühmte Männer, die unserem Volke die größten Dienste leisteten, wären nicht geboren worden, wenn ihre Mutter oder Vorfahrin ihr Kind nicht zur Welt gebracht hätte.

16.) Nun hat die Abneigung gegen die außerehelichen Kinder zweifellos einen Grund, den auch wir – richtiger, *gerade wir*, anerkennen müssen.
Auch wir wünschen nicht, daß unsere Schwester oder Töchter leichtfertigerweise von irgendeinem Manne Kinder bekommen bzw. sogar einmal von diesem und einmal von jenem Kinder bekommen. Wir müssen also wünschen, daß die Frauen unseres Volkes, die sich nach diesem Kriege nicht in der bisherigen Weise verheiraten können, sich mit einem Mann verbinden, der wirklich zu ihnen paßt und mit diesem Kinder zeugen.
Wenn ich in der Tierzucht genau darauf achte, daß nur zueinanderpassende Tiere miteinander verkoppelt werden, dann muß ich die für alle Säugetiere geltenden Regeln auch beim Menschen beachten: will ich Kinder, die einen ausgeglichenen Charakter haben und keinen in sich zerrissenen, dann muß ich propagieren, daß nur Menschen, die wirklich zueinander passen, miteinander Kinder erzeugen.
Mit anderen Worten: wir können nicht wünschen, daß eine Frau – und sei es auf dem Wege sogenannter Fernzeugung – von irgendeinem Manne Kinder bekommt; vielmehr sollten nur Menschen, die sich wirklich von Herzen zugetan sind, weil sie zueinander passen, Kinder zeugen.

17.) Folgerung: Wir müssen wünschen, daß die Frauen, die nach diesem Krieg keinen Ehemann mehr haben oder bekommen, mit möglichst einem Mann ein eheähnliches Verhältnis, aus dem möglichst viele Kinder erwachsen, eingehen.
Daß nicht alle derartigen Verhältnisse ein Leben lang halten werden, spricht nicht dagegen, sondern ist natürlich, auch viele Ehen werden nach längerer oder kürzerer Dauer wieder geschieden.
Im übrigen bin ich sogar der Überzeugung, daß zwei Menschen, die sich in Freundschaft verbunden sind, sich dabei aber garnicht allzu häufig sehen, leichter ein Leben lang zusammenhalten als andere; dies erst recht, wenn Kinder der Liebe und Freundschaft dieses Band verstärken.

18.) Schon oben hatte ich angeführt, es müsse jede Diffamierung volklich erwünschter Verhältnisse unterbunden werden. Wer eine Frau, die ohne Ehemann (im jetzigen Sinn) Kinder bekommt, beleidigt, muß hart bestraft werden. Wer – das wird manchen Pfarrer treffen – gegen die Propagierung volklicher Notwendigkeiten redet, ist ebenfalls ganz hart zu bestrafen.

19.) In vielen Fällen wird der Widerstand der Ehefrauen auf *materielle* Erwägungen zurückzuführen sein: Die Ehefrau möchte ihrer Kinder wegen nicht Einkommen oder Erbe ihres Mannes mit einer anderen Frau und deren Kinder teilen.
Das ist verständlich! Weil aber Volk und Staat ihre Zukunft sichern wollen, müssen sie mit allen Mitteln, daher auch mit den notwendigen materiellen Mitteln, die möglichste Erhöhung der Geburtenzahlen sichern; daher muß der Staat entsprechende ausreichende Zuschüsse leisten.

20.) Täte er das nicht, ginge das wichtigste Kapital unwiderbringlich verloren; die Fruchtbarkeit vieler Jahrgänge von Millionen Frauen.

21.) Sehr viele Frauen und Mädchen würden sehr gern Kinder, und zwar viele Kinder bekommen, wenn sie genau wüßten, daß sie ihr Leben lang dann auch wirklich versorgt werden. Sie möchten nicht Kinder kriegen und dann eines Tages, weil der Vater dieser Kinder stirbt, verarmt oder sie verläßt, unversorgt mit ihren Kindern auf Gnade und Barmherzigkeit irgendwelcher Wohlfahrtseinrichtungen angewiesen sein.

22.) Daß Frauen, die berufstätig sind und Kinder bekommen, entsprechend höher besoldet werden müssen, daß ferner diesen Frauen Wohnungen zuzuteilen sind, die der Kopfzahl ihrer Familie entsprechen, liegt auf der Hand.

23.) Ich möchte nach dem Kriege im Sonnenwinkel solche Wohnungen für Mitarbeiterinnen der Partei-Kanzlei, die Kinder bekommen, schaffen.

24.) Die Zahl der Heimschulen (Volksschulen – Internate, Hauptschul-Internate mit Vorschule, Oberschul-Internate mit Vorschule) ist gewaltig zu steigern, damit alle Frauen, die irgendwelcher Gründe halber ihre Kinder zeitweise oder dauernd nicht selbst erziehen können, sie ohne Schwierigkeiten auf den Heimschulen erziehen lassen können. Das gilt für Knaben wie Mädchen.
Diese Heimschulen sind auch deshalb notwendig, weil die besten und tüchtigsten Männer in ihrer Jugend meist rechte Wildlinge und von Müttern allein kaum zu bändigen sind.

25.) Indessen sollen diese Frauen ihre Kinder nicht erst im schulpflichtigen Alter auf Internate-Heimschulen geben können, sondern laut Führer-Anordnung soll die NSV., wie schon früher betont, die besten Entbindungsheime schaffen und außerdem die besten Kinderheime, in denen die Kinder vom Kleinkind bis zum schulpflichtigen Alter erzogen werden. Die Erziehung in diesen Kinderheimen muß weit besser sein, als sie im allgemeinen Schoße der Familie sein kann. *Dies* ist die große Zukunftsaufgabe der NSV!

26.) Wir müssen – um der Zukunft unseres Volkes willen – geradezu einen Mutterkult treiben und hierin darf es keinen Unterschied zwischen Frauen, die nach der bisherigen Weise verheiratet sind und Frauen, die von einem Mann, dem sie in Freundschaft verbunden sind, Kinder bekommen, geben! Alle diese Mütter sind in gleicher Weise zu ehren.
(Selbstverständlich gilt das nicht z.B. für jene asozialen Elemente, die nicht einmal wissen, wer die Väter ihrer Kinder sein könnten.)

27.) Wenn zwei Menschen zum Standesamt gehen, um dort die beabsichtigte Lebensgemeinschaft staatlich beurkunden und legitimieren zu lassen, dann hat das zur Hauptsache folgende Gründe:
a) die Ehegemeinschaft wird nebst der Nachkommenschaft unter Schutz des Staates und seiner Machtmittel und seines Bürgerlichen Gesetzbuches und seines Strafgesetzbuches gestellt,
b) die beiden Partner wissen nun, daß einer dem anderen verpflichtet ist und daß einer dem anderen nicht ohne weiteres wieder davonlaufen kann.

c) Ideelle Sicherung: der außereheliche Geschlechtsverkehr ist nach verlogenen bürgerlichen Anschauungen verpönt. Ehelicher Geschlechtsverkehr hingegen gilt ohne weiteres als ehrbar!

d) Materielle Sicherung: Ein Mann, der sich scheiden lässt, muß seine Frau versorgen, sofern sie kein Verschulden trifft.

28.) Diese Feststellungen zeigen, welche Hemmungen wir beseitigen und welche Voraussetzungen wir schaffen müssen, um die lebensnotwendige Vermehrung der Geburten zu erreichen:

1.) Wir müssen auch für die Mütter, die nicht in der bisherigen Weise standesamtlich verheiratet sind, eine ganz ähnliche umfassende ideelle wie materielle Sicherung schaffen. Dazu gehört unter anderem: auf jeden Fall müssen die Kinder ohne Schwierigkeit den Namen des Vaters bekommen.

2.) Ferner: Auf besonderen Antrag sollen Männer nicht nur mit einer Frau, sondern mit einer weiteren ein festes Eheverhältnis eingehen können, in dem die Frau dann ohne weiteres den Namen erhält, die Kinder ohne weiteres den Namen des Vaters.

3.) Daß ein Mann sich auf Zahlung von Unterhaltsgeldern (Alimenten) verklagen läßt, muß zu den Seltenheiten gehören; ein Mann, der ohne zwingenden Grund derart handelt, muß geradezu diffamiert sein, weil allgemein sein Verhalten als schimpflich bewertet wird.

Selbstverständlich muß in einem solchen Fall ohne jede Schwierigkeit und – solange dies notwendig ist – ausreichende Unterstützung von Staats wegen bezahlt werden. Es muß ganz ausgeschlossen sein, daß eine Mutter mit Kind je in Not gerät. Jede Mutter mit Kind, die unverschuldet in materielle oder ideelle Notlage gerät, muß der besonderen Fürsorge der Allgemeinheit sicher sein.

4.) Wie ich schon früher erwähnte, ist es notwendig, daß wir die jetzigen Verhältnis-Bezeichnungen, die einen mehr oder weniger anrüchigen Klang haben, abschaffen und verbieten. Wir müssen im Gegenteil sogar gute, freundliche Namen finden. Wir müssen uns also überlegen, wie das Verhältnis, das eine Frau mit einem Manne hat, mit dem sie in bisheriger Weise nicht verheiratet sein kann, bezeichnet wird, wir müssen uns überlegen, wie die Kinder aus einem solchen Freundschaftsbund bezeichnet werden sollen usw.

Je glücklicher wir in der Namensfindung sein werden, desto leichter werden wir die bestehenden Hemmungen beseitigen. Diese Hemmungen müssen aber beseitigt werden, denn sonst sind die ganzen Opfer des vorigen Weltkrieges und dieses Krieges umsonst gewesen, weil unser Volk den nächsten Stürmen zum Opfer fallen *muß*. In zwanzig oder dreißig oder vierzig oder fünfzig Jahren fehlen uns dann die Divisionen, die wir unbedingt brauchen, wenn unser Volk nicht untergehen soll.

5.) Nach diesem Krieg müssen die kinderlosen Ehen und die Junggesellen weit schärfer als bisher versteuert werden. Die bisherige Versteuerung der Junggesellen muß ein Kinderspiel gegen die Steuerlasten, die ihnen künftig aufzuerlegen sind, sein.

Die Einnahmen aus diesen Junggesellensteuern müssen zur Unterstützung der Mütter, die Kinder bekommen, dienen, d.h. zur materiellen Unterstützung unserer Nachwuchsbestrebungen.

Ich bitte Sie, sich über das gesamte Problem einmal eingehend Gedanken zu machen und mir danach Ihre Stellungnahme zu übermitteln.

gez. M. Bormann

Erlaß vom 20. 2. 1944
Adolf Hitler „über die Beteiligung des Leiters der Partei-Kanzlei bei der Bearbeitung von Misch-
lingsangelegenheiten"

Abschrift!

Nationalsozialistische Deutsche Arbeiterpartei

Der Führer   Führerhauptquartier, den 20. 2. 1944

Erlass

über die Beteiligung des Leiters der Partei-Kanzlei bei der Bearbeitung von Mischlingsangelegen-
heiten.

Um eine einheitliche Behandlung aller Anträge auf Erteilung einer Ausnahmegenehmigung wegen jüdischen oder sonstigen artfremden Bluteinschlages sicherzustellen, bestimme ich:

1. Ausnahmegenehmigungen aller Art wegen jüdischen oder sonstigen artfremden Bluteinschlages können, soweit sie nicht mir zur Entscheidung vorzulegen sind, nur im Einvernehmen mit
   dem Leiter der Partei-Kanzlei erteilt werden.
2. Allen Anträgen, die mir zur Entscheidung vorgelegt werden, ist die Stellungnahme des Leiters
   der Partei-Kanzlei beizufügen.
3. Sämtliche Unterlagen in den bisher bearbeiteten Vorgängen dieser Art sind auf Verlangen dem
   Leiter der Partei-Kanzlei zugänglich zu machen.

gez. A d o l f H i t l e r.

F.d.R.d.A.
Unterschrift (unleserlich)
SS-Hauptsturmführer

Nationalsozialistische ⊗ Deutsche Arbeiterpartei

Partei-Kanzlei

Der Leiter der Partei-Kanzlei

Führerhauptquartier, den 30. 5. 1944

Geheim

R u n d s c h r e i b e n 125/44 g.

(nicht zur Veröffentlichung)

Betrifft: Volksjustiz gegen anglo- amerikanische Mörder.

Englische und nordamerikanische Flieger haben in den letzten Wochen wiederholt im Tiefflug auf Plätzen spielende Kinder, Frauen und Kinder bei der Feldarbeit, pflügende Bauern, Fuhrwerke auf der Landstraße, Eisenbahnzüge usw. aus geringer Höhe mit Bordwaffen beschossen und dabei auf gemeinste Weise wehrlose Zivilisten - insbesondere Frauen und Kinder - hingemordet

Mehrfach ist es vorgekommen, daß abgesprungene oder notgelandete Besatzungsmitglieder solcher Flugzeuge unmittelbar nach der Festnahme durch die auf das äußerste empörte Bevölkerung an Ort und Stelle gelyncht wurden.

Von polizeilicher und strafgerichtlicher Verfolgung der dabei beteiligten Volksgenossen wurde abgesehen.

gez. M. B o r m a n n .

Verteiler: Reichsleiter
Gauleiter
Verbändeführer
Kreisleiter.

.F.d.R.:

Rundschreiben vom 30. 5. 1944
Helmuth Friedrichs „An alle Gauleiter und Kreisleiter" zum Bormann-Rundschreiben vom 30. 5. 1944

30. 5. 1944

An alle Gauleiter und Kreisleiter!

Betrifft: Rundschreiben 125/44 g.

Der Leiter der Partei-Kanzlei läßt bitten, die Ortsgruppenleiter über den Inhalt dieses Rundschreibens durch die Kreisleiter nur mündlich unterrichten zu lassen.

gez. Friedrichs.

F.d.R.:
Unterschrift (unleserlich)

Schreiben vom 5. 6. 1944
Martin Bormann an Reichsschatzmeister Franz Xaver Schwarz

Nationalsozialistische Deutsche Arbeiterpartei

Partei-Kanzlei

Führerhauptquartier, den 5. Juni 1944

Der Leiter der Partei-Kanzlei

Anschrift für Postsendungen
München 33
Führerbau

Herrn
Reichsschatzmeister Schwarz

Persönlich!

München 33
Verwaltungsbau

Sehr verehrter Herr Schwarz!

Der Führer hat Ihnen in Anerkennung Ihres persönlichen Einsatzes bei den letzten Luftangriffen auf München, insbesondere bei dem schweren Angriff am 24./25. 4. 1944, das Kriegsverdienstkreuz 1. Klasse mit Schwertern verliehen.
Meine Absicht, Ihnen diese Auszeichnung persönlich zu überreichen, lässt sich leider nicht durchführen, da in nächster Zeit meine ständige Anwesenheit hier erforderlich ist. Ich darf Ihnen die Auszeichnung mit der Verleihungsurkunde daher auf diesem Weg übermitteln und verbinde damit meine herzlichen Glückwünsche.

Heil Hitler!
Ihr sehr ergebener

2 Anlagen

gez. M. Bormann

485

Schreiben vom 31. 8. 1944

SS-Ahnentafelamt „An das Evangelische Pfarramt Wegeleben" (das SS-Ahnentafelamt sucht im Auftrag Bormanns nach dessen Ahnen)

Der Reichsführer-SS

Der Chef des Rasse- und Siedlungshauptamtes-SS
- Ahnentafelamt-

Rothenburg Post Roßla, Harz
(10), 31.8.44

betr.: Abstammung Bor.

An das

Evangelische Pfarramt

W e g e l e b e n
bei Halberstadt

Das Ahnentafelamt im Rasse- und Siedlungshauptamt-SS bittet zum amtlichen Gebrauch um gebührenfreie Übersendung eines vollstänigen Matrikelauszuges über die

Geburt der Antonie Bernhardine M e n n o n g
geboren in Wegeleben am 19.11.1863.

Da es sich um eine dringende Angelegenheit handelt, wäre das Ahnentafelamt für eine schnelle Erledigung dankbar.

Kirchenbuchamt
Wegeleben (Ostharz) 2/9.44

Heil Hitler!
SS-Sturmbannführer

[handschriftliche Notizen]

Schreiben vom 7. 9. 1944

SS-Ahnentafelamt an Bormanns Mutter Antonie B. Vollborn
(geb. Mennong, in erster Ehe Bormann, in zweiter Ehe Vollborn)

-Ahnentafelamt-
O/Sch.

Rothenburg Post Roßla, Harz
(10), 7.9.44

Betr.: Abstammung B o r.

Frau
Antonie B. V o l l b o r n
W e i m a r
Belvedereallee 28

Sehr geehrte Frau Vollborn!

Jch habe den Auftrag, eine Abstammungsreihe zu erforschen, in der auch Sie als Ahnenträgerin vorkommen. Jch darf Sie nun höflichst bitten, mir nachfolgende Fragen zu beantworten:

1.) Wo kann ich den Taufschein für Sie selbst bekommen, und wann sind Sie geboren?

2.) Wo und wann ist Jhre Mutter Luise geb. Groß geboren?

3.) Wo und wann sind Jhre Großeltern mütterlicherseits, also die Eltern Jhrer Mutter, geboren und wann haben diese geheiratet, und wo und wann sind diese gestorben?

4.)

4.) Können Sie noch nähere Angaben über die Herkunft Jhres Großvaters Mennong machen; wissen Sie ggf. aus Erzählungen etwas näheres darüber?

Für eine baldige Antwort darf ich Jhnen im voraus recht herzlich danken.

Heil Hitler!

SS-Sturmbannführer

z. Zt. Bremen, [...]allee 28
d. 14. Sept. 1944

Sie schreiben unterm 7. 9. 44 an meine Mutter und baten um verschiedene Angaben. Da sie
diese von meiner Mutter nicht haben können, werde ich Ihnen Ihre Fragen beantworten, nur müßten
Sie sich solange gedulden, bis ich wieder daheim bin und
in den betr. Unterlagen nachsehen kann.

Heil Hitler!

Martha Hadlich

Herrn Dr. Berlin

Abschrift.

Führerhauptquartier, den 28.10.1944
Bo/Sch.

Aktenvermerk für Pg. F r i e d r i c h s
Pg. K l o p f e r und
Pg. Z e l l e r .

Betrifft: Verwaltung Obersalzberg.

Bedauerlicher Weise entstehen immer wieder Unklarheiten über das Verhältnis zwischen der Partei-Kanzlei bzw. der NSDAP und der Verwaltung Obersalzberg.

Ausdrücklich sei daher zur Unterrichtung sämtlicher Referenten festgestellt:

1.) Die Auffassung, die Verwaltung Obersalzberg sei ein Teil der Partei-Kanzlei, ist grundfalsch!

2.) Tatsächlich ist die Verbindung zwischen Partei-Kanzlei und Verwaltung Obersalzberg nur deshalb gegeben, weil ich gegenwärtig Leiter der Partei-Kanzlei bin und weil ich gleichzeitig über alle Angelegenheiten des Obersalzbergs verfüge.

Letzteres ist nur der Fall, weil ich die Regelung der notwendigen Angelegenheiten auf dem Obersalz-

- 2 -

berg in die Hand nahm; mit meiner Tätigkeit innerhalb der Partei-Kanzlei hatte dies gar nichts zu tun. Dies geht auch daraus hervor, daß ich mit Aufnahme meiner Obersalzberger Tätigkeit diese selbständig durchführte; der Stellvertreter des Führers erfuhr nicht mehr als miene zunehmende Reichsminister oder Reichsleiter von meinen Obersalzberger Aufgaben, auf die er keinerlei Einfluss hatte und keinerlei Einfluss nahm.

3.) Lediglich aus praktischen Erwägungen, aus Vereinfachungsgründen, lediglich zu meiner Erleichterung zog ich zur Erledigung irgendwelcher Arbeitsvorgänge der Verwaltung Obersalzberg auch Mitarbeiter der Partei-Kanzlei heran.

4.) Die Verwaltung Obersalzberg und die zur Verwaltung Obersalzberg gehörenden Plattenhof-Betriebe etc. haben ebenso wenig wie mit der Partei-Kanzlei mit der Finanzverwaltung der NSDAP zu tun. Irgendeine rechtliche oder finanzielle Bindung oder Verbindung besteht zwischen der Verwaltung Obersalzberg und der Finanzverwaltung der NSDAP nicht.

In übrigen werden die Plattenhof-Betriebe, der Gasthof Obersalzberg usw. ebenso wie privat-wirtschaftlichen Gewerbebetriebe geführt.

- 3 -

5.) Lediglich zu meiner Arbeitserleichterung wird die Buchhaltung der Verwaltung Obersalzberg teilweise von Sachbearbeitern der Partei-Kanzlei in München erledigt.

Nach dem Kriege wird der räumlichen Scheidung wegen auch diese bisherige Übung aufgehoben und die gesamte Buchhaltung auf dem Obersalzberg durchgeführt werden.

6.) Ich bitte dringend, diese Hinweise zu beachten.

gez. M. B o r m a n n .

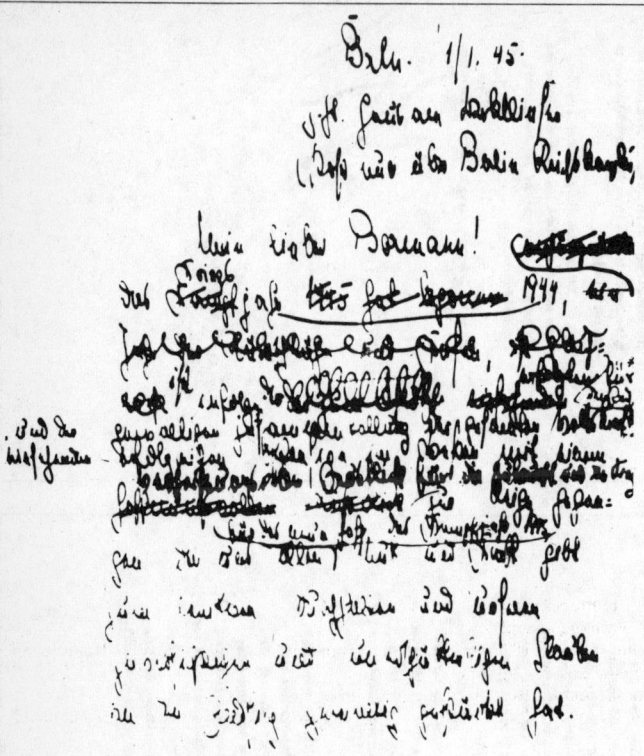

Der von der Sekretärin abgeschriebene Text lautet:

Der Reichsminister und Chef
der Reichskanzlei

Berlin, den 1. Januar 1945
z.Zt. Haus am Fehrbellinsee
(Post nur über Berlin, Reichskanzlei)

Eigenhändig!
An den Leiter der Partei-Kanzlei
Herrn Reichsleiter Bormann
Führerhauptquartier

Mein lieber Bormann!

Das Kriegsjahr ist infolge der gewaltigen Zusammenballung der gesamten Volkskraft für den Endsieg und der einsetzenden erfolgreichen Offensive im Westen mit einem verheißungsvollen Ausblick für die Zukunft und den Sieg zur Neige gegangen, der uns allen für das neue Jahr, das Kampfjahr 1945, Mut und Kraft gibt zum weiteren Durchhalten und unseren zuversichtlichen und unerschütterlichen Glauben an den Endsieg gewaltig gestärkt hat.

Die Oberste SA-Führung   Schliersee, den 5. April 1945

G.Z.: FO Nr. 11 150
Betr.: Verhalten der Parteiführer-
schaft in Gebieten in die der
Feind eingedrungen ist.

An die
Führer der Gruppen

Nachstehend wird den Gruppen eine Anordnung des Führers der Parteikanzlei vom 1. 4. 1945 zur Kenntnis gebracht.

Der Chef des Hauptamtes Führung:

J ü t t n e r
Obergruppenführer

1. 4. 1945
Der Leiter der Partei-Kanzlei

Anordnung

Im Auftrage unseres Führers ordne ich an:
Nationalsozialisten! Parteigenossen!
Nach dem Zusammenbruch von 1918 verschrieben wir uns mit Leib und Leben dem Kampfe um die Daseinsberechtigung unseres Volkes.
Jetzt ist die höchste Stunde der Bewährung gekommen:
Die Gefahr erneuter Versklavung, vor der unser Volk steht, erfordert unseren letzten und höchsten Einsatz.
Von jetzt ab gilt:
Der Kampf gegen den ins Reich eingedrungenen Gegner ist überall mit aller Unnachgiebigkeit und unerbittlichst zu führen.
Gauleiter und Kreisleiter, sonstige politische Leiter und Gliederungs-Führer kämpfen in ihrem Gau und Kreis, siegen oder fallen.
Ein Hundsfott, wer seinen vom Feind angegriffenen Gau ohne ausdrücklichen Befehl des Führers verlässt, wer nicht bis zum letzten Atemzug kämpft, er wird als Fahnenflüchtiger geächtet und behandelt.
Reisst hoch die Herzen und überwindet alle Schwächen!
Jetzt gilt nur noch eine Parole: Siegen oder fallen!
Es lebe Deutschland! Es lebe Adolf Hitler!

gez.: M. B o r m a n n

Nationalsozialistische  **Deutsche Arbeiterpartei**

Partei-Kanzlei

Der Leiter der Partei-Kanzlei   Führerhauptquartier, den   15.4.1945

R u n d s c h r e i b e n 211/45
■■■■■■■■■■■■=■=■■■■■■■=■=■■■==■■■■■=■=

Betrifft: Einsatzpflicht der Politischen Leiter.

Meine Parteigenossen!

Der Führer erwartet, dass Sie in Ihren Gauen jede Lage meistern,
wenn notwendig, blitzschnell mit äusserster Härte!

Erziehen Sie hierzu auch Ihre Kreisleiter: Jetzt scheiden sich
Führer und Unfähige! Jetzt zeigt sich ohne Verputz das Gefüge
der Gaue und Kreise! Meister ist nur, wer zu meistern vermag,
Hasenherzen, Ratlose sind schleunigst gegen Männer auszuwechseln!
Jeder strahlt nur soviel gläubiges Vertrauen und soviel Zuversicht
aus, als er selbst besitzt. Der Starke strahlt Kraft aus, der
Schlappe und Müde nur Ratlosigkeit und Zweifel. Die Führernaturen
haben alle hemmenden Brücken abgebrochen und sind von äusserster
Einsatzbereitschaft. Nur auf sie können wir uns stützen, denn nur
sie vermögen die Weichenden und Wankenden wieder hoch zu reissen.
Jeder Politische Leiter mache sich klar: Die Ehre jedes einzelnen
ist soviel wert wie seine Standhaftigkeit, seine Einsatzbereitschaft und seine Taten.

                                         gez. M. B o r m a n n .

Verteiler: Reichsleiter, Gauleiter, Verbändeführer.

F.d.R.:

Verzeichnis der vom Autor befragten Personen

Artur Axmann, Führer der Hitler-Jugend mit dem Titel „Reichsjugendführer"
Friedrich Bergold, Verteidiger M. Bormanns vor dem Intern. Militärgerichtshof in Nürnberg
Adolf Martin Bormann, ältester Sohn des Hitler-Sekretärs Martin Bormann
Albert Bormann, NSKK-Gruppenführer, Adjutant Hitlers und Bruder Martin Bormanns
Sepp Dietrich, SS-Oberstgruppenführer und 1. Kommandeur der „Leibstandarte Adolf Hitler"
Karl Dönitz, Großadmiral und testamentarischer Nachfolger Hitlers als Reichspräsident
Alfred E. Frauenfeld, Gauleiter von Wien
Hans Fritzsche, Ministerialdirektor im Reichspropagandaministerium
Franz Halder, Generaloberst und Chef des Generalstabs
Heinrich Heim, Ministerialrat im Stab von Martin Bormann
Ilse Heß, Frau des Hitler-Stellvertreters Rudolf Heß
Heinrich Hoffmann jun., Sohn des Hitler-Fotografen Heinrich Hoffmann
Rudolf Jordan, Gauleiter von Sachsen-Anhalt
Karl Kaufmann, Reichsstatthalter und Gauleiter von Hamburg
Robert M. W. Kempner, Stellvertreter des amerikanischen Chefanklägers beim Intern. Militärgerichtshof in Nürnberg
Otto Kranzbühler, Verteidiger von Karl Dönitz vor dem Intern. Militärgerichtshof in Nürnberg
Heinz Linge, SS-Hauptsturmführer und Diener Hitlers
Wilhelm Mohnke, SS-Brigadeführer
Hanni Morell, Frau des Hitler-Leibarztes Theodor Morell
Werner Naumann, Staatssekretär im Reichspropagandaministerium
Henry Picker, Herausgeber von „Hitlers Tischgesprächen"
Karl Jesko von Puttkamer, Konteradmiral und Marineadjutant Hitlers
Hanna Reitsch, deutsche Fliegerin und Testpilotin der V1
Hans Ulrich Rudel, Oberst der Luftwaffe
Gustav Adolf Scheel, NS-Studentenführer, späterer Reichsstatthalter und Gauleiter von Salzburg
Baldur von Schirach, Reichsjugendführer, Reichsstatthalter und Gauleiter von Wien
Henriette von Schirach, Frau von Baldur von Schirach
Richard Schulze-Kossens, Hitler-Adjutant
Lutz Graf Schwerin von Krosigk, Reichsfinanzminister
Lord Shawcross, britischer Chefankläger beim Internationalen Militärgerichtshof in Nürnberg
Otto Skorzeny, SS-Sturmbannführer und Mussolini-Befreier
Albert Speer, Minister für Rüstung und Kriegsproduktion
Felix Steiner, SS-Obergruppenführer
Otto Strasser, Bruder von Gregor Strasser, früherer NS-Funktionär Hitlers und späterer Führer der „Schwarzen Front"
Ehrengard von Treuenfels, Frau des Bormann-Arbeitgebers Hermann von Treuenfels
Karl Wahl, Gauleiter von Augsburg
Walther Wenck, General der Panzertruppen, Armeeoberbefehlshaber der 12. Armee
Karl Wolff, SS-Obergruppenführer und Chef des persönlichen Stabes von Heinrich Himmler
Wilhelm Zander, SS-Standartenführer und persönlicher Referent von Martin Bormann
Hans Severus Ziegler, Stellvertretender Gauleiter des Gaues Thüringen

Literaturverzeichnis

Albrecht, Gerd: Nationalsozialistische Filmpolitik. Eine soziologische Untersuchung über die Spielfilme des Dritten Reiches. Stuttgart, 1969.

Altner, Günter: Weltanschauliche Hintergründe der Rassenlehre des Dritten Reiches. Zum Problem einer umfassenden Anthropologie. Zürich, 1968.

Anatomie des SS-Staates. Olten, 1965.
Bd. 1: Buchheim, Hans: Die SS – Das Herrschaftsinstrument. Befehl und Gehorsam.
Bd. 2: Broszat, Martin, Hans-Adolf Jacobsen u. Helmut Krausnick: Konzentrationslager, Kommissarbefehl. Judenverfolgung.
(Gutachten des Instituts für Zeitgeschichte.)

Aronsen, Shlomo: Reinhard Heydrich und die Frühgeschichte von Gestapo und SD. Stuttgart, 1971. *(Studien zur Zeitgeschichte. 2)*

Der **Aufstieg** der NSDAP in Augenzeugenberichten. Hrsg. u. eingel. von Ernst Deuerlein. Düsseldorf, 1968.

Auschwitz. Zeugnisse und Berichte. Hrsg. v. H. G. Adler, Hermann Langbein und Ella Lingens-Reiner. Frankfurt a. M., 1962.

Bauer, Fritz: Die Kriegsverbrecher vor Gericht. Mit einem Nachw. von H. F. Pfenninger. Zürich, 1945.

Besymenski, Lew: Auf den Spuren von Martin Bormann. (Aus d. Russ. übersetzt von Joachim Böhm und Gerhard Hilke.) Berlin, 1965.

Besymenski, Lew: Der Tod des Adolf Hitler. Unbekannte Dokumente aus Moskauer Archiven. Eingel. v. Karl-Heinz Janßen. Hamburg, 1968.

Besymenski, Lew: Die letzten Notizen von Martin Bormann. Ein Dokument und sein Verfasser. (Aus dem Russ. übertr. von Reinhild Holler.) Stuttgart, 1974.

Bibliographie zur Geschichte des Kirchenkampfes 1933–1945. Bearb. von Otto Diehn. Göttingen, 1958. *(Arbeiten z. Geschichte d. Kirchenkampfes. 1.)*

Bibliographie der Gauleiter der NSDAP. Zusammengestellt v. Günter Plum, München: Institut für Zeitgeschichte, 1970.

Bollmus, Reinhard: Das Amt Rosenberg und seine Gegner. Studien zum Machtkampf im nationalsozialistischen Herrschaftssystem. Stuttgart, 1970. *(Studien zur Zeitgeschichte. 1.)*

Bormann, Martin: The Bormann letters. The private correspondence between Martin Bormann and his wife (Gerda Bormann) from January 1943 to April 1945. Ed. with an introduction and notes by H. R. Trevor-Roper. London, 1954.

Bracher, Karl Dietrich, Wolfgang Sauer, Gerhard Schulz: Die national-sozialistische Machtergreifung. Studien zur Errichtung des totalitären Herrschaftssystems in Deutschland 1933/34. Köln, 1960. *(Schriften d. Inst. f. politische Wissenschaft. 14.)*

Bracher, Karl Dietrich: Die Auflösung der Weimarer Republik. Eine Studie zum Problem des Machtverfalls in der Demokratie. Mit einer Einleitung von Hans Herzfeld. Villingen,[4] 1964.

Bracher, Karl Dietrich: Die deutsche Diktatur. Entstehung, Struktur, Folgen des Nationalsozialismus. Köln, 1969.

Broß, Werner: Gespräche mit Hermann Göring während des Nürnberger Prozesses. Flensburg, 1950.

Broszat, Martin: Der Nationalsozialismus. Weltanschauung, Programm und Wirklichkeit. Hannover, 1960. *(Schriftenreihe d. Niedersächs. Landeszentrale f. Pol. Bildung. Zeitgeschichte. 8.)*

Broszat, Martin: Nationalsozialistische Polenpolitik 1939–1945. Stuttgart, 1961. *(Schriftenreihe der Vierteljahrshefte für Zeitgeschichte. 2.)*

Broszat, Martin: Der Staat Hitlers. Grundlegung und Entwicklung seiner inneren Verfassung. München, 1969. *(dtv-Weltgeschichte d. 20. Jahrhunderts. 9.)*

Bullock, Alan: Hitler. Eine Studie über Tyrannei. (Aus dem Engl. übertragen v. Wilhelm u. Modeste Pferdekamp.) Vollständig überarbeitete Neuausgabe. Düsseldorf, 1971.

Conway, John S.: Der deutsche Kirchenkampf. Tendenzen und Probleme seiner Erforschung an Hand neuerer Literatur. In: *Vierteljahrshefte für Zeitgeschichte 17* (1969), 423–449.

Daim, Wilfried: Der Mann, der Hitler die Ideen gab. Von den religiösen Verirrungen eines Sektierers zum Rassenwahn des Diktators. München, 1958.

Darré, Richard Walter: Um Blut und Boden. München, 1940.

Delarue, Jacques: Geschichte der Gestapo. (Aus d. Franz. v. Hans Steinsdorff.) Düsseldorf, 1964.

Deutsch, Harold C.: Das Komplott. Zürich, 1974.

Deutsche Geschichte seit dem Ersten Weltkrieg. 3 Bde. Stuttgart, 1971–1973.
Bd. 1: Heiber, Helmut: Die Republik von Weimar; Graml, Hermann: Europa zwischen den Kriegen. Broszat, Martin: Der Staat Hitlers.
Bd. 2: Gruchmann, Lothar: Der Zweite Weltkrieg; Vogelsang, Thilo: Das geteilte Deutschland; Petzina, Dietmar: Grundriß der deutschen Wirtschaftsgeschichte 1918-1945.
Bd 3: Benz, Wolfgang: Quellen zur Zeitgeschichte.

Diehl-Thiele, Peter: Partei und Staat im Dritten Reich. Untersuchungen zum Verhältnis von NSDAP und allgemeiner innerer Staatsverwaltung 1933–1945. München, 1969.

Diels, Rudolf: Lucifer ante portas ... es spricht der erste Chef der Gestapo. Stuttgart, 1950.

Dietrich, Otto: Das Buch der deutschen Gaue. Bayreuth, 1938.

Dietrich, Otto: Auf den Straßen des Sieges. München, 1939.

Dietrich, Otto: 12 Jahre mit Hitler. München, 1955.

Dönitz, Karl: Zehn Jahre und zwanzig Tage. Zürich, 1958.

Dollinger, Hans: Die letzten hundert Tage. Das Ende des 2. Weltkrieges in Europa u. Asien. München, 1965.

Domarus, Max: Hitler. Reden und Proklamationen 1932–1945. Kommentiert von einem deutschen Zeitgenossen. München, 1965.

Domber, Yves van: Ik leefde met Martin Bormann. Amsterdam, 1969.

Ehlers, Dieter: Technik und Moral einer Verschwörung. Der Aufstand am 20. Juli 1944. Bonn (Bundeszentrale für politische Bildung), [2]1965.

Ehrhardt, Helmut: Euthansie und Vernichtung „lebensunwerten" Lebens. Mit e. Vorw. von Hans Hoff. Stuttgart, 1965.

Eyck, Erich: Geschichte der Weimarer Republik. Zürich 1954–1956. Bd. 1: Vom Zusammenbruch des Kaisertums bis zur Wahl Hindenburgs. Bd. 2: Von der Konferenz von Locarno bis zu Hitlers Machtübernahme.

Fabry, Philipp Walter: Mutmaßungen über Hitler. Urteile von Zeitgenossen. Düsseldorf, 1969.

Facsimile-Querschnitt durch das Schwarze Korps. Hrsg. von Helmut Heiber und Hildegard von Kotze. München, 1968.

Faschismus-Getto-Massenmord. Dokumentation über Ausrottung und Widerstand der Juden in Polen während des 2. Weltkrieges. Hrsg. v. Jüd. Historischen Inst. Warschau. Ausgew. u. bearb. von Tatiana Berenstein, Artur Eisenbach u.a. Berlin, 1961.

Fest, Joachim C.: Das Gesicht des Dritten Reiches. Profile einer totalitären Herrschaft. München, 1964.

Fest, Joachim C.: Hitler. Eine Biographie. Frankfurt a. M. – Berlin – Wien, 1973.

Fest, Joachim C., Hoffmann, Heinrich u. **Jochen von Lang:** Adolf Hitler, Geschichte eines Diktators. München, 1975.

Finker, Kurt: Die militaristischen Wehrverbände in der Weimarer Republik. Ein Beitrag zur Strategie und Taktik der deutschen Großbourgeosie. In: *Zeitschrift für Geschichtswissenschaft 14* (1966), 357–377.

Fraenkel, Heinrich u. **Roger Manvell:** Goebbels. Eine Biographie. Köln, 1960.

Fraenkel, Heinrich u. **Roger Manvell:** Hermann Göring (Ins Dt. übers. von Hedwig Jolenberg). Hannover, 1964.

Fraenkel, Heinrich u. **Roger Manvell:** Himmler. Kleinbürger und Massenmörder. Berlin, 1965.

Fraenkel, Heinrich u. **Roger Manvell:** Der 20. Juli. Berlin – Frankfurt a. M. – Wien, [2]1965.

Frank, Hans: Im Angesicht des Galgens. Deutung Hitlers und seiner Zeit aufgrund eigener Erlebnisse und Erkenntnisse. Geschrieben im Nürnberger Justizgefängnis. München, 1953.

Führer befiehl... Selbstzeugnisse aus der „Kampfzeit" der NSDAP. Dokumentation und Analyse. Hrsg. von Albrecht Tyrell. Düsseldorf, 1969.

Gamm, Hans-Jochen: Der braune Kult. Das Dritte Reich und seine Ersatzreligion. Ein Beitrag zur politischen Bildung. Hamburg, 1962.

Geiss, Josef: Obersalzberg. Berchtesgaden, 1958.

Gersdorf, Ursula von: Frauen im Kriegsdienst. Stuttgart, 1969.

Gessler, Otto: Reichswehrpolitik in der Weimarer Zeit. Hrsg. v. Kurt Sendtner. Mit e. Vorbemerkung v. Theodor Heuss. Stuttgart, 1958.

Goebbels, Joseph: Vom Kaiserhof zur Reichskanzlei. Eine historische Darstellung in Tagebuchblättern (Vom 9. Jan. 1932 bis zum 1. Mai 1933.) München, [10]1935.

Goebbels, Joseph: Wetterleuchten. Aufsätze aus der Kampfzeit. München, 1939.

Goebbels, Joseph: Tagebücher aus den Jahren 1942–1943. Mit anderen Dokumenten, hrsg. v. Louis P. Lochner. Zürich, 1948.

Graml, Hermann: Der 9. November 1938. „Reichskristallnacht". Bonn (Bundeszentrale f. Heimatdienst), 1962.

Granzow, Klaus: Tagebuch eines Hitlerjungen. 1943–1945. Bremen, 1965.

Grebing, Helga: Der Nationalsozialismus. Ursprung und Wesen. München, [15]1964.

Gruchmann, Lothar: Hitler über die Justiz. Das Tischgespräch vom 20. August 1942. Dokumentation. In: *Vierteljahrshefte für Zeitgeschichte 12* (1964), 86–101.

Gründler, Gerhard E., Arnim von Manikowsky: Das Gesicht der Sieger. Der Prozeß gegen Göring, Heß, Ribbentrop, Keitel, Kaltenbrunner u.a. Oldenburg, 1967.

Halder, Franz: Kriegstagebuch. Tägliche Aufzeichnungen des Chefs des Generalstabes des Heeres 1939–1942. 3 Bde. Stuttgart, 1962–1964.

Hallgarten, George W. F.: Hitler, Reichswehr und Industrie. Zur Geschichte der Jahre 1918–1933. Frankfurt a. M., 1955.

Hanfstaengl, Ernst: Zwischen Weißem und Braunem Haus. München, 1970.

Heiber, Helmut: Hitlers Lagebesprechungen. Stuttgart, 1962.

Heiber, Helmut: Joseph Goebbels. Berlin, 1962.

Heiber, Helmut: Die Republik von Weimar. München, 1966. *(dtv-Weltgeschichte d. 20. Jahrhunderts. 3.)*

Henkys, Reinhard: Die nationalsozialistischen Gewaltverbrechen. Geschichte und Gericht. Stuttgart, 1964.

Hillgruber, Andreas: Staatsmänner und Diplomaten bei Hitler. Frankfurt, 1970.

Hitler, Adolf: Mein Kampf. München, 1925/1927. 1. Eine Abrechnung; 2. Die NS-Bewegung.

Hitlers Weisungen für die Kriegsführung 1939–1945. Dokumente des Oberkommandos der Wehrmacht. Hrsg. von Walther Hubatsch. Frankfurt a. M., 1962/München (dtv), 1965.

496

Hockerts, Hans Günter: Die Sittlichkeitsprozesse gegen katholische Ordensangehörige und Priester 1936–1937. Eine Studie zur nationalsozialistischen Herrschaftstechnik und zum Kirchenkampf. Mainz, 1971. *(Veröffentl. d. Kommission f. Zeitgeschichte b. d. Katholischen Akademie in Bayern. 6.)*

Höhne, Heinz: Der Orden unter dem Totenkopf. Die Geschichte der SS. Gütersloh, 1967.

Höhne, Heinz: Canaris. Patriot im Zwielicht. Gütersloh, 1976.

Hölzle, Erwin: Die Revolution der zweigeteilten Welt. Eine Geschichte der Mächte 1905–1929. Reinbek, 1963.

(Höß, Rudolf:) Kommandant in Auschwitz. Autobiographische Aufzeichnungen von Rudolf Höß. Eingeleitet und kommentiert von Martin Broszat. Stuttgart, 1958.

Hoffmann, Heinrich: Hitler was my Friend. London, 1955.

Hoffmann, Peter: Widerstand, Staatsstreich, Attentat. Der Kampf der Opposition gegen Hitler. Frankfurt a. M.–Berlin–Wien, 1970.

Honolka, Bert: Die Kreuzelschreiber. Ärzte ohne Gewissen. Euthanasie im Dritten Reich. Hamburg, 1961.

Horn, Wolfgang: Führerideologie und Parteiorganisation in der NSDAP (1919–1933). Düsseldorf, 1972.

Irving, David: Hitler und seine Feldherren. Frankfurt a. M., 1975.

Jacobsen, Hans-Adolf: Der Zweite Weltkrieg. Frankfurt a. M., 1965.

Jacobsen, Hans-Adolf: Kommissarbefehl und Massenexekutionen sowjetischer Kriegsgefangener. In: Anatomie des SS-Staates. Olten, 1965, Bd. 2, S. 163–279.

Jäckel, Eberhard: Hitlers Weltanschauung. Entwurf einer Herrschaft. Tübingen, 1969.

Jäger, Herbert: Verbrechen unter totalitärer Herrschaft. Studien zur nationalsozialistischen Gewaltkriminalität. Freiburg, 1967.

Jordan, Rudolf: Erlebt und erlitten. Weg eines Gauleiters. Leoni am Starnberger See, 1971.

Der **Kampf um Berlin 1945** in Augenzeugenberichten. Hrsg. von Peter Gosztony. Düsseldorf, 1970.

Kater, Michael H.: Das „Ahnenerbe". Die Forschungs- und Lehrgemeinschaft in der SS. Heidelberg, Phil. Diss. 1966.

Kempka, Erich: Ich habe Adolf Hitler verbrannt. München, 1950.

Kempner, Robert M. W.: Blueprint of the Nazi Underground. In: *Research Studies of the State College of Washington. XIII* (1945), H. 2.

Kempner, Robert M. W.: The Nuremberg Trials as sources of recent German political and historical materials. In: *The American Pol. Science Review 44* (1950), 447–459.

Kempner, Robert M. W.: Eichmann und Komplizen. Zürich, 1961.

Kempner, Robert M. W.: SS im Kreuzverhör. München, 1964.

Kempner, Robert M. W.: Das Dritte Reich im Kreuzverhör. Aus den unveröffentlichten Vernehmungsprotokollen des Anklägers. München, 1969.

Kersten, Felix: Totenkopf und Treue. Heinrich Himmler ohne Uniform. Aus den Tagebuchblättern des finnischen Medizinalrats Felix Kersten. Hamburg, 1952.

Klönne, Arno: Hitlerjugend. Die Jugend und ihre Organisation im Dritten Reich. Hannover, 1960.

Kogon, Eugen: Der SS-Staat. Das System der deutschen Konzentrationslager. München, 1975.

Koller, Karl: Der letzte Monat. Mannheim, 1949.

Kordt, Erich: Wahn und Wirklichkeit. Stuttgart, 1947.

Krausnick, Helmut: Legenden um Hitlers Außenpolitik. In: *Vierteljahreshefte für Zeitgeschichte 2* (1954), 217–239.

Krebs, Albert: Tendenzen und Gestalten der NSDAP. Erinnerungen an die Frühzeit der Partei. Stuttgart, 1959.

Kriegspropaganda. 1939–1941. Geheime Ministerkonferenzen im Reichspropagandaministerium. Hrsg. u. eingel. v. Willi A. Boelcke. Stuttgart, 1966.

Krummacher, Friedrich A.: Die Weimarer Republik. Ihre Geschichte in Texten, Bildern und Dokumenten. München, 1965.

Krummacher, Friedrich A. u. Helmut Lange: Krieg und Frieden. Geschichte der deutsch-sowjetischen Beziehungen. München, 1970.

Kühnrich, Heinz: Der KZ-Staat. Rolle und Entwicklung der faschistischen Konzentrationslager 1933 bis 1945. Berlin, 1960.

Lange, Karl: Hitlers unbeachtete Maximen. „Mein Kampf" und die Öffentlichkeit. Stuttgart, 1968.

Lewin, Ronald: Rommel. Aus d. Engl. v. Hans Jürgen Baron v. Koskull. Stuttgart, [2]1971.

Liddell Hart, B. H.: Deutsche Generale des 2. Weltkrieges. Aussagen, Aufzeichnungen und Gespräche. (Dt. von Kurt Dittmar.). Düsseldorf, 1964.

Lohalm, Uwe: Völkischer Radikalismus. Die Geschichte des Deutschvölkischen Schutz- und Trutz-Bundes 1918–1923. Hamburg, 1970.

Lüdde-Neurath, Walter: Regierung Dönitz. Göttingen, 1951.

Mann, Klaus: Der Wendepunkt. München, o. J.

McGovern, James: Martin Bormann. London, 1968.

Medizin ohne Menschlichkeit. Dokumente d. Nürnberger Ärzteprozesses. Hrsg. und komm. von Alexander Mitscherlich u. Fred Mielke. Frankfurt a. M., 1960.

Meier-Benneckenstein, Paul: Grundfragen der deutschen Politik. Berlin, 1939.

Meldungen aus dem Reich. Auswahl aus den geheimen Lageberichten des Sicherheitsdienstes der SS 1939–1944. Hrsg. von Heinz Boberach. Neuwied, 1965.

Meissner, Otto: Staatssekretär unter Ebert – Hindenburg – Hitler. Hamburg, 1950.

Milatz, Alfred: Das Ende der Parteien im Spiegel der Wahlen 1930 bis 1933. In: Das Ende der Parteien 1933. Hrsg. v. Erich Matthias und Rudolf Morsey. Düsseldorf (1960), S. 743–793.

Mommsen, Hans: Beamtentum im Dritten Reich. Mit ausgewählten Quellen zur nationalsozialistischen Beamtenpolitik. Stuttgart, 1966. *(Schriftenreihe d. Vierteljahrshefte für Zeitgeschichte. 13.)*

Müller, Hans: Katholische Kirche und Nationalsozialismus. Dokumente 1930–1935. Mit e. Einl. von Kurt Sontheimer. München, 1963.

Müller, Klaus-Jürgen: Reichswehr und „Röhmaffäre". Aus den Akten d. Wehrkreiskommandos (Bayer.) VII. Dokumentation. In: *Militärgeschichtl. Mitteilungen 1* (1968), 107–144.

Müller, Klaus-Jürgen: Das Heer und Hitler. Stuttgart, 1969.

Müller, Willy: Das soziale Leben im neuen Deutschland unter besonderer Berücksichtigung der Deutschen Arbeitsfront. Berlin, 1938.

Der **Nationalsozialismus.** Dokumente 1933–1945. Hrsg., eingel. u. dargest. v. Walther Hofer. Frankfurt a. M., 1957.

Neufeldt, Hans-Joachim, Jürgen Huck u. **Georg Tessin:** Zur Geschichte der Ordnungspolizei 1936–1945. Koblenz (Bundesarchiv), 1957. *(Schriften des Bundesarchivs. 3.)*

Neurohr, Jean F.: Der Mythos vom Dritten Reich. Zur Geistesgeschichte des Nationalsozialismus. Stuttgart, 1957.

Nürnberger Prozesse („Blaue Reihe":) Der Prozeß gegen die Hauptkriegsverbrecher vor dem Internationalen Militärgerichtshof. Nürnberg, 14. November 1945–1. Oktober 1946. (Amtlicher Text. Deutsche Ausgabe.) Bde. 1–42. Nürnberg (Internationaler Militärgerichtshof), 1947–1949.
(Aufteilung:)
1.   Einführungsband (Vorprozeßdokumente, Urteil)
2.–22. Verhandlungsniederschriften
23.–24. Sach-Index, Personenindex, Dokumentenindex, Errata-Liste
25.–42. Urkunden und anderes Beweismaterial.

Nürnberger Prozeß. Gestern und heute. Internationale wiss. Konferenz aus Anlaß d. 20. Jahrestages d. Beginns d. Nürnberger Hauptkriegsverbrecherprozesses. Berlin (Staatsverlag d. DDR), 1966.

O'Donnel, James u. **Uwe Bahnsen:** Die Katakombe. Das Ende in der Reichskanzlei. Stuttgart, 1975.

Papen, Franz von: Der Wahrheit eine Gasse. München, 1952.
Picker, Henry: Hitlers Tischgespräche im Führerhauptquartier 1941–1942. Bonn, 1951.
Picker, Henry u. **Heinrich Hoffmann:** Hitlers Tischgespräche im Bild. Hrsg. v. Jochen von Lang. Oldenburg, 1969.

Raeder, Erich: Mein Leben. Tübingen, 1957.
Reichhardt, Hans Joachim: Die Deutsche Arbeitsfront. Ein Beitrag zur Geschichte des nationalsozialistischen Deutschlands und zur Struktur des totalitären Herrschaftssystems. Berlin, Phil. Diss. 1956.
Reichsführer! ... Briefe an und von Himmler. Hrsg. von Helmut Heiber. Stuttgart, 1968.
Reimann, Viktor: Dr. Joseph Goebbels. Wien, 1971.
Ribbentrop, Joachim von: Zwischen London und Moskau. Erinnerungen und letzte Aufzeichnungen. Aus d. Nachlaß hrsg. v. Annelies von Ribbentrop. Leoni am Starnberger See, 1953.
Ribbentrop, Annelies von: Deutsch-englische Geheimverbindungen. Britische Dokumente der Jahre 1938 u. 1939 im Lichte der Kriegsschuldfrage. (Tübingen:), 1967. *(Veröffentl. d. Inst. f. dt. Nachkriegsgeschichte. 4.)*
Röhm, Ernst: Die Geschichte eines Hochverräters. München, 1928.
Rohe, Karl: Das Reichsbanner Schwarz-Rot-Gold. Ein Beitrag zur Geschichte und Struktur der politischen Kampfverbände zur Zeit der Weimarer Republik. Düsseldorf, 1966.
Rommel, Erwin: Krieg ohne Haß. Hrsg. v. Lucie-Maria Rommel u. Fritz Bayerlein. Heidenheim, [2]1950.
Rosenberg, Alfred: Letzte Aufzeichnungen. Ideale und Idole der nationalsozialistischen Revolution. Göttingen, 1955.
Das politische Tagebuch **Alfred Rosenbergs** aus den Jahren 1934/35 und 1939/40. Göttingen, 1956.
Rosenberg, Alfred u. **Heinrich Härtle:** Großdeutschland, Traum und Tragödie. München, 1970.
Rosenberg, Arthur: Geschichte der Weimarer Republik. Hrsg. von Kurt Kersten. Frankfurt a. M., [12]1971.
Rothfels, Hans: Die deutsche Opposition gegen Hitler. Eine Würdigung. Frankfurt a.M., 1969.
Ruge, Wolfgang: Deutschland von 1917 bis 1933. Berlin, [2]1969. *(Lehrbuch der deutschen Geschichte. 10.)*

Schacht, Hjalmar: 76 Jahre meines Lebens. München, 1953.
Schaumburg-Lippe, Friedrich Christian Prinz zu: Dr. G., ein Porträt des Propagandaministers. Wiesbaden, 1963.
Schellenberg, Walter: Memoiren. Braunschweig, 1956.
Schenck, Ernst-Günther: Ich sah Berlin sterben. Herford, 1970.
Scheurig, Bodo: Freies Deutschland. Das Nationalkomitee und der Bund Deutscher Offiziere in der Sowjetunion 1943–1945, München, 1960.
Scheurig, Bodo: Verrat hinter Stacheldraht. München, 1965.
Schirach, Baldur von: Ich glaubte an Hitler. (Dokumentation: Jochen von Lang.) Hamburg, 1967.
Schlabrendorff, Fabian von: Offiziere gegen Hitler. Zürich, 1946.
Schmidt, Paul: Statist auf diplomatischer Bühne. Bonn, 1949.
Schwarz, Albert: Die Weimarer Republik 1918–1933. Konstanz, 1968.

Schwerin von Krosigk, Lutz Graf: Es geschah in Deutschland. Tübingen, 1951.

Siewert, Curt: Schuldig? Die Generale unter Hitler. Stellung und Einfluß der hohen militärischen Führer im nationalsozialistischen Staat. Das Maß ihrer Verantwortung und Schuld. Bad Nauheim, 1968.

Smith, Bradley F.: Heinrich Himmler. A Nazi in the making 1900–1926. Stanford, 1971. *(Hoover Institution Publications. 93.)*

Speer, Albert: Erinnerungen. Berlin, 1969.

Speer, Albert: Spandauer Tagebücher. Frankfurt a. M. – Wien – Berlin, 1975.

Spiegelbild einer Verschwörung. Die Kaltenbrunner-Berichte an Bormann und Hitler über das Attentat vom 20. Juli 1944. Stuttgart, 1961.

Springer, Hildegard: Es sprach Hans Fritzsche. Stuttgart, 1949.

Die SS-Henker und ihre Opfer. Auschwitz 1940–1945. Frankfurt 1963–1965. Eine notwendige Gegenüberstellung. Wien: Internat. Föderation d. Widerstandskämpfer (FIR), 1965.

Steinert, Marlies G.: Die 23 Tage der Regierung Dönitz. Düsseldorf, 1967.

Stephan, Werner: Joseph Goebbels. Stuttgart, 1949.

Strasser, Gregor: Kampf um Deutschland. München, 1932.

Studien zur Geschichte der Konzentrationslager. Stuttgart, 1970. *(Schriftenreihe der Vierteljahrshefte für Zeitgeschichte. 21.)*

Taylor, Telford: Die Nürnberger Prozesse. Kriegsverbrechen und Völkerrecht. Übers. v. Ruth Kempner, Vorw. v. James T. Shotwell u. Robert M. W. Kempner. Zürich, 1950.

Toland, John: Das Finale. Die letzten 100 Tage. (Aus d. Amerikan. von Günter Eichel.) München, 1968.

Trevor-Roper, Hugh Redwald: Hitlers letzte Tage. Übers. v. Joseph Kalmer. Zürich, 1946.

Trevor-Roper, Hugh Redwald: Hitlers Kriegsziele. In: *Vierteljahrshefte für Zeitgeschichte 8* (1960), 121–133.

Trevor-Roper, Hugh Redwald: Hitlers Testament. Die letzten Gespräche mit Bormann (Februar 1945). In: *Monat 14* (1961), 36–47.

Unbestrafte Kriegsverbrecher. Dokumente hrsg. von István Pintér und László Szabó. Budapest, 1961.

Das Urteil im Wilhelmstraßen-Prozeß. Hrsg. von R. M. W. Kempner und Carl Haensel. München, 1950.

Das Urteil von Nürnberg 1946. Mit einer Vorbemerkung von Herbert Kraus. München *(dtv)*, 1961.

Die **Verfolgung nationalsozialistischer Straftaten** im Gebiet der Bundesrepublik Deutschland seit 1945. Unter Mitw. d. Landesjustizverwaltungen u.d. Zentralen Stelle zur Aufklärung nationalsozialistischer Verbrechen in Ludwigsburg zugest. im Bundesjustizministerium. Bonn, 1964.

Vogel, Georg: Diplomat unter Hitler und Adenauer. Düsseldorf, 1969.

Vogelsang, Reinhard: Der Freundeskreis Himmler. Göttingen, 1972.

Vogelsang, Thilo: Reichswehr, Staat und NSDAP. Beiträge zur deutschen Geschichte 1930–1932. Stuttgart, 1962.

Vogelsang, Thilo: Die nationalsozialistische Zeit. Deutschland 1933 bis 1939. Frankfurt a. M., 1968. *(Deutsche Geschichte. 7.)*

Vogt, Martin: Zur Finanzierung der NSDAP zwischen 1924 und 1928. In: *Geschichte in Wissenschaft und Unterricht 21* (1970), 234–243.

Volz, Hans: Daten der Geschichte der NSDAP. Berlin, 1939.

Wahl, Karl: Patriot oder Verbrecher. Heusenstamm, 1973.

Von Weimar zu Hitler. 1930–1933. Hrsg. v. Gotthard Jasper. Köln, 1968.

Whiting, Charles: The hunt for Martin Bormann. New York, 1973.

Der Deutsche **Widerstand gegen Hitler.** 4 historisch-kritische Studien von Hermann Graml, Hans Mommsen, Hans-Joachim Reichhardt u. Ernst Wolf. Hrsg. von Walter Schmitthenner u. Hans Buchheim. Köln, 1966.

Wilmot, Chester: Der Kampf um Europa. Frankfurt a. M., 1954.

„Wollt Ihr den totalen Krieg?" Die geheimen Goebbels-Konferenzen. 1939–1943. Hrsg. u. ausgew. v. Willi A. Boelcke. Stuttgart, 1967.

Wulf, Joseph: Das Dritte Reich und seine Vollstrecker. Berlin, 1961.

Wulf, Joseph: Martin Bormann – Hitlers Schatten. Gütersloh, 1962.

Wulf, Joseph: Aus dem Lexikon der Mörder. „Sonderbehandlung" und verwandte Worte in nationalsozialistischen Dokumenten. Gütersloh, 1963.

Wulf, Joseph: Presse und Funk im Dritten Reich. Eine Dokumentation. Gütersloh, 1964.

Zipfel, Friedrich: Kirchenkampf in Deutschland 1933–1945. Religionsverfolgung und Selbstbehauptung der Kirchen in nationalsozialistischer Zeit. Mit e. Einl. von Hans Herzfeld. Berlin, 1965.

Zmarzlik, Hans-Günter: Der Sozialdarwinismus in Deutschland als geschichtliches Problem. In: *Vierteljahrshefte für Zeitgeschichte 11* (1963), 246–273.

Personenregister

Adenauer, Konrad: erster deutscher Bundeskanzler 399
Amann, Max: Reichsleiter für die Presse 59, 191 f., 201, 254, 284
Anders, Karl: Journalist, Berichterstatter beim Nürnberger Kriegsverbrecherprozeß 98
Antonescu, Ion: Marschall, rumänischer Staatschef 233
Axmann, Artur: Führer der Hitler-Jugend mit dem Titel „Reichsjugendführer" 20 ff., 257 f., 303, 336, 339, 341 f., 345 f., 385 f., 391 ff., 396, 407
Axmann, Erna: Frau von Artur Axmann 393

Baarova, Lida: Filmschauspielerin 114, 145, 235, 250
Backe, Herbert: Reichsminister für Ernährung und Landwirtschaft, Nachfolger von R.W. Darré 203, 286 f.
Bauer, Dr. Fritz: Generalstaatsanwalt in Frankfurt a. M. 344, 348, 398
Bauer, Richard: Leiter des Berlin Document Center 349
Baumgarten, Dr.: Reichsgerichtsrat 412, 419
Baur, Hans: SS-Gruppenführer, Chefpilot von Hitler 336, 339 ff.
Bebel, August: sozialdemokratischer Politiker 25
Behrens, Manja: Schauspielerin 190, 281 ff., 348, 429
Berger, Gottlob: Chef eines SS-Hauptamtes 279, 293, 299, 301
Bergold, Friedrich: Verteidiger von Martin Bormann vor dem Internationalen Militärgericht in Nürnberg 14 ff., 22
Bernadotte, Folke Graf: Vizepräsident des schwedischen Roten Kreuzes 333
Besymenski, Lew: sowjetischer Journalist und Bormann-Biograph 34, 46, 328, 347, 386, 395, 398 f., 406 f.
Bismarck, Otto von: Reichskanzler und preußischer Ministerpräsident 229
Blankenburg: Stellvertreter von Viktor Brack 152
Blaschke, Dr. Hugo J.: Professor, Zahnarzt der NS-Prominenz 350, 395, 401, 403 f., 430 f.
Blomberg, Werner von: Reichswehrminister, Reichskriegsminister 110
Bodenschatz, Karl: General der Flieger 240, 465
Bohle, Ernst Wilhelm: Staatssekretär, Chef der Auslandsorganisation (AO) der NSDAP 166 f., 182, 263
Bonnhoeffer, Dietrich: Opfer des Nationalsozialismus 401
Bormann, Adolf Martin (genannt „Krönzi"): ältester Sohn des Hitler-Sekretärs Martin Bormann 55, 59, 127, 331 f., 394, 402, 429
Bormann, Albert: NSKK-Gruppenführer, Adjutant Hitlers und Bruder von Martin Bormann 25 f., 47, 60 f., 129 f., 181
Bormann, Ehrengard: Tochter von Martin und Gerda Bormann 31, 59, 429
Bormann, Else: Stiefschwester von Martin Bormann 25 f.
Bormann, Eva Ute: Tochter von Martin und Gerda Bormann 429
Bormann, Fred Hartmut: Sohn von Martin und Gerda Bormann 429

502

Bormann, Gerda (geb. Buch): Frau von Martin Bormann 23, 54 ff., 59 ff., 64, 123 ff., 130 ff., 135, 143 f., 188, 209, 234, 238, 247, 260, 275, 278, 280 ff., 285, 287 ff., 307, 331 f., 389, 410, 429

Bormann, Heinrich Hugo: Sohn von Martin und Gerda Bormann 124, 429

Bormann, Ilse (nach Heß-Flug 1941 umbenannt in Eike): Tochter von Martin und Gerda Bormann 59, 127, 167, 429

Bormann, Irmgard: Tochter von Martin und Gerda Bormann 429

Bormann, Johann F.: Großvater von Martin Bormann, Ziegeleiarbeiter 23, 25

Bormann, Louise (geb. Grobler): erste Frau von Martin Bormanns Vater Theodor 24

Bormann, Rudolf (nach Heß-Flug 1941 umbenannt in Helmut Gerhard): Sohn von Martin und Gerda Bormann 167, 332, 394 f., 402, 429

Bormann, Theodor: Oberpostassistent, Vater von Martin Bormann 23 ff., 429

Bormann, Volker: Sohn von Martin und Gerda Bormann 429

Bormann, Walter: Stiefbruder von Martin Bormann 25 f.

Bouhler, Philipp: Reichsleiter, Chef der „Kanzlei des Führers" 60, 64, 113, 129, 151 f., 181 ff., 240, 304, 313, 331, 422 f., 426, 459

Brack, Viktor: Oberdienstleiter in der „Kanzlei des Führers", Stellvertreter von Philipp Bouhler 151 f., 181, 422 f., 426

Brandt, Dr. Karl: Begleitarzt Hitlers 114, 150 ff., 217, 313 ff.

Brandt, Rudolf: Bürochef bei Heinrich Himmler 300

Brauchitsch, Walther von: Generalfeldmarschall 114, 240

Braun, Eva: Hitlers Geliebte, Heirat vor dem Ende am 29. 4. 1945 7, 19, 101, 103, 107 ff., 114, 125, 188, 237, 256, 285, 311 f., 326, 333, 335 f., 406 f., 428 f.

Braun, Gretl (verheiratete Fegelein): Schwester von Eva Braun, Frau des SS-Obergruppenführers Hermann Fegelein 114, 285, 428

Brown, Alexander G.: britischer Oberstleutnant, Vorgesetzter von Major Hortin 14

Brückner, Wilhelm: Adjutant Hitlers, SA-Obergruppenführer 83, 89, 97, 138, 185

Buch, Hermann: Bruder von Gerda Bormann, Sohn von Walter Buch 55, 124, 289 f., 331

Buch, Walter: Reichsleiter und Oberster Parteirichter, Schwiegervater von Martin Bormann 23, 54 ff., 67, 80, 85, 123, 130 ff., 145, 236, 252, 289 f., 389, 468

Buchrucker, Bruno E.: Major der „Schwarzen Reichswehr" 40

Bürckel, Josef: pfälzischer Gauleiter, später Reichsstatthalter von Wien 111, 158, 259 f.

Bürgel, Bruno H.: Populärwissenschaftler 189

Burgdorf, Wilhelm: Generalleutnant 276, 303, 334, 336, 339, 342

Calderon de la Barca, Pedro: spanischer Dichter 470

Canaris, Wilhelm: Admiral, Chef der Abwehr 169, 263, 276, 399

Chamberlain, Neville: englischer Premierminister 113

Christian, Gerda: Sekretärin Hitlers 18

Christian, Eckhard: General der Luftwaffe 330

Churchill, Sir Winston L.: britischer Premierminister 253

Clark, Blake: amerikanischer Journalist 391

Conti, Dr. Elfriede: Frau von Leonardo Conti 73

Conti, Leonardo: Staatssekretär und Reichsgesundheitsführer 61, 73, 151 f., 314

Corneille, Pierre: französischer Bühnendichter 470

Darré, Richard Walter: Reichsminister für Ernährung und Landwirtschaft 55, 59 f., 70, 92 ff., 123, 130, 203, 240, 447, 452

Delgado: Architekt 101, 103

Diels, Rudolf: Leiter der preußischen Geheimen Staatspolizei 80

Dietl, Eduard: Generaloberst 263

Dietrich, Dr. Otto: Staatssekretär, Pressechef der Reichsregierung 97, 139, 149, 163

Dietrich, Sepp: SS-Obergruppenführer und 1. Kommandeur der „Leibstandarte Adolf Hitler" 82, 323

Dietsch: Adjutant von Rudolf Heß 162

Kannenberg, Artur: Hotelier, dann Haushofmeister bei Hitler in Berlin 185 f.

Kant, Immanuel: Philosoph 470

Kaufmann, Karl: Reichsstatthalter und Gauleiter von Hamburg 197, 428

Keitel, Wilhelm: Generalfeldmarschall, Chef des OKW 17, 114, 153, 178, 202, 208, 211, 214, 216, 223, 228, 235 f., 238 f., 243, 263, 265, 269, 272, 276, 310, 336

Kempka, Erich: Hitlers Fahrer, SS-Obersturmbannführer 13, 17, 19, 21, 60, 102, 107, 155, 317 f., 327, 336, 340 ff., 391

Kempner, Dr. Robert M.W.: Stellvertreter des amerikanischen Chefanklägers beim Internationalen Militärgerichtshof in Nürnberg 13, 123, 167, 392

Kerrl, Hans: Reichsminister für die kirchlichen Angelegenheiten 139, 141, 457 f.

Kersten, Felix: Masseur von Rudolf Heß und Heinrich Himmler 168, 296, 300

Kesselring, Albert: Generalfeldmarschall, Oberbefehlshaber der Heeresgruppe West, dann Südwest 335

Kiesinger, Kurt Georg: dritter deutscher Bundeskanzler 349

Kiesel: Polizeirat a.D., Personalchef des Reichssicherheitsdienstes 395

Kleemann, Joseph: Sekretär der Internat. Seemannsgewerkschaft 344

Klopfer, Gerhard: Staatssekretär in der Partei-Kanzlei der NSDAP, SS-Gruppenführer 18, 170 f., 191, 202, 244, 257, 298 f., 304, 306, 317, 465, 473, 488

Klotz, Helmuth: NSDAP-Funktionär in Baden 65

Kluge, Günther von: Feldmarschall 275

Kluge, Kurt: Schriftsteller 188

Kluge, Carla: Frau des Schriftstellers Kurt Kluge 188, 429

Koch, Erich: Gauleiter von Ostpreußen, Reichskommissar für die Ukraine 131, 159 f., 200, 210, 212, 215 f., 264, 277 f., 298, 325

Koeppen, Werner: Mitarbeiter Alfred Rosenbergs 229

Koller, Karl: General der Flieger, Chef des Generalstabs des Oberkommandos der Luftwaffe 330 f.

Kosney, Herbert: überlebender Augenzeuge einer der letzten Hinrichtungen 401

Kramer, Dr.: Chemiker 406

Kranzbühler, Otto: Verteidiger von Karl Dönitz vor dem Internationalen Militärgerichtshof in Nürnberg 493

Krebs, Hans: General der Infanterie, letzter Generalstabschef 303, 334, 336 ff.

Krüger, Else: Sekretärin Martin Bormanns 13, 17, 20, 271, 328, 340

Krüger, Heinrich: Schneidermeister, Augenzeuge in Parchim 41

Krumnow, Albert: Postbeamter in Berlin und Leichenbestater Martin Bormanns und Ludwig Stumpfeggers 346, 350, 386, 393 ff., 400, 407

Krupp von Bohlen und Halbach, Gustav: Industrieller 12, 15, 97, 159

Kube, Wilhelm: Gauleiter von Brandenburg 144, 212

Kuenzer: Opfer des Nationalsozialismus 401

Kunz, Dr.: Zahnarzt: 406 f.

Lachoux, Maurice: französischer Justizbeamter 396

Lambert, Thomas F.: Leutnant, US-Hilfsankläger beim Internationalen Militärgerichtshof in Nürnberg 16

Lammers, Hans Heinrich: Reichsminister, Chef der Reichskanzlei 142, 150 f., 153, 156, 160 f., 173 f., 176, 178, 194 f., 201, 208, 211, 224 ff., 228, 230, 232 ff., 238 f., 242, 244, 274, 279, 302, 309 f., 330 f., 460, 472 f., 490

Langbehn, Carl: Rechtsanwalt 296 f.

Lauterbacher, Hartmann: Gauleiter Süd – Hannover – Braunschweig 254

Lawrence, Justice: Lordrichter beim Internationalen Militärgerichtshof in Nürnberg 16 f.

Leibbrand, Georg: Leiter in Rosenbergs Stab 219

Leitgen: Adjutant von Rudolf Heß 162

Lenin, Wladimir Iljitsch: russischer revolutionärer Staatsmann 415

Ley, Dr. Robert: Leiter der Deutschen Arbeitsfront 12, 15, 70, 76 f., 79, 86, 116 f., 132, 147, 155,

510